Axel Wetekamp

Mietsachen

Mietsachen

Rechtshandbuch zur Wohnraummiete

von

Axel Wetekamp

Richter am Amtsgericht a. D.

5., neu bearbeitete Auflage 2023

C.H.BECK

Zitiervorschlag:
Wetekamp Mietsachen-HdB Kap. 4 Rn. 12

www.beck.de

ISBN 978 3 406 64932 5

Wilhelmstraße 9, 80801 München
Satz: Druckerei C. H. Beck, Nördlingen
Druck und Bindung: Beltz Bad Langensalza GmbH
Am Fliegerhorst 8, 99947 Bad Langensalza
Umschlaggestaltung: Martina Busch, Grafikdesign, Homburg Saar

CO_2 neutral
chbeck.de/nachhaltig

Gedruckt auf säurefreiem, alterungsbeständigem Papier
(hergestellt aus chlorfrei gebleichtem Zellstoff)

Vorwort

Wie schon zwischen der 3. und 4. Auflage hat sich auch zwischen der 4. und 5. Auflage ein so großer zeitlicher Abstand ergeben, dass eine völlige Neubearbeitung des Werkes notwendig war. Die bewährte Gliederung nach Problemkreisen wurde jedoch auch in der 5. Auflage beibehalten.

Vor allem das Kapitel 2 (Mieterhöhung bei Wohnraummietverhältnissen) hat wesentliche Veränderungen erfahren. Grund war nicht das Mieterhöhungsverfahren als solches, sondern die neuen Regelungen betreffend das „Gesetz über Vereinbarungen über die Miethöhe bei Mietbeginn in Gebieten mit angespannten Wohnungsmärkten", genannt „Mietpreisbremse" aus dem Jahre 2015, nunmehr bis Ende 2025 verlängert. Auch die Änderungen dieses Gesetzes durch das Mietrechts-Anpassungsgesetz mit Wirkung ab 1.1.2019 sind berücksichtigt. Das Gesetz über die energetische Modernisierung aus dem Jahre 2013 wurde ebenfalls berücksichtigt.

Nachdem es in diese Richtung nach wie vor Pläne gibt, erschien es sinnvoll, auch das gescheiterte Berliner Mieten-Deckelgesetz zu erwähnen. Auch die im Jahre *2022* in Kraft getretene Mietspiegelreform ist bereits einbezogen.

Angesichts einiger Rechtsänderungen im Bereich Räumung und Zwangsvollstreckung bot es sich an, die diesbezüglichen Ausführungen zu Räumungsprozess, Räumung und Zwangsvollstreckung in einem eigenen erweiterten Kapitel 9 zusammenzufassen.

Umfassend wurde wiederum die Revisionsrechtsprechung des BGH und in zahlreichen Fällen aktuelle Rechtsprechung anderer Gerichte eingearbeitet.

Beibehalten wurden die einzelnen Kapiteln angefügten Musterformulare, insbesondere ergänzt in Kapitel 2 wegen der neuen Regelungen durch die „Mietpreisbremse." Auch die aus der Praxis heraus entstandene Aufstellung gerichtlicher Hinweise im Mietprozess und Einzelheiten zu den Streitwerten der jeweiligen Klagen wurden beibehalten.

An dem ebenfalls beibehaltenen aktuellen Katalog von Fragen und Antworten zeigt sich, wie bereits im Vorwort zur Vorauflage erwähnt, die praktische Bedeutung des Rechtsgebiets Mietrecht, das unsere soziale und wirtschaftliche Wirklichkeit in besonderem Maße widerspiegelt.

München, im August 2022 Axel Wetekamp

Aus dem Vorwort zur 1. Auflage

Sowohl für den in der Praxis tätigen Juristen, als auch für den persönlich betroffenen Laien oder auch nur allgemein an mietrechtlichen Fragen Interessierten, ist das geltende Mietrecht zu einer nahezu undurchsichtigen und kaum noch zu handhabenden Materie geworden. Dies hängt weniger mit dem geltenden Recht zusammen, das durchaus überschaubar ist. Anzuwendende Gesetze sind hier vor allem das Bürgerliche Gesetzbuch, die Bestimmungen der §§ 535 bis 580a BGB.

Die Probleme liegen vielmehr in der Rechtsanwendung. In kaum einem Rechtsgebiet kommt es zu einer solchen Fülle in ähnlich oder gleich gelagerten Fällen divergierenden Gerichtsentscheidungen. Man denke nur an die Rechtsprechung zur Zulässigkeit einer Eigenbedarfskündigung oder zur Frage der Schönheitsreparaturen. Was ist der Grund hierfür?

Er ist darin zu suchen, dass es sich beim Mietrecht um eine besonders konflikt- und spannungsreiche Materie handelt. Wohnen stellt ein Grundbedürfnis der Menschen dar, und die Hälfte der bundesdeutschen Bevölkerung wohnt zur Miete, in Ballungsgebieten erheblich mehr.

Andererseits steht der Grundbesitz unter der Eigentumsgarantie des Grundgesetzes, und der Vermieter als Eigentümer wehrt sich gegen Einschränkungen, die ihm durch die Vermietung seines Eigentums auferlegt sind.

Für den Rechtsanwender ist nicht nur die Existenz von mietrechtlichen Lehrbüchern und Kommentaren zum Mietrecht von Bedeutung, sondern auch eine Anleitung, die jeweils einen konkreten, enggefassten Problembereich behandelt, längere Auseinandersetzungen mit Lehrmeinungen und divergierender Rechtsprechung vermeidet und in der Darstellung der von den Gerichten überwiegend vertretenen Meinung folgt.

Das vorliegende Werk soll diesen Anforderungen gerecht werden. Insgesamt zwölf Problemkreise werden abgehandelt. Einer gedrängten Darstellung der Problematik und des Standes der Rechtsprechung folgen Muster für die wichtigsten Anwendungen.

München, im Januar 1990 Axel Wetekamp

Inhaltsübersicht

Inhaltsverzeichnis

Abkürzungs- und Literaturverzeichnis

Die in diesem Werk zitierte Literatur wird idR abgekürzt zitiert. Im **ZITIERPORTAL** des Verlags C.H.BECK – zitierportal.beck.de – finden Sie ein vollständiges Verzeichnis der verwendeten Werkabkürzungen, ebenso wie ein vollständiges Abkürzungsverzeichnis und weitere redaktionelle Hinweise des Verlags.

aA	anderer Ansicht
aE	am Ende
aF	alte Fassung
abl.	ablehnend
Abs.	Absatz
AG	Amtsgericht
AGB	allgemeine Geschäftsbedingungen
AGBG	Gesetz zur Regelung des Rechts der Allgemeinen Geschäftsbedingungen
AGG	Allgemeines Gleichbehandlungsgesetz
allg.	allgemein(e)
Alt.	Alternative
Anders/Gehle	Zivilprozessordnung. Kommentar, 80. Auflage 2022
Anl.	Anlage
Anm.	Anmerkung
Art.	Artikel
Aufl.	Auflage
Az.	Aktenzeichen
Bamberger/Roth/Hau/Poseck	Kommentar zum Bürgerlichen Gesetzbuch, 4. Aufl. 2020
Barthelmess	2. Wohnraumkündigungsschutzgesetz, Miethöhegesetz. Kommentar, 5. Auflage 1995
Baumbach/Lauterbach/Albers/Hartmann/Anders/Gehle	Zivilprozessordnung. Kommentar, 79. Auflage 2021 (jetzt Anders/Gehle)
BayObLG	Bayerisches Oberstes Landesgericht
BB	Betriebs-Berater (Zeitschrift)
Beierlein/Kinne/Koch/Stackmann/Zimmermann	Der Mietprozess, 2006
Beschl.	Beschluss
bestr.	bestritten
BetrKV	Verordnung über die Aufstellung von Betriebskosten (Betriebskostenverordnung – BetrKV)
Beuermann	Miete und Mieterhöhung bei preisfreiem Raum. Kommentar, 3. Auflage 1999

Beuermann/Blümmel	Das neue Mietrecht, 2001, 2001
BGB	Bürgerliches Gesetzbuch
BGBl.	Bundesgesetzblatt Teil I
BGH	Bundesgerichtshof
BGHZ	Amtliche Sammlung von Entscheidungen des Bundesgerichtshofs in Zivilsachen
Blank/Börstinghaus	Miete. Kommentar, 6. Auflage 2020
Blank/Eisenschmid	Anwaltskommentar Neues Mietrecht, 2001
Blöcker/Pistorius	Die Betriebskosten in der Wohnungswirtschaft, 4. Auflage 2014
Börstinghaus MP FormB MietR	Münchener Prozessformularbuch, Bd. 1, Mietrecht, 6. Auflage 2020
Bongartz	Schönheitsreparaturen als Mieterpflicht, 1991
BT-Drs.	Drucksache des Deutschen Bundestages
Bub/Treier MietR-HdB	Handbuch der Geschäfts- und Wohnraummiete, 5. Auflage 2018
BVerfG	Bundesverfassungsgericht
BVerwG	Bundesverwaltungsgericht
II. BV	Verordnung über wohnungswirtschaftliche Berechnungen (Zweite Berechnungs-verordnung)
bzw.	beziehungsweise
dh	das heißt
dgl.	dergleichen
DIN	Deutsche Industrienorm
Dohse	Die Geschäftstraummiete, 6. Auflage 2003
DWW	Deutsche Wohnungswirtschaft (Zeitschrift)
EGZPO	Gesetz betreffend die Einführung der Zivilprozessordnung
Eisenschmid/Rips/Wall	Betriebskosten. Kommentar, 2. Auflage 2006
Emmerich/Sonnenschein	Miete. Handkommentar, 11. Auflage 2014
Erman	Handkommentar zum BGB, 11. Auflage 2004
f., ff.	folgend, folgende
Fn.	Fußnote
Fritz GewerberaumMietR	Gewerberaummietrecht, 4. Auflage 2005
Gather	Schönheitsreparaturen und kleine Instandhaltungen, 1996
GE	Das Grundeigentum (Zeitschrift)
gem.	gemäß
Gerber/Eckert	Gewerbliches Miet- und Pachtrecht. Aktuelle Fragen, 4. Auflage 2002
GewO	Gewerbeordnung
GG	Grundgesetz
ggfs.	gegebenenfalls
GKG	Gerichtskostengesetz
Gramlich	Mietrecht. Bürgerliches Gesetzbuch, Zweite Berechnungsverordnung, Wirtschaftsstrafgesetz,

	Heizkostenverordnung. Kommentar, 15. Auflage 2019
Grüneberg	Bürgerliches Gesetzbuch, 81. Auflage 2022
GVG	Gerichtsverfassungsgesetz
Haas	Das neue Mietrecht. Mietrechtsreformgesetz, Gesetzestexte, Synopsen. Einführung, Erläuterungen, Materialien, 2001
Hannemann/Wiegner MAH MietR	Münchener Anwalts-Handbuch Wohnraummietrecht, 5. Auflage 2019
Harsch	Schönheits- und Kleinreparaturen im Mietverhältnis, 1998
HeizkostenV	Verordnung über die verbrauchsabhängige Abrechnung der Heiz- und Warmwasserkosten (Heizkostenverordnung)
Herrlein/Kandelhard	Mietrecht. Kommentar, 4. Auflage 2010
Hinz/Ormanschick/ Riecke/Scheff	Das neue Mietrecht, 2001
hM	herrschende Meinung
Hs.	Halbsatz
Hügel/Salzig	Mietkauf, München 2006
InsO	Insolvenzordnung
idF.	in der Fassung
iSd.	im Sinne des/der
iVm.	in Verbindung mit
Jauch/Dahl/ Linnenbrink MietR	Mietrecht in Krise und Insolvenz, 3. Auflage 2022
Jauernig/Berger	Bürgerliches Gesetzbuch. Kommentar, 11. Auflage 2004
Jendrek MietProzR	Münchener Prozessformularbuch Mietrecht, 2. Auflage 2003
Kap.	Kapitel
KG	Kammergericht
Kinne/Schach/Bieber MietProzR	Miet- und Mietprozessrecht. Kommentar für die Rechtspraxis, 7. Auflage 2013
Kossmann/Meyer-Abich Wohnraummiete-HdB.....	Handbuch der Wohnraummiete, 7. Auflage 2014
Kreuzberg/Wien	Handbuch der Heizkostenabrechnung, 5. Auflage 2001
LAG	Landesarbeitsgericht
Lammel AnwK WohnraummietR	AnwaltKommentar Wohnraummietrecht. Kommentar, 2. Auflage 2002
Lammel	Heizkostenverordnung. Kommentar, 5. Auflage 2022

Landfermann/Heerde/ Langenberg	Betriebskostenrecht der Wohn- und Gewerberaummiete, 4. Auflage 2006
Langenberg/Zehelein BetrKostR	Betriebskosten- und Heizkostenrecht, 10. Auflage 2022
Langenberg/Zehelein Schönheitsreparaturen	Schönheitsreparaturen, Instandsetzung und Rückbau, 6. Auflage 2021
LG	Landgericht
Lindner-Figura/Oprée/ Stellmann Geschäftsraummiete-HdB	Geschäftsraummiete, 4. Auflage 2017
LS	Leitsatz
Lützenkirchen AnwHdB-MietR	Anwaltshandbuch Mietrecht, 6. Auflage 2018
Lützenkirchen MietR	Mietrecht, 3. Auflage 2021
Lützenkirchen	Neue Mietrechtspraxis, 2001
mablAnm.	mit ablehnender Anmerkung
Müller/Walther	Miete- und Pachtrecht, Loseblattsammlung 2003
MüKoBGB	Münchener Kommentar zum Bürgerlichen Gesetzbuch, Band 5. Schuldrecht. Besonderer Teil II. §§ 535–630 BGB, BetrKV, HeizkostenV, WärmeLV, 8. Auflage 2020 und 9. Auflage 2022
mwN.	mit weiteren Nachweisen
mzustAnm.	mit zustimmender Anmerkung
MDR	Monatsschrift für Deutsches Recht
MHG	Gesetz zur Regelung der Miethöhe
negRE	negativer Rechtsentscheid
nF	neue Fassung
Neuhaus	Handbuch der Geschäftsraummiete, 2001
Nies/Gies	Beck'sches Formularbuch Mietrecht, 2003
NJW	Neue Juristische Wochenschrift
NJW-RR	NJW-Rechtsprechungsreport
NJWE-MietR	NJW-Entscheidungsdienst Miet- und Wohnungsrecht
NMV	Neubaumietenverordnung
Nr.	Nummer
NZM	Neue Zeitschrift für Miet- und Wohnungsrecht
OLG	Oberlandesgericht
Otto	Mietverträge für Geschäftsräume, 7. Auflage 1999
OVG	Oberverwaltungsgericht
Palandt	BGB-Kommentar, 80. Auflage 2021 (jetzt Grüneberg)
Peters	Handbuch zur Wärmekostenabrechnung, 10. Auflage 2001
Pfeifer	Betriebskosten bei Wohn- und Geschäftsraummiete, 2002

RE .... Rechtsentscheid
RES .... Sammlung der Rechtsentscheide in Wohnraummietsachen
Riecke/Schütt .... Schönheitsreparaturen, 2. Auflage 2000
Rn. .... Randnummer
Rspr. .... Rechtsprechung

S. .... Seite
s. .... siehe
Schach .... Schönheitsreparaturen, 5. Auflage 2002
Schmid
Mietnebenkosten-HdB .... Handbuch der Mietnebenkosten, 9. Auflage 2005
Schmid .... Miete und Mietprozess, 4. Auflage 2004
Schmidt-Futterer .... Mietrecht, 15. Auflage 2022
Schulz .... Gewerberaummiete, 2. Auflage 1999
Soergel .... Bürgerliches Gesetzbuch. Kommentar, 13. Auflage 2000–2022
Staudinger .... Bürgerliches Gesetzbuch. Kommentar, 16. Auflage 2016–2021
Sternel
MietR .... Mietrecht, 3. Auflage 1988
Sternel
MietR aktuell .... Mietrecht aktuell, 3. Auflage 1996
StGB .... Strafgesetzbuch
st. Rspr. .... ständige Rechtsprechung

Thomas/Putzo .... Zivilprozessordnung. Kommentar, 42. Auflage 2021

Urt. .... Urteil

vgl. .... vergleiche
VO .... Verordnung

WEG .... Gesetz über das Wohnungseigentum und das Dauerwohnrecht
Wetekamp .... Kommentar zum BGB-Mietrecht, 1998
WiStG .... Wirtschaftsstrafgesetz
WoFG .... Wohnraumförderungsgesetz
WoKSchG .... Wohnraumkündigungsschutzgesetz
WoBindG .... Wohnungsbindungsgesetz
WoflV .... Wohnflächenverordnung
Wolf/Eckert/Ball
Miet-/Pacht-/
LeasingR-HdB .... Handbuch des gewerblichen Miet-, Pacht und Leasingrechts, 10. Auflage 2009
WPM .... Zeitschrift für Wirtschaft und Bankrecht, Wertpapiermitteilungen
WuM .... Wohnungswirtschaft und Mietrecht

zB .... zum Beispiel
ZIP .... Zeitschrift für Wirtschaftsrecht und Insolvenzpraxis

ZK .... Zivilkammer
ZMR .... Zeitschrift für Miet- und Raumrecht
Zöller .... Zivilprozessordnung. Kommentar, 34. Auflage 2022
ZPO .... Zivilprozessordnung
ZR .... Aktenzeichen des Bundesgerichtshofs für Revisionen
ZVG .... Zwangsversteigerungsgesetz

Kapitel 1. Abschluss des Wohnraummietvertrages

I. Formularvertrag und Individualvereinbarung – Eigentümer und Vermieter

1. Formularvertrag und Individualvereinbarung

1 Nach § 305 BGB sind Allgemeine Geschäftsbedingungen alle für eine Vielzahl von Verträgen vorformulierten Vertragsbedingungen, die eine Vertragspartei (Verwender) der anderen Vertragspartei bei Abschluss eines Vertrages stellt. Vorformuliert sind nicht nur Klauseln, die der Vermieter für mehrere Verträge formuliert hat oder die einem im Handel befindlichen Vertrag entstammen, sondern auch Klauseln, die einem Formularbuch entstammen.[1]

2 Nach § 305 Abs. 1 Satz 3 BGB liegen Allgemeine Geschäftsbedingungen nicht vor, soweit die Vertragsbedingungen zwischen den Vertragsparteien im Einzelnen ausgehandelt sind. „Erörtern" heißt hierbei noch nicht „Aushandeln".[2]

3 Für Verbraucherverträge zwischen Unternehmer und Verbraucher gilt abweichend nach § 310 Abs. 3 Satz 1 BGB, dass AGB als vom Unternehmer gestellt gelten, falls sie nicht der Verbraucher in den Vertrag eingeführt hat. Der Wohnungsvermieter dürfte jedenfalls dann als **Unternehmer** anzusehen sein, wenn er mehrere Wohnungen vermietet.[3] Nach § 310 Abs. 3 Satz 2 BGB gelten die wesentlichen Verbraucherschutzbestimmungen sogar dann, wenn die AGB nur zur einmaligen Verwendung bestimmt sind.

4 Die Tatsache, dass ein Text handschriftlich oder maschinenschriftlich abgefasst ist und nicht in einem Vordruck enthalten ist, kann lediglich ein Indiz sein, dass es sich um eine **Individualvereinbarung** handelt, der Beweis hierfür wird aber durch die Form nicht geführt. Dies ergibt sich aus § 305 Abs. 1 Satz 2 BGB. Im Zweifel ist der Vermieter dafür darlegungs- und beweispflichtig, dass eine Vereinbarung ausgehandelt worden ist, also zur Disposition des Mieters gestellt worden ist.

5 Weder das hand- oder maschinenschriftliche Abschreiben eines vorgedruckten Vertragsformulars noch eine in einem Formularvertrag oder in Form einer gesonderten Vereinbarung erfolgte Hinweis, dass die Bestimmungen „mit dem Mieter besprochen und von ihm ausdrücklich

---

[1] LG Freiburg WuM 2008, 334.

[2] LG Potsdam GE 2008, 1054.

[3] Unternehmereigenschaft bei drei Wohnungen: OLG Düsseldorf WuM 2004, 603.

anerkannt worden sind", macht die Vereinbarung zu einer Individualvereinbarung.[4]

6 Nach § 307 BGB ist der gesamte Vertragsinhalt einschließlich seiner Individualteile zu würdigen. Unbedenkliche Einzelklauseln können insoweit einen **Summierungseffekt** haben. Dies gilt insbesondere beim Zusammentreffen von Klauseln, die die laufenden Schönheitsreparaturen und die Endrenovierung betreffen.[5] Dies gilt auch, wenn eine der beiden Klauseln für sich betrachtet unwirksam ist.[6]

7 Soweit **Individualvereinbarungen** eine erhebliche Einschränkung des dispositiven Rechtes enthalten, können sie im Übrigen auch wegen Sittenwidrigkeit nach § 138 BGB oder Unbilligkeit nach § 242 BGB unwirksam sein.

2. Eigentümer und Vermieter

8 In Hinblick auf die rein schuldrechtliche Natur des Mietvertrages sind die Fälle von Bedeutung, in denen **Eigentümer- und Vermieterstellung** auseinanderfallen. Für die Wirksamkeit des Mietvertrages ist es ohne Belang, wenn der Vermieter nicht Eigentümer des Mietobjekts ist.[7]

II. Beispiele für wirksame und unwirksame Formularklauseln

9 Die Rechtsprechung befasst sich in allen Problembereichen des Wohnraummietrechts mit der Geltung von Formularklauseln. Beispielhaft sollen Klauseln zu bestimmten Bereichen aufgeführt werden, die bereits Gegenstand von Gerichtsentscheidungen waren.

1. Vertragsbeginn, allgemeiner Mietgebrauch

10 – Die Klausel:

„Der Mieter ist zu einer Vertragsausfertigungsgebühr von DM 656,07 verpflichtet"

ist unwirksam.[8] Nach AG Hamburg[9] ist auch eine Vertragsausfertigungsgebühr von DM 100 bis DM 150 unwirksam. Bei einer Gebühr von € 180,– ebenso AG Hamburg-Altona.[10]

---

[4] OLG Hamm NJW 1981, 1049.
[5] BGH WuM 1993, 175; NZM 2003, 755.
[6] BGH NZM 2003, 594.
[7] BVerfG NZM 2014, 69.
[8] AG Wuppertal WuM 1994, 194.
[9] WuM 1999, 215.
[10] WuM 2006, 607.

– Ebenfalls unwirksam ist eine Klausel, die besagt: 11

„Der Mieter hat Anwaltskosten als Kosten des Vertrags an den mit dem Vertragsabschluss beauftragten Rechtsanwalt zu bezahlen".[11]

– Die Klausel: 12

„Bei vorzeitiger einverständlicher Beendigung des Mietverhältnisses auf Wunsch des Mieters muss eine pauschale Abgeltung der Kosten der vorzeitigen Vertragsbeendigung in Höhe einer Monatskaltmiete an den Vermieter gezahlt werden"

ist überraschend im Sinne des § 3 AGBG (§ 305c Abs. 1. BGB) bzw. nach § 9 AGBG (§ 307 BGB) unwirksam, da sie dem Mieter den Nachweis abschneidet, dass dem Vermieter in Folge der vorzeitigen Beendigung des Mietverhältnisses keine oder geringere Kosten entstanden sind.[12]

– Die Klausel: 13

„Der Mieter ist zur jährlichen Wartung der Fenster durch eine Fachfirma verpflichtet"

ist unwirksam.[13] Instandhaltung ist grundsätzlich Sache des Vermieters, für eine wirksame Kleinreparaturklausel fehlen die Voraussetzungen.

– Die Klausel: 14

„Der Mieter bedarf zur Aufstellung von Haushaltsmaschinen der schriftlichen Zustimmung des Vermieters"

ist unwirksam.[14] Das Gericht stützt die Unwirksamkeit auf die verlangte Schriftform.

– Die Klausel: 15

„Der Mieter ist verpflichtet den Winterdienst zu übernehmen"

ist wirksam.[15] Dasselbe gilt für die Übertragung von Reinigungspflichten außerhalb der Winterzeit und im Treppenhaus des Gebäudes.

– Die Klausel: 16

„Der Mieter übernimmt die Wohnung in einem zum Wohnen geeigneten Zustand und unbeschädigt"

ist gemäß § 309 Nr. 12 BGB unwirksam.[16]

---

[11] AG München WuM 1994, 604.
[12] OLG Karlsruhe NZM 2000, 708.
[13] AG Oldenburg WuM 1986, 135.
[14] LG Saarbrücken WuM 1989, 558.
[15] LG Kassel WuM 1991, 580.
[16] LG Berlin GE 1996, 1375.

17 – Die Klausel:

„Ungezieferbekämpfung ist Sache des Mieters"

ist nach § 307 BGB unwirksam.[17]

18 – Die Klausel:

„Bei eventueller Trennung der Ehegatten und Aufnahme eines neuen Partners muss ein neuer Vertrag abgeschlossen werden. Ausländer sind im Haus nicht erwünscht und nicht gestattet"

ist unwirksam § 307 BGB.[18]

2. Mietzahlung

19 – Die Klausel:

„Die Miete ist monatlich im voraus spätestens bis zum dritten Werktag eines jeden Monats zu entrichten"

ist bei Mietverträgen, die vor dem 1.9.2001 abgeschlossen worden sind, unwirksam, wenn der Vertrag zugleich folgende Klausel enthält:

„Der Mieter kann gegen eine Mietzinsforderung mit einer Forderung wegen Schadensersatz des aufgrund eines Mangels (§ 538 BGB aF = § 536a BGB) nur aufrechnen oder wegen einer solchen Forderung ein Zurückbehaltungsrecht ausüben, wenn er seine Absicht dem Wohnungsunternehmen mindestens einen Monat vor der Fälligkeit des Mietzinses schriftlich angezeigt hat. Im Übrigen ist die Aufrechnung gegen Mietzinsforderungen ausgeschlossen, soweit der Mieter nicht unbestrittene oder rechtskräftig festgestellte Forderungen geltend macht".[19]

20 Der BGH geht davon aus, dass angesichts der Einschränkung des Minderungsrechts durch die Kombination von Vorausfälligkeitsklauseln und Aufrechnungsverbot beide Klauseln unwirksam sind. Nicht soll dies gelten, wenn die Aufrechnung nur von der Anzeigepflicht einen Monat vor Fälligkeit des Mietzinses abhängig gemacht wird.[20]

21 Ist das Minderungsrecht nicht durch die aufrechnungsbeschränkende Klausel ausgeschlossen, sondern eine Kürzung der Miete ist innerhalb von ein oder zwei Folgemonaten möglich, ist die Mietvorauszahlungsklausel in einem Altvertrag wirksam.[21]

22 Nachdem ab Geltung der Mietrechtsreform 2001, also dem 1.9.2001, die Vorausfälligkeit der Miete nach § 556b Abs. 1 BGB die gesetzliche Rege-

[17] LG Hamburg GE 2001, 61.
[18] AG Nürnberg WuM 1984, 295.
[19] BGH NJW 1995, 254.
[20] OLG Rostock ZMR 2000, 294; BGH NZM 2012, 22.
[21] BGH WuM 2008, 152.

lung ist, kommt bei ab diesem Zeitpunkt abgeschlossenen Verträgen die Unwirksamkeit einer diesbezüglichen vertraglichen Klausel nicht mehr in Betracht.

– Die Klausel: 23

„Die Abtretung von Gehaltsansprüchen an den Vermieter ist vereinbart"

ist nach §§ 305c, 307 BGB unwirksam.[22]

– Die Klausel: 24

„Für die vorhandene Raufasertapete ist eine angemessene Abnutzungsgebühr vom Mieter zu entrichten"

ist unwirksam.[23]

3. Haftungsklauseln

– Die Klausel: 25

„Der Mieter haftet ohne Verschuldensnachweis für die Beseitigung von Ungeziefer"

ist unwirksam.[24]

– Die Klausel: 26

„Der Vermieter ist berechtigt, bestehende Balkone zu beseitigen und ist nicht verpflichtet, unbenutzbar werdende Balkone zu erneuern"

ist nach §§ 307, 308 Nr. 4 BGB unwirksam.[25]

– Die Klausel: 27

„Der Vermieter haftet nicht für Schäden, die dem Mieter an den ihm gehörenden Einrichtungsgegenständen durch Feuchtigkeitseinwirkung entstehen, gleichgültig welcher Art, Herkunft, Dauer und welchen Umfang die Feuchtigkeitseinwirkung hat, es sei denn, dass der Vermieter den Schaden vorsätzlich oder grob fahrlässig herbeigeführt hat"

ist wirksam.[26] Es handelt sich hier um einen vertraglichen Ausschluss der verschuldensunabhängigen Garantiehaftung des Vermieters für anfängliche Sachmängel nach § 536a Abs. 1 1. Alt BGB. Etwas anderes gilt bei arglistigem Verschweigen des Mangels im Sinne von § 536b BGB.

---

[22] LG Lübeck WuM 1986, 14.
[23] AG Köln WuM 1991, 579.
[24] AG Frankfurt a. M. WuM 1989, 171.
[25] LG Berlin WuM 1991, 538.
[26] OLG Stuttgart WuM 1984, 187.

28 – Die Klausel:

„Wenn bei Kanal- oder Leitungsverstopfungen der Verursacher des Schadens nicht ermittelt werden kann, haften alle Mieter anteilig für die Kosten der Schadensbehebung"

ist nach §§ 307 Abs. 2 Nr. 1, 309 Nr. 12a BGB unwirksam.[27]

29 – Die Klausel:

„Kommt der Mieter seiner Verpflichtung zur Rückgabe sämtlicher Schlüssel bei Beendigung des Mietverhältnisses nicht nach, ist der Vermieter berechtigt, auf Kosten des Mieters Ersatzschlüssel zu beschaffen oder neue Schlösser einzubauen"

ist unwirksam, da dem Mieter hierdurch eine verschuldensunabhängige Haftung auferlegt wird.[28] Ähnlich LG Berlin:[29] Anspruch des Vermieters auf Austausch der Schließanlage nur bei Gefahr des Missbrauchs. Ähnlich BGH:[30] eine abstrakte Gefährdungslage genügt nicht. Vgl. auch KG Berlin[31] zur Verletzung der Obhutspflicht des Mieters bei der Verwahrung von Schlüsseln einer Schließanlage

4. Beendigung des Mietverhältnisses

30 – Die Klausel:

„Die Abrechnungen des Vermieter gelten als anerkannt, wenn nicht innerhalb eines Monats nach Zugang vom Mieter Einspruch eingelegt wird"

ist unwirksam.[32] Hier ist auf die seit der Mietrechtsreform geltende Vorschrift des § 556 Abs. 3 S. 5 BGB hinzuweisen, nach der der Mieter Einwendungen gegen die Abrechnung spätestens ein Jahr nach Zugang der Abrechnung dem Vermieter mitzuteilen hat. Einer diesbezüglichen Vertragsklausel bedarf es nicht.

31 – Die Klausel:

„Wird nach Ablauf der Mietzeit der Gebrauch der Sache vom Mieter fortgesetzt findet § 568 BGB (545 BGB nF) keine Anwendung"

ist unwirksam.[33] Die Klausel verstößt gegen das Transparenzgebot des § 307 Abs. 1 S. 2 BGB.

---

[27] OLG Hamm NJW 1982, 2005.
[28] OLG Brandenburg WuM 2004, 597.
[29] ZMR 2000, 536.
[30] BGH NZM 2014, 303.
[31] GE 2008, 599.
[32] AG Münster WuM 1985, 371.
[33] OLG Schleswig NJW 1995, 2858.

– Die Klausel: 32

„§ 568 BGB (§ 545 BGB nF) ist abbedungen“

ist unwirksam. Dies gilt insbesondere deshalb, weil sie sich nicht im Zusammenhang mit Kündigungsvorschriften oder Vereinbarungen über die Mietdauer befindet, sondern unter der Überschrift „Entschädigungspflicht nach Beendigung des Mietverhältnisses“.[34] Hier handelt es sich um einen Fall des § 305c Abs. 1 BGB (überraschende Klausel).

III. Selbstauskunft des Mieters

1. Interessenlage

Dem Interesse des Mieters am Schutz seiner persönlichen Daten und 33 seiner Privatsphäre steht ein Interesse des Vermieters bereits vorvertraglich Informationen über den Mieter einzuholen gegenüber. Nach dem geltenden Datenschutzrecht ist die Erhebung personenbezogener Daten im Rahmen eines Vertragsverhältnisses nur zulässig, soweit dies der Zweckbestimmung des Vertragsverhältnisses dient und zur Wahrung berechtigter Interessen erforderlich ist.

2. Arbeitgeber und Einkommen

Nachdem der Eingang der Mietzahlungen für den Vermieter von er- 34 heblicher Bedeutung ist, überwiegen hinsichtlich der Frage nach dem **Arbeitgeber** des Mieters und nach dem **Einkommen** die Interessen des Vermieters.[35] Man mag zwar davon ausgehen, dass die Frage nach dem Arbeitgeber von der Frage des Einkommens des Mieters zu trennen ist, doch tritt der Arbeitgeber des Mieters regelmäßig schon dann zu Tage, wenn Nachweise über das Einkommen zulässigerweise verlangt werden. Bei Selbständigen erscheint es zulässig, als Nachweis des Einkommens bzw. der Vermögensverhältnisse eine Bankauskunft zu verlangen. Problematisch erscheint die Schufa – Auskunft, da Auskünfte über Kreditverpflichtungen des Mieters enthalten sein können, die im Rahmen des Mietverhältnisses nicht von Bedeutung sind.[36]

Ist der Mieter ohne Einkommen und wird die Mietzahlung durch das 35 Sozialamt übernommen, ist die Angabe in einem Selbstauskunftsformular, dass der Mieter in einem gesicherten Arbeitsverhältnis ist, trotzdem relevant. Die Zahlung durch das Sozialamt bietet nicht dieselbe Sicherheit wie die Zahlung durch den Mieter selbst. Dasselbe gilt, wenn die Zahlung durch Freunde oder Familienangehörige des Mieters erbracht wird, da der Vermieter gegen diese Personen nicht vollstrecken kann.[37]

---

[34] LG Kassel WuM 1990, 29.
[35] LG Köln WuM 1984, 297; AG Bonn WuM 1992, 597.
[36] Manger GE 2006, 488.
[37] LG Gießen ZMR 2001, 894.

36 Nach LG Bonn[38] ist der Mieter sogar verpflichtet, vor Abschluss eines Mietvertrages den Vermieter ungefragt darüber aufzuklären, dass über sein Vermögen das **Insolvenzverfahren** eröffnet ist sowie darüber, dass das Vormietverhältnis wegen Nichtzahlung der Miete gekündigt und er deshalb zur Räumung verurteilt worden ist. Auch die Angabe von Mietschulden aus früheren Mietverhältnissen in Selbstauskunftsformularen soll erforderlich sein.[39]

37 Will jemand eine Wohnung anmieten und verlangt der künftige Vermieter von ihm im Rahmen der Selbstauskunft die Vorlage einer **Mietschuldenfreiheitsbescheinigung,** so gilt, dass der Mieter gegen seinen früheren Vermieter keinen Anspruch auf Ausstellung einer derartigen Bescheinigung hat.[40] Die Vorlage einer erfundenen Mietschuldenfreiheitsbescheinigung stellt einen Grund zur fristlosen Kündigung des Mietverhältnisses dar.[41]

3. Familienstand, Gewerbeausübung, Haustiere

38 Die Frage nach dem **Familienstand** mag für den Vermieter von Bedeutung sein, wenn er an ein Ehepaar vermieten will. Nach der hier vertretenen Auffassung dürfte die Frage nicht zulässig sein, da hier das Interesse des Mieters am Schutz seiner Privatsphäre überwiegen dürfte. Hinzu kommt, dass, soweit nicht Überbelegung eintritt, der Zuzug eines Ehepartners oder Lebenspartners regelmäßig von einem berechtigten Interesse des Mieters gedeckt ist. Unzulässig dürfte auch die Frage nach einer bestehenden **Schwangerschaft** oder nach **Kinderwunsch** sein. Allgemein wird immer wieder die Frage nach **zuziehenden Personen** gestellt, besonders bei kleinen Wohnungen.

39 Die Frage hat ihren Sinn darin, dass der Vermieter gegebenenfalls erkennen kann, ob Überbelegung eintreten könnte oder ob in der Person der zuziehenden Personen Gründe bestehen, die ihre Zurückweisung rechtfertigen könnten. Dies wäre zB dann der Fall, wenn diese Personen den Hausfrieden stören. Der Mieter muss sich das Verhalten aufgenommene Personen nach § 278 BGB jedenfalls dann zurechnen lassen, wenn eine fristlosen Kündigung in Betracht kommt.[42]

40 Zulässig dürfte die Frage sein, ob der Mieter in den Mieträumen ein **Gewerbe** ausüben will, sowie die Frage nach beabsichtigter **Haustierhaltung.** Werden falsche Angaben über die Tierhaltung gemacht, dürfte die Kündigung des Mietverhältnisses nur in Ausnahmefällen in Betracht kommen (zB Haltung eines gefährlichen Kampfhundes),[43] in anderen Fällen die Unterlassungsklage nach § 541 BGB.

---

[38] WuM 2006, 24.
[39] LG Itzehoe WuM 2008, 281.
[40] BGH NZM 2009, 853.
[41] BGH NZM 2014, 430.
[42] KG NZM 2000, 905.
[43] Vgl. LG Berlin ZMR 1999, 28: ordentliche Kündigung nach Abmahnung.

4. Ausweis und Staatsangehörigkeit

Fraglich ist, ob die Frage nach der Personalausweis- oder **Passnummer** sowie nach der **Staatsangehörigkeit** des Mieters zulässig ist.[44] Andererseits wird jedem Vermieter anzuraten sein, sich zur Identifikation der Person des Mieters ein Ausweispapier vorlegen zu lassen. **41**

5. Referenzen

Unter Abwägung der beiderseitigen Interessen dürfte die Frage nach dem bisherigen Vermieter oder anderen Referenzen zulässig sein, da hier Informationen über die Zahlungsfähigkeit und Zahlungswilligkeit des Mieters sowie über sonstige Unzuträglichkeiten erlangt werden können. Der bisherige Vermieter ist die richtige Person um über Fragen wie das Zahlungsverhalten, die Einhaltung der Hausordnung etc. Auskunft zu geben. **42**

6. Informationelle Selbstbestimmung

Im Zweifel unter Berücksichtigung des Rechts des Mieters auf informationelle Selbstbestimmung nach Art. 2 Abs. 1 iVm. Art. 1 Abs. 1 GG hat das Bundesverfassungsgericht[45] entschieden, dass ein wegen Geistesschwäche entmündigter Mieter dies bei Abschluss des Mietvertrages nicht offenbaren muss. **43**

7. Folgen einer Falschauskunft

Werden Fragen, die zulässiger Weise gestellt werden, falsch beantwortet, kommt vor Bezug der Mieträume eine Anfechtung des Vertrags wegen arglistiger Täuschung in Betracht, nach Bezug die fristlose oder ordentliche Kündigung nach §§ 543 Abs. 1, 573 Abs. 1, Abs. 2 Nr. 1 BGB. **44**

Es wird zu berücksichtigen sein, ob die Falschauskunft tatsächliche negative Auswirkungen für den Vermieter bzw. das Mietverhältnis hat. Erbringt zB der Mieter trotz einer Falschauskunft über seinen Arbeitsplatz die Miete in der Folge aus gesichertem Einkommen, dürfte eine Kündigung nicht in Betracht kommen. **45**

IV. Die Form des Mietvertrages

Die gesetzliche **Schriftform** bei Mietverträgen ergibt sich aus § 550 BGB. Für gewerbliche Mietverhältnisse gilt sie nach § 578 Abs. 2 BGB. Es bedarf der Mietvertrag, der für längere Zeit als ein Jahr abgeschlossen worden ist, der Schriftform. Bei Nichteinhaltung der Form ist der Vertrag nicht unwirksam, sondern gilt als auf unbestimmte Zeit geschlossen. Dies **46**

[44] Vgl. hierzu Manger GE 2006, 489.
[45] NJW 1991, 2411.

beruht auf **Mieterschutzgründen,** um dem Mieter bei Formunwirksamkeit die vertragliche Bindung zu erhalten.

47 Die Kündigung ist bei Formunwirksamkeit aber erst für den Schluss des ersten Jahres zulässig. Nach den Gesetzesmaterialien dient die Schriftform vor allem dem Beweis der getroffenen Regelungen. Wird über bestimmte Punkte keine Vereinbarung getroffen, gilt die gesetzliche Regelung des BGB. Gesetzliche Schriftform bedeutet gem. § 126 BGB, dass der Vertrag vom Aussteller eigenhändig unterzeichnet ist. Die schriftliche Form wird nach § 126 Abs. 4 BGB durch notarielle Beurkundung ersetzt.

48 Hinsichtlich der Schriftform bestimmt § 126 Abs. 3 BGB, dass auch ein Mietvertrag für längere Zeit als ein Jahr in **elektronischer Form** geschlossen werden kann. Was die elektronische Form bedeutet, ergibt sich aus § 126a BGB. Soll die gesetzlich vorgeschriebene schriftliche Form durch die elektronische Form ersetzt werden, muss der Aussteller der Erklärung dieser seinen Namen hinzufügen und das elektronische Dokument mit einer qualifizierten elektronischen Signatur nach dem Signaturgesetz versehen. Bei einem Vertrag müssen die Parteien jeweils ein gleich lautendes Dokument in dieser Weise elektronisch signieren. Voraussetzung ist, dass die elektronische Signatur auf einem qualifizierten Zertifikat eines Diensteanbieters beruht und von einer sicheren Signaturerstellungseinheit erstellt wird (vgl. Art. 5 Abs. 1 der Richtlinie über gemeinschaftliche Rahmenbedingungen für elektronische Signaturen).

49 Das Erfordernis des § 126a Abs. 2 BGB neuer Fassung ist nicht erfüllt, wenn lediglich jeder Vertragspartner seine eigene Angebots- oder Annahmeerklärung elektronisch signiert. Dem Vertragspartner ist das gesamte Vertragsdokument sowie die elektronische Signierung des Dokumentes zuzusenden. Die gesetzliche Schriftform kann allerdings auch dadurch erfüllt werden, dass der eine Partner das Dokument nach § 126a Abs. 1 BGB in elektronischer Form signiert und der andere ein gleich lautendes Dokument in Schriftform herkömmlicher Art nach § 126 Abs. 1 BGB unterzeichnet.

50 Im Übrigen gilt folgendes:

Der Mietvertrag kommt durch **Angebot und Annahme** zustande. Beim Vertragsschluss unter Abwesenden gelten die §§ 147 Abs. 2, 149 BGB. Der Vertrag kommt erst mit Zugang des unterschriebenen Vertragstextes beim anderen Vertragsteil zustande, nicht schon mit der Unterschrift,[46] es sei denn, es ist konkludent auf eine Annahmeerklärung verzichtet worden.[47] Nach BGH[48] ist es ausreichend, wenn eine Partei den von der anderen Partei unterschriebenen Vertrag mit sich nimmt, später unterschreibt und nicht erneut der anderen Partei zuleitet.

[46] OLG Dresden ZMR 1999, 104.
[47] LG Freiburg ZMR 1998, 780.
[48] BGH NZM 2004, 738.

Beide Parteien müssen auf derselben Urkunde unterschreiben. Bei gleich lautenden Verträgen genügt es jedoch, wenn der Mieter das für den Vermieter bestimmte Exemplar unterschreibt und umgekehrt (§ 126 Abs. 2 Satz 2 BGB). Die **Unterschrift** muss, wie der Name „Unterschrift“ besagt, die vertraglichen Erklärungen durch Unterzeichnung am Ende der Erklärung abdecken. **51**

Die **Schriftform** des Mietvertrages nach §§ 550, 126 BGB ist grundsätzlich nur dann gewahrt, wenn die einzelnen Teile des Vertrages fest miteinander verbunden oder jeweils gesondert unterschrieben sind. Dies gilt auch für Anlagen, die Vertragsbestandteil sein sollen.[49] **52**

Nach der Rechtsprechung des BGH[50] reicht für eine feste Verbindung das Heften mit einer Heftmaschine aus (nicht zerstörungsfreie Trennung), nach dem Thüringer OLG[51] genügt die Verbindung mit einer Büroklammer nicht. **53**

Diese strenge Rechtsprechung wurde durch ein Urteil des OLG München[52] und des Kammergerichts[53] insofern aufgelockert, als bei einem Vertrag, der fortlaufenden Text, Seitennummerierung und Paragraphenzählung aufweist, die Schriftform auch ohne feste Verbindung gewahrt sein soll, wenn eine inhaltliche Verknüpfung durch wechselseitige Bezugnahme gegeben ist. Dies wurde durch die **„Auflockerungsrechtsprechung“** des BGH[54] weitergeführt.[55] **54**

Sind auf einem bereits unterschriebenen Vertrag Nachträge unterhalb der Unterschrift angebracht worden, die selbst formbedürftig sind, weil sie wesentliche Vertragsinhalte aufweisen, müssen diese zur Wahrung der Schriftform erneut von beiden Vertragsteilen unterzeichnet werden.[56] **55**

Anlagen zum Mietvertrag, die mit diesem nicht fest verbunden sind, müssen zur Wahrung der Schriftform im Vertrag zweifelsfrei bezeichnet werden.[57] Abreden, die für den Inhalt des Vertrages von nebensächlicher Bedeutung sind (zB Aufstellung der Betriebskosten, soweit diese bereits im Vertrag zweifelsfrei bezeichnet sind), bedürfen nicht der Schriftform.[58] **56**

Ist der Vertrag zur Gänze mündlich abgeschlossen, so gilt das bereits Ausgeführte zur Unterlassung der Schriftform nach § 550 BGB. Ist teilweise eine Vereinbarung über bestimmte Punkte nicht getroffen, so gilt die Regelung des BGB, zB hinsichtlich der Frage, wer Schönheitsrepara- **57**

---

[49] KG WuM 1984, 101.
[50] BGHZ 40, 245.
[51] ZMR 1997, 291.
[52] ZMR 1996, 136.
[53] GE 1997, 119.
[54] WuM 1997, 667.
[55] Ebenso BGH WuM 1999, 516.
[56] BGH WuM 1990, 140.
[57] BGH NJW 2003, 1248.
[58] BGH WuM 1999, 516.

turen auszuführen hat, was nach §§ 535 Abs. 1, 538 BGB dann der Vermieter ist, soweit vertraglich nichts anderes vereinbart ist. Ist über die Höhe des Mietzinses in bestimmter Höhe eine Einigung nicht erfolgt, genügt es, wenn der Vertrag eine „angemessene" oder „ortsübliche" Miete vorsieht.[59]

58 In Mietvertragsformularen ist in der Regel Schriftform bestimmt. Es kann auch die Klausel enthalten sein: „Nachträgliche Änderungen und Ergänzungen des Vertrages bedürfen der Schriftform".

59 Wird eine mündliche Vereinbarung über bestimmte Punkte von einer Partei behauptet, so kommt es darauf an, ob der Beweis insoweit geführt werden kann. Gelingt dies, so ist in der mündlichen Vereinbarung gleichzeitig eine einvernehmliche Aufhebung der vertraglich vereinbarten Schriftform für den Einzelfall zu sehen. Die Rechtsprechung ist insoweit eher großzügig.

60 Für den Bereich gewerblicher Mietverhältnisse hat der BGH[60] entschieden, dass mündliche Individualvereinbarungen vor Schriftformklauseln in Formularverträgen Vorrang haben.

61 Liegt eine individuell vereinbarte qualifizierte Schriftformklausel vor, kann sie nur durch eine schriftliche Vereinbarung oder nach § 305b BGB durch **Individualvereinbarung**[61] abgeändert werden. Eine solche qualifizierte Schriftformklausel kann folgenden Inhalt haben: „Nachträgliche Änderungen und Ergänzungen dieses Vertrages sowie das Abweichen von dieser Formvorschrift bedürfen der Schriftform".[62]

62 Liegt keine individuell vereinbarte qualifizierte Schriftformklausel, sondern insoweit eine **AGB-Klausel** vor, so soll diese Klausel, die besagt, dass eine Abweichung von einer Schriftformklausel ebenfalls der Schriftform bedarf, nach Ansicht des OLG Rostock[63] gegen § 307 BGB verstoßen. Nach überwiegender Ansicht der Rechtsprechung sind Schriftformklausel in Wohnraummietverträgen unwirksam.[64]

V. Bevollmächtigung und Vertretung

63 Die Bevollmächtigung und Vertretung bei Abgabe von Erklärungen ist sowohl auf Vermieter- als auch auf Mieterseite möglich. Zulässig ist jedoch nur die offene Stellvertretung, die verdeckte Stellvertretung ist nicht zulässig.[65]

[59] BGH ZMR 1992, 237.
[60] BGH NJW 2005, 2406.
[61] OLG Düsseldorf ZMR 2007, 35.
[62] Vgl. BGHZ 66, 378.
[63] OLG Rostock 19.5.2009 – 3 U 16/09.
[64] BGH NJW 2009, 433.
[65] LG München I WuM 1989, 282.

Beispiel: Schließt zB ein Hausverwalter einen Mietvertrag ohne Hinweis darauf, dass er den Vermieter vertritt, kommt der Mietvertrag mit dem Hausverwalter zustande.[66] 64

Für eine Kündigung, die in fremdem Namen erfolgt, ist nicht nur das Bestehen, sondern auch die Vorlage der Vollmacht an den Erklärungsempfänger erforderlich. Erteilt werden kann die Vollmacht allerdings formlos. Legt der Bevollmächtigte die Vollmachtsurkunde aber mit der Erklärung nicht vor, kann sie der Empfänger unverzüglich nach § 174 BGB zurückweisen.[67] „Unverzüglich" kann auch nach Einholung von Rechtsrat nach 14 Tagen sein.[68] Die damit unwirksame Kündigung kann nicht durch Nachreichen der Vollmacht wirksam gemacht werden, sondern muss neu erklärt werden. 65

Bei Bevollmächtigung eines Rechtsanwalts reicht die allgemeine Prozessvollmacht weder als Vollmacht zur Erklärung noch zur Entgegennahme einer Kündigung aus.[69] 66

Der Vermieter kann eine **Mieterhöhungserklärung** durch einen Bevollmächtigten abgeben, § 164 BGB. Die Erklärung muss in fremdem Namen abgegeben werden, es sei denn, es ist bereits eine allgemeine Vertretungsregelung im Mietvertrag enthalten. 67

Was den oder die Mieter betrifft, so ist eine Vollmachtklausel im Mietvertrag, dass eine Erhöhungserklärung, die gegenüber einem Mieter **abgegeben** wird, auch gegenüber den anderen wirksam ist, zulässig.[70] Bei entsprechender vertragliche Vereinbarung gilt dies auch bei Ehegatten als Mieter.[71] 68

Das Erhöhungsverlangen muss aber an alle Mieter **gerichtet** sein, sie müssen also in dem Erhöhungsverlangen benannt sein.[72] Dies gilt auch dann, wenn die Ehegatten getrennt leben und einer von beiden ausgezogen ist.[73] 69

Bei Kündigungen ist auf Vermieterseite zwar Stellvertretung möglich, das Recht zur Kündigung eines Wohnraummietvertrages kann aber weder abgetreten noch an einen Dritten zur Kündigung im eigenen Namen **(Prozessstandschaft)** übertragen werden.[74] Auch wenn ein Grundstück veräußert wird, kann der Erwerber im eigenen Namen erst nach Vollendung des Rechtserwerbs, also nach Eintragung in das Grundbuch, kündigen, eine Auflassungsvormerkung reicht nicht aus.[75] 70

Auf Mieterseite gilt, dass vertragliche Formularklauseln, wonach sich die Mieter gegenseitig zur Abgabe oder Entgegennahme von Kündi- 71

---

66 LG Berlin ZMR 1995, Heft 3 II.
67 LG Berlin WuM 1986, 331.
68 LG München II WuM 1995, 478.
69 LG Karlsruhe WuM 1985, 320.
70 OLG Schleswig WuM 1983, 130.
71 KG WuM 1985, 12.
72 OLG Koblenz WuM 1984, 18.
73 BayObLG ZMR 1983, 247.
74 LG Kiel WuM 1992, 128.
75 BGH WuM 1989, 141.

gungserklärungen bevollmächtigen, hinsichtlich der Vollmachtklausel für die Entgegennahme von Kündigungen wirksam sind.[76]

VI. Mehrheit von Mietern und Vermietern

72 Ist eine Mehrheit von Mietern oder von Vermietern gegeben, so muss der Vertrag grundsätzlich von allen Beteiligten auf beiden Seiten unterschrieben werden. Unterzeichnet für eine Partei ein Vertreter, muss dies durch einen das **Vertretungsverhältnis** kennzeichnenden Zusatz hinreichend zum Ausdruck kommen.[77] Eine Mehrheit von Mietern und Vermietern bildet eine BGB-Innengesellschaft nach § 705 BGB.

73 Wer den Vertrag nicht unterschrieben hat, wird, falls nicht ein Fall der Vertretung vorliegt, auch nicht Vertragspartei. Es genügt also nicht, wenn eine Partei nur im „Kopf" des Vertrages aufgeführt ist, diesen aber nicht unterschrieben hat.[78]

74 Etwas anderes kann in eng begrenzten Fällen dann gelten, wenn Ehepaare eine Wohnung gemeinsam anmieten. Hier soll dann, wenn beide Ehepartner an den Vertragsverhandlungen beteiligt bzw. beim Abschluss des Vertrages anwesend waren, gelten, dass der Anschein für gemeinsame Anmietung spricht und die Unterschrift des einen Partners auch im Namen des anderen – der den Vertrag nicht unterschrieben hat – erfolgt.[79]

75 Entsprechendes soll auch für die Vermieterseite gelten,[80] insbesondere falls das Vermieterpaar Eigentümer des vermieteten Anwesens ist Stehen im Kopf eines Vertrages Ehepartner, unterschreibt aber nur einer von ihnen den Vertrag, gilt der **Anschein der gemeinsamen Vermietung bei Ehegatten** grundsätzlich nur, wenn beide an den Vertragsverhandlungen beteiligt waren.[81] Für den Anschein auch ohne Kenntnis des nicht unterschreibenden Ehegatten soll sprechen, wenn beide Eigentümer sind und eine entsprechend lange Vertragsdauer vorliegt.[82]

76 Waren jedenfalls auf Mieterseite nicht beide im Kopf des Vertrages stehende Ehepartner bei Vertragsschluss anwesend und unterschreibt nur einer von ihnen, kann der nicht unterschreibende Partner durch konkludenten Vertragsbeitritt Mitmieter werden. Voraussetzung ist, dass aus seinem Verhalten geschlossen werden kann, dass er eigene Rechte und Pflichten begründen will und ihn der Vermieter auch als Vertragspartner akzeptiert.[83]

[76] BGH GE 1997, 1458.
[77] BGH ZMR 2004, 19.
[78] LG Berlin GE 2004, 1096.
[79] LG Berlin GE 1995, 1553.
[80] LG Heidelberg WuM 1997, 547.
[81] LG Heidelberg WuM 1997, 547.
[82] LG Gießen WuM 2008, 591.
[83] BGH NZM 2005, 659.

Mehrere Hauptmieter derselben Wohnung bilden eine BGB-Innengesellschaft nach § 705 BGB. Will einer der Gesellschafter aus dem Mietverhältnis ausscheiden, so muss er die Zustimmung der anderen Mitgesellschafter zur Auflösung verlangen, also die Mitwirkung zu einer gemeinsamen Kündigung.[84] Ein eigenes Kündigungsrecht steht ihm nicht zu. Die Zustimmung kann nur zum nächstmöglichen vertragsmäßigen Beendigungszeitpunkt verlangt werden, selbst wenn der Vermieter einer vorzeitigen Vertragsbeendigung zustimmen würde.[85] **77**

Der verbleibende Mieter muss der verlangten Entlassung des Ausscheidenden aus dem Mietvertrag zustimmen. Stimmt er nicht zu, kann er sich nach Treu und Glauben gegenüber dem Vermieter später nicht darauf berufen, dass er nicht alleiniger Mieter sei und der Entlassung des anderen Mieters nicht zugestimmt habe.[86] **78**

Für den Vermieter gilt, dass er ebenfalls nur einheitlich gegenüber allen Mietern einer Wohnung kündigen kann. Er soll aber dann, wenn der Kündigungsgrund nur bei einem Teil der Mitmieter gegeben ist, nach **Treu und Glauben** verpflichtet sein, den vertragstreuen Mietern die Fortsetzung (bzw. den Neuabschluss) des Vertrags zu den bisherigen Bedingungen anzubieten.[87] **79**

Die Notwendigkeit der einheitlichen Abgabe von Erklärungen durch den Vermieter gilt z. B. auch im Falle der Mieterhöhung nach §§ 558 ff. BGB, da eine Mehrheit von Mietern hier notwendige Streitgenossen sind. Zieht ein Mieter aus der Wohnung aus ohne im Einvernehmen der Vertragsbeteiligten aus dem Vertrag entlassen worden zu sein, bleibt er grundsätzlich weiter Vertragspartei. Nachdem hier wie im Falle der Kündigung der Vermieter zur Wirksamkeit seine Erklärung aber nur einheitlich abgeben kann, steht er uU vor dem Problem, weder wirksam kündigen noch die Mieterhöhungserklärung abgeben zu können, falls ihm die Anschrift des ausgezogenen Mieters nicht bekannt ist. Die Berufung des verbliebenen Mieters auf die Unwirksamkeit der Erklärung soll deswegen treuwidrig sein, wenn er dem Vermieter trotz Kenntnis die Adresse des ausgezogenen Mieters nicht mitteilt.[88] **80**

Teilweise wird auch die Auffassung vertreten, dass die Abgabe der Erklärung gegenüber dem Verbleibenden wirksam zulässig ist, wenn seit dem Auszug des weiteren Mieters längere Zeit vergangen ist.[89] Der BGH[90] sieht es als rechtsmissbräuchlich an, wenn sich der verbleibende Mieter in solchen Fällen auf eine rein formale Rechtsposition beruft. **81**

84 OLG Köln WuM 1999, 521.
85 LG Gießen ZMR 1997, 142.
86 BGH WuM 2005, 341.
87 LG Darmstadt ZMR 1983, 308.
88 OLG Frankfurt a. M. WuM 1991, 103; LG Limburg WuM 1993, 47.
89 ZB 10 Jahre, LG Stuttgart WuM 1996, 94.
90 BGH NZM 2010, 815.

82 Nach BGH[91] muss der Vermieter auch im Falle der endgültigen Besitzaufgabe durch den ausgezogenen Mieter auch diesen auf **Räumung** verklagen, da er seine Rückgabepflicht nach § 362 BGB nicht erfüllt hat.

VII. Rechte und Pflichten der Mietvertragsparteien

1. Rechte und Pflichten des Vermieters

a) Allgemeines

83 Der Vermieter hat das Recht auf Zahlung der Miete nach § 535 Abs. 2 BGB, dem die Mietzahlungspflicht des Mieters entspricht. Er muss die Mieträume dem Mieter in einem zu dem vertragsgemäßen Gebrauch geeigneten Zustand im Sinne des § 536 Abs. 1 BGB überlassen. Dazu gehört die Übergabe der Schlüssel und bezugsfertige Herstellung der Mieträume.[92]

b) Instandsetzungspflicht

84 Ist der vertragsgemäße Zustand beeinträchtigt, hat der Vermieter, soweit die Beeinträchtigung nicht auf Verschulden des Mieters zurückzuführen ist, eine **Instandsetzungspflicht** nach § 535 Satz 2 BGB. Diese gilt auch bei Mängeln, deren Ursache der Sphäre des Mieters zuzurechnen ist, die der Mieter aber nicht zu vertreten hat, da der vertragsgemäße Gebrauch nicht überschritten ist.[93]

85 Diese Instandsetzungspflicht findet ihre Grenze bei völliger Zerstörung der Mieträume[94] und auch im Übrigen dann, wenn die Aufwendungen für die Instandsetzung unverhältnismäßig hoch sind, also die **Opfergrenze** überschritten ist. Dies ist dann der Fall, wenn ein krasses Missverhältnis zwischen Reparaturaufwand einerseits und Mieteinnahmen und Wert des Mietobjekts andererseits besteht.[95]

c) Verkehrssicherungspflicht

86 Als Nebenpflicht des Vermieters ist zu nennen die **Verkehrssicherungspflicht** (zB Streuen im Winter), soweit sie nicht zulässigerweise auf Mieter übertragen ist. Die Beauftragung eines Pförtner – oder Wachdienstes erscheint nicht ausgeschlossen, hier hat sich die Rechtsprechung nur mit der Frage beschäftigt, inwieweit derartige Kosten als Betriebskosten auf Mieter umlegbar sind. Nach KG[96] verletzt jedoch die Überwachung

[91] BGH NJW 1996, 515.
[92] BGH NJW 1976, 105.
[93] BGH GE 2008, 982 – Fogging.
[94] OLG Karlsruhe GE 1995, 561.
[95] BGH NZM 2005, 820.
[96] GE 2008, 1625.

durch eine Videokamera im Aufzug das Persönlichkeitsrecht der Mieter. Dies dürfte auch dann gelten, wenn es sich bei der Kamera nur um eine Attrappe handelt.

Die Abwälzung der **Verkehrssicherungspflicht** auf Mieter ist grundsätzlich zulässig.[97] Ist eine wirksame Übertragung auf den Mieter erfolgt, so ist der Vermieter nicht berechtigt, Kosten für ein Reinigungsunternehmen, das er einseitig beauftragt hat, im Rahmen der Nr. 8 der BetrKV auf den Mieter umzulegen.[98] **87**

Benutzungsregelungen in Mietverträgen oder als Sondervereinbarung sind eine Ausprägung der allgemeinen Pflicht zur gegenseitigen Rücksichtnahme und der **Obhutspflicht,** die sich aus allgemeinen Grundsätzen bei einem Mietverhältnis als Dauerschuldverhältnis ergibt. Auf ihre Verletzung kann gegebenenfalls bei entsprechendem Gewicht und nach vorausgehender Abmahnung die fristlose Kündigung nach § 543 BGB oder die ordentliche Kündigung nach § 573 Abs. 2 BGB gestützt werden. **88**

d) Prüfungspflicht

Eine Prüfungspflicht besteht zB bei Gasleitungen, Abflussrohren und Aufzügen. Die **Anforderungen** an die Prüfungspflicht dürfen nicht überspannt werden. So geht zB das LG Berlin[99] davon aus, dass eine Prüfung von Abflussrohren nur dann erforderlich ist, wenn es schon häufiger Verstopfungen gegeben hat. Ebenso meint das AG Menden,[100] dass Wasser- und Abwasserrohre dann nicht regelmäßig kontrolliert werden müssen, wenn sich an ihnen keine Unregelmäßigkeiten zeigen. Es besteht keine Verpflichtung des Vermieters zur regelmäßigen Inspektion der Elektroleitungen und Elektrogeräte in der Mietwohnung im Rahmen der Verkehrssicherungspflicht.[101] **89**

e) Beheizungspflicht

Die Pflicht zur **Beheizung** der Mieträume gehört zur Verfügungstellung zum vertragsgemäßen Gebrauch. Dies bedeutet, dass auch dann, wenn der Vermieter vom **Wärmecontracting** Gebrauch macht, also eine eigenständige gewerbliche Lieferung von Wärme und Warmwasser im Sinne von §§ 2 Nr. 4c, 5b der Betriebskostenverordnung durch eine Drittfirma stattfindet, er nicht von seiner Verpflichtung, die Beheizung der Mieträume sicherzustellen, frei wird, falls die Drittfirma ausfällt. **90**

Auch außerhalb der Heizperiode, die üblicherweise für die Zeit vom 1.10. bis 30.4. des Folgejahres oder vom 15.9. bis 15.5. des Folgejahres an- **91**

[97] OLG Frankfurt a. M. WuM 1988, 399 in Bezug auf den Winterdienst.
[98] LG Karlsruhe WuM 1992, 368.
[99] GE 2000, 283.
[100] ZMR 1999, 34.
[101] BGH WuM 2008, 719.

genommen wird, muss die Beheizung sichergestellt werden, wenn an drei aufeinander folgenden Tagen die Außentemperatur um 21 Uhr auf unter 12 Grad absinkt. Für die zu erreichenden Temperaturen kann die DIN 4701 herangezogen werden, die für zum Aufenthalt von Personen bestimmte Räume 20 Grad, Bäder und Duschräume 22 Grad festsetzt. Dies gilt für die Zeit von 7 Uhr bis 23 Uhr. Nachts kann die Temperatur bis auf 17 Grad abgesenkt werden.[102] Die Pflicht des Vermieters zur Beheizung der Wohnung kann grundsätzlich auch nicht für die Zeit außerhalb der Heizperiode ganz ausgeschlossen werden.

f) Herstellung eines Mindeststandards

92 Die Verstärkung der Elektroleitungen gehört zu den **Modernisierungsmaßnahmen** nach § 555b BGB, auf die grundsätzlich kein Anspruch des Mieters besteht.[103] Andererseits kann auch der Mieter einer Altbauwohnung hinsichtlich der Elektroausstattung einen Mindeststandard erwarten.[104] Dies bedeutet, dass der Mieter grundsätzlich die Möglichkeit haben muss, neben einem elektrischen Großgerät zumindest noch ein weiteres haushaltsübliches Elektrogerät zu betreiben.[105] Parallelen zu anderen Modernisierungsmaßnahmen oder Ausstattungsverbesserungen zu ziehen, ist nicht möglich. Der Mieter kann also zB nicht verlangen, dass der Schallschutz eines Altbaus, der den zur Zeit der Erbauung des Gebäudes geltenden Vorschriften entsprochen hat, verbessert wird. Dies gilt auch dann, wenn zB durch Einbringung eines Laminat- oder Parkettbodens die Schallübertragung verändert wird.

2. Rechte und Pflichten des Mieters

a) Allgemeine Nutzung der Mieträume – gewerbliche Nutzung und Mischmietverhältnisse

93 Der Mieter hat das Recht zur umfassenden Nutzung der Mieträume und insbesondere als Besitzer das Recht, jeden Dritten vom Besitz auszuschließen, auch den Vermieter. Dem steht die Pflicht des Mieters, in regelmäßigen Abständen oder bei besonderem Anlass dem Vermieter die Besichtigung der Mieträume zu gestatten, nicht entgegen. Weiter hat der Mieter das Recht, Besucher zu empfangen, ein Recht auf Untervermietung bzw. **Gebrauchsüberlassung** auf Dauer besteht jedoch nur im Rahmen des § 553 BGB, soweit es sich nicht um zulässige Mitnutzung durch Verwandte oder Ehepartner handelt.

94 Im Einzelfall können sich Probleme dahin ergeben, wie weit das Recht des Mieters zum Mietgebrauch reicht. So soll zB das Abstellen von Fahr-

[102] Vgl. im Übrigen zu Temperaturen in Mietwohnungen Pfeiffer GE 2003, 1310.
[103] BGH WuM 2004, 715.
[104] BGH WuM 2004, 527.
[105] Vgl. auch BGH NZM 2010, 356.

rädern in der Wohnung und der Transport der Räder durch das Treppenhaus zum allgemeinen Mietgebrauch gehören.[106]

Eine **teilgewerbliche Nutzung** der Wohnräume muss der Vermieter dulden und die Erlaubnis hierzu erteilen, wenn es sich um eine Tätigkeit ohne Mitarbeiter und ohne ins Gewicht fallenden Kundenverkehr handelt. Hierfür trägt der Mieter die Darlegungs- und Beweislast.[107] Andererseits muss der Vermieter eine gewerbliche Tätigkeit nicht dulden, die mit geschäftlicher Tätigkeit nach außen – wie Benennung der Geschäftsadresse gegenüber Kunden und Angabe der Wohnung gegenüber dem Gewerbeamt – verbunden ist.[108] **95**

Ob ein Mietverhältnis insgesamt als Wohnraum – oder Gewerbemietverhältnis einzuordnen ist, bestimmt sich nach den Vereinbarungen der Parteien unter Berücksichtigung der überwiegenden Nutzungsart, der Flächenverhältnisse und der Verteilung der Gesamtmiete. Nicht entscheidend ist, ob die Vermietung zur Ausübung einer gewerblichen Tätigkeit erfolgt ist.[109] **96**

b) Einbeziehung von Hausordnungen in den Mietvertrag

Liegt eine Hausordnung vor, muss sie wirksam in den Mietvertrag einbezogen sein, was durch eine Vertragsklausel, die etwa lautet: „Die nliegende Hausordnung ist Bestandteil dieses Vertrages“ nicht der Fall ist.[110] Hier handelt es sich um eine **Beweislastumkehr** zum Nachteil des Mieters nach § 309 Nr. 12 BGB. Will sich der Mieter nämlich auf die nicht erfolgte Vereinbarung einzelner Regelungen der Hausordnung berufen, da er diese nicht erhalten hat, ist er angesichts der vertraglichen Klausel beweispflichtig. **97**

Unwirksam sind auch Vereinbarungen in einem Mietvertrag, die lauten: „Die bestehende Hausordnung ist Gegenstand des Mietvertrages“, jedenfalls falls insoweit auf eine Hausordnung Bezug genommen wird, die mit wechselndem Inhalt durch Aushang bekannt gegeben wird.[111] **98**

c) Tonwiedergabe und Musikausübung

Regelungen, die das Musik Ausüben oder den Betrieb von Tonwiedergabegeräten in Zimmerlautstärke vorschreiben, finden sich in der Regel in Hausordnungen. Derartige Vereinbarungen können aber auch im Mietvertrag selbst oder als Sondervereinbarung getroffen werden. **99**

---

[106] AG Hamburg WuM 2020, 196.

[107] BGH NJW 2009, 3157 = NZM 2009, 658, für den Fall einer teilgewerblichen Nutzung als selbstständiger Immobilienmakler.

[108] BGH NZM 2013, 786 bei einem Hausmeisterservice.

[109] BGH NZM 2014, 626.

[110] BGH, GE 1991, 619.

[111] LG München I NZM 1998, 32: Verstoß gegen das Transparenzgebot und unklarer Regelungsgehalt.

100 Es ist zu beachten, dass die Beschränkung des Musizierens auf **Zimmerlautstärke,** also so, dass es in anderen Wohnungen nicht zu hören ist, einem völligen Ausschluss des Musizierens gleichkommen kann.[112] Dies ist zB bei Klavierspielen nicht möglich. Dies bedeutet, dass, soweit sich das Musizieren in engem zeitlichem Rahmen und außerhalb der Nachtruhezeiten bewegt, es auch über den nach der Vereinbarung zulässigen Bereich der Zimmerlautstärke hinaus als hinnehmbar angesehen werden muss.

101 Man wird davon ausgehen müssen, dass eine solche Vereinbarung, was das Musizieren betrifft, jedenfalls Appellcharakter für den Mieter hat. Immerhin nimmt das LG Frankfurt a. M.[113] an, dass ein Mieter nicht nur ein Klavier in eine dafür statisch geeignete Wohnung verbringen darf, sondern auch Klavierunterricht geben darf. Andererseits hat der BGH[114] entschieden, dass der Vermieter über die übliche Wohnnutzung hinausgehende Aktivitäten nicht dulden muss: hier Gitarrenunterricht). Hinsichtlich des Betriebs von Tonwiedergabegeräten hingegen erscheint eine Beschränkung auf Zimmerlautstärke durchaus auch während der Zeiten, zu denen die Nachtruhe nicht gilt, zumutbar. Im Übrigen gilt, dass lautstarke Tätigkeiten, die üblicherweise auch zur Nachtzeit ausgeübt werden, wie zB Duschen nach 22 Uhr, nicht verboten werden können.[115]

d) Nutzung von Gemeinschaftsflächen

102 – **Abstellen von Kinderwagen**
Soweit eine Vereinbarung generell das **Abstellen von Kinderwagen** im Hausflur oder auf sonstigen Gemeinschaftsflächen verbietet, ist diese unwirksam.[116] Dies beruht darauf, dass Kinder und die für sie erforderlichen Einrichtungen generell von der Rechtsprechung gegenüber anderen Regelungsgegenständen privilegiert werden. Dabei ist auch zu berücksichtigen, dass es generell als unzumutbar angesehen werden kann, Kinderwagen im Falle, dass ein Aufzug nicht vorhanden ist, in eine Etagenwohnung zu transportieren, ebenso, sie unter freiem Himmel abzustellen. Kinderwagen Hausfremder sollen durch die entsprechenden Entscheidungen nicht privilegiert werden, weswegen das LG Hamburg[117] Kinderwagen fremder Kinder, die eine Mieterin als Tagesmutter betreut, ausnimmt.

103 – **Abstellen von Fahrzeugen**
Dies gilt jedoch nicht zB für Motorräder, Mopeds oder Fahrräder, hier erscheint ein Abstellen im Freien und mit entsprechender Sicherung

---

112 BayObLG WuM 2002, 38.
113 WuM 2006, 142.
114 BGH NZM 2013, 456.
115 LG Köln WuM 1997, 323.
116 LG Hamburg WuM 1992, 188.
117 WuM 1992, 188.

gegen Diebstahl zumutbar. Andererseits sind zB feuerpolizeiliche Vorschriften zu berücksichtigen, die die Freihaltung von Durchgangswegen beinhalten.

- **Abstellen von Gehhilfen** 104
  Handelt es sich statt eines Kinderwagens um einen sog. Rollator, also eine Gehhilfe für ältere und gehbehinderte Mieter, so kann das Abstellen im Treppenhaus nicht verboten werden.[118] Das Gericht geht hierbei allerdings davon aus, dass im Unterschied zu einem vollwertigen Kinderwagen ein Rollator zusammengelegt werden kann.[119]

e) Nutzung von Haushaltsgeräten

Die Benutzung moderner **Haushaltsgeräte** gehört üblicherweise zur Gebrauchsüberlassung. Das gilt zB für Waschmaschinen[120] ebenso wie für Geschirrspülmaschinen[121] und Wäschetrockner. Für den Gebrauch der eigenen Waschmaschine des Mieters gilt dies auch dann, wenn die Pflicht zur Benutzung einer Gemeinschaftswaschmaschine mietvertraglich festgelegt ist.[122] Sinnvoll ist jedoch, in die Vereinbarung aufzunehmen, dass derartige Geräte fachgerecht und standortgerecht angeschlossen werden müssen. Darüber hinaus kommt in Betracht, einen Abschluss einer Privathaftpflichtversicherung vorzuschreiben, wenn auch bei Nichtabschluss Rechtsfolgen für den Vermieter nicht ableitbar sind. Fraglich ist, ob es zulässig ist, die Aufstellung von erheblich Strom verbrauchenden Geräten davon abhängig zu machen, dass die elektrischen Hausleitungen nicht überlastet werden. 105

Die Verstärkung der Elektroleitungen gehört zu den Modernisierungsmaßnahmen nach § 555b BGB, auf die grundsätzlich **kein Anspruch des Mieters** besteht.[123] Andererseits kann auch der Mieter einer Altbauwohnung hinsichtlich der Elektroausstattung einen Mindeststandard erwarten.[124] 106

f) Parabolantennen

Mietverträge enthalten gelegentlich Regelungen über das Anbringen von Parabolantennen. Ist im Vertrag ein generelles formularmäßiges Parabolantennenverbot (mit Erlaubnisvorbehalt) enthalten, so ist dies unwirksam.[125] Bei einem möglichen **Anspruch eines Mieters auf Anbringung einer Parabolantenne** sind verschiedene Grundgesetzartikel relevant: 107

---

118 LG Hannover WuM 2006, 189; NZM 2007, 245.
119 Vgl. hierzu auch Derleder NZM 2006, 893.
120 AG Böblingen WuM 1974, 239.
121 AG Hildesheim NJW 1973, 519.
122 AG Hamburg WuM 1994, 426.
123 BGH WuM 2004, 715.
124 BGH WuM 2004, 527.
125 BGH NZM 2007, 597.

108 – **Art. 5 Abs. 1 Satz 1 GG** ist auf Seiten des Mieters zu berücksichtigen, wonach jeder das Recht hat, sich aus allgemein zugänglichen Quellen ungehindert zu unterrichten. Unter den Schutz dieses Grundrechts fallen auch Hörfunk- und Fernsehsendungen. Es darf nicht auf bestimmte Arten von Informationen verwiesen werden, da jeder das Recht hat zu entscheiden, aus welchen allgemein zugänglichen Quellen er sich unterrichten möchte.[126]

109 – Das Grundrecht des Mieters nach Art. 5 GG und des Vermieters nach **Art. 14 GG** gleichrangig.[127] Das Interesse des Vermieters nach Art. 14 GG betrifft die Unversehrtheit des Gebäudes. Zudem wird gelegentlich vertreten, dass mit der optischen Erscheinung zahlreicher Parabolantennen mindere Wohnqualität verbunden würde. Ist zB eine Parabolantenne im hinteren sichtgeschützten Bereich eines Balkons mobil aufgestellt, so sind die Vermieterinteressen überhaupt nicht berührt.[128]

110 – Beim Mieter kommt auch das Grundrecht der Glaubens – und Religionsfreiheit nach **Art. 4 GG** in Betracht, soweit über die Antenne spezielle Sender der Glaubensrichtung des Mieters zu empfangen sind.[129]

111 – Es kann auch der Grundsatz der Gleichbehandlung nach **Art. 3 GG** betroffen sein, soweit mehrere Mieter eines Hauses vergleichbare Antennen sichtbar aufgestellt haben.

112 – Hier muss der Vermieter darlegen, dass er auch von diesen Mietern die Beseitigung verlangt, soweit ein Anspruch auf Beseitigung bestünde,[130] BGH[131] für den Fall, dass der Vermieter einem kurdischen Mieter die Antenne auf dem Balkon nicht gestattet, während er sie dem darunter wohnenden vietnamesischen Mieter gestattet hat.

113 Ist das Vermieterinteresse überhaupt tangiert, ist zwischen einem Anbringungsrecht des „deutschsprachigen" Mieters und des „fremdsprachigen" Mieters zu unterscheiden.

114 Was Parabolantennen anbelangt, so ist zwischen einem Anbringungsrecht des „deutschsprachigen" Mieters und des „fremdsprachigen" Mieters zu unterscheiden.[132, 133]

115 Beim **deutschsprachigen Mieter** deckt ein vorhandener Breitbandkabelanschluss das verfassungsrechtlich garantierte Informationsbedürfnis in der Regel ab. Der deutschsprachige Mieter kann nämlich nach dem gegenwärtigen technischen Stand durch den Kabelanschluss über eine

[126] BVerfG NJW 1994, 1147.
[127] BGH WuM 2006, 28.
[128] BGH NZM 2007, 597.
[129] BGH NZM 2008, 37.
[130] BVerfG NZM 2007, 125.
[131] BGH ZMR 2007, 676 = WuM 2007, 380 sowie KG NZM 2008, 39.
[132] BVerfG NJW 1994, 1147.
[133] BGH WuM 2006, 28.

Vielzahl deutschsprachiger Programme unterschiedlicher Ausrichtung verfügen. Dasselbe gilt bei Vorhandensein einer Gemeinschaftsparabolantenne. Fremdsprachige Programme werden in das Kabel nur wenige eingespeist. Bei Nichtvorhandensein einer Gemeinschaftsparabolantenne oder eines Breitbandkabelanschlusses kann auch dem deutschsprachigen Mieter die Anbringung einer Parabolantenne grundsätzlich nicht verweigert werden.[134] Auch hier kann jedoch die Interessenabwägung ergeben, dass trotz Vorhandensein des Kabelanschlusses ein zu berücksichtigendes Bedürfnis für eine Parabolantenne gegeben ist. Es kann zum Beispiel bei einer beruflichen Tätigkeit des deutschsprachigen Mieters als Dolmetscher in Betracht kommen, ebenso, wenn der deutschsprachige Mieter mit einer fremdsprachigen Ehefrau oder Lebensgefährtin zusammenlebt.[135]

Beim **„fremdsprachigen" Mieter** ist zu unterscheiden: Wenn über Kabel Programme in der Heimatsprache des Mieters überhaupt nicht angeboten werden, hat der fremdsprachige Mieter grundsätzlich Anspruch auf Anbringung einer Parabolantenne.[136] Das Bundesverfassungsgericht hat bestätigt, dass in diesem Fall eine zusätzliche Interessenabwägung in Bezug auf die Interessen des Eigentümers nicht erforderlich ist.[137] Andererseits kann sich etwas anderes aufgrund von modernen technischen Entwicklungen ergeben (zB Decoder, vgl. → Rn. 124). **116**

Ist über ein vorhandenes Kabel ein fremdsprachiges Programm in der **Heimatsprache** des Mieters zu empfangen, geht das Bundesverfassungsgericht davon aus, dass der Mieter ein Recht auf Auswahl zwischen verschiedenen Heimatprogrammen haben muss. Dieses Interesse sei zu berücksichtigen.[138] **117**

Wenn über den Kabelanschluss für den ausländischen Mieter ein ausreichender Zugang zu Programmen in seiner Heimatsprache besteht, hat er **keinen Anspruch** auf Installation einer Parabolantenne, auch wenn über diese Antenne eine größere Anzahl von Programmen als über das Kabel zu empfangen ist. Aus europäischem Gemeinschaftsrecht (Mitteilung der Kommission der Europäischen Gemeinschaften vom 27.1.2001) ergibt sich nichts anderes.[139] **118**

Das OLG Frankfurt a. M.[140] hat verschiedene sachbezogene Voraussetzungen angeführt, bei deren Erfüllung der Vermieter die Installation einer Parabolantenne grundsätzlich nicht verweigern könne. Diese sachlichen Voraussetzungen müssen **kumulativ** vorliegen, sie können zum Gegenstand einer Vereinbarung gemacht werden. Hierzu zählt, dass **119**

---

[134] OLG Frankfurt a. M. NJW 1992, 2490.
[135] LG Wuppertal WuM 1997, 324.
[136] OLG Karlsruhe NJW 1993, 2815.
[137] BVerfG NJW 1994, 1147.
[138] BVerfG WuM 1995, 693.
[139] BGH WuM 2006, 28.
[140] BGH NJW 1992, 2490.

- die Anbringung der Parabolantenne baurechtlich zulässig sein muss
- sie von einem Fachmann installiert werden muss
- die Antenne selbst technisch geeignet sein muss
- mit der Anbringung kein erheblicher Eingriff in die Bausubstanz verbunden sein darf[141]
- die Antenne an einem vom Vermieter bestimmten, möglichst unauffälligen Ort aufgestellt werden muss
- der Mieter den Vermieter von allen entstehenden Kosten und Gebühren freistellen muss
- auf Verlangen des Vermieters der Mieter Sicherheit für die Beschädigungs- und Entfernungskosten verlangen kann.
- Alle diese Anforderungen können grundsätzlich nur durch einen Fachmann erfüllt werden. Andererseits soll nach verschiedenen Gerichtsurteilen es dem Mieter erlaubt sein, eine nicht fest installierte bewegliche Antenne auf dem Balkon der Wohnung aufzustellen, wenn diese von außen nicht sichtbar ist.[142]

120 Auch nach den Anforderungen des OLG Frankfurt a.M. muss die Antenne selbst möglichst unauffällig sein und nach den Anforderungen des OLG Karlsruhe darf mit der Anbringung kein erheblicher Eingriff in die Bausubstanz verbunden sein.

121 Das OLG Frankfurt a.M. hat die Anforderung für die Installation einer Parabolantenne aufgestellt, dass unter anderem der Vermieter vom Mieter von allen bei der Installation der Antenne anfallenden Kosten und Gebühren freigestellt werden muss. Dies ist in der Vereinbarung festzuhalten.

122 Die Anforderung, dass der Mieter das Haftungsrisiko des Vermieters abzudecken hat, hat das OLG Karlsruhe in seinem Rechtsentscheid vom 24.8.1993 aufgestellt. Aus den Gründen der Entscheidung ergibt sich, dass auf Verlangen des Vermieters dieses Risiko durch Abschluss einer Haftpflichtversicherung durch den Mieter abzudecken ist.[143]

123 Das OLG Karlsruhe sieht für den Vermieter zusätzlich die Möglichkeit, neben dem Abschluss einer Haftpflichtversicherung zu verlangen, dass der Mieter eine Sicherheit für die voraussichtlichen Kosten der Wiederentfernung der Anlage leistet. Hierbei handelt es sich um eine **Sonderkaution** zur Abdeckung eines Sonderrisikos, wobei davon auszugehen ist, dass neben der allgemeinen Kaution nach § 551 BGB Sonderkautionen bis auf den gegenständlichen Fall und die Sonderkaution im Rahmen der Barrierefreiheit nach § 554a BGB nicht zulässig sind. Das LG Hanau[144] hat eine Sicherheitsleistung von bis zu DM 1000,00 als angemessen angesehen. Wegen der Zweckbindung der

[141] OLG Karlsruhe NJW 1993, 2815.
[142] Vgl. zB AG Neukölln GE 2004, 1097.
[143] Vgl. auch LG Düsseldorf ZMR 1997, 423.
[144] NZM 1999, 367.

Sonderkaution ist eine Aufrechnung mit anderen Forderungen aus dem Mietverhältnis nicht zulässig.[145]

BGH[146] und BVerfG[147] haben sich jeweils mit der Frage beschäftigt, inwieweit der Mieter statt einer Parabolantenne auf den Kabelanschluss in Verbindung mit einem zusätzlich zu installierenden Decoder verwiesen werden kann, mit dem er im Falle des BGH fünf russische Fernsehprogramme und im Falle des BVerfG „zahlreiche" türkische Programme empfangen kann. Auf die nicht unbeträchtlichen Anschaffungskosten des Zusatzpakets mit ca. € 300,– und die laufenden Kosten mit € 6,– monatlich komme es nicht an. Auch die Möglichkeit einer – kostenpflichtigen – Versorgung mit Fernsehsendern über das Internet ist zu berücksichtigen.[148] **124**

Das LG Krefeld[149] sieht im Falle eines polnischen Mieters ein mittels Zusatzdecoder zu empfangendes heimatsprachliches Vollprogramm als ausreichend an. Der **Streitwert** des Verfahrens betreffend die Entfernung einer Parabolantenne beträgt, soweit es um eine optische Beeinträchtigung geht, € 300,–.[150] Ein höherer Streitwert käme bei höheren Entfernungskosten und Substanzschäden in Betracht. **125**

g) Tierhaltung

Tierhaltungsvereinbarungen haben erhebliche Bedeutung. Für das Jahr 1996 sollen in Deutschland 6,2 Millionen Katzen, 5,1 Millionen Ziervögel, 5,1 Millionen Hunde sowie 4 Millionen Kleintiere gehalten worden sein.[151] **126**

Nach der Rechtsprechung des BGH ist ein formularvertraglicher völliger Ausschluss der Tierhaltung („Hunde und Katzen") nicht zulässig und verstößt gegen § 307 BGB,[152] auch soweit Kleintiere von der **Verbotsklausel** ausgenommen werden.[153] Dasselbe gilt, wenn die Zustimmung zur Tierhaltung durch die Klausel in das „freie Ermessen" des Vermieters gestellt wird.[154] Die Tierhaltungsklausel ist dann insgesamt unwirksam. **127**

Eine Zustimmungsvereinbarung darf für die Zustimmung des Vermieters nicht Schriftform verlangen. Ist dies der Fall, ist die Vereinbarung als Vertragsklausel unwirksam.[155] Weiter muss die Vereinbarung Zier- **128**

[145] AG Köln NZM 2009, 433.
[146] NZM 2005, 335.
[147] NZM 2005, 252.
[148] BGH NZM 2013, 647.
[149] WuM 2006, 676.
[150] BGH GE 2006, 902.
[151] Auskunft des Zentralverbands Zoologischer Fachbetriebe, zitiert bei Blank NZM 1998, 5.
[152] BGH NZM 2013, 378.
[153] BGH NJW 1993, 1061.
[154] BGH NZM 2013, 380.
[155] LG Freiburg WuM 1997, 175.

vögel, Zierfische und andere Kleintiere (vgl. → Rn. 130) ausnehmen, deren Haltung grundsätzlich nicht zustimmungsbedürftig ist.

129 Die Grenzziehung hinsichtlich des Ermessens ist bereits vor dem Einwand des Rechtsmissbrauchs anzusetzen, der zB dann gegeben wäre, wenn einem Blinden ohne triftigen Grund ein Blindenhund verweigert wird oder für den Mieter die Haltung eines Haustieres aus psychischen oder physischen Gründen unbedingt erforderlich ist. Mit Blank[156] wird man davon ausgehen müssen, dass im Falle des Zustimmungserfordernisses wie auch bei Fehlen einer wirksamen Tierhaltungsvereinbarung[157] eine **Interessenabwägung** zwischen den Interessen von Vermieter und Mieter stattzufinden hat.[158] Bei dieser Interessenabwägung sind folgende Umstände zu berücksichtigen:

- Art des zu haltenden Tieres,
- Zahl der Tiere, die gehalten werden sollen,
- Größe der Mietwohnung,
- Art und Größe des Hauses bzw. der Wohnanlage,
- Anzahl und Art der bisher im Haus gehaltenen Tiere,
- Altersstruktur der Hausbewohner (ältere Menschen, Familien mit Kindern),
- besondere Bedürfnislage beim Mieter (zB Blindenhund, Schutzhund, Hund als Gefährte alter Menschen),
- Verhalten des Vermieters in anderen Fällen

130 **Kleintiere** müssen in jedem Fall von dem Zustimmungserfordernis ausgenommen werden. Hierbei handelt es sich um übliche Kleintiere, wie Ziervögel, Zierfische, Goldhamster uä, wobei zB Ratten, obwohl sie auch „klein" sind, nicht zu den üblichen Haustieren zählen und daher auch nicht unter die Ausnahme fallen, die für Kleintiere gilt.[159] Dasselbe gilt, soweit es sich um die Haltung gefährlicher Tiere handelt, die immer vertragswidrig ist. Bestimmte Tiere wildlebender Art gelten hierbei generell als gefährlich.[160] Hierzu gehören, soweit Kleintiere betroffen sind, zB giftige Spinnen und Skorpione. Hinzu kommt, dass sich die Haltung auch der Kleintiere auf einen zuträglichen Umfang beschränken muss, andernfalls vertragswidriger Gebrauch vorliegen kann.

131 Nimmt eine Vertragsklausel nur Ziervögel und Zierfische vom Zustimmungserfordernis aus, ist die vertragliche Vereinbarung unwirksam.[161]

132 Es ist davon auszugehen, dass die erteilte Erlaubnis unter dem **stillschweigenden Vorbehalt** gleichbleibender Verhältnisse steht. Dies be-

---

156 NZM 1998, 9.

157 BGH NZM 2008, 78.

158 So auch Wetekamp Mietsachen-HdB, 4. Aufl. 2007, Kap. 1 Rn. 114; BGH NZM 2013, 380.

159 LG Essen WuM 1991, 340.

160 Blank NZM 1998, 6.

161 BGH NZM 2008, 78.

deutet, dass der Widerruf der Tierhaltungserlaubnis aus wichtigem Grund möglich sein muss. Sinnvoll ist, dies bereits bei der Vertragsgestaltung zu berücksichtigen. Dies gilt insbesondere dann, wenn von einem Haustier, das vertragsgemäß angeschafft wurde, konkrete Gefährdungen, unzumutbare Belästigungen oder Störungen ausgehen.[162]

Durch Individualvereinbarung soll ein vollständiger Ausschluss der Tierhaltung zulässig sein.[163] Mit Recht weist Blank[164] darauf hin, dass bei jeder Formularvereinbarung nach § 307 BGB die wechselseitigen Interessen berücksichtigt werden müssen. Eine Durchbrechung des sich aus der Vereinbarung ergebenden vollständigen Ausschlusses der Haustierhaltung müsste daher zumindest in Fällen gelten, bei denen sich der Sachverhalt gegenüber der Sachlage bei Vertragsschluss verändert hat.[165] **133**

Rechtsfolge der vertraglich nicht gedeckten und nicht genehmigten Tierhaltung kann ein Anspruch auf **Unterlassung** der Haltung eines bestimmten Tiers, gegebenenfalls sogar die **Kündigung** des Mietverhältnisses als fristlose Kündigung bei erheblichen Verstößen oder die ordentliche Kündigung sein, wenn die Tierhaltung trotz Abmahnung oder Gerichtsurteil fortgesetzt wird.[166] **134**

h) Besichtigung der Mietwohnung

aa) Grundlage der Besichtigung der Mieträume

Zu den Pflichten des Mieters gehört die Pflicht, die **Besichtigung der Mieträume** zu gestatten. Zwar handelt nach § 858 BGB widerrechtlich, wer dem Besitzer den Besitz entzieht oder ihn in dem Besitz stört. Außerdem schützt Art. 13 GG die Unverletzlichkeit der Wohnung, was auch im Verkehr privater Personen untereinander zu beachten ist. Andererseits besteht auch dann, wenn eine vertragliche Regelung des Betretungsrechts nicht vorhanden ist, die Notwendigkeit, dem Vermieter in gewissen Fällen die Besichtigung der Wohnung, gegebenenfalls unter Hinzuziehung weiterer Personen und notfalls auch gegen den Willen des Mieters zu ermöglichen **Formularvertragliche Besichtigungsklauseln** sind an § 307 BGB zu messen. Die Klausel darf den Vertragspartner des Verwenders, also den Mieter, nicht entgegen von Treu und Glauben unangemessen benachteiligen. **135**

Vor einer unangemessenen Benachteiligung wäre dann auszugehen, wenn zB eine Besichtigung nicht in angemessenen Abständen und nach **136**

[162] LG München WuM 1993, 669; LG Berlin GE 1993, 97.
[163] Vgl. Steinig ZMR 1991, 285.
[164] NZM 1998, 8.
[165] Beispiel bei Blank NZM 1998, 8: Ein Mieter benötigt infolge zunehmender Sehschwäche einen Blindenhund.
[166] LG Hildesheim WuM 2006, 525.

vorheriger Anmeldung, sondern jederzeit und ohne Vorankündigung vertraglich vorgesehen wäre. Außerdem muss die Klausel vorsehen, dass ein konkreter Anlass für eine Besichtigung bestehen muss, wie die Bewirtschaftung des Mietobjekts.[167] Dies gilt auch für das nicht vertraglich geregelte Besichtigungsrecht als Nebenpflicht Eine formularvertraglich vereinbarte anlasslose Besichtigung verstößt gegen § 307 BGB.[168]

bb) Abstände für die Besichtigung

137 Als angemessene Abstände für eine Besichtigung kann zur Feststellung des Zustands der Wohnräume ein Zeitraum von 1–2 Jahren angesehen werden.[169] Darüber hinaus kann ein Besichtigungsrecht bei Verdacht vertragswidrigen Gebrauchs oder Vernachlässigung der Obhutspflicht angenommen werden. Bei **bevorstehender Beendigung des Mietverhältnisses** oder Verkauf der Wohnung kann ein Besichtigungsrecht in kurzen Abständen vorgesehen werden. Die angemessenen Abstände sind hier etwa zweimal wöchentlich.[170]

cc) Vorherige Anmeldung

138 Was die vorherige Anmeldung betrifft, so kann nur nach den Umständen des Einzelfalls entschieden werden. Geht es um die routinemäßige Besichtigung ohne besonderen Grund, ist es dem Vermieter zuzumuten, sich etwa zwei bis drei Wochen vor dem Besichtigungstermin anzumelden. Bei der Besichtigung durch Miet- und Kaufinteressenten ist eine Vorlaufzeit von etwa 24 Stunden vor dem Besichtigungstermin einzuhalten.[171] Liegt **keine vertragliche Vereinbarung** vor, gelten hinsichtlich der Besichtigungsabstände und erforderlichen Anmeldung dieselben Grundsätze wie bei der Prüfung einer vertraglichen Vereinbarung nach § 307 BGB.

dd) Zutritt im Notfall

139 In beiden Fällen, also sowohl bei vertraglicher Vereinbarung als auch bei fehlender vertraglicher Vereinbarung besteht das Recht des Vermieters, im Notfall den sofortigen Zutritt vom Mieter zu verlangen.[172] Ein Notfall liegt zB bei einem Sturm-, Wasser- oder Feuerschaden vor. Fraglich ist, ob man in diesen Fällen ein Selbsthilferecht des Vermieters ohne Gerichtsentscheidung (zB im Wege der einstweiligen Verfügung) nach §§ 228, 229 BGB annehmen kann.[173] Auch die Erwirkung einer einstweili-

[167] BGH NZM 2014, 635.
[168] AG Stuttgart-Bad Cannstatt WuM 2015, 148.
[169] Palandt/Weidenkaff BGB § 535 Rn. 82.
[170] AG Wedding GE 1985, 155.
[171] Schmidt-Futterer/Eisenschmid BGB § 535 Rn. 157.
[172] Korff GE 1986, 106; Steinig GE 2000, 1452 ff.
[173] Dagegen Kniep/Gerlach DWW 1995, 276.

gen Verfügung stellt hinsichtlich der Besichtigung der Mietwohnung die Ausnahme dar.[174]

ee) Ungerechtfertigte Besichtigungsversuche

Ungerechtfertigte Besichtigungsversuche des Vermieters, die zur Unzeit erfolgen oder nicht rechtzeitig angekündigt sind, kann der Mieter verweigern. Handwerkern, die vom Vermieter beauftragt sind, kann der Mieter den Zutritt verwehren, wenn ihm der **Handwerkertermin** nicht rechtzeitig mitgeteilt worden ist und gegebenenfalls auch nicht eine Duldung nach § 555d BGB vorliegt. **140**

Eine generelle Verweigerung von Besichtigungen ist nicht zulässig, insbesondere nicht mit der Begründung, der Mieter sei zu allen angebotenen Terminen verhindert. Gegebenenfalls muss der Mieter eine andere Person beauftragen, den Zugang zu ermöglichen. **141**

ff) Mitgebrachte Personen

Grundsätzlich darf der Vermieter Personen zur Besichtigung mitbringen, insbesondere soweit es auf deren fachliche Kompetenz ankommt (Handwerker bei anstehenden Reparaturen, auch Prüfung zur Erteilung der Abgeschlossenheit.[175] Mitgebrachte Personen kann der Mieter zurückweisen, wenn sie für ihn unzumutbar sind.[176] **142**

gg) Zeitpunkt der Besichtigung

Die Tageszeit und Dauer der Besichtigung ist so einzurichten, dass sie den Mieter möglichst wenig belastet, andererseits aber den Vermieter seine Interessen wahrnehmen lässt. Auch sonst ist das Besichtigungsrecht schonend auszuüben, dh mehrere Besichtigungsgründe sind nach Möglichkeit in einem Termin zusammenzufassen.[177] Besichtigungen zur Unzeit, zB am frühen Morgen oder späten Abend sind nicht zulässig. **143**

hh) Rechte des Vermieters bei Verweigerung der Besichtigung

Im Falle der Verweigerung der rechtmäßig verlangten Besichtigung muss der Vermieter den Mieter auf Duldung der Besichtigung verklagen. Zwar vertritt das LG Berlin[178] die Auffassung, dass eine fristlose Kündigung nach § 543 Abs. 1 BGB oder eine ordentliche Kündigung nach § 573 Abs. 2 Nr. 1 BGB grundsätzlich nicht in Betracht käme, doch ist dies bei **hartnäckigen Fällen** der Besichtigungsverweigerung nicht auszuschließen (falls zB der Mieter über einen längeren Zeitraum hinweg wegen **144**

---

174 LG Duisburg NZM 2006, 897.
175 LG Hamburg WuM 1994, 425.
176 AG Hamburg WuM 1987, 379.
177 AG Hamburg NZM 2007, 211.
178 ZMR 2000, 535.

Mängeln der Mieträume die Miete mindert aber die Besichtigung zur Prüfung der Behebung der Mängel nicht zulässt).

145 Falls die Besichtigung zum Beispiel durch die **Verhängung eines Hausverbots** nicht zugelassen wird, kommt auch Verwirkung der Minderung in Betracht.[179] Ebenso kommen Schadensersatzansprüche des Vermieters in Betracht, falls die Besichtigung mit Mietinteressenten nach Kündigung des Mietverhältnisses nicht ermöglicht wird.[180]

ii) Auflagen durch den Mieter

146 Fraglich ist, inwieweit der Mieter bei der Besichtigung Auflagen machen darf, zB Ausweise der erschienen Personen verlangen kann oder das Ausziehen der Straßenschuhe.[181] Ersteres dürfte beim Erscheinen dem Mieter fremder Personen zu bejahen sein.

VIII. Untermiete

1. Gebrauchsüberlassung an Familienangehörige, Besucher und Lebensgefährten

147 Überlassung des Mitgebrauchs einer vermieteten Wohnung an Ehegatten, Kinder oder Eltern des Mieters stellt keine Untervermietung dar und bedarf daher nicht der Erlaubnis des Vermieters (BGH:[182] Für die „Ehewohnung" auch dann, wenn ein Ehepartner diese nur sporadisch bewohnt).

148 Folgen kann der Vermieter aus dieser Aufnahme nur ableiten, wenn durch sie **Überbelegung** der Wohnung eintritt und diese für den Vermieter beeinträchtigende Auswirkungen hat.[183]

149 **Besuch** stellt einen vorübergehenden Aufenthalt dar. Ist der Aufenthalt auf Dauer, so liegt genehmigungspflichtige Gebrauchsüberlassung vor (AG Frankfurt/Höchst:[184] Ein Aufenthalt von drei Monaten überschreitet die normale Besuchsdauer). Selbständige Überlassung eines Teils oder der ganzen Wohnung ist immer nach § 540 BGB genehmigungspflichtig.

150 Dies gilt auch für die Aufnahme eines **Lebensgefährten,** hier auch bei Mitgebrauch,[185] wobei ein berechtigtes Interesse des Mieters iSv § 553 BGB grundsätzlich anzunehmen ist. Grenze ist die Unzumutbarkeit.[186]

---

[179] LG München Az. 31 S 23255/05, nicht veröffentlicht.
[180] AG Wedding GE 1997, 749: Mietentgang als Schadensersatz).
[181] Vgl. Schlüter NZM 2006, 681.
[182] BGH NZM 2013, 786.
[183] BayObLG NJW 1984, 60; BGH WuM 1993, 529.
[184] WuM 1995, 396.
[185] BGH ZMR 2004, 100.
[186] OLG Hamm WuM 1991, 668.

2. Erlaubnis zur Untervermietung

a) Grundsätze der Erlaubniserteilung

Die Erlaubnis, die **ganze Wohnung** unterzuvermieten, kann der Mieter nicht erzwingen, hierauf gibt es keinen Rechtsanspruch. Erhält jedoch der Mieter durch den Mietvertrag die Erlaubnis, die Wohnung unterzuvermieten, ohne dass dies dahin eingeschränkt ist, dass nur ein Teil der Wohnung untervermietet werden darf oder auf § 553 BGB Bezug genommen wird, ist der Mieter berechtigt, die gesamte Wohnung unterzuvermieten.[187] **151**

Die Untervermietung **eines Teils** der Räume bedarf nach § 553 BGB eines berechtigten Interesses beim Mieter (vgl. → Rn. 158). Liegt es vor, hat der Mieter einen Anspruch auf die Erlaubnis. Für die Erlaubnis gilt keine besondere Form, insbesondere nicht die Schriftform nach § 550 BGB.[188] Schriftform kann aber vertraglich vereinbart werden. Wird die Erlaubnis generell erteilt, hat der Vermieter keinen Anspruch auf Mitteilung der Person des Untermieters. Andererseits beinhaltet die Erlaubnis ohne besondere Anhaltspunkte nicht die Erlaubnis zur **tageweisen Vermietung** an Touristen.[189] **152**

Generell gilt, dass eine ohne Rechtspflicht erteilte **unbefristete Untervermietungserlaubnis** aus wichtigem Grund widerrufen werden kann, dh im Falle der Unzumutbarkeit der Fortsetzung der Untervermietung.[190] Bei Gewerberäumen kann der Vermieter die Erlaubnis verweigern, wenn durch die Untervermietung eine Nutzungsänderung der Räume eintreten würde.[191] Stellt sich der Untermieter als unzumutbar heraus, kann die Erlaubnis widerrufen oder angefochten werden. **153**

b) Kündigungsrecht des Mieters bei Erlaubnisverweigerung

Verweigerung liegt auch vor, wenn der Vermieter sich nach Fristsetzung zur Erlaubniserteilung nicht äußert[192] und auch, wenn er die Erlaubnis an unzumutbare Bedingungen knüpft.[193] **154**

Das Kündigungsrecht ist auch dann gegeben, wenn weder nach § 540 BGB noch nach § 553 BGB ein Anspruch auf die **Untervermietung** besteht.[194] Ist jedoch dem kündigenden Mieter bekannt, dass ein Mietinte- **155**

---

187 BGH NZM 2014, 128.
188 LG Kiel WuM 1994, 610.
189 BGH NZM 2014, 158.
190 LG Berlin WuM 2017, 260.
191 LG Nürnberg WuM 1991, 344.
192 LG Nürnberg WuM 1995, 587.
193 LG Berlin GE 2006, 1405.
194 LG Berlin GE 1997, 189.

resse des von ihm benannten Untermieters nicht besteht, so ist die Ausübung des Kündigungsrechts rechtsmissbräuchlich, § 242 BGB.[195]

156 Das Kündigungsrecht entfällt zwar, wenn in der Person des potentiellen Untermieters ein wichtiger Grund vorliegt (zB eintretende Überbelegung, zu befürchtende Zweckentfremdung), doch spielt dies keine Rolle, wenn der Vermieter die **Erlaubnis generell verweigert.**

157 Die Kündigungsfrist der Kündigung nach § 553 BGB beträgt nach § 573d BGB immer drei Monate. Verzögert der Mieter die Erklärung, tritt Verwirkung ein. Das Kündigungsrecht kann nicht ausgeschlossen werden.[196]

c) Anspruch des Wohnraummieters auf Erlaubniserteilung

158 Der Anspruch kann nur bei Untervermietung eines **Teils der Räume** gegeben sein, wobei der Anspruch nicht voraussetzt, dass der Mieter in der Wohnung seinen Lebensmittelpunkt hat.[197]

Erforderlich ist ein **berechtigtes Interesse** des Mieters, zB

- Arbeitslosigkeit des Mieters.
- Verkleinerung der Familie.
- Pflegebedürftigkeit des Mieters.
- Aufnahme in Not geratener Angehöriger.
- Mehrjähriger berufsbedingter Auslandsaufenthalt des Mieters, der sich ein Zimmer zur Nutzung vorbehält.[198]
- Nicht zB Interesse nur in Person des Untermieters, wie Aufnahme von Flüchtlingen aus (humanitären Gründen).[199]

Bei einer Mietermehrheit genügt das berechtigte Interesse eines Mieters.[200]

Der Anspruch entfällt bei

- wichtigem Grund in der Person des Untermieters
- Überbelegung
- bevorstehender Beendigung des Mietverhältnisses

d) Erhebung eines Untermietzuschlags

159 Der Vermieter kann die Zustimmung von der Zahlung eines Untermietzuschlages nach § 553 Abs. 2 BGB abhängig machen, falls die Untervermietung nur so dem Vermieter zumutbar ist. Macht der Vermieter die Erlaubnis zur Untervermietung von einer Erhöhung der Miete in Form des Untermietzuschlags abhängig und ist der Mieter damit nicht einverstanden, gilt die Erlaubnis als verweigert. Klagt der Mieter auf Erteilung

---

[195] BGH NZM 2010, 120.
[196] LG Hamburg ZMR 1992, 452.
[197] BGH NZM 2006, 220.
[198] BGH NZM 2014, 631.
[199] LG Berlin WuM 1994, 326.
[200] LG Berlin WuM 2021, 616.

der **Untervermietungserlaubnis,** kann der Vermieter Widerklage auf Zustimmung des Mieters zur Erhebung des Untermietzuschlags erheben. Maßstab der Erhöhung ist die zu erwartende zusätzliche Abnutzung der Mieträume durch die Untervermietung.

3. Rechte des Vermieters bei unbefugter Überlassung

In Betracht kommt die Unterlassungsklage nach § 541 BGB und die fristlose Kündigung nach § 543 BGB. In beiden Fällen ist **vorausgehende Abmahnung** des Mieters und Fortsetzung des Verstoßes erforderlich. Besteht ein berechtigtes Interesse des Mieters nach § 553 BGB und ist die Erlaubnis nur nicht eingeholt worden, ist die fristlose Kündigung nicht gerechtfertigt,[201] die ordentliche Kündigung nach § 573 Abs. 2 Nr. 1 BGB aber schon.[202] Wichtig ist, dass der Kündigungsgrund der **Überbelegung** nach § 543 BGB verbleiben kann. **160**

4. Gewerbliche Zwischenvermietung

Bei Beendigung des Hauptmietverhältnisses hat der Vermieter gegen den Untermieter einen unmittelbaren Herausgabeanspruch aus § 546 Abs. 2 BGB. Zum **Schutz des Endmieters** (Untermieters) bei gewerblichen Zwischenmietverhältnissen tritt der Vermieter (Eigentümer) bei Beendigung des Zwischenmietverhältnisses in das Mietverhältnis mit dem Endmieter von Gesetzes wegen ein, § 565 BGB. **161**

Bei erneuter gewerblicher Zwischenvermietung tritt der neue Zwischenvermieter anstelle des Eigentümers ein. Immer muss „gewerbliche" Zwischenvermietung vorliegen, was heißt, dass der Eigentümer aus Gründen in seinem Bereich die Einschaltung eines Zwischenvermieters vorzieht.[203] Eine **Gewinnerzielungsabsicht** bei der Weitervermietung muss nicht vorliegen.[204] **162**

5. Wohngemeinschaften

Schließt der Vermieter mit einer Wohngemeinschaft einen Mietvertrag ab, so muss er einen häufigen Mieterwechsel hinnehmen. Soweit dieser Wechsel angezeigt wird, ist vertragswidriger Gebrauch nicht gegeben.[205] Es besteht in der Regel ein Anspruch darauf, dass einzelne Mitglieder der Wohngemeinschaft aus dem Vertrag entlassen und neue aufgenommen werden.[206] **163**

Wohngemeinschaften und auch sonst jede Mehrheit von Hauptmietern einer Wohnung sind BGB- Innengesellschaften nach § 705 BGB. Ansprü- **164**

[201] BayObLG ZMR 1991, 64.
[202] BayObLG WuM 1995, 378.
[203] BayObLG WuM 1995, 638.
[204] BGH WuM 2018, 161.
[205] AG Braunschweig WuM 1982, 190.
[206] AG Greifswald WuM 2019, 576.

che, zB auf Kautionsrückzahlung, können nur gemeinschaftlich geltend gemacht werden,[207] es sei denn, es liegt Abtretung vor.

165 Will einer der Mieter ausscheiden, kann er von den anderen die Zustimmung zur Auflösung der Gesellschaft verlangen (LG München II[208] für den Fall der nichtehelichen Lebensgemeinschaft). Vgl. auch LG Darmstadt.[209] Ein Mitbewohner kann von den übrigen Mietern die Zustimmung zur Kündigung verlangen, wenn sich das Festhalten am Mietvertrag als treuwidrig darstellt.[210]

166 In Betracht kommt auch, dass sich der Vermieter mit einem der Mieter über dessen Entlassung aus dem Mietverhältnis einigt. Falls die anderen Mieter zustimmen, ist die Entlassung ohne weiteres wirksam, falls nicht, kann die Entlassungsvereinbarung als Abrede angesehen werden, den Ausscheidenden nicht mehr auf Erfüllung in Anspruch zu nehmen.[211] Der ausgezogene Mieter kann überdies von dem oder den Verbleibenden die Freistellung von Mietforderungen des Vermieters verlangen.[212]

IX. Der Garagenmietvertrag

167 Mietet ein Wohnraummieter neben der Anmietung einer Wohnung eine Garage an, so erstreckt sich der soziale Schutz der Wohnraumvermietung grundsätzlich auch auf die Garage, obwohl es sich bei ihr nicht um Wohnraum handelt. Wirtschaftliche Zusammengehörigkeit und Parteiwille, gegebenenfalls – aber nicht zwingend – die Zusammenfassung der **Mietverhältnisse** in einer einheitlichen Urkunde ist maßgeblich für die Annahme eines einheitlichen Mischmietverhältnisses.[213] Sind Wohnungsmietvertrag und Garagenmietvertrag separat abgeschlossen, soll eine tatsächliche Vermutung für die rechtliche Selbständigkeit der beiden Vereinbarungen sprechen.[214] Mangels anderer Anhaltspunkte ist der Garagenmietvertrag dann separat kündbar.[215]

168 Andernfalls erstreckt sich der Kündigungsschutz der Wohnung auch auf die Garage, die nur zusammen mit der Wohnung gekündigt werden kann. Auch bei Veräußerung der Garage entstehen entgegen § 566 BGB nicht mehrere Mietverhältnisse, sondern der oder die Erwerber der Garage treten nach den Regeln der Bruchteilsgemeinschaft in den einheitlichen Mietvertrag ein.[216]

---

[207] LG Berlin GE 1997, 1029.
[208] WuM 1993, 611.
[209] WuM 2020, 22.
[210] LG Frankfurt a. M. WuM 2021, 164.
[211] LG Berlin WuM 1995, 105.
[212] OLG Düsseldorf WuM 1998, 413.
[213] OLG Düsseldorf NZM 2007, 799.
[214] So BGH NZM 2012, 79.
[215] BGH NZM 2013, 726.
[216] BayObLG ZMR 1991, 174; BGH NZM 2005, 941.

Soll ein Garagenmietvertrag unabhängig von der Vermietung einer Wohnung an denselben Mieter geschlossen werden, so kann dies in der Regel auch durch eine Vertragsklausel im Garagenmietvertrag erfolgen, dass dieser von der Vermietung der Wohnung rechtlich, wirtschaftlich und tatsächlich unabhängig ist. Ähnlich wie bei der Garage gilt zB auch bei der vereinbarten **Gartennutzung,** dass eine Teilkündigung des Gartens nicht zulässig ist.[217] 169

X. Corona und Miete

(Hinweise für Vermieter und Mieter)

In Hinblick auf die Corona Pandemie ist zum Thema Kündigung von Wohnraummietverhältnissen eine gesetzliche Regelung getroffen worden. Darüber hinaus sollen im Rahmen von Mietverhältnissen besondere Regeln beachtet und Umstände berücksichtigt werde. 170

1. Besonderer Kündigungsschutz[218]

Sind Mieter in dem Zeitraum vom 30.4.2020 bis zum 30.6.2020 in einen zur fristlosen oder ordentlichen Kündigung berechtigten Mietrückstand geraten, der coronabedingt war, durfte ihnen wegen des Mietrückstandes weder fristlos noch ordentlich gekündigt werden. Mieter mussten aber beweisen, dass sie aufgrund der Corona-Pandemie in Zahlungsschwierigkeiten geraten waren, zB durch Kurzarbeit oder Arbeitslosigkeit. 171

Die Mietrückstände müssen bis spätestens 30.6.2022 nachgezahlt werden. Geschieht dies nicht, kann den Mietern wegen der Rückstände aus dem Zeitraum 1.4. bis 30.6.2020 nach dem 30.6.2022 gekündigt werden. Rückstände, die vor oder nach dem bezeichneten Zeitraum aufgelaufen sind, sind von dem Kündigungsschutz nicht betroffen. 172

2. Handwerksarbeiten in den Mieträumen[219]

Grundsätzlich gilt, dass von Vermietern veranlasste aufschiebbare Handwerksarbeiten in Wohnräumen während der Dauer der Corona-Pandemie nicht durchgeführt werden sollen. Mieter können in diesen Fällen den Zugang zu den Mieträumen verweigern. 173

Dies gilt nicht für Arbeiten, die wegen akuter Mängel durchgeführt werden müssen (zum Beispiel wegen eines akuten Wasserschadens). Wenn Mieter in solchen Fällen den Zugang zu den Mieträumen ermöglichen müssen, gilt für die beauftragten Handwerker, dass sie die erforderlichen Hygienemaßnahmen einhalten müssen. Das bedeutet Mund- und Nasenschutz, (Latex-)Handschuhe, Benutzung von Desinfektionsmitteln 174

[217] AG Düsseldorf WuM 1994, 426.

[218] Vgl. Art. 240 § 2 Abs. 1 EGBGB.

[219] AG Brandenburg Urt. v. 5.11.2021, 31 C 32/21: fristlose Kündigung bei Verweigerung der Arbeiten trotz Hygienemaßnahmen.

und Abstandsregeln. Das gilt natürlich auch für eine vorausgehende Besichtigung der Mieträume durch die Vermietenden oder von ihnen beauftragten Personen.

3. Ablesen von Heizkostenverteilern

175 Mieter müssen das Ablesen von Heizkostenverteilern in den Mieträumen durch beauftragte Personen während der Dauer der Pandemie nicht dulden. In Betracht kommt, dass Mieter die Heizkörper selbst ablesen und das Ergebnis dem Vermieter oder der beauftragen Firma mitteilen. Das Problem stellt sich natürlich nicht, soweit eine Funkablesung möglich ist.

4. Modernisierungs- und Instandsetzungsarbeiten am Haus

176 Hier ist zu unterscheiden zwischen Arbeiten, die den Außenbereich eines Anwesens einschließlich des Treppenhauses betreffen, für deren Durchführung die Mieträume nicht betreten werden müssen und Arbeiten im Wohnungsbereich. Die Arbeiten im Außenbereich sind ohne Einschränkung zulässig (zum Beispiel eine Fassadendämmung). Handelt es sich um Arbeiten, für die ein Betreten der Mieträume erforderlich ist, gilt das unter Ziffer 2. ausgeführte hinsichtlich der Hygieneregeln. Auch hier wird immer danach zu fragen sein, ob die Arbeiten aufschiebbar sind.

5. Anbringung von Rauchmeldern

177 Die Anbringung von Rauchmeldern in den Mieträumen ist gesetzlich vorgeschrieben. Die diesbezügliche Frist lief Ende 2020 ab. Vor diesem Zeitpunkt muss ein Betreten der Mieträume zur Anbringung der Rauchmelder grundsätzlich nicht geduldet werden. Kann das Anbringen aufgrund des Fristablaufs als nicht aufschiebbar angesehen werden, müssen die beauftragten Handwerker die Hygieneregeln gemäß Ziffer 2. beachten.

6. Besichtigung der Mieträume durch Nachmieter oder Kaufinteressierte[220]

178 Während der Dauer der Pandemie müssen Mieter eine Besichtigung durch Nachmieter oder Kaufinteressenten grundsätzlich nicht dulden. Falls derartige Termine, zum Beispiel um ein Leerstehenlassen der Mieträume zu vermeiden, nicht aufschiebbar sind, müssen die Hygieneregeln von allen Beteiligten eingehalten werden.

7. Durchführung von Wohnungsumzügen

179 Wohnungsumzüge sind auch während der Dauer der Pandemie möglich. Die Zahl der beteiligten Personen sollte aber auf das unbedingt notwendige Maß reduziert werden. Außerdem müssen die Hygieneregeln von allen Beteiligten eingehalten werden.

---

220 Wenn öffentlich-rechtliche Einschränkungen vorliegen, haben diese immer Vorrang. Gegebenenfalls kommt Verschiebung der Besichtigung in Betracht.

8. Corona – Erkrankung von Nachbarn

Sind andere Mieter eines Mehrfamilienhauses an Corona erkrankt, ist dies kein Grund, die Miete zu mindern. Die Mieträume sind wegen diesem Umstand nicht mangelhaft. 180

9. Räumung

Ist der Mieter aufgrund eines Räumungsurteils oder aufgrund Vereinbarung verpflichtet, zu einem bestimmten Zeitpunkt zu räumen, gilt, dass im Falle einer Corona-Erkrankung Räumungsaufschub für den Zeitraum der Quarantäne (14 Tage) gewährt werden muss. 181

10. Widerrufsrecht

Wenn bei der Anmietung einer Wohnung statt der tatsächlichen Besichtigung nur eine online-Besichtigung stattgefunden hat und die Räume deshalb nicht den Angaben entsprechen, kommt ein Widerrufsrecht mit 14-tätiger Frist in Betracht. 182

XI. Praktische Hinweise und Verfahrensfragen

In § 305b BGB ist zwar geregelt, dass **individuelle Vertragsabreden** Vorrang vor allgemeinen Geschäftsbedingungen haben, jedoch muss zunächst vom Vorliegen einer Individualabrede ausgegangen werden können. Nach wie vor herrscht teilweise die falsche Vorstellung vor, dass die äußere Form das Vorliegen einer Individualvereinbarung bestimmt. Dies ist nach § 305 Abs. 1. S. 2 BGB nicht der Fall. Das „Aushandeln" der Vertragsbedingung im Sinne von § 305 Abs. 1 S. 3 BGB wird vom Gegner des Formularverwenders regelmäßig bestritten. Zudem kann bei Verbraucherverträgen im Sinne des § 310 Abs. 3 Nr. 1 BGB der Beweis des Aushandelns grundsätzlich nicht mehr geführt werden. Was bleibt, ist die Einmalverwendung einer bestimmten Vertragsbedingung. Hierbei darf allerdings auch nicht die Absicht der Mehrfachverwendung vorliegen. Bei rechtlich und sprachlich ausformulierten Vertragsbedingungen dürfte bereits eine Vermutung für die Mehrfachverwendungsabsicht sprechen. Es ergibt sich somit, dass für Individualvereinbarungen, an denen Verwender/Vermieter insbesondere bei Schönheitsreparaturklauseln ein erhebliches Interesse haben, wenig Raum bleibt. 183

Die Frage der **Schriftform** hat bei Wohnraummietverträgen nicht dieselbe Bedeutung wie bei gewerblichen Mietverträgen. Dies insbesondere deshalb, weil Mietverträge, die auf längere Zeit fest abgeschlossen sind, bei Wohnraummietverträgen der Einschränkung durch die Anforderungen des gesetzlichen Zeitmietvertrages nach § 575 BGB unterliegen. Ein Wohnraummietvertrag mit Kündigungsausschlussvereinbarung ist kein Mietvertrag für längere Zeit als ein Jahr im Sinne des § 550 BGB. Die 184

Nichteinhaltung der Schriftform führt daher hier nicht zur Folge des Ausfalls der Kündigungsausschlussvereinbarung.

185 In der Praxis spielt die Frage, wer die **richtige Partei** auf Vermieter- und Mieterseite ist, eine große Rolle. Dies gilt insbesondere bei einer Mehrheit von Mietern oder Vermietern. In einer Reihe von Fällen müssen sowohl Vermieter als auch Mieter wissen, wer ihr Vertragspartner ist, da Erklärungen von allen Vermietern allen Mieter gegenüber abgegeben werden müssen und umgekehrt. Insofern ist bei schriftlichen Mietverträgen der Vergleich zwischen den Personen im Kopf des Vertrages und den Unterschriften immer von Bedeutung.

186 Die **Vertretung** einer Vertragspartei muss dokumentiert sein. Mieterhöhungsverlangen, Kündigungen von beiden Seiten, die Nachfristsetzung bei nicht durchgeführten Schönheitsreparaturen, Abmahnungen zur Vorbereitung einer Kündigung sind nur einige Beispiele.

187 Das durchschnittliche Wohnraummietverhältnis im Mehrfamilienhaus ist dann nicht von **Konflikten** über das Verhalten einzelner Mieter geprägt, wenn es sich um eine einigermaßen homogene Struktur der Haushalte handelt. Hier messen sich die Erwartungen einzelner Mieter hinsichtlich des Verhaltens der anderen Mieter üblicher Weise an ihrem eigenen Verhalten. Anders mag sich die Situation bei heterogenen Strukturen darstellen, zB einzelne Mieter aus fremden Kulturkreisen oder einzelne Mieter mit mehreren kleinen Kindern. Konflikte mit dem Vermieter ergeben sich manchmal angesichts heutiger technischer und auch für den Durchschnittsmieter erschwinglicher Möglichkeiten, wie zum Beispiel Benutzung zahlreicher technischer Großgeräte und Empfangsgeräte der Kommunikationstechnik. Dies gilt insbesondere bei älteren nicht modernisierten Häusern und im Bereich des Denkmalschutzes.

188 Im **Tierhaltungsbereich** können typischer Weise sowohl die Interessen von anderen Mietern (freilaufende große Hunde, Geruchsbeeinträchtigung durch Katzenhaltung) als auch des Vermieters (Beschädigung der Mieträume, negatives Erscheinungsbild des Wohnumfeldes) berührt sein.

189 Wirtschaftliche Probleme weiter Bevölkerungskreise, denen auf der anderen Seite ein Interesse auf Inanspruchnahme größerer Wohnfläche und höherer Wohnqualität für den Einzelnen gegenübersteht, sind prägend für das Interesse von Vermietern möglichst umfangreiche **Informationen** über die wirtschaftliche Situation von Mietinteressenten einzuholen. Wer angesichts seiner ihm bekannten schlechten wirtschaftlichen Situation trotzdem für sich in Anspruch nimmt, gut gelegene Mieträume nicht unerheblicher Größe und mit entsprechender Ausstattung in Anspruch zu nehmen, muss mit entsprechenden Folgen rechnen und kann nicht davon ausgehen, dass staatliche Institutionen in jedem Fall seine Leistungsunfähigkeit ausgleichen.

Hinter Streitigkeiten über das **Betreten der Mieträume** stehen in der Praxis immer wieder weitergehende Konflikte zwischen den Parteien, sei es, dass der Mieter Mängel der Mieträume behauptet, die sich bei einer Besichtigung durch den Vermieter nicht darstellen lassen, sei es, dass der Vermieter die Zweckentfremdung oder eine erhebliche Veränderung der Mieträume vermutet und dies durch die Besichtigung feststellen will, um gegebenenfalls später eine Beendigung des Mietverhältnisses herbeizuführen. 190

Aufgrund seines Rechts zum Besitz ist der Mieter bei der Frage des Betretens der Mieträume zunächst in der stärkeren Position, da er die Möglichkeit hat, jeden Dritten, auch seinen Vermieter, aufgrund seines Besitzrechts von den genutzten Räumen fernzuhalten. 191

Bei allen Streitigkeiten wegen Nutzung der Mieträume gilt, dass der Vermieter nach längerer **beanstandungsloser Duldung** trotz Kenntnis der Umstände gegen die beanstandete Nutzung nicht mehr vorgehen kann (für eine stillschweigende Duldung der Tierhaltung soll zum Beispiel die beanstandungslose fünfmonatige Kenntnis des Vermieters genügen.[221] Etwas anderes mag einmal bei Störungen des Hausfriedens in wechselndem Umfang gelten und zum anderen bei der Einführung neuer technischer Möglichkeiten im Kommunikationsbereich.[222] 192

Untervermietungsprobleme haben im Wohnraummietrecht keine erhebliche Bedeutung. Dies gilt insbesondere deshalb, weil die Behauptung, bei der aufgenommenen Personen handele es sich um einen Lebensgefährten, kaum widerlegbar ist. Anders stellt sich die Lage dar, wenn folgendes gegeben ist: 193

- Die Wohnung wird durch den Einzug weiterer Personen überbelegt.
- Es ist eine oder mehrere Personen eingezogen, die als Lebensgefährte nicht in Betracht kommen, zB Geschwister.
- Es liegt angesichts der vertraglichen Gestaltung des Gebrauchsüberlassungsverhältnisses offensichtlich formal Untervermietung vor.
- Die Mieträume sind in ihrer Gesamtheit einem anderen überlassen worden.

In derartigen Fällen ist dem Mieter zu empfehlen, sich mit dem Vermieter zur Vermeidung der Folge einer Unterlassungsklage oder Kündigung mit anschließender Räumungsklage in Verbindung zu setzen, um möglicherweise eine Vereinbarung über die Gestattung der Überlassung zu erzielen. 194

Was allgemeine **Fragen des Wohnraummietprozesses** betrifft, so sind einzelne, insbesondere Zuständigkeitsfragen nicht von der Zivilprozessreform, die am 1.1.2002 in Kraft getreten ist, geprägt, andere Fragen durchaus. 195

---

[221] LG Mannheim ZMR 1992, 545.

[222] ZB Neueinführung des Kabelanschlusses mit Zusatzdecoder, BGH NZM 2005, 335.

196 Für Streitigkeiten über Ansprüche aus Miet- oder Pachtverhältnissen über Räume und über das Bestehen solcher Verhältnisse ist das Gericht örtlich ausschließlich zuständig, in dessen Bezirk sich die Räume befinden, § 29a ZPO. Dies gilt sowohl für Wohnraum als auch für Gewerberaum. Einzige Ausnahme sind nach § 29a Abs. 2 ZPO die in § 549 Abs. 2 Nr. 1 bis 3 BGB genannten Wohnräume, nämlich Wohnräume zum vorübergehenden Gebrauch, möblierte Zimmer, Ferienwohnungen und Räume für öffentliche Aufgaben.

197 Die sachliche Zuständigkeit des Amtsgerichts ergibt sich aus § 23 GVG, des Landgerichts aus § 71 GVG. Das Amtsgericht ist bei Gewerberaummietverhältnissen zuständig für Klagen bis zu einem Streitwert von EUR 5000,–, ohne Rücksicht auf den Wert des Streitgegenstandes für Streitigkeiten über Ansprüche aus einem Mietverhältnis über Wohnraum oder den Bestand eines solchen Mietverhältnisses. Das Landgericht ist sachlich zuständig, soweit das Amtsgericht nicht zuständig ist.

198 Die **Zivilprozessreform** hat verschiedenes geändert, was sich auch in Mietprozessen auswirkt. Hierzu gehört:

- die Institutionalisierung des Schlichtungsgedankens im Zivilprozess durch Einführung einer Güteverhandlung,
- die Erhöhung der Transparenz und Akzeptanz richterlicher Entscheidungsfindung durch stärkere Betonung der richterlichen Aufklärungs- und Hinweispflichten,
- die Herabsetzung des Berufungs- und Beschwerdewerts von DM 1500,– auf EUR 600,–,
- die Einführung einer Zulassungsberufung bei Beschwerdewerten bis EUR 600,–,
- die Einführung eines Abhilfeverfahrens bei unanfechtbaren Urteilen,
- die Umgestaltung der Berufung in ein Instrument der Fehlerkontrolle und Fehlerbeseitigung, also revisionsähnlich,
- die Einführung einer beschleunigten Erledigungsmöglichkeit für substanzlose Berufungen.

199 Die **Güteverhandlung,** die in der Regel unmittelbar der streitigen Verhandlung vorgeschaltet wird, hat nicht zu einer Verlängerung der Verfahrensdauer oder zusätzlichen Belastung von Gericht oder Parteien geführt. In der Praxis stellt sie sich als den Versuch eines Vergleichschlusses vor Beginn der eigentlichen streitigen Verhandlung dar.

200 Die erweiterte **Hinweispflicht** nach § 139 ZPO wird unterschiedlich gehandhabt. Immerhin kann Folge einer Verletzung der Hinweispflicht sein, dass in der Berufungsinstanz neues Vorbringen zuzulassen ist, § 531 Abs. 2 Nr. 2 ZPO und auf Antrag einer Partei die Zurückverweisung der Sache in Betracht kommt, § 538 Abs. 2 Nr. 1 ZPO. Vgl. zur Hinweispflicht auch → Kap. 9 Rn. 1 ff.

201 Andererseits kollidiert die Hinweispflicht in vielen Fällen mit der Pflicht des Richters zur Unparteilichkeit, der durch Hinweise, die einer

Partei gegeben werden, deren Rechtsposition zu Lasten der anderen Partei stärkt. Zudem kann man davon ausgehen, dass zwar grundsätzlich die Hinweispflicht gegenüber der anwaltlich vertretenen Partei genauso gilt wie gegenüber der nicht vertretenen Partei, auf gewisse allgemeine Grundsätze die anwaltlich vertretene Partei aber trotzdem nicht hingewiesen werden muss, so

1. Das Erfordernis eines Beweisantritts, falls Behauptungen streitig sind.[223]
2. Fragen, die bereits Gegenstand der aktuellen Revisionsrechtsprechung des BGH waren.[224]
3. Fragen, die in der allgemein verwendeten mietrechtlichen Kommentarliteratur übereinstimmend beantwortet werden.

Vergleiche können nach § 278 Abs. 6 ZPO schriftlich abgeschlossen werden. Durch die Möglichkeit, bei Erledigung der Hauptsache vor Rechtshängigkeit eine Kostenentscheidung nach billigem Ermessen nach § 91a ZPO zu treffen, wird ein neuer Prozess über die Verfahrenskosten vermieden. **202**

Die Bedeutung des **Abhilfeverfahrens** nach § 321a ZPO im Falle von nicht berufungsfähigen Urteilen und der Verletzung des rechtlichen Gehörs ist im mietrechtlichen Verfahren gering geblieben. Dies mag damit zusammenhängen, dass die Entscheidung des Gerichts in dieser Sache nicht anfechtbar ist. **203**

Der **Beschwerdewert** nach § 511 Abs. 2 Nr. 1 ZPO von EUR 600,– für den Zugang zur Berufungsinstanz, falls nicht die Berufung durch das Amtsgericht zugelassen wird, erscheint niedrig angesetzt. Es bleibt abzuwarten, ob zur Entlastung der Gerichte für die Zukunft diese Grenze erhöht wird. Immerhin ist die Entscheidung des erstinstanzlichen Gerichts über die Zulassung bzw. die Nichtzulassung der Berufung bei nicht berufungsfähigen Urteilen nicht anfechtbar. Von der Möglichkeit, eine Berufung ohne Aussicht auf Erfolg durch nicht anfechtbaren Beschluss ohne mündliche Verhandlung zurückzuweisen, § 522 Abs. 2 und Abs. 3 ZPO wird durch die Landgerichte zunehmend Gebrauch gemacht. **204**

Der Kernpunkt der Neugestaltung des **Berufungsverfahrens** ist, dass es nach § 529 Abs. 1 Nr. 1 ZPO die vom Ausgangsgericht festgestellten Tatsachen zugrunde legt. Nachdem allerdings nach §§ 529 Abs. 1 Nr. 2, 531 Abs. 2 ZPO bei Fehlern des Gerichtes erster Instanz neue Tatsachen doch berücksichtigt werden, führt dies nur in eingeschränkter Weise zu einer reinen Rechtsinstanz. **205**

Als von großer Bedeutung hat sich die Möglichkeit der **Revision** gegen Berufungsurteile nach § 542 Abs. 1 ZPO erwiesen. Die häufige Zulassung der Revision durch die zweitinstanzlichen Landgerichte hat zu einer **206**

[223] OLG Hamm NJW-RR 2003, 525.
[224] LG Darmstadt NZM 2006, 136.

Fülle von Revisionsentscheidungen des BGH geführt, die zur Beantwortung zahlreicher mietrechtlicher Streitfragen geführt hat. **Nichtzulassungsbeschwerde** zum BGH gegen die Nichtzulassung der Revision ist nur dann zulässig, wenn der Wert der Beschwer im der Hauptsache mehr als EUR 20 000 beträgt, § 544 Abs. 2 ZPO.

Muster zu Kapitel 1

1. Beschwerde über Mitmieter beim Vermieter/Hausverwalter 207

An die Hausverwaltung Müller

Nächtliche Lärmbelästigung durch Familie Maier

Sehr geehrter Herr Müller,

hiermit teile ich Ihnen mit, dass Familie Maier, welche die Wohnung im dritten Stock unseres Hauses bewohnt, jede Nacht bis etwa 2 Uhr eine Stereoanlage oder ähnliches in einer Lautstärke betreibt, die ein Einschlafen unmöglich macht. Die Geräuschquelle ist eindeutig der Wohnung Maier zuzuordnen. Die Mieter aus dem vierten Stock, Familie Schmidt, können diesen Sachverhalt bestätigen. Wir haben versucht, Herrn Maier auf die Belästigung anzusprechen, dies blieb jedoch ohne Erfolg.

Ich bitte Sie nun, auf Familie Maier einzuwirken, um die Lärmbelästigung abzustellen. Sollte die Beeinträchtigung weiter andauern, würde ich mich gezwungen sehen, die Miete entsprechend der Gebrauchsbeeinträchtigung meiner Wohnung ab nächstem Ersten zu mindern.

Mit freundlichen Grüßen

208 2. Abmahnung von Verstößen gegen die Hausordnung

Hausverwaltung Müller

Nächtliche Ruhestörung

Sehr geehrte Familie Maier,
durch Mitmieter des Hauses wurden wir darauf aufmerksam gemacht, dass in der von Ihnen bewohnten Wohnung jede Nacht eine Stereoanlage oder ähnliches in einer Lautstärke betrieben wird, die über Zimmerlautstärke weit hinausgeht.

Wir fordern Sie auf, § 5 der Hausordnung, die Bestandteil Ihres Mietvertrages darstellt, einzuhalten. Radio-, Fernsehgeräte- und sonstige Musikanlagen dürfen hiernach nur in Zimmerlautstärke betrieben werden, was besonders zur Nachtzeit gilt.

Wegen des Verstoßes gegen die Hausordnung mahnen wir Sie hiermit ausdrücklich ab und fordern Sie auf, den Verstoß zu unterlassen. Sollten Sie weiter gegen die Hausordnung verstoßen, haben Sie gegebenenfalls mit weiteren Schritten bis zu einer Kündigung des Mietverhältnisses zu rechnen.

Nachdem von Ihren Mitmietern bereits Minderung der Miete angedroht worden ist, weisen wir Sie weiter daraufhin, dass wir Sie im Falle eines Mietentgangs aufgrund Minderung in dieser Höhe schadenersatzpflichtig machen müssten.

Mit freundlichen Grüßen

3. Zurückweisung einer Abmahnung wegen behaupteter Verstöße 209

An die Hausverwaltung Müller

Ihr Schreiben vom …

Sehr geehrter Herr Müller,

Die Behauptungen in Ihrem Schreiben vom … muss ich nachhaltig zurückweisen. Ein Verstoß gegen die Hausordnung, wie von Ihnen dargestellt, hat seitens meiner Familie zu keinem Zeitpunkt stattgefunden. Soweit sich Mitmieter beschwert haben, müssen sich diese hinsichtlich der Herkunft der Geräusche getäuscht haben.

Gegebenenfalls bitte ich um eine objektive Überprüfung des Sachverhalts.

Mit freundlichen Grüßen

210 4. Anfechtung des Mietvertrages wegen falscher Selbstauskunft

Hausverwaltung Müller

Anfechtung des mit Ihnen geschlossenen Mietvertrages

Sehr verehrte Frau Schneider, sehr geehrter Herr Schneider,

heute vor einer Woche haben Sie in unseren Büroräumen im Zusammenhang mit dem Abschluss eines Wohnraummietvertrages über die Wohnung Schönstr. 20, 81354 München, mit Wirkung ab nächstem Ersten, unser Mieter-Selbstauskunfts-Formular dahin ausgefüllt, dass Sie, Herr Schneider, über ein Einkommen als leitender Angestellter von € 5000,– und Sie, Frau Schneider, als Sekretärin von € 1500,– verfügen würden.

Rückfragen bei den von Ihnen angegebenen Arbeitgebern und weitere Ermittlungen haben ergeben, dass die von Ihnen gemachten Angaben nicht zutreffend sind und Sie beide derzeit nicht in einem Arbeitsverhältnis stehen, sondern von Leistungen der ARGE für Beschäftigung leben.

Nachdem für uns die Art und Höhe Ihres Einkommens als Mieter angesichts der vereinbarten Miete von € 1500,– netto im Monat ein für den Vertragsabschluss bestimmender Umstand war und Sie uns hierüber getäuscht haben,

fechten

wir den mit Ihnen geschlossenen Mietvertrag wegen

arglistiger Täuschung

an.

Wir bitten Sie, die Ihnen überlassene Mietvertragsausfertigung an uns zurückzusenden und den Ihnen bereits überlassenen Wohnungsschlüssel ebenfalls umgehend zurückzugeben, da durch die Anfechtung des Vertrages ein Recht Ihrerseits zum Bezug der Wohnung Schönstr. 20 nicht mehr besteht.

Für den Fall der Nichtrückgabe des Schlüssels müssen Sie mit einer unverzüglichen fristlosen Kündigung des Mietverhältnisses wegen Unzumutbarkeit einer Fortsetzung nach § 543 Abs. 1 BGB rechnen.

Mit freundlichen Grüßen

5. Kündigung wegen Hausordnungsverstößen 211

Sehr verehrte Frau Maier, sehr geehrter Herr Maier,

unter Vorlage einer Originalvollmacht zeige ich an, dass ich Herrn Alfred Hofer, Ihren Vermieter, anwaltlich vertrete.

Namens und im Auftrag meiner Mandantschaft

kündige

ich hiermit das mit Ihnen bestehende Mietverhältnis über die Wohnung Nr. 10 im 3. Stock des Anwesens Schönstr. 20, 81354 München, bestehend aus 2 Zimmern, 1 Flur, 1 Küche, 1 Bad

fristlos.

Die fristlose Kündigung wird darauf gestützt, dass Sie wiederholt gegen die Hausordnung in erheblicher Weise verstoßen haben, indem Sie zur Nachtzeit durch Betreiben einer Musikanlage eine starke Lärmbelästigung verursacht haben und dies trotz zweimaliger Abmahnung nicht unterlassen haben.

Im Einzelfall handelt es sich um folgende Vorfälle:

....

....

Rechtsgrundlage der fristlosen Kündigung sind die §§ 543 Abs. 1, 569 Abs. 2 BGB.

Ich habe Sie aufzufordern, die von Ihnen bewohnte Wohnung unverzüglich zu räumen und an unsere Mandantschaft geräumt und mit sämtlichen Schlüsseln, auch selbstgefertigten, herauszugeben. Räumungsfrist wird Ihnen bis zum

1.6.2022

gewährt.

Sollte die Wohnung bis zum 1.6.2022 nicht geräumt an meine Mandantschaft übergeben worden sein, werde ich ohne weitere Mahnung Räumungsklage beim zuständigen Amtsgericht München einreichen.

Einer Fortsetzung des Mietverhältnisses nach § 545 BGB widerspreche ich bereits jetzt namens und im Auftrag meiner Mandantschaft ausdrücklich.

Weiter eingehende Zahlungen Ihrerseits werden nur noch als Nutzungsentschädigung entgegengenommen.

Mit freundlichen Grüßen

Rechtsanwalt

212 6. Räumungsklage wegen Hausordnungsverstößen

An das Amtsgericht München

Klage

in Sachen

Alfred Hofer, Königstr. 2, 80798 München – Kläger –

Prozessbevollmächtigter: Rechtsanwalt Dr. Hans Schlau

gegen

Hans und Maria Maier, Schönstr. 20, 81354 München – Beklagte –

wegen Räumung und Herausgabe

vorläufiger Streitwert: € …

zeige ich an, dass der Kläger durch mich anwaltlich vertreten wird. Namens und im Auftrag des Klägers erhebe ich

Klage

zum Amtsgericht München und bringe einen Gerichtskostenvorschuss in Höhe von € … zur Einzahlung.

Ich bitte baldmöglichst einen Termin zur mündlichen Verhandlung zu bestimmen, in dem ich folgende Anträge stellen werde:

I. Die Beklagten werden verurteilt, die Wohnung Nr. 10 im 3. Stock des Anwesens Schönstr. 20, 81354 München, bestehend aus 2 Zimmern, 1 Flur, 1 Küche, 1 Bad, zu räumen und an den Kläger herauszugeben.
II. Die Beklagten tragen samtverbindlich die Kosten des Rechtsstreits.
III. Das Urteil ist, notfalls gegen Sicherheitsleistung, vorläufig vollstreckbar.
IV. Für den Fall des schriftlichen Vorverfahrens beantrage ich, ein Versäumnisurteil ohne mündliche Verhandlung nach Maßgabe des Klageantrags zu erlassen, wenn die Beklagten nicht rechtzeitig anzeigen, dass sie sich gegen die Klage verteidigen wollen.

Wenn die Beklagten erklären, dass sie den Klageanspruch anerkennen, beantrage ich ohne mündliche Verhandlung sie gemäß ihrem Anerkenntnis zu verurteilen.

Weiter beantrage ich dem Prozessbevollmächtigten des Klägers den Zeitpunkt der Zustellung des Urteils zu bescheinigen.

Begründung:

Der Kläger verlangt von den Beklagten die Herausgabe der Mietwohnung Nr. 10 im Anwesen Schönstr. 20, 81354 München. Das Mietverhältnis zwischen den Parteien wurde durch fristlose Kündigung vom … beendet.

Mit Mietvertrag vom … hatten die Beklagten die streitgegenständliche Wohnung angemietet.

Beweis: Mietvertrag vom … in Kopie

Durch Schreiben vom … wurde das Mietverhältnis gemäß §§ 543 Abs. 1, 569 Abs. 2 BGB fristlos gekündigt.

Beweis: Kündigungsschreiben vom …

Das Schreiben ist den Beklagten am … zugegangen.

Beweis: Rückschein der Deutschen Post, Einlieferungsnummer …

Die Beklagten haben den Hausfrieden in erheblicher Weise durch nächtlichen Betrieb einer Musikanlage über einen längeren Zeitraum gestört.

Unter anderem fanden Störungen in folgenden Nächten und zu folgenden Zeiten statt:

………………………………………………………………………

Beweis: Zeugen …

Trotz zweimaliger Abmahnung haben die Beklagten die Störungen fortgesetzt.

Beweis: Abmahnschreiben vom ....

Nach erfolgter Abmahnung fanden folgende weitere Störungen statt:

………………………………………………………………………

Beweis: Zeugen wie vor

Den Beklagten war eine Räumungsfrist bis zum 1.6.2007 gesetzt worden. Sie haben die Wohnung nicht geräumt.

Beweis: Kündigungsschreiben vom …

Zeuge: …

Klageerhebung war daher geboten. Einer Fortsetzung des Mietverhältnisses gemäß § 545 BGB war bereits im Kündigungsschreiben widersprochen worden.

Rechtsanwalt

213 7. Aufforderung durch den Vermieter, die Besichtigung einer Mietwohnung zu gestatten

Wohnungsbesichtigung

Sehr verehrte Frau Maier, sehr geehrter Herr Maier,

bereits mit Schreiben vom … habe ich Sie aufgefordert, die Besichtigung der von Ihnen angemieteten Wohnung zu gestatten, um den baulichen Zustand der Wohnung festzustellen.

Trotz dieser Aufforderung und weiterer mündlicher Aufforderungen am … und am …, jeweils mit Terminsvorschlägen, haben Sie eine Besichtigung nicht ermöglicht bzw. sogar den Zugang zu Ihrer Wohnung abgelehnt.

Sollten Sie nicht bis spätestens

………

Ihre Bereitschaft zu einem Besichtigungstermin erklärt haben, der nunmehr für den … vorgesehen ist, werde ich durch meinen Rechtsanwalt Klage beim zuständigen Gericht einreichen lassen.

Ich weise noch auf folgendes hin:

Die Besichtigung wird je nach den erforderlichen Feststellungen bis zu einer Stunde in Anspruch nehmen. Ich beabsichtige die Besichtigung zusammen mit einem Fachmann, dem Architekten A. vorzunehmen, da angesichts des anstehenden Einbaus eines Aufzugs statische Fragen zu klären sind.

Ich bitte Sie, zu dem genannten Zeitpunkt anwesend zu sein oder die Besichtigung der Wohnung durch Aushändigung des Schlüssels an einen Dritten sicherzustellen. In diesem Fall bitte ich um Mitteilung, wo der Schlüssel abzuholen ist.

Für den Fall, dass eine Besichtigung zu dem von mir vorgesehenen Zeitpunkt nicht möglich ist, bitte ich um alsbaldige Mitteilung, weise aber gleichzeitig darauf hin, dass Sie verpflichtet sind, die Besichtigung auch ohne ausdrückliche vertragliche Regelung zu ermöglichen.

Mit freundlichen Grüßen

8. Verweigerung einer Besichtigung durch den Mieter 214

Besichtigung unserer Wohnung

Sehr geehrter Herr Hofer,
Ihr Schreiben vom 13.5.2022 haben wir erhalten.

Die von Ihnen vorgesehene Besichtigung unserer Wohnung sind wir nicht bereit zu gestatten. Sie kündigen an, dass, nachdem unsere Wohnung zum Verkauf anstünde, Kaufinteressenten die Wohnung nächste Woche jeden Tag zwischen 8 Uhr früh und 22 Uhr abends zur Besichtigung offen stehen müsse.

Eine derartig zeitlich ausgedehnte und teilweise zur Unzeit erfolgende Besichtigung können wir nicht ermöglichen. Es ist uns auch nicht möglich und zuzumuten, angesichts unserer arbeitsbedingten Abwesenheit den Wohnungsschlüssel zu hinterlegen. Wir schlagen Ihnen daher vor, die Wohnung am Montag und Mittwoch dieser Woche zwischen 10 Uhr und 12 Uhr und zwischen 15 Uhr und 18 Uhr zur Besichtigung zur Verfügung zu stellen, wobei wir davon ausgehen, dass die Besichtigung höchstens jeweils 1 Stunde in Anspruch nimmt. In dieser Zeit lässt es sich einrichten, dass ein Familienmitglied anwesend ist.

Zu einer anderen Regelung sind wir nicht bereit und werden, falls Besichtigungsversuche zu anderen Zeiten unternommen werden, von unserem Hausrecht Gebrauch machen.

Mit freundlichen Grüßen

215 9. Klage auf Duldung einer Besichtigung der Wohnung

An das
Amtsgericht München

Klage

in Sachen

Alfred Hofer, Königstr. 2, 80798 München – Kläger –

Prozessbevollmächtigter: Rechtsanwalt Dr. Hans Schlau
gegen

Hans und Maria Maier, Schönstr. 20, 81354 München – Beklagte –

wegen Besichtigung einer Mietwohnung

vorläufiger Streitwert: € …
zeige ich an, dass der Kläger durch mich anwaltlich vertreten wird.
Namens und im Auftrag des Klägers erhebe ich

Klage

zum Amtsgericht München und bringe einen Gerichtskostenvorschuss in Höhe von € … zur Einzahlung.

Ich bitte baldmöglichst Termin zur mündlichen Verhandlung zu bestimmen in dem ich folgende Anträge stellen werde:

I. Die Beklagten werden verurteilt, die Besichtigung der von Ihnen bewohnten Mietwohnung, Schönstr. 20, 81354 München, Wohnung Nr. 10, 3. Stock, nach Ankündigung eine Woche vor dem Besichtigungstermin an einem Samstag zwischen 10 Uhr und 12 Uhr zum Zwecke der Feststellung des Zustands der Wohnung zu dulden.
II. Die Beklagten tragen samtverbindlich die Kosten des Rechtsstreits.
III. Das Urteil ist vorläufig vollstreckbar.
IV. Für den Fall des schriftlichen Vorverfahrens beantrage ich weiter ein Versäumnisurteil ohne mündliche Verhandlung nach Maßgabe des Klageantrags zu erlassen, wenn die Beklagten nicht rechtzeitig anzeigen, dass sie sich gegen die Klage verteidigen wollen.

Weiter beantrage ich die Beklagten, falls sie den Klageanspruch anerkennen, ihrem Anerkenntnis gemäß zu verurteilen.

Weiter beantrage ich dem Prozessbevollmächtigten des Klägers den Zeitpunkt der Zustellung des Urteils zu bescheinigen.

Begründung:

Die Beklagten bewohnen die streitgegenständliche Mietwohnung seit nunmehr drei Jahren. Trotz mehrerer Versuche, einen Termin für eine Besichtigung der Wohnung zu vereinbaren, verweigern die Beklagten die Besichtigung grundlos.

Beweis: Schreiben vom …

Zeuge: …

Im Gegenteil haben die Beklagten dem Kläger mündlich mitgeteilt, dass sie grundsätzlich nicht bereit seien, eine Besichtigung der Wohnung zu gestatten.

Beweis: Vernehmung des Klägers als Partei

Vernehmung der Beklagten als Partei

Nach § 11 des Mietvertrages kann der Vermieter die Mieträume betreten, um die Notwendigkeit unaufschiebbarer Arbeiten festzustellen.

Beweis: Mietvertrag vom … in Kopie

Besichtigungstermine wurden weder zur Unzeit noch ohne vorherige rechtzeitige Ankündigung vorgeschlagen. Die letzte Besichtigung fand vor mehr als einem Jahr statt.

Beweis: Schreiben vom …

Die Besichtigung ist umso notwendiger, als nach Mitteilung des Hausmeisters Anhaltspunkte dafür bestehen, dass von der Wohnung ein vertragswidriger Gebrauch gemacht wird:

Beweis: Hausmeister Schulze

Durch Schreiben vom … wurden die Beklagten letztmalig aufgefordert, unter Androhung der Klageerhebung die Besichtigung zu gestatten.

Beweis: Schreiben vom …

Eine Reaktion folgte nicht.

Klageerhebung ist daher geboten.

Rechtsanwalt

216 10. Antrag auf Erlass einer einstweiligen Verfügung betreffend die Besichtigung einer Mietwohnung

An das
Amtsgericht München

Antrag auf Erlass einer einstweiligen Verfügung

in Sachen

Alfred Hofer, Königstr. 2, 80798 München – Antragsteller –

Prozessbevollmächtigter: Rechtsanwalt Dr. Hans Schlau

gegen

Hans und Maria Maier, Schönstr. 20, 81354 München – Antragsgegner –

Vorläufiger Streitwert: € …
zeige ich unter Vollmachtsvorlage an, dass der Antragsteller von mir anwaltlich vertreten wird.

Wegen der Dringlichkeit der Sache beantrage ich, im Wege der einstweiligen Verfügung ohne mündliche Verhandlung

anzuordnen:

I. Den Antragsgegnern wird geboten, dem Antragsteller die Besichtigung der Mietwohnung Schönstr. 20, 81354 München, Wohnung Nr. 10, 3. Stock am … um … Uhr zu gestatten oder an einem anderen Termin innerhalb der nächsten Woche jeweils Werktags zwischen 8 Uhr und 18 Uhr.
II. Die Antragsgegner tragen samtverbindlich die Kosten des Verfahrens.

Begründung:

Die Antragsgegner bewohnen die bezeichnete Wohnung seit drei Jahren.

Glaubhaftmachung: Mietvertrag vom … in beglaubigter Kopie.

Seit drei Tagen tritt in der Wohnung, die unmittelbar unter der von den Antragsgegnern bewohnten Wohnung liegt, Wasser durch die Decke aus. Der Schaden vergrößert sich ständig.

Die Schadensquelle liegt ohne jeden Zweifel in der Wohnung der Antragsgegner. Entweder befindet sich dort ein Gerät, aus dem ständig Wasser austritt, was zur Durchfeuchtung des Bodens geführt hat oder Wasser tritt aus einer wasserführenden Leitung aus.

Die Antragsgegner sind seit mehreren Tagen mündlich und schriftlich mehrfach aufgefordert worden, dem Antragsteller und/oder seinem Vertreter, dem Hausmeister Schulze, den Zutritt zu ihrer Wohnung zu gestatten. Ohne Begründung haben sie dies verweigert.

Auch im Interesse der anderen Hausbewohner ist sofortiges Handeln unbedingt erforderlich, um die Schadensursache festzustellen und weiteren Schaden zu verhindern.

Die geschilderten tatsächlichen Umstände werden glaubhaft gemacht durch beiliegende eidesstattliche Versicherungen der unter den Antragsgegnern wohnenden Mieter Kröger und des Hausmeisters Schulze.

Beweis: eidesstattliche Versicherungen vom … in der Anlage

Der Besichtigungsanspruch ergibt sich aus der entsprechenden Regelung im Mietvertrag.

Die Eilbedürftigkeit und Gefährdung des Interesses meines Mandanten bei weiterem Zuwarten ergibt sich ebenfalls aus den eidesstattlichen Versicherungen der Mieter Kröger und des Hausmeisters Schulze.

Rechtsanwalt

217 11. Untersagung der Tierhaltung

Tierhaltung

Sehr verehrte Frau Maier, sehr geehrter Herr Maier,

wie Sie wissen, habe ich bzw. mein Hausverwalter Herr Müller, Sie bereits mehrfach aufgefordert, die Hundehaltung in Ihrer Wohnung zu unterlassen und den dort gehaltenen Schäferhund „Bello" anderweitig unterzubringen.

Hundehaltung ist nach dem Mietvertrag genehmigungspflichtig, eine derartige Genehmigung wurde Ihnen nicht erteilt und kann auch nicht erteilt werden.

Wie unserem Hausmeister, Herrn Schulze, von Mitmietern mitgeteilt wurde, haben Sie den Hund bereits des öfteren in der Anlage vor dem Haus frei laufen lassen. Bei dieser Gelegenheit hat er die zwei kleinen Kinder eines anderen Mieters belästigt, die sich dem Tier nur durch Flucht entziehen konnten.

Falls Sie den Hund nicht bis zum

1.7.2022

aus der von Ihnen angemieteten Wohnung entfernt haben, werde ich ohne weitere Abmahnung durch meinen Rechtsanwalt Unterlassungsklage einreichen lassen bzw. die Frage einer Kündigung des Mietverhältnisses prüfen lassen.

Mit freundlichen Grüßen

12. Zurückweisung des Verlangens auf Unterlassung der Tierhaltung 218

Ihr Schreiben vom …

Sehr geehrter Herr Hofer,
Ihr Verlangen auf Abschaffung unseres Hundes weisen wir nachdrücklich zurück.

Bei unserem Hund handelt es sich nicht um einen Schäferhund, sondern um einen Zwergpudel, was sowohl die anderen Mieter als auch der Hausmeister Schulze sehr wohl wissen. Dieser Hund hat noch nie jemand belästigt, schon gar nicht die Kinder anderer Mieter.

Wir weisen darauf hin, dass die Haltung eines derart kleinen Hundes einer besonderen Genehmigung nicht bedarf und Sie uns diese gegebenenfalls auch nicht verweigern dürften.

Mit Ihrer ausdrücklichen Kenntnis werden in der Wohnanlage außerdem schon mindestens vier Hunde, darunter auch mindestens zwei Schäferhunde gehalten. Unser Hund ist zudem Spielgefährte unserer Kinder und damit sein Besitz für uns von besonderer Bedeutung.

Mit freundlichen Grüßen

219 13. Unterlassungsklage wegen Tierhaltung

An das
Amtsgericht München

Klage

in Sachen

Alfred Hofer, Königstr. 2, 80798 München – Kläger –

Prozessbevollmächtigter: Rechtsanwalt Dr. Hans Schlau

gegen

Hans und Maria Maier, Schönstr. 20, 81354 München – Beklagte –

wegen Unterlassung der Tierhaltung

vorläufiger Streitwert: € …
zeige ich an, dass der Kläger durch mich anwaltlich vertreten wird.

Namens und im Auftrag des Klägers erhebe ich

Klage

zum zuständigen Amtsgericht München und bringe einen Gerichtskostenvorschuß
in Höhe von € … zur Einzahlung.
Ich bitte baldmöglichst einen Termin zur mündlichen Verhandlung zu bestimmen, in dem ich folgende Anträge stellen werde:

I. Die Beklagten werden verurteilt, die Haltung des Schäferhundes „Bello“ in der von Ihnen bewohnten Mietwohnung, Schönstr. 20, 81354 München, Wohnung Nr. 10, 3. Stock, zu unterlassen.
II. Den Beklagten werden bei Vermeidung eines Ordnungsgeldes bis zur Höhe von € 250 000,– oder ersatzweise Ordnungshaft bis zu sechs Monaten verurteilt, einen Hund der in Ziffer I genannten Art oder einer vergleichbaren Rasse in der Mietwohnung nicht zu halten.
III. Die Beklagten tragen samtverbindlich die Kosten des Verfahrens.
IV. Das Urteil ist vorläufig vollstreckbar.
V. Für den Fall der Anordnung des schriftlichen Vorverfahrens beantrage ich ein Versäumnisurteil ohne mündliche Verhandlung nach Maßgabe der Klageanträge zu erlassen, falls die Beklagten nicht rechtzeitig anzeigen, dass sie sich gegen die Klage verteidigen wollen.

Weiter beantrage ich die Beklagten ohne mündliche Verhandlung ihrem Anerkenntnis gemäß zu verurteilen, wenn sie den Anspruch anerkennen, sowie dem Prozessbevollmächtigten des Klägers den Zeitpunkt der Zustellung des Urteils zu bescheinigen.

Begründung:

Die Beklagten sind seit drei Jahren Mieter der streitgegenständlichen Wohnung.

Nach § 16 des Mietvertrags in Verbindung mit Nr. 5 der mit dem Mietvertrag verbundenen Hausordnung ist Tierhaltung genehmigungspflichtig.

Beweis: Mietvertrag vom … in Kopie

Seit etwa einem Jahr halten die Beklagten in ihrer Wohnung einen Schäferhund. Die Beklagten haben nie um Genehmigung der Tierhaltung nachgesucht, sie wurde ihnen auch nicht erteilt.

Beweis: Zeuge …

Nach Bekanntwerden der Tierhaltung wurden die Beklagten bereits mehrfach durch den Hausmeister gemahnt, die Tierhaltung zu unterlassen, zuletzt erfolgte durch mich selbst eine schriftliche Abmahnung.

Beweis: Schreiben vom …

Aus diesem Schreiben geht hervor, dass Unzuträglichkeiten dahin aufgetreten sind, dass der gehaltene Schäferhund andere Mieter belästigt hat.

Die Beklagten haben den Hund nicht entfernt, sondern im Gegenteil das Verlangen auf Unterlassung schriftlich mit unzutreffenden Gründen zurückgewiesen.

Beweis: Schreiben der Beklagten vom …

Die Haltung des Schäferhundes ist auch nicht genehmigungsfähig, eine Verweigerung der Genehmigung ist nicht ermessensmissbräuchlich.

Beweis: Abmahnschreiben vom …

Klage war daher geboten.

Rechtsanwalt

220 14. Anfrage eines Mieters wegen Erlaubniserteilung zur Untervermietung

Erlaubnis zur Untervermietung

Sehr geehrter Herr Hofer,

wie wir Ihnen bereits kürzlich mitgeteilt haben, ist unser Sohn Peter aus unserer Wohnung ausgezogen und wohnt nunmehr aus beruflichen Gründen in Augsburg.

Nachdem der Alleinverdiener unserer Familie, Hans Maier, darüber hinaus vor einen Monat in Rente gegangen ist, haben wir Probleme, die monatliche Miete für die Wohnung Schönstr. 20 aufzubringen.

Wir bitten Sie daher die Untervermietung des bisher von unserem Sohn bewohnten Zimmers bis auf weiteres an Frau Monika Scherer, Klugstr. 2, 80635 München, zu gestatten.

Falls sich die Person des Untermieters ändern sollte, werden wir Ihnen dies rechtzeitig mitteilen.

Aufgrund der dargestellten Umstände haben wir ein berechtigtes Interesse an der Untervermietung. Bitte teilen Sie uns die Genehmigung bis zum 15.9.2021 mit, da das Mietverhältnis mit Frau Scherer am 1.1.2022 beginnen soll.

Mit freundlichen Grüßen

15. Abmahnung durch den Vermieter wegen unerlaubter Gebrauchsüberlassung 221

Sehr verehrte Frau Huber, sehr geehrter Herr Huber,

wie ich festgestellt habe, wird die an Sie vermietete Wohnung seit etwa drei Wochen von einer weiteren Person bewohnt, bei der es sich, wie unser Hausmeister, Herr Schulze, inzwischen in Erfahrung gebracht hat, um Herrn Franz Huber, den Bruder von Herrn Karl Huber handelt.

Um Erlaubniserteilung zur Überlassung eines Teiles der Wohnung an Herrn Franz Huber haben Sie nicht nachgesucht. Diese hätte ich Ihnen auch nicht erteilen können und zwar aus folgenden Gründen:

Die Wohnung Schönstr. 20 ist lediglich 25 qm groß. Durch die Aufnahme einer weiteren Person würde sie überbelegt werden. Hinsichtlich der Person von Herrn Franz Huber habe ich außerdem in Erfahrung gebracht, dass er in dem Haus, das er bisher zur Miete bewohnt hat, erheblich den Hausfrieden gestört hat, so dass ich auch die Aufnahme gerade seiner Person – unbeschadet einer Überbelegung – nicht genehmigen würde.

Ich fordere Sie daher auf, die unerlaubte Untervermietung unverzüglich, spätestens jedoch bis zum 15.9.2021 zu beenden. Andernfalls werde ich ohne weitere Mahnung anwaltliche Hilfe zur Wahrnehmung weiterer Schritte (Unterlassungsklage bzw. fristlose Kündigung)in Anspruch nehmen.

Mit freundlichen Grüßen

222 16. Unterlassungsklage wegen unerlaubter Untervermietung

An das
Amtsgericht München

Klage

in Sachen

Alfred Hofer, Königstr. 2, 80798 München – Kläger –

Prozessbevollmächtigter: Rechtsanwalt Dr. Hans Schlau

gegen

Karl und Martha Huber, Schönstr. 20, 81354 München – Beklagte –

wegen Unterlassung der Untervermietung

vorläufiger Streitwert: € …
zeige ich an, dass der Kläger durch mich anwaltlich vertreten wird.
Namens und im Auftrag des Klägers erhebe ich

Klage

zum zuständigen Amtsgericht München und bringe einen Gerichtskostenvorschuss in Höhe von € … zur Einzahlung.

Ich bitte baldmöglichst Termin zur mündlichen Verhandlung zu bestimmen in dem ich folgende Anträge stellen werde:

I. Die Beklagten werden verurteilt, die Untervermietung der Wohnung, Schönstr. 20, 81354 München, Wohnung Nr. 12, 4. Stock, zu unterlassen.
II. Den Beklagten wird für den Fall der Zuwiderhandlung ein Ordnungsgeld bis zur Höhe von € 250000,– oder ersatzweise Ordnungshaft bis zu 6 Monaten angedroht.
III. Die Beklagten tragen samtverbindlich die Kosten des Rechtsstreits.
IV. Das Urteil ist vorläufig vollstreckbar.
V. Weiter beantrage ich für den Fall des schriftlichen Vorverfahrens ein Versäumnisurteil ohne mündliche Verhandlung nach Maßgabe der Klageanträge zu erlassen, wenn die Beklagten nicht rechtzeitig anzeigen, dass sie sich gegen die Klage verteidigen wollen und die Beklagten ohne mündliche Verhandlung ihrem Anerkenntnis gemäß zu verurteilen, wenn sie den Anspruch anerkennen.

Außerdem beantrage ich dem Prozessbevollmächtigten des Klägers den Zeitpunkt der Zustellung des Urteils zu bescheinigen.

Begründung:

Die Beklagten sind Mieter der streitgegenständlichen Wohnung. Seit etwa vier Wochen untervermieten sie an einen Herrn Franz Huber, bei dem es sich um den Bruder des Beklagten Karl Huber handelt. Um Erlaubnis zur Untervermietung wurde nicht nachgesucht, sie wurde auch nicht erteilt.

Beweis: Zeuge Schulze, Hausmeister des Anwesens

Mit Schreiben vom … wurden die Beklagten abgemahnt. Aus diesem Schreiben ergeben sich die Umstände, die einer Erlaubniserteilung zur Untervermietung, insbesondere an Herrn Franz Huber, entgegenstehen.

Beweis: Schreiben vom …, das den Beklagten durch Hausmeister Schulze am … persönlich übergeben wurde.

Die Untervermietung wurde nach Ablauf der in der Abmahnung gesetzten Frist nicht beendet, eine Reaktion der Beklagten erfolgte nicht.

Beweis: Hausmeister Schulze

Klageerhebung war daher geboten.

Rechtsanwalt

Kapitel 2. Mieterhöhung bei Wohnraummietverhältnissen

I. Vereinbarung über die Miethöhe bei Mietbeginn („Mietpreisbremse")

1. Allgemeines

Beim **Abschluss eines Mietvertrages** kann die Miethöhe grundsätzlich frei vereinbart werden. Für die Neuvermietung von Bestandswohnraum gelten in bestimmten Gebieten Sonderregelungen. Das BGB wurde durch die Einfügung eines neuen Unterkapitels mit der Überschrift **„Vereinbarungen über die Miethöhe bei Mietbeginn in Gebieten mit angespannten Wohnungsmärkten"** mit Wirkung ab 1.6.2015 geändert. Es wurden die neuen §§ 556d–556g BGB in das BGB eingefügt **(„Mietpreisbremse").** Durch Bundesgesetz, in Kraft seit 1.4.2020, wurde die Mietpreisbremse nunmehr bis Ende 2025 verlängert. Durch das **Mietrechtsanpassungsgesetz** sind mit Wirkung ab 1.1.2019 einige Änderungen an den Vorschriften der „Mietpreisbremse" in Kraft getreten (vgl. → Rn. 25). 1

§ 556d BGB bestimmt die zulässige Miete bei Mietbeginn und die Definition der „angespannten Wohnungsmärkte", weiter die Übertragung der Bestimmung dieser Gebiete auf die Landesregierungen. § 556e BGB regelt die Berücksichtigung der Vormiete oder einer durchgeführten Modernisierung, § 556f BGB Ausnahmen von der Bestimmung über die zulässige Miethöhe. In § 556g BGB ist ein Auskunftsanspruch des Mieters sowie die Voraussetzung eines **Rückforderungsanspruchs** des Mieters bei überzahlter Miete geregelt, außerdem die Unabdingbarkeit der Vorschriften. 2

Mietverhältnisse, die auf häufigen Mieterwechsel angelegt sind, sollen nicht in dem Bereich der Neuregelung einbezogen werden. Es handelt sich hier um Sondermietverhältnisse, bei denen eine Mietpreisbegrenzung nicht geboten ist. Durch die Änderung des § 549 Abs. 2. BGB wird Wohnraum, der zum **vorübergehenden Gebrauch** gedacht ist, möblierter Einliegerwohnraum, Wohnraum in Studenten- und Jugendwohnheimen und Mietverhältnisse mit juristischen Personen des öffentlichen Rechts oder mit anerkannten privaten Trägern der Wohlfahrtspflege von der Mietpreisbegrenzung ausgenommen. Bestehende Mietverhältnisse ohne Neuvermietung sind auch nicht betroffen. 3

Nach der bisherigen Gesetzeslage war es so, dass bei der Vermietung von Wohnraum es grundsätzlich keine Beschränkungen der Miethöhe gegeben hat. § 5 WiStG, der einen Ordnungswidrigkeitstatbestand bei 4

Überschreitung der ortsüblichen Miete um mehr als 20% annimmt, hat in der Praxis kaum Wirkung, da hier der Nachweis eines knappen Angebots an Wohnraum verlangt wurde (vgl. → Rn. 33).

5 Die Mietwucherbestimmung des § 291 StGB zeigt ebenfalls kaum Wirkung, da der Straftatbestand erhebliche subjektive Elemente aufweist. Zudem ist der Nachweis, dass die ortsübliche Miete um mehr als 50% überschritten wird, nur schwer zu führen.

2. Zulässige Miethöhe bei Neuvermietung

6 Die Neuregelung durch § 556d BGB beinhaltet, dass in bestimmten Gebieten bei Neuvermietungen unter Berücksichtigung von Ausnahmen nur die ortsübliche Miete vereinbart werden darf, zuzüglich eines Zuschlags von 10%. Dies stellt die Höchstgrenze dar. Wird die **Höchstgrenze** überschritten, führt dies nicht zur Unwirksamkeit der Mietvereinbarung als solcher, sondern lediglich zur Teilunwirksamkeit, soweit die Höchstgrenze überschritten wird. Eine „Bestrafung" des Vermieters, der sich an die Regelung nicht hält in Form etwa eines Bußgeldtatbestandes, ist nicht vorgesehen.

7 Im Übrigen gilt die Regelung nicht nur für die Wiedervermietung bereits vermieteter Wohnungen, sondern auch für die Erstvermietung von Bestandswohnungen, zB für den Fall, dass zunächst eine Eigennutzung durch den Vermieter erfolgt und sodann dieselbe Wohnung vermietet wird.

3. Geltung in Wohnungsmangelgebieten

8 Auch dem Gesetzgeber ist bewusst, dass in Deutschland kein einheitlicher Wohnungsmarkt besteht, sondern dass es Gebiete gibt, die durch stärkeren Bevölkerungszuzug einen angespannteren Wohnungsmarkt haben, als es bei anderen Gebieten der Fall ist.

9 Um dem Rechnung zu tragen, soll hier differenziert werden. Die Differenzierung nimmt allerdings nicht der Bundesgesetzgeber vor, sondern überlässt die Ausweisung von derartigen **Wohnungsmangelgebieten** den Landesregierungen durch Rechtsverordnung. Die Landesregierungen sind nicht gezwungen derartige Gebiete auszuweisen.

10 Die Ausweisung von Wohnungsmangelgebieten knüpft an schon länger bestehende Regelungen an, insbesondere nach § 577a BGB, betreffend die Sperrfrist bei Wohnungsumwandlungen und im Weiteren die Herabsetzung der Kappungsgrenze auf 15% in bestimmten ausgewiesenen Gebieten nach § 558 Abs. 3 Satz 2 BGB.

11 In § 556d BGB wird den **Landesregierungen** vorgeschrieben, dass sie die Rechtsverordnung begründen müssen. Das Gesetz zählt als Anleitung für die Begründung, warum Gebiete in die Verordnung aufgenommen werden, einzelne Kriterien auf:

- Die Mieten steigen deutlich stärker als im bundesweiten Durchschnitt
- Die durchschnittliche Mietbelastung der Haushalte übersteigt deutlich den bundesweiten Durchschnitt
- Die Wohnbevölkerung wächst, ohne dass durch Neubautätigkeit insoweit erforderlicher Wohnraum geschaffen wird
- Es besteht geringer Leerstand bei großer Nachfrage.

Weiter muss begründet werden, welche Maßnahmen die Landesregierungen in den ausgewiesenen Gebieten ergreifen, um Abhilfe zu schaffen. Die Ausweisung derartiger Gebiete erfolgt auf begrenzte Zeit, nämlich auf höchstens fünf Jahre. **12**

Verschiedene Landesregierungen haben Probleme mit dem Erstellen entsprechender Verordnungen: **13**

- Das LG Stuttgart hat entschieden, dass die entsprechende Verordnung von Baden-Württemberg unwirksam ist, weil die Begründung nicht veröffentlicht worden ist.[1]
- Die Hessische Mietenbegrenzungsverordnung 2015 ist wegen Begründungsmangel unwirksam.[2]
- Die Mietpreisbegrenzungsverordnung NRW ist unwirksam, da sie nicht ordnungsgemäß begründet ist.[3]

4. Bestandsschutz, Einzelfallvereinbarungen und Modernisierungsmaßnahmen

Als **Bestandsschutz** gilt, dass eine im bisherigen Mietverhältnis vereinbarte Miete, die die nach der Neuregelung zu verlangende Miete, also die Vergleichsmiete, zuzüglich 10% übersteigt, in dem neuen Mietverhältnis weiter verlangt werden kann. Nicht kann allerdings zu dieser Miete ein Zuschlag verlangt werden in der Form, dass etwa die Mietvereinbarung freigegeben wäre. Die Begrenzung ist also in diesem Fall die bisher verlangte Miete, die ja bereits über der ortsüblichen Vergleichsmiete plus 10% gelegen hat. **14**

Zu berücksichtigen ist allerdings, dass dann, wenn die Vormiete, soweit zum Zeitpunkt ihres Zustandekommens bereits die Neuregelung über die Mietpreisbegrenzung bestanden hat, selbst unter Verstoß gegen diese Regelung zustande gekommen ist, sie nicht Ausgangspunkt für die neue Mietvereinbarung sein kann, sie also nicht unter den Bestandsschutz fällt. **15**

Das Gesetz sieht zwei Einschränkungen vor, nämlich zum einen, dass nach § 556e Abs. 1 Satz 2 BGB **Einzelfallvereinbarungen** über eine Mieterhöhung mit dem früheren Mieter unberücksichtigt bleiben, wenn sie innerhalb des letzten Jahres vor der Beendigung dieses Mietverhältnisses **16**

---

[1] LG Stuttgart WuM 2019, 257.
[2] BGH WuM 2019, 441.
[3] LG Köln WuM 2021, 25.

getroffen worden sind. Zum zweiten sollen bei der Ermittlung der Vormiete Mietminderungen unberücksichtigt bleiben.

17 Hat der Vermieter in dem bisherigen Mietverhältnis **Modernisierungsmaßnahmen** nach § 555b BGB durchgeführt, aber eine Modernisierungsmieterhöhung nach § 559 BGB nicht vorgenommen, so soll ihm dies nicht zum Nachteil gereichen. Auf die nach dem Gesetz in den Wohnungsmangelgebieten zulässige Miete, also ortsübliche Vergleichsmiete zuzüglich 10 %, darf daher zusätzlich der Modernisierungszuschlag, also 8 % der für die Modernisierung aufgewendeten Kosten nach derzeitiger Rechtslage aufgeschlagen werden. Damit die Modernisierung nicht doppelt berücksichtig wird, soll allerdings bei der Berechnung der ortsüblichen Vergleichsmiete die hier vorgenommen werden muss, die Modernisierungsmaßnahme unberücksichtigt bleiben.

18 Dh: Hat der Vermieter in den letzten drei Jahren vor dem Mieterwechsel zB einen Aufzug eingebaut, eine Modernisierungsmieterhöhung jedoch nicht vorgenommen, kann er die Modernisierungskosten in Höhe von 8 % auf die zulässige Miete von 10 % über der ortsüblichen Vergleichsmiete aufschlagen. Bei der Berechnung der ortsüblichen Miete, zB nach einem Mietspiegel, der einen Zuschlag bei Bestehen eines Aufzugs ausweist, darf dieser Zuschlag nicht angesetzt werden.

5. Ausnahmen von der „Mietpreisbremse"

19 Ausnahmen von der Regelung über die Begrenzung des Mietanstiegs sieht § 556f BGB vor. Die erste Ausnahme betrifft die Vermietung von **Neubauwohnungen.** Nach der Begründung zum Gesetzentwurf soll die Vorschrift sicherstellen, „dass der Wohnungsneubau durch die neu geschaffene Dämpfung der Mieten nicht behindert wird". Allgemein soll dies nicht nur für Neubauwohnungen im eigentlichen Sinne gelten, sondern auch für Wohnungen in Gebäuden, die mit wesentlichem Bauaufwand wieder zu Wohnzwecken nutzbar gemacht wurden, § 16 Abs. 1 WoFG oder die mit wesentlichem Aufwand durch Nutzungsänderung oder die Erweiterung von Gebäuden entstehen.

20 Nachdem ursprünglich vorgesehen war, dass die Mietpreisbegrenzung nur für die erstmalige Vermietung nach der Erstellung eines Neubaus nicht angewendet werden soll, gilt dies nun, auch für alle weiteren Vermietungen derselben Wohnung, also die Nachfolgevermietungen. Das heißt: Die Anwendung der Mietpreisbegrenzung ist bei Neubauten auf Dauer ausgeschlossen, auch wenn sie eigentlich nicht mehr „neu" sind.

21 Eine Neubauwohnung liegt dann vor, wenn sie nach dem 1.10.2014 erstmals genutzt und vermietet worden ist.

22 Bereits aus dem Wortlaut des § 556f BGB ergibt sich, dass es sich nur um die erste Vermietung nach durchgeführter **umfassender Modernisierung** handeln soll, auf die die Mietpreisbremse nach § 556d BGB nicht anwendbar ist. Um den **Begriff der umfassenden Modernisierung** fest-

zulegen, wird angenommen, dass diese vorliegt, wenn die aufgewendeten Kosten mehr als ein Drittel der Kosten für einen Neubau ausmachen.[4] Nach BGH[5] liegt eine umfassende Modernisierung vor, wenn ein wesentlicher Bauaufwand gegeben ist und ein Zustand erreicht wird, der in wesentlichen Teilen einem Neubau gleichkommt.

6. Auskunftsanspruch des Mieters

Es liegt auf der Hand, dass es für den Mieter nicht ohne weiteres festzustellen ist, ob tatsächlich seitens des Vermieters bei der Vermietung die ortsübliche Miete zuzüglich 10% überschritten wird, ebenso wenig kann er wissen, welche Miete vom Vormieter verlangt wurde, soweit der Vermieter vorbringt, dass nur diese Miete weiterverlangt wird. § 556g Abs. 3 BGB regelt daher einen **Auskunftsanspruch** des Mieters. Es geht um die Zulässigkeit der vereinbarten Miete, wobei hier die Merkmale der ortsüblichen Vergleichsmiete in Betracht kommen. Soweit ein Mietspiegel besteht, kann der Mieter Auskunft darüber verlangen, welche Merkmale aus Sicht des Vermieters zur Bildung der ortsüblichen Vergleichsmiete beitragen. Nicht soll der Anspruch bestehen, soweit diese Umstände allgemein zugänglich sind. Auch soll der **Auskunftsanspruch** nur bestehen, wenn der Vermieter die Auskunft unschwer erteilen kann. **23**

Hinsichtlich des Auskunftsanspruchs über Modernisierungsmaßnahmen, die in den letzten drei Jahren vor Mietbeginn vorgenommen worden sind, gilt, dass hier die Vorschrift des § 559b Abs. 1 Satz 2 und 3 BGB angewendet werden soll. Das heißt: Der Mieter schuldet die durch den Modernisierungszuschlag erhöhte Miete bei Unterlassen der vom Mieter verlangten Auskunft erst sechs Monate später. **24**

Gemäß der Rechtslage seit dem 1.1.2019 hat der Vermieter dem Mieter vor Abschluss des Mietvertrages unaufgefordert Auskunft zu erteilen und zwar **25**
- über die Höhe der Vormiete, wenn sich der Vermieter darauf beruft, dass die Vormiete über der nach der Mietpreisbremse zulässigen Miete lag
- über andere Ausnahmen, wie eine vorausgegangene Modernisierung, die erste Vermietung nach umfassender Modernisierung, die erstmalige Nutzung und Vermietung nach dem 1.10.2014

Erteilt der Vermieter die Auskunft nicht, kann er höchstens die nach der Mietpreisbremse zulässige Miete verlangen. Der Vermieter kann allerdings die Auskunft nachholen und sich zwei Jahre nach der Nachholung auf die Ausnahmen berufen, zu denen er zunächst keine Auskunft erteilt hat. **26**

[4] AG Neukölln WuM 2019, 380.
[5] BGH WuM 2021, 170.

7. Rückforderungsanspruch des Mieters

27 Ein weiteres Recht des Mieters ist ein **Rückforderungsanspruch** von im Hinblick auf die Mietpreisbremse überzahlter Miete, § 556g BGB. Dies soll allerdings nicht ohne weiteres bei objektiv überzahlter Miete gelten, sondern der Mieter muss zunächst einen Verstoß gegen die Vorschriften der Mietpreisbremse qualifiziert rügen.

28 Dies bedeutet, dass ein derartiger **Rückforderungsanspruch** nicht „ins Blaue hinein" oder etwa erst nach Beendigung des Mietverhältnisses in allgemeiner Form gestellt werden kann, sondern dass es sich um Miete handelt, die nach Zugang der qualifizierten Rüge fällig geworden ist. Dies soll gelten, damit dem Vermieter klar ist, dass der Mieter von einem Verstoß gegen die Regelung der Mietpreisbremse ausgeht und er auch die Gründe dafür mitgeteilt bekommt. Deshalb muss die Rüge die Tatsachen enthalten, auf denen die Beanstandung der mit dem Mieter vereinbarten Miete beruht. Besteht zB in einer Gemeinde, die sich in einem **Gebiet mit angespannter Wohnungsmarktlage** befindet, ein Mietspiegel, muss hiernach der Mieter in seiner Rüge die Einstufung in den Mietspiegel darlegen.

29 Das Material für die qualifizierte Rüge muss sich erforderlichenfalls der Mieter mittels des Auskunftsanspruchs beschaffen. Gemäß der Rechtslage ab dem 1.1.2019 genügt eine nicht begründete Rüge des Mieters, wenn der Vermieter sich auf eine der gesetzlichen Ausnahmen beruft, hierzu aber keine Angaben macht.

30 Für Mietverhältnisse, die nach dem 1.4.2020 begründet worden sind, gilt, dass Mieter die gesamte ab Beginn des Mietverhältnisses zu viel bezahlte Miete zurückverlangen können, wenn sie den **Verstoß gegen die Mietpreisbremse** in den ersten $2^1/_2$ Jahren ab Beginn des Mietverhältnisses rügen und dieses zur Zeit der Rüge nicht beendet ist. Rügen, die später erhoben worden sind, begründen einen Rückforderungsanspruch nur für nach der Rüge fällig gewordene Mieten.

31 Durch eine weitere Regelung soll die Anwendung des § 814 BGB ausgeschlossen sein. § 814 BGB besagt, dass die Rückforderung einer Leistung ausgeschlossen ist, wenn der Leistende gewusst hat, dass er nicht zur Leistung verpflichtet war. Diese Vorschrift soll nicht gelten, weil sonst der Mieter aus dem Kreis der Bewerber ausscheiden würde. Er muss bereits vorab seine Rüge anbringen, da diese nur in die Zukunft wirkt. Der Mieter soll auch nicht aufgrund einer Einwilligung in die überhöhte Mietvereinbarung an der **Rückforderung** gehindert sein, weil nach § 817 Satz 2 BGB dann sowohl der Mieter, als auch der Vermieter gegen ein gesetzliches Verbot verstoßen würden. Dies soll dem Mieter nicht zum Nachteil gereichen.

II. Einzelfallvereinbarung, Mietpreisüberhöhung und Mietwucher

1. Mietvereinbarung im Einzelfall

Während des Mietverhältnisses können die Mietparteien im Einzelfall eine Mieterhöhung nach § 557 Abs. 1 BGB vereinbaren. Die Vereinbarung unterliegt der Schriftform nach § 550 Satz 1 BGB.[6] Kommt eine solche Vereinbarung durch Zustimmung des Mieters zustande, kommt es nicht darauf an, ob das Begehren des Vermieters den formellen Anforderungen nach § 558a BGB genügte und materiell berechtigt war.[7] **32**

2. Mietpreisüberhöhung und Mietwucher

Die Mietvereinbarung wird immer begrenzt durch die Bestimmungen des § 5 WiStG (Mietpreisüberhöhung) und § 291 StGB (Wuchermiete). § 5 Abs. 2 Satz 1 WiStG definiert den Tatbestand der Mietpreisüberhöhung dahin, dass Überhöhung gegeben ist, wenn die vereinbarte Miete die ortsübliche Miete um mehr als 20% übersteigt. Mietwucher nach § 291 StGB liegt, neben anderen Voraussetzungen vor, wenn die ortsübliche Miete um mehr als 50% überschritten wird.[8] Mietvereinbarungen, die gegen das Verbot der Mietpreisüberhöhung verstoßen, sind nicht zur Gänze unwirksam, sondern nur, soweit die sog. **„Wesentlichkeitsgrenze"** (Vergleichsmiete + 20% bei § 5 WiStG) überschritten wird. Ist dies der Fall, besteht insoweit ein Rückforderungsanspruch des Mieters aus Bereicherungsrecht nach § 812 BGB.[9] Im Fall des § 291 StGB besteht der Rückforderungsanspruch für alle Mietzinsbeträge, die die Vergleichsmiete überschreiten.[10] **33**

Klagt ein Mieter auf Rückzahlung von Mietzins wegen behaupteter Mietpreisüberhöhung, so trifft ihn eine umfangreiche Darlegungspflicht hinsichtlich des Vorliegens einer Mangellage. Er muss darlegen, wie und wie lange er sich einen Überblick über das Wohnungsangebot verschafft hat,[11] ebenso ergebnislose Bemühungen um eine andere Wohnung.[12] Die **Mangellage** muss für die Vereinbarung ursächlich sein und der Nachweis der Mangellage durch den Mieter erbracht werden.[13] Allein der Bezug auf das Bestehen einer **Zweckentfremdungsverord-** **34**

[6] BGH WuM 2016, 28.
[7] BGH WuM 2020, 155.
[8] BGH WuM 1982, 164.
[9] BGH NJW 1984, 722.
[10] AG Köln WuM 1999, 526.
[11] LG Köln WuM 1999, 123.
[12] OLG Braunschweig GE 2000, 408.
[13] BGH WuM 2004, 294.

nung reicht nicht aus,[14] auch nicht das Angebot der Erholung eines Sachverständigengutachtens.[15]

35 Die Mangellage darf auch nicht nur auf dem Sondermarkt eines Stadtteils bestehen, sondern muss sich auf den Wohnungsmarkt des gesamten Stadtgebiets beziehen.[16] Bei besonderen Wohnungen besteht eine erhöhte **Darlegungsverpflichtung.**[17] Besteht für bestimmte Wohnungen gar kein Markt, so kommt das Ausnutzen einer Mangellage nicht in Betracht.[18] Wird die **Mangellage** erst nach einer Mieterhöhung geltend gemacht, muss die Mangellage mitursächlich für die Vereinbarung der Mieterhöhung gewesen sein.[19]

36 Der Vermieter muss gegebenenfalls darlegen und unter Beweis stellen, dass die von ihm verlangte Miete nicht überhöht ist. Nach § 5 Abs. 2 Satz 2 WiStG kann er sich darauf berufen, dass sie zur Deckung seiner **laufenden Aufwendungen** erforderlich ist. Zu den laufenden Aufwendungen gehören auch fiktive Eigenkapitalkosten in Höhe der Zinsen für erste Hypotheken[20] zu berechnen nicht nach dem Verkehrswert des Grundstücks, sondern nach den Herstellungs- bzw. Erwerbskosten.[21] Eine Wirtschaftlichkeitsberechnung ist nicht erforderlich.[22]

III. Vereinbarung einer Staffelmiete

37 Staffelmietvereinbarungen können seit dem 1.1.1981 getroffen werden Die gesetzliche Regelung enthält seit der Mietrechtsreform § 557a BGB. Die Staffelmietvereinbarung soll gegenüber dem formalen Mieterhöhungsverfahren nach §§ 558 ff. BGB eine erleichterte Form der Mietanpassung vorsehen.

38 Sie kann sowohl bereits bei Abschluss eines Wohnraummietvertrages als auch zu einem späteren Zeitpunkt mit entsprechend späterem Laufzeitbeginn getroffen werden. Eine Staffelmiete kann bei preisgebundenen Wohnungen auch bereits für eine Zeit nach **Ablauf der Preisbindung** vereinbart werden.[23]

39 Schriftliche Form ist erforderlich, nach § 126 Abs. 3 BGB in der Fassung des „Gesetzes zur Anpassung der Formvorschriften des Privatrechts und

[14] BGH WuM 2004, 294; AG Neukölln GE 2000, 1544.
[15] LG Köln NZM 1999, 404.
[16] LG Frankfurt a.M. WuM 2000, 406. Jetzt ebenso BGH NZM 2005, 534; BGH WuM 2006, 161 in Hinblick auf einen Teilmarkt für Luxuswohnungen.
[17] LG Berlin GE 1997, 187: bei einer ausgebauten Dachgeschoßwohnung.
[18] LG Mannheim 22.3.2000 – Az. 4 S 94/99.
[19] LG Berlin GE 2002, 1062.
[20] OLG Stuttgart WuM 1988, 395.
[21] BGH WuM 1995, 428.
[22] LG Berlin GE 2000, 1541.
[23] BGH NZM 2004, 135.

anderer Vorschriften an den modernen Rechtsgeschäftsverkehr" kann die Schriftform durch die elektronische Form ersetzt werden.

Die einzelnen Staffeln sind in der Vereinbarung in der Form auszuweisen, dass entweder die jeweilige Miete oder der Erhöhungsbetrag in einem Geldbetrag ausgewiesen wird, § 557a Abs. 1 BGB. Hat der Vermieter für 10 Jahre die Staffeln dementsprechend ausgewiesen und erst für den folgenden Zeitraum prozentual, liegt lediglich **Teilunwirksamkeit** vor.[24] **40**

Zwischen den einzelnen Staffeln muss die Miete jeweils mindestens ein Jahr unverändert bleiben, § 557a Abs. 2 Satz 1 BGB. Diese Regelungen sind nach § 557a Abs. 4 BGB zwingend, das heißt Vereinbarungen zum Nachteil des Mieters sind nicht zulässig. Dies bedeutet, dass der Zeitraum zwischen zwei Staffeln jedenfalls auch länger als ein Jahr sein kann, nicht jedoch kürzer. Unterschreitet auch nur eine einzige Staffel die Laufzeit von einem Jahr, was insbesondere bei der ersten Staffel, die mit Abschluss der Staffelmietvereinbarung beginnt, zu beachten ist, ist die gesamte Staffelmietvereinbarung unwirksam.[25] **41**

Bis zum Mietrechtsreformgesetz 2001 bestand nach § 10 Abs. 2 MHG eine **Höchstlaufzeit** für Staffelmietvereinbarungen von zehn Jahren. Diese zeitliche Beschränkung ist in der Neuregelung des § 557a BGB nicht mehr enthalten. Nach dem Willen des Gesetzgebers soll dies für die Parteien größere Vertragsfreiheit schaffen. **42**

Die Höhe der einzelnen Staffeln kann unabhängig von der ortsüblichen Vergleichsmiete nach § 558 Abs. 2 BGB und der Kappungsgrenze nach § 558 Abs. 3 BGB festgesetzt werden. Für die Höhe der Staffeln gilt aber die Vorschrift des § 5 WiStG **(Mietpreisüberhöhung)** und die Wucherbestimmung des § 291 StGB. Nebenkosten nehmen an der Staffelmieterhöhung dann nicht teil, wenn sie getrennt ausgewiesen sind. In einer Teilinklusivmiete enthaltene Nebenkosten werden mit der Staffelmiete erhöht. **43**

Eine Staffelmietvereinbarung ist keine Mietzeitvereinbarung. Soweit § 557a Abs. 3 BGB davon spricht, dass das **Kündigungsrecht des Mieters** für höchstens vier Jahre seit Abschluss der Staffelmietvereinbarung ausgeschlossen werden könne, setzt dies den Abschluss eines Zeitmietvertrages nach § 575 BGB oder den zulässigen Ausschluss des Rechts der ordentlichen Kündigung auf bestimmte Zeit durch wechselseitige Vereinbarung voraus. Die Kündigung kann unter Einhaltung der gesetzlichen Kündigungsfrist nach § 573c BGB zum Ablauf von vier Jahren, bezogen auf die **Laufzeit** der Staffelmietvereinbarung erfolgen, § 557a Abs. 3 BGB.[26] Nachdem dies bei einem für längere Zeit als vier Jahre lau- **44**

[24] BGH NZM 2012, 416.

[25] LG Berlin GE 2002, 54; ebenso bereits LG Nürnberg-Fürth ZMR 1997, 648.

[26] So auch BGH WuM 2005, 519: der Vierjahreszeitraum rechnet ab Vereinbarung der Staffelmiete.

fenden Zeitmietvertrag den frühestmöglichen Kündigungszeitpunkt bezeichnet, kann die Kündigung natürlich dann auch zu einem späteren Zeitpunkt ausgesprochen werden, § 557a Abs. 3 Satz 2 BGB.

45 Enthält ein Mietvertrag eine Verlängerungsklausel, nach der die Kündigung erst zu einem Zeitpunkt nach Ablauf der Vierjahresfrist möglich ist, ist die **Verlängerungsklausel** insoweit unwirksam.[27]

46 Ist zwischen den Parteien ein Kündigungsverzicht nach § 557a Abs. 3 BGB vereinbart, der vier Jahre übersteigt, ist dieser jedenfalls bei einer individualvertraglichen Vereinbarung insoweit unwirksam, als er über vier Jahre hinausgeht.[28]

47 Während der Laufzeit einer Staffelmietvereinbarung sind Mieterhöhungen bis zur ortsüblichen Vergleichsmiete nach § 558 BGB oder durch einseitige Mieterhöhung in Form der Modernisierungsumlage nach §§ 559 ff. BGB ausgeschlossen. Der Vermieter muss also bereits bei Abschluss der Staffelmietvereinbarung bedenken, ob während der Laufzeit der Vereinbarung erhebliche **Modernisierungsmaßnahmen** mit Umlagemöglichkeit durchgeführt werden und gleichzeitig eine Vorstellung über die Entwicklung der ortsüblichen Vergleichsmiete haben. Eine Abänderung der getroffenen Vereinbarung zu Lasten des Mieters ist nach § 557a Abs. 4 BGB nicht zulässig. Möglich ist auch nicht nach Ablauf der Staffelmietvereinbarung einen Modernisierungszuschlag für Maßnahmen zu verlangen, die bereits während der Dauer der Staffelvereinbarung durchgeführt worden sind.[29]

48 Endet die Staffelmietvereinbarung bei weiterlaufendem Mietvertrag, können die Parteien eine neue Staffelvereinbarung treffen. Ist dies nicht der Fall, ist die letzte Staffel Ausgangspunkt für künftige Mieterhöhungen bis zur ortsüblichen Vergleichsmiete nach §§ 558 ff. BGB. Der Vermieter hat keinen Anspruch auf Abschluss einer neuen Staffelvereinbarung.[30]

49 Praktiziert der Vermieter jahrelang die nach der Staffelvereinbarung geltende Mietanpassung nicht, soll dieser Zeitablauf nach Ansicht des Kammergerichts[31] trotzdem nicht zur Verwirkung der Vermieteransprüche führen, wenn nicht besondere Umstände hinzutreten.

IV. Vereinbarung einer Indexmiete

50 Indexvereinbarungen bei Wohnraummietverträgen sind seit dem Jahr 1993 durch das Vierte Mietrechtsänderungsgesetz zugelassen worden.

[27] BGH NZM 2004, 736.
[28] BGH NZM 2006, 653.
[29] LG Berlin GE 1992, 381.
[30] LG München I WuM 1996, 557.
[31] WuM 2004, 348.

Grund der Regelung war, das Verbot vertraglicher Mieterhöhungsvereinbarungen aufgrund der schwer handhabbaren gesetzlichen **Mieterhöhungstatbestände** für bestimmte Klauseln zu lockern. § 557b Abs. 1 BGB sieht vor, dass die Indexmiete durch schriftliche Vereinbarung der Vertragsparteien an den vom Statistischen Bundesamt ermittelten Verbraucherpreisindex für Deutschland gekoppelt wird. Nach der Neuregelung durch das Mietrechtsreformgesetz darf die Indexmiete nur noch nach diesem Preisindex, der auch als einziger noch veröffentlicht wird, ermittelt werden.

Weiter können Indexmieten zeitlich unbeschränkt vereinbart werden, **51**
die frühere Mindestlaufzeit von zehn Jahren ist ebenso weggefallen wie das Erfordernis, dass Indexmieten durch die Bundesbank bzw. Landeszentralbanken genehmigt werden mussten. Letzteres ist bereits durch das EURO-Einführungsgesetz vom 9.6.1998 erfolgt.

Für gewerbliche Mietverhältnisse gilt insoweit eine strengere Rege- **52**
lung, als nach dem Preisklauselgesetz 2007 nach wie vor eine Mindestbindungsfrist von zehn Jahren besteht. In Bezug auf Indexmieten fehlt es an einer Übergangsregelung vom alten § 10a MHG zum neuen § 557b BGB. Dies bedeutet, dass vor dem 1.9.2001 vereinbarte Indexmieten, die gegen die Mindestlaufzeit verstießen, unwirksam bleiben, also nicht aufgrund der Neuregelung wieder aufleben.

Wird eine Indexvereinbarung im Rahmen eines Zeitmietvertrages nach **53**
§ 575 BGB getroffen, ist die Kündigungsbeschränkung des § 557a Abs. 3 BGB nicht entsprechend anwendbar, dh dem Mieter steht kein Sonderkündigungsrecht nach vier Jahren Laufzeit der Indexvereinbarung zu.[32]

§ 557b Abs. 3 Satz 1 BGB bestimmt, dass die Änderung der Miete **54**
aufgrund des geänderten Index durch Erklärung in **Textform** geltend gemacht werden muss. Dies bedeutet, dass die Vermietererklärung automatisch gefertigt sein kann, zB Telefax, Telex oder Fotokopie, der Aussteller genannt sein muss und das Ende der Erklärung erkennbar gemacht sein muss, zB durch Nachbildung der Namensunterschrift mittels Stempel. Entgegen der gesetzlichen Formulierung kann die Erklärung jedoch auch weiterhin in der herkömmlichen Schriftform abgegeben werden, da die Schriftform als weiterreichende Form die Textform beinhaltet.[33] Wichtig ist jedoch, dass eine Anpassung aufgrund der Indexklausel nicht automatisch eintritt, sondern dass jeweils die Erklärung in Textform oder Schriftform erforderlich ist.

In der **Anpassungserklärung** muss nicht nur die Indexänderung, son- **55**
dern auch die geänderte Miete oder der Erhöhungsbetrag angegeben werden. Wie bei der Staffelmiete ist es nicht zulässig, die Erhöhung in einem Prozentsatz anzugeben.

---

[32] AG Hamburg WuM 2000, 494 zu § 10 Abs. 2 Satz 4 MHG aF.
[33] Vgl. Nies NZM 2001, 1071.

56 Wie bei der allgemeinen Mieterhöhung auf die ortsübliche Vergleichsmiete nach § 558 BGB und der Staffelmieterhöhung nach § 557a BGB gilt nach § 557b Abs. 2 Satz 1 BGB auch hier, dass die Miete zwischen den einzelnen Anpassungen jeweils mindestens ein Jahr unverändert bleiben muss. Dies bedeutet, dass nachdem die Regelung nach § 557b Abs. 4 BGB zwingend ist, zwar nicht eine Mieterhöhung aufgrund einer Indexvereinbarung in kürzeren Abständen als einem Jahr vorgenommen werden kann, aber der Abstand zwischen zwei Anpassungen länger als ein Jahr betragen kann. Anders als bei der Staffelmiete gilt, dass Mieterhöhungen bei **Modernisierungen** nach § 559 BGB während der Laufzeit der Indexmietvereinbarung eingeschränkt möglich sind. Dies gilt nach § 557b Abs. 2 Satz 2 BGB, wenn der Vermieter bauliche Maßnahmen aufgrund von Umständen durchgeführt hat, die er nicht zu vertreten hat.

57 Hierbei handelt es sich zum Beispiel um von Gesetz oder Behörden vorgeschriebene Maßnahmen zur Energieeinsparung oder zur CO_2-Reduktion.[34] Ausgeschlossen ist während der Indexvereinbarung nur die Mieterhöhung nach § 559 BGB, die **Duldungspflicht** bleibt unberührt.[35]

58 Veränderungen von Betriebskosten in Form der Veränderung einer Betriebskostenpauschale oder einer Betriebskostenvorauszahlung sind ebenso wie bei der Staffelmiete auch während der Laufzeit einer Indexmiete zulässig. Mieterhöhungen bis zur ortsüblichen Vergleichsmiete sind während der Laufzeit einer Indexmiete nach § 557b Abs. 2 Satz 3 BGB nicht zulässig. Die Kündigungsbeschränkung des § 557a Abs. 3 BGB ist nicht entsprechend auf die Indexmiete anwendbar.[36]

V. Mieterhöhung nach §§ 558ff. BGB

1. Allgemeines

59 Form und Begründung des Mieterhöhungsverlangens ist in § 558a BGB geregelt. Die Folge einer **Zustimmung** des Mieters oder der Nichtzustimmung ist in § 558b BGB geregelt.

60 Die §§ 559 bis 559b BGB betreffen die Mieterhöhung nach der Durchführung von Modernisierungs- und Energieeinsparungsmaßnahmen. Eine Mieterhöhung wegen gestiegener Kapitalkosten wie im früheren § 5 MHG ist nicht mehr möglich. Neu sind die Vorschriften der § 558c BGB, betreffend allgemeine Mietspiegelfragen, § 558d BGB betreffend den qualifizierten Mietspiegel und § 558e BGB, betreffend die Mietdatenbank.

61 Aus den §§ 558 BGB bis 558e BGB ergibt sich das Recht des Vermieters, im Wege des Zustimmungsverfahrens bei Mietverhältnissen über preis-

[34] BT-Drs. 12/3254, 15.
[35] BGH NZM 2014, 304.
[36] AG Hamburg WuM 2000, 494.

freien Wohnraum unter Einhaltung bestimmter Formalien vom Mieter einmal jährlich die Zustimmung zu einer Mieterhöhung auf das Niveau der ortsüblichen Vergleichsmiete zu verlangen. Diese Zustimmung kann auch gegen den Willen des Mieters im Wege der Zustimmungsklage durchgesetzt werden.

Das **Mietrechtsreformgesetz 2001** beinhaltete wesentliche Neuregelungen gegenüber den bisherigen Vorschriften. Im einzelnen handelt es sich vor allem um 62
- Senkung der Kappungsgrenze von 30% auf 20% bei Mieterhöhungsverlangen, die nach dem 1.9.2001 zugehen, § 558 Abs. 3 BGB,
- Die Einführung des **„qualifizierten Mietspiegels"** als Begründungsmittel für ein Mieterhöhungsverlangen nach § 558a Abs. 3 BGB auch im Falle, dass die Mieterhöhung auf ein anderes Begründungsmittel gestützt wird und die gesetzliche Vermutungswirkung für die **Richtigkeit des Mietspiegels** im gerichtlichen Verfahren nach § 558d Abs. 3 BGB,
- Die Auskunft aus einer Mietdatenbank als neues Begründungsmittel für ein Mieterhöhungsverlangen nach § 558a Abs. 2 Nr. 2 BGB. Die Verlängerung der Klagefrist von zwei auf drei Monate nach § 558b Abs. 2 Satz 2 BGB.

2. Mietbegriff

Der Mietvertrag kann eine Grundmiete ohne alle Nebenkosten ausweisen, es kann aber auch ein Teil der Nebenkosten in der undifferenziert ausgewiesenen Miete enthalten sein, ein anderer Teil gesondert ausgewiesen. 63

Soll eine Mieterhöhung nach einem Mietspiegel durchgeführt werden, wird hier in aller Regel eine reine **Nettomiete** ermittelt. Die in einer Teilinklusivmiete enthaltenen Betriebskosten müssen daher gesondert erfasst und nach Ermittlung der ortsüblichen Miete nach dem Mietspiegel dieser wieder hinzugerechnet werden. 64

Streitig ist, ob die Erfassung dieser Betriebskosten in der Form erfolgen kann, dass pauschale Betriebskostenbeträge, die ein Mietspiegel ausweist, verwendet werden können[37] oder ob der Vermieter die konkreten zur Zeit der Abgabe des Mieterhöhungsverlangens bestehenden Betriebskostenanteile berücksichtigen muss.[38] Die Verwendung pauschaler oder konkreter nicht umgelegter Betriebskosten soll aber nicht eine Frage der **Zulässigkeit,** sondern der Begründetheit des Mieterhöhungsverlangens sein.[39] 65

Nicht kommt es auf die Höhe der Betriebskosten und damit auch nicht auf unzutreffende Angaben hierzu an, wenn bei Vereinbarung 66

[37] LG Berlin WuM 1999, 524.

[38] So KG Berlin GE 2005, 180, bestätigt durch BGH WuM 2006, 39, bezogen auf den Berliner Mietspiegel und BGH NZM 2006, 864.

[39] BGH NZM 2006, 864; LG Berlin GE 2006, 723.

einer Teilinklusivmiete selbst die erhöhte Teilinklusivmiete noch unter der **ortsüblichen Netto – Vergleichsmiete** liegt.[40]

67 Wird die Mieterhöhung mittels Vergleichswohnungen durchgeführt, muss die Mietstruktur der Vergleichswohnungen der im Mietvertrag der Wohnung, deren Miete erhöht werden soll, angepasst sein. Gegebenenfalls müssen andere Vergleichswohnungen benannt werden.

68 Haben die Parteien eine **Teilinklusivmiete** vereinbart, die Nebenkosten beinhaltet, kann diese zur Grundlage der Mieterhöhung nach §§ 558 ff. BGB gemacht werden. Es muss nicht eine von Nebenkosten bereinigte Nettomiete festgestellt werden.[41] Auch hier gilt allerdings das Ausgeführte zur Anpassung an die Mietzinsstruktur eines Mietspiegels oder von Vergleichswohnungen.

69 Das LG Berlin hat die Auffassung vertreten, dass entgegen § 2 Heizkostenverordnung gegebenenfalls sogar eine **Bruttowarmmiete** nach § 558 BGB erhöht werden kann.[42] Falls die Parteien insoweit keine Neugestaltung des Mietverhältnisses vornehmen, verbliebe es bei der vertraglichen Regelung einer Bruttowarmmiete.[43] Das LG München I war der Ansicht, dass ein derartiges Mieterhöhungsverlangen unzulässig sei.[44]

70 Der BGH[45] hat entschieden, dass das Erhöhungsverlagen bezogen auf eine Bruttowarmmiete zwar zulässig, aber unbegründet sei, da eine solche Mieterhöhung nicht verlangt werden könne.[46]

71 Das Mieterhöhungsverlangen muss vertraglich der vereinbarten Mietstruktur Rechnung tragen Dies gilt unabhängig von der Frage, dass eine Anpassung an die Mietstruktur eines Mietspiegels oder von Vergleichswohnungen erfolgen muss.

72 Ist zum Beispiel zwischen den Parteien eine Bruttokaltmiete vereinbart, ist ein Mieterhöhungsverlangen unwirksam, mit dem eine Nettomiete erhöht werden soll, bei der die Nebenkosten gesondert ausgewiesen werden.[47]

73 Zwar kann mit einem **Mieterhöhungsverlangen** ein Angebot auf Zustimmung zu einer Vertragsänderung abgegeben werden, doch muss dies deutlich zum Ausdruck kommen, andernfalls ist das Mieterhöhungsverlangen unwirksam (OLG Hamburg[48] und LG Köln:[49] Ein Mieterhöhungsverlangen, das der vereinbarten Mietstruktur nicht Rechnung

[40] BGH NZM 2008, 124.
[41] OLG Hamm WuM 1984, 121.
[42] LG Berlin GE 1995, 192.
[43] LG Berlin ZMR 1999, 556.
[44] ZB Az. 14 S 5765/05, nicht veröff.
[45] BGH WuM 2006, 652.
[46] Vgl. hierzu auch Schmidt ZMR 2007, 15.
[47] LG München I WuM 1995, 113.
[48] WuM 1983, 49.
[49] WuM 1992, 255.

trägt, ist unwirksam). Zur Frage der trotzdem erteilten Zustimmung vgl. → Rn. 100ff.

3. Sperrfrist

Der Vermieter kann die Zustimmung zu einer Mieterhöhung bis zur ortsüblichen Vergleichsmiete erst nach einer Sperrfrist von 15 Monaten verlangen. Der Zeitraum von 15 Monaten ergibt sich dadurch, dass zu einer reinen Sperrfrist von einem Jahr die Überlegungsfrist für den Mieter als Laufzeit des Mieterhöhungsverlangens von drei Monaten hinzukommt. Das Mieterhöhungsverlangen kann nämlich nicht vor Ablauf der Jahresfrist geltend gemacht werden, § 558 Abs. 1 Satz 2 BGB. Die Zustimmungsfrist kommt daher in jedem Fall zur Jahresfrist hinzu. **74**

Die Jahressperrfrist beginnt mit dem Wirksamwerden der letzten Mieterhöhung, die dem jetzigen Erhöhungsverlangen vorausging, bei Neuvermietung mit dem Vertragsbeginn, nicht mit dem Abschluss des Vertrages. Die **Berechnung** der Sperrfrist erfolgt nach den §§ 187 Abs. 1, 188 Abs. 2 und 3, 193 BGB. **75**

Nach § 558 Abs. 1 Satz 3 BGB bleiben bei der Berechnung der Jahresfrist Mieterhöhungen nach §§ 559 bis 560 BGB außer Betracht. Dies gilt auch für Mieterhöhungen nach § 559 BGB, die zwischen den Parteien einvernehmlich vereinbart worden sind.[50] **76**

4. Begriff und Vergleichsmerkmale der ortsüblichen Vergleichsmiete

a) Begriff der ortsüblichen Vergleichsmiete

Der Begriff der ortsüblichen Vergleichsmiete wird definiert in § 558 Abs. 2 BGB. Zu den einzelnen gesetzlichen Vergleichsmerkmalen vgl. unten. **77**

Durch Gesetz zur Verlängerung des Betrachtungszeitraums für die ortsübliche Vergleichsmiete, in Kraft getreten am 1.1.2020, werden zur Bildung der Vergleichsmiete Entgelte aus den letzten sechs Jahren (bisher vier Jahre) herangezogen. **78**

b) Die einzelnen Vergleichsmerkmale

aa) Gleiche oder vergleichbare Gemeinde

Grundsätzlich ist Wohnraum aus derselben Gemeinde, in der die Wohnung liegt, deren Miete erhöht werden soll, heranzuziehen. Vergleichswohnraum einer vergleichbaren Gemeinde kommt nur dann in Betracht, wenn in der Gemeinde, in der die Wohnung gelegen ist, vergleichbarer **79**

[50] BGH NZM 2007, 727.

Wohnraum nicht vorhanden ist. Dies kommt insbesondere bei sehr kleinen Gemeinden in Betracht, die einen geringen Bestand an Mietwohnungen aufweisen. Bei der Vergleichbarkeit von Gemeinden ist darauf zu achten, ob hier sich nicht wesentliche Unterschiede hinsichtlich der durchschnittlichen Miethöhe aus der Gewerbeansiedlung in den jeweiligen Gemeinden ergeben. Ansonsten sind möglichst nahe gelegene Gemeinden heranzuziehen.[51]

bb) Vergleichbare Art

80 Hier handelt es sich um die Struktur des Wohnraums, zum Beispiel, ob es sich um eine Dachgeschoßwohnung, ein Appartement, ein Reihenhaus oder ein Doppelhaus handelt. Nicht gehört hierzu die Art und Weise der Finanzierung des Anwesens, da sie den objektiven Wohnwert nicht beeinflusst.[52]

81 Fraglich ist, ob zur Art des Wohnraums auch das **Baualter** gehört. Das Baualter kann als Vergleichsmerkmal nur dann von Bedeutung sein, wenn hierdurch der Wohnwert beeinflusst wird. Ausdrücklich ist das Baualter bei den gesetzlichen Vergleichsmerkmalen nicht aufgezählt.

82 Man wird zwar davon ausgehen müssen, dass eine renovierte Altbauwohnung vom Wohnwert her einer Neubauwohnung durchaus gleichkommen kann, grundsätzlich wird jedoch eine **Vergleichbarkeit** von Altbauwohnungen mit Neubauwohnungen, die Jahrzehnte später gebaut worden sind, nicht in Betracht kommen. Nicht kommt es darauf an, ob Wohnungen in dem Umfang, der für ihre Altersklasse üblich ist, modernisiert oder renoviert worden sind. Hierdurch ändert sich die Einstufung nicht.[53]

cc) Vergleichbare Größe

83 Größe bedeutet nicht, dass Flächenabweichungen nicht zulässig sind.[54] Dies müsste allerdings eine Grenze finden bei sehr erheblichen Größenunterschieden zwischen der betroffenen Wohnung und dem vergleichbaren Wohnraum[55] für den Fall, dass über 30 % oder über 50 % größere Wohnungen als die zu bewertende als Vergleichswohnungen benannt werden.

84 Möglich ist die Heranziehung der Vorschriften der **Wohnflächenverordnung.** Balkonflächen werden hiernach in der Regel zu einem Viertel, höchstens zur Hälfte nach § 4 Nr. 4 WoflV, ebenso je nach ihrem Wohnwert gar nicht bis höchstens zur Hälfte ihrer Fläche angesetzt, nach dem Rechtsentscheid des BayObLG.[56] Es kommt insoweit auf den Nutzungswert für

---

[51] Grüneberg/Weidenkaff BGB § 558 Rn. 14.
[52] OLG Karlsruhe WuM 1982, 67.
[53] LG Berlin NZM 1999, 172.
[54] OLG Schleswig WuM 1987, 140.
[55] OLG Köln WuM 1994, 691; LG Berlin ZMR 1995, 77.
[56] WuM 1983, 254.

den Mieter an.[57] Wird ein Zimmer mit anteiliger Bad- oder Küchenbenutzung vermietet, ist dies bei der Feststellung der Wohnungsgröße ebenfalls anteilig nach der Nutzerzahl zu berücksichtigen.

Befindet sich im Keller eines vermieteten Hauses ein **Hobbyraum,** kann dieser mit der vollen Wohnfläche angesetzt werden, wenn er beheizt und ausgebaut ist.[58] Schwierig ist die Wohnflächenberechnung, soweit es sich um Dachgeschoßwohnungen mit Schrägen handelt. Ihre Heranziehung als vergleichbaren Wohnraum ist jedoch möglich.[59] **85**

Die tatsächliche Größe der Wohnung ist für die Wohnfläche entscheidend, nicht eine im Mietvertrag angegebene.[60] In Betracht kommt allerdings, dass im Mietvertrag eine geringere als die tatsächliche Wohnungsgröße ausdrücklich vereinbart ist. Die Folge davon ist, dass die nicht berücksichtigte Wohnfläche auch bei der Mieterhöhung nicht angesetzt werden kann.[61] **86**

dd) Vergleichbare Ausstattung

An Ausstattung kann nur die durch den Vermieter zur Verfügung gestellte Ausstattung berücksichtigt werden. Dies gilt insbesondere, soweit es sich um die sanitären Einrichtungen, Fußböden und Heizung handelt. Einrichtungen des Mieters sind grundsätzlich nur dann bei der Feststellung des Wohnwerts zu berücksichtigen, wenn die Berücksichtigung zwischen Vermieter und Mieter vereinbart worden ist oder wenn der Vermieter die **vom Mieter verauslagten Kosten der Einrichtung erstattet hat.**[62] Es genügt nicht, dass sich der Mieter bei Abschluss des Mietvertrages zum Einbau der Ausstattung verpflichtet hat. **87**

Eine Ausnahme gilt für den Fall, dass eine Wohnung von einem Mieter sehr lange bewohnt worden ist, der eine zu Beginn des Mietverhältnisses nicht vorhandene Grundausstattung als Mieterleistung erbracht hat. Nach langer Wohnzeit kann diese Mieterleistung als getilgt angesehen werden, was bedeutet, dass die Ausstattung bei der **Wohnwertfeststellung** herangezogen werden kann.[63] Anderer Ansicht zB LG Berlin:[64] nur Zustand bei Vertragsbeginn maßgeblich. **88**

ee) Vergleichbare Beschaffenheit

Bei dem Merkmal Beschaffenheit ist die Aufteilung der Räume, die Zahl der Zimmer und ihre Himmelsrichtung, der Zuschnitt der Räume, das **89**

---

[57] LG Hamburg WuM 1996, 278.
[58] LG Düsseldorf WuM 1992, 695.
[59] LG Hannover WuM 1992, 255.
[60] AG Hamburg WuM 1981, 104.
[61] LG Braunschweig WuM 1999, 305.
[62] BayObLG ZMR 1982, 343; BGH NZM 2010, 735.
[63] LG München I MDR 1980, 230.
[64] GE 2008, 1627.

Vorhandensein einer Garage oder eines Gartens zu berücksichtigen. Zur Beschaffenheit gehören auch nicht behebbare Mängel, wie **starke Lärmbelästigung durch Straßenverkehr,** ungünstige Lichtverhältnisse und Himmelsrichtungen.

90 Behebbare Mängel wie schadhafte Fußböden, schlechte Beheizung, Hellhörigkeit, werden nicht berücksichtigt.[65] Außer den genannten Fällen unbehebbarer Mängel handelt es sich bei so gut wie allen Mängeln einer Mietwohnung um **behebbare Mängel.** Der Aufwand zur Behebung der Mängel kann nur ganz begrenzt eine Rolle spielen. In Betracht kommt zum Beispiel, dass die Beseitigung der Mängel für den Vermieter mit unverhältnismäßigem Aufwand verbunden wäre und deshalb eine Beseitigung grundsätzlich nicht erfolgen kann (zB schlechte Schallisolierung). Behebbare Mängel können nicht im Mieterhöhungsverfahren, wohl aber als Fall der Minderung des Mietzinses berücksichtigt werden.

91 Werden Mängel, deren Beseitigung für den Vermieter mit unverhältnismäßigem Aufwand verbunden wäre, ausnahmsweise bei der Beschaffenheit der Räume berücksichtigt, können sie nicht mehr für eine Mietminderung herangezogen werden.

ff) Vergleichbare Lage

92 Hier kann berücksichtigt werden die Lage der Wohnung in einem bestimmten Stadtteil, die Verkehrsanbindung und die Umgebung der Wohnung. Insoweit kommen in Betracht zum Beispiel Einkaufsmöglichkeiten in der näheren Umgebung.

93 Weiter kommt in Betracht die Lage der Wohnung im Haus, zum Beispiel ob es sich um eine Wohnung zu einem Hinterhof gelegen oder um eine Souterrainwohnung handelt. Bei Großstädten spielt auch die **Innenstadtlage** oder die **Lage am Stadtrand** eine Rolle.[66]

5. Kappungsgrenze

94 Die Kappungsgrenze stellt eine Obergrenze für Mieterhöhungen dar, falls die ortsübliche Miete über der Kappungsgrenze liegt. Sie gibt nicht das Recht, Mieterhöhungen um 20% innerhalb von drei Jahren durchzuführen. Liegt die ortsübliche Vergleichsmiete unterhalb der Kappungsgrenze, kann die Miete nur bis zur Vergleichsmiete erhöht werden. Gesetzgeberische Intention ist, durch die Kappungsgrenze zu verhindern, dass die Mietsteigerungen in Einzelfällen ein zu starkes Ausmaß annehmen.[67]

95 Die bis dahin bestehende Kappungsgrenze von 30% wurde durch § 558 Abs. 3 BGB in der Fassung des Mietrechtsreformgesetzes auf 20%

---

[65] OLG Stuttgart WuM 1981, 225; LG Traunstein ZMR 1986, 294.
[66] LG Hamburg WuM 1979, 60.
[67] BT-Drs. 9/2079.

herabgesetzt. Nach der Übergangsvorschrift gilt dies für alle Mieterhöhungsverlangen, die dem Mieter nach dem 1.9.2001 zugegangen sind (Art. 229 § 3 Nr. 2 EGBGB). Die **Herabsetzung** der Kappungsgrenze wird damit begründet, dass Mieterhöhungen bis zu 30% bei Haushalten mit niedrigem Einkommen und niedrigen Mieten, in erster Linie ehemalige Sozialwohnungen, zu Härten führen können.[68]

Nach § 558 Abs. 3 BGB darf sich die Miete innerhalb von drei Jahren, von Erhöhungen nach den §§ 559 bis 560 BGB abgesehen, um nicht mehr als 20% erhöhen. Die Ausgangsmiete bestimmt sich bei der Berechnung der Kappungsgrenze auch im Falle der Mietminderung wegen eines nicht behebbaren Mangels **(erhebliche Wohnflächenabweichung)** nach der vertraglich vereinbarten Miete.[69] **96**

Das Recht des Vermieters, eine höhere Miete zu verlangen, wird also durch § 558 BGB von zwei unabhängig voneinander einzuhaltenden Obergrenzen begrenzt. Zum einen durch die ortsübliche Vergleichsmiete nach § 558 Abs. 2 BGB und zum anderen durch die Kappungsgrenze nach § 558 Abs. 3 BGB. Die jeweils niedrigere der beiden Begrenzungen bestimmt den Umfang des Mieterhöhungsrechts im Einzelfall.[70] Nicht gilt eine Kappungsgrenze beim Neuabschluss von Mietverträgen in Hinblick auf die zuletzt vereinbarte Miete. **97**

Berechnet werden kann die Kappungsgrenze auch von einer vereinbarten Teilinklusivmiete.[71] Ausgewiesene Betriebskostenvorauszahlungen und Betriebskostenpauschalen sind abzuziehen, nicht aber ein etwa in der Miete enthaltener nicht ausgewiesener Anteil für Garagenmiete.[72] **98**

Nachdem der Gesetzgeber stärkeren Eingriffen in das Mietpreisrecht, zB durch eine Bindung der Neuabschlussmiete an die ortsübliche Vergleichsmiete in der Folge eine Absage erteilt hat, (vgl. aber nunmehr die Einführung der „Mietpreisbremse“ → Rn. 1 ff. wurde durch das **Mietrechtsänderungsgesetz 2013** geregelt, dass die Kappungsgrenze in Gebieten (Gemeinden) mit besonders gefährdeter Versorgung der Bevölkerung mit Mietwohnungen zu angemessenen Bedingungen auf 15% gesenkt werden kann. Die Landesregierungen können solche Gebiete mit gefährdeter Wohnungsversorgung durch Rechtsverordnung auf die Dauer von jeweils höchstens fünf Jahren bestimmen. Vereinzelt wurde hiervon Gebrauch gemacht. Was die Verordnung für Bayern betrifft, so gilt sie auch für das Gebiet der Stadt München. Hier hat das LG München I entschieden, dass es für ihre Anwendung auf den **Zugang des Mieterhöhungsverlangens** ankommt.[73] **99**

---

68 Begr. zum RefE des Mietrechtsreformgesetzes, 105.
69 BGH WuM 2019, 319.
70 BVerfG NJW 1986, 1669.
71 BGH WuM 2004, 153.
72 AG Waiblingen WuM 2016, 33.
73 LG München I NZM 2014, 159.

6. Das Mieterhöhungsverlangen

a) Form des Erhöhungsverlangens

100 § 558a Abs. 1 BGB schreibt vor, dass das Mieterhöhungsverlangen in „Textform" nach § 126b BGB zu erklären und zu begründen ist. Natürlich ist auch Schriftform als die weitergehende Formvorschrift möglich. Schreibt der Mietvertrag Schriftform nach § 126 BGB vor, gilt dies nicht für ein Mieterhöhungsverlangen, da dieses keine Vertragsänderung oder -ergänzung darstellt.[74]

101 Schriftform nach § 126 Abs. 1 BGB bedeutet, dass die Urkunde durch den Vermieter oder seinen Bevollmächtigten persönlich und eigenhändig unterschrieben wird. Die Unterschrift muss die gesamte Erhöhungserklärung einschließlich damit verbundener Anlagen abdecken.[75] Bei einem **Mieterhöhungsverlangen** dürfen jedoch die Anforderungen an Unterschrift und Verbindung der Urkunden nicht überspannt werden. Es genügt deshalb, wenn der Vermieter in dem Mieterhöhungsschreiben auf eine beigefügte Aufstellung von Vergleichswohnungen Bezug nimmt, die selbst nicht unterschrieben ist und selbst auch keine Bezugnahme auf das Erhöhungsverlangen enthält.[76]

b) Zugang des Erhöhungsverlangens

102 Besondere **Zugangsvorschriften** gelten grundsätzlich für das Mieterhöhungsverlangen nicht. Der Einwurf durch den Vermieter oder eine beauftragte Person in den Briefkasten des Mieters ist ausreichend. Der Zugang ist jedoch erst vollendet, wenn nach der Verkehrsanschauung die Kenntnisnahme durch den Empfänger zu erwarten ist. Erfolgt der Einwurf in den Briefkasten daher zum Beispiel am Spätnachmittag oder in der Nacht, erfolgt der Zugang erst am nächsten Tag, falls nicht eine Zustellung der Post am Nachmittag ortsüblich ist.

103 Liegt Kenntnis des Vermieters von einer Untervermietung vor, genügt ein Zugang beim Untermieter nicht, da dieser nicht Empfangsbote des Mieters ist.[77]

104 Der Zeitpunkt des Zugangs ist in Hinblick auf den Lauf der Zustimmungsfrist nach § 558b BGB von Bedeutung. Soweit der Zugang am Verhalten des Mieters scheitert, zum Beispiel durch **Annahmeverweigerung,** muss er sich so behandeln lassen, wie wenn das Erhöhungsverlangen rechtzeitig zugegangen wäre.[78] Ein Zugang eines Mieterhöhungsverlangens beim Untermieter genügt nicht, da dieser

[74] BGH WuM 2011, 32.
[75] BGH WuM 1990, 140.
[76] KG WuM 1984, 101; LG München I WuM 1994, 335.
[77] LG München I NZM 2008, 166.
[78] Grüneberg/Heinrichs BGB § 130 Rn. 16.

nicht Empfangsbote des Mieters ist, falls dem Vermieter die Untervermietung bekannt ist.[79]

c) Allgemeiner Inhalt des Erhöhungsverlangens

Das Erhöhungsverlangen muss als **Zustimmungsverlangen** ausgestaltet sein. Beinhaltet die Erklärung ein einseitiges Erhöhungsrecht des Vermieters, ist sie nicht wirksam.[80] Weiter muss im Erhöhungsverlangen der Erhöhungsbetrag und die neue Miete angegeben werden.[81] Unzulässig dürfte sein, nur die Erhöhung der qm-Miete, nicht aber die Gesamtmiete anzugeben.[82] Weder der Zeitpunkt der Mieterhöhung, noch die Einhaltung der Kappungsgrenze müssen angegeben werden.[83] Ist die Wohnflächenangabe im Vertrag Grundlage der Mietzinsvereinbarung, muss die Angabe der Wohnfläche auch bei der Mieterhöhung zugrunde gelegt werden.[84] Übersteigt die in dem Erhöhungsverlangen zugrunde gelegte Wohnfläche die tatsächliche Fläche, kann der Mieter die Rückzahlung der auf Grund der fehlerhaften Berechnung überzahlten Miete verlangen. **105**

Früher wurde höchstrichterlich die Auffassung vertreten, dass dann, wenn die Flächenabweichung der vertraglich festgelegten von der tatsächlichen Fläche **nach oben** mehr als 10% beträgt, die tatsächliche Fläche zugrunde zu legen sei[85] und wenn sie zum Nachteil des Mieters **weniger** als 10% beträgt, die vertraglich vereinbarte Fläche zu Grunde zu legen sei.[86] Diese Rechtsprechung hat der BGH aufgegeben. Für das Mieterhöhungsverlangen gilt nur noch die tatsächliche Fläche.[87] **106**

Ein **einfaches Bestreiten** der vom Vermieter angegebenen Wohnfläche durch den Mieter genügt nicht als substantiierter Vortrag.[88] **107**

Enthält das Erhöhungsverlangen eine Veränderung der Mietstruktur, stellt dies eine Vertragsänderung dar. Dies ist zum Beispiel dann der Fall, wenn der Mietvertrag eine **vereinbarte Bruttokaltmiete** enthält, das Mieterhöhungsverlangen aber die Zustimmung zu einer Nettomiete zuzüglich aller zulässigerweise zu vereinbarenden Betriebskosten enthält. Wenn sich die Zustimmung zur Vertragsänderung auf Zahlung nicht vereinbarter Betriebskosten nicht sicher von der Zustimmung zu einem Mieterhöhungsverlangen trennen lässt, ist das Mieterhöhungsverlangen unwirksam.[89] **108**

---

79 LG München I NZM 2008, 166.
80 LG Gießen WuM 1996, 557.
81 LG Berlin WuM 1985, 313.
82 AG Dortmund WuM 2006, 157.
83 OLG Koblenz WuM 1983, 132.
84 LG Zweibrücken NZM 1999, 71.
85 BGH NZM 2004, 699.
86 BGH NZM 2007, 594 und BGH NZM 2009, 613.
87 BGH WuM 2016, 34.
88 BGH WuM 2017, 404.
89 OLG Hamburg WuM 1983, 49.

109 Das Mieterhöhungsverlangen ist nicht deshalb unwirksam, weil bereits die Ausgangsmiete sich innerhalb der Bandbreite der ortsüblichen Vergleichsmiete bewegt, was sich aus einem **Sachverständigengutachten** ergibt. Dies gilt dann, wenn innerhalb der Bandbreite eine höhere Miete zulässig ist.[90] Es steht auch nicht entgegen, dass die Ausgangsmiete unter der – seit Vertragsbeginn unveränderten – ortsüblichen Vergleichsmiete liegt.[91]

110 Ebenso ist das Mieterhöhungsverlangen nicht unwirksam, wenn eine frühere Mieterhöhung, zB ein Modernisierungszuschlag nach §§ 559ff. BGB, nicht in die Ausgangsmiete eingerechnet worden ist. Es liegt allerdings **Unbegründetheit der Mieterhöhung** vor, soweit die verlangte Miete zuzüglich der früheren Mieterhöhung die ortsübliche Vergleichsmiete übersteigt.[92] Ist eine Mieterhöhung nach § 559 BGB vorausgegangen, müssen Angaben über etwaige Kürzungsbeträge nach § 559a BGB bei der ortsüblichen Vergleichsmiete gemacht werden.[93]

d) Das Erhöhungsverlangen bei Veräußerung der Mietwohnung

111 Ist eine Wohnung veräußert worden und der neue Vermieter gemäß § 566 BGB in das Mietverhältnis eingetreten, kann er ein Mieterhöhungsverlangen erst dann abgeben, wenn er als Eigentümer im Grundbuch eingetragen ist.[94] Es genügt weder die Eintragung einer Auflassungsvormerkung, noch die Bestimmung im notariellen Kaufvertrag, dass die Nutzungen und Lasten auf den Erwerber übergeben.[95] Auch die Abtretung des Anspruchs auf Zustimmung zu einer Mieterhöhung ist nicht möglich.

112 Der Veräußerer kann aber den Erwerber im notariellen Kaufvertrag nach § 185 BGB ermächtigen, den Anspruch auf Zustimmung zur Mieterhöhung im eigenen Namen geltend zu machen. Die Ermächtigung muss nicht offengelegt werden.[96] Wird ein Mieterhöhungsverlangen abgegeben und findet danach, aber vor Klageerhebung nach § 558b Abs. 3 BGB ein Vermieterwechsel statt, wirkt das Erhöhungsverlangen zugunsten des Erwerbers fort.[97]

e) Bevollmächtigung und Vertretung

113 Liegt die wirksame Bevollmächtigung eines oder mehrerer Vermieter nicht vor, gilt grundsätzlich, dass ein Mieterhöhungsverlangen von allen

[90] BGH WuM 2005, 516.
[91] BGH NZM 2007, 639.
[92] BGH NZM 2008, 124.
[93] BGH NZM 2009, 393.
[94] OLG Celle WuM 1984, 193; LG München I WuM 1989, 282.
[95] LG Hamburg WuM 1993, 48.
[96] BGH NZM 2014, 385; LG Berlin, GE 1999, 777.
[97] LG Kassel WuM 1996, 417.

Vermietern allen Mietern gegenüber abgegeben werden muss. Andernfalls ist die Vermietererklärung unwirksam und kann auch nicht durch nachträgliche Zustimmung der Vermieter, die die Erklärung nicht abgegeben haben, gemäß §§ 182 bis 185 BGB geheilt werden.[98]

Hinsichtlich der Mieterseite gilt, dass **unzulässige Rechtsausübung** vorliegen kann, wenn sich ein Mieter darauf beruft, dass nicht an alle Mieter zugestellt wurde, wenn einer von 2 Mietern bereits zweieinhalb Jahre vor der Mieterhöhung ausgezogen ist und der verbleibende Mieter anschließend allein die Wohnung bewohnt und die Miete bezahlt.[99] **114**

Wird die Erhöhungserklärung durch den Vermieter nach § 164 BGB durch einen Bevollmächtigten abgegeben, muss aus ihr hervorgehen, dass sie in fremdem Namen abgegeben wird. **Verdeckte Stellvertretung** ist nicht zulässig.[100] Dies gilt auch in dem Fall, in dem mehrere Vermieter einen von ihnen zur Abgabe der Erklärung bevollmächtigen. Andererseits genügt nach BGH,[101] wenn sich die Bevollmächtigung aus den Umständen ergibt. Sie muss dann auch nicht ausdrücklich offengelegt werden, der Vermieter muss nicht benannt werden. **115**

Die **Vollmacht** muss durch den Bevollmächtigten durch Vorlage einer Original-Vollmachturkunde nachgewiesen werden. Wird diese Urkunde nicht vorgelegt und weist der Mieter aus diesem Grund das Erhöhungsbegehren unverzüglich zurück, ist die Erklärung nach § 174 Satz 1 BGB unwirksam. § 174 BGB kann allerdings nur entsprechend angewendet werden, weil das Erhöhungsverlangen kein selbständiges Rechtsgeschäft ist.[102] Aus der Zurückweisung, die eine einseitige empfangsbedürftige Willenserklärung ist, muss sich ergeben, dass sie wegen der fehlenden Vorlage der Vollmachturkunde erfolgt. Nachdem dem Mieter die Möglichkeit gegeben werden muss, anwaltlichen Rat einzuholen, ist dann, wenn die Zurückweisung durch anwaltlichen Schriftsatz erfolgt, eine Frist von 14 Tagen noch als unverzüglich anzusehen.[103] **116**

Ausgeschlossen ist die Zurückweisung, wenn der Vermieter den Mieter auf andere Weise von der Bevollmächtigung in Kenntnis gesetzt hat (§ 174 Satz 2 BGB). Hierfür genügt es, wenn zum Beispiel im Rubrum des schriftlichen Mietvertrages der Bevollmächtigte, etwa eine Hausverwaltung, benannt wird. Nicht genügt es jedoch, wenn lediglich in einer zurückliegenden Korrespondenz jemand anderes für den Vermieter tätig geworden ist. **117**

Bevollmächtigungsklauseln in Mietverträgen sind grundsätzlich zulässig. Dies gilt auch für eine Klausel, die beinhaltet, dass eine **Erhöhungs-** **118**

98 AG Stuttgart WuM 1973, 105.
99 BGH WuM 2004, 280.
100 AG Hamburg WuM 1986, 139.
101 BGH NZM 2014, 431.
102 OLG Hamm NJW 1982, 2076.
103 LG Karlsruhe WuM 1985, 320.

erklärung die gegenüber einem von mehreren Mietern abgegeben wird, auch gegenüber dem oder den anderen wirksam ist.[104] Bei entsprechender vertraglicher Vereinbarung gilt dies auch bei Ehegatten.[105] Wichtig ist, dass das Erhöhungsverlangen aber an alle Mieter gerichtet sein muss, das heißt, sie müssen in dem Erhöhungsverlangen benannt sein.[106]

f) Bezugnahme auf einen Mietspiegel

119 Der Begriff des Mietspiegels im Allgemeinen ergibt sich aus § 558c Abs. 1 BGB. Hiernach ist ein Mietspiegel eine Übersicht über die ortsübliche Vergleichsmiete, soweit diese von der Gemeinde oder von Interessenvertretern der Vermieter und der Mieter gemeinsam erstellt oder anerkannt worden ist. § 558d BGB enthält weiter die **Legaldefinition** des qualifizierten Mietspiegels.[107]

120 Es ist nicht erforderlich, dass ein Mietspiegel von allen örtlichen Interessenvertretern der Mieter oder Vermieter erstellt sein muss. Es ist nicht einmal erforderlich, dass die jeweils größte Gruppe der Interessenvertreter beider Seiten dem Mietspiegel zustimmt.[108]

121 Durch das **Mietrechtsreformgesetz 2001** neu eingeführt wurde die Möglichkeit, nach § 558c Abs. 2 BGB Mietspiegel auch für das Gebiet mehrerer Gemeinden oder für Teile von Gemeinden zu erstellen. Soweit Mietspiegel für mehrere Gemeinden erstellt werden, dürfte es jedoch erforderlich sein, die Datenerhebung für jede Gemeinde einzeln durchzuführen. Bedenken bestehen, soweit Mietspiegel für Teile von Gemeinden, die ein spezifisches Mietpreisniveau aufweisen, erstellt werden in Hinblick auf den **Begriff der „ortsüblichen" Vergleichsmiete.**

122 Der Gesetzgeber wollte zwar Mietspiegel gegenüber den anderen Begründungsmitteln nach § 558a Abs. 2 BGB bevorzugen, hat jedoch davon abgesehen, den Gemeinden die Verpflichtung aufzuerlegen, Mietspiegel zu erstellen, § 558c Abs. 4 BGB. Wie sich aus dem hier enthaltenen Begriff „vertretbarer Aufwand" ergibt, beruht dies in erster Linie auf Kostengründen.

aa) Allgemeine Fragen zur Bezugnahme auf einen Mietspiegel

123 Entspricht ein Mietspiegel den formalen Anforderungen des einfachen Mietspiegels nach § 558c Abs. 1 BGB oder des qualifizierten Mietspiegels nach § 558d Abs. 1 BGB, kommt es auf seine inhaltliche Richtigkeit bei der Bezugnahme im Mieterhöhungsverlangen nach § 558a Abs. 2 BGB nicht an. Es ist daher unbeachtlich, ob die **Tabellenwerte** tatsächlich

[104] OLG Schleswig WuM 1983, 130.
[105] KG WuM 1985, 12.
[106] OLG Koblenz WuM 1984, 18; ebenso AG München NZM 2003, 394.
[107] Zur Verbreitung und Struktur qualifizierter Mietspiegel vgl. Börstinghaus NZM 2003, 377 ff.
[108] OLG Hamm WuM 1990, 538.

richtig sind, ob die statistische Auswertung der erhobenen Daten fachgerecht erfolgt ist oder ob überhaupt genügend Daten vorgelegen haben. Qualitätsanforderungen an Mietspiegel hat der Gesetzgeber nämlich bis auf die Anforderungen an den qualifizierten Mietspiegel nach § 558d Abs. 1 BGB nicht gestellt.

Dies bedeutet, dass, soweit ein Mietspiegel, der vor dem 1.9.2001 **124**
veröffentlicht worden ist, in Hinblick auf die Übergangsvorschrift des Art. 229 § 3 Abs. 5 EGBGB später öffentlich als **qualifizierter Mietspiegel** bezeichnet worden ist, in jedem Fall im Sinne des § 558a Abs. 3 BGB bei einem Mieterhöhungsverlangen, das nach dem 1.9.2001 zugeht, benannt werden muss.[109] Für die Bezugnahme auf einen Mietspiegel gelten folgende allgemeinen Grundsätze:

- Maßgebend ist der zur Zeit des Erhöhungsverlangens gültige Miet- **125**
  spiegel, auch wenn später während des Verfahrens ein neuer Mietspiegel veröffentlicht wird.[110] Nicht unwirksam ist jedoch ein Mieterhöhungsverlangen, das auf den bisherigen Mietspiegel Bezug nimmt, wenn kurz vor Abgabe des Erhöhungsverlangens ein neuer Mietspiegel veröffentlicht worden ist.[111]
- Der Mietspiegel muss überhaupt anwendbar sein. Mietspiegel sind in **126**
  der Regel auf Wohnungen unter oder über einer bestimmten Größe nicht anzuwenden, außerdem zB auch nicht für Einfamilienhäuser. Der Mietspiegel der Stadt München ist zB nur für Wohnungen bis 160 m^2 anwendbar. Eine Überschreitung führt zur Unanwendbarkeit.[112] Nach BGH[113] soll die Anwendung eines Mietspiegels auf Einfamilienhäuser aber möglich sein, wenn die geforderte Miete innerhalb der Mietpreisspanne für Wohnungen in Mehrfamilienhäusern liegt.[114]
- Es reicht die Bezugnahme auf die entsprechende Mietwerttabelle des **127**
  Mietspiegels in der Form aus, dass der Mieter die Einstufung seiner Wohnung erkennen kann.[115] Die Erläuterung des Mietspiegels muss aber so konkret sein, dass der Inhalt nachvollziehbar ist.[116] Andererseits muss der Vermieter dann, wenn der Mietspiegel Felder aufweist, in denen für bestimmte Wohnungen Spannen ausgewiesen sind, nur das Mietspiegelfeld ausweisen, nicht aber die Spanne.[117]
- Der Mietspiegel muss nur dann dem Erhöhungsverlangen beigefügt **128**
  sein, wenn er nicht allgemein zugänglich ist.[118] Dass zur Zeit des Er-

[109] LG München I NZM 2002, 781 in Bezug auf den Münchner Mietspiegel 2001.
[110] KG GE 2007, 1629.
[111] BGH NZM 2011, 743.
[112] AG München WuM 2016, 177.
[113] BGH GE 2008, 1622.
[114] Ebenso BGH WuM 2016, 502.
[115] LG Köln WuM 1994, 691.
[116] AG Köln NZM 2005, 146.
[117] BGH NZM 2008, 164 im Falle des Berliner Mietspiegels.
[118] BGH NZM 2008, 164.

höhungsverlangens kein Exemplar des Mietspiegels erhältlich ist, soll nach LG Essen[119] nicht schaden. Es reicht auch aus, wenn der Mietspiegel beim Mieterschutzbund oder im Kundencenter des Vermieters erhältlich ist.[120] Auch der Zugang über das Internet ist ausreichend.[121] Ebenfalls muss der Mietspiegel dem Erhöhungsverlangen nicht beigefügt werden, wenn er nur gegen eine geringe Schutzgebühr erhältlich ist.[122]

129 – Eines gesonderten Hinweises im Mieterhöhungsverlangen auf die Stellen, bei denen der Mietspiegel gegen Schutzgebühr erhältlich ist, bedarf es nicht.[123]

130 – Ist eine Kopie oder ein Auszug aus dem Mietspiegel dem Erhöhungsverlangen beigefügt, so genügt es, wenn in der Kopie der verlangte Höchstbetrag gekennzeichnet ist und der Mietspiegel allgemein zugänglich ist. Die Eingruppierungskategorien des Mietspiegels müssen dann nicht gesondert aufgeführt werden.[124]

131 – Enthält ein Mietspiegel Mietzinsspannen, kann nach § 558a Abs. 4 Satz 1 BGB der verlangte Mietzins dem obersten Spannenwert entsprechen, vgl. LG München I[125] wonach Regelfall eine voraussetzungsunabhängige Anwendung der Spannenregelung ist, also ohne weitere Begründung der oberste Spannenwert angesetzt werden kann. Dies gilt nach BGH,[126] auch dann wenn mittels Sachverständigengutachtens eine Einzelvergleichsmiete ermittelt wird.

132 – Nicht Zulässigkeitsvoraussetzung ist, dass der Vermieter die Wohnung in das richtige Rasterfeld des Mietspiegels eingruppiert.[127] Schaden dürfte allerdings eine grob falsche Eingruppierung hinsichtlich der Größe der Wohnung und die Eingruppierung in eine unzutreffende Altersklasse. Ordnet der Vermieter die Wohnung in das **nach seiner Auffassung** einschlägige Mietspiegelfeld ein, ist das Erhöhungsverlangen zulässig.[128] Soweit es sich um Zuschläge oder Abschläge handelt, die der Mietspiegel vorsieht, besteht in der Praxis in vielen Fällen Streit über den Ansatz im Einzelfall. Schon aus diesem Grund kann eine umstrittene Einordnung dem Zustimmungsverlangen im Lichte der Rechtsprechung des BVerfG nicht schaden.

133 Was die Fortschreibung von Mietspiegeln betrifft, so ist die Anpassung des einfachen Mietspiegels im Abstand von zwei Jahren an die **Markt-**

[119] ZMR 1996, 88.
[120] BGH NZM 2009, 395.
[121] BGH NZM 2009, 429.
[122] BGH NZM 2010, 40.
[123] BGH WuM 2010, 693.
[124] LG Mönchengladbach, WuM 1992, 196.
[125] LG München 14.8.2002 – Az. 14 S 3488/02, nicht veröff.
[126] BGH NZM 2010, 122.
[127] LG Berlin GE 1997, 369.
[128] BGH WuM 2009, 239.

entwicklung nicht zwingend, § 558c Abs. 3 BGB, zwingend ist jedoch die entsprechende Anpassung des qualifizierten Mietspiegels nach § 558d Abs. 2 BGB. Wenn ein in dieser Form aktualisierter Mietspiegel nicht vorliegt, darf nach § 558a Abs. 4 Satz 2 BGB auch ein veralteter Mietspiegel verwendet werden. Ein Zuschlag zu diesem veralteten Mietspiegel ist jedoch nicht zulässig,[129] auch nicht in Form eines pauschalen Zuschlags zu den Mietspiegelwerten.[130] Ein 20 Jahre alter Mietspiegel ist zur Begründung eines Mieterhöhungsverlangens ungeeignet.[131]

Soweit es sich nicht um einen nach § 558d Abs. 2 Satz 2 BGB von einem Mietspiegelersteller anhand des Preisindex fortgeschriebenen Mietspiegel handelt, ist eine Fortschreibung durch andere Institutionen oder den einzelnen Vermieter nach dem **Lebenshaltungskostenindex** unzulässig.[132] Die Folge eines unzulässigen Zuschlags zum Mietspiegel ist nicht die Unwirksamkeit des Erhöhungsverlangens. Vielmehr beschränkt sich die Zulässigkeit der Mieterhöhung auf den Betrag, der sich aus der Mietspiegelberechnung ohne den Zuschlag ergibt. **134**

Eine Ausnahme gilt für das Gericht bei der Prüfung der Begründetheit des Erhöhungsverlangens wegen einer Steigerung der ortsüblichen Vergleichsmiete zwischen der Datenerhebung zum Mietspiegel und dem Zugang des Erhöhungsverlangens. Das Gericht darf hier einen Zuschlag zu den Mietspiegelwerten vornehmen.[133] Ebenso BGH[134] für den Fall nachträglicher ungewöhnlicher Steigerung der ortsüblichen Miete. **135**

Nach § 558a Abs. 4 Satz 2 BGB kann auch ein Mietspiegel einer vergleichbaren Gemeinde verwendet werden.[135] Ist die Gemeinde vergleichbar, ist deren Mietspiegel ohne Einschränkungen anwendbar.[136] Die vergleichbare Gemeinde muss aber in ihrer Gesamtheit mit der Wohngemeinde vergleichbar sein, vgl. BGH[137] (unter Hinweis darauf, dass bei Nichtvergleichbarkeit auch ein Abschlag von den Mietspiegelwerten nicht hilft).[138] Außerdem darf der Mietspiegel einer vergleichbaren Gemeinde nur verwendet werden, wenn in der eigenen Gemeinde kein aktueller Mietspiegel vorhanden ist. **136**

Kriterien der Vergleichbarkeit sind die Infrastruktur, der Grad der Industrialisierung, die verkehrstechnische Erschließung und die Anbindung an Versorgungszentren. Die zu erhöhende Miete muss auch insoweit dem Mietbegriff des Mietspiegels entsprechen, als dann, wenn **137**

129 OLG Hamburg ZMR 1983, 136.
130 OLG Stuttgart ZMR 1982, 215.
131 BGH WuM 2019, 703.
132 LG München II WuM 1998, 726.
133 OLG Stuttgart WuM 1994, 58.
134 BGH WuM 2017, 208.
135 So auch BGH NZM 2010, 665; BGH WuM 2019, 650.
136 AG Darmstadt WuM 1988, 129.
137 BGH NZM 2014, 236.
138 OLG Stuttgart NJW 1982, 945; LG München II, WuM 1986, 259.

der Vermieter nach dem gegenständlichen Vertrag die Schönheitsreparaturen trägt, der Mietspiegel aber von Verträgen ausgeht, bei denen die Schönheitsreparaturen zu Lasten des Mieters gehen, zu der nach dem Mietspiegel festgestellten Vergleichsmiete ein Zuschlag erfolgen muss.[139] Ist Vermieter ein gemeinnütziges Wohnungsunternehmen, so darf es sich auch auf einen Mietspiegel beziehen, in dem Mieten gemeinnütziger Unternehmen nicht eingegangen sind.[140]

bb) Reform des Mietspiegelrechts

138 Das neue Gesetz zur Reform des Mietspiegelrechts vom 10.8.2021 (BGBl. I 3515) soll Mindestanforderungen an Mietspiegel bestimmen. Das Gesetz trat mit Ausnahme von Art. 1 Nr. 1 Buchstabe d am 1.7.2022 in Kraft.

139 Mietspiegel haben in der Vergangenheit für die Feststellung der ortsüblichen Vergleichsmiete immer größere Bedeutung erlangt. Dies hängt nicht zuletzt damit zusammen, dass immer mehr größere Städte sich entschlossen haben, Mietspiegel zu erstellen. Ziel der nunmehrigen Reform des Mietspiegelrechts ist, die Qualität von Mietspiegeln zu stärken und ihre Verbreitung zu erhöhen, sowie die **Rechtssicherheit** für Mieter und für Vermieter zu erhöhen.

140 Nachdem die ortsübliche Vergleichsmiete als Maßstab für Mieterhöhungen und für Mietvereinbarungen im Rahmen der **Mietpreisbremse** gilt, soll auch dämpfend auf die Entwicklung der Mieten in Deutschland eingewirkt werden. Die ortsübliche Vergleichsmiete ist schon von der Definition in § 558 Abs. 2 BGB her nicht mit der aktuellen Marktmiete gleichzusetzen. Durch den Betrachtungszeitraum der erfassten Mieten von vier auf sechs Jahre verstärkt sich die dämpfende Wirkung. Von Interessen vertreten der Mieter wurde bereits gefordert, alle Mieten der Vergangenheit einzubeziehen.

141 Während bisher in § 558c Abs. 4 BGB geregelt ist, dass Gemeinden Mietspiegel erstellen sollten, wenn hierfür ein Bedürfnis besteht und dies mit vertretbarem Aufwand möglich ist, ist nunmehr eine **Pflicht zur Erstellung von Mietspiegeln für Gemeinden mit einer Einwohnerzahl von mehr als 50000 Einwohnern** geregelt. Hierfür wird eine Frist bis zum 1.1.2023 gesetzt. Soweit ein qualifizierter Mietspiegel erstellt wird, läuft die Frist bis zum 1.1.2024.

142 Hintergrund der Neuregelung ist, dass nach wie vor eine Reihe größerer Städte (80 von 200 der größten Städte) vor allem aus Kostengründen es nicht für erforderlich gehalten haben, einen gültigen Mietspiegel zu erstellen. Dies führte dazu, dass Mieterhöhungsverlangen mit Vergleichswohnungen oder Sachverständigengutachten begründet werden

[139] OLG Koblenz WuM 1985, 15.
[140] OLG Frankfurt NJW 1982, 1822.

mussten und auch Gerichte im Mieterhöhungsprozess nicht auf einen Mietspiegel zurückgreifen konnten.

Soweit im Rahmen der Datenerhebung zur Erstellung eines Mietspiegels von Mietern und Vermietern Daten erhoben werden, konnte man in der Vergangenheit davon ausgehen, dass die Datensammlung aufgrund verweigerter Auskünfte und mangelnden Rücklaufs ein Schwachpunkt der Mietspiegel Erstellung gewesen ist. Nunmehr soll durch eine **Auskunftspflicht,** die auch die Auskunft nach der Miethöhe beinhaltet, dem abgeholfen werden. Die in der Mietspiegelverordnung zum Reformgesetz enthaltene Bestimmung ist bußgeldbewehrt, auch unvollständige und unrichtige Auskünfte können mit einem Bußgeld belegt werden. 143

Für die Gemeinden, die die Datenerhebung für einen Mietspiegel durchführen, soll es möglich sein, **Verwaltungsdaten, die bereits erhoben sind, heranzuziehen,** so zum Beispiel Daten, die für die Verwaltung der Grundsteuer erhoben worden sind oder Daten von Einwohnermeldeämtern oder aus der Gebäude – und Einwohnerzählung. Dies sollen als Ergänzung zu den durch die unmittelbare Befragung von Mietern und Vermietern erhobenen Daten zum einen die Kosten für die Erstellung eines Mietspiegels senken und zum anderen die Datenbasis erweitern. 144

Während an einen einfachen Mietspiegel geringe Anforderungen hinsichtlich der Aufbereitung der erhobenen Daten gestellt werden, müssen qualifizierte Mietspiegel nach wissenschaftlichen Methoden erstellt worden sein. Welche wissenschaftlichen Methoden hier in Frage kommen, ist nunmehr in der **Rechtsverordnung zum Mietspiegel-Reformgesetz** festgehalten. Wenn diese Anforderungen eingehalten sind und der Mietspiegel von der Gemeinde und den Interessenvertretern von Mietern und Vermietern anerkannt wird, gelten die im Mietspiegel enthaltenen Daten als zutreffend. Damit soll Streit über die Frage der Qualifizierung eines Mietspiegels vermieden werden. 145

Die wissenschaftlichen Methoden sind die **Tabellenmethode** und die **Regressionsanalyse.** Während bei der Tabellenmethode bereits durch die Datenerhebung jedes Feld der Grundtabelle des Mietspiegels besetzt wird oder dann, wenn keine Daten zur Verfügung gestanden haben, das Feld frei bleibt, geht die Regressionsanalyse anders vor. 146

Hier wird lediglich eine Daten Stichprobe durchgeführt und die erhobenen Daten statistisch aufbereitet. Auf diese Weise sollen alle Felder des Mietspiegels besetzt werden können. 147

Nach wie vor wird bei der Erstellung von Mietspiegeln Schwachpunkt der Beginn des Vorgehens, nämlich die Datenerhebung sein. Es erscheint zweifelhaft, ob Daten der Grundsteuer oder der Gebäudezählung für die für einen Mietspiegel erforderlichen Daten geeignet sind. 148

149 Hinzu kommt, dass es fraglich ist, ob eine entsprechende Kontrolle stattfindet, dass zwar Daten von besonders günstigen Mieten in die Datensammlung einfließen, besonders hohe Mieten aber als **„Ausreißer"** behandelt werden und nicht einfließen.

150 Wenn man bedenkt, dass gemäß der Einleitung zum Mietspiegel für München 2019 eine „repräsentative Umfrage unter mehr als 3000 Mieterinnen und Mietern" stattgefunden hat und München etwa 700 000 Mietwohnungen aufweist, so werden immer wieder **Zweifel an Datenerhebung** und wissenschaftlicher Auswertung mit dem Ziel Daten für alle vorhandenen Wohnungen zu erhalten, auftauchen.

151 Die in der Neuregelung enthaltene Auskunftspflicht für Eigentümer und Mieter wird zudem als übermäßiger Eingriff in die persönlichen Rechte der Beteiligten empfunden.

cc) Bezugnahme auf einen qualifizierten Mietspiegel

152 Liegt ein qualifizierter Mietspiegel vor und enthält er Angaben für die Wohnung, muss der Vermieter in seinem Mieterhöhungsverlangen diese Angaben mitteilen. Dies gilt auch dann, wenn die Mieterhöhung auf ein anderes Begründungsmittel wie Vergleichswohnungen oder ein Sachverständigengutachten gestützt wird.

153 Speziell zum **Münchener Mietspiegel 1999,** der zwar vor Inkrafttreten der Mietrechtsreform veröffentlicht war, aber nach den hierfür geltenden Kriterien die äußeren Voraussetzungen eines qualifizierten Mietspiegels erfüllte, hat das LG München I[141] entschieden, dass dieser zwar als Erkenntnismittel im Mieterhöhungsprozess ungeeignet sei, aber als vorprozessuales Begründungsmittel trotzdem verwendet werden könne.

154 Dies mag – bezogen auf München – auch gelten, wenn sich nach derzeitiger Prüfung[142] die Ungeeignetheit der nachfolgenden **qualifizierten Mietspiegel** 2001 und 2003 als Erkenntnismittel im Prozess ergeben würde.

155 Nicht enthält der Mietspiegel Angaben für die Wohnung, wenn er für die entsprechende Wohnung nach den Mietspiegelkriterien überhaupt nicht anwendbar ist. Möglich ist zum Beispiel, dass ein Mietspiegel auf Einfamilienhäuser, Untermietwohnungen oder Wohnungen, deren Wohnfläche eine bestimmte Größe überschreitet, nicht anwendbar ist. Nie ist ein Mietspiegel auf **preisgebundene Wohnungen** anwendbar.

156 Die Angaben für die Wohnung, die nach § 558a Abs. 3 BGB aus dem Mietspiegel mitgeteilt werden müssen, müssen so ausführlich dargestellt sein, wie wenn das Mieterhöhungsverlangen ausschließlich auf den qualifizierten Mietspiegel gestützt worden wäre.

[141] NZM 2002, 904.
[142] LG München I 5.3.2003.

Die Angaben der Werte des Mietspiegels bedeutet nicht, dass der Vermieter im Erhöhungsverlangen an die Vergleichsmiete, die sich aus dem Mietspiegel ergibt, gebunden wäre. Er kann über Vergleichswohnungen oder ein Sachverständigengutachten auch eine höhere Mieterhöhung begründen. 157

Bestehen Zweifel darüber, ob der Mietspiegel formal die Qualifizierungseigenschaft aufweist, so trifft im **Zulässigkeitsverfahren** dem Vermieter die Beweislast, dass der Mietspiegel qualifiziert ist.[143] Er muss also die Vermutung des § 558d Abs. 3 BGB widerlegen. Wird in einem derartigen Fall ein gerichtliches Sachverständigengutachten in einem Einzelverfahren erholt, dürfte die Frage für die Zukunft als gerichtsbekannt behandelt werden. Allerdings muss derjenige, der die Eigenschaft als qualifizierter Mietspiegel bestreitet, sich eingehend mit der **Mietspiegeldokumentation** auseinandersetzen.[144] 158

Erhebt der Mieter qualifizierte Einwendungen insoweit, dass er geltend macht, dass die Voraussetzungen des § 558d BGB nicht vorliegen, ist diesen bereits bei der Prüfung durch das Gericht nachzugehen, ob die Voraussetzungen der Vermutungswirkung überhaupt vorliegen.[145] 159

Soweit es um die Anwendung eines Mietspiegels durch das Gericht im Mieterhöhungsprozess geht, müssen die Anknüpfungstatsachen, nämlich die Einordnung der Wohnung in den Mietspiegel feststehen. Dies gilt insbesondere hinsichtlich der Ausstattung der Wohnung, die sich in Zuschlägen und Abschlägen nach den Kriterien des Mietspiegels niederschlägt. Wenn diese Feststellungen nicht eindeutig getroffen werden, stellt sich die Frage, ob die Anwendung des Mietspiegels mangels Anknüpfungstatsachen unterbleiben muss. 160

Nach neuerer Auffassung des LG Berlin[146] ist es auch bei Bestehen eines qualifizierten Mietspiegels für das Gericht nicht ausgeschlossen, ein Sachverständigengutachten zur ortsüblichen Vergleichsmiete einzuholen. Dieses sei einem Mietspiegel vorzuziehen, da es speziell auf das streitgegenständliche Objekt abgestimmt sei. Das Gericht werde durch § 558d BGB in der freien Beweiswürdigung nicht eingeschränkt. 161

g) Bezugnahme auf ein Sachverständigengutachten

aa) Die Person des Sachverständigen

Der Sachverständige, der das Parteigutachten zur Begründung des Mieterhöhungsverlangen erstellt, muss gerade für den Wohnungsmarkt öffentlich bestellt und vereidigt sein, § 558a Abs. 2 Nr. 3 BGB. Gutachten 162

143 Börstinghaus NZM 2002, 273, BGH NZM 2013, 139.
144 BGH NZM 2013, 139.
145 BGH NZM 2014, 24.
146 GE 2004, 180.

anderer Stellen oder nicht öffentlich bestellter und vereidigter Sachverständiger genügen nicht dem **Begründungszwang.** Nicht dürfte auch das Gutachten einer Universität oder eines wirtschaftswissenschaftlichen Instituts ausreichend sein, auch wenn es entsprechend fundiert ist.[147] Zur Person des Sachverständigen gilt weiter, dass nicht ausreichend ist, wenn er für das Bauhandwerk und nicht Mietpreisbewertung bestellt ist.[148] Ausreichend ist aber, wenn der Sachverständige für Grundstücks- oder Gebäudeschätzungen bestellt und vereidigt ist.[149] Im Übrigen muss der Sachverständige nicht von derjenigen Industrie- und Handelskammer bestellt sein, in deren Bereich die Wohnung liegt, für die die Miete erhöht werden soll.[150] Nicht schadet es, wenn der Sachverständige, der für **Mietbewertung** bestellt ist, in dem zu beurteilenden Wohngebiet oder einer angrenzenden Gemeinde maßgeblich als Grundstücksmakler tätig ist.[151] Der Sachverständige kann deswegen nicht als ungeeignet oder befangen angesehen werden, es sei denn, er hat sich makelnd gerade mit der zu beurteilenden Wohnung oder Wohnanlage befasst.

163 Ist ein Mietspiegel in der Gemeinde vorhanden, kann der Sachverständige auch hierauf Bezug nehmen, wobei er als **neutraler Gutachter** grundsätzlich in der Wahl seines Vergleichsmaterials frei sein muss, wenn nur die gesetzlichen Anforderungen, dass das Gutachten „mit Gründen" versehen ist, § 558a Abs. 2 Nr. 3 BGB, eingehalten sind.

bb) Bezugnahme auf das Gutachten

164 Das Gutachten ist dem Erhöhungsverlangen im vollen Wortlaut beizufügen. Die Beifügung einer Ablichtung genügt.[152] Es genügt nicht, dass in dem Erhöhungsverlangen auf das Ergebnis des Gutachtens verwiesen und dem Mieter die Einsichtnahme in das Gutachten angeboten wird. Ebenso wenig genügt es, dass der Mieter nicht mit dem Erhöhungsverlangen, sondern danach von dem Inhalt des Gutachtens Kenntnis nehmen kann.[153] Die **Unwirksamkeit des Erhöhungsverlangens** wird durch Nachreichung des Gutachtens nicht geheilt, es muss ein neues Erhöhungsverlangen unter Beifügung des Gutachtens gestellt werden. Man wird davon ausgehen müssen, dass es sich hier nicht um einen Fall der Nachbesserung nach § 558b Abs. 3 Satz 1 BGB handelt. Fraglich ist die Auffassung des LG München II,[154] nach der das Gutachten dann nicht erneut in vollem Wortlaut beigefügt werden müsse, wenn es dem Mieter mit einem früheren Erhöhungsverlangen übersandt wurde und

[147] Sternel Mietrecht III Rn. 672.
[148] OLG Oldenburg ZMR 1981, 184.
[149] BGH NJW 1982, 1701.
[150] BayObLG ZMR 1987, 426.
[151] OLG Oldenburg WuM 1981, 150.
[152] LG Berlin ZMR 1985, 341.
[153] OLG Braunschweig WuM 1982, 272.
[154] WuM 1983, 147.

davon auszugehen sei, dass es der Mieter noch im Besitz habe. Ebenso fraglich ist, ob die Bezugnahme auf ein in einem anderen Verfahren eingeholtes **Gutachten** zulässig ist, soweit die Wohnungen ungefähr vergleichbar sind.[155]

Es ist nämlich davon auszugehen, dass **absolute Vergleichbarkeit** von Wohnungen nie gegeben ist. Nicht verwendbar ist ein veraltetes Gutachten (AG München[156] für ein Gutachten, dessen Stichtag 26 Monate zurück liegt, AG Schöneberg[157] bei einem Alter deutlich über einem Jahr). **165**

cc) Das Gutachten des Mieterhöhungsverlangens im Prozess

Das Gutachten ist lediglich ein Parteigutachten, mit dem der Vermieter seiner Rechtsbegründungspflicht genügt. Es unterliegt der freien Beweiswürdigung. Zu berücksichtigen ist auch, dass es sich in der Regel um ein generalisierendes Gutachten handelt, das nicht nur für eine einzelne Wohnung erstellt ist. Die Kosten eines Gutachtens, mit dem der Vermieter seiner Begründungspflicht im Mieterhöhungsverlangen genügt, sind auch bei Obsiegen des Vermieters nicht erstattungsfähig, da es sich um Kosten der dem Vermieter obliegenden Rechtsbegründungspflicht handelt.[158] **166**

dd) Form und Inhalt des Gutachtens

Das Gutachten muss schriftlich vorliegen und mit Gründen versehen sein. Es muss erkennen lassen, dass dem Gutachter die ortsübliche Vergleichsmiete als Maßstab zugrunde gelegt worden ist.[159] Zeitpunkt der Wertermittlung ist der Zugang des Mieterhöhungsverlangens. Nach § 558 Abs. 2 Satz 1 BGB sind nur in den letzten vier Jahren vor Zugang des Erhöhungsverlangens vereinbarte oder geänderte Mieten heranzuziehen. **167**

Es ist nicht erforderlich, dass der Sachverständige einzelne vergleichbare Wohnungen konkret benennt, wenn er sich bei der Mietpreisermittlung auf ihm bekannte Vergleichswohnungen bezieht.[160] Der Sachverständige muss ausführen, dass ihm aus seiner beruflichen Tätigkeit **ausreichend viele Vergleichswohnungen** in dem örtlichen Bereich bekannt sind.[161] **168**

Nicht ist das Gutachten ausreichend begründet, wenn sowohl keine konkreten Vergleichswohnungen benannt sind, als auch nicht zu erkennen ist, dass dem Sachverständigen Vergleichswohnungen in hinrei- **169**

---

155 LG München I WuM 1986, 223.
156 NZM 2002, 822.
157 GE 2006, 725.
158 LG Heidelberg WuM 1980, 32.
159 LG Hof WuM 1977, 232.
160 OLG Oldenburg WuM 1981, 150.
161 OLG Karlsruhe ZMR 1983, 243.

chender Zahl bekannt sind, in deren Gefüge die Wohnung eingeordnet wurde.[162] Tatsächliche Angaben über die für vergleichbar erklärten Mietobjekte müssen nicht im Gutachten enthalten sein.[163] Der Sachverständige kann sich insoweit auf Datenschutz und seine berufliche Verschwiegenheitspflicht berufen.[164]

170 Ein Sachverständigengutachten ist nicht aus formellen Gründen unwirksam, wenn der Sachverständige die konkrete Wohnung, deren Miete erhöht werden soll, nicht besichtigt hat.[165] Möglich ist ein **generalisierendes oder Typengutachten,** das nicht nur für eine einzelne Wohnung erstellt worden ist. Bei Wohnanlagen genügt die Besichtigung einer Wohnung gleichen Typs, wie die gegenständliche.[166] Es kann auch die **Besichtigung** einer genügenden Anzahl anderer Wohnungen von nahezu gleicher Art, Größe, Ausstattung und Beschaffenheit innerhalb derselben Wohnanlage genügen.[167] Der BGH[168] hat entschieden, dass es genüge, wenn der Vermieter Wohnungen aus dem eigenen Bestand des Vermieters zu Grunde gelegt habe und die gegenständliche Wohnung nicht besichtigt habe.

h) Bezugnahme auf Vergleichswohnungen

aa) Grundsätze für die Benennung von Vergleichswohnungen

171 Nach § 558a Abs. 2 Nr. 4 BGB genügt die Benennung von drei Vergleichswohnungen. Die Zahl der Vergleichswohnungen ist nicht auf eine bestimmte Höchstzahl beschränkt.[169] Dieser Rechtsentscheid lässt allerdings die Frage ausdrücklich offen, ob eine Liste von Vergleichswohnungen deshalb ungeeignet sein kann und sie es dem Mieter unmöglich oder unzumutbar machen kann, die Berechtigung des Mieterhöhungsverlangen nachzuprüfen, wenn sie neben vergleichbaren auch eine nicht unerhebliche Anzahl von nach Überprüfung bereits als nicht vergleichbar erkannter Wohnungen enthält. Ansonsten gilt: Benennt der Vermieter über die drei erforderlichen Vergleichswohnungen hinaus weitere Wohnungen, die nicht vergleichbar sind, ist das **Erhöhungsverlangen** nicht unwirksam.[170]

172 Der Vermieter kann auch Wohnungen ausschließlich aus seinem eigenen Bestand heranziehen. Er muss also nicht auf Wohnungen anderer Vermieter Zugriff nehmen können. Die Wohnungen können sich in dem vom

[162] OLG Karlsruhe WuM 1983, 133.
[163] OLG Frankfurt am Main NJW 1981, 2820.
[164] AG Lübeck WuM 1989, 259.
[165] BGH NJW 2018, 2792 = NZM 2018, 742.
[166] OLG Oldenburg WuM 1981, 150.
[167] OLG Celle ZMR 1982, 341.
[168] BGH NZM 2010, 576.
[169] BayObLG ZMR 1992, 144.
[170] BGH NZM 2012, 415.

Mieter bewohnten Haus befinden und ebenfalls von demselben Vermieter vermietet worden sein.[171]

Gesetzgeberische Absicht war hier, die Begründung von Mieterhöhungen zu erleichtern. Insoweit wurde bewusst die Folge einer mangelnden Aussagekraft der Benennung von Vergleichswohnungen in Kauf genommen. Hinsichtlich der konkret bezeichneten Vergleichswohnungen gilt, dass die Namen der Mieter oder der Vermieter nicht mitgeteilt werden müssen, soweit die Vergleichswohnungen vom Mieter anderweitig identifiziert werden können.[172] Die Identifizierung muss aber anhand des **Mieterhöhungsverlangen** erfolgen können, ohne dass weitere Ermittlungen erforderlich sind.[173] **173**

Insofern ist mindestens notwendig die Angabe der Anschrift der Vergleichswohnungen mit Straße und Hausnummer, das Stockwerk, in dem sich die Wohnung befindet und die genaue Lagebezeichnung, soweit sich auf einem Stockwerk mehrere Wohnungen befinden (zB 1. OG rechts/ 1. OG links). Letzteres kann unterbleiben, wenn der **Name des Mieters** angegeben wird. Der Name des Vermieters genügt nicht, da anhand seines Namens die Wohnung nicht aufgefunden werden kann.[174] **174**

Auch hier gilt, dass dann, wenn eine Vergleichswohnung anhand der Angaben im Erhöhungsverlangen nicht auffindbar ist, dieses, wenn weniger als drei Vergleichswohnungen verbleiben, unwirksam ist.[175] Dies gilt auch, falls mittlerweile ein Mieterwechsel stattgefunden hat.[176] Dem Mieter darf nicht zugemutet werden, Erkenntnisse außerhalb des Mieterhöhungsschreibens heranzuziehen, um eine Vergleichswohnung zu identifizieren.[177] **175**

Die Angabe der Miete der Vergleichswohnungen kann entweder in Form der **Quadratmetermiete** mit Angabe der Gesamtgröße der Wohnung oder in Form des gesamten Mietpreises unter Angabe der Wohnungsgröße erfolgen. Die Miete der Vergleichswohnung muss zum Zeitpunkt des Zugangs des Erhöhungsverlangens bereits fällig sein.[178] Die Vergleichswohnungen müssen zum Zeitpunkt des Zugangs des Erhöhungsverlangens tatsächlich vermietet sein.[179] **176**

Die Mietstruktur muss bei Vergleichswohnungen grundsätzlich dieselbe sein, wie bei der Wohnung, deren Miete erhöht werden soll. Etwas anderes gilt nur dann, wenn eine Teilinklusiv- oder Bruttomiete erhöht **177**

---

[171] OLG Frankfurt WuM 1984, 123; OLG Karlsruhe WuM 1984, 188.
[172] BGH NJW 1982, 2867.
[173] BGH NZM 2003, 229.
[174] LG Berlin GE 1985, 1257.
[175] LG Kaiserslautern ZMR 1986, 363.
[176] AG Hannover WuM 1995, 397.
[177] AG Köln WuM 1994, 546.
[178] AG Hamburg WuM 1989, 306.
[179] LG Berlin WuM 2020, 795.

werden soll und Vergleichswohnungen benannt werden, die bereits eine höhere Nettomiete als die zu erhöhende aufweisen. Zumindest gewisse Angaben müssen zur **Art, Beschaffenheit, Lage und Ausstattung der Vergleichswohnungen** gemacht werden.[180] Grundsätzlich ist das **Baualter** der Vergleichswohnungen anzugeben. Was die Lage betrifft, sind Vergleichswohnungen in derselben Gemeinde grundsätzlich vergleichbar.[181]

178 Hinsichtlich der Größe der Vergleichswohnungen muss diese nur angegeben werden, wenn sich allein aus der Größenangabe in Verbindung mit dem Gesamtpreis der **Quadratmeterpreis der Vergleichswohnungen** errechnen lässt.[182] Das OLG Schleswig[183] vertritt die Auffassung, dass Flächenabweichungen in den Vergleichswohnungen von der gegenständlichen Wohnung nach oben oder unten nicht schaden. Andererseits ist nach § 558 Abs. 2 Satz 1 BGB die Größe ein Vergleichsmerkmal. Wohnungen, die erhebliche Größenunterschiede aufweisen, weichen auch vom Quadratmeterpreis her in der Regel stark voneinander ab. Dies gilt insbesondere dann, wenn die Miete bei einer großen Wohnung erhöht werden soll und als Vergleichsobjekte kleine Wohnungen benannt werden, da kleine Wohnungen durchschnittlich höhere Quadratmetermieten aufweisen als große. Die Rechtsprechung vertritt daher weitgehend den Standpunkt, dass der Vermieter bei sehr **erheblichen Größenunterschieden** seiner Begründungspflicht nicht mehr genügt.[184] Das AG Nürtingen[185] sieht Vergleichbarkeit bei Flächenabweichung von mehr als 25% nicht mehr als gegeben an. Vgl. auch AG Gronau:[186] Bei einer Größenabweichung von 32,4% liegt ein anderer Wohnungsteilmarkt vor.

bb) Die Vergleichbarkeit der Vergleichswohnungen

179 Hinsichtlich der Vergleichbarkeit der Vergleichswohnungen darf kein allzu strenger Maßstab angelegt werden. Das Schwergewicht des Mieterhöhungsverfahrens soll auf dem gerichtlichen Verfahren zur Feststellung der ortsüblichen Miete liegen. Der Gesetzgeber hat bewusst in Kauf genommen, dass die Frage der **Ortsüblichkeit** der verlangten Miete erst durch das damit befasste Gericht geprüft wird.[187]

Im Einzelnen gilt folgendes:

180 1. Vergleichswohnungen müssen grundsätzlich in derselben Gemeinde liegen. Die Benennung von Neubauwohnungen ist nicht zulässig, wenn die betroffene Wohnung eine Altbauwohnung ist und umgekehrt.

---

180 BGH ZMR 1983, 69.
181 BVerfG GE 1994, 211.
182 BayObLG ZMR 1982, 372.
183 WuM 1987, 140.
184 LG Köln WuM 1994, 691; LG Berlin ZMR 1995, 77.
185 WuM 2019, 648.
186 WuM 2021, 177.
187 BT-Drs. 9/2079.

2. Hinsichtlich Ausstattung und Lage schadet jedenfalls offensichtliche Unvergleichbarkeit. **181**

3. Wohnungen die gewerblich vermietet sind scheiden aus, wobei gewerblich vermietet auch Wohnungen sind, die von einem Zwischenvermieter gewerblich angemietet worden sind.[188] **182**

4. Nach BGH[189] können auch **preisgebundene Wohnungen** als Vergleichswohnungen benannt werden. **183**
   Wohnungen, die zur Zeit des Erhöhungsverlangens nicht vermietet sind, scheiden aus.[190]

5. Sind die Angaben hinsichtlich der Anschrift, der Lage im Haus oder der Miete unzutreffend, scheidet die betreffende Wohnung als Vergleichswohnung aus. **184**

6. Werden drei Vergleichswohnungen benannt, ist das Erhöhungsverlangen **nicht als Ganzes unwirksam,** wenn die Miete für eine dieser Wohnungen unter der verlangten Miete liegt, es sei denn die Miete dieser Wohnung liegt außer Verhältnis zur verlangten Miete. Das Mieterhöhungsverlangen ist aber insoweit unwirksam, als es die Miete der Wohnung überschreitet, die unter der verlangten Miete liegt.[191] Es ist also nicht ein Durchschnitt der Mietzinsbeträge aller benannten Wohnungen zu ermitteln. **185**

cc) Besichtigung der Vergleichswohnungen

Nicht kommt es darauf an, ob die Mieter von Wohnungen, die als Vergleichswohnungen benannt sind, die Besichtigung Ihrer Wohnung gestattet und/oder bereit sind, über die Wohnung Auskünfte zu erteilen.[192] Dies muss schon deshalb gelten, weil der Vermieter der Wohnung, deren Miete erhöht werden soll, die Besichtigung der von ihm benannten Vergleichswohnungen nicht erzwingen kann. **186**

i) Andere Begründungsmöglichkeiten

Das Gesetz lässt durch die Formulierung „insbesondere“ in § 558a Abs. 2 BGB die Möglichkeit zu, dass der Vermieter sein Erhöhungsverlangen auch in anderer Weise als die in § 558a Abs. 2 Nr. 1 bis 4 BGB aufgeführten Möglichkeiten begründen kann. Andere Beweismittel müssen aber gleichwertig sein, der Mieter muss in jedem Fall genügend Anhaltspunkte für eine Überprüfung des Erhöhungsverlangens haben können. **187**

In Betracht kommen: **188**
- Hinweis auf **Mietspiegel** vergleichbarer Gemeinden,

[188] AG München WuM 1992, 197.
[189] BGH WuM 2020, 86.
[190] LG Kiel WuM 1977, 36.
[191] OLG Karlsruhe WuM 1984, 21.
[192] OLG Schleswig NJW 1984, 245.

- ein über eine vergleichbare Wohnung erstelltes **Sachverständigengutachten,**
- ein Gerichtsurteil, dass die ortsübliche Vergleichsmiete für eine andere vergleichbare Wohnung in einer bestimmten Höhe festgestellt hat,
- Hinweise auf gemeindliche statistische Übersichten oder Gemeindegutachten.

189 Soweit es sich um Unterlagen handelt, die nicht allgemein bekannt gemacht sind, müssen sie dem Mieterhöhungsverlangen durch den Vermieter beigefügt werden. Die praktische Bedeutung anderer Begründungsmittel als der im Gesetz aufgeführten ist gering, zumal die Umstände, wann diese dem gesetzlichen Begründungszwang genügen, ungesichert sind.

7. Die Zustimmung des Mieters

a) Form der Zustimmung

190 Die Zustimmung des Mieters ist eine einseitige empfangsbedürftige Willenserklärung. Der Abänderungsvertrag hinsichtlich der erhöhten Miete kommt mit ihrem Zugang beim Vermieter zustande. Zwar ist die Zustimmung grundsätzlich nicht formbedürftig, doch dürfte bei Mietverträgen, die auf länger als ein Jahr im Sinne des § 550 BGB abgeschlossen worden sind gelten, dass die Zustimmungserklärung des Mieters der Schriftform bedarf, so dass hier auch eine konkludente Zustimmung durch Zahlung der erhöhten Miete nicht in Betracht kommt.[193]

191 Die erklärte Zustimmung kann grundsätzlich nicht widerrufen werden.[194] Eine im Mietvertrag vereinbarte Schriftformklausel führt nicht dazu, dass die Zustimmung nicht mehr konkludent erklärt werden kann.[195]

192 Gibt der Mieter innerhalb der Zustimmungsfrist keine Erklärung ab und zahlt die bisherige Miete weiter, gilt die Zustimmung als verweigert. Der Vermieter muss dann innerhalb der Klagefrist Klage auf Erteilung der Zustimmung erheben. Gibt der Mieter keine Erklärung ab, erteilt er aber auf das Mieterhöhungsverlangen hin seiner Bank den Auftrag, die neue Miete ab Fälligkeit zu überweisen, ist in diesem Verhalten eine **konkludente Zustimmung** zu sehen.[196]

193 Konkludente Zustimmung kommt auch in der Form in Betracht, dass der Mieter kommentarlos mehrere Monate lang die verlangte erhöhte Miete bezahlt. Eine konkludente Zustimmung kann jedoch noch nicht

[193] Schmidt-Futterer/Börstinghaus BGB § 558b Rn. 25.
[194] Vgl. hierzu BGH WuM 2018, 765.
[195] BGH WuM 2018, 151.
[196] LG Berlin WuM 1987, 266.

bei einmonatiger Zahlung des erhöhten Betrages angenommen werden, es sei denn, der Mieter hat ausdrücklich seiner Bank den Zahlungsauftrag erteilt.[197] Teilweise wird von konkludenter Zustimmung bereits schon bei zweimonatiger vorbehaltloser Zahlung ausgegangen,[198] teils bei dreimonatiger Zahlung,[199] teils erst bei viermonatiger Zahlung.[200]

Der BGH[201] weist darauf hin, dass eine konkludente Zustimmung zu einer Mieterhöhung auch im Falle eines unwirksamen Zustimmungsverlangens möglich sei (hier: Aufforderung einen Dauerauftrag zu ändern und anschließende Zahlung durch den Mieter). 194

Behauptet der Mieter, dass die Zahlung des erhöhten Betrages irrtümlich vorgenommen worden sei, ist er dann, wenn der Vermieter, der von Zustimmung ausgegangen ist, Zahlungsklage erhebt, hierfür beweispflichtig.[202] Wenn nur einer von mehreren Mietern einer Wohnung dem Erhöhungsverlangen zustimmt, gilt die Zustimmung insgesamt als versagt.[203] 195

b) Teilweise Zustimmung

Stimmt der Mieter der Mieterhöhung teilweise zu, sei es durch ausdrückliche Erklärung oder durch konkludente Zahlung eines erhöhten Mietzinses in Höhe eines Teils der geforderten Mieterhöhung, kommt unmittelbar ein Abänderungsvertrag in dieser Höhe zustande. Dies ergibt sich nunmehr auch aus der gesetzlichen Formulierung in § 558b Abs. 1 und Abs. 2 BGB. „Soweit der Mieter der Mieterhöhung zustimmt" bedeutet, dass die teilweise Zustimmung des Mieters abweichend von § 150 Abs. 2 BGB nicht als Ablehnung verbunden mit einem neuen Antrag anzusehen ist. 196

Grundsätzlich muss die Zustimmung des Mieters **vorbehaltlos** erfolgen. Keine Zustimmung ist gegeben, wenn der Mieter zum Beispiel unter dem Vorbehalt zustimmt, dass der Vermieter bestimmte Mängel in der Wohnung beheben lässt. Zulässig und wirksam ist jedoch die Zustimmung, die „ohne Anerkennung einer Rechtspflicht" als einzige Einschränkung erfolgt.[204] 197

Stimmt der Mieter auf einen späteren Zeitpunkt zu, als dem, der sich aus dem Zugang des Erhöhungsverlangens ergibt, kann dies eine Ablehnung des Antrags des Vermieters verbunden mit einem neuen 198

[197] So auch Schmidt-Futterer/Börstinghaus BGB § 558b Rn. 29.
[198] LG Berlin GE 1992, 207.
[199] AG Schöneberg GE 2000, 154.
[200] LG Hamburg ZMR 1980, 86.
[201] BGH WuM 2005, 518.
[202] LG München II WuM 1996, 624.
[203] AG Wiesbaden WuM 1992, 135.
[204] AG Heilbronn ZMR 1998, 17.

Angebot des Mieters sein. Will der Vermieter dieses Angebot nicht annehmen, sondern das Erhöhungsverlangen in der bisherigen Form durchsetzen, muss er die Klagefrist einhalten, sonst tritt erneut **die Jahressperrfrist** ein.[205] Hinsichtlich der Zustimmung kann der Mieter kein Zurückbehaltungsrecht wegen nicht behobener Mängel der Wohnung ausüben.[206]

c) Wirkung der erteilten Zustimmung

199 Der Mieter, der die Zustimmung erteilt hat, schuldet die erhöhte Miete vom Beginn des dritten Kalendermonats an, der auf den Zugang des Erhöhungsverlangens folgt, § 558b Abs. 1 BGB. Mit diesem Zeitpunkt wird die erhöhte Miete fällig. Dies gilt auch dann, wenn die Zustimmung des Mieters nach erfolgter Klage durch Gerichtsurteil ersetzt wird. Stimmt der Mieter dem Erhöhungsverlangen am letzten Tag der Überlegungsfrist zu, schuldet er die erhöhte Miete ab dem darauffolgenden Tag.

200 Wird die Zustimmung erst nach Ablauf der **Überlegungsfrist** erteilt, ist sie gleichwohl wirksam. Ist bereits Zustimmungsklage erhoben, erledigt sich hierdurch die Hauptsache im Sinne von § 91a ZPO. In diesem Fall sind nach billigem Ermessen dem Mieter die Verfahrenskosten aufzuerlegen. Zahlt der zur Zustimmung verurteilte Mieter die erhöhte Miete nicht, ist das Zustimmungsurteil **kein Vollstreckungstitel** hinsichtlich der erhöhten Miete. Der Vermieter muss insoweit gesondert Zahlungsklage erheben.

201 Nimmt der Vermieter im Rahmen des Mieterhöhungsverlangens eine Änderung der Mietstruktur gegenüber der im Vertrag vereinbarten Struktur der Miete vor, also zum Beispiel eine Umstellung von Teilinklusivmiete auf **Nettomiete** zuzüglich aller Betriebskosten, wird diese Vertragsänderung durch die Zustimmung des Mieters zum Mieterhöhungsverlangens nicht ohne weiteres Vertragsinhalt. Dies ist nur dann der Fall, wenn der Vermieter eindeutig ein Angebot auf Vertragsänderung hinsichtlich der Mietstruktur abgibt. Ist dies nicht der Fall, fehlt es seitens des Mieters am Rechtsbindungswillen hinsichtlich einer Vertragsänderung. Dies gilt sowohl für den Fall der ausdrücklichen Zustimmung zum Mieterhöhungsverlangen als auch hinsichtlich einer konkludenten Zustimmung durch Zahlung der erhöhten Miete. Nach der hier vertretenen Auffassung bedarf es daher auch nicht einer Anfechtung einer Willenserklärung des Mieters betreffend die Zustimmung zur Änderung der Mietstruktur. Vgl. hierzu auch → Rn. 71.

---

[205] LG Berlin GE 1996, 1551.

[206] LG Hamburg WuM 1991, 593; OLG Frankfurt WuM 1999, 629; LG Berlin GE 1999, 378.

8. Klage auf Erteilung der Zustimmung (Der Mieterhöhungsprozess)

a) Besondere Prozessvoraussetzungen der Klage

aa) Wirksames Erhöhungsverlangen

Neben der materiellen Wirkung als Angebot zum Abschluss eines Abänderungsvertrages ist das Erhöhungsverlangen besondere Prozessvoraussetzung für die Zustimmungsklage des Vermieters. Mit dem Zugang des Erhöhungsverlangens wird nicht nur die Überlegungsfrist des § 558b Abs. 2 BGB in Lauf gesetzt, sondern gleichzeitig der Ablauf der Frist bestimmt, innerhalb der der Vermieter Klage erheben muss. Die **Zustimmungsklage** muss bis zum Ablauf von fünf Monaten nach Zugang des Erhöhungsverlangens erhoben sein, § 558b Abs. 2 Satz 2 BGB. **202**

Ein Erhöhungsverlangen, das dem Mieter zugegangen ist, kann ohne weiteres wieder zurückgenommen werden.[207] Die Rücknahme des Erhöhungsverlangens kann als **Klagerücknahme** auch erst im Prozess erfolgen. Auch eine Teilrücknahme des Erhöhungsverlangens ist möglich, ohne dass hierdurch eine neue Überlegungsfrist in Gang gesetzt wird. Ausgeschlossen ist eine nachträgliche Erhöhung des Mieterhöhungsverlangens. Will der Vermieter das Mieterhöhungsverlangen erhöhen, muss er dies in Form eines neuen Erhöhungsverlangens vornehmen, die Überlegungsfrist ist erneut einzuhalten.[208] **203**

bb) Einhaltung der Zustimmungsfrist

Die Einhaltung der Zustimmungsfrist ist weitere besondere Prozessvoraussetzung für die Zustimmungsklage. Sowohl Überlegungs- als auch Klagefrist sind nicht disponibel, können also insbesondere nicht verkürzt werden.[209] Die gesetzliche Regelung über den Beginn und die Länge der Klagefrist gilt auch dann, wenn der Vermieter dem Mieter eine längere Überlegungsfrist einräumt, was zulässig ist.[210] Erhebt der Vermieter vor **Ablauf** der Zustimmungsfrist Klage, ist diese nicht unwirksam, sondern wird zulässig, wenn die Zustimmungsfrist zur Zeit des letzten Verhandlungstermins abgelaufen ist.[211] Als **Ausnahme** gilt, dass dann, wenn der Mieter die Zustimmung endgültig und bestimmt ablehnt, der Vermieter bereits vor Ablauf der Zustimmungsfrist Zustimmungsklage einreichen kann.[212] **204**

---

[207] LG Braunschweig WuM 1981, 163.
[208] LG Stuttgart NJW 1974, 1252.
[209] LG München I WuM 1994, 384; AG Köln WuM 1997, 51.
[210] BGH NZM 2013, 853.
[211] KG ZMR 1981, 158.
[212] KG ZMR 1981, 158.

cc) Einhaltung der Klagefrist

205 Die Einhaltung der Klagefrist ist ebenfalls besondere Prozessvoraussetzung der **Zustimmungsklage.** Die Klagefrist beträgt nach § 558b Abs. 2 Satz 2 BGB drei Monate. Sie beginnt mit dem Ablauf der Zustimmungsfrist. Die Verlängerung der Klagefrist von zwei auf drei Monate durch das Mietrechtsreformgesetz soll den Parteien ausreichend Zeit für eine **außergerichtliche einvernehmliche Streitbeilegung** geben.

206 Bei der Klagefrist handelt es sich um eine Ausschlussfrist. Die Klagefrist kann eingehalten werden durch Einreichung der Klageschrift bei Gericht. Dies genügt nach Maßgabe des § 167 ZPO. Nicht erforderlich ist daher die Zustellung der Klage innerhalb der Klagefrist. Die Klagefrist kann auch durch Einreichung bei Gericht durch Telefax gewahrt werden.[213]

207 Eine wegen Ablauf der Klagefrist unzulässige Klage stellt kein neues Erhöhungsverlangen dar.[214] Auch gibt es **keine Wiedereinsetzung** in den vorigen Stand bei Versäumung der Klagefrist.[215] Es kann allerdings ohne Einhaltung einer erneuten Wartefrist sofort ein neues Erhöhungsverlangen gestellt werden. Dies gilt dann nicht, wenn der Mieter eine Teilzustimmung abgegeben hat. Hier tritt die Jahressperrfrist ab dem Zeitpunkt der Teilzustimmung ein.[216]

dd) Weitere prozessuale Fragen

(1) Verbundene Zustimmungs- und Zahlungsklage

208 Die Zustimmungsklage ist Klage auf Abgabe einer Willenserklärung. Nach einer vertretenen Auffassung kann sie nicht mit der Zahlungsklage verbunden werden, da es sich bei letzterer um eine Klage auf künftige Leistung handele, die nur nach § 259 ZPO zulässig sei. Leiste der Mieter nach der Verurteilung zur Zustimmung die erhöhte Miete nicht, müsse daher gesondert Zahlungsklage durch den Vermieter erhoben werden[217] (wonach Zustimmungs- und Zahlungsklage verbunden werden könnten. Der Zahlungsanspruch sei dann mit Ablauf der Zustimmungsfrist fällig, der Mieter schulde die erhöhte Miete aber erst mit Rechtskraft des Zustimmungsurteils. Entsprechend trage der Vermieter die **Verfahrenskosten,** wenn der Mieter nach einem ihn verurteilenden Zustimmungsurteil sofort anerkenne). Nach BGH[218] sei die verbundene Klage jedenfalls dann zulässig, wenn eine Verurteilung zur Zustimmung in erster Instanz vor der Berufungsverhandlung über die Zahlungsklage rechtskräftig geworden sei.

---

[213] Anders hierzu AG Sömmerda GE 2000, 15.
[214] LG Frankenthal WuM 1985, 318.
[215] LG Berlin GE 1996, 1549.
[216] LG Mannheim ZMR 1994, 516.
[217] Anders LG Duisburg NZM 1998, 764.
[218] BGH WuM 2005, 458.

Eine **Verjährung** rückständiger Erhöhungsbeträge nach Ablauf der dreijährigen Verjährungsfrist des § 195 BGB tritt bei längerer Dauer des Zustimmungsprozesses nicht ein, da die **Verjährungsfrist** erst mit Rechtskraft des Zustimmungsurteils beginnt. 209

(2) Prozessstandschaft im Zustimmungsprozess

Eine Prozessführung im eigenen Namen über ein fremdes Recht, die Zustimmung zu einer Mieterhöhung zu verlangen (Prozessstandschaft) muss im Zustimmungsprozess zur Mieterhöhung vor Ablauf der Klagefrist offengelegt werden. Die Klage ist sonst unzulässig.[219] 210

(3) Feststellungsklage statt Zustimmungsklage

Hinsichtlich einer Feststellungsklage, dass der Mieter die Zustimmung zu einer erhöhten Miete schulde, fehlt es am Feststellungsinteresse gemäß § 256 Abs. 1 ZPO. Es besteht der Vorrang der Leistungsklage. 211

(4) Nachholung eines Erhöhungsverlangens im Zustimmungsprozess

Nachholung oder Nachbesserung eines Erhöhungsverlangens ist zu unterscheiden von der Berichtigung offensichtlicher Schreib- und Rechenfehler, die ohne weiteres berichtigt werden können.[220] Was darüber hinaus geht, also zum Beispiel die Ergänzung und Berichtigung ungenügender Angaben über die **Vergleichswohnungen** stellt eine Nachbesserung des **Erhöhungsverlangens** dar, was erneut die Zustimmungsfrist auslöst. Der Vermieter kann nach der Neuregelung des § 558b Abs. 3 Satz 1 BGB wahlweise entweder im Rechtsstreit ein neues Erhöhungsverlangen abgeben oder Mängel des Erhöhungsverlangens beheben. Sollte das Erhöhungsverlangen überhaupt nicht in Form des § 558 BGB begründet worden sein, kommt nur die Abgabe eines neuen Erhöhungsverlangens in Betracht.[221] Nicht können die fehlenden Angaben zu Protokoll des Gerichts gegeben werden.[222] 212

Die einem Rechtsanwalt zur Verteidigung gegenüber einem Mieterhöhungsverlangen erteilte allgemeine Prozessvollmacht ermächtigt auch zur Entgegennahme eines während des Verfahrens abgegebenen weiteren Mieterhöhungsverlangens.[223] 213

Wird das Erhöhungsverlangen erst im Prozess nachgeholt oder nachgebessert und stimmt der Mieter nach Nachholung und Nachbesserung der Mieterhöhung zu, trägt der Vermieter nach § 91a ZPO die Kosten des Verfahrens, da der Mieter zur Klage keine Veranlassung gegeben hat. Dies ist auch dann der Fall, wenn der Mieter erst nach Ablauf der 214

[219] KG GE 1997, 110.
[220] Schmidt-Futterer/Börstinghaus BGB § 558b Rn. 163.
[221] LG Köln ZMR 1996, 384.
[222] AG Bad Urach WuM 1992, 255.
[223] BGH NZM 2003, 229.

im Prozess laufenden Zustimmungsfrist aber bis zur letzten mündlichen Verhandlung zugestimmt hat, §§ 91a, 93 ZPO.[224] Weder auf die Möglichkeit der **Nachholung** noch der **Nachbesserung** im Prozess muss das Gericht nach § 139 ZPO hinweisen, wohl aber auf die Mängel des Erhöhungsverlangens![225]

(5) Nachbesserung des Erhöhungsverlangens im Zustimmungsprozess

215 Die Möglichkeit, bei einem unzureichenden Erhöhungsverlangen nicht ein vollständiges neues Erhöhungsverlangen abzugeben, sondern das bisherige Erhöhungsverlangen um die fehlenden Angaben nachzubessern, sieht § 558b Abs. 3 Satz 1 BGB vor. Wie sich aus § 558b Abs. 3 Satz 2 BGB ergibt, muss auch in diesem Fall die Zustimmungsfrist eingehalten werden, es sei denn, es liegt eine endgültige Ablehnung der Zustimmung durch den Mieter vor. Ist die Zustimmungsfrist bei Schluss **der mündlichen Verhandlung** nicht abgelaufen, ist die Klage unzulässig.

216 Nachdem der materiellen Regelung über den Lauf der Zustimmungsfrist keine prozessuale Regelung über eine Aussetzung oder Vertagung entspricht, kommt eine Aussetzung der Verhandlung oder die Vertagung zur Herbeiführung der Prozessvoraussetzung der Zustimmungsfrist nicht in Betracht.[226] § 558b Abs. 3 Satz 2 BGB ist keine prozessuale Rechtsgrundlage für die Aussetzung oder Vertagung des Prozesses.[227]

217 Auch hier gilt aber, dass die Klage wie bei der vorzeitig erhobenen Zustimmungsklage zulässig wird, wenn der Mieter das nachgeholte Erhöhungsverlangen vor Ablauf der Zustimmungsfrist bestimmt und endgültig ablehnt.[228]

9. Gerichtliche Feststellung der ortsüblichen Vergleichsmiete

a) Vermutungswirkung eines qualifizierten Mietspiegels

218 Im Mieterhöhungsprozess stellt das Gericht grundsätzlich mit den Beweismitteln der Zivilprozessordnung die ortsübliche Vergleichsmiete unabhängig von den im Mieterhöhungsverlangen genannten Begründungsmitteln für die Mieterhöhung fest. Im Mieterhöhungsprozess stellt das Gericht grundsätzlich mit den Beweismitteln der Zivilprozessordnung die ortsübliche Vergleichsmiete unabhängig von den im Mieterhöhungsverlangen genannten Begründungsmitteln für die Mieterhöhung fest.[229]

---

[224] LG Augsburg WuM 1991, 597.
[225] Vgl. Hinz NZM 2002, 633 ff.
[226] AG Bad Homburg WuM 1985, 323; AG Bonn WuM 1999, 523.
[227] Ebenso Hinz NZM 2002, 636.
[228] OLG Celle WuM 1996, 20.
[229] BGH NZM 2013, 612.

Nachdem jedoch nach § 558d Abs. 3 BGB in den Fällen, in denen in einer Gemeinde ein qualifizierter Mietspiegel vorhanden ist, **vermutet** wird, dass die im qualifizierten Mietspiegel bezeichneten Entgelte die ortsübliche Vergleichsmiete wiedergeben, erscheint das Gericht insoweit hinsichtlich der Feststellung der ortsüblichen Vergleichsmiete beschränkt. Allerdings ist die Vermutung widerlegbar, der Beweis des Gegenteils nach § 292 ZPO möglich und die Vermutung gilt nur, wenn die §§ 558d Abs. 1 und Abs. 2 BGB über die Erstellung, Fortschreibung und Neuerstellung des Mietspiegels eingehalten worden sind. Das LG Berlin[230] ist darüber hinaus der Auffassung, dass das Gericht auch bei Vorliegen eines **qualifizierten Mietspiegels** ein Sachverständigengutachten zur ortsüblichen Vergleichsmiete einholen kann, das dann dem Mietspiegel als speziell auf das streitgegenständliche Objekt abgestimmt, vorzuziehen sei. So auch der BGH:[231] Ein angebotenes Sachverständigengutachten kann zur Bestimmung der ortsüblichen Vergleichsmiete erholt werden, auch wenn ein Mietspiegel vorliegt. **219**

Würden beide Parteien bezweifeln, dass der qualifizierte Mietspiegel nach anerkannten wissenschaftlichen Grundsätzen erstellt ist, könne ebenfalls ein Sachverständigengutachten durch das Gericht beauftragt werden.[232] **220**

Weist ein qualifizierter Mietspiegel Spannen aus und steht für die Einordnung in die Spannen eine Orientierungshilfe zur Verfügung, so kann unter ihrer Zuhilfenahme die Spanneneinordnung durch den Richter geschätzt werden, § 287 ZPO. Der Erholung eines Sachverständigengutachtens bedarf es insoweit nicht.[233] **221**

Der Mieter kann die Vermutung, dass die nach § 558d BGB bezeichneten Entgelte die ortsübliche Vergleichsmiete wiedergeben, gegebenenfalls durch ein Sachverständigengutachten entkräften, das generell oder im Einzelfall die Geeignetheit des qualifizierten Mietspiegels als Beweismittel verneint. Liegt ein derartiges Gutachten vor, kann die Tatsache, dass für einen konkreten qualifizierten Mietspiegel die Vermutungswirkung widerlegt ist, als gerichtsbekannt auch für weitere Fälle angesehen werden. **222**

Fraglich ist, ob Gutachten und Gerichtsentscheidungen, die Mietspiegel einer Gemeinde betreffen, die noch nicht als **qualifizierte Mietspiegel** erstellt oder als solche nachträglich bezeichnet worden sind, Schlüsse auf einen später erstellten qualifizierten Mietspiegel ermöglichen. Dies könnte dann der Fall sein, wenn es sich bei dem qualifizierten Mietspiegel lediglich um die Fortschreibung eines bereits nach den Grundsätzen eines qualifizierten Mietspiegels erstellten Mietspiegels handelt (vgl. zB **223**

[230] GE 2004, 180.
[231] BGH WuM 2021, 442.
[232] LG Berlin WuM 2016, 38.
[233] BGH NZM 2005, 498.

LG München I[234] zur fehlenden Eignung des Mietspiegels München 1999, Stand Januar 1998, als Beweis- und Erkenntnismittel im Mieterhöhungsprozess).[235]

224 Durch die Vermutungswirkung des § 558d Abs. 3 BGB rückt ein qualifizierter Mietspiegel in die Nähe einer Rechtsverordnung. Diese eingeschränkte Bindungswirkung für die Zivilgerichte macht den qualifizierten Mietspiegel auch verwaltungsgerichtlich nachprüfbar.[236] Darüber hinaus gelten folgende Grundsätze:

225 – ein für die Zeit nach Abgabe des Erhöhungsverlangens aufgestellter Mietspiegel kann nicht herangezogen werden, da verlässliche Kriterien für eine Rückrechnung auf den maßgeblichen Zeitpunkt fehlen.[237]

226 – Das Gericht kann wegen einer **Steigerung der Vergleichsmiete** zwischen der Datenerhebung zum Mietspiegel und dem Zugang des Erhöhungsverlangens (Stichtagsdifferenz) einen Zuschlag zu den Mietspiegelwerten vornehmen. Dieser Zuschlag muss begründet werden, eine pauschale Schätzung ist nicht zulässig.[238] Bei einer 10prozentigen Steigerung der ortsüblichen Vergleichsmiete im maßgeblichen Zeitraum soll nach LG Nürnberg[239] noch kein Zuschlag vorzunehmen sein.

227 – **Maßgeblicher Zeitpunkt** für die Feststellung der ortsüblichen Vergleichsmiete ist der Zugang des Erhöhungsverlangens, nicht der des Wirksamwerdens der Mieterhöhung.[240]

228 – Soweit es um die Anwendung eines Mietspiegels durch das Gericht im Mieterhöhungsprozess geht, müssen die Anknüpfungstatsachen, nämlich die Einordnung der Wohnung in den Mietspiegel feststehen. Dies gilt insbesondere hinsichtlich der Ausstattung der Wohnung, die sich in Zuschlägen und Abschlägen nach den Kriterien des Mietspiegels niederschlägt. Wenn diese Feststellungen nicht eindeutig getroffen werden, stellt sich die Frage, ob die Anwendung des Mietspiegels mangels Anknüpfungstatsachen unterbleiben muss. Nach BGH[241] kann auch ein einfacher Mietspiegel nach § 558c BGB alleinige Grundlage der Bestimmung der ortsüblichen Vergleichsmiete durch den Tatrichter sein, da er ein Indiz dafür ist, dass er die ortsübliche Vergleichsmiete zutreffend wiederzugeben.

[234] WuM 2002, 547.
[235] Auch Wetekamp NZM 2003, 184.
[236] Vgl. Loewe NZM 2000, 581 ff.; aA OVG Münster WuM 2006, 623.
[237] BVerfG NJW 1992, 1377.
[238] OLG Stuttgart WuM 1994, 58.
[239] WuM 2020, 29.
[240] BayObLG ZMR 1993, 11, BGH WuM 2021, 442.
[241] BGH NZM 2010, 665.

b) Beweiserhebung durch Sachverständigengutachten

Liegt ein qualifizierter Mietspiegel nicht vor oder stellt das Gericht aus anderen Gründen die ortsübliche Vergleichsmiete durch ein Sachverständigengutachten fest, gilt für die Person des Sachverständigen und seine Qualifizierung dasselbe wie bei § 558a Abs. 2 Nr. 3 BGB. Fraglich ist, inwieweit der Sachverständige die Befundtatsachen, die er seinem Gutachtensergebnis zugrunde legt, offen zu legen hat.[242] Allgemein genügt, wenn die Offenlegung in anonymisierter Form stattfindet.[243] Im Übrigen muss der Mieter die Richtigkeit der Befundgrundlagen des Sachverständigen mit konkreten Tatsachen bestreiten. Dies ist dann nicht ausschlaggebend, wenn aufgrund der Person des Sachverständigen bereits davon auszugehen ist, dass dessen Erfahrungswissen die Bedeutung der einzelnen konkreten Befundtatsachen erheblich überwiegt.[244] Das BVerfG[245] sieht das Erfordernis der Offenlegung nur dann als gegeben an, wenn der Beweiswert des Gutachtens durch den Mieter erheblich erschüttert wird, was zum Beispiel durch Benennung vergleichbarer Wohnungen mit wesentlich niedrigerem Mietzins, als der, der sich aus dem Gutachten ergibt, erschüttert wird. Vgl. im Übrigen zur Ermittlung der ortsüblichen Vergleichsmiete im Prozess durch einen Sachverständigen BGH.[246] 229

10. Kündigung des Mietverhältnisses wegen Mietrückständen

Nach dem Wortlaut des Gesetzes, kann der Vermieter wegen Zahlungsverzug nicht vor Ablauf von zwei Monaten nach der rechtskräftigen Verurteilung des Mieters zur Zahlung einer erhöhten Miete kündigen, § 569 Abs. 3 Nr. 3 BGB. In Hinblick auf § 558 BGB müsste dies Verurteilung zur Mieterhöhung bedeuten. Die Rechtsprechung ist bisher davon ausgegangen, dass es sich bei der gesetzlichen Formulierung, die von einer „Verurteilung zur Zahlung" spricht, um ein Redaktionsversehen handelt. Nachdem jedoch die fragliche Formulierung in die Neufassung der mietrechtlichen Vorschriften des BGB nach dem Mietrechtsreformgesetz Eingang gefunden hat, dürfte diese Auffassung nicht aufrechterhalten werden können. Nach BGH[247] soll allerdings die Kündigungssperre unabhängig davon bestehen, ob der Mieter rechtskräftig zur Zahlung oder zur Zustimmung verurteilt worden ist. 230

Eine fristlose Kündigung, die vor Ablauf von zwei Monaten nach der Verurteilung zur Zahlung erfolgt, ist nach § 134 BGB nichtig. Keine Anwendung findet § 569 Abs. 3 Nr. 3 BGB, wenn sich der Mieter bereits mit der nicht erhöhten Miete in Verzug befunden hat.[248] 231

[242] Vgl. BVerfG WuM 1994, 661.
[243] LG München I WuM 1996, 773.
[244] LG Mönchengladbach WuM 1995, 489.
[245] NJW 1997, 311.
[246] BGH WuM 2019, 324.
[247] BGH NZM 2005, 582.
[248] LG Berlin ZMR 1997, 143.

232 Haben sich Vermieter und Mieter in einem **Prozessvergleich** auf eine höhere Miete geeinigt, gilt die Zweimonatsfrist des § 569 Abs. 3 Nr. 3 BGB ebenfalls nicht. Grund hierfür ist, dass der Mieter sich bei Vergleichsabschluss auf die alsbaldige Nachzahlung einstellen konnte und diese zum Beispiel durch Vereinbarung von Ratenzahlung berücksichtigen konnte.[249] Vgl. zum Ganzen auch → Kap. 2 Rn. 230 ff. Zur Kündigung durch den Mieter bei einer Mieterhöhung nach § 561 BGB vgl. → Kap. 8 Rn. 374.

11. Der Berliner „Mietendeckel"

233 Das "Gesetz zur Mietenbegrenzung im Wohnungswesen in Berlin" wurde vom Berliner Abgeordnetenhaus am 30.1.2020 beschlossen. Die Berliner Mieten wurden dadurch auf dem Stand 18.6.2019 eingefroren. Ausgenommen waren die **Mieten für Sozialwohnungen** und ab dem 1.1.2014 bezugsfertig gewordene Neubauwohnungen. Erst ab Januar 2022 sollten wieder Mieterhöhungen um bis zu 1,3 % der Stichtagsmiete möglich sein. Neun Monate nach Inkrafttreten des Gesetzes sollte zudem eine Absenkung bestehender Mieten möglich sein. In Hinblick auf die Gesetzgebungskompetenz des Bundes im Mietrecht hat das BVerfG[250] den Berliner Mietendeckel wegen Verstoß gegen das Grundgesetz für nichtig erklärt."

VI. Praktische Hinweise und Verfahrensfragen

234 Angesichts der Unwägbarkeit des formalen einseitigen Mieterhöhungsverfahrens nach §§ 558 ff. BGB ist ein formloses Mieterhöhungsangebot durch den Vermieter in allen sinnvollen Fällen anzuraten. Durch die laufende Zustimmungsfrist für den Mieter und die anschließende Klagefrist für den Vermieter entsteht ein Klageautomatismus, der so vermieden werden kann. Erhebt der Vermieter nicht rechtzeitig Klage, verliert das Mieterhöhungsverlangen seine Wirkung. Für den Mieter kann die Annahme eines **formlosen Mieterhöhungsangebots** angesichts des Kostenrisikos sinnvoll sein, ebenso wie er ein formelles Mieterhöhungsverlangen des Vermieters daraufhin prüfen wird, ob die verlangte Mieterhöhung vertretbar ist.

235 **Zulässigkeitsprobleme** im formellen Mieterhöhungsverfahren treten gegenüber den Fragen der Begründetheit der Mieterhöhung in den Hintergrund. Andererseits sind auch im Zulässigkeitsverfahren gewisse Grundsätze durch den Vermieter zu beachten, so die Einhaltung der vereinbarten Mietstruktur, die zumindest in groben Zügen richtige Einordnung der Wohnung in einen Mietspiegel, die zutreffende Benennung von Vergleichswohnungen, die zumindest hinsichtlich ihrer Grundmerkmale vergleichbar und identifizierbar sein müssen.

---

[249] OLG Hamm WuM 1992, 54.
[250] BVerfG 25.3.2021 – 2 BvF 1/20; 2 BvF 4/20, 2 BvF 5/20.

Muster zu Kapitel 2

1. Auskunftsersuchen des Mieters bei Verstoß gegen Mietpreisbremse 236

Sehr geehrter Herr Hofer,

Wie Sie wissen, habe ich von Ihnen am … zu einem Mietpreis von 1000,– EUR netto eine Wohnung angemietet. Wie Sie wissen, findet im Bereich der Landeshauptstadt München die sogenannte Mietpreisbremse Anwendung. Dh, meine Miete darf nicht höher sein als die ortsübliche Vergleichsmiete zzgl. 10%. Nachdem mir nicht bekannt ist, wie Sie die ortsübliche Vergleichsmiete in meinem Fall bei der Neuvermietung berechnet haben, bitte ich hierüber um Auskunft. Gleichzeitig gebe ich Ihnen die durch mich nach dem qualifizierten Mietspiegel für München vorgenommene Berechnung bekannt. Wie Sie feststellen können, beträgt nach meiner Berechnung die ortsübliche Vergleichsmiete nur 750,– EUR. Dies ergibt eine höchstzulässige Nettomiete von 825,– EUR.

Ich bitte um Ihre Stellungnahme bis zum ….

Mit freundlichen Grüßen

237 2. Antwort des Vermieters auf Auskunftsersuchen des Mieters wegen Mietpreisbremse (Vormieter)

Sehr geehrte Familie Maier,

Ihr Schreiben vom … beantworte ich wie folgt:

Es ist richtig, dass in München die Mietpreisbremse (Gesetz zur Dämpfung des Mietanstiegs) zur Anwendung kommt. In Ihrem Fall gilt allerdings die Ausnahme, dass Sie nur die Miete bezahlen, die Ihr Vormieter bezahlt hat, § 556e BGB. Diese kann weiter verlangt werden. Zum Beweis dafür lege ich den letzten Kontoauszug vor, aus dem sich die Von dem Vormieter bezahlte Miete ergibt. Ein Betrag von 100,– EUR stellt die Nebenkostenvorauszahlung dar.

Ich hoffe, Ihnen mit dieser Auskunft gedient zu haben.

Mit freundlichen Grüßen

3. Antwort des Vermieters auf Auskunftsersuchen des Mieters wegen Mietpreisbremse (Berechnung der ortsüblichen Vergleichsmiete) 238

Sehr geehrte Familie Maier,

Ihr Schreiben vom ... beantworte ich wie folgt:

Es ist richtig, dass im Bereich der Stadt München die Mietpreisbremse Anwendung findet. Es darf insoweit tatsächlich bei einer Neuvermietung nur die ortsübliche Vergleichsmiete zzgl. 10% verlangt werden.

Die durch Sie vorgenommene Berechnung der ortsüblichen Vergleichsmiete ist jedoch aus folgenden Gründen unrichtig:

...

Sie sehen also, dass Sie tatsächlich nicht mehr als die ortsübliche Vergleichsmiete zzgl. 10% bezahlen.

Ich hoffe, Ihnen mit dieser Auskunft gedient zu haben.

Mit freundlichen Grüßen

239 4. Antwort des Vermieters auf Auskunftsersuchen des Mieters wegen Mietpreisbremse (umfassende Modernisierung)

Sehr geehrte Familie Maier,

Ihr Schreiben vom … beantworte ich wie folgt:

Es ist richtig, dass im Gebiet der Stadt München die Miete bei einer Neuvermietung grundsätzlich nicht höher sein darf als die ortsübliche Vergleichsmiete zzgl. 10%.

In Ihrem Fall verhält es sich allerdings so, dass die an Sie vermietete Wohnung, wie Sie selbst schon feststellen konnten, umfassend modernisiert worden ist. In diesem Fall gilt die Mietpreisbremse nicht, die Miete kann bei der Neuvermietung frei vereinbart werden, § 556f Nr. 2 BGB. Die Kosten der umfassenden Modernisierung haben, wie sie aus der beiliegenden Aufstellung entnehmen können, mehr als ein Drittel der Kosten, die für einen Neubau angefallen wären, ausgemacht.

Ich hoffe, Ihnen mit dieser Auskunft gedient zu haben.

Mit freundlichen Grüßen

5. Antwort des Vermieters auf Auskunftsersuchen des Mieters wegen Mietpreisbremse (Neubau) 240

Sehr geehrte Familie Maier,

Ihr Schreiben vom beantworte ich wie folgt:

Es ist richtig, dass im Bereich der Stadt München die Nettomiete bei Neuvermietung nicht mehr als 10% über der ortsüblichen Vergleichsmiete betragen darf. Dies gilt aber dann nicht, wenn es sich bei der vermieteten Wohnung um eine Neubauwohnung handelt, § 556f BGB. Das Gebäude, in dem sich die an Sie vermietete Wohnung befindet, ist am 1.12.2014 fertig gestellt worden. Nachdem der Stichtag für die Beurteilung als Neubau der 1.10.2014 ist, fällt das Gebäude unter die Neubauregelung.

Ich hoffe, Ihnen mit dieser Auskunft gedient zu haben.

Mit freundlichen Grüßen

241 6. Rückforderung des Mieters bei überzahlter Miete

Sehr geehrter Herr Hofer,

unter dem 1.7.2022 habe ich Sie hinsichtlich der zwischen uns vereinbarten Miete angeschrieben. Ich habe Ihnen mitgeteilt, dass die zwischen uns vereinbarte Nettomiete von 1000,– EUR überhöht ist. Die Mietvereinbarung ist unwirksam, soweit die von Ihnen verlangte Miete um mehr als 10% über der ortsüblichen Vergleichsmiete liegt. Ich habe Ihnen eine ausführliche Berechnung der zutreffenden Vergleichsmiete anhand des aktuellen Mietspiegels beigefügt. Hiernach beträgt die ortsübliche Miete 750,– EUR, die höchstzulässige Miete demnach 825,– EUR.

Ich fordere Sie auf, einen Betrag in Höhe von … an mich unverzüglich zurückzuzahlen. Der Betrag entspricht dem, was ich in der Zeit vom 1.8.2022 bis zum 1.10.2022 über die von mir berechnete ortsübliche Miete zzgl. 10% hinaus an Sie bezahlt habe.

Mit freundlichen Grüßen

7. Entgegnung des Vermieters auf Rückforderungsschreiben des Mieters 242

Sehr geehrte Familie Maier,

Ihr Schreiben habe ich erhalten.

Aus meiner Sicht steht Ihnen ein Rückforderungsanspruch wegen überzahlter Miete schon deshalb nicht zu, weil Ihnen zum einen – vorausgesetzt, dass ihre Mietspiegelberechnung zutrifft – bekannt war, dass die von mir verlangte Miete über der zulässigen Grenze lag, § 814 BGB. Zum anderen ergibt sich aus dem zwischen uns geschlossenen Mietvertrag, dass Sie mit der Mietvereinbarung einverstanden waren, § 817 S. 2 BGB, weshalb ein Rückforderungsanspruch ebenfalls ausgeschlossen ist.

Ich sehe daher Ihr Schreiben als gegenstandslos an.

Mit freundlichen Grüßen

243 8. Entgegnung des Mieters auf Zurückweisung des Rückforderungs.schreibens durch den Vermieter

Sehr geehrter Herr Hofer,

Ihr Schreiben vom … muss ich zurückweisen.

Wie Sie wissen müssten, sind durch das Gesetz zur Begrenzung des Mietanstiegs die Bereicherungsvorschriften des BGB abgeändert worden. Dies gilt insbesondere für die §§ 814 und 817 BGB. Aus der Vorschrift des § 556g BGB ergibt sich, dass Sie sich als Vermieter nicht darauf berufen können, dass mir die von Ihnen verlangte überhöhte Miete bei Vertragsabschluss bekannt war. Genauso wenig können Sie sich darauf berufen, dass ich mit der von Ihnen verlangten Miete durch den Vertragsschluss einverstanden war.

Ich fordere Sie daher nochmals auf, die von mir im Schreiben vom … bezeichneten Beträge unverzüglich an mich zurückzuzahlen. Sollte dies bis zum … nicht erfolgt sein, wäre ich gezwungen, insoweit Klage zu erheben.

Mit freundlichen Grüßen

9. Formloses Angebot des Vermieters auf Erhöhung der Grundmiete mit Zustimmungserklärung 244

Zustimmung zur Mieterhöhung

Sehr verehrte Frau Maier, sehr geehrter Herr Maier,

die von Ihnen bezahlte Miete von € ... ist seit nunmehr drei Jahren unverändert. Von der Möglichkeit einer Mieterhöhung habe ich in diesem Zeitraum trotz erheblich gestiegener Bewirtschaftungskosten keinen Gebrauch gemacht.

Wie Sie wissen, besteht bei Ihrer Wohnung nach § 558 BGB die Möglichkeit, die Grundmiete innerhalb von drei Jahren um bis zu 20% zu erhöhen.

Ich bitte Sie nunmehr, einer Mieterhöhung um € ... zuzustimmen und statt einer bisher bezahlten Grundmiete von € ... ab dem 1.10.2022 eine solche von € ... bei unveränderten Nebenkosten zu bezahlen. Diese Mieterhöhung ist angemessen und bleibt unter der zulässigen Mieterhöhung auf die ortsübliche Vergleichsmiete erheblich zurück.

In der Anlage habe ich eine Zustimmungserklärung beigefügt, die ich Sie bis zum ... unterschrieben an mich zurückzusenden bitte. Sollte ich die Erklärung bis zu diesem Zeitpunkt nicht erhalten, gehe ich davon aus, dass Sie nicht einverstanden sind und werde das förmliche Mieterhöhungsverfahren durchführen. Ich bitte Sie zu bedenken, dass dieses Verfahrens mit erheblichen Sachverständigen- und Gerichtskosten verbunden ist, die gegebenenfalls auf Sie zukommen.

Auch im Interesse eines weiterhin guten Mietverhältnisses bitte ich Sie daher, meinem jetzigen Angebot zuzustimmen.

Mit freundlichen Grüßen

Zustimmungserklärung

Der zwischen Herrn Alfred Hofer, Königstr. 2, 80798 München und Familie Hans und Maria Maier, Schönstr. 20, 81354 München, bestehende Mietvertrag vom ... über die Wohnung Nr. 10 im Anwesen Schönstr. 20 wird dahin abgeändert, dass ab 1.10.2022 eine monatliche Grundmiete in Höhe von € ... gezahlt wird.

Hinsichtlich der anderen Regelungen, insbesondere über die zu zahlenden Nebenkosten verbleibt es bei den bisherigen vertraglichen Bestimmungen.

Unterschrift VermieterUnterschrift Mieter

245 10. Förmliches Mieterhöhungsverlangen – Vergleichswohnungen, bei Vorhandensein eines qualifizierten Mietspiegels

Mieterhöhung für die von Ihnen bewohnte Wohnung

Sehr verehrte Frau Maier, sehr geehrter Herr Maier,

unter Vollmachtsvorlage zeige ich an, dass ich Ihren Vermieter, Herrn Alfred Hofer anwaltlich vertrete.

Hinsichtlich Ihrer Wohnung ist die Erhöhung des monatlichen Grundmietzinses nach §§ 558 ff. BGB beabsichtigt.

Nach den gesetzlichen Bestimmungen ist der Vermieter berechtigt, die Zustimmung zur Erhöhung der Miete zu verlangen, wenn diese mindestens ein Jahr unverändert ist und der verlangte Mietzins die üblichen Entgelte nicht übersteigt, die in München für nicht preisgebundenen Wohnraum vergleichbarer Art, Größe, Ausstattung, Beschaffenheit und Lage gezahlt werden.

Die Miete für die von Ihnen bewohnte Wohnung ist seit über einem Jahr unverändert und entspricht nicht mehr den ortsüblichen Entgelten für vergleichbare Wohnungen.

Ich bitte Sie daher unter Vorlage der beigefügten Originalvollmacht unseres Mandanten und in dessen Namen und Auftrag um Zustimmung zu einer Erhöhung des monatlichen Mietzinses wie folgt:

Grundmiete bisher (qm × €) …

Grundmiete neu (qm × €) …

Nebenkosten und Garage wie bisher € …

Die Erhöhung der Grundmiete beträgt 20 % innerhalb von drei Jahren und übersteigt somit nicht die zulässige Kappungsgrenze (Anstiegsbegrenzung).

Zur Begründung des Mieterhöhungsverlangens nehme ich Bezug auf die in der Anlage beigefügte Übersicht vergleichbarer Wohnungen. Diese Übersicht ist Bestandteil dieses Schreibens.

Die Miete Ihrer Wohnung liegt unter dem für die vergleichbaren Wohnungen gezahlten Entgelte.

Zusätzlich verweise ich auf die diesem Schreiben beigefügte Berechnung der ortsüblichen Miete nach dem derzeit gültigen Mietspiegel für München 2021.

Für den Fall der Zustimmung bitte ich bis spätestens zum

30.9.2022

die beigefügte Zweitschrift dieses Schreibens von Ihnen beiden als Mieter unterschrieben an mich zurückzusenden.

Der neue Mietzins ist dann ab dem 1.10.2022 zu bezahlen.

Ich weise Sie darauf hin, dass bei nicht fristgerechtem Zugang dieser Zustimmungserklärung unser Mandant veranlasst ist, innerhalb von drei weiteren Monaten ab dem Ablauf der Zustimmungsfrist Klage auf Erteilung der Zustimmung einzureichen.

Mit freundlichen Grüßen

Rechtsanwalt

246 11. Zustimmungsklage des Vermieters

An das
Amtsgericht München

Klage

in Sachen

Alfred Hofer, Königstr. 2, 80798 München – Kläger –

Prozessbevollmächtigter: Rechtsanwalt Dr. Hans Schlau

gegen

Hans und Maria Maier, Schönstr. 20, 81354 München – Beklagte –

wegen Zustimmung zur Mieterhöhung

vorläufiger Streitwert: € … (verlangte Mieterhöhung × 12)
zeige ich an, dass der Kläger durch mich anwaltlich vertreten wird.
Namens und im Auftrag des Klägers erhebe ich

Klage

zum Amtsgericht München und bringe einen Gerichtskostenvorschuss in Höhe von € … zur Einzahlung.

Ich bitte baldmöglichst Termin zur mündlichen Verhandlung zu bestimmen in dem ich folgende Anträge stellen werde:

I. Die Beklagten werden verurteilt, einer Erhöhung des Mietzinses für die von Ihnen angemietete Wohnung Nr. 10, Schönstr. 20, 81354 München auf monatlich € … mit Wirkung ab 1.10.2022 zuzustimmen.
II. Die Beklagten tragen samtverbindlich die Kosten des Rechtsstreits.
III. Das Urteil ist vorläufig vollstreckbar.
IV. Für den Fall des schriftlichen Vorverfahrens beantrage ich weiter ein Versäumnisurteil ohne mündliche Verhandlung nach Maßgabe des Klageantrags zu erlassen, wenn die Beklagten nicht rechtzeitig anzeigen, dass sie sich gegen die Klage verteidigen wollen.

Weiter beantrage ich die Beklagten, falls sie den Klageanspruch anerkennen, ihrem Anerkenntnis gemäß zu verurteilen.

Weiter beantrage ich dem Prozessbevollmächtigten des Klägers den Zeitpunkt der Zustellung des Urteils zu bescheinigen.

Begründung:

Der Kläger ist Eigentümer und Vermieter des Anwesens Schönstr. 20 in München. Mit Mietvertrag vom … haben die Beklagten die Wohnung Nr. 10 in diesem Anwesen vom Kläger angemietet.

Beweis: Mietvertrag vom …

Mit Schreiben vom … wurden die Beklagten aufgefordert, einer Erhöhung der monatlichen Grundmiete von derzeit € … auf € … zuzüglich Nebenkosten wie bisher zuzustimmen.

Beweis: Mieterhöhungsverlangen vom …

Das Mieterhöhungsverlangen ging den Beklagten am … zu.

Beweis: Rückschein

Die von den Beklagten bezahlte Miete ist seit mehr als einem Jahr unverändert.

Beweis: Zeuge …

Dem Erhöhungsverlangen war als Anlage eine Übersicht mit drei Vergleichswohnungen beigefügt. Es handelt sich um Wohnungen, die in jeder Hinsicht mit der streitgegenständlichen Wohnung vergleichbar sind. Die verlangte Miete liegt unter der für jede dieser Vergleichswohnungen bezahlten Miete.

Weiter war als Anlage die Berechnung der ortsüblichen Miete nach dem qualifizierten Mietspiegel für München 2021 beigefügt. Die sich nach dem Mietspiegel errechnende Nettomiete liegt ebenfalls unter der verlangten Miete.

Die verlangte Miete entspricht den üblichen Entgelten, die in München für nicht preisgebundenen Wohnraum vergleichbarer Art, Größe, Ausstattung, Beschaffenheit und Lage gezahlt werden.

Beweis: Mietspiegel für München 2021
Sachverständigengutachten

Nachdem die Beklagten die Zustimmung zu dem Mieterhöhungsverlangen verweigert haben, war Klageerhebung geboten.

Mit freundlichen Grüßen

Rechtsanwalt

247 12. Klageerwiderung des Mieters nach Zustimmungsklage

In Sachen

Alfred Hofer, Königstr. 2, 80798 München – Kläger –

Prozessbevollmächtigter: Rechtsanwalt Dr. Hans Schlau

gegen

Hans und Maria Maier, Schönstr. 20, 81354 München – Beklagte –

Prozessbevollmächtigter: Der Unterfertigte

wegen Zustimmung zur Mieterhöhung

zeige ich an, dass ich die Beklagten vertrete.
Im Termin zur mündlichen Verhandlung werde ich folgende Anträge stellen:

I. Die Klage wird abgewiesen.
II. Der Kläger trägt die Kosten des Rechtsstreits.
III. Das Urteil ist vorläufig vollstreckbar.

Höchst vorsorglich wird Vollstreckungsschutz beantragt.

Begründung:

I.
Das Mieterhöhungsverlangen ist nicht zulässig.
Der Kläger verschweigt, dass die Grundmiete für die streitgegenständliche Wohnung vor 8 Monaten einvernehmlich um € 50,– angehoben wurde. Sie ist also nicht ein Jahr unverändert.
Beweis: Kontoauszüge, Parteivernehmung
Der Kläger hat Vergleichswohnungen nicht in ausreichender Zahl wirksam benannt:

1. Die mit der Anschrift Burgstr. 20 benannte Vergleichswohnung gibt es nicht, die Burgstraße hat nur 15 Hausnummern.
   Beweis: Augenschein
2. Die Wohnung Maxstr. 34, 2. Stock konnte durch meinen Mandanten nicht identifiziert werden. Im 2. Stock dieses Anwesens befinden sich drei Wohnungen. Der Kläger hat es unterlassen, die Vergleichswohnungen näher zu bezeichnen. Sie scheidet daher als Vergleichswohnung aus.
   Beweis: Vernehmung des Beklagten als Partei
   Augenschein

3. Die Wohnung Schönstr. 40 ist gewerblich vermietet, es befindet sich darin ein Immobilienbüro.
   Beweis: Herr Müller, Inhaber der Firma Immobilien-Express
4. Die Wohnung Maistr. 2 ist mit der streitgegenständlichen Wohnung in keiner Weise vergleichbar. Bei der Wohnung Maistr. 2 handelt es sich um einen Neubau aus dem Jahre 2002, während das streitgegenständliche Wohnanwesen im Jahre 1920 erbaut wurde.
   Beweis: Sachverständigengutachten
   Augenschein
   Es ergibt sich somit, dass der Kläger die Mindestzahl von drei Vergleichswohnungen nicht wirksam benannt hat, so dass das Erhöhungsverlangen bereits aus diesem Grunde unwirksam ist.
5. Die Einordnung in den Mietspiegel ist unzutreffend.
   Bereits der Grundpreis der Nettomiete trifft nicht zu, da die Wohnung nicht in die Tabelle Baujahr bis 1929, sondern Baujahr 1967–1977 eingeordnet worden ist.
   Außerdem ist kein Bad vorhanden. Der diesbezügliche Abschlag wurde nicht vorgenommen.

II.

Höchst vorsorglich wird vorgetragen, dass das Mieterhöhungsverlangen auch unbegründet ist. Die verlangte Miete entspricht nicht den üblichen Entgelten, die in München für vergleichbaren Wohnraum gezahlt werden.

Beweis: unter Verwahrung gegen die Beweislast
Qualifizierter Mietspiegel für München 2021
Sachverständigengutachten.

Die Klage ist daher insgesamt abzuweisen.

Mit freundlichen Grüßen

Rechtsanwalt

Kapitel 3. Die Mietkaution

I. Allgemeines

1. Bedeutung der Mietkaution als Sicherheitsleistung des Mieters

Angesichts der Möglichkeit erheblicher Forderungen aus dem Mietverhältnis ist ein **Sicherungsbedürfnis** des Vermieters von Wohnraum hinsichtlich seiner Ansprüche gegen den Mieter gegeben. Dieses Sicherungsbedürfnis kann sich zum Beispiel beziehen auf Ansprüche hinsichtlich rückständiger Mieten oder Schadensersatz wegen nicht durchgeführter Schönheitsreparaturen oder Beschädigungen. Durch die Sicherheitsleistung soll dem Vermieter die Möglichkeit gegeben werden, sich wegen seiner Forderungen zumindest vorläufig auf unproblematische Weise zu befriedigen. Im Rahmen des Wohnraummietverhältnisses ist zwischen den schutzwürdigen Interessen des Mieters und dem Sicherungsbedürfnis des Vermieters abzuwägen. 1

2. Bedeutung der Vorschrift des § 551 BGB

Die Vorgängervorschrift des jetzt geltenden § 551 BGB, § 550b BGB aF, wurde durch das Gesetz zur Erhöhung des Angebots an Mietwohnungen mit Wirkung ab 1.1.1983 in das BGB eingefügt. Zweck der Regelung sollte sein, die Stellung des Mieters hinsichtlich der Verzinsung der Kaution und der Anlage der Kaution im Falle der Insolvenz des Vermieters zu verbessern. Gleichzeitig sollte die zulässige Kaution der Höhe nach begrenzt werden.[1] 2

Die Änderungen, die das Gesetz durch das Mietrechtsreformgesetz mit Wirkung ab 1.9.2001 erfahren hat, betreffen die zulässige Höhe der Kaution, die Möglichkeit einer anderen Anlageform bei der vereinbarten Barkaution und die Frage der Verpflichtung des Erwerbers zur Rückgewähr der Kaution bei Veräußerung der Mieträume. Ob der Mieter überhaupt verpflichtet ist, eine Kaution zu leisten und in welcher Weise die Kaution geleistet wird, bleibt weiterhin den Abreden der Parteien überlassen. 3

3. Anwendungsbereich

Wie sich aus der Stellung der Vorschrift des § 551 BGB im Gesetzesabschnitt „Mietverhältnisse über Wohnraum" ergibt, ist die Vorschrift unmittelbar nur auf **Wohnraummietverhältnisse** anwendbar. § 578 BGB verweist hinsichtlich anderer Räume nicht auf die Bestimmung. Etwas 4

[1] BT-Drs. 9/2079.

anderes gilt hinsichtlich des neuen § 566a BGB, der die Behandlung der Kaution bei Veräußerung der Mietsache betrifft. Diese Bestimmung ist auch auf Nichtwohnräume anwendbar. Ist Wohnraum im Bereich des sozialen Wohnungsbaus vermietet, wird § 551 BGB nach § 9 Abs. 5 Wohnungsbindungsgesetz angewendet.

II. Die Sicherheitsleistung, § 551 Abs. 1 BGB

1. Art der Sicherheitsleistung

a) Barkaution und Verpfändung eines Sparbuchs

5 Die Barkaution ist nicht die einzige mögliche Form einer Sicherheitsleistung. Dies ergibt sich aus § 551 Abs. 2 BGB, der Sonderregelungen für den Fall trifft, dass die Sicherheit als Geldsumme bereit zu stellen ist. Neben der Sicherheitsleistung in Form der Barkaution kommt die Hinterlegung von Geld oder Wertpapieren bei einer Hinterlegungsstelle nach § 232 Abs. 1 BGB in Betracht, weiter die Kautionsbürgschaft oder die Verpfändung eines auf den Namen des Mieters lautenden Sparbuchs durch Übergabe an den Vermieter.

6 Die Regelungen über die **Höhe der Kaution** nach § 551 Abs. 1 BGB gelten für jede Form der Sicherheitsleistung. Es kommt in Betracht, dass Leistungen des Mieters, die der Vermieter verlangt, sich als Umgehung der Vorschrift des § 551 BGB darstellen und deshalb ganz oder teilweise als unwirksam bei Erbringung zurückverlangt werden können.

7 Eine **Pauschalzahlung** für die Nutzung einzelner Gegenstände unterfällt der Vorschrift des § 551 BGB. Unwirksam ist daher ein von vornherein vereinbarter Verfall von Teilen der Zahlung unter Berücksichtigung der Dauer des Mietverhältnisses.[2] Unwirksam ist eine Zahlung für die Abnutzung einer Tapete, die nicht rückzahlbar ist.[3] Hinsichtlich der Form der Kaution ist nicht zulässig die Leistung in Form einer Abtretung von Gehaltsansprüchen des Mieters an den Vermieter.[4]

8 Unwirksam ist eine Vereinbarung, dass eine Mietvorauszahlung oder ein Mieterdarlehen bei Beendigung des Mietverhältnisses als Kaution zu behandeln sei, da sie den Rückforderungsanspruch des Mieters beschränkt. Die Verpfändung des Sparbuchs an den Vermieter wird dadurch dokumentiert, dass das Sparbuch dem Vermieter übergeben wird. Der Besitz an dem Sparbuch ermöglicht dem Vermieter, dieses aufzulösen und die Kaution in Anspruch zu nehmen. Der Rückgewähranspruch des Mieters bei Beendigung des Mietverhältnisses geht dahin, dass die Herausgabe des Sparbuchs und die Erklärung des Vermieters verlangt

---

[2] AG Aachen WuM 1986, 336.
[3] AG Köln WuM 1991, 570.
[4] LG Lübeck WuM 1986, 14.

wird und dass auf das Pfandrecht an dem Sparbuch verzichtet wird.[5] Der Vermieter kann in diesem Fall die Herausgabe von der **Zug-um-Zug-Befriedigung** seiner Ansprüche abhängig machen.

b) Bürgschaft als Kaution

Eine Bürgschaft als Kaution kann zwischen den Parteien frei vereinbart 9
werden. Die ursprünglich im Gesetzentwurf zur Mietrechtsreform vorgesehene einseitige Ersetzungsbefugnis des Mieters, statt einer Barkaution eine Bürgschaft zu erbringen, ist nicht Gesetz geworden. Dies deshalb, weil die Bürgschaft, anders als die Barkaution, keine Zinsen erbringt. Auch für die Bürgschaft gilt, dass sie die zulässige Kautionshöhe im Sinne von § 551 Abs. 1 BGB nicht überschreiten darf. Lautet die Bürgschaft über einen höheren Betrag, so darf der Vermieter den Bürgen nur bis zur Höhe des dreifachen der bei Abschluss des Bürgschaftsvertrags maßgeblichen Nettomiete in Anspruch nehmen.[6] Es wird allerdings angenommen, dass die zulässige Höhe der Kaution in dem Fall überschritten werden darf, in dem zusätzlich zu einer in der zulässigen Höhe vereinbarten Kaution eine freiwillige Bürgschaft erbracht wird, die den Mieter wirtschaftlich nicht belastet. Beispielsfall ist hier die Hingabe einer Bürgschaft durch Eltern eines Studenten, die diesem die Anmietung einer Wohnung ermöglichen soll. Dem Vermieter soll hier eine zusätzliche Sicherheit erbracht werden angesichts der fehlenden finanziellen Leistungsfähigkeit seines Vertragspartners.

Grundsätzlich kommt nur die Bürgschaft eines Kreditinstituts in Be- 10
tracht, die ursprünglich erwogene Möglichkeit, dass der Mieter einen „tauglichen Bürgen" stellt (Referentenentwurf zum Mietrechtsreformgesetz) wurde wieder verworfen. Die Kosten, die das Kreditinstitut für die **Bürgenstellung** erhebt, hat der Mieter zu tragen. Wird die Bürgschaft durch den Vermieter in Anspruch genommen, belastet das Kreditinstitut in Höhe der Inanspruchnahme das Konto des Mieters.

Die Bürgschaft muss wie die Barkaution jedenfalls bei Beendigung des 11
Mietverhältnisses den uneingeschränkten Zugriff durch den Vermieter zur Befriedigung seiner Forderungen ermöglichen. Dazu ist es erforderlich, dass die Bürgschaftserklärung nicht die Einrede der Vorausklage und auch kein Widerrufsrecht des Kreditinstituts enthalten darf. Ebenfalls gilt, dass die Bürgschaft durch das Kreditinstitut nicht während des Mietverhältnisses ordentlich oder außerordentlich gekündigt werden darf. Dies kommt zum Beispiel bei erheblicher Vermögensverschlechterung des Schuldners (Mieters) in Betracht.[7] Eine Aufnahme in die Vereinbarung erschien insoweit nicht erforderlich, da das OLG Düsseldorf[8]

[5] LG Berlin NZM 1999, 1095.
[6] LG Hamburg WuM 1989, 138.
[7] OLG Düsseldorf NZM 1999, 620.
[8] ZMR 2000, 89.

jedenfalls annimmt, dass eine Kündigung der Bürgschaft durch den Bürgen in der Regel nur zu einem Zeitpunkt zulässig ist, zu dem der Vermieter das Mietverhältnis ordentlich kündigen kann, das heißt, dass der Bürge jedenfalls für die bis dahin angefallenen Verpflichtungen des Mieters haftet.

12 Alle Nachteile der Bürgschaft können auch durch Vereinbarungen, die die Zahlung auf erste Anforderung und den Verzicht auf Bedingungen bei der Bürgschaftsstellung nicht ausgeglichen werden. Dazu gehört, dass eine Aufrechnung des Vermieters gegenüber dem Anspruch des Mieters auf Herausgabe der Bürgschaftsurkunden naturgemäß nicht möglich ist. Ebenfalls greift der Vorteil des Vermieters, gegenüber dem **Kautionsrückzahlungsanspruch** auch mit einer verjährten Forderung aufrechnen zu können[9] bei der Bürgschaft nicht.

13 Die Bürgschaft kann durch den Vermieter höchstens bis zum Ablauf der üblichen Überlegungsfrist von sechs Monaten in Anspruch genommen werden.[10] Der Bürge hat die Einreden des Mieters gegenüber den geltend gemachten Ansprüchen, so die **Verjährungseinrede.** Die Anwendung des § 768 BGB wird durch § 215 BGB nicht gehindert, letztere Bestimmung ist nämlich nicht entsprechend anwendbar.[11]

14 Hinzuweisen ist ergänzend auf teilweise nicht der mietrechtlichen Rechtsprechung entsprechende Geschäftsbedingungen von Banken bei der Gewährung von Mietbürgschaften, die zum Beispiel die Bürgschaftshaftung auf einen Zeitraum von wenigen Wochen nach der Beendigung des Mietverhältnisses beschränken.

2. Höhe der Sicherheitsleistung

15 Die Kaution darf das Dreifache der auf einen Monat entfallenden Miete nicht übersteigen, § 551 Abs. 1 BGB. Ausgangspunkt ist die Monatsmiete zum Zeitpunkt der Kautionsvereinbarung. Dies gilt auch dann, wenn die Miete von Anfang des Mietverhältnisses an gemindert war. Auch hier gilt für die Kautionshöhe nicht die geminderte, sondern die vereinbarte Miete. Nur im Falle eines unbehebbaren Mangels (zB bei erheblicher Flächenabweichung) ist die geminderte Miete maßgeblich.[12]

16 Bei der Berechnung der zugrunde zulegenden Monatsmiete bleiben als Pauschale oder Vorauszahlung ausgewiesene Nebenkosten außer Betracht. Dies stellt insofern eine Änderung gegenüber der Regelung vor der Mietrechtsreform dar, als nach § 550b BGB aF als Pauschale ausgewiesene Nebenkosten der Miete zur Berechnung der Kaution zugerechnet werden konnten. Maßgebend ist der Mietpreis zur Zeit der **Kautionsvereinbarung.**

---

[9] BGH WuM 1987, 310.
[10] BGH NZM 1998, 224.
[11] OLG Hamm ZMR 1995, 255 – noch zu § 390 Satz 2 BGB aF.
[12] BGH WuM 2005, 573.

Der Vermieter kann während des laufenden Mietverhältnisses keine Aufstockung der Kaution aufgrund der gestiegenen Miethöhe oder der gestiegenen Kosten verlangen. Die Kautionshöhe verändert sich lediglich durch die zuwachsenden Zinsen nach § 551 Abs. 3 BGB. Natürlich kann, da zugunsten des Mieters, ein geringerer Kautionsbetrag als drei Monatsmieten vereinbart werden. 17

Im Falle der Übersicherung, also der Vereinbarung einer Kaution, die die zulässige Höhe nach § 551 Abs. 1 BGB übersteigt, tritt die teilweise Nichtigkeit der Kautionsvereinbarung ein, der Mieter bleibt aber zur Zahlung der Kaution in der gesetzlichen Höhe verpflichtet.[13] Dies gilt auch dann, wenn die Kaution nach der Vereinbarung teilweise als **Barkaution** und teilweise als Bürgschaft zu leisten ist. Der über die zulässige Höhe hinaus gehende Betrag kann nach §§ 134, 818 BGB zurückgefordert werden. Der diesbezügliche Anspruch des Mieters verjährt nach drei Jahren ab Ende des Jahres, in dem der Betrag gezahlt worden ist.[14] 18

Ist die Kaution als **Bürgschaft** geleistet worden, kann der Mieter verlangen, dass der Bürge nur in Höhe der zulässigen gesetzlichen Kaution in Anspruch genommen wird. Dieses Recht kann der Bürge selbst einredeweise geltend machen.[15] Dies gilt auch dann, wenn die Bürgschaftserklärung über einen höheren Betrag als die dreifache Nettomiete lautet.[16] 19

Als Ausnahme ist lediglich der Fall zu sehen, dass Dritte zugunsten des Mieters freiwillig eine Bürgschaft zusätzlich zu der durch den Mieter zu leistenden Kaution in Höhe von drei Nettomieten übernehmen, da hierdurch der Mieter nicht belastet wird.[17] 20

3. Fälligkeit der Sicherheitsleistung

a) Zahlung in drei Monatsraten, § 551 Abs. 2 BGB

Dem Mieter wird durch § 551 Abs. 2 BGB das Recht zugestanden, die Kaution, die als Geldsumme bereit zu stellen ist, in drei Raten aufzubringen. Diese Bestimmung ist nach § 551 Abs. 4 BGB nicht abdingbar. Der Mieter ist allerdings berechtigt, die Kaution, soweit dies freiwillig erfolgt, auch in einer Summe zu erbringen. Bei Ratenzahlung ist die erste Rate zu Beginn des Mietverhältnisses, was nicht mit dem Abschluss des Vertrages zusammenfallen muss, sondern in der Regel dem Zeitpunkt der Übergabe der Wohnung an den Mieter entspricht, zu leis- 21

[13] OLG Hamburg NZM 2001, 375.
[14] BGH NZM 2011, 625.
[15] BGH WuM 1989, 289.
[16] LG Hamburg WuM 1989, 138.
[17] BGH NZM 2013, 756 für den Fall einer zusätzlichen Bürgschaft des Bruders zur Abwehr einer Kündigung.

ten.[18] Die beiden folgenden Raten sind jeweils mit der zweiten und dritten Miete zu zahlen.

22 Im Falle einer Vereinbarung der Kaution während des laufenden Mietverhältnisses **ist die erste Rate sofort fällig,** die beiden folgenden Raten jeweils einen Monat später. Auch im Falle der Hinterlegung oder der Anlage eines Sparbuchs ist die Kaution als Geldsumme zu erbringen. Nicht besteht die Ratenzahlungsmöglichkeit für den Mieter, falls die Kaution als Bürgschaft zu erbringen ist.

23 Der Mieter kann nicht durch **Formularklausel** verpflichtet werden, die Kaution in einem Betrag zu bezahlen. Umstritten ist, welche Folge eine solche Vereinbarung hat. Vertreten wurde die Auffassung, dass der Mieter die in einer Summe geleistete Kaution nach § 812 BGB ohne weiteres zurückverlangen kann.[19] Bereits nach Ansicht des LG Lüneburg[20] sollte allerdings nur die Verpflichtung, die Kaution in einer Summe zu bezahlen, unwirksam sein.

24 Der BGH[21] hat im Sinne einer Teilunwirksamkeit der Kautionsabrede entschieden, dass nur die Fälligkeitsregelung unwirksam ist, die eine Ratenzahlung der Kaution ausschließt. Begründet wird die Entscheidung ua damit, dass der Vermieter die vorzeitige Zahlung der Kaution nicht erzwingen kann und dem Mieter jedenfalls der auch gerichtlich durchsetzbare Anspruch auf Überlassung der Wohnung zusteht. Dies soll jedenfalls dann gelten, wenn getrennte Vereinbarungen über Kautionszahlung und Ausschluss der **Ratenzahlung** gegeben sind[22] und sogar dann, wenn die Vereinbarung in einem Satz enthalten ist:[23] („Der Mieter zahlt bei Abschluss des Mietvertrages eine Kaution in Höhe von …").

25 Soweit noch ein Sicherungsinteresse des Vermieters besteht, kann die Kautionszahlung auch noch nach Beendigung des Mietverhältnisses verlangt werden.[24] Ein Anspruch auf Bürgschaft soll sich dann aber in einen Anspruch auf Zahlung einer Barkaution umwandeln.[25]

b) Beendigung des Mietverhältnisses vor Zahlung der Kaution

26 Hat der Vermieter während des weiter bestehenden Mietverhältnisses berechtigterweise die Kaution in Anspruch genommen, kann er ihre Auffüllung auf die ursprüngliche Höhe verlangen. Hat der Mieter die Kaution bei Beendigung des Mietverhältnisses noch nicht vollständig bezahlt, kann er dann die vollständige Zahlung und Auffüllung der Kau-

---

[18] LG Mannheim ZMR 1990, 18.
[19] AG Gießen WuM 2000, 247; LG München I WuM 2001, 280.
[20] ZMR 2000, 303.
[21] BGH NZM 2003, 754.
[22] BGH WuM 2004, 269.
[23] BGH WuM 2004, 147.
[24] LG Saarbrücken WuM 1996, 616.
[25] OLG Düsseldorf ZMR 2000, 452.

tion auf die geschuldete Höhe verlangen, wenn ihm aus dem beendeten Vertrag noch Ansprüche gegen den Mieter zustehen.[26]

4. Nichterfüllung der Kautionszahlungsverpflichtung

Zunächst kann der Vermieter im Falle der Barkaution ein Zurückbehaltungsrecht nach § 273 BGB an der Wohnung bis zur Leistung der ersten Kautionsrate geltend machen.[27] Im Falle der Bürgschaft kann Zug-um-Zug-Leistung, also Besitzverschaffung an den Mieträumen gegen Bestellung der Bürgschaft verlangt werden.[28] **27**

Leistet der Mieter die Kaution – gegebenenfalls auch in Form der Ratenzahlung nach § 551 Abs. 2 BGB – nicht, kann der Vermieter auf Zahlung der Kaution klagen. Dem Mieter steht gegenüber diesem Anspruch kein **Zurückbehaltungsrecht** wegen Mängeln der Mieträume zu.[29] Ebenso ist die Aufrechnung mit einer Gegenforderung ausgeschlossen.[30] **28**

Die fristlose Kündigung wegen Nichtzahlung der Kaution allein ist bei Wohnraummietverhältnissen nicht gerechtfertigt (anders für gewerbliche Mietverhältnisse),[31] bei Wohnraummietverhältnissen war diese Frage umstritten. Teilweise wurde sie generell verneint, teilweise wurde die Kündigungsvoraussetzung in gravierenden Fällen als gegeben angesehen. Nichtzahlung der Kaution stellt bei Wohnraummietverhältnissen aber einen Grund für die **ordentliche Kündigung** des Mietverhältnisses nach § 573 Abs. 2 Nr. 1 BGB dar (auch ohne Abmahnung).[32] **29**

Das Mietrechtsreformgesetz 2013 fügte einen neuen § 569 Abs. 2a BGB ein, der dem Vermieter von Wohnraum über die bestehenden Möglichkeiten hinaus das **Recht zur fristlosen Kündigung** ohne vorherige Abmahnung dann gibt, wenn der Mieter mit einem Kautionsbetrag in Verzug kommt, der zwei Nettomieten erreicht. Der Zweck der neuen Norm ist nach der Begründung zu dem Gesetzentwurf, Vermieter vor Mietern zu schützen, die sich bereits bei Mietbeginn ihren vertraglichen Zahlungsverpflichtungen entziehen. Um das **Sicherungsinteresse** des Vermieters zu verstärken, wurde auf eine vorherige Abmahnung verzichtet. **30**

Wegen des neuen Kündigungsgrundes nach § 569 Abs. 2a BGB war es erforderlich, den Fälligkeitszeitpunkt der zweiten und dritten Teilzahlung der Kaution zu bestimmen. § 551 Abs. 2 BGB wurde daher um folgenden Satz ergänzt: „Die weiteren Teilzahlungen werden zusammen mit den unmittelbar folgenden Mietzahlungen fällig." **31**

---

[26] LG Saarbrücken WuM 1996, 616.
[27] Blank/Börstinghaus/Blank/Börstinghaus BGB § 551 Rn. 25.
[28] KG GE 1999, 715.
[29] AG Köln WuM 1993, 605; OLG Düsseldorf ZMR 1998, 159.
[30] LG Hamburg WuM 1991, 586.
[31] OLG München ZMR 2000, 528.
[32] AG Berlin-Neukölln GE 2008, 1431.

32 Einen zeitlichen Abstand zwischen der ersten, der zweiten und der dritten Kautionsrate bestimmt das Gesetz nicht. Dieser kann je nach Vereinbarung der Parteien auch kürzer als ein Monat sein, zB wenn Beginn des Mietverhältnisses der 15. eines Monats ist und die Fälligkeit der zweiten Kautionsrate damit mit der nächsten Mietzahlung zum dritten Werktag des darauf folgenden Monats fällig ist.

33 Es kann natürlich auch ein größerer Abstand, jeweils unter Berücksichtigung der gesetzlichen Neuregelung bezüglich der Fälligkeit der weiteren Kautionsraten vereinbart werden. Die unveränderte Fälligkeit der ersten Kautionsrate soll dem Vermieter sein **Zurückbehaltungsrecht** hinsichtlich der Wohnung ermöglichen.

III. Anlageverpflichtung des Vermieters

1. Bedeutung der Regelung

34 Die Anlageverpflichtung des § 551 Abs. 3 BGB soll verhindern, dass der Vermieter die Barkaution mit seinem sonstigen Vermögen vermischt und der Mieter im Falle einer Vermögensverschlechterung des Vermieters oder der Insolvenz seine Kaution verliert. Außerdem soll durch die Anlageverpflichtung die Verzinsung der Kaution zugunsten des Mieters gesichert werden.

2. Art der Kautionsanlage

35 Ist die Kaution in Form einer Geldsumme zu leisten, hat der Vermieter diese bei einem Kreditinstitut auf einem Sonderkonto (Treuhandkonto) anzulegen. Hierbei muss es sich nicht um ein inländisches Kreditinstitut handeln, es genügt, wenn das Kreditinstitut im Bereich der Europäischen Gemeinschaft liegt. Die Anlage der Kaution erfolgt zweckmäßigerweise als **Treuhandkonto,** um die Trennung vom Vermögen des Vermieters zu dokumentieren.[33] Die Zusammenfassung mehrerer Kautionen auf einem Konto ist zulässig, soweit die gesonderte Behandlung der einzelnen Kaution nach wie vor gesichert ist.

36 Kann der Mieter die Kaution in Raten bezahlen, hat er ein Zurückbehaltungsrecht hinsichtlich weiterer Raten bis zum Nachweis der gesetzlichen Anlage der Kaution.[34] Nach Auffassung des LG Mannheim[35] soll insoweit auch ein Zurückbehaltungsrecht hinsichtlich der laufenden Miete bestehen. Dies soll bis zur Höhe des Kautionsbetrages möglich sein.[36]

---

[33] Grüneberg/Weidenkaff BGB § 551 Rn. 12.
[34] AG Ludwigshafen WuM 1992, 188.
[35] WuM 1990, 293.
[36] BGH WuM 2008, 149.

IV. Verzinsungspflicht

1. Verzinsung bei Altverträgen vor dem 1.1.1983

a) bei vertraglichem Ausschluss der Verzinsung

Nach herrschender Meinung ist der **formularvertragliche** Ausschluss der Kautionsverzinsung in Altverträgen, die vor dem 1.1.1983 abgeschlossen worden sind, nach § 307 BGB unwirksam.[37] Die Kaution ist also ab Vertragsschluss zu verzinsen, also auch für einen Zeitraum vor Inkrafttreten des früheren AGBG (§ 28 Abs. 2 AGBG). Individualvertraglich konnte die Kautionsverzinsung bei Altverträgen wirksam auch für den Zeitraum nach dem 1.1.1983 ausgeschlossen werden. Bei einem im Jahre 1966 abgeschlossenen Wohnraummietvertrag hat der BGH entschieden, dass der formularvertragliche Ausschluss der Kautionsverzinsung wirksam ist.[38] **37**

b) bei Nichtregelung der Verzinsung

Bei Altverträgen ohne Verzinsungsvereinbarung ist die Verzinsung auch für den Zeitraum vor dem 1.1.1983 vorzunehmen. Für den Zeitraum nach dem 1.1.1983 gilt die gesetzliche Regelung nach § 550b BGB aF, so dass hiernach bereits die Verzinsung vorzunehmen ist.[39] **38**

c) bei vertraglicher Vereinbarung der Verzinsung

Ist die Verzinsung vereinbart, gilt diese Vereinbarung auch dann, wenn höhere als die gesetzlichen Zinsen vereinbart sind. Niedrigere Zinsen sind nicht zulässig. Die Zinsen stehen nach § 551 Abs. 3 Satz 3 BGB dem Mieter zu. **39**

2. Verzinsung bei Mietverträgen nach dem 1.1.1983

Für Mietverträge, die nach dem 1.1.1983 abgeschlossen wurden, ist die Verzinsung nach dem früheren § 550b BGB und dem jetzigen § 551 Abs. 3 Satz 1 BGB zwingend vorgeschrieben. Nach § 551 Abs. 4 BGB ist eine zum **Nachteil des Mieters** abweichende Vereinbarung unwirksam. Dies wäre zB im Falle eines Ausschlusses der Verzinsung oder im Falle einer Verzinsung zu einem niedrigeren Zinssatz als dem für Spareinlagen mit dreimonatiger Kündigungsfrist gegeben. **40**

---

[37] LG München I WuM 1999, 515; LG Hamburg WuM 1996, 765.
[38] BGH WuM 2018, 752.
[39] BGH NJW 1982, 2186.

3. Die Zinshöhe

a) Grundsätzliches zur Zinshöhe

41 Die Auswahl des Kreditinstitutes, bei dem die Kaution angelegt wird, obliegt dem Vermieter. Insoweit sich ergebende Zinsdifferenzen wirken sich zugunsten oder zu Lasten des Mieters aus. Es ist also nicht so, dass ein **Durchschnittszins** festzustellen wäre.

42 Mehrere Kautionen können in einem Konto zusammengefasst werden.[40] Die Zinshöhe ergibt sich bei Einzelanlage aus den Gutschriften der Bank. Bei Sammelanlage muss der Zins für jede Kaution gesondert errechnet werden. Gewährt das Kreditinstitut eine Provision, steht diese dem Vermieter zu. Anstelle der Anlage der Kaution als **Sonderkonto,** soll der Vermieter auch eine die Zinsen umfassende Bankbürgschaft stellen können.[41]

b) Anlage der Kaution zu einem höheren Zinssatz

43 Die Parteien können vereinbaren, dass die Kaution höherverzinslich als zu der Zinshöhe, die für Spareinlagen mit dreimonatiger Kündigungsfrist erzielt wird, angelegt wird. Dies ist nicht zum Nachteil des Mieters im Sinne von § 551 Abs. 4 BGB. Nach § 551 Abs. 3 Satz 3 BGB stehen die Zinsen auch in diesem Falle in voller Höhe dem Mieter zu. Der Verstoß gegen § 551 Abs. 3 Satz 1 BGB, der in der höherverzinslichen Anlage der Kaution liegt, bleibt folgenlos, da er nicht zum Nachteil des Mieters ist.

c) Anlage der Kaution zu einem niedrigeren Zinssatz

44 Legt der Vermieter die Kaution zu niedrigeren Zinsen an, als dies im Gesetz vorgesehen ist, schuldet er dem Mieter als Schadensersatz wegen Verstoß gegen die zwingende gesetzliche Vorschrift des § 551 Abs. 3 Satz 1 BGB und Pflichtverletzung des Mietvertrags Zinsen in Höhe der Sparzinsen für Spareinlagen mit dreimonatiger Kündigungsfrist.

d) Schuldhafte Nichtziehung von Zinsen

45 Auch hier gilt, dass der Vermieter Schadensersatz schuldet. Er hat in diesem Fall den gesamten gesetzlichen Zinsbetrag als Schadensersatz zu erbringen.

e) Nebenkosten und Nebenvergütungen

46 Gebühren und Kosten, die mit der Anlage der Kaution verbunden sind, muss der Vermieter nicht tragen. Er kann sie vom Zinsertrag abziehen.

[40] Grüneberg/Weidenkaff BGB § 551 Rn. 12.
[41] Grüneberg/Weidenkaff BGB § 551 Rn. 12.

Soweit die Bank im Zusammenhang mit der Kautionsanlage eine Provision bezahlt, steht diese dem Vermieter zu, da es sich hier nicht um Zinsen handelt.

4. Abrechnung der Zinsen

Nach § 551 Abs. 3 Satz 4 BGB erhöhen die Zinsen die Sicherheit. Sie werden erst zusammen mit der Kaution fällig. Eine frühere Auszahlung kann der Mieter nicht verlangen. Bei **Fälligkeit der Kaution** hat der Vermieter auch über die Zinsen abzurechnen. Er hat die Zinshöhe gegebenenfalls mit Hilfe des Kreditinstituts zu ermitteln und die sich so ergebenden Zinsbeträge in der Abrechnung auszuweisen. Zinseszinsen stehen dem Mieter zu. Das Zinseszinsverbot des § 248 Abs. 1 BGB gilt wegen § 248 Abs. 2 BGB nicht. **47**

5. Mietkaution und Zinsabschlagssteuer

Die Neuregelung der Zinsbesteuerung wurde in Form eines pauschalen Zinsabschlags mit dem 1.1.1993 vorgenommen. Die einbehaltenen Zinsbeträge sind durch das Kreditinstitut unmittelbar an das Finanzamt abzuführen. Um in den Genuss der gesetzlich vorgesehenen Freibeträge zu kommen, muss gegenüber dem kontoführenden Kreditinstitut eine Freistellungserklärung abgegeben werden. Bis zur Höhe des Freibetrages werden die Zinsen dann voll ausbezahlt. Voraussetzung für die Befreiung vom Zinsabschlag ist, dass der Kontoinhaber identisch mit dem Gläubiger gegenüber dem Kreditinstitut sein muss. Bei Kaution ist jedoch häufig Kontoinhaber der Vermieter, die Zinsen stehen jedoch nach § 551 Abs. 3 Satz 3 BGB dem Mieter zu. Außerdem ist die Eigenschaft des Kautionskontos als **Treuhandkonto** der Bank oft nicht ohne weiteres ersichtlich. Für die Versteuerung der Zinsen ist maßgebend das Schreiben des Bundesministers der Finanzen vom 9.5.1994.[42] Dieses Schreiben tritt an Stelle des vorausgehenden Schreibens des Bundesministers der Finanzen vom 26.10.1992.[43] In dem Schreiben vom 9.5.1994 heißt es: **48**

„Werden die Mietkautionen mehrerer Mieter auf demselben Konto angelegt, ist der Vermieter als Vermögensverwalter im Sinne der Abgabenordnung verpflichtet, gegenüber dem für ihn zuständigen Finanzamt eine Erklärung zur einheitlichen und gesonderten Feststellung der **Einkünfte aus Kapitalvermögen** der Mieter (§ 180 Abgabenordnung) abzugeben. Sieht das Finanzamt nach § 180 Abs. 3 Satz 1 Nr. 2 Abgabenordnung von einer einheitlichen und gesonderten Feststellung der Einkünfte ab, kann es dies gegenüber dem Vermieter durch negativen Feststellungsbescheid feststellen. In diesem Fall hat der Vermieter dem Mieter eine Ablichtung des Bescheids und der Steuerbescheinigung des Kreditinstituts zur Verfügung zu stellen sowie den anteiligen Kapitalertrag und **49**

[42] IVB4-S 2252-276/94, NJW 1994, 2600.
[43] IVB4-S 2000-252/92, WuM 1993, 26.

den anteiligen Zinsabschlag mitzuteilen. Diese Unterlagen hat der Mieter seiner Einkommenssteuererklärung beizufügen."

50 Legt der Vermieter für jeden Mieter ein eigenes Kautionskonto an, muss er dem jeweiligen Mieter die Bescheinigung über die **Zinsabschlagssteuer** aushändigen. Dies erscheint als der einfachere Weg. Um die steuerlichen Nachteile auszugleichen, empfiehlt Beuermann[44] eine höher verzinsliche Anlage der Kautionen, wobei die Zinsen dem Mieter zustehen.

6. „Andere Anlageform"

51 Nach § 551 Abs. 3 Satz 2 BGB können die Vertragsparteien eine andere Anlageform vereinbaren. Dies kann gegebenenfalls auch während des laufenden Mietverhältnisses nachträglich erfolgen. Auch in diesem Fall muss die Anlage vom Vermögen des Vermieters getrennt erfolgen. Die Erträge stehen dem Mieter zu und erhöhen die Sicherheit. Andere Anlageformen sind nur solche, die grundsätzlich auch Erträge abwerfen können, so zB Zinsen oder Dividenden.[45] Damit scheidet die bloße Verwahrung der als **Sicherheit** überlassenen Geldsumme aus. Höhere Erträge einer erfolgten spekulativen Anlage der Kaution stehen nach § 551 Abs. 3 Satz 3 BGB dem Mieter zu. Dieser trägt aber auch das Risiko, dass Erträge ausbleiben oder sogar ein Verlust des Kapitals selbst eintritt. Der Mieter geht also auch ein Verlustrisiko ein, in dem er sein Kapital „aufs Spiel setzt". Für den Vermieter steht lediglich der Verlust der Sicherheit auf dem Spiel.

52 Die Regelung der „anderen Anlageform", die mit Wirkung ab 1.9.2001 durch das Mietrechtsreformgesetz 2001 erfolgt ist, ist umstritten. Sie dürfte dem Grundgedanken einer Sicherheitsleistung als treuhänderischer Anlage widersprechen. Die Kaution darf **kein Spekulationsobjekt** sein.[46] Es macht auch einen Unterschied, ob der Vermieter seine Sicherheit verliert, was nicht bedeutet, dass auch ein etwaiger Anspruch gegen den Mieter, der durch die Kaution abgesichert worden ist, ebenfalls verloren ginge oder ob der Mieter sein Kapital verliert.[47]

53 Ist die Vereinbarung über die Anlage der Kaution als „andere Anlageform" nicht genau bestimmt, ist es Sache des Vermieters, über die **Werthaltigkeit einer Anlage** zu entscheiden. Soweit der Vermieter über bessere Kenntnisse als der Mieter über den Charakter der Geldanlage und deren spekulativen Gehalt verfügt, trägt er insoweit auch die Verantwortung für die Geldanlage. Zugunsten des Mieters muss über den Anspruch darauf, ob die Anlage der Kaution in der vorgesehenen Form tatsächlich erfolgt ist, hinaus auch ein Anspruch auf Auskunft über die

[44] GE 1992, 894.
[45] BT-Drs. 17/5663, 165.
[46] Drasdo NZM 2000, 1112.
[47] Langenberg NZM 2001, 70.

Entwicklung einer spekulativen Anlage angenommen werden. Nachdem die spekulative Anlage der Kaution ein zweiseitiges Rechtsgeschäft ist, benötigt der Vermieter zur kurzfristigen Auflösung der Kautionsanlage die Mitwirkung des Mieters. Aufgrund der vertraglichen Bindung ist er am einseitigen Handeln gehindert.

Spekulative Anlagen der Kaution durch vertragliche Formularklausel **54** dürfte bereits an § 307 BGB scheitern. Auch, soweit die andere Anlage durch Individualvereinbarung erfolgt, setzt sich der Vermieter im Falle des schuldhaft risikoreichen Anlageverhaltens einem Anspruch des Mieters aus Pflichtverletzung des Mietvertrages aus. Der Vermieter trifft bei der Anlage einer Barkaution eine **Vermögensfürsorgeverpflichtung.**[48]

V. Behandlung der Kaution während des Mietverhältnisses

1. Ansprüche des Mieters während des Mietverhältnisses

a) Allgemeines

Während des Mietverhältnisses hat der Mieter einen aufschiebend be- **55** dingten Anspruch auf Rückzahlung der Kaution nebst Zinsen nach Vertragsende. Der Mieter ist während des Mietverhältnisses nicht berechtigt, mit seinem Rückzahlungsanspruch gegen Zahlungsansprüche des Vermieters aufzurechnen. Insbesondere darf er nicht die Zahlung der Miete unter Verweisung auf die Kaution einstellen.[49]

b) Ansprüche bei Vermögensverschlechterung des Vermieters

Nimmt der Mieter während des Mietverhältnisses eine Verschlechterung **56** der Vermögensverhältnisse des Vermieters wahr, muss er nicht tatenlos zusehen, wie gegebenenfalls die Kaution durch den in Zahlungsschwierigkeiten geratenen Vermieter trotz der Sicherung durch § 551 Abs. 3 BGB in Anspruch genommen wird und dann bei Beendigung des Mietverhältnisses nicht mehr zur Verfügung steht.

Unter Anwendung des § 321 BGB **(„Unsicherheitseinrede")** bedeutet **57** dies, dass der Mieter das Recht hat, vom Vermieter Sicherheit für den Anspruch auf Rückzahlung der Kaution zu verlangen.[50] Nach Auffassung von Derleder[51] und Sternel[52] hat der Mieter, der die **Kaution** noch nicht vollständig geleistet hat, bei Vermögensverschlechterung des Vermieters ein Zurückbehaltungsrecht hinsichtlich der Mietzahlungen.

48 BayObLG NZM 1998, 228.
49 AG Rastatt WuM 1989, 73.
50 Emmerich/Sonnenschein BGB § 550b Rn. 7.
51 WuM 1986, 41.
52 Sternel MietR 3. Aufl., II Rn. 120.

Dies bedeutet, dass der Vermieter mit einer etwaigen Mietzinszahlungsklage nur Zug um Zug gegen Sicherheitsleistung für die vom Mieter gezahlte Kaution durchdringt.[53] Dieses Zurückbehaltungsrecht soll der Mieter nach dieser Auffassung auch einem Anspruch des Vermieters auf Auffüllung einer teilweise während des Mietverhältnisses in Anspruch genommenen Kaution entgegensetzen können.

58 Nach Auffassung des AG Itzehoe[54] kann der Mieter, falls der Vermieter sich weigert, Maßnahmen zur Sicherheit des Kautionsrückzahlungsanspruchs zu treffen, den Kautionsbetrag zurückverlangen. Gegebenenfalls müsse der Vermieter beweisen, dass sich seine **Vermögensverhältnisse** wieder gefestigt haben, in diesem Fall müsse der Mieter die Kaution erneut leisten. Wird über das Vermögen des Vermieters die Zwangsverwaltung angeordnet, kann der Mieter die Übergabe der Kaution an den Zwangsverwalter verlangen.[55]

59 Man wird davon ausgehen müssen, dass dem Mieter im Falle der **Vermögensverschlechterung des Vermieters** jedenfalls ein **Mitverfügungsrecht** über die Kaution eingeräumt wird, um ihn vor einseitigen nachteiligen Verfügungen des Vermieters zu schützen. Hinsichtlich des Zeitpunkts, zu dem eine kritische, nämlich ein Mitverfügungsrecht des Mieters auslösende Vermögensverschlechterung des Vermieters eingetreten ist, ist der Mieter beweispflichtig.

c) Ansprüche bei Veräußerung des Grundstücks

60 Veräußert der Vermieter während des Mietverhältnisses die Mietwohnung bzw. das Grundstück, bestimmen sich die Rechte und Pflichten nach § 566a BGB. Diese Vorschrift ist auch auf gewerbliche Mietverhältnisse anwendbar. Der Mieter hat gegen seinen früheren Vermieter, den Veräußerer der Wohnung, einen Anspruch auf Aushändigung der Kaution an den Erwerber der Wohnung.[56] Sofern dem bisherigen Vermieter gegen den Mieter Ansprüche zustehen, die durch die Kaution gesichert sind, besteht dieser Anspruch auf Aushändigung nur in Höhe der verbleibenden Sicherheit.

61 Der Erwerber selbst hat ebenfalls gegen den bisherigen Vermieter einen Anspruch auf Auszahlung einer vom Mieter der vermieteten Wohnung geleisteten **Barkaution.** Gegen diese Forderung ist eine Aufrechnung mit einem Anspruch auf Zahlung des Restkaufpreises nicht möglich.[57]

62 Erlangt der Erwerber die Kaution nicht vom Veräußerer, hat er keinen Anspruch gegen den Mieter auf erneute Leistung der Kaution. Dies gilt

---

[53] Derleder WuM 1986, 41.
[54] WuM 1986, 63.
[55] LG Düsseldorf WuM 1992, 542.
[56] Emmerich/Sonnenschein BGB § 572 Rn. 3.
[57] OLG Frankfurt a. M. ZMR 1991, 340.

auch dann, wenn dem Veräußerer die Herausgabe der Kaution unmöglich geworden ist.[58] Ist allerdings an den Veräußerer die Kaution gar nicht geleistet worden, soll der **Leistungsanspruch** gegenüber dem Mieter entsprechend § 566a BGB auf den Erwerber übergehen.[59]

Nachdem der Erwerber nach § 566a Satz 1 BGB in die Rechte und Pflichten eintritt, die durch die Leistung der Kaution begründet wurden, bedeutet dies, dass der Mieter die Kaution auch dann, wenn der Erwerber sie nicht erhalten hat bzw. eine Pflicht zur Rückgewähr übernommen hat, sie in jedem Fall vom Erwerber zurückverlangen kann. Den Erwerber trifft also eine Garantiehaftung für die Rückzahlung der Kaution. Damit sollen Schwierigkeiten vermieden werden, die daraus entstehen, dass der Mieter seinen früheren Vermieter möglicherweise nicht mehr in Anspruch nehmen kann. Die Rückzahlungspflicht des Erwerbers erstreckt sich auch auf die Kautionszinsen im Falle der Barkaution. Die **Garantiehaftung** gilt auch zu Lasten des Zwangsverwalters einer Mietwohnung, der die Kaution nicht vom Vermieter erhalten hat, § 152 Abs. 2 ZVG.[60] **63**

Nicht besteht eine **Garantiehaftung** des Erwerbers, wenn der Erwerb des Grundstücks erst nach der Beendigung des Mietverhältnisses **und** dem Auszug des Mieters stattfindet. Der neue Eigentümer tritt hier nicht in die Rechte und Pflichten aus dem beendeten Mietverhältnis ein.[61] **64**

Nachdem eine Überleitungsvorschrift zu der durch das Mietrechtsreformgesetz 2001 mit Wirkung ab 1.9.2001 eingeführten Vorschrift fehlt, stellt sich die Frage, inwieweit die Garantiehaftung des Erwerbers **Rückwirkung** auf eine Zeit vor Inkrafttreten des Mietrechtsreformgesetzes haben kann. Nach richtiger Auffassung des AG Lichtenberg[62] kann § 566a BGB hinsichtlich der Haftung des Erwerbers für die vom Veräußerer geleistete Mietkaution nicht auf einen vor Inkrafttreten des Mietrechtsreformgesetzes gekündigten Mietvertrag angewendet werden. Dies folgt aus den Grundsätzen des Vertrauensschutzes und der Rechtssicherheit. Auch soll die Vorschrift auf Veräußerungsgeschäfte, die vor dem 1.9.2001 abgeschlossen worden sind, keine Anwendung finden.[63] **65**

Da Eintritt in die Rechte und Pflichten umfassende **Gesamtrechtsnachfolge** bedeutet, ist damit auch ein gesetzlicher Kontoinhaberwechsel hinsichtlich des vom früheren Vermieter angelegten Mietkautionskontos verbunden. Unter Umsetzung der Entscheidung des BGH[64] haftet nach § 566a Satz 2 BGB neben dem Erwerber der frühere Vermieter unein- **66**

[58] Grüneberg/Weidenkaff BGB § 566a Rn. 4.
[59] LG Kiel NZM 2013, 231.
[60] BGH WuM 2005, 460.
[61] BGH NZM 2007, 441.
[62] NZM 2002, 385.
[63] BGH WuM 2005, 460, Rn. 67.
[64] BGHZ 141, 166.

geschränkt fort, allerdings nur in Form einer **subsidiären Haftung.** Dies bedeutet, dass der Mieter zunächst den Erwerber in Anspruch nehmen und gegen diesen gegebenenfalls auch gerichtlich vorgehen muss. Erst wenn dieses Vorgehen nicht erfolgreich ist, kann der frühere Vermieter in Anspruch genommen werden.

2. Ansprüche des Vermieters während des bestehenden Mietverhältnisses

67 Während des bestehenden Mietverhältnisses kann der Vermieter sich mangels abweichender vertraglicher Vereinbarung wegen eigener Forderungen aus der Kaution im Wege der **Aufrechnung** befriedigen. Nach herrschender Meinung ist dies aber nur dann zulässig, wenn es sich um rechtskräftige, unstreitige oder offensichtlich begründete Forderungen des Vermieters handelt.[65] Die Aufrechnung mit einer bestrittenen Forderung ist deshalb nicht zulässig, weil dem die Kautionsabrede im Zweifel entgegensteht.[66]

68 Weiter kann der Vermieter die Auffüllung der ganz oder teilweise verbrauchten Kaution verlangen, damit sie wieder in voller Höhe zur Verfügung steht.[67]

VI. Die Mietkaution nach Beendigung des Mietverhältnisses

1. Rechte des Mieters

69 Nach Beendigung des Mietverhältnisses erhält der Mieter den Anspruch auf Rückzahlung einer Barkaution. Ist die Kaution als **Bürgschaft** geleistet, erhält der Mieter den Anspruch auf Rückgabe der Bürgschaftsurkunde an den Bürgen, ist sie in Form der Verpfändung eines Sparbuchs an den Vermieter geleistet, den Anspruch auf Herausgabe des Sparbuchs mit der Erklärung des Vermieters, dass auf das Pfandrecht an dem Sparbuch verzichtet werde.[68]

70 Der Anspruch des Mieters auf **Rückzahlung der Kaution** kann in der Regel nicht unmittelbar nach Beendigung des Mietverhältnisses geltend gemacht werden. Etwas anderes gilt bei entsprechender vertraglicher Vereinbarung oder dann, wenn offenkundig ist oder der Vermieter bestätigt, dass ihm keinerlei Ansprüche aus dem Mietverhältnis mehr zustehen. Ist dies nicht der Fall, muss dem Vermieter eine Prüfungs- und Überlegungspflicht eingeräumt werden.

---

[65] BGH NZM 2014, 551; LG Mannheim WuM 1996, 269; AG Wiesbaden WuM 1999, 397.

[66] Grüneberg/Weidenkaff Vor BGB § 535 Rn. 122.

[67] Grüneberg/Weidenkaff Vor BGB § 535 Rn. 123 verlangt insoweit eine besondere Vereinbarung.

[68] LG Berlin NZM 1999, 1095.

Fraglich ist, ob der Mieter die Rückzahlung eines vom Vermieter offensichtlich nicht benötigten Kautionsteilbetrages schon vor Ablauf der Überlegungsfrist verlangen kann, wenn der Mieter das Geld zur Anmietung von Ersatzräumen dringend benötigt.[69] Dem Problem dürfte keine größere praktische Bedeutung zukommen, da dann, wenn der Vermieter den beanspruchten Kautionsteilbetrag nicht freiwillig zurückbezahlt, während des anschließenden Prozesses die Überlegungsfrist abgelaufen sein dürfte. 71

Macht der Vermieter innerhalb der ihm zuzubilligenden Überlegungsfrist keine substantiierten Forderungen gegen den Mieter geltend und verzögert die Abrechnung der Kaution, wird der Anspruch des Mieters auf **Rückzahlung der Kaution** fällig. Er kann auch gegenüber Forderungen des Vermieters die Aufrechnung mit dem gezahlten Kautionsbetrag erklären. Dies gilt auch dann, wenn im Mietvertrag ein Aufrechnungsverbot vereinbart worden war.[70] 72

Zwar verjähren **Ersatzansprüche** des Vermieters wegen Veränderungen oder Verschlechterungen der vermieteten Sache in sechs Monaten nach Rückgabe der Mieträume gemäß § 548 BGB, doch kann damit lediglich Klageansprüchen des Vermieters die Einrede der Verjährung entgegengesetzt werden. Nicht ausgeschlossen ist die Aufrechnung mit entsprechenden Schadensersatzforderungen des Vermieters gegenüber dem Kautionsrückzahlungsanspruch des Mieters. Die Aufrechnung ist auch mit nach § 548 BGB verjährten Forderungen möglich, wenn der Vermieter die Kaution nicht innerhalb von sechs Monaten seit Beendigung des Mietverhältnisses abrechnet.[71] 73

Verzögert der Vermieter allerdings die Abrechnung der Kaution unangemessen, kann das Recht des Vermieters zur Aufrechnung gegenüber dem Kautionsrückzahlungsanspruch des Mieters auf jeden Fall verloren gehen. Dies kann zB dann gelten, wenn über dem Ablauf der Verjährungsfrist hinaus ein Zeitraum von mehr als einem Jahr verstrichen ist und ein Grund für die Nichtabrechnung der Kaution nicht ersichtlich ist.[72] Andererseits soll auch der Kautionsrückzahlungsanspruch des Mieters nach Ablauf von drei Jahren nach dem Auszug und der Einstellung von Auseinandersetzungen verwirken.[73] 74

2. Rechte und Pflichten des Vermieters

a) Abrechnungspflicht des Vermieters

Nachdem die Kaution eine treuhänderische Leistung des Mieters darstellt, ist nach Beendigung des Mietverhältnisses Rechnungslegung durch 75

[69] So Schopp ZMR 1969, 2.
[70] LG Mannheim WuM 1974, 202.
[71] BGH WuM 1987, 310.
[72] BGH WuM 1987, 310.
[73] AG Wiesbaden NZM 2005, 378.

den Vermieter erforderlich. Entsprechend der Sicherungsabrede dient die Kaution zur Sicherung von Ansprüchen des Vermieters zB auf **Schadensersatz** aus Forderungen wegen Beschädigungen oder nicht durchgeführter Schönheitsreparaturen, aus Mietzahlungsansprüchen oder Ansprüchen aus Nebenkostenabrechnungen.

76 Hier steht sich das Interesse des Mieters, möglichst bald über die Kaution verfügen zu können und das Interesse des Vermieters, zur Prüfung seiner Ansprüche eine gewisse Zeit zur Verfügung zu haben, gegenüber. Hinsichtlich von Forderungen des Vermieters, die nicht aus dem Mietverhältnis stammen, ist ein **stillschweigendes Aufrechnungsverbot** anzunehmen.[74]

b) Prüfungs- und Überlegungsfrist

77 Die Frage, welche Prüfungs- und Überlegungsfrist dem Vermieter nach Beendigung des Mietverhältnisses hinsichtlich der Prüfung seiner Ansprüche zusteht, ist nicht unstreitig. Es wurde vertreten, dass zwei Monate als Prüfungsfrist ausreichend seien,[75] wobei die Höhe der Vermieteransprüche gegebenenfalls durch Schätzung zu ermitteln wäre. Weiter wurde eine Frist von drei Monaten nach Beendigung des Mietverhältnisses vertreten.[76] Nach mittlerweile herrschender Meinung steht dem Vermieter mangels anderweitig vertraglicher Vereinbarung eine Frist von sechs Monaten nach Beendigung des Mietverhältnisses als Prüfungs- und Überlegungsfrist zu.[77] Nach BGH[78] ist ein Anspruch des Mieters auf Rückgabe der Mietsicherheit erst nach Ablauf einer angemessenen Überlegungsfrist gegeben, wenn dem Vermieter keine Forderungen mehr zustehen.

78 Ist im Mietvertrag die Kautionsabrechnung innerhalb einer bestimmten Frist, die unter sechs Monaten liegt, vereinbart, ist der Vermieter hieran natürlich gebunden.[79] Die formularvertragliche Vereinbarung einer längeren Abrechnungsfrist dürfte gegen § 307 BGB verstoßen.

c) Ablauf und Überschreitung der Prüfungsfrist

79 Überschreitet der Vermieter die Prüfungs- und Überlegungsfrist, so wird der Kautionsrückzahlungsanspruch des Mieters fällig und kann gegebenenfalls klageweise geltend gemacht werden. Der Vermieter kann dann im Wege der Aufrechnung oder Widerklage seine Forderungen einbringen.

---

[74] BGH NZM 2012, 676.
[75] AG Dortmund WuM 1981, 235; LG Köln WuM 1978, 105.
[76] LG Bad Kreuznach WuM 1981, 235; LG Köln WuM 1984, 109.
[77] LG Saarbrücken WuM 1979, 140; AG Kulmbach WuM 1983, 54; AG Neunkirchen NZM 2001, 192.
[78] BGH WuM 2016, 620.
[79] LG Berlin GE 1997, 1027.

Der Vermieter muss konkrete substantiierte Gegenforderungen gegenüber dem Kautionsrückzahlungsanspruch des Mieters geltend machen und entsprechend über die Kaution abrechnen. Bei der Kautionsabrechnung müssen konkrete substantiierte Forderungen eingestellt werden. Es ist nicht ausreichend und stellt keine wirksame Kautionsabrechnung dar, wenn lediglich in allgemeiner Form auf Ansprüche hingewiesen wird, die dem Gegenstand und der Höhe nach nicht genau bezeichnet werden. **80**

Andererseits kann die Abrechnung bei einer **Barkaution** auch durch schlüssiges Verhalten, etwa durch Aufrechnung oder Klageerhebung erfolgen.[80] Der Vermieter kann sich auch wegen streitiger Forderungen aus der Kaution befriedigen.[81] **81**

Betriebskostennachforderungen lassen sich häufiger erst nach Ablauf der sechsmonatigen Überlegungsfrist feststellen, da Abrechnungsreife hinsichtlich der Forderungen nach § 556 Abs. 3 BGB oft noch nicht eingetreten ist. Üblicherweise wird davon ausgegangen, dass die Einbehaltung und spätere Abrechnung von drei bis vier monatlichen Vorauszahlungsraten auf Betriebskosten bis zum Ablauf der Abrechnungsfrist zulässig ist.[82] Dies setzt allerdings voraus, dass eine gewisse Wahrscheinlichkeit dafür vorhanden ist, dass **Nachzahlungsansprüche** gegeben sind.[83] Standen dem Mieter aus mehreren zurückliegenden Abrechnungszeiträumen Guthaben zu, dürfte bei gleichbleibenden sonstigen Verhältnissen Einbehalte wegen einer nachfolgenden Betriebskostenabrechnung nicht zulässig sein. **82**

d) Umfang der Rückzahlungsverpflichtung des Vermieters

Die Rückzahlungsverpflichtung des Vermieters umfasst vorbehaltlich seiner Gegenansprüche gegen den Mieter den Kautionsbetrag zuzüglich Zins und Zinseszins. Die Zinsen erhöhen nach § 551 Abs. 3 Satz 4 BGB die Sicherheit. **83**

VII. Die Kaution bei Insolvenz des Vermieters

1. Grundsätzliches

Treuhänderische Sonderung der Kaution vom Vermögen des Vermieters durch Anlage nach § 551 Abs. 3 BGB soll bewirken, dass die Kaution weder von der Insolvenz über das Vermögen des Vermieters noch vom Zugriff seiner Gläubiger im Wege der Einzelzwangsvollstreckung erfasst wird. Dies war auch Grund für die Neuregelung des Rechts der Kaution im Jahre 1983.[84] **84**

---

[80] BGH WuM 2019, 524.
[81] BGH WuM 2019, 524; BGH WuM 2020, 791.
[82] AG Köln WuM 2004, 609: eine Vorauszahlungsrate.
[83] BGH WuM 2006, 197.
[84] BT-Drs. 9/2079.

2. Aussonderungsrecht nach § 47 Insolvenzordnung

85 Ist die Kaution gemäß § 551 Abs. 3 Satz 1 und 2 BGB auf einem Sonderkonto treuhänderisch angelegt worden, hat der Mieter bei der Insolvenz des Vermieters ein Aussonderungsrecht nach § 47 InsO. Dies gilt, wenn der Vermieter die Kaution aufgrund eines nach dem 1.1.1983 geschlossenen Mietvertrages erhalten hat auch dann, wenn er sie zunächst in sein Vermögen überführt hat und erst später zugunsten des Mieters ein Treuhandkonto errichtet hat.[85] Entsprechendes gilt für den Fall, dass der Vermieter die Kaution während des laufenden Mietverhältnisses verbraucht und vor Eröffnung des Insolvenzverfahrens das Kautionskonto wieder aufgefüllt hat. AA ist das AG Emmendingen.[86] Bei Zulassung der Aussonderung würde hier eine nach Insolvenzrecht unzulässige Bevorzugung des Mieters vorliegen, die zu einer Aushöhlung der Insolvenzmasse führen würde.

3. Drittwiderspruchsklage nach § 771 ZPO

86 Bei Pfändung des Kautionsguthabens durch Gläubiger des Vermieters in der Einzelzwangsvollstreckung hat der Mieter, falls die Kaution ordnungsgemäß angelegt worden ist, ein Interventionsrecht mittels der Drittwiderspruchsklage nach § 771 ZPO. Weiter steht ihm die Erinnerung nach § 766 ZPO und bei Verschulden des pfändenden Gläubigers des Vermieters ein Anspruch nach § 823 Abs. 1 BGB zu.

4. Zugriff des kontoführenden Kreditinstituts

87 Das Pfandrecht der kontoführenden Kreditinstitute nach § 19 der Allgemeinen Geschäftsbedingungen der Banken bzw. auch ein Aufrechnungs- oder Zurückbehaltungsrecht der Banken erstreckt sich bei treuhänderischer Anlage der Kaution ebenfalls nicht auf den Kautionsbetrag.[87]

5. Rechte des Mieters bei Nichtanlage der Kaution nach § 551 Abs. 3 BGB

a) Erzwingung der treuhänderischen Anlage der Kaution

88 Ist die Kaution noch nicht oder nicht vollständig einbezahlt, kann der Mieter bei Vermögensverfall des Vermieters ein **Zurückbehaltungsrecht** gemäß § 273 BGB hinsichtlich der Zahlung weiterer Kautionsbeträge geltend machen. Außerdem kann der Mieter die Miete bis zur Höhe des Kautionsbetrages so lange zurückbehalten, bis der Vermieter die Anlage der Kaution auf ein Treuhandkonto nachgewiesen hat.[88]

---

[85] BayObLG ZMR 1988, 253.
[86] WuM 1986, 64.
[87] BGH WuM 1973, 894.
[88] BGH WuM 2008, 149.

Der Vermieter hat den Erfüllungsanspruch auf Leistung der Kaution im Übrigen nur bei Anlage auf ein Sonderkonto.[89] Ist die Kaution bezahlt, hat der Mieter den Anspruch auf **treuhänderische Anlage,** was sich aus § 551 Abs. 3 Satz 3 BGB ergibt. **89**

b) Rechte des Mieters nach Insolvenzeröffnung, falls keine treuhänderische Anlage erfolgt ist

Ist die treuhänderische Sonderung der Kaution vom Vermögen des Vermieters nicht erfolgt, hat der Mieter kein Aussonderungsrecht nach § 47 InsO. Nach Insolvenzeröffnung über das Vermögen des Vermieters bildet der **Kautionsrückgewähranspruch** des Mieters nur eine einfache Masseschuld.[90] Hinsichtlich eines Schadensersatzanspruchs des Mieters gegen den Vermieter wegen der Verletzung der Anlageverpflichtung gilt, dass auch dieser Anspruch nur eine einfache Insolvenzforderung darstellt. **90**

VIII. Abweichende Vereinbarungen und Sonderregelung für Studenten- und Jugendwohnheime

Nach § 551 Abs. 4 BGB sind abweichende Vereinbarungen von den Regelungen des § 551 BGB unwirksam, soweit diese zum Nachteil des Mieters sind. Dies bedeutet, dass Regelungen, die zugunsten des Mieters sind, zulässig sind, zB die Vereinbarung eines geringeren Kautionsbetrages als **die dreifache Nettomonatsmiete,** ein späterer Beginn der Ratenzahlung nach § 551 Abs. 2 Satz 2 BGB oder ein größerer Abstand zwischen den einzelnen Raten als im Gesetz vorgesehen. **91**

Nach § 551 Abs. 3 Satz 5 BGB besteht für den Vermieter von Studenten- und Jugendwohnheimen keine Verpflichtung zur Kautionsverzinsung. Hierdurch sollen für den Vermieter derartiger Heime Erleichterungen geschaffen werden, um eine schnellere „Rotation" der Mieter zu ermöglichen.[91] **92**

IX. Praktische Hinweise und Verfahrensfragen

Für den Mieter ist die Sicherheitsleistung von in der Regel **drei Nettomonatsmieten** neben den üblicherweise gleichzeitig anfallenden Umzugskosten, der ersten Mietzahlung und möglicherweise einer Maklerprovision eine zusätzliche Belastung. Die Möglichkeit der Teilzahlung der Kaution spielt in der Praxis angesichts der üblichen Handhabung, im Voraus die Gesamtkaution noch vor dem verbindlichen Vertragsschluss **93**

---

[89] Derleder WuM 1986, 42.
[90] OLG Hamburg ZMR 1990, 103; BGH WuM 2008, 149; LG Berlin GE 2006, 1431.
[91] BT-Drs. 9/2079, 11.

zu verlangen und einen Ausschluss der Teilzahlung nicht in den Mietvertrag aufzunehmen, so gut wie keine Rolle.

94 Andererseits ist auch die Problematik auf Vermieterseite zu sehen, dass dann, wenn der Mieter die vollständige Kautionszahlung sowie die Zahlung der laufenden Mieten unterlässt, bis zu einer Räumung der Mietwohnung erhebliche finanzielle Ausfälle entstehen. Zur Vermeidung von Nachteilen im Falle der Insolvenz des Vermieters ist dem Mieter während des Mietverhältnisses zu empfehlen, vom Vermieter Auskunft über die Anlage der Kaution und gegebenenfalls Nachweise zu verlangen.

95 Zu Unrecht unterlassen Mieter angesichts ihres bevorstehenden Auszugs die letzten Mietzahlungen um die geleistete Kaution gewissermaßen „abzuwohnen". Mieter haben zu diesem Zeitpunkt lediglich einen aufschiebend bedingten **Anspruch auf Rückgewähr** der Kaution und müssen damit rechnen, zur Zahlung der rückständigen Mietbeträge noch vor Eintritt der Abrechnungsreife der Mietkaution verurteilt zu werden.

96 Zwar ist eine **Prüfungs- und Überlegungsfrist** hinsichtlich der Rückzahlung der Mietkaution nicht gesetzlich festgelegt, jedoch können Mieter grundsätzlich nicht damit rechnen, vor Ablauf der üblicherweise angesetzten Abrechnungsfrist von sechs Monaten die Kaution oder die nach Abrechnung verbleibenden Teile der Kaution zurückzuerhalten.

97 Die Abrechnung der Kaution muss eine geordnete Aufstellung im Sinne einer Rechnungslegung nach § 259 BGB enthalten und sämtliche Forderungen, die gegenüber der Kaution zur Aufrechnung gestellt werden, aufzählen. Kommt es zum Prozess, muss unter Berücksichtigung des § 366 BGB auch die Reihenfolge der Forderungen, die zur Verrechnung gestellt werden, angegeben werden, damit der Streitgegenstand bestimmt wird. Die Einklagung eines Saldos ist nicht zulässig.[92]

98 Trotz Ablauf der Verjährungsfrist des § 548 BGB kann bis zur Höhe der Kaution, soweit die Abrechnung nicht innerhalb des Verjährungszeitraums von sechs Monaten möglich ist, noch aufgerechnet werden. Darüber hinaus muss der Vermieter bei darüber hinaus gehenden Forderungen Widerklage gegenüber dem Kautionsrückzahlungsanspruch des Mieters erheben.

[92] Zöller ZPO § 253 Rn. 13.

Muster zu Kapitel 3

1. Auskunftsersuchen des Mieters hinsichtlich der Anlage der Kaution 99

Sehr geehrter Herr Hofer,

bei Beginn unseres Mietverhältnisses haben wir, wie Sie wissen, eine Kaution in Höhe von drei Monatsmieten in bar an Sie entrichtet. Nach § 551 BGB sind Sie verpflichtet, diese Kaution getrennt von Ihrem Vermögen bei einem Kreditinstitut zu dem für Spareinlagen mit dreimonatiger Kündigungsfrist üblichen Zinssatz anzulegen.

Nachdem wir von Ihnen diesbezüglich nichts gehört haben und Sie uns auch keine Bestätigung über eine Anlage der Kaution haben zukommen lassen, bitten wir Sie um Verständnis, dass wir von unserem Recht auf Auskunft über die Anlage der Kaution Gebrauch machen und uns diese bis zum 1.11.2021 zu erteilen.

Falls eine Anlage bis jetzt nicht erfolgt sein sollte, bitten wir Sie diese alsbald nachzuholen, da Ihnen wie uns sonst erhebliche Nachteile entstehen können.

Mit freundlichen Grüßen

100 2. Aufforderung durch Vermieter, eine teilweise verbrauchte Kaution wieder aufzufüllen

Sehr verehrte Frau Maier, sehr geehrter Herr Maier,

nachdem Sie die Monatsmiete für den Monat Juli und den Betrag von € 50,– für die Reparatur des Wasserhahns nicht bezahlt haben, wozu Sie vertraglich verpflichtet gewesen wären, habe ich wegen dieser Beträge, also in Höhe von insgesamt € 650,– die von Ihnen bei Beginn des Mietverhältnisses geleistete Kaution in Anspruch genommen, wozu ich ausdrücklich vertraglich ermächtigt bin.

Ich bitte Sie nunmehr, bis spätestens

1.11.2022

die Kaution wieder aufzufüllen, also den Betrag von € 650,– an mich zurückzuerstatten. Ich werde ihn in der gleichen Weise wie den vorhandenen Kautionsbetrag anlegen und Ihnen darüber eine Bestätigung zukommen lassen.

Mit freundlichen Grüßen

3. Rückzahlungsverlangen hinsichtlich einer Mietkaution nach Beendigung des Mietverhältnisses 101

Sehr geehrter Herr Hofer,

das Mietverhältnis zwischen uns über die Wohnung Schönstr. 20, 81354 München, wurde zum 31.7.2022 beendet. Die Übergabe der Wohnung erfolgte zu diesem Zeitpunkt, ohne dass sich Ihrerseits Beanstandungen hinsichtlich des Zustandes der Wohnung ergaben. Nachdem uns auch keine weiteren Forderungen Ihrerseits bekannt sind und Sie solche bis jetzt nicht geltend gemacht haben, andererseits seit Beendigung des Mietverhältnisses bereits sechs Monate vergangen sind, fordern wir Sie auf, die hinterlegte Kaution in Höhe von € 1800,– bis zum

15.2.2023

an uns zuzüglich der während der Mietzeit aufgelaufenen Zinsen zurückzuzahlen.

Andernfalls müssten wir gerichtliche Schritte einleiten.

Mit freundlichen Grüßen

102 4. Klage des Mieters auf Rückzahlung einer Mietkaution

An das
Amtsgericht München

Klage

in Sachen

Hans und Maria Maier, Schönstr. 20, 81354 München – Kläger –

Prozessbevollmächtigter: Rechtsanwalt Dr. Rudolf Weise

gegen

Alfred Hofer, Königstr. 2, 80798 München – Beklagter –

Prozessbevollmächtigter: Rechtsanwalt Dr. Hans Schlau

wegen Kautionsrückzahlung

vorläufiger Streitwert: € ...

zeige ich an, dass der Kläger durch mich anwaltlich vertreten wird. Namens und im Auftrag des Klägers erhebe ich

Klage

zum Amtsgericht München und bringe einen Gerichtskostenvorschuss in Höhe von € ... zur Einzahlung.

Ich bitte baldmöglichst Termin zur mündlichen Verhandlung zu bestimmen in dem ich folgende Anträge stellen werde:

I. Der Beklagte wird verurteilt, an die Kläger € ... nebst 5% Zinsen über dem Basiszinssatz seit ... zu bezahlen.

II. Der Beklagte trägt die Kosten des Rechtsstreits.

III. Das Urteil ist, notfalls gegen Sicherheitsleistung, vorläufig vollstreckbar.
Vorsorglich wird Antrag auf Vollstreckungsschutz gestellt.

IV. Für den Fall des schriftlichen Vorverfahrens beantrage ich weiter ein Versäumnisurteil ohne mündliche Verhandlung nach Maßgabe des Klageantrags zu erlassen, wenn die Beklagten nicht rechtzeitig anzeigen, dass sie sich gegen die Klage verteidigen wollen.

Weiter beantrage ich die Beklagten, falls sie den Klageanspruch anerkennen, ihrem Anerkenntnis gemäß zu verurteilen.

Weiter beantrage ich dem Prozessbevollmächtigten des Klägers den Zeitpunkt der Zustellung des Urteils zu bescheinigen.

Begründung:

Durch Mietvertrag vom … haben die Kläger mit dem Beklagten einen Mietvertrag über die Wohnung Schönstr. 20, 81354 München, geschlossen.

Beweis: Mietvertrag vom …

Gemäß § 12 des Mietvertrages leisteten die Kläger eine Kaution in Höhe von € … die nach § 551 Abs. 3 BGB auf einem treuhänderischen Konto zu hinterlegen war.

Die Kaution wurde am … an den Beklagten entrichtet.

Beweis: Quittung vom …

Das Mietverhältnis wurde zum … beendet.

Mit Schreiben vom … erstellte der Beklagte eine Kautionsabrechnung, in der er folgende Posten den Klägern in Rechnung stellte:

1. Miete vom 1.6.2022 bis zum 20.6.2022 € …
2. Schadensersatz für Beschädigung des Teppichbodens € …
3. Kosten für den Einbau eines neuen Türschlosses € …

Beweis: Kautionsabrechnung vom …

Die Kläger haben die Positionen zu 1. und 3. anerkannt. Durch Schreiben des Unterfertigten vom … wurde der Beklagte aufgefordert, den Differenzbetrag aus dem Kautionsguthaben einschließlich der angefallenen Zinsen unter Fristsetzung bis zum … an den Kläger zu bezahlen.

Beweis: Schreiben des Unterfertigten vom …

Zahlung erfolgte nicht, Klage war daher geboten.

Rein vorsorglich wird zu Position 2. der Abrechnung vorgetragen, dass der Beklagte keinen Schadensersatz für die Beschädigung des Teppichbodens verlangen kann. Der Teppichboden befand sich bei Auszug der Kläger in demselben Zustand der Abnutzung wie bei deren Einzug. Weitere Beschädigungen sind während der Mietzeit der Kläger nicht vorgekommen.

Beweis: Zeuge …

Mit freundlichen Grüßen

Rechtsanwalt

Kapitel 4. Schönheitsreparaturen – vertragsgemäßer und vertragswidriger Gebrauch

I. Schönheitsreparaturen – vertragsgemäßer und vertragswidriger Gebrauch

1. Begriff der Schönheitsreparaturen

Der Begriff „Schönheitsreparaturen" ist fest bestimmt. Dies ist deshalb wesentlich, weil Verschlechterungen des Zustands von Mieträumen während der Mietzeit, die nicht unter den Begriff „Schönheitsreparatur" fallen, nicht Gegenstand von Ansprüchen des Vermieters aus einer vertraglichen Schönheitsreparaturklausel sein können. **1**

Solche **Verschlechterungen** unterfallen der Instandhaltungs- bzw. Instandsetzungsverpflichtung des Vermieters aus § 535 Abs. 1 Satz 2 BGB, nach der der Vermieter die Mieträume während der Mietzeit in einem zu dem vertragsgemäßen Gebrauch geeigneten Zustand zu erhalten hat und sie stellen, was den Mieter betrifft, einen vertragsmäßigen Gebrauch der Mieträume dar, den der Vermieter dem Mieter bereits nach § 535 Abs. 1 Satz 1 BGB gewähren muss. Die Verschlechterungen können aber auch einen vertragswidrigen Gebrauch der Mieträume darstellen, der als Beschädigung der Mieträume eine Pflichtverletzung nach § 280 BGB darstellt. Ist dies nicht der Fall, gilt § 538 BGB. **2**

Es existiert eine allgemeine **Definition** des Begriffs Schönheitsreparaturen, die besagt, dass „Schönheitsreparaturen" Instandsetzungsarbeiten sind, die zur Beseitigung eines verschlechterten Aussehens der Mieträume erforderlich sind, soweit die Veränderung durch einen normalen vertragsmäßigen Gebrauch eingetreten ist. Diese Definition ist dahin zu ergänzen, dass die besagten Instandsetzungsarbeiten unter dem Begriff „Schönheitsreparatur" fallen müssen. Schönheitsreparaturen beziehen sich nur auf Wohnräume, nicht auf Kellerräume.[1] **3**

Der Begriff „Schönheitsreparatur" wird ausgefüllt durch eine Begriffsbestimmung, die bereits in § 28 Abs. 4 Satz 3 der II. BV enthalten ist. Sie lautet folgendermaßen: „Schönheitsreparaturen umfassen nur das Tapezieren, Anstreichen oder Kalken der Wände und Decken, das Streichen der Fußböden, Heizkörper einschließlich Heizrohre, der Innentüren sowie der Fenster und Außentüren von innen." Hier ist zu ergänzen, dass anstelle des Streichens der Fußböden mittlerweile das Reinigen der Teppichböden getreten ist.[2] **4**

---

[1] AG Homburg WuM 2021, 549.

[2] Schmidt-Futterer/Lehmann-Richter BGB § 538 Rn. 34 ff., 80 ff., 125 ff., 184 ff.

5 Bei den Schönheitsreparaturen handelt es sich also im Wesentlichen um Malerarbeiten, die der Instandhaltung dienen. Instandsetzungsarbeiten, also Reparaturen fallen nicht unter den Begriff „Schönheitsreparatur". Sie sind Aufgabe des Vermieters. Etwas anderes gilt für die Beseitigung kleiner Schäden, zum Beispiel Putzlöcher durch angebrachte Dübel oder kleine Holzschäden, die vor Durchführung der Maler- bzw. Lackierarbeiten üblicherweise beseitigt werden.

6 Nicht zu den Schönheitsreparaturen gehört das Lackieren von Außenfenstern, Außentüren oder einer Loggia[3] oder die Wiederherstellung einer **Parkettversiegelung.**[4] Dasselbe gilt für das Abschleifen eines Parketts sowie das Auswechseln von Teppichböden.[5] Eine entsprechende Schönheitsreparaturklausel ist unwirksam. Ebenfalls kann der Mieter nicht im Rahmen einer Schönheitsreparaturklausel verpflichtet werden, beim Auszug generell alle von ihm angebrachten Tapeten zu beseitigen.[6]

7 Zweifelsfragen sind zB zu lackierende Einbauschränke oder das Lackieren der Zwischenräume von alten Kastenfenstern. Das LG Berlin ist zB der Auffassung, dass eine Formularklausel, die den Mieter einer mit Einbaumöbeln versehenen Wohnung zum Streichen dieser Möbel verpflichtet, nach § 307 BGB unwirksam ist.[7]

2. Vertragsgemäßer Gebrauch

8 Verschlechterungen der Mieträume, die unter dem Begriff „vertragsgemäßer Gebrauch" fallen, lösen keine Ansprüche des Vermieters aus, sie stellen weder Verschlechterungen dar, die unter den Begriff „Schönheitsreparatur" fallen, noch stellen sie eine Beschädigung der Mieträume als Pflichtverletzung (§ 280 BGB) dar. Unter den vertragsgemäßen Gebrauch der Mieträume fällt:

9 – Die normale Abnutzung eines Teppichbodens.[8] Sowohl Laufstraßen, die durch die vertragsmäßige Nutzung entstehen, als auch Druckstellen von Möbelstücken sind in der Regel unausweichlich.[9]

10 – Die normale Abnutzung eines Parketts oder eines Kunststoffbodens, die durch den vertragsmäßigen Gebrauch entsteht. Dies gilt insbesondere auch für geringfügige Kratzer im Parkett,[10] auch Eindrücke durch Pfennigabsätze[11] und geringfügige Eindrücke und Flecken eines Kunststoffbodens. Nicht als vertragsgemäßer Gebrauch sind Nutzungs-

[3] BGH NJW 2009, 1408 = ZMR 2010, 261 mAnm Riecke.
[4] BGH NJW 2010, 674.
[5] Vgl. LG Berlin GE 1999, 983.
[6] BGH NZM 2006, 622.
[7] LG Berlin WuM 2016, 97.
[8] Vgl. OLG Hamm WuM 1992, 248.
[9] Vgl. Langenberg NZM 2000, 1129.
[10] LG Berlin GE 1996, 925.
[11] LG Berlin GE 1996, 925.

erscheinungen anzusehen, die das Abschleifen und Versiegeln eines Parketts erfordern. Derartiges kann auch nicht als Schönheitsreparatur vereinbart werden.[12]

– Das Anbringen von Dübellöchern in Fliesenwänden oder Boden von Bad, WC oder Küche, soweit es zur Befestigung üblicher Einrichtungen in diesen Räumlichkeiten dient,[13] insbesondere, wenn ein Bad ohne die üblichen Installationen vermietet wird.[14] Unter üblichen Einrichtungen versteht man zum Beispiel Handtuch- oder Badetuchhalter sowie Seifenschalen und Spiegel. Die Anzahl der von einem Mieter angebrachten Dübellöcher in Fliesen muss sich in üblichem und erforderlichem Umfang bewegen, wobei der Vermieter darauf zu achten haben wird, dass er einem Mieter nicht die diesbezüglichen Handlungen früherer Mieter derselben Räume zurechnet. **11**

– Leichte Beschädigungen von Sanitärinstallationen, wie Waschbecken und Badewannen, also geringfügige oberflächliche Absplitterungen. Was darüber hinausgeht, muss in der Regel bereits als zum **Schadensersatz** verpflichtende Beschädigung angesehen werden. Langenberg[15] meint dazu: „Auch wenn es weit verbreitet sein dürfte, dass auch Mieter morgens müde und kraftlos sind, so dass ihnen zum Beispiel Flaschen mit Körperpflegemitteln aus der Hand fallen, wodurch Platzstellen an Keramik oder E-Mail entstehen, wird insoweit von einem noch üblichen Gebrauch der Mietsache nicht mehr auszugehen sein". **12**

– Gegebenenfalls können auch verfärbte Badewannen- oder Waschbeckenfugen zum vertragsmäßigen Gebrauch gezählt werden,[16] dasselbe mag für Duschköpfe und Duschschläuche gelten, wobei hier natürlich die Wasserkonsistenz in der jeweiligen Gemeinde von Belang ist. **13**

– Nach Auffassung des LG Berlin[17] ist auch das Anbringen von Mustertapeten vertragsgemäß. Nachdem das LG Berlin[18] auch die Auffassung vertritt, dass bei der Durchführung von Schönheitsreparaturen statt weiß oder nahezu weiß gestrichenen Tapeten auch „farblich unaufdringliche" Tapeten mit floralem Muster zulässig sind, muss man annehmen, dass hier die Grenze des vertragsgemäßen Gebrauchs nicht überschritten ist, also ohne Schönheitsreparaturverpflichtung auch kein Schadensersatz wegen Beschädigung verlangt werden kann. Anders bei einer „kunterbunt" renovierten Wohnung, die vom Mieter in einem neutralen Farbton übernommen worden ist,[19] wobei der BGH **14**

---

12 LG Köln WuM 1994, 200.
13 AG Dortmund NZM 2014, 827.
14 LG Berlin GE 2002, 261.
15 NZM 2000, 1129.
16 So jedenfalls AG Köln WuM 1995, 312.
17 GE 2005, 867.
18 NZM 2007, 801.
19 BGH NZM 2014, 72.

annimmt, dass es hier zwar nicht darauf ankommt, ob eine wirksame Schönheitsreparaturverpflichtung besteht, aber gegebenenfalls ein Abzug „neu für alt" zu machen ist.

15 – Auch ein roter „Volltonanstrich" im Schlafzimmer ist nicht vertragsgemäß.[20]

16 – Der BGH geht grundsätzlich davon aus, dass Vertragsklauseln unwirksam sind, die dem Mieter vorschreiben, auch die **laufenden** Schönheitsreparaturen in einem bestimmten Farbton auszuführen.[21]

17 – Ob Nikotinablagerungen an Tapeten oder Teppichböden sowie starke durch Nikotingebrauch verursachte Ausdünstungen eine übervertragliche Abnutzung darstellen, ist umstritten. Das LG Köln[22] geht davon aus, dass hier eine übervertragliche Nutzung in der Regel nicht vorliegt,[23] anders AG Tuttlingen[24] und AG Magdeburg,[25] dass davon ausgeht, dass eine Beschädigung dann vorliegt, wenn ein Teppichboden bereits nach zweijähriger Nutzung wegen Nikotinflecken ausgetauscht werden muss.

18 – Der BGH[26] meint, dass das **„normale", nicht exzessive Rauchen** vertragsgemäß ist. Auch andere Mieter eines Mehrfamilienhauses haben keinen Anspruch, etwa aus §§ 823, 862, 858 BGB, auf Unterlassung des Rauchens zu bestimmten Zeiten.[27]

19 – „Exzessives" Rauchen soll hiernach vorliegen, wenn bereits nach kurzer Mietzeit ein erheblicher Renovierungsbedarf zu erwarten ist. Dies könnte zunächst bedeuten, dass Ansprüche des Vermieters wegen Beschädigung dann gegeben sind, wenn spezielle Maßnahmen erforderlich sind, zB ein Neuanstrich mit vorherigem Isolieranstrich **(„Nikotinsperre").**[28] Der BGH[29] nimmt an, dass – allgemein – ein Schadensersatzanspruch wegen Beschädigung dann gegeben ist, wenn sich die Verschlechterungen nicht (mehr) durch Schönheitsreparaturen beseitigen lassen. Dies bedeutet weiter, dass dann, wenn Schönheitsreparaturen gar nicht betroffen sind (zB nicht mehr zu reinigende Gurtbänder von Fensterrollläden) immer Beschädigungen anzunehmen wären, falls nicht nur eine geringfügige Beeinträchtigung vorliegt.

---

[20] LG Frankfurt a. M. NZM 2007, 922.

[21] BGH NZM 2008, 605: „neutrale, helle, deckende Farben"; BGH WuM 2009, 224: „neutrale Farbtöne".

[22] NZM 1999, Heft 8 V.

[23] Ebenso LG Berlin GE 2004, 1096 für verschmutzte Gurtbänder.

[24] NZM 1999, 1141.

[25] ZMR 2000, 541.

[26] BGH WuM 2006, 513.

[27] LG Potsdam NZM 2014, 863.

[28] LG Baden-Baden WuM 2001, 603.

[29] BGH NZM 2008, 318.

- Üblicherweise wird man annehmen können, dass Nikotinbeeinträchtigungen, die unter den **Begriff „Schönheitsreparatur"** fallen, im Rahmen der Schönheitsreparaturen beseitigt werden, wobei sich aufgrund der starken Abnutzung die üblichen Fristen von Fristenplänen entsprechend verkürzen können. 20
- Sind Teile der Mieträume durch Nikotinverfärbung verfärbt, muss der Mieter diese Teile gegebenenfalls mit einem speziellen Mittel reinigen und, falls die Verfärbungen durch Reinigung nicht zu beseitigen sind, die Kosten für den Ersatz der Teile tragen.[30] Fraglich ist, ob ein vertraglich vereinbartes Rauchverbot in den Mieträumen wirksam ist. Nachdem der BGH[31] das „Rauchen einschränkende Vereinbarungen" für möglich hält, könnte auch ein solches Verbot wirksam sein. Folge könnte, nach vorausgegangener Abmahnung, jedenfalls die ordentliche Kündigung des Mietverhältnisses sein.[32] 21

3. Vertragswidriger Gebrauch

Dass der Mieter zum Ersatz von schuldhaft verursachten Beschädigungen der Mieträume verpflichtet ist, bedarf keiner Regelung im Mietvertrag. Es handelt sich nämlich hier um vertragswidrigen Gebrauch im Sinne einer Pflichtverletzung (§ 280 BGB), der als Substanzschaden über den durch den Vermieter nach § 535 BGB zu gewährenden vertragsmäßigen Gebrauch hinausgeht und andererseits vom Begriff der Schönheitsreparaturen nicht erfasst wird. 22

Einzelfälle:
- übermäßiges Anbringen von Dübellöchern in Fliesen, 23
- die Beschädigung von Teppichböden durch Brandlöcher oder Tierverunreinigungen,
- die Beschädigung von Parkettböden durch erhebliche Löcher oder Kratzer oder durch Wasserschäden,
- die Beschädigung von Türen und Fenstern sowie von Sanitäreinrichtungen, soweit nicht Unerheblichkeit vorliegt. In Betracht kommt auch, dass der Mieter, ohne dazu verpflichtet zu sein, renoviert hat und dabei hinsichtlich der Farbgebung die Grenzen des normalen Geschmacks überschritten hat.[33]

Anspruchsgrundlage ist **Schadensersatz wegen Pflichtverletzung** als vertraglicher Anspruch nach § 280 BGB oder unerlaubte Handlung nach §§ 823ff. BGB als gesetzlicher Anspruch. Für die Frage des Verschuldens gelten die §§ 276, 278 BGB, für den **Umfang des Schadensersatzes** die §§ 249 bis 251 BGB. Hinsichtlich der Beweislast ist beim Verschulden die Beweislastverteilung nach Risikosphären gemäß OLG 24

[30] LG Koblenz ZMR 2006, 288.
[31] BGH WuM 2006, 513.
[32] AG Rastatt DWW 2005, 331.
[33] KG NZM 2005, 663.

Karlsruhe[34] sowie BGH[35] zu berücksichtigen, wobei dann, wenn eine Herkunft der Schadensursache nur aus dem der unmittelbaren Einflussnahme, Herrschaft und Obhut unterliegenden Bereich des Mieters in Betracht kommt, der Mieter beweisen muss, dass der Fehler oder Schaden nicht von ihm verursacht und verschuldet worden ist.

25 Zu den Voraussetzungen eines Schadensersatzanspruches nimmt der BGH[36] an, dass die Beschädigung der Mieträume die Verletzung einer Hauptpflicht aus dem Mietverhältnis darstellt, soweit es sich um eine **Verletzung der Rückgabepflicht** nach § 546 Abs. 1 BGB handelt (anders bei Pflichtverletzung des Mieters, die in einer Verletzung der Obhutspflicht besteht, zB zu vertretene Frost oder Wasserschäden).

26 Dies hat zur Folge, dass ebenso wie bei dem vertragsmäßig übertragenen Anspruch des Vermieters auf Durchführung der Schönheitsreparaturen auch beim Schadensersatzanspruch wegen Pflichtverletzung die Voraussetzungen der §§ 323, 325, 281 BGB, also Setzung einer **Nachfrist,** eingehalten werden müssen, was zumindest dann gelten soll, wenn zur Wiederherstellung des früheren Zustandes, also zur Beseitigung der Schäden, erhebliche Kosten aufgewendet müssen.[37]

27 Der BGH hat allerdings nunmehr entschieden, dass der Mieter Schäden an der Mietsache wahlweise als Schadensersatz durch Wiederherstellung oder Geldzahlung ersetzen müsse. Einer vorherigen Fristsetzung durch den Vermieter bedürfe es weder während des laufenden Mietverhältnisses noch nach dessen Beendigung.[38]

Verschiedene Umstände sind zu berücksichtigen, die einen an sich gegebenen Schadensersatzanspruch des Vermieters wegen Beschädigung der Mietsache einschränken können:

28 – Zunächst muss der Gegenstand, der ersetzt wird, dem ursprünglichen nach **Art und Güte** entsprechen. Der Umfang des Ersatzanspruchs richtet sich nach den Kosten der Wiederbeschaffung einer wirtschaftlich gleichwertigen Ersatzsache.[39]

29 **Beispiel:** Ein total beschädigter geringwertiger Teppichboden darf nicht gegen einen höherwertigen ausgetauscht werden, einfache Badarmaturen, die beschädigt sind, dürfen nicht gegen hochwertige ausgetauscht werden.

30 – Insbesondere bei geringfügigen Beschädigungen, die einen unverhältnismäßig großen Reparaturaufwand erfordern würden, so zum Beispiel der Austausch einer Badewanne bei geringfügigen Lackabsplitterungen oder bei Beschädigungen, bei denen eine Wiederherstellung durch Reparatur nicht oder nur unvollständig möglich ist, behilft sich

[34] WuM 1984, 267.
[35] WuM 1994, 466.
[36] BGH WuM 1997, 217
[37] Vgl. auch Lützenkirchen NZM 1998, 558.
[38] BGH WuM 2018, 196.
[39] BGHZ 115, 364.

die Rechtsprechung mit dem Ansatz einer **Wertminderung** anstelle des Ersatzes des Schadens. Hierbei handelt es sich um den merkantilen Minderwert, der einen zu ersetzenden Vermögensschaden darstellt.[40] Der merkantile Minderwert kann auch angesetzt werden, wenn der Geschädigte den beschädigten Gegenstand behält und weiterbenutzt. Zwar könnte grundsätzlich der merkantile Minderwert zusätzlich zu den Reparaturkosten angesetzt werden. Die Rechtsprechung beschränkt sich in der Regel in diesen Fällen nur auf den Ansatz einer Wertminderung, zumal in vielen derartigen Fällen in Betracht käme, dass andernfalls vom Vorliegen vertragsmäßigen Gebrauchs ausgegangen werden könnte. Dies aber würde einen Ersatzanspruch des Vermieters vollständig ausschließen.

– Bei Gegenständen, denen nach der Verkehrsauffassung begrenzte Lebensdauer zugemessen wird, ist der Gesichtspunkt der **Vorteilsausgleichung** zu berücksichtigen. Vom Schadensersatzanspruch des Vermieters ist daher ein Abzug „neu für alt" zu machen, der sich nach dem Alter des Gegenstandes zum Zeitpunkt des Schadensfalles richtet.[41] Hieraus ergibt sich, dass es entscheidend darauf ankommt, welche Lebensdauer einzelnen Einrichtungen beigemessen werden kann. Wird ein – offensichtlich erforderlicher – Abzug durch den Vermieter nicht vorgenommen, ist der Anspruch nach hier vertretener Auffassung insgesamt nicht schlüssig geltend gemacht.[42] **31**

– Bei **Teppichboden** normaler Qualität wird üblicherweise von einer Lebensdauer von zehn Jahren ausgegangen.[43] **32**

Beispiel: Falls ein total beschädigter fünf Jahre alter Teppichboden ersetzt werden muss, reduziert sich der Anspruch des Vermieters bei Ersatz durch einen gleichwertigen Teppichboden auf die Hälfte. **33**

– Bei **PVC-Bodenbelägen** geht das AG Kassel[44] von einer 20-jährigen üblichen Nutzungsdauer aus. Es werden aber auch andere Zeiten je nach Qualität des PVC-Bodens angenommen, so teilweise nur acht bis zehn Jahre[45] oder 15 Jahre.[46] **34**

– Die Nutzungsdauer einer **Fertigparkett-Versiegelung** wird ebenfalls unterschiedlich angenommen. Teilweise wird von 15 bis 20 Jahren ausgegangen,[47] teilweise von nur zehn Jahren.[48] Das **Abschleifen** eines Parkettfußbodens soll nach LG Wiesbaden[49] alle 15 bis 20 Jahre erforderlich sein. **35**

– Die Nutzungsdauer einer **Einbauküche** wurde zwischen 14 und 20 Jahren, höchstens jedoch mit 25 Jahren angenommen.[50] Bei der Erneuerung von **Wandfliesen** hat das **36**

[40] Grüneberg/Heinrichs BGB § 251 Rn. 21.
[41] Vgl. Schmidt-Futterer/Lehmann-Richter BGB § 538 Rn. 39 ff., 132 ff., 167 ff.
[42] AA BGH WuM 2006, 696: nur „zeitanteilige Kürzung".
[43] AG Dortmund NZM 2014, 826.
[44] WuM 1996, 757.
[45] LG Wiesbaden WuM 1991, 540.
[46] AG Staufen WuM 1992, 430.
[47] LG Wiesbaden WuM 1991, 540.
[48] AG München, Az. 453 C 3076/00, nicht veröffentl.
[49] WuM 1991, 540.
[50] LG Berlin GE 2001, 1404.

LG Köln[51] bei einem Alter von 30 Jahren einen Abzug von 50% vorgenommen, wobei hier einerseits eine erheblich höhere Lebensdauer, andererseits der sich verändernde Geschmack, was Fliesen betrifft, zu berücksichtigen ist.

37 – Die technische Nutzungsdauer von **Doppelfenstern** der 60er Jahre wurde mit 30 bis 35 Jahre angegeben.[52] Übliche **Drehkippbeschläge** und **Türschlösser** sollen nach einer von Sachverständigen verwendeten Aufstellung (www.baumarkt.de) eine Lebensdauer von durchschnittlich 25 Jahren haben, **Markisen** von 15 Jahren.

38 – Bei **Sanitärinstallationen**, wie Badewannen und Waschbecken, kann eine 30-jährige Nutzungsdauer angenommen werden, wobei auch hier die Angaben zwischen 18 Jahren für WC-Becken und 27 Jahren für Spülbecken schwanken.[53] Bei **Stahlheizkörpern** wurde eine technische Nutzungsdauer von 23 Jahren und eine übliche Nutzungsdauer von 30 Jahren angegeben, wobei man hier davon ausgehen muss, dass beide Werte an sich zu gering angesetzt sind. Bei **elektrischen Leitungen** werden 25 Jahre, bei **Schaltern** 15 Jahre durchschnittliche Nutzungsdauer angegeben.[54] Bei **WC-Sitzen** hat das LG München I eine nur dreijährige Nutzungsdauer angenommen, da nach dieser Zeit ein Austausch schon aus hygienischen Gründen erfolgen müsse.

39 Ist die Lebensdauer, die bei einzelnen Einrichtungen anzusetzen ist, abgelaufen, so ist eine Beschädigung durch den Mieter nicht mehr kausal für die Notwendigkeit der Erneuerung.[55] Bei einzelnen Einrichtungen kann man davon ausgehen, dass eine beschränkte Lebensdauer überhaupt nicht angesetzt werden kann, so zum Beispiel Glasfenster.

II. Vertragliche Vereinbarungen über Schönheitsreparaturen

1. Vereinbarung durch Allgemeine Geschäftsbedingungen oder durch Individualvereinbarung

40 Ein Abweichen von der gesetzlichen Regelung der §§ 535 Abs. 1 Satz 2, 538 BGB, wonach die Erhaltungspflicht hinsichtlich der Mieträume dem Vermieter obliegt, bedarf einer ausdrücklichen vertraglichen Vereinbarung. Diese kann sowohl durch Allgemeine Geschäftsbedingung, also Formularvertrag, als auch durch Individualvereinbarung erfolgen.

41 Nach § 305 BGB sind Allgemeine Geschäftsbedingungen alle für eine Vielzahl von Verträgen vorformulierten Vertragsbedingungen, die eine Vertragspartei (Verwender) der anderen Vertragspartei bei Abschluss eines Vertrages stellt. Nach § 305 Abs. 1 Satz 3 BGB liegen Allgemeine Geschäftsbedingungen nicht vor, soweit die Vertragsbedingungen zwischen den Vertragsparteien im einzelnen ausgehandelt sind.

42 Für Verbraucherverträge gilt abweichend nach § 310 Abs. 3 Nr. 1 BGB, dass AGB als vom Unternehmer gestellt gelten. Der Wohnungsvermieter

51 WuM 1997, 41.

52 AG München – Az. 413 C 4208/96, nicht veröffentl.: hier lag ein Gutachten des Instituts für Fenstertechnik in Rosenheim zu Grunde.

53 Vgl. Schmidt-Futterer/Lehmann-Richter BGB § 538 Rn. 167 ff.

54 www.baumarkt.de.

55 AG Brühl WuM 1998, 689.

gilt jedenfalls als Unternehmer. Eine Individualvereinbarung kann dann nur noch vorliegen, wenn die Vereinbarung nur für einen Fall formuliert ist.

Die Tatsache, dass ein Text handschriftlich oder maschinenschriftlich abgefasst ist und nicht in einem Vordruck enthalten ist, kann lediglich ein Indiz sein, dass es sich um eine **Individualvereinbarung** handelt, der Beweis hierfür wird aber durch die Form nicht geführt. Dies ergibt sich aus § 305 Abs. 1 Satz 2 BGB. Im Zweifel ist der Vermieter dafür darlegungs- und beweispflichtig, dass eine Vereinbarung ausgehandelt worden ist, also zur Disposition des Mieters gestellt worden ist. **43**

Weder das hand- oder maschinenschriftliche Abschreiben eines vorgedruckten Vertragsformulars noch ein in einem Formularvertrag oder in Form einer gesonderten Vereinbarung erfolgter Hinweis, dass die Bestimmungen „mit dem Mieter besprochen und von ihm ausdrücklich anerkannt worden sind", macht die Vereinbarung zu einer Individualvereinbarung.[56] **44**

Nach § 307 BGB ist der gesamte Vertragsinhalt einschließlich seiner Individualteile zu würdigen. Unbedenkliche Einzelklauseln können insoweit einen Summierungseffekt haben. Dies gilt insbesondere beim Zusammentreffen von Klauseln, die die laufenden Schönheitsreparaturen und die Endrenovierung betreffen.[57] Dies gilt auch, wenn eine der beiden Klauseln für sich betrachtet unwirksam ist.[58] **45**

Soweit Individualvereinbarungen eine erhebliche Einschränkung des dispositiven Rechtes enthalten, können sie im Übrigen auch wegen Sittenwidrigkeit nach § 138 BGB oder Unbilligkeit nach § 242 BGB unwirksam sein. Ist die Vereinbarung betreffend die Übertragung der Schönheitsreparaturen auf den Mieter unwirksam, trifft die **Pflicht** Schönheitsreparaturen auszuführen im Rahmen der **Instandhaltungspflicht** den Vermieter. Fraglich ist, ob der Vermieter insoweit bestimmte Fristen wie bei einem mit dem Mieter vereinbarten Fristenplan einzuhalten hat. Im Zweifel gilt, dass der Vermieter lediglich die Herstellung der Voraussetzungen des vertragsgemäßen Gebrauchs schuldet. Nach Ansicht des AG Frankfurt a. M.[59] muss der Vermieter, wenn die Wohnung unrenoviert vermietet worden ist, auch später nicht renovieren, da der vertragsgemäße Zustand „unrenoviert" ist. **46**

Grundsätzlich besteht ein negatives Feststellungsinteresse des Mieters hinsichtlich der Unwirksamkeit einer im Mietvertrag enthaltenen Schönheitsreparaturklausel, falls der Vermieter die Durchführung von Schönheitsreparaturen verlangt. Nach BGH[60] soll das Feststellungsinteresse **47**

[56] OLG Hamm NJW 1981, 1049.
[57] BGH WuM 1993, 175; BGH NZM 2003, 594; BGH GE 2006, 706.
[58] BGH NZM 2003, 755.
[59] AG Frankfurt a. M. InfoM 9/09, 317.
[60] BGH NJW 2010, 1877.

auch dann bestehen, wenn der Vermieter auf eine entsprechende Frage des Mieters sich nicht äußert.

2. Einzelne Schönheitsreparaturklauseln

a) Grundsatz (laufendes Mietverhältnis, Renovierungszustand bei Einzug)

48 Soweit Schönheitsreparaturklauseln die laufenden Schönheitsreparaturen während weiter bestehendem Mietverhältnis betreffen, ist nach LG Berlin[61] **Fälligkeit** dieser Schönheitsreparaturen erst dann gegeben, wenn ohne ihre Ausführung die Mieträume in ihrer Substanz gefährdet wären. Eine fachgerechte Ausführung soll während des laufenden Mietverhältnisses nach Ansicht des LG Düsseldorf[62] nicht verlangt werden können. Teilweise wird die Auffassung vertreten, dass hinsichtlich der laufenden Schönheitsreparaturen der Vermieter, soweit man davon ausgehen kann, dass Fälligkeit gegeben ist, nur einen Anspruch auf Vorschuss der Kosten der Schönheitsreparaturen bzw. auf Erstattung der Kosten gegen den Mieter hat, nicht jedoch auf die Ausführung durch den Mieter selbst.[63] Das LG Berlin[64] geht davon aus, dass die Weigerung des Mieters, einen Vorschuss für die Kosten der laufenden Schönheitsreparaturen zu zahlen, ein berechtigtes Interesse für die ordentliche Kündigung des Mietverhältnisses nach § 573 Abs. 1 Satz 1 BGB darstellen kann.

49 Nach BGH[65] soll der Vermieter, sofern der Mieter die Pflicht zur Durchführung von Schönheitsreparaturen übernommen hat, auch während des laufenden Mietverhältnisses die Vornahme solcher Reparaturen vom Mieter verlangen können und zwar auch ohne Vorliegen einer Substanzgefährdung. Wahlweise soll der Vermieter vom Mieter einen Vorschuss auf die **Kosten der Schönheitsreparaturen** verlangen und diese selbst durchführen können. Fälligkeit soll entweder nach einem vereinbarten Fristenplan oder – ohne Fristenplanvereinbarung – bei objektivem Renovierungsbedarf gegeben sein. Um vom Mieter Schadensersatz statt der Selbstdurchführung zu verlangen, müsste weiter Substanzgefährdung erforderlich sein.

50 Nach früherer Rechtsprechung kam es für die Frage, ob eine Schönheitsreparaturklausel wirksam ist, nicht darauf an, ob die Mieträume dem Mieter in renoviertem oder unrenoviertem Zustand übergeben worden sind. Soweit das OLG Stuttgart in zwei Rechtsentscheiden vom 28.8.1984 und vom 6.3.1986 davon ausgeht, dass sowohl eine vereinbarte Quotenregelung als auch die formularvertragliche Abwälzung der lau-

---

[61] WuM 1997, 311.
[62] WuM 1996, 90.
[63] Vgl. BGH NJW 1990, 2376.
[64] GE 1999, 1052.
[65] BGH NZM 2005, 450.

fenden Schönheitsreparaturen unwirksam sei, soweit dem Mieter die Räume in unrenoviertem Zustand übergeben worden sind, sind diese Rechtsentscheide durch Rechtentscheide des BGH überholt.[66]

In der Folge hat der **BGH eine Kehrtwendung** vollzogen. Schönheitsreparaturen können nur dann wirksam durch Formularklausel auf Mieter übertragen werden, wenn die Mieträume dem Mieter vom Vermieter renoviert übergeben worden sind oder der Mieter einen angemessenen Ausgleich für die vom Vermieter nicht durchgeführten Schönheitsreparaturen erhalten hat.[67] Ist die Wohnung unrenoviert oder renovierungsbedürftig dem Mieter überlassen worden, ist die formularvertragliche Übertragung der Schönheitsreparaturen auf den Mieter nach § 307 BGB unwirksam, falls dieser nicht einen angemessenen Ausgleich erhält. **Unrenoviert** ist eine Wohnung dann, wenn sie erhebliche Gebrauchsspuren aus vorvertraglicher Abnutzung aufweist und einen insgesamt abgewohnten Eindruck macht. **Renovierungsbedürftig** ist eine Wohnung, wenn an Wänden, Decken, Fußböden, Fenstern oder Türen Abnutzungsspuren erkennbar sind, die das Aussehen der Wohnung erheblich beeinträchtigen. Beruft sich der Mieter darauf, dass ihm die Wohnung unrenoviert oder renovierungsbedürftig überlassen worden ist, trifft ihn die Darlegungs- und Beweislast hierfür. **51**

Ist dem Mieter eine Wohnung unrenoviert überlassen worden, ist er nicht zu Schönheitsreparaturen verpflichtet. Verlangt er diese vom Vermieter nach § 535 BGB, kann der Vermieter, der die Wohnung vollständig renoviert, vom Mieter einen Kostenanteil – idR die Hälfte der Kosten – verlangen.[68] **51a**

Auch wenn sich der Mieter durch **Vereinbarung mit dem Vormieter** zu Schönheitsreparaturen verpflichtet hat, ändert sich an der obigen Rechtsprechung nichts.[69] Vgl. zum Ganzen auch LG Berlin[70] mit teilweise noch weitergehender Annahme der Unwirksamkeit von Schönheitsreparaturklauseln. **52**

Die Revisionsrechtsprechung des VIII. Zivilsenats des BGH, die nach der Zivilprozessreform durch Revisionszulassungen der Landgerichte möglich wurde, hat sich im Wesentlichen mit drei großen Bereichen des Rechts der Schönheitsreparaturen beschäftigt: **53**

- Klauselkombinationen, vor allem betreffend laufende Schönheitsreparaturen und unabhängig davon bestehende Zusatzrenovierungspflicht (Summierungseffekt)
- Wirksamkeit von Fristenplänen („starre“ und „weiche“ Fristenpläne)
- Wirksamkeit von Quotenklauseln

[66] WuM 1987, 306 und RES Band VII, § 536 BGB Nr. 17; ebenso BGH WuM 2005, 50.

[67] BGH WuM 2015, 338.

[68] BGH NZM 2020, 704.

[69] BGH NJW 2018, 3302 mAnm Pielsticker NJW 2018, 3304.

[70] WuM 2017, 189.

54 Zur aktuellen Rechtsprechung des BGH zur generellen Unwirksamkeit von Quotenabgeltungsklauseln vgl. → Rn. 73. Allgemein gilt der Grundsatz, dass verschiedene in einem Vertrag enthaltene Klauseln, die Schönheitsreparaturen betreffend, als einheitliche Gesamtregelung angesehen werden. Ist eine Teilregelung unwirksam, erfasst dies in aller Regel die Gesamtregelung: BGH[71] für den Fall der Unwirksamkeit der Quotenklausel bei unwirksamer Verpflichtung, die laufenden Schönheitsreparaturen nach Fristenplan durchzuführen. Die Unwirksamkeit der Quotenklausel führt allerdings nicht zur Unwirksamkeit der Schönheitsreparaturklausel, die laufenden Schönheitsreparaturen betreffend.[72]

55 Ändert sich die höchstrichterliche Rechtsprechung und werden dadurch bisher nach der Rechtsprechung für wirksam gehaltene Klauseln unwirksam, billigt der BGH dem Klauselverwender keinen Vertrauensschutz zu.[73] Die **Heilung einer unwirksamen Schönheitsreparaturklausel** durch Vereinbarung einer wirksamen Klausel tritt erst ab dem Zeitpunkt der Vereinbarung, nicht rückwirkend ein.[74]

b) Laufende Schönheitsreparaturen und Anfangsrenovierung

56 Wird der Mieter durch eine Vertragsklausel neben den laufenden Schönheitsreparaturen nach einem Fristenplan oder nach Bedarf gesondert noch zusätzlich zur Anfangsrenovierung verpflichtet, verstößt die Klausel gegen § 307 BGB und ist unwirksam (BGH[75] und OLG Hamburg[76] mit der Begründung, dass der Mieter in diesem Falle mit den durch den Vormieter verursachten Abnutzungen belastet würde). Hieraus lässt sich entnehmen, dass die Verpflichtung zur Anfangsrenovierung auch generell unwirksam ist.[77] Keine Unwirksamkeit liegt vor, wenn der Mieter nicht nur nach Fristenplan, sondern auch verpflichtet wird, „alle je nach dem Grad der Abnutzung und Beschädigung erforderlichen Arbeiten unverzüglich auszuführen".[78]

c) Laufende Schönheitsreparaturen und Endrenovierung

57 Endrenovierungsklauseln sind grundsätzlich unwirksam, soweit sie auf den Renovierungszustand der Wohnung und eine während der Mietzeit durchgeführte Renovierung keine Rücksicht nehmen.[79] Unwirksam sind Klauseln, die die Renovierung nach einem Fristenplan beinhalten und

---

[71] BGH NZM 2006, 459.
[72] BGH GE 2008, 1045.
[73] BGH NZM 2008, 363.
[74] LG München II NZM 2008, 608.
[75] WuM 1993, 175.
[76] WuM 1991, 523.
[77] BGH NJW 1998, 3114.
[78] BGH NJW 2005, 1426.
[79] OLG Frankfurt RES Band I, § 536 BGB Nr. 5; OLG Hamm RES Band I, § 536 BGB Nr. 2.

zusätzlich die Rückgabe in renoviertem Zustand vorsehen.[80] Die Unwirksamkeit erfasst auch die **Überwälzung** der laufenden Schönheitsreparaturen, also nicht nur die Endrenovierungsklausel.[81] Dies gilt nach der letztgenannten BGH-Entscheidung auch dann, wenn die Klauseln äußerlich voneinander getrennt sind und eine der Klauseln für sich betrachtet unwirksam ist. Handelt es sich um eine **„isolierte" Endrenovierungsklausel,** neben der der Mieter zu laufenden Schönheitsreparaturen nicht verpflichtet ist, ist diese Klausel wegen Benachteiligung des Mieters nach § 307 BGB unwirksam.[82]

d) Schönheitsreparaturen nach Fristenplan

Eine Formularklausel, die den Mieter verpflichtet, die Schönheitsreparaturen während der Vertragsdauer nach einem Fristenplan durchzuführen, ist grundsätzlich wirksam.[83] Ist ein Fristenplan nicht ausdrücklich vertraglich vereinbart, ist der Vertrag nach der Verkehrssitte dahin auszulegen, dass die Fristen nach § 7 des Mustermietvertrages 1976 heranzuziehen sind.[84] **58**

Wichtig ist, dass Fristen in einem Fristenplan nicht absolut gesetzt werden dürfen **(starrer Fristenplan).** Grund hierfür ist, dass sich der Umfang der Renovierungspflicht nach dem Grad der tatsächlichen Abnutzung richtet. Das Transparenzgebot des § 307 Abs. 1 Satz 2 BGB erfordert, dass sich die Möglichkeit des Einwands der geringeren oder größeren Abnutzung aus dem Wortlaut der Klausel selbst ergeben muss.[85] **59**

Bereits der **Mustermietvertrag** des Bundesministeriums der Justiz von **1976** sieht vor, dass „im Allgemeinen" Schönheitsreparaturen nach einem Fristenplan durchzuführen sind. Nach einem Urteil des LG Köln[86] ist eine formularvertragliche Klausel, die dem Mieter die Schönheitsreparaturen mit festem Turnus auferlegt, ohne die Erforderlichkeit der Renovierung zu berücksichtigen, jedenfalls im Hinblick auf das Streichen der Heizkörper und Türen unwirksam. Ähnlich LG Marburg[87] und LG München I[88] und LG Hamburg.[89] **60**

Der Mustermietvertrag des Bundesministeriums der Justiz von 1976 enthält folgenden Fristenplan: „Im Allgemeinen werden Schönheitsreparaturen in den Mieträumen in folgenden Zeitabständen erforderlich sein: **61**

[80] LG Berlin GE 1999, 775; ebenso LG Frankfurt a. M. NZM 2001, 191.
[81] LG Berlin NZM 1998, 403; BGH NZM 2003, 755.
[82] BGH NZM 2007, 921.
[83] BGH WuM 1987, 306; BGH WuM 2005, 50.
[84] BGH NJW 1985, 2575; KG DWW 2004, 259.
[85] LG Mannheim NZM 2006, 223.
[86] WuM 1997, 434.
[87] ZMR 2000, 539.
[88] WuM 1997, 549.
[89] NZM 2004, 295.

In Küchen, Bädern und Duschen alle drei Jahre, in Wohn- und Schlafräumen, Fluren, Dielen und Toiletten alle fünf Jahre, in anderen Nebenräumen alle sieben Jahre".

62 Dieser Fristenplan stellt eine Richtlinie dar, wann Mieträume üblicherweise renoviert werden müssen. Die Fristen dürfen daher **vertraglich weder unzulässig verkürzt werden noch dürfen sie „starr" sein.** Dass sowohl die Dauer der Fristen als auch die Regelung, dass die Fristen nicht starr sind, in diesem Vertrag in einer Fußnote enthalten sind, soll nach BGH[90] nicht schaden in Bezug auf den Mustermietvertrag 1976. Schönheitsreparaturklauseln mit starren Fristen sind im Übrigen auch bei der Vermietung von Gewerberaum unwirksam.[91]

63 In neuerer Zeit hat sich in Rechtsprechung und Literatur eine Tendenz zur Verlängerung der bisher angenommenen Fristenfolge von drei, fünf und sieben Jahren herausgebildet. Grund ist die Verwendung besserer Dekorationsmaterialien und veränderter Wohngewohnheiten. Insofern könnte sich für künftige Formularverträge zB eine Abfolge von fünf, sieben und zehn Jahren als erforderlich erweisen.[92]

Folgende Einzelheiten sind zu beachten:

64 – Enthält ein Fristenplan von vornherein sehr kurze Fristen, ist die Schönheitsreparaturvereinbarung insgesamt unwirksam. Hierzu LG Berlin:[93] „Fristen für Schönheitsreparaturen in Nassräumen alle zwei Jahre und in Wohnräumen alle drei Jahre"; nochmals LG Berlin:[94] „Schönheitsreparaturen in Küchen und Bädern alle zwei Jahre, in Wohnräumen und Schlafräumen alle drei Jahre und in den übrigen Räumen alle fünf Jahre").[95]

65 – Wirksam soll nach BGH[96] ein formularmäßiger Vierjahresrenovierungsintervall für Lackierarbeiten sein. Bereits bisher haben die Gerichte es zunehmend als eine unangemessene Benachteiligung des Mieters angesehen, wenn dieser zu Lackierarbeiten durch einen Fristenplan in zu kurzen Abständen verpflichtet werde. Sinnvollerweise trennten daher viele **Formularverträge** zwischen den Fristen für Streicharbeiten und Lackierarbeiten. Das LG Marburg[97] geht davon aus, dass ein Fristenplan, der das Streichen von Türen und Fenstern alle drei Jahre, in Küche, Bad und Toilette als bestimmte Frist, also nicht nach Abnutzung, vorsieht, unwirksam ist. Ebenso meint das LG München I,[98] dass Lackierungsarbeiten nicht ohne Rücksicht auf den

[90] BGH NZM 2004, 497.
[91] BGH GE 2008, 1556.
[92] Vgl. BGH NZM 2007, 879.
[93] WuM 1996, 758.
[94] ZMR 1998, 705.
[95] Ebenso LG Berlin WuM 2000, 183.
[96] BGH NZM 2005, 299.
[97] ZMR 2000, 539.
[98] WuM 1997, 549.

Zustand alle fünf Jahre bzw. Lasierarbeiten alle drei Jahre verlangt werden könnten.

- **„Starr"** sind Fristen dann nicht, wenn aus ihnen durch Formulierungen wie „im Allgemeinen" oder „im Regelfall" erkennbar ist, dass es sich nur um einen Näherungswert handelt, von dem auch nach oben abgewichen werden kann.[99] **66**
- **„Starr"** sind Fristen mit Formulierungen, dass „spätestens" nach bestimmten Zeitabständen zu renovieren ist,[100] dasselbe gilt für die Formulierung „mindestens". **67**
- Enthält der Vertrag die Klausel, dass die Schönheitsreparaturen „in der Regel ... spätestens" nach bestimmten Fristen durchzuführen seien, handelt es sich um eine wirksame Klausel.[101] **68**
- Sieht eine **Formularklausel** vor, dass nach billigem Ermessen des Vermieters eine Verlängerung oder Verkürzung der Fristen in Ausnahmefällen stattfindet, ist diese Frist **nicht „starr".** Das Ermessen des Vermieters reduziert sich auf „Null", wenn der Zustand der Wohnung eine Renovierung nicht erfordert.[102] Eine starre Frist liegt auch dann nicht vor, wenn auf Antrag des Mieters der Vermieter verpflichtet ist, die Frist zu verlängern.[103] **69**
- Enthält ein Mietvertrag die Formulierung „Der Mieter ist verpflichtet, die Schönheitsreparaturen ordnungsgemäß auszuführen. Auf die üblichen Fristen (drei, fünf und sieben Jahre) wird Bezug genommen", handelt es sich um einen starren Fristenplan und damit eine unwirksame Schönheitsreparaturverpflichtung.[104] **70**
- Die Formulierung in einem Fristenplan, dass Schönheitsreparaturen **„regelmäßig"** nach bestimmten Fristen auszuführen seien, stellt einen starren Fristenplan dar.[105] **71**
- Behauptet der Mieter, dass die Fristen nach einem Fristenplan nicht abgelaufen sind, hat er nach § 362 BGB insoweit die Beweislast.[106] **72**

e) Quotenklausel

Früher war die Auffassung des BGH, dass eine formularvertragliche Quotenregelung, die den Mieter verpflichtet, die Schönheitsreparaturen nicht selbst durchzuführen, sondern sich an ihnen je nach Zeitablauf **73**

[99] BGH NZM 2004, 653 und BGH NZM 2004, 901.
[100] BGH NZM 2005, 299.
[101] BGH NZM 2005, 860.
[102] BGH NZM 2005, 299.
[103] BGH NZM 2005, 58.
[104] BGH WuM 2006, 377.
[105] KG Berlin NZM 2008, 643.
[106] BGH NJW 1998, 3114.

seit Durchführung der letzten Schönheitsreparaturen quotenmäßig zu beteiligen, wirksam ist.[107]

74 Nunmehr hat der BGH[108] entschieden, dass entgegen der bisherigen Rechtsprechung eine Quotenabgeltungsklausel den Mieter nach § 307 Abs. 1 BGB unangemessen benachteiligt und daher unwirksam ist, da sie vom Mieter bei Vertragsschluss verlangt, zur Ermittlung der auf ihn bei Vertragsbeendigung zukommenden Kostenbelastung mehrfach hypothetische Betrachtungen anzustellen, die eine sichere Einschätzung der tatsächlichen Kostenbelastung nicht zulassen. Die formularmäßig vereinbarte Übertragung der Schönheitsreparaturen auf den Mieter soll durch die Unwirksamkeit der Quotenklausel nicht berührt werden.[109]

f) Zahlung der Renovierungskosten ohne Nachfristsetzung

75 Eine Klausel, die vorsieht, dass der Mieter zum Schadensersatz wegen nicht durchgeführter Schönheitsreparaturen oder zur Zahlung der Renovierungskosten bei Vertragsende verpflichtet wird, ohne dass ihm eine Nachfrist gesetzt worden ist, ist unwirksam und zwar auch dann, wenn ein vereinbarter Fristenplan abgelaufen ist. Nach der Rechtsprechung des BGH ist die Verpflichtung des Vermieters zur Durchführung der Schönheitsreparaturen eine Hauptpflicht aus dem Mietverhältnis nach § 535 BGB. Sie bleibt eine Hauptpflicht auch bei Übertragung auf den Mieter und ist dann Teil der für die Gebrauchsüberlassung geschuldeten Gegenleistung.[110] Dies bedeutet, dass die Nachfristsetzung nach §§ 323, 325, 281 BGB erforderlich ist und nach § 309 Nr. 4 BGB auch nicht durch Formularmietvertrag abbedungen werden kann.

g) Bezugsfertige Rückgabe

76 Sieht ein Formularmietvertrag statt einer üblichen Schönheitsreparaturklausel vor, dass der Mieter die Mieträume „bezugsfertig" zurückzugeben habe, ist dies nach den Umständen des Einzelfalls zu beurteilen.[111] Grundsätzlich bedeutet bezugsfertig lediglich, dass die Räume einem Nachmieter mit durchschnittlichen Anforderungen angeboten werden können, nicht, dass der Mieter die Schönheitsreparaturen durchzuführen habe.[112]

h) Besenreine Rückgabe

77 Die Formulierung „besenrein" bedeutet nicht, dass der Mieter zur Durchführung von Schönheitsreparaturen verpflichtet wäre, sondern stellt le-

[107] BGH NZM 2004, 615.
[108] BGH WuM 2015, 343.
[109] BGH NZM 2008, 605; BGH NZM 2009, 197.
[110] BGH DWW 1995, 279.
[111] OLG Düsseldorf ZMR 1994, 259.
[112] BGH ZMR 1992, 180.

diglich eine Ausprägung der allgemeinen Rückgabepflicht aus § 546 BGB dar. Konkret heißt „besenrein", dass grobe Verschmutzungen zu beseitigen sind.[113] Soweit die Klauseln in Formularmietverträgen in Verbindung mit einer üblichen Schönheitsreparaturklausel auftauchen, wird man hier nicht eine Widersprüchlichkeit der beiden Klauseln sehen können, das heißt der Mieter ist – bei wirksamer Schönheitsreparaturklausel – zur Renovierung verpflichtet.

i) Rückgabe wie übernommen

Die Formularklausel, dass Mieträume beim Auszug im Zustand wie **78** übernommen zurückzugeben seien, kann bei kurzer Mietdauer nicht bedeuten, dass der Mieter zur Durchführung der Schönheitsreparaturen verpflichtet ist, auch wenn die Mieträume beim Einzug frisch renoviert waren. Auch in diesem Fall wird man bei frisch renovierter Übernahme der Wohnung einen üblichen Fristenplan anwenden müssen. Wurde jedoch die Wohnung nicht renoviert übergeben, kann die Klausel nur bedeuten, dass sie in eben solchem Zustand wieder zurückgegeben werden kann.

Der Vermieter kann einen ordnungsgemäßen bzw. frisch renovierten **79** Zustand der Mieträume bei Einzug nicht dadurch vertraglich manifestieren, dass er in den Mietvertrag eine Klausel folgenden Inhalts aufnimmt: „Dem Mieter ist der Zustand der Mieträume bekannt, er erkennt sie als ordnungsgemäß, zweckentsprechend und zum vertragsmäßigen Gebrauch tauglich an". Hier handelt es sich um **eine Beweislastumkehr** zum Nachteil des Mieters, § 309 Nr. 12 BGB. Dem Mieter wird durch die Klausel der Nachweis dafür abgeschnitten, dass sich die Räume bei Einzug in einem schlechteren Zustand befunden hätten.[114]

j) Kombination Schönheitsreparaturen und Kleinreparaturen

Enthält ein Formularmietvertrag die Klausel: „Der Mieter hat während **80** der Dauer des Mietverhältnisses auf seine Kosten notwendig werdende Schönheitsreparaturen ordnungsgemäß auszuführen, Licht-, Klingelanlagen, Schlösser, Wasserhähne, Klosettspülung, Abflüsse, Öfen, Herde, Heizungs- und Kochgeräte, Boiler und dergleichen in gebrauchsfähigem Zustand zu erhalten und zerbrochene Glasscheiben zu ersetzen", so ist nach BayObLG[115] der Teil der Klausel, durch den sich der Mieter verpflichtet, auf seine Kosten während der Dauer des Mietverhältnisses notwendige Schönheitsreparaturen ordnungsgemäß auszuführen, wirksam.

Das BayObLG sieht hier keinen Fall der geltungserhaltenden Reduk- **81** tion, sondern der Teilbarkeit der Klausel. Der Teil der Klausel, der

113 BGH WuM 2006, 513.
114 LG Berlin GE 1985, 829.
115 WuM 1997, 362.

Instandhaltungsarbeiten betrifft, ist schon deshalb unwirksam, weil er den Grundsätzen des BGH für eine wirksame Kleinreparaturklausel in mehrfacher Weise widerspricht (vgl. → Rn. 135 ff.).

3. Mieterhöhungsanspruch wegen unwirksamer Schönheitsreparaturverpflichtung?

82 Zunehmend beschäftigen sich Rechtsprechung[116] und Literatur[117] mit der Frage, ob angesichts der Rechtsprechung insbesondere des BGH zum **Summierungseffekt** und zu Fristenplänen und der daraus folgenden Unwirksamkeit einer Anzahl von Schönheitsreparaturklauseln der Vermieter bei einer Mieterhöhung einen Zuschlag zur ortsüblichen Miete verlangen könne.

83 Unter der Voraussetzung, dass die Werte des Frankfurter Mietspiegels auf der Grundlage beruhten, dass der Mieter die Schönheitsreparaturen durchführt, nimmt das AG Frankfurt a. M.[118] an, dass der Vermieter bei Unwirksamkeit der Klausel berechtigt sei, die Zustimmung zu einer entsprechenden Mieterhöhung bei Unwirksamkeit der Klausel zu verlangen. Es geht hierbei um einen Zuschlag von 0,70 €/qm monatlich (8,50 €/qm jährlich) in entsprechender Anwendung von § 28 Abs. 4 II. Berechnungsverordnung. Das AG Langenfeld[119] meint, dass es sich hierbei nur um einen Höchstbetrag handeln könne, im Normalfall aber nur ein Mittelwert, zB 0,54 €/qm monatlich oder die Kosten der Eigenarbeit des Mieters, die mit 0,18 € bis 0,20 €/qm monatlich angesetzt werden dürfte.

84 Börstinghaus[120] weist zu Recht darauf hin, dass diese Rechtsprechung schon deshalb Bedenken begegne, weil sich der Vermieter auf die Unwirksamkeit der von ihm selbst gestellten Klausel berufen müsse. Das wirtschaftliche Risiko der Unwirksamkeit der Klausel werde vom Vermieter auf den Mieter übertragen.

85 Das Gebot der Rücksichtnahme nach § 241 Abs. 2 BGB gebiete es, dass der Vermieter dem Mieter in diesen Fällen die Vereinbarung einer wirksamen Schönheitsreparaturklausel anbieten müsse, allerdings dürfe keine Rückwirkung der Vertragsänderung angeboten werden. Unterbleibt dann die Vertragsänderung, müsste der Mietzuschlag möglich sein.[121] Hinzu kommt, dass zB beim **Münchener Mietspiegel** die Frage, wer – Mieter oder Vermieter – die Schönheitsreparaturen trägt, gar nicht Gegenstand der statistischen Erhebung gewesen sein soll.

---

[116] ZB AG Bretten DWW 2005, 293; AG Frankfurt a. M. NZM 2005, 862.
[117] Börstinghaus NZM 2005, 931.
[118] NZM 2005, 862.
[119] NZM 2006, 178.
[120] NZM 2005, 931.
[121] LG Düsseldorf WuM 2006, 387.

Das AG Nürnberg/Fürth[122] vertritt die Auffassung, dass dann der bezeichnete Mieterhöhungsanspruch nicht gegeben sei, wenn vom Vermieter nach Unwirksamkeit der Abwälzung der Schönheitsreparaturen auf den Mieter nicht konkret die laufenden Schönheitsreparaturen verlangt würden oder zumindest die konkrete Befürchtung hierfür bestünde. Würde dies vom Vermieter nämlich nicht verlangt, so würde er aus der Unwirksamkeit der von ihm selbst gestellten Klausel einen wirtschaftlichen Vorteil ziehen. 86

Das OLG Karlsruhe[123] und das LG Wiesbaden[124] nahmen an, dass im **Mieterhöhungsverfahren** ein Zuschlag bei Unwirksamkeit der formularmäßigen Überbürdung der Schönheitsreparaturen auf den Mieter in Höhe von 8,50 €/qm und Jahr möglich sei.[125] Der BGH hat die Frage dahin entschieden, dass ein Zuschlag zur ortsüblichen Miete im Rahmen eines Mieterhöhungsverlangens bei unwirksamer Schönheitsreparaturklausel nicht zulässig ist.[126] Durch einen solchen Zuschlag würden nicht gerechtfertigte Kostenelemente in den Bereich des nicht preisgebundenen Wohnraums eingeführt. 87

Eine Gesetzeslücke bestünde nicht, da bei **Ausfall der Schönheitsreparaturklausel** die gesetzliche Regelung des § 535 BGB eingreife. Wegen § 306 Abs. 2 BGB liege auch kein Wegfall der Geschäftsgrundlage vor. Dies gelte auch bei ehemals preisgebundenen und aus der Preisbindung entlassenen Wohnungen.[127] Für den Fall, dass bereits bei Vertragsschluss ein Zuschlag für Schönheitsreparaturen im Vertrag ausgewiesen ist, hat der BGH entschieden, dass dieser Zuschlag wirksam ist.[128] 88

III. Durchführung der Schönheitsreparaturen durch den Mieter

1. Grundsätzliches

Bei Durchführung der Schönheitsreparaturen durch den Mieter muss seine Arbeit den Anforderungen einer fachgerechten Leistung entsprechen. Gefordert wird fachhandwerkliches Niveau, nicht Hobbyqualität.[129] Der Vermieter kann jedoch nicht von vornherein verlangen bzw. dies durch AGB-Klausel regeln, dass die Schönheitsreparaturen durch Fachhandwerker ausgeführt werden. Eine diesbezügliche Klausel ist unwirksam.[130] 89

122 WuM 2006, 38.
123 NZM 2007, 481.
124 NZM 2008, 125.
125 Vgl. auch – ablehnend – Flatow WuM 2007, 551.
126 BGH NZM 2008, 641.
127 BGH NZM 2012, 80.
128 BGH 30.5.2017 – VIII ZR 31/17.
129 LG Berlin GE 2000, 676.
130 OLG Stuttgart WuM 1993, 528.

90 Die Unwirksamkeit der **Fachhandwerkerklausel** soll nach dem Rechtsentscheid des OLG Stuttgart aber nicht die ganze Klausel erfassen, sondern nur den Teil, der dem Mieter die Selbstdurchführung untersagt.[131] Eine in einem Wohnraummietvertrag enthaltene Klausel, wonach es dem Mieter obliegt, die Schönheitsreparaturen „ausführen zu lassen", ist unwirksam, weil sie als Fachhandwerkerklausel verstanden werden kann.[132]

91 Wenn die Eigenarbeiten des Mieters Qualitätsanforderungen nicht entsprechen, zum Beispiel wenn er Farbmaterial ungeeigneter Qualität verwendet, ist die **Verpflichtung zur Durchführung** der Schönheitsreparatur nicht erfüllt.[133] Weigert sich der Mieter, weitere Arbeiten in fachgerechter Weise durchzuführen, ist gegebenenfalls Nachfristsetzung gemäß §§ 323, 325, 281 BGB erforderlich. Der Mieter kann sich bei nicht fachgerechter Durchführung der Schönheitsreparaturen auch nicht auf Ausführung durch einen Fachbetrieb berufen.[134]

92 Enthält ein Mietvertrag eine **Formularklausel,** nach der der Mieter Schönheitsreparaturen durchzuführen hat und nur mit Zustimmung des Vermieters von der „bisherigen Ausführungsart" abweichen darf, so ist die Schönheitsreparaturklausel insgesamt unwirksam.[135] Die Entscheidung wird damit begründet, dass der Begriff „Ausführungsart" unklar sei und der Mieter unangemessen in seiner Gestaltungsfreiheit beschränkt würde. Eine Vertragsklausel ist unwirksam, wenn sie den Mieter verpflichtet, auch die laufenden Schönheitsreparaturen in **neutralen, hellen und deckenden Farben** auszuführen.[136]

93 Der BGH geht grundsätzlich davon aus, dass Vertragsklauseln unwirksam sind, die dem Mieter vorschreiben, auch die laufenden Schönheitsreparaturen in einem bestimmten Farbton auszuführen.[137] Ebenso ist eine Vertragsklausel unwirksam, die ua lautet: „Die Schönheitsreparaturen umfassen insbesondere … das Weißen der Decken und Oberwände".[138] Unter dem **Begriff „Weißen"** könne nicht nur streichen, sondern auch ein Anstrich in weißer Farbe zu verstehen sein.

94 Andererseits ist eine Vertragsklausel, betreffend die Farbgebung bei Holzteilen in der Mietwohnung **wirksam,** wenn sie sich nur auf die Farbgestaltung **am Ende** des Mietverhältnisses bezieht.[139] Auch hier gilt

---

[131] AA AG Köln ZMR 1996, 1: Unwirksamkeit nach § 305c BGB.

[132] BGH NZM 2010, 615.

[133] AG Freiburg WuM 1986, 242.

[134] LG Berlin GE 2000, 811.

[135] BGH NZM 2007, 398.

[136] BGH NZM 2008, 605.

[137] BGH NZM 2008, 605: „neutrale, helle, deckende Farben"; BGH WuM 2009, 224: „neutrale Farbtöne".

[138] BGH NZM 2009, 903.

[139] BGH WuM 2008, 722: „Rückgabe wie bei Vertragsbeginn oder in Weiß oder hellen Farbtönen".

aber, dass die Farbwahlklausel bei Rückgabe dem Mieter einen gewissen Spielraum lassen muss („andere dezente Farbtöne").[140]

2. Der Mieter ist vertraglich nicht verpflichtet, führt aber die Schönheitsreparaturen durch

Führt der Mieter Schönheitsreparaturen durch, weil er sich hierzu auf- **95** grund einer unwirksamen Vertragsklausel verpflichtet fühlt, kann er hierfür Schadenersatz verlangen.[141] Der Schadenersatz umfasst die Materialkosten und den Arbeitsaufwand, auch den Einsatz der eigenen Arbeitskraft, § 280 BGB.

IV. Voraussetzungen des Schadensersatzanspruchs des Vermieters

1. Nachfristsetzung, §§ 323, 325, 281 BGB

Der Mieter ist verpflichtet, bei wirksamer Schönheitsreparaturklausel **96** bis zur Beendigung des Mietverhältnisses die Schönheitsreparaturen durchzuführen. Nachdem es sich jedoch um eine Hauptpflicht aus dem Mietverhältnis handelt, gerät der Mieter mit dem Ende des Mietverhältnisses nicht in Verzug, wenn die Schönheitsreparaturen bis zu diesem Zeitpunkt nicht durchgeführt sind, vielmehr muss der Vermieter eine Nachfrist gemäß §§ 323, 325, 281 BGB setzen. Die Fälligkeit der Verpflichtung Schönheitsreparaturen durchzuführen, tritt nämlich erst mit dem Ende des Mietverhältnisses ein.[142] Wenn das Ende der gesetzten Frist mit dem Mietvertragsende übereinstimmt, ist die Fristsetzung unwirksam.[143]

Eine Ausnahme hinsichtlich des Zeitpunkts der Nachfristsetzung gilt **97** für den Fall, dass der Mieter gekündigt und die Räume zurückgegeben hat und zweifelsfrei feststeht, dass die Räume nicht mehr in Anspruch genommen werden. Hier soll die Nachfristsetzung bereits vor der vertragsmäßigen Beendigung des Mietverhältnisses möglich sein.[144]

Soweit das OLG Koblenz[145] davon ausgeht, dass dem Vermieter, der **98** keine Nachfrist gesetzt hat, bereicherungsrechtliche Ansprüche aus **Geschäftsführung ohne Auftrag** nach den §§ 677, 684, 812 BGB verbleiben, stützt sich diese Ansicht zu Unrecht auf die Rechtsprechung des BGH. Ansprüche aus GoA werden durch die §§ 323, 325, 281 BGB verdrängt.[146]

---

140 BGH NJW 2011, 514 = NZM 2011, 150.
141 AG Bautzen WuM 2021, 240.
142 BGH NJW 1991, 2416.
143 LG Berlin GE 2001, 697.
144 LG Berlin GE 1996, 261.
145 WuM 2000, 22.
146 Vgl. Wiek WuM 2000, 11.

99 Die Nachfrist ist schriftlich zu setzen und muss einen angemessenen Zeitraum über den Beendigungszeitpunkt des Mietverhältnisses hinaus umfassen. Grundsätzlich dürfte eine Gesamtfrist von 14 Tagen ausreichend sein.[147] Durch die Setzung einer zu kurzen **Nachfrist** wird eine angemessene Nachfrist in Lauf gesetzt.[148] Der Mieter muss einer zu kurz gesetzten Nachfrist nicht widersprechen. Gibt der Vermieter bei der Fristsetzung zu erkennen, dass er nach Fristablauf jede Erfüllung durch den Mieter ablehnt und ist die Fristsetzung eindeutig zu kurz, ist ein nachfolgender Schadensersatzanspruch ausgeschlossen.[149]

100 Inhalt der Nachfristsetzung muss eine Zustandsbeschreibung der Mieträume und Nennung der auszuführenden Arbeiten sein. Hierbei kann auf ein Übergabeprotokoll Bezug genommen werden. Die Zustandsbeschreibung kann dann unterbleiben, wenn der Zustand der Mieträume und die erforderlichen Schönheitsreparaturen zwischen den Parteien unstreitig sind.

101 Wichtig ist, dass die Nachfrist nur durch den Vermieter oder einen bevollmächtigten Vertreter gesetzt werden kann (nicht zB durch den Hausmeister). Im Falle einer Mehrheit von Personen auf Vermieter – und/oder Mieterseite muss das Fristsetzungsschreiben von allen Vermietern allen Mietern gegenüber erklärt werden.

2. Entbehrlichkeit der Nachfristsetzung

a) Ernsthafte und endgültige Erfüllungsverweigerung

102 Entbehrlich ist die Nachfristsetzung, wenn der Mieter die Erfüllung der Verpflichtung, die **Schönheitsreparaturen** durchzuführen, ernsthaft und endgültig verweigert,[150] §§ 323 Abs. 2 Nr. 1, 281 Abs. 2 BGB. Voraussetzung ist allerdings grundsätzlich, dass der Vermieter dem Mieter zuvor konkret mitgeteilt hat, welche Schönheitsreparaturen durchzuführen sind.[151]

103 Die **Erfüllungsverweigerung** kann ausdrücklich geschehen, so dadurch, dass der Mieter erklärt, keine Schönheitsreparaturen durchzuführen oder über bereits geleistete unzureichende Arbeiten hinaus nichts mehr zu machen. Teilt der Mieter lediglich eine abweichende Rechtsauffassung mit, liegt hierin keine endgültige Erfüllungsverweigerung.[152]

104 Soweit der BGH davon ausgeht, dass der Auszug des Mieters, der vor seinem Auszug auf die Notwendigkeit der Schönheitsreparaturen hingewiesen worden ist, bereits eine **endgültige Erfüllungsverweigerung**

[147] KG NZM 2007, 356.
[148] LG Berlin GE 1989, 413.
[149] LG Itzehoe WuM 1997, 175.
[150] OLG Celle WuM 1982, 317.
[151] KG NZM 2007, 356.
[152] LG Berlin NZM 2000, 1178: „Äußerung rechtlicher Zweifel".

darstellt, wenn die Schönheitsreparaturen nicht durchgeführt worden sind,[153] ist diese Entscheidung, die sich auf ein gewerbliches Mietverhältnis bezieht, nicht auf Wohnraummietverhältnisse zu übertragen.

Bei Wohnraummietverhältnissen sind aus Gründen des Mieterschutzes höhere Anforderungen zu stellen. Das bedeutet, dass die **konkludente Erfüllungsverweigerung** nur in Ausnahmefällen angenommen werden kann, also dann nicht ohne weiteres, wenn der Mieter ohne Schönheitsreparaturen durchzuführen, auszieht[154] oder wenn der Aufenthalt des ausgezogenen Mieters zunächst unbekannt ist.[155] Der Vermieter muss zumindest einfache Nachforschungen nach dem Aufenthalt des Mieters, so eine Anfrage beim Einwohnermeldeamt, durchführen.[156] **105**

b) Anerkenntnis des Mieters – Individuelle Endrenovierungsverpflichtung im Übergabeprotokoll

Möglich ist, dass der Mieter unabhängig vom Inhalt des Mietvertrages bzw. dem Vorliegen einer wirksamen Schönheitsreparaturklausel anerkennt, bestimmte Renovierungsarbeiten zu schulden. Hierin kann ein Schuldanerkenntnis nach § 781 BGB liegen.[157] Soweit dieses Anerkenntnis im Rahmen einer Übergabeverhandlung bzw. eines Übergabeprotokolls abgegeben wird, ist jedoch insoweit Vorsicht geboten, als auch Übergabeprotokolle an § 307 BGB zu messen sind.[158] Etwas anderes gilt dann, wenn die Übernahme der Renovierungspflicht im Übergabeprotokoll individuell vereinbart worden ist. Diese wird dann auch nicht von einer Unwirksamkeit der vertraglichen Schönheitsreparaturklausel erfasst.[159] Es stellt sich jeweils auch die Frage, ob es sich um ein deklaratorisches oder ein konstitutives Schuldanerkenntnis handelt. **106**

Umgekehrt kann in der **vorbehaltlosen Annahme** der Mieträume durch den Vermieter dadurch, dass das Übergabeprotokoll keine Beanstandungen enthält, ein **negatives Schuldanerkenntnis** des Vermieters gesehen werden, das einen **Schadensersatzanspruch** ausschließt.[160] **107**

Auch in der vorbehaltlosen Annahme der Wohnungsschlüssel bei Übergabe mit der damit verbundenen Erklärung, dass die Wohnung sich in einem ordnungsgemäßen Zustand befindet, kann ein Verzicht auf Schönheitsreparaturen und einen entsprechenden Schadensersatzanspruch liegen, nicht jedoch allein in der Rückgabe der Mietkaution.[161] **108**

---

[153] BGH NJW 1991, 2416.
[154] LG Berlin GE 2002, 1199.
[155] LG Berlin GE 1985, 259.
[156] AG Bremerhaven WuM 1987, 250.
[157] LG Berlin ZMR 2000, 535.
[158] Vgl. Emmerich NZM 2000, 1162.
[159] BGH NZM 2009, 233.
[160] Vgl. Schmidt-Futterer/Lehmann-Richter BGB § 538 Rn. 132 ff., 167 ff.
[161] AG Charlottenburg GE 2000, 474: für einen späteren Anspruch auf Nachzahlung der Nebenkosten.

V. Umfang des Schadensersatzanspruchs

1. Allgemeines

109 Anspruchsvoraussetzung ist, dass
- der Mieter wirksam vertraglich verpflichtet wurde, Schönheitsreparaturen auszuführen
- nach Fristablauf und tatsächlichem Zustand die Schönheitsreparaturen erforderlich sind
- der Mieter die Schönheitsreparaturen nicht oder nicht fachgerecht oder nicht vollständig ausgeführt hat
- der Mieter vergeblich unter Nachfristsetzung zur Durchführung der Arbeiten aufgefordert worden ist
- **oder** der Mieter die Durchführung der Arbeiten ernsthaft und endgültig verweigert hat
- **oder** der Mieter für den Vermieter nach Auszug nicht mehr erreichbar war
- der Vermieter darauf im Wege der Ersatzvornahme die erforderlichen Schönheitsreparaturen selbst durchgeführt hat oder hat durchführen lassen
- **oder** der Vermieter die Kosten der Schönheitsreparaturen auf Grund eines Kostenvoranschlags geltend macht.

2. Kosten der Renovierung

110 Der Schadensersatzanspruch des Mieters umfasst die Kosten der Schönheitsreparaturen in Höhe der objektiv erforderlichen Renovierungskosten.[162] Objektiv erforderlich sind nur die Kosten, die durch Abnutzung durch vertragsmäßigen Gebrauch verursacht worden sind. Im Rahmen der Geltendmachung des Schadensersatzanspruchs dürfen die Kosten nicht als Pauschalrechnung, sondern nur spezifiziert bzw. in einer Rechnung mit Aufmaß geltend gemacht werden.[163] Ist der Vermieter seinen Verpflichtungen nach § 535 BGB, die Mieträume in ordnungsgemäßem Zustand zu erhalten, nicht nachgekommen, indem er zum Beispiel bauseitige Schäden nicht beseitigt hat, gerät der Mieter, soweit diese Bereiche betroffen sind, nicht in Verzug, solange der Vermieter seiner Verpflichtung aus § 535 BGB nicht nachgekommen ist.

3. Weitere Ansprüche des Vermieters

111 Der Schadensersatzanspruch des Mieters umfasst weitere Ansprüche, so einen etwaigen **Mietausfall** für die Zeit, in der nach Beendigung des Mietverhältnisses die Schönheitsreparaturen bis zu einer möglichen

---

[162] OLG Köln ZMR 1987, 375.
[163] KG GE 2001, 1402.

Neuvermietung der Wohnung durchgeführt werden müssen.[164] Eine abstrakte Schadensberechnung dürfte hier allerdings nicht zulässig sein, das heißt, der Vermieter muss darlegen, dass eine sofortige tatsächliche Weitervermietung möglich gewesen wäre.[165]

Weiter in Betracht kommt eine **Gewinneinbuße** des Vermieters bei ungünstigerer Neuvermietung durch die Verzögerung sowie die Kosten eines Sachverständigengutachtens, soweit dieses zweckdienlich ist, das heißt, den üblichen gerichtlichen Anforderungen an die Substantiierung der Mängel und der entstehenden Kosten entspricht (BGH[166] mit dem Hinweis, dass der Vermieter sich nicht auf weniger geeignete Beweismittel wie Zeugen oder Lichtbilder verweisen lassen muss). Ein derartiges Privatgutachten kann auch bei entsprechender Substanzhaltigkeit Schätzungsgrundlage für die Kosten der Schönheitsreparaturen durch das Gericht sein.[167] **112**

Die Kosten eines selbstständigen Beweisverfahrens können dem Mieter in einem nachfolgenden Schadensersatzprozess nach § 91 ZPO auferlegt werden. Kommt es im Anschluss an das Beweisverfahren nicht zum Hauptsacheprozess, muss der Vermieter diese Kosten als materiellen Schadensersatz einklagen, soweit nicht eine Kostenauferlegung über das Verfahren nach § 494a ZPO erfolgt. **113**

VI. Sonderfälle

1. Umbauarbeiten nach Vertragsende

Lässt der Vermieter in den Mieträumen nach dem Auszug des Mieters Umbauarbeiten durchführen, durch die die vom Mieter durchgeführten Schönheitsreparaturen wieder zerstört würden, wird der Mieter von der Verpflichtung, die Schönheitsreparaturen durchzuführen, frei, er muss allerdings nach der Rechtsprechung an den Vermieter einen Ausgleich in Geld zahlen, der sich auf den Bereich beschränkt, der von dem Umbau betroffen ist.[168] Hinsichtlich der übrigen Flächen der Mieträume verbleibt es bei der vertraglichen Regelung, die Schönheitsreparaturen durchzuführen.[169] **114**

Hat der Vermieter dem Mieter die Umbauabsicht angezeigt, darf der Mieter nicht mehr selbst renovieren. Nach OLG Oldenburg[170] schuldet der Mieter Geldersatz nach erfolgter Anzeige der Umbauabsicht durch den Vermieter auch dann, wenn er anschließend trotzdem selbst reno- **115**

164 LG Berlin GE 1996, 1373.
165 Vgl. Emmerich NZM 2000, 1160.
166 BGH WuM 2004, 466.
167 LG Berlin GE 1996, 1373; ebenso GE 2001, 697.
168 BGH WuM 2005, 50.
169 BGH WuM 1985, 46; OLG Oldenburg WuM 1992, 229.
170 ZMR 2000, 528.

viert. Nicht soll der Ausgleichsanspruch bestehen, wenn ein befristetes Mietverhältnis vorliegt und der Vermieter die Befristung mit Umbauarbeiten nach Vertragsende begründet hat.[171]

116 Der Zahlungsanspruch wird damit begründet, dass der vertragsuntreue Mieter aus der Nichterfüllung seiner vertraglichen Pflichten keine Vorteile erzielen dürfe, die Renovierungsverpflichtung sei Teil des vom Mieter zu leistenden Entgelts, die nicht entfallen dürfe.

117 Der vom Mieter zu zahlende Ausgleich in Geld darf nicht über den Betrag hinausgehen, den der Mieter für Eigenleistung oder die Arbeit von Verwandten oder Bekannten hätte aufwenden müssen, also in Form eines angemessenen Stundensatzes und Materialkosten (LG Berlin:[172] Nichtberechnung nach dem Kostenangebot eines Fachhandwerkers). Etwas anderes gilt nach BGH[173] dann, wenn der Mieter die Ausführung von Schönheitsreparaturen abgelehnt hat. In diesem Fall können Fachhandwerkerkosten für den Ausgleichsanspruch angesetzt werden.

2. Übernahme der Schönheitsreparaturen durch Nachmieter

118 Nach der überwiegenden Rechtsprechung muss sich der Vermieter im Falle, dass ein Nachmieter die Schönheitsreparaturen übernimmt, diese nicht anrechnen lassen.[174]

119 Anderer Ansicht sind das LG Nürnberg-Fürth[175] und das LG Itzehoe,[176] die auf dem Standpunkt stehen, dass im Falle der Übernahme der Schönheitsreparaturen durch den Nachmieter der Schadensersatzanspruch des Vermieters gegen den Vormieter entfällt, unter Heranziehung des Gedankens einer Vorteilsausgleichung oder Annahme eines Gesamtschuldverhältnisses zwischen Vormieter und Nachmieter nach § 421 BGB.

3. Renovierung trotz unwirksamer Schönheitsreparaturklausel

a) Schadensersatzanspruch des Vermieters

120 Führt der Mieter die Schönheitsreparaturen aus, obwohl er aufgrund keiner oder einer unwirksamen vertraglichen Vereinbarung hierzu nicht verpflichtet gewesen wäre, kommt trotzdem ein Schadensersatzanspruch des Vermieters dann in Betracht, wenn mangelhafte Ausführung durch den Mieter vorliegt, die zusätzliche **Kosten der Schadensbeseitigung**

---

[171] LG Hamburg WuM 1998, 663.
[172] ZMR 1999, 486.
[173] BGH WuM 2005, 50.
[174] OLG Hamburg ZMR 1984, 342; BGHZ 49, 61 ff.
[175] WuM 1984, 244.
[176] WuM 1992, 242.

verursacht.[177] Durch die mangelhafte Ausführung müssen zusätzliche Schäden verursacht worden sein.[178]

121 Nach LG Frankfurt a.M.[179] müssen die Kosten des Vermieters, die diesem aufgrund der mangelhaften Arbeiten des Mieters entstehen, jedoch höher sein, als die Kosten, die dem Vermieter selbst aufgrund der diesem obliegenden Renovierung entstanden wären. Der Vermieter hat also eine Vergleichsrechnung der jeweiligen Kosten darzustellen.

b) Rückforderung der Renovierungsleistung durch den Mieter

122 Erbringt der Mieter ordnungsgemäße Schönheitsreparaturleistungen, zu denen er aufgrund einer unwirksamen Schönheitsreparaturklausel nicht verpflichtet gewesen wäre, kommt in Betracht, dass er diese Leistungen nach Bereicherungsgrundsätzen zurückverlangen kann.[180] Als Anspruchsgrundlage kommt auch Vertragsverletzung des Mietvertrages durch Einbringung einer unwirksamen Klausel in den Mietvertrag in Betracht, es sei denn, dem Mieter war die Unwirksamkeit der Klausel bekannt. Hierbei ist jedoch fraglich, ob von einem Verschulden des Vermieters ausgegangen werden kann.

123 Nach Auffassung des LG Waldshut-Tiengen[181] kann der Mieter von ihm erbrachte **Renovierungsleistungen** nicht zurückzufordern, es sei denn, die Voraussetzungen einer Vertragsverletzung des Mietvertrages durch den Vermieter liegen vor. Der Anspruch wegen ungerechtfertigter Bereicherung nach § 812 BGB führe nämlich über die Vorschrift des § 539 Abs. 1 BGB. Es handele sich bei den Leistungen des Mieters um Verwendungen auf die Mietsache.

124 Notwendige Verwendungen nach § 536a Abs. 2 Nr. 2 BGB lägen nicht vor, nützliche Verwendungen im Sinne von § 539 Abs. 1 BGB seien nur in Verbindung mit den Vorschriften der **Geschäftsführung ohne Auftrag** nach den §§ 677 ff. BGB zu ersetzen. Insoweit fehle es dem Mieter aber am Fremdgeschäftsführungswillen, da er ein eigenes Geschäft wahrnehmen wolle. Ein Anspruch sei daher insoweit nicht gegeben.[182]

125 Angenommen werden könnte, dass ein unmittelbarer Anspruch nach § 812 BGB voraussetzt, dass der Vermieter durch die Schönheitsreparaturen des Mieters konkret bereichert ist, dass also eine Wertsteigerung der Mieträume eingetreten ist.[183] Vgl. auch BGH:[184] Bereicherung bei Ver-

---

177 LG Düsseldorf DWW 1996, 280.

178 BGH WuM 2009, 224.

179 NZM 2001, 191.

180 AG Bergisch-Gladbach WuM 1995, 479.

181 WuM 2000, 240.

182 Ebenso AG München NZM 2001, 1030, anders aber LG Stuttgart WuM 2004, 665 und LG Karlsruhe GE 2006, 851. Vgl. auch Lehmann-Richter WuM 2005, 747 ff.

183 So LG München I, Az. 31 S 23539/05, nicht veröff.

184 BGH GE 2006, 1224.

wendungen des Mieters ist die Möglichkeit, Vorteile aus einem erhöhten objektiven Ertragswert der Mieträume zu erzielen.

126 Nach BGH[185] besteht die Bereicherung des Vermieters jedoch im Wert des Zeitaufwands und des durch den Mieter aufgewendeten Materials und der Vergütung für dessen Helfer. Der Bereicherungsanspruch des Mieters verjährt nach § 548 Abs. 2 BGB sechs Monate nach Beendigung des Mietvertrags.[186]

VII. Verjährung

127 Schadensersatzansprüche des Vermieters wegen nicht durchgeführter Schönheitsreparaturen verjähren nach sechs Monaten gemäß § 548 BGB. Diese Verjährungsfrist betrifft u.a. auch Ansprüche des Vermieters aus unerlaubter Handlung gegen Dritte, die in den Schutzbereich des Vertrages einbezogen sind.[187] Für den Vermieter beginnt die Verjährungsfrist mit dem Zeitpunkt, zu welchem er die Mietsache zurückerhält. Dieser Zeitpunkt muss nicht identisch mit dem Zeitpunkt der Beendigung des Mietverhältnisses oder der Räumung sein.

128 **Beispiel:** Kommt der Mieter seiner Rückbaupflicht, das heißt, der Pflicht zur Entfernung eingebrachter Einrichtungen nach § 546 BGB bei Beendigung des Mietverhältnisses, nicht nach, ändert dies nichts am Beginn der Verjährungsfrist nach § 548 BGB, soweit der Vermieter die Räume zurückerhalten hat.[188]

129 Vereitelt der Vermieter die Rücknahme der Räume, obwohl er hierzu vertraglich verpflichtet wäre, beginnt die **Verjährungsfrist** auch dann, wenn der Mieter dem Vermieter die Übergabe vergeblich angeboten hat.[189] Der Vermieter gerät durch das Angebot der Übergabe in Annahmeverzug, der Mieter hat nach vorheriger Androhung das Recht zur Besitzaufgabe nach § 303 BGB.[190] Der **Begriff „Zurückerhalten"** bedeutet eine Veränderung der Besitzverhältnisse. Der Vermieter muss ohne Mitwirken des Mieters Zutritt zu den Räumen haben.[191]

130 Voraussetzung des Beginns der Verjährungsfrist ist neben der Besitzaufgabe durch den Mieter, dass der Vermieter hiervon Kenntnis erhält. Schlüsselübergabe an den Hausmeister genügt regelmäßig nicht.[192] Ein weiterer **Mitbesitz** des Mieters schadet dann nicht, wenn er mit Wissen und Wollen des Vermieters lediglich einen Schlüssel behält, um zum Beispiel noch Gegenstände aus den Mieträumen abzuholen oder Renovierungsarbeiten durchzuführen.[193]

---

[185] BGH NZM 2009, 541.
[186] LG Kassel NZM 2010, 860.
[187] BGH WuM 2006, 437.
[188] OLG Hamm ZMR 1996, 373.
[189] LG Mannheim WuM 1982, 298.
[190] OLG Düsseldorf DWW 1999, 149.
[191] LG Berlin GE 1990, 825.
[192] BGH NZM 2014.
[193] LG Berlin GE 1987, 683.

Tritt ein neuer Mieter in den Mietvertrag ein und scheidet der bisherige Mieter aus, ohne dass zwischenzeitlich der Vermieter die Räume in Besitz nimmt, soll die **Verjährung** nach § 548 BGB hinsichtlich des bisherigen Mieters mit dem Eintritt des neuen Mieters beginnen.[194] 131

Nachdem die Rechtsprechung zunächst auch nach der Mietrechtsreform im Falle einer **Nachfristsetzung** von Verjährungsbeginn erst nach Ablauf der Nachfrist ausgegangen ist, hat der BGH[195] nunmehr entschieden, dass die Verjährung des § 548 BGB auch dann mit dem Zeitpunkt beginnt, mit dem der Vermieter die Mietsache zurückerhält, wenn die Ansprüche erst zu einem späteren Zeitpunkt entstehen. Insofern stelle § 548 BGB eine Sonderregelung zu § 200 BGB dar. Der Zurückerhalt der Mieträume sei auch dann für den Verjährungsbeginn maßgeblich, wenn das Mietverhältnis später ende.[196] 132

Die Verjährung wird gehemmt durch Zustellung eines Mahnbescheids, § 204 Abs. 1 Nr. 3 BGB, wobei Rückwirkung auf Antragstellung hinsichtlich des Mahnbescheids besteht, soweit dieser demnächst zugestellt wird. Voraussetzung der **Verjährungshemmung** ist allerdings, dass der Anspruch im Antrag hinreichend individualisiert wird.[197] Ein geltend gemachter Schaden muss nach Art der Kosten aufgegliedert sein (also nicht nur „Anspruch aus beendetem Mietverhältnis“). 133

Andererseits kann zur Individualisierung die irrtümliche Bezeichnung im Mahnbescheid mit „Mietnebenkosten – auch Renovierungskosten“, obwohl es sich um einen Anspruch wegen Beschädigung handelt, genügen, wenn der Antragsteller gleichzeitig auf **ein vorprozessuales Anspruchsschreiben** Bezug nimmt, aus dem sich ergibt, wofür Schadensersatz verlangt wird.[198] Nicht gilt dies jedoch, wenn im Mahnantrag auf Rechnungen Bezug genommen wird, die dem Gegner nicht zugegangen sind und die nicht als Anlage beigefügt sind.[199] 134

VIII. Kleinreparaturen

So, wie die Abwälzung der Pflicht zur Durchführung der Schönheitsreparaturen eine Abweichung von der Instandhaltungspflicht des Vermieters nach § 535 Abs. 1 Satz 2 BGB darstellt, gilt dies auch für die Vereinbarung einer Kleinreparaturklausel. Bei Wohnraummietverträgen handelt es sich hier um die einzigen zulässigen Abweichungen von der gesetzlichen Regelung des § 535 BGB. 135

---

194 OLG Karlsruhe GE 1994, 341.
195 BGH WuM 2005, 126.
196 BGH ZMR 2006, 507.
197 KG GE 2002, 1490.
198 BGH NZM 2008, 202.
199 BGH GE 2008, 1421.

136 § 28 Abs. 3 Satz 2 der II. BV definiert den Begriff der „kleinen Instandhaltungen“. Hinsichtlich dieser Instandhaltungen soll durch eine verschuldensunabhängige Kleinreparaturklausel Streit darüber vermieden werden, ob ein eingetretener Schaden vom Mieter zu vertreten ist.

137 Nach dem Urteil des BGH vom 7.6.1989[200] ist eine verschuldensunabhängige Haftung des Mieters für die **Kosten** von Kleinreparaturen zulässig, wenn die vertragliche Klausel sich nur auf solche Teile der Wohnung bezieht, die dem direkten und häufigen Zugriff des Mieters ausgesetzt sind, Bagatellschäden bis zu einem Wert von Euro 60,00 bis Euro 80,00 betrifft, einen Höchstbetrag für einen bestimmten Zeitraum enthält, falls sich mehrere Kleinreparaturen häufen, und keine Beteiligungsklausel an teureren Reparaturen vorsieht (die im Einzelfall mehr als Euro 60,00 oder Euro 80,00 kosten). Auch dürfen teurere Reparaturen nicht in „Teilrechnungen“ in Höhe des Betrages der zulässigen Bagatellschadenshöhe aufgespalten werden. Die Obergrenze von Euro 80,00 wird heutzutage in Formularmietverträgen angesichts der Kostensteigerungen üblicherweise erheblich überschritten.

138 Hinsichtlich des Höchstbetrages auf einen bestimmten Zeitraum gerechnet wird üblicherweise eine summenmäßige Begrenzung der Reparaturkosten angenommen, die 8 bis 10 % der Jahresmiete[201] oder 6 % der Jahresbruttokaltmiete[202] ausmacht. Angesichts der **Steigerung der Reparaturkosten** seit den bezeichneten Entscheidungen wird man heute in Formularverträgen zumindest höhere Beträge für die Einzelreparatur finden. Andererseits soll ein Betrag von EUR 200,– für die Einzelreparatur und EUR 1000,– als Jahresbetrag zuviel sein.[203]

139 Eine **Kleinreparaturklausel,** die nicht als Kostenerstattungsklausel, sondern als Vornahmeklausel, die den Mieter also zur Selbstreparatur oder zur Erhaltung in gebrauchsfähigem Zustand verpflichtet, gestaltet ist, ist nach dem Urteil des BGH[204] unwirksam.

140 Der BGH führt insoweit aus, dass die **Vornahmeklausel** zu einem Ausschluss der Rechte des Mieters wegen möglicher Minderung des Mietzinses nach § 536 BGB führen würde. Der Mieter hätte nämlich wegen eines Mangels, verursacht durch eine nicht durchgeführte Kleinreparatur so lange keinen Minderungsanspruch, als er der ihm übertragenen Unterhaltspflicht nicht nachgekommen sei. Zudem müsse der Mieter bei nicht ordnungsgemäß ausgeführten Reparaturen Gewährleistungsansprüche gegenüber den beauftragten Handwerkern selbst geltend machen sowie für etwaige durch die Reparaturarbeiten verursachte Schäden an Sachen des Vermieters oder Dritter einstehen. Auch

[200] WuM 1989, 324.
[201] OLG Stuttgart WuM 1988, 149.
[202] BGH WuM 1992, 355.
[203] AG Bremen NZM 2008, 247.
[204] BGH WuM 1992, 355.

bei **wirksamer Kleinreparaturklausel** muss der Mieter die Kosten für eine erfolglose Reparatur nicht übernehmen.[205]

Beispiel für eine wirksame Kleinreparaturklausel: „Der Mieter ist verpflichtet, die Reparaturkosten für Installationsgegenstände, die seinem direkten und häufigen Zugriff ausgesetzt sind, wie die Installation für Wasser und Gas, Elektrizität, Heiz- und Kocheinrichtungen, Fenster- und Türverschlüsse, sowie für Rollläden zu tragen, soweit die Kosten der einzelnen Reparatur Euro 60,00 bis Euro 80,00 nicht übersteigen und der jährliche Reparaturaufwand nicht mehr als 6 % der Jahresbruttokaltmiete beträgt. **141**
Bei Beginn des Mietverhältnisses nach dem 1.1. oder bei Beendigung vor dem 31.12. eines Jahres gilt eine zeitanteilige Berechnung nach Nutzungsmonaten."

IX. Praktische Hinweise und Verfahrensfragen

Die Revisionsrechtsprechung des BGH zu Schönheitsreparaturklauseln **142** hat nicht zuletzt aufgrund der starken Medienpräsenz der aktuellen BGH-Entscheidungen zur Verunsicherung der Vermieter geführt, inwieweit überhaupt noch zulässigerweise die Durchführung von Schönheitsreparaturen von Mietern verlangt werden kann. Formularmietverträge können grundsätzlich nur einvernehmlich der Entwicklung der Rechtsprechung angepasst werden, so dass tatsächlich in zahlreichen Fällen von unwirksamen formularmäßig erstellten **Schönheitsreparaturklauseln** auszugehen ist.

Die Erhebung eines **Mietzuschlags** bei nachträglich festgestellter Un- **143** wirksamkeit der Schönheitsreparaturklausel erscheint mehr als fraglich und dürfte, wenn überhaupt, nur im Rahmen des formellen Mieterhöhungsverfahrens möglich sein. Immerhin verbleibt dem Vermieter noch die Möglichkeit, im Rahmen einer Übergabeverhandlung bei Beendigung des Mietverhältnisses individuelle Sondervereinbarungen über einzelne Schönheitsreparaturarbeiten durch den Mieter zu treffen.

Vor Durchführung von Schönheitsreparaturen sollte der Mieter seinen **144** Vertrag von fachkundiger Seite daraufhin überprüfen lassen, ob er eine wirksame Schönheitsreparaturklausel enthält. Weiter wird zu überlegen sein, ob ab Beginn des Mietverhältnisses oder ab Durchführung der letzten Schönheitsreparaturen während des Mietverhältnisses die Fristen nach einem vereinbarten Fristenplan abgelaufen sind oder ob nach dem Grad der tatsächlichen Abnutzung sich die Fristen gegebenenfalls im Einzelfall verlängern. Der Mieter muss allerdings damit rechnen, dass im Gegenzug bei besonders starker Abnutzung auch eine Verkürzung der Fristen in Betracht kommt (zB bei exzessivem Rauchen in der Mietwohnung).

Bei der erforderlichen Nachfristsetzung kann ein aussagekräftiges **145** Übergabeprotokoll zur Grundlage des Inhalts der Fristsetzungserklärung gemacht werden, soweit nicht bereits anlässlich des Protokolls eine Sondervereinbarung mit dem Mieter getroffen wird.

[205] AG Konstanz NZM 1999, 370.

146 Sinnvoll für Vermieter ist, vor Beendigung des Mietverhältnisses allgemein auf die vertragliche Rechtslage hinsichtlich der Schönheitsreparaturen hinzuweisen und gegebenenfalls einen Vorabnahmetermin durchzuführen. Soweit entweder feststeht, dass der Mieter weitere Arbeiten ablehnt, also eine Nachfristsetzung nicht erforderlich ist oder die gesetzte Nachfrist abgelaufen ist, muss der Zustand der Mieträume am besten unter Hinzuziehung von Zeugen, eines fachkundigen Handwerkers oder sogar eines Sachverständigen dokumentiert werden. Nicht erforderlich ist dies, soweit die Dokumentation bereits bei der Wohnungsabnahme vorgenommen worden ist und seitdem eine Veränderung etwa durch die teilweise Durchführung von Schönheitsreparaturen oder unzureichende Arbeiten nicht mehr stattgefunden hat.

147 Soweit der Vermieter den Zustand der Mieträume durch einen **Sachverständigen** feststellen lässt, wird er darauf zu achten haben, dass dieser die erforderliche Sachkunde auf dem Gebiet der Schönheitsreparaturen bzw. Beschädigung von Räumen besitzt und sich weder auf pauschale Beurteilungen noch auf pauschale Schadensansätze beschränkt.

148 Eine Verpflichtung des Vermieters, Schönheitsreparaturen in Ersatzvornahme tatsächlich durchzuführen, besteht nicht. Der Schadensersatzanspruch gegenüber dem Mieter kann auch unter Ansetzung der Ergebnisse eines Sachverständigengutachtens oder eines Kostenvoranschlags erfolgen.

149 Soweit der Anspruch auf Durchführung von Schönheitsreparaturen und der nachfolgende Schadensersatzanspruch nicht bereits an der wirksamen Abwälzung in der Schönheitsreparaturpflicht durch Vertragsklausel scheitert, sind Beweisfragen entscheidend. Der Vermieter muss alle Voraussetzungen seines Anspruchs beweisen, so

1. den Zustand der Mietwohnung,
2. die Erforderlichkeit der Arbeiten,
3. die ordnungsgemäße Nachfristsetzung oder Erfüllungsverweigerung durch den Mieter,
4. die Höhe eines Schadensersatzanspruchs bzw. weiterer Ansprüche.

Muster zu Kapitel 4

1. Hinweis durch Vermieter auf durchzuführende Schönheitsreparaturen 150

Sehr verehrte Frau Maier, sehr geehrter Herr Maier,

das Mietverhältnis zwischen uns endet, wie Sie wissen, zum 31. dieses Monats. Sie haben die Wohnung Schönstr. 20 vor fünf Jahren frisch renoviert übernommen. Während Ihrer Mietzeit haben Sie keinerlei Schönheitsreparaturen vorgenommen. Wie ich festgestellt habe, haben Sie aber alle Wände bis auf das Bad mit auffällig gemusterten bunten Tapeten beklebt.

Von unserem Hausmeister, Herrn Schulze, habe ich erfahren, dass Sie geäußert haben sollen, dass Sie weder bereit sind, die von Ihnen angebrachten Tapeten zu entfernen, noch sonstige Schönheitsreparaturen durchzuführen.

Ich weise Sie darauf hin, dass Sie nach dem Mietvertrag und nach dem Zustand der Wohnung dazu verpflichtet sind, vor Beendigung des Mietverhältnisses die Schönheitsreparaturen auszuführen, wozu insbesondere das Entfernen bunter Mustertapeten und das Streichen der Wände in Küche, Bad sowie Wohn- und Schlafzimmer gehört.

Sollten Sie bis zum 31. dieses Monats die Schönheitsreparaturen nicht ausgeführt haben, werde ich dies bei der Wohnungsabnahme festhalten und gegebenenfalls die Mängel selbst beseitigen lassen, sowie Schadensersatz und Nutzungsausfall bis zu dem Zeitpunkt, in dem sich die Wohnung in ordnungsgemäßen Zustand befindet und vermietet werden kann, geltend machen.

Mit freundlichen Grüßen

151 2. Ablehnung der Durchführung von Schönheitsreparaturen durch den Mieter

Sehr geehrter Herr Hofer,
Ihr Schreiben vom … beantworten wir wie folgt: Zur Durchführung von Renovierungsarbeiten sind wir nach dem Mietvertrag nicht verpflichtet. Die dort enthaltene Schönheitsreparaturklausel ist wegen starrer Fristen unwirksam. Wir werden bei Beendigung des Mietverhältnisses die Wohnung, wie in § 15 des Mietvertrages vereinbart, besenrein übergeben. Dies haben wir bereits Herrn Schulze mitgeteilt.

Mit freundlichen Grüßen

3. Nachfristsetzung durch den Vermieter 152

Sehr verehrte Frau Maier, sehr geehrter Herr Maier,

hiermit zeige ich an, dass ich Herrn Alfred Hofer anwaltlich berate und vertrete.

Am 30.9. sind Sie aus der Wohnung Schönstr. 20, 81354 München, ausgezogen. Eine gemeinsame Besichtigung und Abnahme der Wohnung war aus Gründen, die mein Mandant nicht zu vertreten hat, nicht möglich.

Nach Ihrem Auszug wurde die Wohnung nunmehr von meiner Mandantschaft in Begleitung von Zeugen besichtigt.

Namens und im Auftrag meiner Mandantschaft habe ich Sie aufzufordern, die nachfolgend bezeichneten bei der Besichtigung festgestellten Mängel bis zum

20.10.2022

zu beseitigen. Bei nicht fristgerechter Beseitigung der Mängel wird mein Mandant die Beseitigung der Mängel durch Sie selbst ablehnen und Schadensersatz in Höhe der Mangelbeseitigungskosten durch einen Fachmann verlangen. Die zusätzliche Besichtigung der Wohnung durch einen Sachverständigen der Malerinnung habe ich bereits in Auftrag gegeben. Sollten sich bei dieser Besichtigung weitere Mängel herausstellen, werde ich Ihnen diese noch bekannt geben. Eine Aufforderung zur Beseitigung weiterer Mängel mit entsprechender Fristsetzung bleibt vorbehalten.

Ich weise Sie weiter darauf hin, dass bei rechtzeitiger Ausführung der Schönheitsreparaturen die Wohnung zum 1.10.2006 hätte neu vermietet werden können. Der Nachmieter ist nur noch bis zum 1.11.2022 bereit, die Räume anzumieten. Es liegt also in Ihrem Interesse, die Mängel baldmöglichst zu beseitigen, um den Anspruch meiner Mandantschaft auf Nutzungsausfall gering zu halten. Diesen Anspruch sowie die Sachverständigenkosten werde ich Ihnen zu gegebener Zeit bekannt geben.

Zur Durchführung weiterer Arbeiten wird Ihnen der Schlüssel zur Wohnung selbstverständlich jederzeit herausgegeben. Ich bitte insoweit um telefonische Terminabsprache direkt mit meinem Mandanten.

Nachfolgend bezeichne ich die festgestellten Mängel:

1. Sämtliche Wände der Wohnung sind mit bunt gemusterten Tapeten beklebt.
   Diese sind zu entfernen, die Wände sind frisch zu streichen.
2. Die Fensterinnenrahmen sowie die Heizkörper der Zentralheizung sind vergilbt, an den Heizkörpern ist teilweise der Lack abgesprungen und es zeigen sich bereits Roststellen.

Die Fensterinnenrahmen sind zu lackieren, ebenso die Heizkörper. Roststellen sind vor zu behandeln.

3. Die Teppichböden in Wohnzimmer und Schlafzimmer weisen zahlreiche Flecken auf.

   Die Teppichböden sind zu reinigen.

Abschließend weise ich Sie darauf hin, dass sämtliche Arbeiten nur dann abgenommen und als Schönheitsreparaturen von meiner Mandantschaft anerkannt werden, wenn sie

fachgerecht

ausgeführt werden.

Mit freundlichen Grüßen

Rechtsanwalt

4. Schreiben des Vermieters betreffend Beschädigungen der Mieträume 153

Sehr verehrte Frau Maier, sehr geehrter Herr Maier,

wie Ihnen bekannt ist, vertrete ich Ihren bisherigen Vermieter, Herrn Alfred Hofer.

Die Besichtigung der von Ihnen bewohnten Wohnung Schönstr. 20, aus der Sie zum 30.9.2022 ausgezogen sind, hat weitere Mängel ergeben, zu deren Beseitigung Sie verpflichtet sind. Es handelt sich hierbei um Schäden, die bei Beginn des Mietverhältnisses nicht vorhanden gewesen sind und die durch unsachgemäßen Mietgebrauch verursacht worden sind. Für die Beseitigung dieser Schäden haften Sie von Gesetzes wegen.

1. Das Terrassenfenster weist einen Sprung auf.
2. Das Türblatt der Wohnzimmertüre ist unten gesplittert, da die Türe offensichtlich unfachmännisch abgeschnitten wurde.
3. In den Badezimmerfliesen befinden sich zahlreiche Dübellöcher, die über die für übliche Armaturen notwendigen Dübellöcher weit hinausgehen.
4. Der Rand der Badewanne weist starke Absplitterungen auf.
5. Im Flur befindet sich ein großes Brandloch im Teppichboden.
6. Das Marmorfensterbrett im Schlafzimmer weist einen Sprung auf.

Namens und im Auftrag meines Mandanten habe ich Sie aufzufordern, die aufgeführten Beschädigungen

bis zum …

zu beseitigen. Im Falle des fruchtlosen Fristablaufs wird mein Mandant die Mängelbeseitigung durch Fachleute durchführen lassen und von Ihnen Schadensersatz verlangen.

Darüber hinaus weise ich Sie darauf hin, dass von den Ihnen übergebenen Wohnungsschlüsseln ein Schlüssel bis heute nicht zurückgegeben wurde. Sollte der fehlende Schlüssel nicht umgehend zurückgegeben werden, muss meine Mandantschaft auf Ihre Kosten das Schloss auswechseln lassen.

Mit freundlichen Grüßen

Rechtsanwalt

154 5. Schadensersatzklage nach Nichtdurchführung von Schönheitsreparaturen

An das
Amtsgericht München

Klage

in Sachen

Alfred Hofer, Königstr. 2, 80798 München – Kläger –

Prozessbevollmächtigter: Rechtsanwalt Dr. Hans Schlau

gegen

Hans und Maria Maier, Müllerstr. 10, 81231 München – Beklagte –

wegen Schadensersatz
vorläufiger Streitwert: € …

zeige ich an, dass der Kläger durch mich anwaltlich vertreten wird.
Ich bringe einen Gerichtskostenvorschuss in Höhe von € … zur Einzahlung und erhebe namens und im Auftrag des Klägers folgende

Klage

I. Die Beklagten werden als Gesamtschuldner verurteilt, an den Kläger € … nebst 5% Zinsen über dem Basiszinssatz seit … zu bezahlen.
II. Die Beklagten tragen samtverbindlich die Kosten des Rechtsstreits.
III. Das Urteil ist – notfalls gegen Sicherheitsleistung – vorläufig vollstreckbar.
Rein vorsorglich wird Antrag auf Vollstreckungsschutz gestellt.
IV. Für den Fall der Anordnung des schriftlichen Vorverfahrens beantrage ich Erlass eines Versäumnisurteils nach Maßgabe der Klageanträge, wenn die Beklagten nicht rechtzeitig anzeigen, dass sie sich gegen die Klage verteidigen wollen, bzw. Erlass eines Anerkenntnisurteils, falls die Beklagten den Klageanspruch anerkennen.

Weiter beantrage ich dem Prozessbevollmächtigten des Klägers den Zeitpunkt der Zustellung des Urteils zu bescheinigen.

Begründung:

1. Gegenstand der Klage sind Forderungen wegen Renovierungskosten und Nutzungsentschädigung hinsichtlich der Mietwohnung Schönstr. 20, 81354 München.
2. Mit Mietvertrag vom ... haben die Beklagten die streitgegenständliche Wohnung angemietet. Bei Beginn des Mietverhältnisses befand sich die Wohnung in frisch renoviertem unbeschädigtem Zustand.
   Beweis: Übergabeprotokoll vom ...
   Zeugen ...
3. Gemäß § 15 des Mietvertrages sind die Beklagten verpflichtet, während des Mietverhältnisses nach Maßgabe eines Fristenplanes Schönheitsreparaturen auf ihre Kosten auszuführen.
   Beweis:Mietvertrag vom ...
4. Die Schönheitsreparaturklausel enthält einen Fristenplan, der der Rechtsprechung des BGH entspricht.
5. Das Mietverhältnis endete einvernehmlich zum 30.9.2022.
   Beweis: Vereinbarung vom ...
6. Bereits mit Schreiben vom ... hat der Kläger die Beklagten auf ihre vertragliche Verpflichtung Schönheitsreparaturen durchzuführen, hingewiesen.
   Beweis: Schreiben vom ...
7. Am 29.9.2022 fand die Übergabe der streitgegenständlichen Wohnung statt.
   Bei einer Begehung, an der der Kläger, der Unterzeichnete, die Beklagten und der Hausmeister, Herr Schulze, teilnahmen, wurde der Zustand der Wohnung in Augenschein genommen. Das Ergebnis dieser Begehung wurde in einem Protokoll festgehalten.
   Beweis: Protokoll vom ...
   Der Unterfertigte als Zeuge
   Hausmeister Schulze als Zeuge
8. Den Beklagten wurde zusätzlich das Protokoll am ... übersandt. Zu diesem Zeitpunkt waren die Beklagten bereits aus der Wohnung ausgezogen. In dem Schreiben vom ... wurde den Beklagten eine Nachfrist zur Beseitigung der in dem Protokoll aufgeführten Mängel bis zum ... gesetzt. Gleichzeitig wurden sie darauf hingewiesen, dass bei nicht fristgerechter Beseitigung der Mängel der Kläger diese selbst beseitigen lassen und die Kosten hierfür den Beklagten in Rechnung stellen würde.
   Beweis: Schreiben vom ...
9. Auf die mit Schreiben vom ... gesetzte Nachfrist zur Mängelbeseitigung haben die Beklagten nicht reagiert. Sie befanden sich somit nach Ablauf der gesetzten Frist mit der Mängelbeseitigung in Verzug.
10. Am ... fand eine Besichtigung der streitgegenständlichen Wohnung durch den Sachverständigen ... statt.

Dieser traf folgende Feststellungen, die sich mit dem Protokoll vom … decken und die er in seiner gutachtlichen Stellungnahme vom … festgehalten hat.

a) Sämtliche Wände der Wohnung sind mit bunt gemusterten Tapeten beklebt. Lediglich im Schlafzimmer wurden diese entfernt. Die Schlafzimmerwände wurden aber von den Beklagten mit einem nicht deckenden Anstrich versehen.
Beweis: Protokoll vom …
gutachtliche Stellungnahme vom …
Sachverständiger …
Fotos
Für das Entfernen der Tapeten und Streichen der Wände wird ein Betrag von € … geltend gemacht.
Beweis:Rechnung vom …

b) Die Fensterrahmen in der Wohnung sind vergilbt, die Lackierung ist teilweise abgeblättert.
Beweis: Protokoll vom …
gutachtliche Stellungnahme vom …
Sachverständiger …
Fotos
Für die Ausbesserung und Neulackierung entstanden Kosten von € ….
Beweis: Rechnung vom …

c) Der Lack an sämtlichen Heizkörpern ist vergilbt, teilweise abgesplittert. Es zeigten sich bereits Roststellen.
Beweis: Protokoll …
gutachtliche Stellungnahme vom …
Sachverständiger …
Fotos
Für die Neulackierung der Heizkörper sind Kosten in Höhe von € … entstanden.
Beweis: Rechnung vom …

11. Um den Handwerkern den Zugang zu der Wohnung zu ermöglichen, musste der Kläger, da der Hausmeister Schulze sich in dieser Zeit in Urlaub befand, selbst fünfmal zu der streitgegenständlichen Wohnung fahren und hierfür eine Strecke von jeweils 15 km hin und zurück zurücklegen. Pro Fahrt ist ein Betrag von € 6,– angemessen. Für fünf Fahrten errechnet sich somit ein Betrag von € 30,–.
Beweis:für die Angemessenheit- Sachverständigengutachten bzw. Schätzung durch das Gericht

12. Die Wohnung konnte zum 1.11.2023 weitervermietet werden. Der Kläger macht gegenüber dem Beklagten Nutzungsentschädigung in Höhe von € … geltend.
Die Nutzungsentschädigung ist der Höhe nach angemessen. Sie entspricht der bis zur Beendigung des Mietverhältnisses von den Beklagten gezahlten Nettomiete.

Die Zeit bis zum 1.11.2022 war angemessen und erforderlich, die notwendigen Arbeiten in der Wohnung durchzuführen.
Beweis:Sachverständigengutachten.

13. Von der Gesamtforderung des Klägers in Höhe von € … wird die von den Beklagten hinterlegte Kaution in Abzug gebracht. Der Anspruch des Klägers errechnet sich somit zu € …

Es gilt folgende Reihenfolge der Aufrechnung (§ 253 ZPO):

Von der Kaution zu € … wird zunächst der Betrag von € … gemäß Ziffer … in Abzug gemacht.

Hinsichtlich des verbleibenden Kautionsrestbetrages zu € … wird die Aufrechnung mit dem Betrag gemäß Ziffer … erklärt.

Nachdem die Beklagten außergerichtlich zur Zahlung nicht bereit waren, war Klageerhebung geboten.

Rechtsanwalt

155 6. Aufforderung des Vermieters an den Mieter, die Kosten für eine Kleinreparatur zu erstatten

Sehr verehrte Frau Maier, sehr geehrter Herr Maier,

wie Sie wissen, habe ich den bei der kürzlichen Wohnungsbesichtigung festgestellten Schaden, nämlich den tropfenden Wasserhahn in der Küche Ihrer Wohnung, bereits beheben lassen.

Nach dem zwischen uns geschlossenen Mietvertrag, § 20, sind Sie verpflichtet, die Kosten für Kleinreparaturen, wozu laut Vertrag auch die Reparatur von Installationsgegenständen für Wasser gehört, zu tragen, soweit die Kosten im Einzelfall € 100,– nicht übersteigen. Die Reparatur hat gemäß Rechnung der Firma Fischer vom 15.6.2022 € 85,– gekostet.

Ich bitte Sie daher, den Rechnungsbetrag mit der nächsten Mietzahlung auf mein Ihnen bekanntes Konto zu überweisen.

Mit freundlichen Grüßen

7. Aufforderung des Mieters, verauslagte Kosten für eine Reparatur zu erstatten mit Ankündigung der Aufrechnung 156

Sehr geehrter Herr Hofer,

wie wir Ihnen bereits mündlich mitgeteilt haben, mussten wir in unserer Wohnung eine dringende Reparatur vornehmen lassen, die keinen Aufschub duldete. Der Rollladen im Wohnzimmer war defekt, er konnte nicht mehr hochgezogen werden, so dass das Zimmer sich ständig im Dunkeln befand.

Nach dem wir in den auf den Schadenseintritt folgenden zwei Tagen Sie vergeblich zu erreichen versuchten, gaben wir die Reparatur selbst in Auftrag, die auch umgehend ausgeführt wurde und € 200,– kostete. Die Rechnung liegt an.

Wir bitten Sie nun, den Rechnungsbetrag bis zum 30.9.2006 zu erstatten, da wir weder nach dem Mietvertrag noch nach der geltenden Rechtsprechung verpflichtet sind, eine Reparaturrechnung in dieser Höhe zu bezahlen. Aus der Tatsache, dass wir die Reparatur selbst in Auftrag gaben, können Sie ein Anerkenntnis unserer Verpflichtung nicht ableiten, da die Reparatur keinen Aufschub duldete und Sie nicht erreichbar waren.

Sollte der Rechnungsbetrag uns nicht bis zum genannten Zeitpunkt erstattet sein, werden wir ihn von der Oktobermiete einbehalten.

Mit freundlichen Grüßen

Kapitel 5. Mietminderung

I. Fehler der Mieträume im Sinne von § 536 BGB

1. Allgemeine Mangeldefinition

Nach § 536 BGB ist der Mieter von der Entrichtung der Miete befreit oder berechtigt, eine angemessen herabgesetzte Miete zu bezahlen, wenn und solange die Mietsache mit einem Fehler behaftet ist, die ihre Tauglichkeit zum vertragsgemäßen Gebrauch aufhebt oder nicht nur unerheblich mindert. Dies bedeutet, dass die **Sollbeschaffenheit der Mietsache** von der **Istbeschaffenheit** abweicht.[1] Weicht die Istbeschaffenheit negativ von der gegebenenfalls durch Auslegung zu ermittelnden Sollbeschaffenheit ab, liegt ein Fehler im Sinne des § 536 BGB vor. Grundlage der festzustellenden Sollbeschaffenheit ist in der Regel zunächst die vertragliche Vereinbarung. 1

Es gilt, dass nicht nur eine **unerhebliche Minderung der Tauglichkeit** nicht zur Minderung der Miete führt, sondern dass auch nicht jede aus der Sicht des Mieters bestehende Beeinträchtigung des Mietgebrauchs überhaupt einen Fehler der Mietsache darstellt. Keinen Fehler im Sinne des § 536 BGB stellen zum Beispiel allgemeine Gefahrenquellen von außerhalb der Mietsache dar, gegen die der Vermieter sich nicht schützen kann.[2] Ebenso soll die Lage des Grundstücks in einem Gebiet, das bei außergewöhnlichen Witterungsverhältnissen Hochwasser gefährdet ist, keinen Mangel der Mietsache darstellen. 2

Allgemein gilt, dass ein Mangel nur dann vorliegt, wenn die Mangelumstände für den Vermieter vorhersehbar sind.[3] Dies soll zur Abgrenzung zum allgemeinen Risiko des Mieters dienen, das er selbst zu tragen hat.[4] 3

Hierzu gehört zum Beispiel die Beeinträchtigung eines Ladengeschäfts durch rechtmäßig parkende Fahrzeuge,[5] Einbruch in vermietete Ladenräume[6] oder Belästigung durch nächtliche Telefonanrufe. Teilweise wird auch auf die Beherrschbarkeit von Umständen durch den Vermieter abgestellt,[7] was jedoch nur beschränkt gelten kann, da zum Beispiel Um- 4

---

[1] AG Köln WuM 1988, 108.

[2] OLG München WuM 1991, 681 für den Fall der Rückstaugefahr in einem städtischen Kanal.

[3] BGH NJW 1971, 424.

[4] Schmidt-Futterer/Eisenschmid BGB § 536 Rn. 1 ff.

[5] OLG Düsseldorf DWW 1991, 50.

[6] KG NZM 1998, 437.

[7] OLG Düsseldorf DWW 1998, 20.

stände wie **belästigende Bauvorhaben** in der Nachbarschaft oder plötzlich stark zunehmendes Verkehrsaufkommen aufgrund einer Umleitung zwar nicht beherrschbar sein dürfte, aber trotzdem in aller Regel einen Fehler der Mietsache darstellt.

5 Bei der Einteilung der Mängel unterscheidet man zwischen Mängeln, die den Mieträumen unmittelbar anhaften, wobei hier **Baumängel** im Vordergrund stehen, **Bewirtschaftungsmängel**, die vor allem die Versorgung mit Heizung, Strom und Wasser sowie die Entsorgung von Müll und Abwasser betreffen sowie **Mängel des Umfeldes und Rechtsmängel.** Hinsichtlich der Umfeldmängel ist vor allem an Lärmbeeinträchtigung von außen sowie Einwirkungen von Umweltgiften oder elektrischer und elektronischer Strahlungen zu denken.

2. Den Mieträumen unmittelbar anhaftende Mängel

a) Baumängel

6 Baumängel können vorliegen bei:
- unzureichender Wärmedämmung der Außenwände, so dass der Mieter Feuchtigkeitsschäden nur durch extremes, für ihn nicht zumutbares Lüften und Heizen vermeiden kann,[8]
- Eindringen von Feuchtigkeit infolge eines schadhaften Daches,[9]
- erheblichen Rissen im Außenputz des Hauses, was ebenfalls zu Feuchtigkeitsschäden führt,[10]
- Eindringen von Zugluft und Feuchtigkeit durch undichte Fenster,[11]
- Wasseraustritt in einer Wohnung durch undichte Rohre,
- schadhaften Fußböden in einer Mietwohnung,[12]
- uneben verputzten Wänden in Mieträumen,[13]
- unzureichendem Schallschutz eines Gebäudes.[14]

7 Baumängel können sich auch in einer optischen Beeinträchtigung der Mieträume auswirken.[15] Die Mängel können auch in Bereichen bestehen, die nicht unmittelbar vermietet sind, zum Beispiel schlechte Zugangswege, schadhafte Treppen, schlechter Zugang von Durchgangsfluren oder Kellerräumen.[16] Soweit es sich um anfängliche Mängel im Sinne von § 536 Abs. 1 Satz 1 BGB handelt, liegt dann ein Mangel vor, wenn die Bauvorschriften, die zur Zeit der Errichtung des Gebäudes gegolten haben, nicht eingehalten worden sind.[17]

---

[8] LG Hannover WuM 1988, 354.
[9] LG Essen ZMR 1984, 112.
[10] LG Braunschweig ZMR 1988, 142.
[11] LG Berlin WuM 1982, 184.
[12] AG Münster WuM 1967, 202.
[13] LG Hamburg 17.12.1976, nicht veröffentlicht.
[14] AG Gelsenkirchen WuM 1978, 66.
[15] LG Hamburg WuM 1983, 290.
[16] AG Burgsteinfurt WuM 1967, 75: Unbefahrbarkeit einer Garageneinfahrt.
[17] KG WuM 1980, 255; LG Kassel WuM 1988, 355.

b) Einhaltung der Bauvorschriften

Soweit Gebäude zwar zur Zeit ihrer Errichtung den damals geltenden DIN-Vorschriften oder anderen Bauvorschriften entsprochen haben, sind sie auch angesichts heute geltender höherer Anforderungen an Gebäude nicht mangelhaft.[18] Kein Anspruch gegenüber der zur Zeit der Errichtung geltenden Schallschutz – Norm nach DIN 4109.[19] 8

Auch wenn sich Umstände (hier: der Schallschutz) durch den Austausch des Fußbodenbelags verschlechtert haben, liegt dann kein Mangel vor, wenn immer noch die zur Zeit der Errichtung des Gebäudes geltenden Normen eingehalten werden.[20] Nur wenn nachträglich am Gebäude Veränderungen vorgenommen werden, die einem Neubau nahekommen, sind die aktuellen Normen anzuwenden.[21] 9

AA sind OLG Celle[22] und LG Flensburg:[23] Nach dieser Auffassung soll es nur auf die tatsächlich vorliegenden Gegebenheiten ankommen, also die Untauglichkeit zum vorgegebenen Vertragszweck, nicht auf die zur Bauzeit geltenden anerkannten Regeln der Technik. 10

Richtigerweise dürfte hier gelten, dass dann, wenn ein Gebäude erhöhtes Heizen aufgrund heutiger Vorschriften nicht mehr entsprechenden Wärmedämmung erfordert, ein **Mangel** nicht vorliegt,[24] ebenso, wenn die heute geltenden Schallschutzvorschriften nicht eingehalten sind.[25] Als Begründung wird angeführt, dass der Mieter keinen Anspruch darauf hat, dass das Gebäude dem jeweils geltenden optimalen Baustandard angeglichen wird.[26] Eine allgemeine **Modernisierungspflicht** des Vermieters bestehe nämlich nicht.[27] 11

Beispiel: Der Vermieter kann nicht verpflichtet werden, im Falle, dass der Mieter als Mangel geltend macht, dass Warmwasser erst nach erheblichem Vorlauf zur Verfügung steht, eine Zirkulationsleitung zu installieren. Ebenso kann er grundsätzlich nicht verpflichtet werden, die elektrischen Leitungen in der Weise zu verstärken, dass die Nutzung aller heute gebräuchlicher technischer Großgeräte in Mietwohnungen möglich ist.[28] 12

c) Gesundheitsgefährdende Belastungen als Mangel

Durchbrochen wird der Grundsatz, dass es genügt, wenn die Bauvorschriften zur Zeit der Gebäudeerrichtung eingehalten sind, in Fällen ge- 13

[18] LG Berlin ZMR 2000, 533; LG München I WuM 1988, 352; BGH WuM 2004, 527; BGH WuM 2019, 25.
[19] BGH NZM 2010, 618); BGH NZM 2013, 575.
[20] BGH NZM 2009, 580.
[21] BGH NZM 2013, 575.
[22] WuM 1985, 9.
[23] WuM 1988, 354.
[24] LG Konstanz WuM 1988, 353.
[25] LG Berlin ZMR 2000, 533.
[26] AG Karlsruhe DWW 2005, 71.
[27] Sternel MietR II, Rn. 43; BGH WuM 2004, 715.
[28] LG Osnabrück ZMR 1989, 339.

sundheitsgefährdender Schadstoffbelastung der Räume. Hier gilt, dass die Mangelhaftigkeit objektiv bereits gegebenenfalls zum Zeitpunkt der Erbauung des Gebäudes vorgelegen hat, lediglich oft als solche nicht erkannt worden ist.

14 **Beispiel:** Belastung der Räume durch Asbest, Gesundheitsbeeinträchtigung durch Wasserleitungen aus Blei, Belastung durch Holzschutzmittel.[29]

15 Gebrauchsmindernde Umstände müssen in derartigen Fällen jedenfalls ab dem Zeitpunkt, ab dem die Gefährlichkeit zum Beispiel eines verwendeten Baustoffes in Form eines Richtwertes festgelegt worden ist, berücksichtigt werden.[30] Dies erscheint jedoch nicht konsequent, soweit in solchen Fällen die Mangelhaftigkeit auch für Zeiträume anerkannt wird, zu denen der Mangel mangels entsprechender wissenschaftlicher Erkenntnis noch nicht erkannt war, aber tatsächlich vorhanden war.[31]

d) Verletzung der Aufklärungspflicht des Vermieters

16 Feuchtigkeitsschäden, insbesondere Schimmelbildung treten oft dann auf, wenn Gebäude nachträglich mit modernen, luftdichten Fenstern versehen werden. Soweit aufgrund dieser neuen Ausstattung ein gesteigertes Lüftungsverhalten der Mieter erforderlich ist, soll den Vermieter darüber eine Aufklärungspflicht treffen. Unterlässt er diese Aufklärung, wird vertreten, dass ihn zumindest ein Mitverschulden an auftretender **Feuchtigkeitsbildung** in den Mieträumen trifft.[32]

17 Diese würde gegebenenfalls auch dann, wenn das Gebäude mangelfrei ist, und somit grundsätzlich der Mieter auftretende Feuchtigkeitsschäden zu vertreten hat, dazu führen, dass ein Minderungsansatz aufgrund der mangelhaften Aufklärung erfolgt.[33] AA ist das AG Nürtingen,[34] dass davon ausgeht, dass der Vermieter den Umfang des notwendigen Heizens und Lüftens beim Mieter als bekannt voraussetzen kann.

18 Grundsätzlich muss der Mieter sein Heiz- und Lüftungsverhalten der Wohnung in zumutbarem Umfang anpassen. Der Mieter ist aber nicht verpflichtet selbständige Überlegungen zu einem geänderten Lüftungsverhalten anzustellen. Bei Baumängeln gilt, ebenso wie bei allen anderen Mängeln, dass der Mieter für das Vorhandensein des behaupteten Mangels voll beweispflichtig ist. Die Behauptung muss substantiiert und gegebenenfalls so unter Beweis gestellt werden, dass sie einer Beweisaufnahme zugänglich ist (zB bei Auftreten von Schimmel genaue Beschreibung von Ort, Umfang und Erscheinungsbild).

[29] Vgl. BVerfG NZM 1999, 302.
[30] BVerfG NZM 1999, 302; BayObLG WuM 1999, 568.
[31] So auch Schmidt-Futterer/Eisenschmid BGB § 536 Rn. 1 ff., 22.
[32] LG Berlin GE 2000, 124.
[33] Vgl. LG Gießen GE 2000, 1256; LG München I NJW 2007, 2500.
[34] NZM 2011, 547.

3. Bewirtschaftungsmängel

Bewirtschaftungsmängel betreffen die Versorgung der Mieträume mit Wasser, Heizung, Strom etc. und die Entsorgung, wie Müllabfuhr, Kanalisation, Hausreinigung. Die Ursache von Bewirtschaftungsmängeln können wiederum Baumängel, aber auch Wartungsfehler oder andere Unterlassungen des Vermieters sein. 19

a) Versorgungsmängel

Unter **Versorgungsmängel** fallen zum Beispiel folgende Fälle: 20

- Ausfall der Warmwasserversorgung[35] oder zu geringe Warmwassertemperatur,[36]
- Zu langer Vorlauf des Warmwassers[37] oder Temperaturschwankungen des Warmwassers,[38]
- mangelhafte Beheizung der Mieträume,[39]
- mangelhafte Stromversorgung infolge defekter Steckdosen,[40]
- Auftreten von Silberfischen[41] oder Ameisen in einer Wohnung,
- Mängel der Wasserqualität. Nach AG Köln[42] auch Beeinträchtigungen, die dadurch entstehen, dass Epoxidharz für die Rohrinnensanierung verwendet wurde.

b) Entsorgungsmängel

Unter **Entsorgungsmängel** fallen zum Beispiel folgende Fälle: 21

- Defekter Hausmüllschlucker,[43]
- defekte Toilettenlüftung,[44]
- Austritt von Fäkalien aus Badewanne und WC infolge defekter Installationseinrichtungen.[45]

c) Ausstattungsmängel

Unter **Ausstattungsmängel** fallen zum Beispiel folgende Fälle: 22

- Defekte vermieterseits gestellte Elektrogeräte,
- asbestbelastete Nachtspeicheröfen, wobei die Gefahr einer gesundheitlichen Beeinträchtigung bestehen muss[46] bzw. die konkrete Be-

---

[35] AG Münster WuM 1981, 22.
[36] 40 Grad müssen erreicht werden: LG Berlin ZMR 1998, 634.
[37] Länger als 15 Sekunden: LG Berlin MM 1992, 137.
[38] AG Charlottenburg MM 2003, 244.
[39] OLG Düsseldorf MDR 1983, 229; LG Kassel WuM 1987, 271.
[40] AG Hamburg WuM 1976, 53.
[41] AG Lahnstein WuM 1988, 55.
[42] NZM 2011, 629.
[43] AG Hamburg 18.10.1979, nicht veröffentlicht.
[44] AG Köln WuM 1980, 163.
[45] AG Groß-Gerau 19.7.1979.
[46] LG Kassel ZMR 1996, 90.

sorgnis, dass Asbestfasern freigesetzt werden[47] und eine konkrete Gesundheitsgefährdung besteht,[48]
- Ablösung des Teppichbodens vom Untergrund in einzelnen Räumen[49] oder schadhaftes Parkett.

23 Auch hier gilt die Substantiierungspflicht für den Mieter (zB Mangel der Raum oder Wassertemperatur: Temperaturmessung mit geeichtem Thermometer).

4. Beschaffenheitsmängel

24 Hier handelt es sich nicht um Mängel im Sinne einer unmittelbaren Abweichung der Istbeschaffenheit von der Sollbeschaffenheit der Räume, sondern um eine Beschaffenheit der Mieträume, die nur im Zusammenhang mit anderen Gegebenheiten zur Mietminderung berechtigt.

25 **Beispiele:**
- Verkleinerung der Stellfläche der Mieträume nach einer Wohnungsmodernisierung, zum Beispiel durch Einbau einer Zentralheizung, wodurch die Stellfläche verkleinert wird,[50]
- Flächendifferenz zu der im Mietvertrag angegebenen Fläche, aber nur dann, falls die Gebrauchstauglichkeit der Mieträume durch die geringere Wohnfläche beeinträchtigt wird,[51]
- Unterschreitung der tatsächlichen Wohnfläche um mehr als 25 % gegenüber der im Mietvertrag angegebenen Fläche;[52] keine Minderung aber, wenn die Abweichung nach unten nur 7 % ausmacht.[53]

26 Früher wurde überwiegend vertreten, dass, soweit ein Mieter die Mieträume in der ihm bekannten Größe längere Zeit genutzt hat, in jedem Fall **Verwirkung des Minderungsrechtes** gegeben sein dürfte, da dem Mieter die tatsächlichen Größenverhältnisse bekannt gewesen sind, wenn auch nicht die konkrete Wohnfläche.

27 Der BGH hat entschieden, dass dann, wenn die Wohnfläche um mehr als 10 % von der im Mietvertrag angegebenen Fläche abweicht, ein Mangel gegeben ist, der zur Minderung berechtigt.[54] Dies soll auch dann gelten, wenn die Flächenangabe im Vertrag mit einem Circa-Zusatz versehen ist.[55] Es spräche eine tatsächliche Vermutung für eine **Beeinträchtigung der Gebrauchstauglichkeit.**[56]

28 Bei Gewerberäumen gilt, dass dann, wenn die Flächenabweichung weniger als 10 % unter der im Mietvertrag vereinbarten Fläche beträgt,

[47] OLG Hamm NZM 2003, 395.
[48] LG Berlin GE 1999, 47.
[49] AG Köln WuM 1988, 108.
[50] LG Mannheim ZMR 1984, 113.
[51] OLG Dresden ZMR 1998, 417.
[52] OLG Frankfurt a. M. NZM 2003, 431.
[53] LG Berlin NZM 2003, 278.
[54] BGH WuM 2004, 336.
[55] BGH WuM 2004, 268.
[56] So auch BGH NZM 2005, 861.

der Mieter eine Beeinträchtigung des vertragsgemäßen Gebrauchs darlegen und beweisen muss.[57]

Weitere Einzelheiten: 29

- Auch bei einer Dachgeschoßwohnung bedeutet die „ca-Angabe" der Wohnfläche nicht die Geschoßfläche, sondern die Wohnfläche.[58] Der Begriff **„Mietraumfläche"** bedeutet bei einer Dachgeschosswohnung mit Schrägen die Wohnfläche, nicht die „Grundfläche" ohne Abzug für die Schrägen.[59]
- Auch bei einem vermieteten Einfamilienhaus mit Garten gilt nichts anderes. Eine Anhebung des Grenzwerts wegen der mitvermieteten Gartenfläche (auf 15 %) kommt nicht in Betracht.[60]
- Auch bei einer möbliert vermieteten Wohnung gilt die 10% -Grenze.[61]

Die im Mietvertrag angegebene Fläche ist allerdings auch dann maßgeblich, wenn die Wohnung vor Abschluss des Mietvertrages durch einen Umbau auf Wunsch des Mieters vergrößert, aber nicht neu vermessen wurde. Damit wollten die Parteien im Mietvertrag eine Wohnfläche verbindlich festlegen.[62] 30

Für die **Berechnung der Wohnfläche** sind die zur Zeit des Vertragsabschlusses geltenden Vorschriften heranzuziehen, dh bis 31.12.2003 § 44 II. BV, danach die WoflV, falls nicht eine Vereinbarung der Parteien über die anzuwendenden Berechnungsvorschriften gegeben ist.[63] Falls keine mietvertraglichen Berechnungsvorgaben vorhanden sind, kommt auch die am Ort üblicherweise verwendete Norm in Betracht.[64] 31

Dies gilt dann nicht, wenn sich die Parteien **(stillschweigend)** auf eine Berechnung nach den §§ 42 bis 44 II. BV oder nach der Wohnflächenverordnung geeinigt haben.[65] Ist die Wohnfläche nicht im Mietvertrag vereinbart, sondern in einer Zeitungsannonce eines Maklers niedergelegt und in einer vor Vertragsabschluss überreichten Wohnflächenberechnung, kann eine stillschweigende Vereinbarung über die Wohnfläche vorliegen.[66] Hat der Vermieter die Wohnflächenangabe im Mietvertrag mit der Einschränkung versehen, dass sie nicht zur Festlegung des Mietgegenstandes dient, liegt eine Beschaffenheitsvereinbarung nicht vor.[67] 32

---

57 BGH WuM 2021, 97.
58 LG Landshut WuM 2006, 377.
59 BGH NZM 2010, 80.
60 BGH NZM 2010, 36.
61 BGHNZM 2011, 309.
62 BHG NZM 2005, 861.
63 BGH NZM 2004, 454.
64 LG München I WuM 2006, 91: Anwendung der DIN 283.
65 BGH NZM 2007, 595; BGH NZM 2009, 477.
66 BGH NZM 2010, 614.
67 BGH WuM 2011, 11.

33 Wichtig ist, dass nach BGH[68] eine Vereinbarung über die Berechnung der Wohnfläche auch konkludent möglich ist, wobei hier nicht nur die Vereinbarung der Berechnungsmethode, sondern auch der Fläche selbst gemeint ist (Kenntnis des Mieters, Besichtigung bei Vertragsschluss). Generell ist zu sagen, dass die **Vereinbarung der Wohnfläche** als Beschaffenheitsvereinbarung möglich ist.[69] Nicht reicht es für die Annahme der Voraussetzungen der Minderung wegen Flächenabweichung aus, wenn der Vermieter lediglich eine Fläche normativ falsch bewertet.[70]

34 Für gewerbliche Räume könnte gelten, dass sich möglicherweise erst nach Aufnahme des Gewerbebetriebes herausstellt, dass zum Beispiel eine gewerbliche Lagerfläche nicht den Anforderungen entspricht, da sie nicht der vertraglichen Vorgabe entspricht oder die Räume für die Aufstellung von bestimmten Maschinen aufgrund der geringeren Fläche nicht geeignet sind Wenn die Größe der Mieträume vertraglich **zugesichert** worden ist im Sinne des § 536 Abs. 2 BGB, haftet der Vermieter auf jeden Fall für die Einhaltung der Zusicherung.

5. Umfeldmängel und Rechtsmängel

a) Baulärm und Verkehrslärm

35 Lärm-, Geruchs- oder Staubbelästigung aufgrund einer in der Nachbarschaft von Mieträumen befindlichen Baustelle kann ein Minderungsgrund sein. Voraussetzung ist allerdings, dass die Beeinträchtigung gegenüber der Lage bedingten Situation der Mieträume ins Gewicht fällt.

36 **Beispiel:** Eine Mietwohnung liegt an einer viel befahrenen Straße, durch die zusätzlich öffentliche Verkehrsmittel, wie zum Beispiel eine Straßenbahn fährt. Soweit es sich um Lärmbelästigung von einer gegenüber liegenden Baustelle handelt, kommt es darauf an, ob diese im Vergleich zum vorhandenen Verkehrsgeräusch ins Gewicht fällt.

37 In Betracht kommt auch, dass die Einwirkungen sich im Rahmen des für die Lage der Mieträume Üblichen halten. Lärm-, Geruchs- und Staubbelästigung in einem **Industriegebiet** oder in einem **Mischgebiet** sind als üblich zu betrachten und berechtigen nicht zur Minderung, soweit die Einwirkungen das ortsübliche Maß nicht überschreiten.[71] So auch BGH[72] für Verkehrslärm durch Straßenbauarbeiten in Innenstadtlage.

38 Wenn Verkehrslärm im Laufe der Zeit zunimmt, berechtigt dies nicht zur Minderung, weil dies als üblich anzusehen ist.[73] Etwas anderes gilt

[68] BGH GE 2006, 642.

[69] Beuermann GE 2006, 159 ff.

[70] LG Hamburg – Az. 307 S 52/04, für den Ansatz einer Terrassenfläche, ebenso AG Charlottenburg GE 2006, 919 – unterschiedliche Bewertung einer Fläche –.

[71] OLG Frankfurt a. M. ZMR 1964, 271.

[72] BGH NZM 2013, 184.

[73] LG Lüneburg WuM 1991, 683; LG Berlin GE 2001, 135.

für Zunahme des Verkehrslärms durch geänderte Verkehrsführung nach Straßenumbau im Umfeld der Wohnung.[74]

Weitere **Einzelfälle:**

- Lärm aus einer Nachbarwohnung kann zur Minderung berechtigen,[75] nicht jedoch, wenn es sich um Belästigungen im Rahmen des normalen Wohngebrauchs handelt[76] oder zB **Kleinkindgeschrei** am frühen Morgen als hinzunehmende „Zukunftsmusik".[77] Andererseits ist Kinderlärm von Kleinkindern von den Nachbarn nicht in jedem Fall als sozialadäquat hinzunehmen.[78] Auch andauerndes **Hundegebell** kann ein Minderungsgrund sein, wobei ein „Lärmprotokoll" hier nicht erforderlich ist,[79] **39**
- von einer im Haus oder in der Nähe einer Wohnung befindlichen Gaststätte ausgehender Lärm, der den zulässigen Lärmpegel überschreitet, kann zur Minderung berechtigen.[80] Die Minderung wird nicht dadurch ausgeschlossen, dass dem Mieter bei Vertragsschluss das Vorhandensein der Gaststätte bekannt war, da dies nicht positive Kenntnis der Überschreitung der Lärmwerte bedeutet.[81] Denkbar ist auch, dass sich im Laufe der Zeit der Charakter einer Gaststätte von einem Tageslokal in ein Nachtlokal mit nächtlichem An- und Abfahren von Kraftfahrzeugen verändert, **40**
- Minderung aufgrund von Lärm durch **Baumaßnahmen** auf dem Nachbargrundstück[82] wird nicht dadurch ausgeschlossen, dass der Vermieter als Eigentümer des vermieteten Gebäudes die Lärmbeeinträchtigung ohne Anspruch auf Ausgleichszahlung dulden muss,[83] **41**
- Störungen, die vom Betrieb einer Tanzschule im Haus ausgehen, berechtigen zur Minderung,[84] **42**
- Lärm durch angrenzenden Kindergarten[85] kann ein Minderungsgrund sein (vgl. aber AG Frankfurt a. M.:[86] Geräusche durch **Kinderspielplatz** sind sozialadäquat !), **43**

---

[74] AG Erfurt WuM 2000, 592.

[75] AG Osnabrück WuM 1987, 384.

[76] AG München NZM 2004, 499.

[77] LG München I NZM 2005, 339.

[78] BGH 22.6.2021, VIII ZR 134/20.

[79] BGH NZM 2012, 760. Vgl. auch BGH NJW-RR 2017, 1290 = NZM 2017, 694 für Kinderlärm. Siehe auch Börstinghaus NZM 2004, 48 (51): „Kinderlärm ist Zukunftsmusik" (auch Meyer-Abich NZM 2015, 520 (524)).

[80] AG Köln WuM 1978, 173.

[81] AG Bonn WuM 1990, 497.

[82] AG Bad Homburg WuM 1987, 84.

[83] BayObLG NJW 1987, 1950.

[84] AG Köln WuM 1988, 56.

[85] AG Hamburg WuM 1975, 209.

[86] WuM 2009, 226.

44 – Ein Bordellbetrieb in unmittelbarer Nähe der Wohnung kann zur Minderung berechtigen.[87] Ein Bordell im Mietshaus berechtigt auch ohne bordelltypische Störungen zur Minderung von 10 % der Bruttomiete,[88]

45 – Beeinträchtigungen durch eine Wohnungsmodernisierung und zwar auch dann, wenn der Mieter zur Duldung der Modernisierung nach § 554 BGB verpflichtet ist.[89] Falls es sich um eine energetische Modernisierung handelt, ist nach § 536 Abs. 1a BGB die Minderung für drei Monate ausgeschlossen

46 Zur **Substantiierungspflicht des Mieters** in diesem Bereich ist wichtig, dass der Mieter im Falle der Minderung wegen Lärmbelästigung, insbesondere Baustellenlärm, umfangreiche Darlegungsverpflichtungen hat. Verlangt wird als Substantiierung in der Regel ein **Lärmprotokoll,** dessen Angaben durch Zeugenbeweis bestätigt werden können. Dieses Protokoll muss Beginn und Ende der Störung, bezogen auf eng begrenzte Zeiträume, sowie objektive Angaben über einzelne Vorgänge enthalten. Teilweise wird sogar die Vorlage von Lärmmessungen verlangt.[90]

b) Umweltgefahren

47 Umweltgefahren zum Beispiel durch **verseuchtes Trinkwasser** können sowohl als Bewirtschaftungsmangel als auch als Umweltmangel angesehen werden. Es kommt nicht darauf an, ob die Versorgungsleitungen im Haus selbst betroffen sind oder ob die Belastung bereits in dem dem Haus zugeleiteten Wasser besteht (zB Nitrat im Trinkwasser;[91] Blei im Trinkwasser).[92] Soweit es sich um die Einwirkung durch elektrische oder elektronische Anlagen handelt, so ist zu unterscheiden:

48 Ohne Zweifel steht fest, dass hochfrequente elektromagnetische Felder, zum Beispiel verursacht durch Hochspannungsfreileitungen oder Bahnstromoberleitungen aufgrund ihrer thermischen Wirkung Minderungsgründe auslösen können. Mobilfunkantennen in der Nachbarschaft von Mieträumen sind, soweit die Richtwerte nach der 16. Bundesimmissionsschutzverordnung eingehalten sind, bis jetzt als Minderungsgrund von der überwiegenden Meinung in der Rechtsprechung nicht anerkannt worden.[93]

49 Das AG Hamburg-Harburg[94] hat darauf abgestellt, dass der Minderungsgrund bei einer neu aufgestellten Mobilfunkantenne darin liege,

---

87 AG Kassel WuM 1984, 280.
88 AG Neukölln GE 2008, 606.
89 AG Osnabrück WuM 1996, 754.
90 KG NZM 2003, 718.
91 LG Köln NJW 1991, 1898.
92 LG Hamburg WuM 1991, 161.
93 Vgl. LG Berlin NZM 2003, 60; AG Traunstein ZMR 2000, 389; aA AG München WuM 1999, 111.
94 WuM 2007, 621.

dass gegenüber dem Vorzustand eine erhöhte Strahlung vorliege. Insoweit könne die begründete Besorgnis einer Gesundheitsgefahr einen Mangel darstellen.[95]

Für den Wohnungseigentumsbereich gilt allerdings, dass bereits die bestehende Ungewissheit darüber, ob Mobilfunknetze, die für den UMTS-Betrieb ausgelegt sind, gesundheitsgefährdend sind, einen tatsächlichen Nachteil im Sinne von § 14 Nr. 1 WEG darstellt.[96] Die Annahme eines zur Minderung berechtigenden Mangels soll jedoch aus verfassungsrechtlichen Gründen so lange nicht geboten sein, als aufgrund der Feststellungen der Strahlenschutzkommission nicht eine neue verschärfte Verordnung erlassen wird.[97] 50

c) Weitere Umweltmängel

- Beeinträchtigung des Lichteinfalls durch das Nachbarhaus entgegen öffentlich-rechtlicher Vorschriften[98] oder durch große Bäume, 51
- Verunreinigung des Balkons durch am Haus nistende Tauben.[99]

d) Gebrauchsbeschränkungen

§ 536 Abs. 3 BGB bezieht sich auf Rechtsbeschränkungen durch private Rechte Dritter. Hier kann es sich zum Beispiel handeln um: 52
- Eigentum oder Nießbrauch eines Dritten an der Mietsache,
- Doppelvermietung,[100]
- Grunddienstbarkeit eines Dritten.[101]

Minderung kommt hier nur in Betracht, soweit tatsächlich eine Beeinträchtigung durch die privaten Rechte Dritter stattfindet, das Bestehen der Rechte als solches genügt nicht. 53

II. Erheblichkeit des Fehlers

1. Geringfügige Beeinträchtigung

Für alle Arten des Mangels gilt, dass nach § 536 Abs. 1 Satz 3 BGB eine unerhebliche Minderung der Tauglichkeit außer Betracht bleibt, also nicht zur Minderung führt. Dies gilt vor allem, wenn es sich um geringfügige Mängel handelt, wobei eine Erheblichkeit sich aber daraus ergeben kann, dass diese über längere Zeit nicht beseitigt worden sind. 54

---

[95] Zustimmend Herkner WuM 2007, 663, Urt. aufgeh. durch LG Hamburg WuM 2007, 692.
[96] BayObLG NZM 2002, 441.
[97] BVerfG NJW 2002, 1638; ebenso BGH DWW 2006, 195.
[98] OLG Hamm MDR 1983, 579.
[99] AG Hamburg WuM 1988, 121.
[100] LG Berlin GE 1991, 357.
[101] BGH WuM 1989, 153.

55 Es kann sich um folgende Einzelfälle handeln, bei denen eine Erheblichkeit verneint worden ist:

- Geringe Baumängel, die mit nicht erheblichen Kosten beseitigt werden können,[102]
- gelegentliches Auftreten von Spinnen in einer Parterrewohnung,[103]
- Gerüche in einem Mietshaus, die bei einem für Haushalte üblichen Kochen entstehen,[104]
- geringfügiger Luftdurchgang an Fenstern eines Altbaus.[105]

2. Fehlende Nachhaltigkeit

56 Soweit ein gesundheitsgefährdender Zustand von Mieträumen in Frage steht, muss eine nachhaltige Gesundheitsgefährdung objektiv festzustellen sein. Es darf nicht nur eine besondere Empfindlichkeit des Mieters vorliegen.[106]

III. Fehlen zugesicherter Eigenschaft, § 536 Abs. 2 BGB

1. Gegenstand der Zusicherung

57 Gegenstand der Zusicherung kann alles sein, was einen Mangel der Mieträume im Sinne von § 536 Abs. 1 BGB darstellt, darüber hinaus aber jede Beschaffenheit und jedes tatsächliche und rechtliche Verhältnis, das für den Gebrauch oder die Wertschätzung der Mieträume von Bedeutung ist. Es kommt nicht darauf an, ob die zugesicherte Eigenschaft überhaupt vom Vermieter herbeigeführt werden kann. Ebenfalls kommt es nicht darauf an, ob es sich nach den für § 536 Abs. 1 BGB geltenden Grundsätzen im Falle des Fehlens der zugesicherten Eigenschaften nur um eine **unerhebliche Tauglichkeitseinschränkung** im Sinne von § 536 Abs. 1 Satz 3 BGB handeln würde.

58 **Beispiele:**

- Zusicherung der Bebauungsmöglichkeit,
- Zusicherung eines bestimmten Umsatzes bei der Verpachtung einer Gaststätte,[107]
- Zusicherung des Unterbleibens der Ansiedlung von Konkurrenzunternehmen,
- Zusicherung der Brauereifreiheit einer Gastwirtschaft,[108]
- Zusicherung einer bestimmten Wohnungsgröße.[109]

59 Die Zusicherung einer bestimmten Wohnungsgröße kann nur in Ausnahmefällen angenommen werden. Die Angabe einer Wohnungsgröße

[102] LG Freiburg ZMR 1976, 210.
[103] AG Köln WuM 1993, 670.
[104] AG Hamburg WuM 1993, 39.
[105] AG Steinfurt WuM 1996, 268.
[106] LG Saarbrücken WuM 1982, 187.
[107] RG JW 37, 675.
[108] RG RGZ 95, 175.
[109] LG Mönchengladbach ZMR 1988, 178.

als „Circa-Angabe" ist keine Zusicherung. Vgl. LG Berlin;[110] ebenso OLG Dresden:[111] „Ungefähre Angabe der Wohnungsgröße im Mietvertrag") und KG Berlin.[112] Vgl. aber die Rechtsprechung des BGH zu Vertragsangaben über die Wohnungsgröße (→ Rn. 24 ff.).

2. Form der Zusicherung

Die Zusicherung muss in vertragsgemäß bindender Form geschehen, also gegebenenfalls unter Beachtung der vertraglichen Schriftform nach § 550 BGB. Eine stillschweigende Zusicherung kommt zwar auch in Betracht, doch dürfte sie bereits deshalb nur in Ausnahmefällen anzunehmen sein, weil Inhalt und Umfang der vertraglichen Zusicherung genau feststehen müssen. **60**

IV. Eintritt der Minderung

1. Minderung kraft Gesetzes

Wie sich bereits aus der Gesetzesfassung des § 536 Abs. 1 Satz 1 BGB ergibt, tritt die Minderung kraft Gesetzes ein, das heißt der Mieter muss sich nicht auf Minderung „berufen". Der Mieter muss jedoch einigen Anforderungen nachkommen, andernfalls Ausschluss der Minderung möglich ist. Verschulden des Vermieters ist nicht erforderlich, es genügt, wenn Minderungsgründe objektiv vorliegen. **61**

2. Minderung, Erfüllungsanspruch und Zurückbehaltungsrecht

Beim Vorliegen eines Mangels der Mieträume kommt neben Minderung nach § 536 BGB die Geltendmachung des Erfüllungsanspruchs nach § 535 BGB sowie die Ausübung des Zurückbehaltungsrechtes an Mietzahlungen nach § 320 BGB in Betracht **(Einrede des nicht erfüllten Vertrages).** Bei Vorliegen der Voraussetzungen des § 320 BGB soll im Gegensatz zu § 273 BGB auch ohne Erhebung der Einrede kein Verzug mit den Mietzahlungen eintreten.[113] Der Erfüllungsanspruch soll auch bei nach § 536b BGB ausgeschlossener Minderung bestehen bleiben.[114] **62**

Das Zurückbehaltungsrecht kann nach allgemeiner Rechtsprechung nur bis zur Höhe des drei- bis fünffachen Minderungsbetrages ausgeübt werden.[115] Es darf aber zeitlich nicht unbegrenzt ausgeübt werden und der insgesamt einbehaltene Betrag muss in einem angemessenen **63**

[110] GE 1994, 763.
[111] ZMR 1998, 417.
[112] GE 2002, 256.
[113] BGHZ 84, 42.
[114] BGH NJW-RR 2007, 1021 = NZM 2007, 484.
[115] LG Berlin GE 1996, 549, GE 2000, 1688.

Verhältnis zu der Bedeutung des Mangels stehen.[116] Das Zurückbehaltungsrecht nach § 320 BGB ist aber solange nicht möglich, wie der Mieter dem Vermieter den Mangel nicht angezeigt hat.[117] Es erlischt jedenfalls mit der Beseitigung des Mangels. Einbehaltene Beträge werden sofort zur Zahlung fällig.[118]

64 Das LG Braunschweig[119] nimmt an, dass es bei Zweifeln an der Zahlungsfähigkeit und -willigkeit des Mieters ganz entfällt. Darüber hinaus gilt, dass das **Zurückbehaltungsrecht** im Gegensatz zur Minderung keinen dauerhaften Charakter hat. Mietzinsbeträge, die aufgrund eines Zurückbehaltungsrechtes einbehalten wurden, müssen nach Mängelbeseitigung nachbezahlt werden.[120] Mit dem Anspruch auf Mängelbeseitigung endet das Zurückbehaltungsrecht mit Vertragsende.[121]

65 Bei Veräußerung der Mieträume verliert der Mieter dem früheren Vermieter gegenüber das Zurückbehaltungsrecht wegen Mängeln, die vor der Veräußerung entstanden sind, da nach der Veräußerung auch nur noch der Erwerber zur Mängelbeseitigung verpflichtet ist.[122]

66 Bei einer **unerheblichen Minderung der Gebrauchstauglichkeit** im Sinne von § 536 Abs. 1 Satz 1 BGB kommt auch ein Zurückbehaltungsrecht nicht in Betracht.[123] Ebenfalls führt die Verwirkung des Minderungsrechts (→ Rn. 106 ff.) auch zum Verlust des Zurückbehaltungsrechts (→ Rn. 62).[124]

3. Subjektive Betroffenheit nicht erforderlich

67 Aus dem Umstand, dass die Tauglichkeitsminderung objektiv vorliegen muss, ergibt sich, dass eine subjektive Betroffenheit des Mieters durch den Mangel nicht erforderlich ist. Es kommt daher zum Beispiel während eines Heizungsausfalls oder während der Dauer einer zur Minderung berechtigten **Lärmbelästigung** nicht darauf an, ob sich der Mieter während dieser Zeit in den Mieträumen aufhält.[125] Dasselbe gilt, wenn der Mieter zB wegen Urlaubs die Wohnung während der Einschränkung der Gebrauchstauglichkeit nicht benötigt. Dies führt weder zur Aufhebung noch zur Verringerung der Minderung.[126] Schlagwortartig gesagt genügt es also, „dass die Mietsache an einem Mangel leidet, nicht erforderlich ist, dass der Mieter unter dem Mangel leidet".[127]

[116] BGH WuM 2015, 568; BGH WuM 2016, 98.
[117] BGH WuM 2011, 12.
[118] BGH WuM 2019, 505.
[119] ZMR 1999, 827.
[120] BGH GE 1995, 41.
[121] AG Lüdenscheid WuM 2007, 16.
[122] BGH WuM 2006, 435.
[123] AG Tiergarten GE 1987, 1115.
[124] LG Düsseldorf DWW 1999, 184; OLG Hamm ZMR 2000, 93.
[125] Vgl. Eisenhardt WuM 2000, 45.
[126] LG Berlin WuM 2019, 94.
[127] Eisenhardt WuM 2000, 45.

4. Anfänglicher und nachträglicher Mangel

Das Gesetz unterscheidet nach § 536 Abs. 1 BGB zwei Formen des Auftretens eines Fehlers der Mietsache: Zum einen den anfänglichen Mangel, der der Mietsache zur Zeit der Überlassung an den Mieter anhaftet, zum anderen den nachträglichen Mangel, der während der Mietzeit auftritt. Hinsichtlich des anfänglichen Mangels regelt § 536b BGB, dass im Falle der Mangelkenntnis des Mieters bei Vertragsschluss diesem weder Minderungsrechte noch **Schadensersatz- und Aufwendungsersatzansprüche** wegen des Mangels nach § 536a BGB zustehen. Im Falle der groben Fahrlässigkeit bleiben dem Mieter diese Rechte nur erhalten, wenn der Vermieter den Mangel arglistig verschwiegen hat. **68**

In Betracht kommt allerdings, dass der Mieter eine mangelhafte Sache in Mangelkenntnis annimmt, er sich seine Minderungsrechte aber bei der Annahme vorbehält, § 536b Satz 3 BGB. In diesem Fall bleiben ihm die bezeichneten Rechte erhalten. **69**

V. Ausschluss der Minderung

1. Kenntnis des Mangels bei Vertragsschluss

Soweit es um die Kenntnis des Mangels bei Vertragsschluss im Sinne von § 536b Satz 1 BGB geht, genügt bei mehreren Mietern die Kenntnis eines dieser Mieter. Dies gilt nicht für Mängel, die zum Beispiel nur einem Fachmann erkennbar sind.[128] **70**

Es schadet auch die grob fahrlässige Unkenntnis, § 536b Satz 2 BGB. Falls eindeutige Hinweise für Mängel vorliegen, muss sich der Mieter über den Zustand der Mieträume vergewissern.[129] **Grobe Fahrlässigkeit** kann zum Beispiel dann vorliegen, wenn ein Wohnungsmieter eine Wohnung bezieht, ohne sie besichtigt zu haben, die Mängel bei einer Besichtigung aber ohne weiteres erkennbar gewesen wären.[130] **71**

Kein Minderungsverlust tritt ein, wenn der Mieter bei Vertragsschluss Dauer und Ausmaß der Beeinträchtigung nicht übersehen kann.[131] Dasselbe soll gelten, wenn der Mieter damit rechnen durfte, dass der Vermieter den Mangel alsbald beseitigt.[132] Andererseits soll nach einer durch das KG Berlin bestätigten Entscheidung des LG Berlin[133] gelten, dass dann, wenn schon bei Mietvertragsabschluss erkennbar war, dass mit Bautätigkeit in der weiteren Umgebung des Mietobjekts gerechnet werden muss, eine Mietminderung wegen Baulärms nicht gerechtfertigt **72**

---

[128] LG Essen WuM 1959, 167.
[129] BGH NJW 1980, 777.
[130] LG Berlin GE 1996, 471; KG GE 2000, 1620.
[131] LG Mannheim WuM 2000, 185 für eine Großbaustelle.
[132] AG Villingen-Schwenningen WuM 2016, 100.
[133] GE 2003, 115.

ist. Der Vermieter schuldet dem Mieter dann nur die um das Risiko derartiger Baumaßnahmen verminderte Gebrauchsgewährung. Anders wohl LG Berlin,[134] das in derartigen Fällen (Baulücke neben der Mietsache) nur **einfache Fahrlässigkeit** annimmt.

73 Immissionen durch Bautätigkeit auf dem Nachbargrundstück begründen keinen Minderungsanspruch, wenn der Vermieter die Immissionen ohne eigene Abwehr – oder Entschädigungsansprüche nach § 906 BGB hinnehmen muss.[135] Wenn bei Abschluss des Mietvertrags keine erkennbaren Baulücken in der Nachbarschaft bestehen, wird zwischen den Parteien keine konkludente Beschaffenheitsvereinbarung dahin geschlossen, dass mit Baulärm zu rechnen ist. Mietminderung bleibt also gegebenenfalls möglich.[136]

74 Verschweigt der Vermieter den Mangel arglistig, so schadet grob fahrlässige Mangelunkenntnis nicht. Arglist bedeutet, dass der Vermieter den Mangel kennt oder mit ihm konkret rechnet und dass ihm bekannt ist, dass der Mieter den Mangel nicht kennt. Kennt der Vermieter den Mangel oder rechnet er mit dem Mangel, hat er eine Pflicht zur Aufklärung. Diese Pflicht zur Aufklärung besteht aufgrund der Rücksichtnahmepflichten im Rahmen eines Dauerschuldverhältnisses immer.

2. Verletzung der Anzeigepflicht § 536c BGB

75 Tritt ein Mangel nachträglich während des bestehenden Mietverhältnisses auf, so hat der Mieter diesen dem Vermieter unverzüglich anzuzeigen, § 536c Abs. 1 Satz 1 BGB. Die Anzeige kann mündlich erfolgen, Schriftform ist nicht erforderlich. Nicht besteht die Anzeigepflicht bei Mängeln, die dem Vermieter ohnehin bekannt sind und hinsichtlich von verborgenen Mängeln, die nur durch besondere Nachforschungen zu Tage treten würden. Es ist also Kenntnis oder grobfahrlässige Unkenntnis des Mangels erforderlich.[137]

76 Das **Unterlassen der Mängelanzeige** führt nach § 536c Abs. 2 BGB zur Schadensersatzpflicht gegenüber dem Vermieter, da die Mängelanzeige dem Vermieter die Möglichkeit zur Reparatur geben soll. Dies bedeutet, dass die Mängelanzeige auch dem Inhalt nach so konkret sein muss, dass daraus eine Minderungsquote abgeleitet werden kann.[138] Weiter gilt als Folge insbesondere nach § 536c Abs. 2 Satz 2 Nr. 1 BGB, dass das Unterlassen der Mängelanzeige zum Ausschluss der Minderung und des Zurückbehaltungsrechts führt.[139] Das Zurückbehaltungsrecht nach § 320 BGB ist so lange nicht möglich, wie der Mieter dem Vermieter

[134] WuM 2016, 486.
[135] BGH WuM 2020, 477.
[136] AG Nürnberg WuM 2019, 433.
[137] OLG Düsseldorf GE 2008, 1425.
[138] LG Berlin GE 2006, 913.
[139] LG Berlin NZM 1998, 475.

den Mangel nicht angezeigt hat.[140] Nicht gilt dies dann, wenn eine **Mangelbeseitigung** auch bei rechtzeitiger Anzeige nicht möglich gewesen wäre[141] oder wenn der Vermieter bereits anderweitig Kenntnis von dem Mangel erhalten hat.[142] Der Vermieter muss wegen der unterlassenen Anzeige zur Abhilfe nicht in der Lage gewesen sein.[143] Finden Mängelbeseitigungsarbeiten des Vermieters statt und haben diese keinen dauerhaften Erfolg, trifft dem Mieter die erneute Anzeigepflicht des weiter bestehenden Mangels, falls diese Sachlage dem Vermieter nicht ohnehin bekannt ist.[144]

3. Verwirkung des Minderungsrechts bei nachträglichen Mängeln

a) Rechtslage bis zum 31.8.2001

Vor der Neuregelung der gesetzlichen Vorschriften durch die Mietrechts- **77**
reform 2001 wurde durch die ganz herrschende Meinung bei nachträglichen Mängeln § 539 BGB aF analog angewendet, was bedeutet, dass der Mieter dann sein Recht zur Minderung der Miete verloren hat, wenn er den Mangel längere Zeit nicht gerügt **und** die Miete ungekürzt und vorbehaltlos über einen Zeitraum von etwa sechs Monaten weiter gezahlt hat.[145] Dies bedeutet, dass ein **Einbehalt** bei der Mietzahlung in Höhe der vom Mieter angenommenen Minderungshöhe vorzunehmen war.

Anstelle dieses Einbehalts kam ein **Vorbehalt** der Minderung zur Er- **78**
haltung des Minderungsrechts in Betracht. Damit konnte sich der Mieter das Minderungsrecht rückwirkend ab dem Zeitpunkt des Vorbehalts erhalten. Der Vorbehalt musste ausdrücklich bei der Mietzahlung selbst angebracht werden, Beanstandungen des Mangels, auch wiederholte, reichen nicht aus.[146] Hinsichtlich des Vorbehalts war Schriftform nach § 550 BGB erforderlich, nicht war erforderlich, einen der zulässigen Minderungshöhe entsprechenden Teilbetrag der Miete zu bezeichnen, auf den sich der Vorbehalt beziehen sollte.[147]

Die Rechtsprechung hat üblicherweise einen Verlust des Minderungs- **79**
rechts bei vorbehaltloser Mietweiterzahlung nach Auftreten des Mangels für etwa sechs Monate angenommen.[148]

Unterlassen des Einbehalts bei der Mietzahlung bzw. Nichtausübung **80**
eines Vorbehalts innerhalb des bezeichneten Zeitraums sollte zum Ver-

[140] So auch BGH WuM 2011, 12.
[141] BGH WuM 1967, 515.
[142] LG Köln MDR 1966, 761.
[143] AG Mitte WuM 2020, 72.
[144] OLG Düsseldorf ZMR 1991, 24.
[145] Vgl. BGH NJW 1997, 2674.
[146] OLG Düsseldorf ZMR 1987, 329.
[147] LG Köln WuM 1994, 429.
[148] OLG Frankfurt a.M. WuM 2000, 116; BGH NJW 1997, 2674 und NZM 2003, 355.

lust des Minderungsrechts sowohl für die Vergangenheit als auch für die Zukunft führen.[149]

81 Etwas anderes sollte nur für den Fall gelten, dass der Vermieter die Mangelbeseitigung zusagte und der Mieter auf diese Zusage vertrauen durfte.[150] Dies sollte nicht der Fall sein, wenn der Mieter nach seinem Mangelbeseitigungsverlangen unter Zusage des Vermieters längere Zeit vergeblich auf die Beseitigung des Mangels gewartet haben sollte.[151] Es musste also die aufgrund der Verhandlungen zwischen Mieter und Vermieter begründete Erwartung **baldiger Mängelbeseitigung** bestehen.[152]

b) Rechtslage nach der Mietrechtsreform 2001 (ab dem 1.9.2001)

82 Entgegen einer durch einige Gerichte auch für die neue Rechtslage nach der Mietrechtsreform vertretenen Auffassung[153] hat nunmehr der BGH durch Urteil vom 16.7.2003[154] entschieden, dass die bisherige Rechtsprechung hinsichtlich **Einbehalt und Vorbehalt** bei der Mietzahlung in entsprechender Anwendung des § 539 BGB aF nur für bis zum 1.9.2001 fällig gewordene Mieten gilt. Dies heißt, dass es hinsichtlich dieser Mieten, soweit sie ungekürzt und vorbehaltlos für einen Zeitraum von etwa sechs Monaten weiterbezahlt werden, bei dem Verlust des Minderungsrechts bleibt. Diese Minderungsrechte sollen auch nach den Bestimmungen des Mietrechtsreformgesetzes und den hierzu ergangenen Übergangsvorschriften nicht wieder aufleben.

83 Für nach dem Inkrafttreten des Mietrechtsreformgesetzes (ab 1.9.2001) fällig gewordene Mieten solle eine analoge Anwendung des § 536b BGB, der an die Stelle des § 539 BGB aF getreten ist, ausscheiden. Die Frage der Minderungsberechtigung bei einem während der Mietzeit auftretenden Mangel solle sich nur noch nach § 536c BGB bestimmen, also als Voraussetzung die Mängelanzeige haben. Dies solle auch für Mietverträge gelten, die vor dem 1.9.2001 abgeschlossen worden sind.

84 In der BGH-Entscheidung ist aber weiter ausgeführt, dass auch in diesen Fällen, also betreffend nach dem 1.9.2001 fällig gewordene Mieten zu prüfen bleibe, ob der Mieter sein Minderungsrecht bei vorbehaltloser Weiterzahlung der Miete und fehlendem Vorbehalt nicht unter den Voraussetzungen der Verwirkung nach § 242 BGB oder des **stillschweigenden Verzichts** verloren habe.[155] Hierbei sollten die Umstände des Einzelfalls sowie die Person des Mieters – Mieter von Wohnraum oder geschäftserfahrener Mieter von Gewerberaum – von Bedeutung sein

[149] BGH GE 1997, 1163.
[150] LG Düsseldorf WuM 1987, 150.
[151] BGH MDR 1976, 571.
[152] OLG Düsseldorf WuM 1995, 435.
[153] Vgl. LG Frankfurt a. M. NZM 2002, 1025.
[154] WuM 2003, 440.
[155] Vgl. auch Grüneberg/Weidenkaff BGB § 536b Rn. 8.

können. Hinsichtlich des Einbehalts bei der Mietzahlung oder des Vorbehalts als Ausschlusstatbestand für die Verwirkung dürften weiter die oben (→ Rn. 70 ff.) genannten Grundsätze gelten.

4. Wiederaufleben verwirkter Minderungsrechte

Minderungsrechte können wiederaufleben, wenn sich das Leistungs- 85
gefüge zwischen Vermieterleistung und Mietzahlung nicht unwesentlich ändert, insbesondere eine Mieterhöhung vorgenommen wird.[156] Es muss sich jedoch um eine wesentliche Äquivalenzverschiebung handeln. Das LG München I[157] hat entschieden, dass Mieterhöhungsvorschriften im Wesentlichen den Zweck hätten, eine Angleichung der Miete an das veränderte Preis- und Lohngefüge herbeizuführen, nicht eine wesentliche Verschiebung des Äquivalenzverhältnisses. Dies bedeutet, dass nur in Ausnahmefällen von einem Wiederaufleben von Minderungsrechten bei einer Mieterhöhung auszugehen ist.

5. Weitere Ausschlussfälle

a) Entstehung des Mangels vom Mieter zu vertreten

Hat der Mieter die Entstehung des Mangels zu vertreten, so ist das 86
Minderungsrecht ausgeschlossen. Ist er teilweise für den Mangel mitverantwortlich, so reduziert sich die **Minderungshöhe** entsprechend seiner Beteiligung. Dies bedeutet zum Beispiel für den Fall von Baumängeln, dass dann, wenn der Mieter durch unzureichendes Heizungs- und Lüftungsverhalten zur Entstehung von Feuchtigkeitsschäden beigetragen hat, sich trotz Vorhandensein eines Baumangels die Minderungshöhe entsprechend vermindert.

Falls ein Mangel des Gebäudes nicht vorliegt, kann daraus geschlossen 87
werden, dass allein das Mieterverhalten für den Mangel ursächlich ist. Minderung ist damit ausgeschlossen. Dies ist im Einzelfall im Gerichtsverfahren unter Berücksichtigung der Beweislastverteilung festzustellen. Zu vertreten hat der Mieter den Mangel auch, wenn die Mieträume ohne Verschulden des Vermieters nur durch eine vom Mieter gewünschte Veränderung mangelhaft geworden sind.[158]

b) Ablehnung oder Verhinderung der Mangelbeseitigung

Das **Minderungsrecht** besteht nur so lange, wie der Mangel tatsächlich 88
besteht. Minderung kann daher zum Beispiel dann ganz ausgeschlossen sein, wenn auftretende Mängel, zum Beispiel kurzzeitiger Ausfall eines Aufzugs oder kurzfristiger Heizungsausfall unverzüglich behoben werden, es sei denn, derartige Kurzzeitmängel treten wiederholt auf.

[156] LG Köln WuM 1994, 429.
[157] NZM 2002, 986.
[158] OLG Düsseldorf ZMR 1992, 149.

89 Lehnt der Mieter die vom Vermieter angestrebte Mängelbeseitigung ab oder verhindert er sie zum Beispiel durch Nichtzulassen des Betretens seiner Wohnung, um einen dort vorhandenen Mangel zu beseitigen,[159] verliert er sein Minderungsrecht und auch ein etwaiges Zurückbehaltungsrecht. Zurückbehaltene Mietbeträge sind sofort nachzuzahlen.[160] Dies gilt jedenfalls ab dem Zeitpunkt, ab dem die Reparatur durch den Vermieter vorgenommen worden wäre. Hinsichtlich der Reparatur gerät der Mieter in Annahmeverzug. Der Vermieter wird von der Verpflichtung zur Reparatur hierdurch frei, das heißt, der Mieter verliert auch den **Erfüllungsanspruch** auf Mängelbeseitigung.

c) Minderungsausschluss bei energetischen Modernisierungen

90 Mietminderungen sind für Vermieter in der Regel ein „rotes Tuch". Dies gilt umso mehr, wenn Vermieter nach dem Energiekonzept der Bundesregierung politisch erwünschte Maßnahmen wie die energetische Modernisierung nach § 555b des Gesetzes durchführen und deshalb wegen Gebrauchsbeeinträchtigungen der Mieträume mit einer Minderung der Miete durch die betroffenen Mieter rechnen müssen.

91 Nach der Begründung zum Gesetzentwurf des Mietrechtsreformgesetzes 2013 sollen durch die Regelung eines Minderungsausschlusses für die Dauer von drei Monaten während der Dauer einer energetischen Modernisierung nach § 555b Nr. 1 BGB diese Art von Modernisierungen erleichtert werden. Dies soll auch dann gelten, wenn die energetische Modernisierung gleichzeitig eine **Erhaltungsmaßnahme** darstellt, zB Wärmedämmung einer Fassade mit Erneuerung des Außenputzes.[161]

92 Die Befristung des Minderungsausschlusses soll einerseits dazu dienen, die Baumaßnahmen zu beschleunigen und andererseits das Minderungsrecht des Mieters nicht allzu sehr zu beschneiden. Problematisch sind verbundene Maßnahmen wie diese heutzutage bei Baumaßnahmen an Gebäuden öfters vorkommen. Hier soll das Gericht im Streitfall die Anteile der energetischen Modernisierung und anderer Modernisierungsmaßnahmen schätzen und bestimmen, welche Beeinträchtigungen zu einer vorübergehenden Minderung führen und welche nicht.[162] Um eine ausreichende Schätzungsgrundlage zu schaffen, dürfte im Streitfall vermutlich in jedem Fall ein Gutachten erforderlich sein, was Kosten und Zeitaufwand bedeutet. Fraglich wird in der Praxis auch sein, wann der Anfang der Maßnahme und damit der Beginn des Minderungsausschlusses anzusetzen ist und wann es sich um bloße Vorbereitungsmaßnahmen handelt. Nachdem das Gesetz insoweit keinen Ausschluss beinhaltet, findet der Minderungsausschluss auch bei kurzfristig aufeinander folgenden Einzelmaßnahmen zur energetischen Modernisierung jeweils für

[159] Vgl. LG Berlin, GE 1990, 543.
[160] BGH WuM 2019, 309.
[161] Gesetzentwurfsbegr. S. 26.
[162] Entwurfsbegr. S. 26.

jede Maßnahme einzeln statt. Ob dies gegebenenfalls einen Anreiz für Vermieter bedeutet, größere Maßnahmen zur Einhaltung der Dreimonatsfrist in Einzelmaßnahmen aufzuspalten, bleibt abzuwarten.

VI. Höhe der Minderung

1. Mietbegriff bei der Minderung

Ausgangspunkt der Minderung war bisher entweder die Bruttokaltmiete, **93** die Miete inklusive aller Nebenkosten ausschließlich der Kosten für Heizung und Warmwasser[163] oder die Nettomiete. Soweit gerade **Heizung oder Warmwasser** von dem Mangel betroffen sind, sollten diese Kosten in die Minderung einbezogen werden können.[164] Nach BGH[165] soll Bemessungsgrundlage der Minderung die Bruttomiete einschließlich einer Nebenkostenvorauszahlung oder Pauschale sein. Als Gegenleistung der Vermieterleistung seien nämlich sämtliche Leistungsentgelte des Mieters anzusehen.

Hieraus ergibt sich ein Problem bei der Abrechnung der Betriebs- **94** kostenvorauszahlungen: Falls nur die geminderten Vorauszahlungen Grundlage der Abrechnung sind, bekommt der Vermieter über die Nachzahlung einen Teil der Minderung zurück. Denkbar wäre, von vorneherein den abzurechnenden Betrag um die Minderungsquote zu kürzen. Kinne[166] vertritt die Auffassung, dass die fiktiven Vorauszahlungen (inklusive Minderung) vom abzurechnenden Betrag abzuziehen seien.

2. Minderungsberechnung

Zu unterscheiden von der Frage der zulässigen Minderungshöhe ist **95** die Frage, wie festzustellen ist, in welcher Höhe der Mieter tatsächlich gemindert hat. Hierzu gibt die Entscheidung des BGH[167] Hinweise. Hiernach sind die im Abrechnungsjahr insgesamt geleisteten Zahlungen von der geschuldeten ungeminderten Gesamtjahresmiete abzuziehen. Somit errechnet sich die berechtigte Mietzahlung nebst Nebenkosten wie folgt: Jahresbetrag der geschuldeten Nettomiete zuzüglich der abgerechneten Betriebskosten abzüglich des in dem betreffenden Jahr insgesamt gerechtfertigten Minderungsbetrages.

Hinsichtlich der Minderungshöhe gilt § 536 Abs. 1 BGB, das heißt, **96** dass dann, wenn die Gebrauchstauglichkeit der Mieträume völlig aufgehoben ist, der Mieter von der Entrichtung der Miete befreit ist und er für die Zeit, während der die Tauglichkeit gemindert ist, er nur eine angemessen herabgesetzte Miete zu entrichten hat. Der Begriff „an-

[163] LG Hamburg WuM 1991, 90; LG Berlin GE 2002, 534.
[164] LG Berlin GE 1994, 1381; LG Köln WuM 1997, 45.
[165] BGH WuM 2005, 573.
[166] GE 2005, 1160.
[167] BGH NJW 2011, 1806.

gemessen herabgesetzte Miete“ ersetzt die früher in § 537 Abs. 1 BGB aF enthaltene Verweisung auf das Kaufrecht nach §§ 472, 473 BGB aF. Was **„angemessen“** ist, bestimmt sich nach den Umständen des Einzelfalles, wobei vereinzelt dem Begriff „angemessen“ eine gewisse „Subjektivierung“ beigemessen wird.[168] Die Praxis behilft sich bei der Berechnung der Minderungshöhe mit Schätzungen unter Heranziehung von entsprechenden Gerichtsentscheidungen. Siehe hierzu auch → Rn. 100ff.

97 Nach der hier vertretenen Auffassung könnte man soweit es sich um einen Mangel handelt, der den Mieträumen selbst anhaftet, die Minderungshöhe danach berechnen, welche **Wohnfläche** die betroffenen Räume im Verhältnis zur Gesamtfläche haben, wozu die Räume **genutzt** werden, das heißt, ob es sich um Räume handelt, in denen die Mieter sich erhebliche Zeit aufhalten oder um Nebenräume. Weiter wäre das **Ausmaß** der Beeinträchtigung, soweit dies flächenmäßig festzustellen ist, zu berücksichtigen, zum Beispiel bei Schimmelbildung an einzelnen Wand- oder Deckenflächen.

98 Soweit es sich um **Lärmbelästigung** handelt, wäre zu berücksichtigen, ob diese zur Tages- oder zur Nachtzeit stattfindet und natürlich, welcher Natur der Lärm ist. Lärm, der von der Tonlage oder der Frequenz als besonders unangenehm üblicherweise empfunden wird, berechtigt zur einer höheren Minderung als geringer einzustufender Lärm.

99 Bei **Bewirtschaftungsmängeln** wie zum Beispiel Ausfall von Heizung und Warmwasser muss auch die Jahreszeit berücksichtigt werden, das heißt, im Sommer kann gar kein oder nur ein geringer Minderungsansatz vorgenommen werden. Soweit es sich um **optische** Mängel handelt, zum Beispiel ein ungepflegter Hauszugang oder ein heruntergekommenes Treppenhaus müssen subjektive Ansichten außer Betracht bleiben, es ist ein möglichst objektiver Maßstab anzulegen.

3. Minderungsprozentsätze

100
- **0,5 % Minderung:** Trübung einer Isolierglasscheibe in der Küche einer Wohnung,[169]
- **1 % Minderung:** Briefkasten durch Alter und Beschädigung funktionsuntüchtig,[170]
- **2 % Minderung:** Nicht funktionierende Gegensprechanlage,[171]
- **3 % Minderung:**
  Länger andauernder Baulärm von einem Nachbargrundstück,[172] Undichte Duschkabine,[173]

[168] Vgl. Derleder NZM 2002, 678.
[169] AG Miesbach WuM 1985, 260.
[170] AG Mainz WuM 1996, 701.
[171] LG Berlin GE 2000, 345.
[172] AG Tiergarten GE 1991, 579.
[173] AG Gießen WuM 2016, 26.

- **4 % Minderung:** Unangenehme Gerüche im Treppenhaus,[174]
- **5 % Minderung:** Verunreinigungen des Balkons durch nistende Tauben,[175] Ausfall der Gegensprechanlage und des elektrischen Türöffners,[176] ständig überfüllte Mülltonne,[177]
- **6 % Minderung:** Undichte Fenster wegen schadhaft gewordenem Fensterkitt,[178]
- **7 % Minderung:** Lärmbelästigung durch einen Waschsalon im gleichen Haus,[179]
- **10 % Minderung:** Einrüstung des Gebäudes,[180] Störung des Hausfriedens durch Beschimpfungen des Mieters durch den Hausmeister,[181] lautes Rauschen und Knacken in der Heizung,[182] Exzessives Rauchen auf Nachbarbalkon,[183] Ausfall des Aufzugs für Mieter im 3. OG,[184] Gesundheitsgefahr durch Legionellen,[185]
- **15 % Minderung:** Beeinträchtigung der Nachtruhe in mehreren Nächten des Monats,[186] länger dauernde Straßenbaumaßnahmen,[187] Undichte Fenster, die zu starker Zugluft führen,[188]
- **20 % Minderung:** Undichte Fenster in Wohn- und Schlafzimmer mit Schimmelbildung,[189] Silberfische in der Wohnung,[190] starke Zugluft,[191]
- **25 % Minderung:** Wasserschäden an Decke und Wänden im Wohnzimmer,[192]
- **30 % Minderung:** Durchschnittstemperatur im Wohnzimmer von 15 Grad,[193] Wasser ist durch Rost rot verfärbt,[194] Lärm einer angrenzenden Großbaustelle,[195]
- **33 % Minderung:** Beeinträchtigung durch Dachgeschossausbau bei der darunter liegenden Wohnung,[196]

---

[174] AG Gießen WuM 2016, 26.
[175] AG Hamburg WuM 1988, 21.
[176] LG Berlin GE 1992, 159.
[177] AG Potsdam WuM 1996, 760.
[178] AG Rheine WuM 1993, 670.
[179] AG Hamburg WuM 1976, 151.
[180] LG Berlin GE 2000, 347.
[181] AG Neukölln WuM 1986, 483.
[182] AG Hamburg WuM 1987, 271.
[183] Berlin NZM 2013, 727.
[184] AG Mitte WuM 2020, 484.
[185] LG Berlin WuM 2021, 485.
[186] AG Bonn WuM 1990, 497.
[187] LG Siegen WuM 1990.
[188] AG Villingen WuM 2016, 100.
[189] AG Schöneberg GE 1997, 1535.
[190] AG Lahnstein WuM 1988, 55.
[191] LG Kassel WuM 1988, 108.
[192] AG Aachen WuM 1974, 44.
[193] LG Düsseldorf WuM 1973, 187.
[194] AG Görlitz WuM 1988, 180.
[195] AG Nürnberg WuM 2019, 433.
[196] LG Berlin GE 1996, 1051.

- **50% Minderung:** Störende Handwerkerarbeiten in einem Neubau,[197] erhebliche Putzschäden und feuchte Wand zwischen Bad und Schlafzimmer,[198]
- **60% Minderung:** Aufsteigende Bodenfeuchtigkeit bei Erdgeschosswohnung,[199]
- **80% Minderung:** Bei einer 3-Zimmerwohnung sind Küche, Wohn- und Schlafzimmer ständig durchfeuchtet, modrig und von Schimmelpilz befallen,[200]
- **100% Minderung:** Totaler Heizungsausfall im Herbst und Winter,[201] Unbewohnbarkeit der Wohnung wegen Umbau und Neugestaltung,[202] fehlende Einbauküche mit der der Vermieter die Wohnung auszustatten hat.[203]

4. Irrtum des Mieters über die Minderungshöhe

101 Den zur Minderung berechtigten Mieter trifft kein Verschulden, wenn er sich über den Umfang der Minderung in einem entschuldbaren Rechtsirrtum befindet und deshalb zu viel mindert.[204] Dies bedeutet, dass der Vermieter in diesem Fall auch nicht wegen der Mietrückstände, die über die letztlich festgestellte zulässige Minderungshöhe hinaus gehen, das Mietverhältnis fristlos nach § 543 BGB oder ordentlich nach § 573 BGB kündigen kann.[205]

102 Unverschuldeter Rechtsirrtum liegt regelmäßig nur dann vor, wenn der Schuldner (Mieter) die Rechtslage unter Einbeziehung der höchstrichterlichen Rechtsprechung sorgfältig geprüft hat und bei Anwendung der im Verkehr erforderlichen Sorgfalt mit einer anderen Beurteilung durch die Gerichte nicht zu rechnen braucht.[206]

103 Der Mieter muss jedoch mit der üblicherweise erforderlichen Sorgfalt prüfen, wie hoch die zulässige Minderung ist. Gegebenenfalls muss er fachkundigen Rat einholen bzw. selbst einen Sachverständigen hinsichtlich der Minderungshöhe tätig werden lassen.[207] Orientiert sich der Mieter nicht an einem bereits eingeholten Gutachten, das bereits Minderungsprozentsätze in Bezug auf den in Frage stehenden Mangel ausweist, ist der eintretende **Zahlungsverzug** verschuldet.[208]

---

[197] OLG Hamm ZMR 1983, 273.
[198] LG Berlin GE 1991, 573.
[199] AG Bad Vilbel WuM 1996, 701.
[200] LG Berlin GE 1991, 625.
[201] LG Hamburg WuM 1976, 10.
[202] AG Köln ZMR 1980, 87.
[203] LG Itzehoe WuM 1999, 410.
[204] LG Kassel WuM 1981, 185.
[205] LG Berlin GE 1994, 1381.
[206] BGH WuM 2012, 323.
[207] LG Kassel ZMR 1996, 90.
[208] LG Braunschweig ZMR 2000, 222.

Der Verzug mit durch Minderung eintretenden Zahlungsrückständen ist dann ganz oder teilweise verschuldet, wenn der Mieter mit offenkundig abwegigen Gründen mindert, um sich dadurch seiner Zahlungspflicht zu entziehen[209] oder einen offenkundig nicht existierenden Minderungsgrund konstruiert.[210] Ist die Ursache eines Mangels unklar, muss der Mieter die volle Miete unter Vorbehalt bezahlen, bis die Ursache des Mangels geklärt ist. Weiter muss der Mieter den Vermieter aktiv auf Mangelbeseitigung in Anspruch nehmen.[211] **104**

Ist der Mieter in einem Prozess, in dem Zahlungsrückstände wegen Minderung eingeklagt wurden, rechtskräftig zur Zahlung der einbehaltenen Miete verurteilt worden und mindert er anschließend wegen desselben Sachverhalts erneut, ist der Zahlungsverzug verschuldet.[212] **105**

VII. Vertraglicher Minderungsausschluss

1. Bei Wohnraum

Bei Mietverhältnissen über Wohnraum ist eine zum Nachteil des Mieters von § 536 BGB abweichende Vereinbarung unwirksam, § 536 Abs. 4 BGB. Unzulässig ist insbesondere die Minderung durch vertragliche Vereinbarung von einer vorherigen Ankündigung abhängig zu machen.[213] **106**

Ebenso dürften vertraglich vereinbarte erhöhte Anforderungen an die Mängelanzeige, zum Beispiel Schriftform der Mängelanzeige, nach § 307 BGB in einem Formularvertrag unzulässig sein. Das Minderungsrecht darf auch nicht von der Einhaltung von Fristen abhängig gemacht werden oder der Fehlerbegriff zu Lasten des Mieters einschränkend definiert werden.[214] **107**

Zu berücksichtigen ist allerdings, dass die Parteien einen bestimmten Zustand der Mietsache als vertragsgemäß vereinbaren können, was bedeutet, dass Minderungsansprüche hinsichtlich dieser Umstände ausgeschlossen sind[215] oder eine Minderung in Höhe eines bestimmten Prozentsatzes wegen der Umstände als zugestanden gilt. **108**

2. Bei Gewerberaum

Bei Gewerberaummietverhältnissen ist sowohl Ausschluss als auch Einschränkung des Minderungsrechts zulässig.[216] Der Ausschluss des ge- **109**

---

209 AG Lübeck WuM 1980, 236.
210 LG Mannheim WuM 1976, 232.
211 BGH NJW 2012, 2882 = NZM 2012, 637.
212 AG Schöneberg GE 1982, 653.
213 AG Bonn WuM 1985, 261.
214 LG Hamburg WuM 1980, 126.
215 LG Marburg NZM 2000, 616; LG Berlin ZMR 1990, 420.
216 OLG München ZMR 1987, 16.

samten oder eines Teils des Minderungsrechts ist jedoch entsprechend § 309 Nr. 8b BGB durch **Formularvertrag** nicht möglich, wenn der Mieter nicht Unternehmer nach § 310 BGB ist und der Vertrag zum Betrieb seines Unternehmens gehört. Im Übrigen gelten auch im kaufmännischen Verkehr die Bestimmungen der §§ 138, 242 BGB über die Zulässigkeit von Einschränkungen gesetzlicher Bestimmungen.

VIII. Die Minderung im Prozess

1. Klagearten

110 Der **Vermieter** kann **Zahlungsklage** auf Zahlung einbehaltener Mietbeträge erheben, hinsichtlich derer der Mieter einen Einbehalt wegen Minderung vornimmt. Die **negative Feststellungsklage** des Vermieters mit dem Antrag festzustellen, dass der Mieter zur Minderung der Miete nicht berechtigt sei, dürfte in der Regel mangels Feststellungsinteresse unzulässig sein, da dem Vermieter die Zahlungsklage zur Verfügung steht.

111 Grundsätzlich wird angenommen, dass der **Mieter Feststellungsklage** mit dem Antrag erheben kann, seine Minderungsberechtigung festzustellen.[217] Eine Klage des Mieters auf Feststellung einer Minderungsquote ist für die Zeit nach Schluss der mündlichen Verhandlung des Gerichts unbegründet, wenn die weitere Dauer und Intensität der Beeinträchtigung ungewiss sind.[218] Hat der Mieter die Miete unter Vorbehalt bezahlt, hat er einen **Rückforderungsanspruch** hinsichtlich rechtsgrundlos bezahlter Mieten im Wege der **Leistungsklage.**

2. Verwirkung des Vermieteranspruchs

112 Verwirkung eintreten kann, wenn der Vermieter die Minderung über einen längeren Zeitraum rügelos hinnimmt. Dann kann der Mieter darauf vertrauen, dass die vereinbarte Miete nicht rückwirkend verlangt wird.[219] Verwirkung wird dabei zum Teil bereits angenommen, wenn nach **Zahlungsaufforderung** die Klage wegen den bestehenden Mietrückständen erst nach acht Monaten eingereicht wird.[220] Der BGH[221] lehnt für diesen Verwirkungsfall eine analoge Anwendung von § 539 BGB aF ab, sieht Verwirkung aber jedenfalls nach zwei Jahren als gegeben an. Keine Verwirkung soll aber eintreten, wenn der Vermieter die Rückstände zwar erst nach längerer Zeit geltend macht, er der Minderung aber widersprochen hat.[222]

---

[217] BGH ZMR 1985, 403.
[218] LG Berlin WuM 2020, 70.
[219] Vgl. BGH NZM 2003, 355; Timme NZM 2003, 508.
[220] LG München I NZM 2002, 780.
[221] BGH NZM 2006, 58.
[222] BGH WuM 2004, 199.

3. Urkundsprozess

Umstritten ist, ob die Klage auf Zahlung rückständiger Mieten im Urkundsprozess nach §§ 591 ff. ZPO erhoben werden kann. Vorteil des Urkundsprozesses ist die Erlangung eines vollstreckbaren Titels auf einfache Weise in Form des Vorbehaltsurteils nach § 599 ZPO. **113**

Während teilweise die Auffassung vertreten wird, dass sich bei Mangelhaftigkeit der Mietsache die Miete automatisch von Gesetzes wegen mindere, so dass sich die Höhe der Miete nicht mehr aus dem Mietvertrag als Urkunde ergäbe und der Vermieter durch Vorlage des Mietvertrags seinen Anspruch nicht begründen könne,[223] hat sich der BGH[224] auf den Standpunkt gestellt, dass § 592 ZPO grundsätzlich für alle Geldforderungen den Urkundsprozess eröffne. Der Vermieter müsse die Mangelfreiheit der Mietsache nicht im Urkundsprozess darlegen und beweisen. Umstände, die den in der Urkunde verbrieften Anspruch einschränken oder beseitigen könnten, seien erst im Nachverfahren zu berücksichtigen. Dieser Auffassung hat sich der BGH[225] für den Bereich der Wohnraummiete angeschlossen. **114**

Eine Ausnahme, also **Unstatthaftigkeit des Urkundsprozesses,** gilt aber insoweit, als Mängel der Mietsache unstreitig sind (so OLG Düsseldorf[226] für den Fall unstreitiger anfänglicher Mängel, deren Beseitigung der Vermieter nicht urkundlich beweisen kann). **115**

Etwas anderes gilt dann, wenn der Mieter gegenüber dem Zahlungsanspruch des Vermieters Minderung einwendet, aber die Wohnung als Erfüllung angenommen hat, ohne sich seine Rechte wegen der später behaupteten Mängel vorbehalten zu haben, soweit dies unstreitig oder vom Vermieter durch Urkunden beweisbar ist.[227] **116**

4. Beweislastverteilung

Der **Mieter** muss beweisen: **117**
- das Vorliegen eines Mangels der Mieträume, insbesondere eine **erhebliche** Beeinträchtigung. Hier ist umstritten, ob bei Vorliegen von Asbest der Mieter eine konkrete Gesundheitsgefahr nachweisen muss (nein: LG Mannheim;[228] ja: LG Berlin).[229]
- arglistiges Verschweigen eines Mangels durch den Vermieter bei Vertragsschluss, § 536b S. 2 BGB.
- eine Reparaturzusage durch den Vermieter, die eine Verwirkung des Minderungsrechts ausschließt.

---

223 LG Augsburg WuM 1993, 416.
224 ZMR 1999, 380.
225 BGH WuM 2005, 526.
226 GE 2008, 1324.
227 BGH NZM 2009, 734; BGH NZM 2013, 614.
228 WuM 1996, 338.
229 WuM 1996, 761.

- die erfolgte Mängelanzeige und ihre Rechtzeitigkeit, § 536c BGB.
- einen Umstand, aus dem sich ergibt, dass der Vermieter auf andere Weise als durch die Mängelanzeige von dem Mangel Kenntnis erlangt hat.
- das Vorliegen einer zugesicherten Eigenschaft, § 536 Abs. 2 BGB.
- dass ein Mangel der Mieträume nicht vom Mieter verursacht worden ist, wenn nur eine Herkunft der Schadensursache aus dem der unmittelbaren Einflussnahme, Herrschaft und Obhut des Mieters unterliegenden Bereich in Betracht kommt (OLG Karlsruhe:[230] „Beweislastverteilung nach Risikosphären").

118 Der **Vermieter** muss beweisen:
- die Mangelfreiheit des Gebäudes, falls nicht feststeht, dass nur eine Herkunft der Schadensursache aus dem Bereich des Mieters in Betracht kommt.[231]
- Unerheblichkeit der Minderung der Tauglichkeit, § 536 Abs. 1 S. 3 BGB.
- Kenntnis oder grobfahrlässige Unkenntnis des Mangels durch den Mieter bei Vertragsschluss, § 536b S. 1 und 2 BGB.
- Die Verletzung der Anzeigepflicht nach § 536c BGB durch den Mieter.[232]
- die Wahrnehmung der Aufklärungspflicht, falls aufgrund bauphysikalischer Veränderungen ein geändertes Mieterverhalten erforderlich ist.[233]
- die Tatsache, dass das Gebäude, den zur Zeit seiner Errichtung geltenden Bauvorschriften entsprochen hat, wohingegen der Mieter beweisen muss, dass sich der Zustand des Gebäudes seither im Sinne eines Mangels verschlechtert hat.

IX. Schadensersatz- und Mangelbeseitigungsanspruch nach § 536a BGB

1. Der Schadensersatzanspruch nach § 536a Abs. 1 BGB

a) Die gesetzlichen Alternativen

119 Bei der 1. Alternative des § 536a I BGB handelt es sich um eine **Garantiehaftung** des Vermieters, Verschulden ist nicht erforderlich. Der Vermieter haftet auch für bei Vertragsschluss bereits angelegte, aber noch nicht hervorgetretene Mängel, auch für solche, die sogar für den Vermieter nicht erkennbar waren.[234]

---

[230] WuM 1984, 267.
[231] OLG Karlsruhe WuM 1984, 267; AG Lüdenscheid WuM 2007, 16.
[232] BGHNZM 2013, 309.
[233] LG Berlin GE 2000, 124.
[234] OLG München ZMR 1996, 322.

Bei Vermieterwechsel haftet der Erwerber des Grundstücks nach § 566 BGB auch für Mängel, die vor seinem Eigentumserwerb angelegt, aber erst danach in Erscheinung getreten sind. Bei Mieterwechsel kommt es darauf an, ob der Mangel bei Vertragsschluss mit dem Erstmieter vorhanden gewesen oder zumindest angelegt war. Nur dann tritt die Garantiehaftung des Vermieters ein. **120**

Sind die Mieträume zum Zeitpunkt des Vertragsschlusses noch nicht fertiggestellt, kommt es hinsichtlich des Vorliegens eines Mangels auf den Zeitpunkt der Überlassung an den Mieter an. Ein zwischen Vertragsschluss und Fertigstellung der Mieträume entstehender Mangel fällt unter die Garantiehaftung des Vermieters.[235] **121**

Hinsichtlich des **nachträglich entstehenden Mangels** durch Verschulden des Vermieters nach § 536a Abs. 1 2. Alt. BGB ist Vorsatz oder Fahrlässigkeit im Sinne des § 276 BGB erforderlich. Nach § 278 BGB haftet der Vermieter auch für Erfüllungsgehilfen, so Hausverwalter, Hausmeister, mit der Reparatur beauftragte Handwerker.[236] Verschulden kann auch in einer Vernachlässigung der Prüfungspflicht, der Verkehrssicherungspflicht oder der Fürsorgepflicht des Vermieters liegen. **122**

Die 3. Alternative des § 536a Abs. 1 BGB betrifft nachträglich auftretende, vom Vermieter nicht verschuldete Mängel der Mietwohnung. **Verzug mit der Mangelbeseitigung** setzt eine Mahnung nach § 286 Abs. 1 BGB voraus, also die bestimmte Aufforderung, einen Mangel innerhalb angemessener Frist zu beseitigen. Sie muss sich von der bloßen Mängelanzeige unterscheiden.[237] Der Vermieter muss die Verzögerung der Mangelbeseitigung zu vertreten haben. Ein Unvermögen zur Leistung, zB Geldmangel, hat der Vermieter immer zu vertreten. Die Mangelbeseitigung muss dem Vermieter aber möglich sein. Falls ein bestimmter Termin für die Mangelbeseitigung vereinbart ist oder vom Vermieter zugesichert worden ist, bedarf es nach § 286 Abs. 2 Nr. 1 BGB keiner Mahnung. **123**

Beseitigt der Mieter selbst den Mangel, ohne dass der Vermieter in Verzug ist oder die Voraussetzungen des § 536a Abs. 2 Nr. 2 BGB vorliegen, so kann er seine Aufwendungen weder nach § 539 Abs. 1 BGB noch nach § 536a Abs. 1 BGB ersetzt verlangen.[238] Der Verzug des Vermieters endet dann, wenn Annahmeverzug des Mieters vorliegt, zB der Mieter die Mangelbeseitigung durch den Vermieter ablehnt.[239] **124**

b) Ausschluss der Haftung

Wichtig ist, dass der Ausschluss der Garantiehaftung des § 536a Abs. 1 1. Alt. BGB auch formularvertraglich zulässig ist. Hinsichtlich der Ver- **125**

[235] OLG München ZMR 1996, 322.
[236] OLG Karlsruhe ZMR 1988, 52.
[237] AG Neuß WuM 1989, 565.
[238] BGH NZM 2008, 279.
[239] LG Berlin GE 1990, 543.

schuldenshaftung nach § 536a Abs. 1 2. Alt. BGB ist der Ausschluss bei Wohnraummietverhältnissen nur für leichte Fahrlässigkeit zulässig.[240] Dieser Ausschluss betrifft lediglich den Schadensersatzanspruch des Mieters, naturgemäß nicht die Mietminderung nach § 536 BGB.

126 Für den Fall, dass dem Mieter an ihm gehörenden Einrichtungsgegenständen Schäden entstanden sind, ist ebenfalls der Ausschluss der leichten Fahrlässigkeit des Vermieters zulässig.[241] Darüber hinaus kann formularvertraglich die Haftung des Vermieters für Schäden an Sachen des Mieters, die durch Feuer, Rauch, Sott, Schnee, Wasser, Schwamm und allmähliche Einwirkungen von Feuchtigkeit entstanden sind, ausgeschlossen werden, es sei denn, die Schäden sind durch Vernachlässigung des Grundstücks entstanden und der Vermieter hat trotz rechtzeitiger Mängelanzeige und Beseitigungsaufforderung durch den Mieter die Beseitigung unterlassen.[242]

c) Beweislast

127 Der Mieter muss alle Voraussetzungen des Schadensersatzanspruchs beweisen, also Schadenseintritt, objektive Pflichtverletzung und Verschulden.

128 Der **Schadensersatzanspruch** steht nicht nur dem Mieter selbst, sondern auch den in den Schutzbereich des Vertrags einbezogenen Personen zu, so Ehegatten, Kinder, Hausangestellte. Diese haben einen selbständigen Schadensersatzanspruch gegen den Vermieter.

129 Der Mieter kann alle Schäden ersetzt verlangen, die durch den Mangel adäquat kausal verursacht worden sind.[243] Hierzu gehören die **Mangelbeseitigungskosten,** entgangener Gewinn (zB Untermietzins), Schäden an vom Mieter eingebrachten Sachen, Mangelfolgekosten wie Umzugskosten, Gesundheitsschäden, Kosten eines erforderlichen Gutachtens oder selbständigen Beweisverfahrens.[244] Ein mitwirkendes Mitverschulden des Mieters ist nach § 254 BGB zu berücksichtigen, zB Unterlassung der Schadensbegrenzung.

130 Grundsätzlich gilt beim Schadensersatzanspruch nach § 536a Abs. 1 BGB, dass eine Umkehr der Beweislast entsprechend der Beweislastverteilung nach Risikosphären nicht stattfindet. Für den Fall des **„Fogging"** hat der BGH[245] entschieden, dass der Mieter sämtliche Voraussetzungen des Schadensersatzanspruches beweisen muss. Nur wenn feststünde, dass die Schadensursache im Bereich des Vermieters liegt, müsse sich dieser im Hinblick auf das Verschulden entlasten.

---

[240] BayObLG WuM 1985, 49.
[241] OLG Stuttgart ZMR 1984, 309.
[242] OLG Hamburg WuM 1991, 328.
[243] LG Kassel WuM 1982, 188.
[244] LG Hamburg WuM 1983, 291.
[245] BGH WuM 2006, 147.

2. Mangelbeseitigungs- und Aufwendungsanspruch nach § 536a Abs. 2 BGB

Der Mieter kann zwischen Schadensersatz nach § 536a Abs. 1 BGB und der Selbstbeseitigung nach § 536a Abs. 2 BGB wählen. Zur Mangelbeseitigung ist der Mieter nicht verpflichtet. § 536a Abs. 2 BGB stellt eine Spezialregelung zu § 539 BGB dar, der den Aufwendungsersatzanspruch des Mieters nach den Vorschriften über die Geschäftsführung ohne Auftrag regelt. 131

Voraussetzung des Selbstbeseitigungsanspruchs und des Anspruchs auf Ersatz der erforderlichen Aufwendungen ist, dass der Vermieter mit der Beseitigung des Mangels in Verzug ist, § 536a Abs. 2 Nr. 1 BGB. Die Inverzugsetzung setzt voraus, dass dem Vermieter eine angemessene Frist zur Beseitigung des Mangels gesetzt wird. Diese kann je nach den Umständen auch kurz bemessen sein (Heizungsausfall bei erheblichen Kältegraden). Eine **Inverzugsetzung** ist dann nicht erforderlich, wenn nach § 536a Abs. 2 Nr. 2 BGB die umgehende Beseitigung des Mangels notwendig ist. Dies kommt grundsätzlich nur in Ausnahmefällen in Betracht (z. B. erheblicher Wasseraustritt aufgrund eines Wasserrohrbruchs). 132

Im Falle der Selbstbeseitigung kann der Mieter einen Vorschuss in Höhe der voraussichtlich für die Mangelbeseitigung erforderlichen Kosten verlangen.[246] Beseitigt der Mieter den Mangel, muss er nicht vom Vermieter vorgeschlagene Handwerker beauftragen. Hinsichtlich der Verzinsung der Aufwendungen gilt § 256 BGB. Außerdem kann der Mieter, der Aufwendungen eingegangen ist, Befreiung von der Verbindlichkeit nach § 257 BGB verlangen. 133

X. Praktische Hinweise und Verfahrensfragen

Obwohl die Minderung der Miete nach § 536 BGB eine gesetzliche Folge der Einschränkung oder Aufhebung der Gebrauchstauglichkeit der Mieträume ist, sind die Anforderungen an den Mieter, der sich tatsächlich auf Minderung beruft, als nicht gering einzuschätzen. Um den Ausschluss der eingetretenen Minderung zu vermeiden, ist nämlich zunächst Voraussetzung, dass 134

1. die tatsächlichen Umstände, die den Tatbestand der erheblichen Einschränkung der Gebrauchstauglichkeit ausfüllen, vorliegen und auch vom Mieter dokumentiert werden können,
2. eine Mängelanzeige erfolgt, soweit durch den Vermieter behebbare Mängel vorliegen und ihm der Mangel nicht sowieso bekannt ist,
3. es sich nicht um einen anfänglichen Mangel handelt, der dem Mieter bei Vertragsschluss bekannt oder infolge grober Fahrlässigkeit unbekannt war,

---

[246] KG WuM 1988, 142.

4. nicht Verwirkung der Minderung eingetreten ist,
5. der Mieter das Entstehen des Mangels nicht zu vertreten hat oder die Mangelbeseitigung abgelehnt oder verhindert hat.

135 Hinsichtlich der Höhe einer etwaigen Minderung können zwischen den Parteien gegebenenfalls Vereinbarungen getroffen werden. Andernfalls muss der Mieter unter Hinzuziehung fachkundigen Rats die Minderungshöhe schätzen. Kommt es zum Rechtsstreit, ist die **Minderungshöhe** eine Frage der Bewertung durch das Gericht.

136 Mietminderungstabellen haben naturgemäß nur begrenzten Aussagewert, da die Umstände des jeweiligen Einzelfalls nicht dargestellt werden können. Beeinträchtigungen, die unter Anlegung eines objektiven Maßstabs eine Unbewohnbarkeit der Mietwohnung bedeuten, führen natürlich zur Befreiung von der Entrichtung der Miete, also zu 100% Minderung. Geringfügige Einschränkungen führen nur zu geringen Minderungsprozentsätzen oder fallen unter die Unerheblichkeitsgrenze des § 536 Abs. 1 S. 3 BGB.

137 Die Bewertung der Minderungshöhe bei Mängeln einer Mietwohnung stellt bei mehreren Mängeln immer eine Gesamtbetrachtung dar. Die Hochrechnung einzelner Minderungsprozentsätze führt im Regelfall nicht zu zutreffenden Ergebnissen.

138 Für den Vermieter ist wichtig, dass kein Verschulden seinerseits an den Umständen der Einschränkung der Gebrauchstauglichkeit nicht zum Ausschluss der Minderung führt. Nicht kommt es darauf an, ob der Vermieter in der Lage ist, von einem etwaigen externen Verursacher der Umstände Ersatz zu erlangen.

139 Jeder Vermieter wird darauf zu achten haben, dass er dann, wenn er die Minderung für unberechtigt hält, nicht durch unbeanstandete Hinnahme der Einbehalte durch den Mieter einen Verwirkungstatbestand schafft und die Rückstandbeträge nicht mehr verlangen kann.

Muster zu Kapitel 5

1. Mangelanzeige des Mieters und Beseitigungsaufforderung 140

Mängel in der Mietwohnung Schönstr. 20 in München

Sehr geehrter Herr Hofer,
seit kurzer Zeit zeigen sich in der von uns bewohnten Wohnung folgende Mängel:

1. Bei starkem Regen dringt an den Fenstern in der Küche, im Bad und im Wohnzimmer Regen in das Innere der Wohnung ein.
2. An der Decke über dem Schlafzimmerfenster zeigt sich schwarzer Schimmelbefall mit einer Ausdehnung von etwas 50 × 50 cm.
3. Im Eingangsbereich des Wohnzimmers löst sich der Teppichboden vom Untergrund ab.

Wir fordern Sie auf, diese Mängel umgehend zu beseitigen. Ab nächsten Monat werden wir, falls die Mängel nicht bis dahin beseitigt sind, die Miete entsprechend kürzen. Auf jeden Fall erfolgen alle Mietzahlungen ab diesem Zeitpunkt unter dem Vorbehalt der Minderung. Weitergehende Ansprüche auf Schadensersatz, falls an unseren Möbeln Schäden entstehen, müssen wir ebenfalls vorbehalten.

Mit freundlichen Grüßen

141 2. Erwiderung des Vermieters auf Mietminderung

Ihr Schreiben vom …

Sehr verehrte Frau Maier, sehr geehrter Herr Maier,
Ihr Schreiben vom … beantworte ich wie folgt:

Zu 1. Wie ich Ihnen bereits mitgeteilt habe, sollen die Fenster des Anwesens Schönstr. 20 in nächster Zeit ausgetauscht und im Rahmen umfassender Modernisierungsmaßnahmen durch moderne Isolier- und Schallschutzfenster ausgetauscht werden. Näheres darüber, auch über die hierdurch für Sie entstehenden Kosten, werde ich Ihnen noch mitteilen. Das von Ihnen angesprochene Problem wird sich dadurch erledigen.

Ich möchte Sie aber, da Sie mit Mietkürzung drohen, auf folgendes hinweisen: Die Fenster waren bei Ihrem Einzug vor zwei Jahren in demselben Zustand wie heute. Sie haben in Kenntnis dieser Tatsache die Wohnung angemietet und zwei Jahre vorbehaltlos den Mietzins bezahlt. Sie können daher nunmehr, nach so langer Zeit, nicht plötzlich Kürzungen vornehmen.

Zu 2. Auch der Schimmelbefall ist nicht erst in jüngster Zeit aufgetreten. Ich weise Sie aber darauf hin, dass bei keinem Ihrer Vormieter dementsprechendes sich gezeigt hat.

Der Grund für den Schimmel ist nämlich, wie ich auch bei meiner kürzlichen Wohnungsbesichtigung feststellen konnte, dass Sie offenbar die Heizkörperventile im Schlafzimmer ständig geschlossen halten andererseits das Schlafzimmerfenster den ganzen Tag lediglich gekippt ist.

Wie Sie wissen, entwickelt sich im Schlafzimmer besonders viel Feuchtigkeit, die sich, wenn die kalte Luft sie nicht aufnehmen kann, als Kondenswasser niederschlägt. Das ständige Kippen des Fensters reicht nicht aus, um einen Luftaustausch zu gewährleisten. Die feuchte Luft kann somit auch nicht entweichen. Wie Sie selbst bereits festgestellt haben, hat sich auch Kondenswasser an der Innenseite des Fensters niedergeschlagen. Den durch Feuchtigkeit an der Wand verursachten Schimmelbefall haben Sie somit selbst zu vertreten.

Keinesfalls können Sie deswegen die Miete mindern. Ich muss Sie andererseits darauf hinweisen, dass ich Sie für Schäden, die durch Ihr falsches Wohnverhalten an Wänden oder Fensterrahmen eintreten, haftbar machen muss.

Zu 3. Hinsichtlich des Teppichbodens werde ich in den nächsten Tagen einen Handwerker vorbeischicken, der den Teppichboden wieder befestigen wird.

Mit freundlichen Grüßen

3. Klage des Vermieters auf Zahlung der vollen Miete bei Minderung durch Mieter 142

An das
Amtsgericht München

Klage

in Sachen

Alfred Hofer, Königstr. 2, 80798 München – Kläger –

Prozessbevollmächtigter: Rechtsanwalt Dr. Hans Schlau

gegen

Hans und Maria Maier, Schönstr. 20, 81354 München – Beklagte –

wegen Forderung

vorläufiger Streitwert: € ...
zeige ich an, dass der Kläger durch mich anwaltlich vertreten wird.

Namens und im Auftrag des Klägers erhebe ich

Klage

zum Amtsgericht München und bringe einen Gerichtskostenvorschuss in Höhe von € ... zur Einzahlung.

Ich bitte baldmöglichst Termin zur mündlichen Verhandlung zu bestimmen, in dem ich folgende Anträge stellen werde:

I. Die Beklagten werden als Gesamtschuldner verurteilt, an den Kläger € ... nebst 5% Zinsen über dem Basiszinssatz seit ... zu bezahlen.
II. Die Beklagten tragen samtverbindlich die Kosten des Rechtsstreits.
III. Das Urteil ist – notfalls gegen Sicherheitsleistung – vorläufig vollstreckbar.
IV. Für den Fall des schriftlichen Vorverfahrens beantrage ich weiter ein Versäumnisurteil ohne mündliche Verhandlung nach Maßgabe des Klageantrags zu erlassen, wenn die Beklagten nicht rechtzeitig anzeigen, dass sie sich gegen die Klage verteidigen wollen.

Weiter beantrage ich die Beklagten, falls sie den Klageanspruch anerkennen, ihrem Anerkenntnis gemäß zu verurteilen.

Weiter beantrage ich dem Prozessbevollmächtigten des Klägers den Zeitpunkt der Zustellung des Urteils zu bescheinigen.

Begründung:

Mit Mietvertrag vom … haben die Beklagten die Wohnung Schönstr. 20, 81354 München vom Kläger angemietet. Der monatliche Mietzins beträgt € 600,–.

Beweis: Vorlage des Mietvertrags

Seit drei Monaten zahlen die Kläger lediglich € 400,– Mietzins. Sie berufen sich auf ein angeblich Ihnen zustehendes Minderungsrecht. Dieses ist aber nicht gegeben.

Zahlungsklage war dadurch geboten.

Rechtsanwalt

4. Klageerwiderung des Mieters im Zahlungs-Minderungsprozess 143

An das
Amtsgericht München

in Sachen

Alfred Hofer, Königstr. 2, 80798 München – Kläger –

Prozessbevollmächtigter: Rechtsanwalt Dr. Hans Schlau

gegen

Hans und Maria Maier, Schönstr. 20, 81354 München – Beklagte –

Prozessbevollmächtigter: Der Unterfertigte

wegen Zahlung und Minderung

zeige ich an, dass ich die Beklagten anwaltlich vertrete.

Im Termin zur mündlichen Verhandlung werde ich folgende Anträge stellen:

I. Die Klage wird abgewiesen.
II. Der Kläger trägt die Kosten des Rechtsstreits.
III. Das Urteil ist vorläufig vollstreckbar.

Höchst vorsorglich wird Vollstreckungsschutz beantragt.

Begründung:

I. Der Kläger hat keinen Anspruch auf Zahlung des vollen Mietzinses für die letzten drei Monate.
Durch Schreiben vom … haben die Beklagten dem Kläger Mängel der von Ihnen bewohnten Mieträume angezeigt. In diesem Schreiben haben sie den Kläger aufgefordert, die Mängel umgehend zu beseitigen.
Beweis: Schreiben vom …
Die Mängel bestehen immer noch.
II. Ab dem … minderten die Beklagten den Mietzins daher um € 200,–
Die Mietzinsminderung erfolgte zu Recht.
Bei starkem Regen dringt an den Fenstern in der Küche, im Bad und im Wohnzimmer Regen in das Innere der Wohnung ein.
An der Decke über dem Schlafzimmerfenster zeigt sich schwarzer Schimmelbefall.

Beweis: Zeugen …
Gerichtlicher Augenschein

Die Beklagten haben den Mangel nicht zu vertreten.

Unter Verwahrung gegen die Beweislast: Sachverständigengutachten.

III. Höchst vorsorglich sei auf die Ausführungen des Klägers in seinem in der Anlage beigefügten Schreiben vom … eingegangen, das die Antwort auf die Mängelanzeige und Minderungsankündigung der Beklagten darstellte.

Zu 1: Es ist nicht zutreffend, dass sich die Fenster bei Einzug der Beklagten im selben Zustand wie heute befanden. Dieser hat sich seitdem ständig verschlechtert. Regen dringt erst seit etwa zwei Wochen vor der Mängelanzeige durch die Beklagten ein.

Überdies haben die Beklagten den Kläger des öfteren zur Reparatur der Fenster aufgefordert. Dieser sagte sie auch mehrmals zu, ohne sein Versprechen einzuhalten.

Beweis: Schreiben vom …
Zeuge …

Zu 2: Der Schimmelbefall ist keineswegs auf das „Wohnverhalten" der Beklagten zurückzuführen. Wie die Beklagten feststellen konnten, tritt gleichartiger Schimmel in einer Reihe von Wohnungen des Anwesens Schönstr. 20 auf und nicht nur in Schlafräumen.

Beweis: Richterlicher Augenschein
Zeugen: …

Die Schimmelbildung ist nämlich auf den schlechten Bauzustand des Anwesens zurückzuführen. An der Außenwand des Anwesens zeigen sich eine Reihe von Putzrissen, durch die Feuchtigkeit in das Mauerwerk eindringen kann. Außerdem entspricht das Gebäude in Hinblick auf die Wärmedämmung in keiner Weise den Erfordernissen und den Regeln der Baukunst.

Unter Verwahrung gegen die Beweislast: Sachverständigengutachten

Zu 3: Hinsichtlich des Teppichbodens hat der Kläger selbst nicht das Vorliegen eines zur Minderung berechtigenden Mangels bestritten.

Seine Reparaturzusage hat er aber bis zum heutigen Tag nicht eingehalten.

Beweis: Augenschein

Der Klageabweisungsantrag ist daher gerechtfertigt.

Rechtsanwalt

Kapitel 6. Betriebskosten

I. Vertragliche Vereinbarungen über die Umlage von Betriebskosten und Heizkosten

1. Grundsatz der vertraglichen Vereinbarung

1 Die gesetzliche Regelung des § 535 Abs. 1 Satz 3 BGB, wonach der Vermieter die Lasten der Mietsache trägt, bedeutet, dass jede Art der Umlage von Betriebskosten oder Heizkosten auf den Mieter vertraglich eindeutig vereinbart werden muss. Solche Vereinbarungen sind zulässig, da § 535 Abs. 1 Satz 3 BGB nicht zwingend ist. Fehlt eine vertragliche Vereinbarung oder ist diese unbestimmt oder unzulässig, so enthält die vereinbarte Miete sämtliche Betriebskosten. Wird die Umlage einzelner Betriebskosten vereinbart, so hat der Mieter nur diese zu zahlen. Die Vereinbarung von Vorauszahlungen auf Betriebskosten oder von nicht abzurechnenden **Pauschalzahlungen** ist möglich, aber nicht zwingend. Nach § 556 Abs. 2 Satz 2 BGB können Betriebskosten als Pauschale oder als Vorauszahlung ausgewiesen werden. Nachdem weder die Umlage von Betriebskosten auf den Mieter überhaupt zwingend ist, noch der Umfang einer etwaigen Umlage, können die Parteien alle Arten von Mietzusammensetzungen, Netto-, Brutto- oder Teilinklusivmieten, vertraglich vereinbaren. Zwingend ist allerdings die Regelung, dass bei Wohnraummietverhältnissen nur Betriebskosten im Sinne des **§ 2 der Betriebskostenverordnung (BetrKV)** auf den Mieter umgelegt werden können. § 556 Abs. 1 BGB, wonach die Parteien vereinbaren können, dass der Mieter Betriebskosten im Sinne der BetrKV trägt, ist nämlich nach § 556 Abs. 4 BGB zwingend.

2 Das bedeutet, dass insbesondere nicht umgelegt werden können:

- Instandsetzungskosten und Instandhaltungskosten, § 1 Abs. 2 Nr. 2 BetrKV,
- Beiträge eines Wohnungseigentümers zur Instandhaltungsrücklage,
- die Verwaltervergütung nach dem Wohnungseigentumsgesetz[1] und allgemein die Kosten der Verwaltung, § 2 Abs. 2 Nr. 1 BetrKV.

3 Diese Begrenzung gilt nicht für gewerbliche Mietverhältnisse, da die Vorschrift des § 556 BGB sich im Untertitel „Mietverhältnisse über Wohnraum" befindet und § 578 BGB, der die entsprechende Anwendung von Wohnraumvorschriften auf Mietverhältnisse über Grundstücke und Nichtwohnräume beinhaltet, auf diese Vorschrift nicht verweist. Dies bedeutet, dass auf den gewerblichen Mieter auch Kosten umgelegt

---

[1] LG Frankfurt a. M. ZMR 1980, 278.

werden können, die in der BetrKV nicht enthalten sind. Hierbei muss darnach unterschieden werden, ob die Umlegung durch Formularvereinbarung oder durch Individualvereinbarung geschieht.

2. Zulässige Vereinbarungen im Mietvertrag

a) Unzulässige pauschale oder unbestimmte Vereinbarungen

4 Neben Vereinbarungen, die Betriebskostenarten beinhalten, deren Umlage auf den Mieter, da nicht der BetrKV entsprechend, überhaupt nicht zulässig ist, wie „Kosten für Verwaltung und Instandhaltungsrücklagen“[2] oder „Bankkosten und Hausverwaltungskosten“[3] finden sich in Mietverträgen auch unbestimmte Vereinbarungen, die nicht zu einer zulässigen Abwälzung bestimmter Betriebskosten auf den Mieter führen. Dies gilt zum Beispiel für die Vereinbarung, wonach „sämtliche“ oder „alle“ Betriebskosten durch den Mieter zu tragen sind.[4]

5 Nach BGH[5] soll die Vereinbarung, dass der Mieter „die Betriebskosten“ zu tragen hat, für die Umlage der in § 2 BetrKVO aufgeführten Betriebskosten genügen. Vereinzelt wird die Auffassung vertreten, dass eine an sich unbestimmte Vereinbarung, wonach der Mieter „alle“ Betriebskosten zu tragen habe, hinsichtlich von **Verbrauchskosten** wie Strom, Wasser und Abwasser, wirksam ist, wenn die Räume mit entsprechenden Wasser- und Stromerfassungsgeräten ausgestattet sind.[6] Diese Auffassung dürfte allerdings in Hinblick auf § 535 Abs. 1 Satz 3 BGB nicht zutreffen.

6 Folge der unbestimmten Vereinbarung ist allerdings nicht, dass der Mieter gar keine Betriebskosten schuldet, sondern lediglich, dass bei Ansatz von Vorauszahlungen diese als nicht abzurechnende Pauschalen behandelt werden. Dies gilt aber nicht, wenn im Vertrag eine Abrechnung vorgesehen ist. Die Absicht einer Abrechnung steht der Annahme einer Pauschale entgegen. Ist allerdings überhaupt nicht erkennbar, welche Betriebskosten „abgerechnet“ werden sollen, geht diese Unklarheit wiederum zu Lasten des Vermieters (§ 305c Abs. 2 BGB), so dass die „Vorauszahlung“ als **Pauschale** behandelt wird.

7 Werden einzelne Betriebskostenarten aufgeführt und findet sich anschließend die Formulierung „usw.“, so sind nur die ausdrücklich aufgeführten Betriebskosten wirksam vereinbart, es sei denn, es wird auf die BetrKV Bezug genommen und es liegt insoweit nur eine **beispielhafte Aufführung** der dort enthaltenen Betriebskosten vor. Dasselbe gilt, wenn allgemein von Betriebskosten die Rede ist und dann eine Aufzählung unter dem Begriff „insbesondere“ erfolgt.

---

[2] OLG Koblenz NJW 1986, 995.
[3] OLG Karlsruhe WuM 1988, 204.
[4] OLG Düsseldorf DWW 1991, 283.
[5] BGH WuM 2016, 211.
[6] ZB LG Saarbrücken WuM 1998, 722.

b) Abwälzung einzelner Betriebskosten

Im Mietvertrag kann vereinbart werden, dass neben der Grundmiete einzelne, gesondert aufgeführte Betriebskosten geschuldet werden, für die gegebenenfalls eine Vorauszahlung oder eine Pauschale vereinbart werden kann. Auch diese Betriebskosten müssen jedoch hinreichend bestimmt sein, sie müssen zumindest ihrem wesentlichen Gehalt nach den in der BetrKV aufgeführten Betriebskosten entsprechen. Dies gilt zum Beispiel für die Position „Versicherungen", da Nr. 13 der BetrKV speziell die Kosten der Sach- und Haftpflichtversicherung als umlagefähig bestimmt. **8**

Ein Sonderfall stellen die „Sonstigen Betriebskosten" nach Nr. 17 der BetrKV dar. Hier können auch Betriebskosten umgelegt werden, die in der Aufstellung nach Nr. 1 bis 16 nicht enthalten sind, diesen Betriebskostenarten aber vergleichbar sind. Es gilt hier die Definition des § 1 Abs. 1 BetrKV, dass es sich um **Betriebskosten** handeln muss, die durch das Eigentum oder Erbbaurecht am Grundstück oder durch den bestimmungsgemäßen Gebrauch des Gebäudes, der Nebengebäude, Anlagen, Einrichtungen und des Grundstücks laufend entstehen. Zwar reicht grundsätzlich als mietvertragliche Vereinbarung die Bezugnahme auf die BetrKV aus, doch sind sonstige Betriebskosten nur umlegbar, wenn die einzelnen bestimmten Kosten mit dem Mieter vereinbart worden sind.[7] Die Umlage sonstiger Betriebskosten, die nach Mietvertragsabschluss entstanden und im Vertrag nicht bezeichnet sind, erfordert eine Erklärung und Erläuterung durch den Vermieter.[8] Auch in der Abrechnung müssen **„Sonstige Betriebskosten"** identifizierbar bezeichnet werden. Wer lediglich den Begriff „Sonstige Betriebskosten" in eine Abrechnung aufnimmt, läuft Gefahr, dass die Abrechnung als insgesamt nicht fällig angesehen wird. In der Abrechnung ist eine Aufschlüsselung nach Kostenarten dann erforderlich, wenn die einzelnen Kostenarten nicht eng zusammenhängen.[9] **9**

Sind im Übrigen nur einzelne Betriebskostenarten aufgeführt, so kann die Umlage weiterer Betriebskosten auch nicht durch eine Formulierung, dass **„neu entstehende Kosten"** auf den Mieter zusätzlich umgelegt werden können, herbeigeführt werden.[10] Dies ist nur dann möglich, wenn eine Vertragsänderung nicht erfolgen muss, weil die Bezugnahme auf die BetrKV sämtliche Betriebskosten, auch solche, die bei Vertragsschluss noch nicht angefallen sind, abdeckt. Zusätzlich zu dieser Bezugnahme oder Einzelbezeichnung noch nicht entstandener Betriebskosten als umlagefähig, muss zur Umlage später entstehender Kosten dem **10**

---

[7] BGH WuM 2004, 290.

[8] LG München I WuM 2021, 245.

[9] BGH WuM 2021, 671 für die Kostenarten Trinkwasseruntersuchung und – Dachrinnenreinigung.

[10] Vgl. AG Gelsenkirchen WuM 2019, 16.

Vermieter das Recht eingeräumt werden, neu entstehende Betriebskosten umzulegen.[11]

c) Zulässige Bezugnahme auf die BetrKV

11 Zu unterscheiden von der Frage, welche Betriebskosten auf den Mieter zulässigerweise umgelegt werden können, ist die Frage, in welcher Form Betriebskosten im zulässigen Umfang umgelegt werden dürfen. Nach BayObLG[12] und OLG Hamm[13] ist eine mietvertragliche Regelung zulässig, die beinhaltet, dass der Mieter neben der Miete monatlich einen **Vorauszahlungsbetrag** auf die Betriebskosten gemäß § 27 der II. BV (jetzt § 2 BetrKV) zu zahlen hat zulässig, ohne dass es einer zusätzlichen Erläuterung des Betriebskostenkatalogs bei Vertragsschluss oder der Beifügung eines Abdrucks dieser Anlage bedürfe.[14]

12 Nach OLG Karlsruhe[15] – nach hM zu weitgehend – ist die Verpflichtung des Mieters jedenfalls dann wirksam, wenn im Anschluss an die Verweisung auf § 27 der II. BV die wesentlichen Positionen der in der Anlage 3 zu dieser Vorschrift enthaltenen Aufstellung stichwortartig genannt werden und die Vorauszahlung nur Betriebskosten umfasst, die im Mietvertrag in dieser Weise beispielhaft aufgeführt worden sind. Nicht erforderlich ist es, dass der Mietvertrag **die einzelnen Betriebskostenarten** genau bezeichnet, für welche die Vorauszahlung gelten soll. Fehlt eine Aufzählung der Einzelpositionen, soll nach Auffassung des AG Hanau[16] die Vereinbarung, die in AGB enthalten ist, unwirksam sein, die lediglich auf den – nicht mehr gültigen – Katalog der Anlage 3 zu § 27 der II. BV verweist.

13 Begründet wird diese Rechtsprechung damit, dass der Begriff der Betriebskosten im Gegensatz zu einer reinen Nennung von Paragraphen auch dem Laien bekannt sei und er eine Vorstellung davon habe, was mit diesem Begriff gemeint sei. In Hinblick auf die Neuregelung des Rechts der Allgemeinen Geschäftsbedingungen wurde diese Rechtsprechung wegen § 307 Abs. 1 Satz 2 BGB **(Transparenzgebot)** in Frage gestellt.[17]

3. Ansatz von Vorauszahlungen oder Pauschalen

14 Nach § 556 Abs. 2 Satz 1 BGB können die Parteien vorbehaltlich anderweitiger Vorschriften vereinbaren, dass Betriebskosten als Pauschale oder als Vorauszahlung ausgewiesen werden. Die Ausweisung als Pauschale bedeutet, dass der Mieter einen nicht abzurechnenden Betrag auf

[11] BGH WuM 2006, 612.
[12] NJW 1984, 1761.
[13] WuM 1997, 542.
[14] Ebenso für preisgebundenen Wohnraum BGH NJW 2010, 1198.
[15] ZMR 1986, 51.
[16] NZM 2015, 47.
[17] Pfeilschifter WuM 2002, 73.

Betriebskosten bezahlt, wobei grundsätzlich an die Ausweisung der in diesem Pauschalbetrag enthaltenen Betriebskosten geringere Anforderungen als bei Vorauszahlungen gestellt werden. Daher hat der Mieter auch nur **bei konkreten Anhaltspunkten** für eine Ermäßigung der Betriebskosten einen Auskunftsanspruch zur Höhe der in der Pauschale enthaltenen Betriebskosten.[18] Nicht zulässig ist die Vereinbarung einer Pauschale bei Heizkosten.

Mit Ausnahme der in § 11 HeizkV aufgeführten Ausnahmen besteht nach §§ 4 und 5 HeizkV die Pflicht zur Ausstattung zur Verbrauchserfassung und zur Verbrauchserfassung selbst. Nach der **Verbrauchserfassung** hat der Gebäudeeigentümer nach § 6 HeizkV die Kosten der Versorgung mit Wärme und Warmwasser auf die einzelnen Nutzer zu verteilen. Dies schließt die Vereinbarung einer Heizkostenpauschale aus, da aufgrund der Verbrauchserfassung nach Ablauf der Heizperiode auch abzurechnen ist. Die Vorschriften der HeizkV gehen mit Ausnahme von Gebäuden mit nicht mehr als zwei Wohnungen, von denen eine der Vermieter selbst bewohnt, auch rechtsgeschäftlichen Bestimmungen vor. Dies bedeutet, dass gegebenenfalls sogar die in einer Pauschalmiete enthaltenen **Heizkostenbeträge** zu schätzen sind und aufgrund der pflichtgemäßen Verbrauchserfassung nach Ablauf der Heizperiode abzurechnen sind.[19] 15

Vorauszahlungen für Betriebskosten dürfen nur in **angemessener Höhe** vereinbart werden, § 556 Abs. 2 Satz 2 BGB. Dies gilt entsprechend auch für die Vereinbarung von Pauschalen. Sind diese zu hoch, ist die Vereinbarung insoweit unwirksam.[20] Der Mieter hat keinen Anspruch darauf, dass die Vorauszahlungen so ausgestaltet sind, dass eine Nachzahlung nicht entsteht. Die tatsächlichen Kosten können die Vorauszahlungen auch erheblich überschreiten.[21] Sind die Vorauszahlungen unangemessen hoch, kann jede Vertragspartei nach einer Abrechnung durch Erklärung in Textform oder Schriftform eine Anpassung auf eine angemessene Höhe vornehmen, das heißt, auch der Mieter eine **Herabsetzung der Vorauszahlungen** vornehmen, § 560 Abs. 4 BGB (vgl. → Rn. 190). 16

Nicht müssen die Vorauszahlungen so vereinbart werden bzw. angesetzt werden, dass ein Nachzahlungsanspruch nicht entsteht.[22] Sind jedoch bewusst zu niedrige Vorauszahlungen angesetzt worden, um bei Vertragsschluss den Mieter über die tatsächlich hinsichtlich einer Wohnung anfallenden Kosten zu täuschen, ist ein Schadensersatzanspruch des Mieters aus Verschulden bei Vertragsschluss gerechtfertigt (LG Celle:[23] In Höhe einer verlangten Nachforderung). An den Tatbestand der Täuschung sind hohe Anforderungen zu stellen, eine gewisse 17

[18] BGH NZM 2012, 20.
[19] BayObLG WuM 1988, 257.
[20] Schmid WuM 2001, 424.
[21] BGH NZM 2004, 251.
[22] LG Berlin ZMR 1999, 637.
[23] DWW 1996, 193.

Überzahlung durch den Mieter schadet grundsätzlich nicht, zumal wenn Anhaltspunkte dafür bestehen, dass hohe Betriebskosten oder Heizkosten entstehen werden. Pflichtwidrigkeit muss vorliegen.[24]

4. „Stillschweigende" Vereinbarung von Betriebskosten und Heizkosten

18 Umstritten ist die Frage, inwieweit länger dauernde Übung hinsichtlich der Betriebskosten zu einer stillschweigenden vertraglichen Vereinbarung oder Vertragsänderung führen kann. Ist die Zahlung von Betriebskosten neben einer pauschalen Mietzahlung vertraglich nicht vereinbart, kann längere **vorbehaltlose Zahlung** durch den Mieter zu einer konkludenten Vertragsänderung dahin führen, dass die Zahlung der geforderten Betriebskosten als vereinbart gilt.[25] Während üblicherweise bei einer einmaligen gesonderten Betriebskostenzahlung von der Abänderung einer vereinbarten Inklusivmiete noch nicht ausgegangen werden kann,[26] kann nach Auffassung des LG Saarbrücken bei einer viermaligen Zahlung aufgrund einer nicht vereinbarten Nebenkostenabrechnung im Anschluss an einen Abrechnungszeitraum unter Umständen von einer konkludenten Vertragsergänzung ausgegangen werden.[27]

19 Etwas anderes dürfte aber dann gelten, wenn ein Mieter, der nicht vereinbarte und damit auch nicht geschuldete Nebenkosten über einen gewissen Zeitraum hinweg bezahlt hat, der rechtsirrigen Auffassung ist, diese Kosten zu schulden. Der Annahme einer **stillschweigenden Vereinbarung** oder Vertragsänderung steht hier das Fehlen des rechtsgeschäftlichen Willens entgegen.[28] Dies gilt grundsätzlich auch bei wiederholten nicht geschuldeten Zahlungen, es sei denn, ein Mieter ist in der Lage, die möglichen rechtlichen Auswirkungen derartiger Zahlungen zu beurteilen.[29]

20 Der BGH[30] meint, dass durch jahrelange Übung (hier 9 Jahre) davon auszugehen wäre, dass die Parteien sich stillschweigend auf eine Vertragsänderung geeinigt hätten.[31] Nach BGH[32] soll allerdings ein die Umlage der Betriebskosten betreffender stillschweigender Änderungsvertrag nicht allein durch Übersendung einer Abrechnung, auch wenn dies über einen längeren Zeitraum geschieht, zustande kommen, soweit nicht weitere Umstände hinzukommen.[33]

---

24 BGH NZM 2004, 251 Rn. 16.
25 LG Detmold WuM 1991, 701; LG Koblenz WuM 1990, 312.
26 LG Detmold WuM 1991, 701.
27 LG Saarbrücken NZM 1999, 408.
28 LG Kassel WuM 1990, 159.
29 LG Neuss ZMR 1994, 571.
30 BGH WuM 2004, 292.
31 AblAnm Kappus NZM 2004, 411.
32 BGH WuM 2008, 225.
33 Ebenso jetzt BGH NZM 2014, 748.

Zahlt der Mieter zu Unrecht verlangte Nebenkosten und ist von einer stillschweigenden vertraglichen Vereinbarung nicht auszugehen, können die überzahlten Beträge vom Vermieter zurückgefordert werden. Wichtig ist in diesem Zusammenhang, dass Änderungen der Betriebskostenvereinbarung in der Regel eine Umstellung der Mietvertragsstruktur darstellen. Wenn diese Änderungen in Form eines Angebotes zur Umstellung an den Mieter herangetragen werden, muss dieses Angebot eindeutig und klar sein. Andernfalls kommt in Betracht, dass der Vermieter den Mieter arglistig über die tatsächlichen Umstände und Absichten täuscht.[34] **21**

II. Begriff der umlegbaren Betriebskosten und der Heizkosten nach § 2 der BetrKV

§ 1 Abs. 1 BetrKV definiert die Betriebskosten zunächst in allgemeiner Form. Für die Ermittlung der Betriebskosten und ihres Umfangs im einzelnen ist die Aufstellung des § 2 BetrKV zugrunde zu legen. Dieser Katalog ist bei Wohnraummietverhältnissen abschließend und verbindlich. Im Einzelnen handelt es sich um folgende Betriebskostenarten: **22**

1. Die laufenden öffentlichen Lasten des Grundstücks

Hierzu gehört namentlich die Grundsteuer (§ 2 Nr. 1 BetrKV). **23**

Die Formulierung **„nicht jedoch die Hypothekengewinnabgabe"** ist in der BetrKV nicht mehr enthalten. Es muss sich um öffentliche Lasten handeln, die auf dem Grundstuck selbst ruhen. Gewerbesteuern werden nicht erfasst, da sie aus dem Betrieb eines Gewerbes folgen. Fraglich ist, ob der Begriff **„Grundbesitzabgaben"**, soweit er in einer Vereinbarung verwendet wird, die Umlage der Grundsteuer ermöglicht.[35] Zu bedenken ist, dass der Begriff im Katalog des § 2 BetrKV nicht enthalten ist. Auch **Grundsteuererhöhungen,** soweit sie durch die Aufteilung in Wohnungseigentum entstehen, sind umlegbar. **24**

Grundsteuererhöhungen können auch nachträglich umgelegt werden, wenn eine Neufestsetzung durch das Finanzamt erfolgt. Dies gilt auch dann, wenn in den vorausgegangenen Abrechnungen kein Vorbehalt enthalten war.[36] Eine bereits bezahlte Betriebskostenabrechnung kann korrigiert werden, auch dann, wenn das Mietverhältnis nicht mehr besteht.[37] Nach LG Berlin[38] soll die Korrektur allerdings nur innerhalb von zwei Jahren nach Kenntnis und Überprüfung möglich sein. Eine entsprechende Anwendung auf andere Betriebskostenarten dürfte nicht in Frage kommen (zB bei Nachberechnung von Strom oder Wasser). **25**

[34] Vgl. hierzu AG München NZM 2004, 422.
[35] Dagegen AG Köln WuM 1988, 419.
[36] LG Berlin GE 2002, 595; GE 2005, 737.
[37] LG Berlin GE 2005, 737; LG Rostock WuM 2009, 232.
[38] GE 2006, 1098.

2. Die Kosten der Wasserversorgung

26 Hierzu gehören die Kosten des Wasserverbrauchs, die Grundgebühren, die Kosten der Anmietung oder andere Arten der Gebrauchsüberlassung von Wasserzählern sowie die Kosten ihrer Verwendung einschließlich der Kosten der Eichung sowie der Kosten der Berechnung und Aufteilung, die Kosten der Wartung von Wassermengenreglern, die Kosten des Betriebs einer hauseigenen Wasserversorgungsanlage und einer Wasseraufbereitungsanlage einschließlich der Aufbereitungsstoffe (§ 2 Nr. 2 BetrKV).

27 Was Zählerkosten betrifft, so ist nicht nur die Zählermiete umlegbar, sondern auch die Kosten für Eichung und den Zähleraustausch, soweit er im Verhältnis zur Eichung wirtschaftlich ist. Es dürfen nur geeichte Zähler verwendet werden, was sich aus § 2 Abs. 1 des Eichgesetzes ergibt. Zu den Kosten der Berechnung und Aufteilung gehören bei der Warmwasserversorgung die Kosten der Erstellung der Heizkostenabrechnung.

28 Hinsichtlich der Warmwasserversorgung hat der Vermieter ein Wahlrecht zwischen der Nr. 5, betreffend die Kosten der zentralen Warmwasserversorgungsanlage und Nr. 2, betreffend die Kosten der Wasserversorgung. Hier gilt hinsichtlich der **Zählerkosten** § 4 Abs. 2 Satz 2 HeizkV, dh falls der Vermieter die Erfassungsgeräte mieten oder leasen will, muss er dies den Nutzern vorher unter Angabe der entstehenden Kosten mitteilen. Widerspricht die Mehrheit der Nutzer innerhalb eines Monats nach Zugang der Mitteilung, kann der Vermieter die Kosten nicht auf die Mieter abwälzen. Darauf hinzuweisen ist noch, dass Kosten für den Korrosionsschutz der Wasserleitungen nicht zu den Kosten der Wasserversorgung gehören.[39]

3. Die Kosten der Entwässerung

29 Hierzu gehören die Gebühren für die Haus- und Grundstücksentwässerung, die Kosten des Betriebs einer entsprechenden nicht öffentlichen Anlage und die Kosten des Betriebs einer Entwässerungspumpe (§ 2 Nr. 3 BetrKV).

30 Zu den Kosten der Entwässerung zählen die Kanalgebühren. Bei einer Entwässerungspumpe sind die Kosten des Stroms und die Wartungskosten umlegbar. Hierzu gehören auch Hebeanlagen und Entwässerungspumpen. Nicht unter die Entwässerungskosten fallen die Kosten der Beseitigung von Rohrverstopfungen in Hausleitungen oder die Erneuerung hauseigener Entwässerungsanlagen. Nachdem nur regelmäßige wiederkehrende Kosten zu den Betriebskosten gehören, zählen Kanalanschlussgebühren nicht zu den Entwässerungskosten.

[39] AG Regensburg WuM 1995, 319.

Wichtig ist, dass der Vermieter nicht gehalten ist, die Wasserkosten in Kosten der Be- und Entwässerung aufzuteilen.[40] Er darf die **Kosten für Frischwasser und Schmutzwasser** bei der Betriebskostenabrechnung dann in einer Summe zusammenfassen und einheitlich abrechnen, wenn die Umlage dieser Kosten einheitlich nach dem durch Zähler erfassten Frischwasserverbrauch vorgenommen wird.[41] 31

4. Die Kosten der Heizungsanlage

a) Die Kosten des Betriebs der zentralen Heizungsanlage einschließlich der Abgasanlage, hierzu gehören die Kosten der verbrauchten Brennstoffe und ihrer Lieferung, die Kosten des Betriebsstroms, die Kosten der Bedienung, Überwachung und Pflege der Anlage, der regelmäßigen Prüfung ihrer Betriebsbereitschaft und Betriebssicherheit einschließlich der Einstellung durch eine Fachkraft, der Reinigung der Anlage und des Betriebsraums, die Kosten der Messungen nach dem Bundes-Immissionsschutzgesetz, die Kosten der Anmietung oder anderer Arten der Gebrauchsüberlassung einer Ausstattung zur Verbrauchserfassung sowie die Kosten der Verwendung einer Ausstattung zur Verbrauchserfassung einschließlich der Kosten der Eichung sowie der Kosten der Berechnung und Aufteilung (§ 2 Nr. 4a BetrKV). 32

Die Kosten für den Einbau von Wärmemengenzählern können auf die gesamte Eichdauer von fünf Jahren verteilt werden.[42] Beim Betrieb der Heizungsanlage ist in besonderem Maße der Grundsatz der Wirtschaftlichkeit zu beachten, dies gilt zB für den Einkauf von Heizmaterial oder die Kosten für die Anmietung von Verbrauchserfassungsgeräten[43] sowie die Kosten einer Funkablesung. Die Stromkosten einer Heizung können geschätzt werden, wenn keine gesonderten Zähler vorhanden sind. Bei Bestreiten der Schätzung muss der Vermieter deren Grundlagen darlegen. Dies gilt auch bei einem pauschalen Abzug für Verwaltungstätigkeit eines Hausmeisters.[44] 33

b) Die Kosten des Betriebs der zentralen Brennstoffversorgungsanlage, hierzu gehören die Kosten der verbrauchten Brennstoffe und ihrer Lieferung, die Kosten des Betriebsstroms und die Kosten der Überwachung sowie die Kosten der Reinigung der Anlage und des Betriebsraums (§ 2 Nr. 4b BetrKV). 34

Die Kosten der Tankreinigung sind umlegbar, auch wenn diese nicht jährlich erforderlich ist.[45] Es handelt sich nicht um – nicht umlagefähige – Instandhaltungskosten.[46] 35

---

40 LG Berlin GE 2003, 121; GE 2005, 737.
41 BGH NZM 2009, 698.
42 LG Berlin GE 2003, 121.
43 LG Köln NZM 2005, 453.
44 BGH NZM 2008, 403.
45 AG Karlsruhe DWW 2006, 119.

36 c) Die Kosten der eigenständig gewerblichen Lieferung von Wärme, auch aus Anlagen im Sinne des Buchstabens a), hierzu gehören das Entgelt für die Wärmelieferung und die Kosten des Betriebs der zugehörigen Hausanlagen entsprechend Buchstabe a (§ 2 Nr. 4c BetrKV).

37 Hinsichtlich der Wärmelieferung (Energiecontracting) gilt, dass jedenfalls bei **Neuverträgen** die Vereinbarung der Wärmelieferung mit Umlegung sämtlicher damit üblicherweise verbundener Kosten möglich ist. Bei einem **laufenden Mietverhältnis** ist der Umfang der zulässigen Umstellung auf Wärmelieferung umstritten. Nach LG Essen[47] kann der Vermieter ohne Zustimmung des Mieters nur dann zur Wärmelieferung übergehen, wenn er lediglich die Positionen der Heizkosten in Rechnung stellt, zu deren Übernahme der Mieter vertraglich verpflichtet ist, also ohne Instandhaltungs- und Erneuerungsrücklagen. Nach BGH[48] darf der Vermieter nach Umstellung von Ofenheizung auf Fremdwärme die vom Versorgungsunternehmen berechneten Kosten unverkürzt umlegen, also einschließlich der kalkulierten Kostenbestandteile für Investitions-, Instandhaltungs- und Verwaltungskosten sowie Wagnis und Gewinn. Im übrigen gilt, dass die Zustimmung des Mieters erforderlich ist, wenn eine ausdrückliche Regelung im Mietvertrag fehlt und dem Mieter dadurch zusätzliche Kosten auferlegt werden.[49]

38 Eine ausdrückliche Regelung im Mietvertrag liegt jedenfalls dann nicht vor, wenn im Mietvertrag auf die Anlage 3 zu § 27 II.BV in der Fassung vor dem 1.1989 Bezug genommen wird, da die Vorschrift über **Wärmecontracting** bis dahin nicht in der VO enthalten war.[50]

39 Eine Modernisierungsumlage statt der Umlage der Kosten als Betriebskosten nach § 559 BGB bei Modernisierung durch den Contractor kann weder dieser vornehmen, da er nicht Vermieter ist noch der Vermieter, da er nicht Bauherr ist.[51] Ebenso BGH[52] für den Fall der Umstellung von einer im Haus betriebenen Heizungsanlage auf den Bezug von Fernwärme). In allen anderen Fällen genügt in den Fällen der Vereinbarung vor Inkrafttreten der Betriebskostenverordnung die Bezugnahme auf die Anlage 3 zu § 27 II. BV.[53]

40 Die in das Gesetz durch das Mietrechtsänderungsgesetz 2013 aufgenommene **neue Vorschrift** des § 556c BGB betrifft lediglich die Umstellung auf Wärmelieferung während des **laufenden Mietverhältnisses.** Die Neuregelung stellt insoweit zwei Vorbedingungen auf, unter denen

46 BGH NZM 2010, 79.
47 GE 2000, 1254.
48 BGH ZMR 2003, 824.
49 BGH NZM 2005, 450; ebenso BGH WuM 2005, 456 und BGH GE 2006, 838.
50 BGH NZM 2006, 534.
51 BGH NZM 2006, 534.
52 BGH NZM 2007, 769.
53 BGH NJW 2008, 2105.

der Mieter die Wärmelieferungskosten als Betriebskosten zu tragen hat. Zum einen muss durch die Umstellung nachhaltig Primär – oder Endenergie eingespart oder nachhaltig Energie effizienter genutzt werden und die Kosten der Wärmelieferung dürfen die Betriebskosten für die bisherige Eigenversorgung mit Wärme und Warmwasser nicht übersteigen. Die beiden Voraussetzungen müssen also kumulativ vorliegen.

Liegen die Voraussetzungen nicht vor, kann der Vermieter die Umstellung trotzdem vornehmen, kann jedoch nur die effektiv berechneten Kosten der bisherigen Eigenversorgung als Betriebskosten geltend machen. **41**

Bei Bestandsmietverhältnissen, bei denen der Vermieter bisher die Versorgung mit Wärme und Warmwasser über eine zentrale Anlage selbst betrieben hat, muss er die geplante Umstellung spätestens drei Monate vor dem Zeitpunkt der Umstellung in Textform ankündigen, § 556c Abs. 2 BGB nF. **42**

Der **Inhalt der Umstellungsankündigung** ist in der Rechtsverordnung gemäß § 556c Abs. 3 BGB, zu der die Bundesregierung ermächtigt ist, enthalten. Dies gilt auch für die Folgen einer fehlenden oder fehlerhaften Umstellungsankündigung. Die Begründung zum neuen Gesetzentwurf räumt selbst ein, dass der Kostenvergleich, der in Bezug auf die Kosten der Eigenversorgung im Vergleich zu den Kosten der Fremdlieferung von Wärme und Warmwasser vorzunehmen ist, Schwierigkeiten bereitet.[54] Die tatsächlichen Kosten der bisherigen Eigenversorgung liegen nämlich nur für die Vergangenheit vor, die Kosten der Wärmelieferung werden erst in Zukunft konkret zu ermitteln sein. Der Vergleich ist daher zumindest teilweise nur fiktiv. Andererseits dürfte er Inhalt der Umstellungsankündigung sein müssen. **43**

Man wird davon ausgehen müssen, dass die Anforderungen der Verordnung den technischen Laien und Privatvermieter vor nahezu unlösbare Aufgaben stellen. Es sei hier nur auf § 6 Abs. 2 der Verordnung hingewiesen, wonach beim Kostenvergleich der jährliche Energieverbrauch um Witterungseinflüsse zu bereinigen ist. Hierzu gibt es einen Energieverbrauchskennwert und eine Rechenformel nach der amtlichen Bekanntmachung der Regeln für Energieverbrauchskennwerte im Wohngebäudebestand vom 30.7.2009. Ohne Beiziehung eines Fachmanns wird die Anwendung dieser Vorschrift nicht möglich sein. **44**

Bei der Umstellung auf Contracting muss der Vermieter – wie bei anderen Betriebskostenarten auch – auf ein angemessenes Kosten – Nutzen – Verhältnis Rücksicht nehmen (Wirtschaftlichkeitsgebot). Dies gilt aber nur, wenn das Mietverhältnis zur Zeit des Abschlusses des Contractingvertrages schon bestand.[55] **45**

---

[54] Begr. zum Entwurf, S. 55.
[55] BGH NZM 2008, 78.

46 Nicht muss der Vermieter dem Mieter die dem Contractor von dessen Vorlieferanten ausgestellten Rechnungen vorlegen.[56]

47 Ein Vermieter ist damit nicht verpflichtet, darzulegen und zu belegen, wie die Preise der von Ihm bezogenen Verbrauchsgüter, insbesondere der Heizenergie, im vorgelagerten Handel zustande gekommen sind.

48 Eine Modernisierungsumlage statt der Umlage der Kosten als Betriebskosten nach § 559 BGB bei Modernisierung durch den Contractor kann weder dieser vornehmen, da er nicht Vermieter ist noch der Vermieter, da er nicht Bauherr ist.[57]

49 d) Die Kosten der Reinigung und Wartung von Etagenheizungen und Gaseinzelfeuerstätten, hierzu gehören die Kosten der Beseitigung von Wasserablagerungen und Verbrennungsrückständen in der Anlage, die Kosten der regelmäßigen Prüfung der Betriebsbereitschaft und Betriebssicherheit und der damit zusammenhängenden Einstellung durch eine Fachkraft sowie die Kosten der Messungen nach dem Bundes-Immissionsschutzgesetz (§ 2 Nr. 4d BetrKV).

50 Buchstabe a) entspricht § 7 Abs. 2 der HeizkV.

5. Die Kosten der Warmwasserversorgungsanlage

51 a) Die Kosten des Betriebs der zentralen Warmwasserversorgungsanlage, hierzu gehören die Kosten der Wasserversorgung entsprechend Nr. 2, soweit sie nicht dort bereits berücksichtigt sind und die Kosten der Wassererwärmung entsprechend Nr. 4 Buchstabe a) (§ 2 Nr. 5a BetrKV).

52 b) Die Kosten der eigenständig gewerblichen Lieferung von Warmwasser, auch aus Anlagen im Sinne des Buchstaben a), hierzu gehören das Entgelt für die Lieferung des Warmwassers und die Kosten des Betriebs der zugehörigen Hausanlagen entsprechend Nr. 4 Buchstabe a) (§ 2 Nr. 5b BetrKV).

53 c) Die Kosten der Reinigung und Wartung von Warmwassergeräten, hierzu gehören die Kosten der Beseitigung von Wasserablagerungen und Verbrennungsrückständen im Inneren der Geräte sowie die Kosten der regelmäßigen Prüfung der Betriebsbereitschaft und Betriebssicherheit und der damit zusammenhängenden Einstellung durch eine Fachkraft (§ 2 Nr. 5c BetrKV).

54 Unter diese Position fällt auch bei Vorhandensein eines Warmwasserboilers die Boilerwartung, bzw. Entkalkung. Nach BGH[58] ist auch eine Formularklausel wirksam, die dem Mieter die Kosten der Wartung einer Gastherme ohne Kostenbegrenzung auferlegt.

---

[56] BGH NZM 2013, 755.
[57] BGH NZM 2006, 534.
[58] BGH NZM 2013, 84.

6. Die Kosten verbundener Heizungs- und Warmwasserversorgungsanlagen

a) Die Kosten bei zentralen Heizungsanlagen entsprechend Nr. 4 Buchstabe a) und entsprechend Nr. 2, soweit sie nicht dort bereits berücksichtigt sind. 55

b) Die Kosten bei der eigenständig gewerblichen Lieferung von Wärme entsprechend Nr. 4 Buchstabe c) und entsprechend Nr. 2, soweit sie nicht dort bereits berücksichtigt sind. 56

c) Die Kosten bei verbundenen Etagenheizungen und Warmwasserversorgungsanlagen entsprechend Nr. 4 Buchstabe d) und entsprechend Nr. 2, soweit sie nicht dort bereits berücksichtigt sind (§ 2 Nr. 6a–c BetrKV). 57

7. Die Kosten des Betriebs des Personen- oder Lastenaufzuges

Hierzu gehören die Kosten des Betriebsstroms, die Kosten der Beaufsichtigung, der Bedienung, Überwachung und Pflege der Anlage, der regelmäßigen Prüfung ihrer Betriebsbereitschaft und Betriebssicherheit einschließlich der Einstellung durch eine Fachkraft sowie die Kosten der Reinigung der Anlage (§ 2 Nr. 7 BetrKV). 58

Zu den Kosten der Beaufsichtigung gehören die Kosten für einen Aufzugswart oder für ein zentrales Notrufsystem. Ein solches Notrufsystem ist ebenso wie die Prüfung der Betriebssicherheit mit Zwischenprüfung durch die Betriebssicherheitsverordnung (BetrSichV) vorgeschrieben (früher AufzVO). Sind Vollwartungsverträge abgeschlossen, so muss ein Abzug für den Reparaturkostenanteil gemacht werden. Das LG Berlin[59] sieht einen pauschalen Abzug von 20% als zulässig an. Der Ansatz eines festen Reparaturkostenanteils ist problematisch, es muss wohl auf die Ausgestaltung des Wartungsvertrages abgestellt werden. 59

Fraglich ist, inwieweit Mieter, die von einem Aufzug keinen Vorteil haben, an der Umlage beteiligt werden dürfen. Grundsätzlich ist auch die Beteiligung der Erdgeschosswohnungen an den Aufzugskosten zulässig.[60] Zu berücksichtigen ist auch, dass ein Vorteil darin bestehen kann, dass ein Aufzug zum Beispiel in eine Tiefgarage oder einen Keller führt oder Speicherabteile vorhanden sind.[61] Nach BGH[62] können die Aufzugskosten in jedem Fall, also auch ohne Gebrauchsvorteil, auf den Erdgeschossmieter nach demselben Maßstab wie bei den anderen Mietern umgelegt werden. 60

Nicht soll dies allerdings dann gelten, wenn die Wohnung des Mieters mit dem Aufzug überhaupt nicht erreicht werden kann, da dieser sich in 61

[59] GE 1987, 89.
[60] LG Berlin WuM 1990, 559.
[61] AG Köln WuM 1998, 233.
[62] BGH NZM 2006, 895.

einem anderen Gebäudeteil befindet, das mit dem Gebäudeteil, in dem sich der Aufzug befindet, nicht verbunden ist.[63]

8. Die Kosten der Straßenreinigung und Müllbeseitigung

62 Zu den Kosten der Straßenreinigung gehören die für die öffentliche Straßenreinigung zu entrichtenden Gebühren oder die Kosten entsprechender nicht öffentlicher Maßnahmen; zu den Kosten der Müllbeseitigung gehören namentlich die für die Müllabfuhr zu entrichtenden Gebühren, die Kosten entsprechender nicht öffentlicher Maßnahmen, die Kosten des Betriebs von Müllkompressoren, Müllschluckern, Müllabsauganlagen sowie des Betriebs von Müllmengenerfassungsanlagen einschließlich der Kosten der Berechnung und Aufteilung (§ 2 Nr. 8 BetrKV).

63 An den Kosten eines Müllschluckers hat sich der Mieter, falls ihm dieser zur Verfügung steht, auch dann zu beteiligen, wenn er den Müllschlucker tatsächlich nicht nutzt.[64] Zur Straßenreinigung gehört auch der Winterdienst, also die Beseitigung von Schnee und Eis und das Streuen.[65] Übernimmt der Vermieter selbst die Straßenreinigung, so kann er eine Vergütung für seinen angemessenen Zeitaufwand beanspruchen.

64 Ist vertraglich vereinbart, dass die Reinigungsarbeiten durch Mieter vorgenommen werden, kann der Vermieter die Kosten für die Einschaltung von Reinigungsunternehmen, die er einseitig beauftragt hat, nicht umlegen.[66] Schuldhaft durch Mieter nicht durchgeführte Reinigungsarbeiten können vom Vermieter im Wege des Schadensersatzes geltend gemacht werden. Ist der Mieter infolge Krankheit, Alter oder Gebrechlichkeit nicht in der Lage, seine Reinigungspflicht zu erfüllen, wird er von seiner Verpflichtung nicht frei, gegebenenfalls muss er durch anderweitige Beauftragung für die Erfüllung seiner Verpflichtung sorgen.[67]

65 Was die Kosten der Müllabfuhr betrifft, so sind einmalige Entrümpelungsaktionen nicht umlegbar, wohl aber eine regelmäßige Hofentrümpelung.[68] Dasselbe gilt, soweit es sich um die Abfuhr von Sperrmüll handelt. Auch hier kommt es darauf an, ob eine regelmäßige Sperrmüllabfuhr vorgesehen ist.[69]

9. Die Kosten der Gebäudereinigung und Ungezieferbekämpfung

66 Zu den Kosten der Gebäudereinigung gehören die Kosten für die Säuberung der von den Bewohnern gemeinsam genutzten Gebäudeteile, wie

[63] BGH NZM 2009, 478.
[64] KG WuM 2005, 774.
[65] BGH ZMR 1985, 120.
[66] LG Karlsruhe WuM 1992, 368.
[67] LG Hamburg WuM 1989, 622.
[68] LG Berlin GE 2002, 595.
[69] LG Berlin GE 2000, 126.

Zugänge, Flure, Treppen, Keller, Bodenräume, Waschküchen, Fahrkorb des Aufzugs (§ 2 Nr. 9 BetrKV).

Nach AG Stuttgart[70] hat im Falle, dass die Hausreinigung vertraglich auf die Mieter übertragen ist, der Vermieter dann, wenn Unzuträglichkeiten bei der Reinigung trotz Ermahnung bestehen bleiben, nach § 242 BGB einen Anspruch auf Vertragsänderung und darf die Reinigung einer gewerblichen Gebäudereinigung im Wege der Ersatzvornahme übertragen.[71] Wie auch bei der Ungezieferbekämpfung gilt, dass es sich nicht um Kosten einer einmaligen Aktion handeln darf,[72] sondern um regelmäßig wiederkehrende Kosten.[73] 67

10. Die Kosten der Gartenpflege

Hierzu gehören die Kosten der Pflege gärtnerisch angelegter Flächen einschließlich der Erneuerung von Pflanzen und Gehölzen, der Pflege von Spielplätzen einschließlich der Erneuerung von Sand und der Pflege von Plätzen, Zugängen und Zufahrten, die dem nicht öffentlichen Verkehr dienen (§ 2 Nr. 10 BetrKV). 68

Eine Dachbegrünung gehört nicht zu den Gartenpflegekosten.[74] Fraglich ist, ob die Erneuerungskosten von Gehölzen, die in Folge von Sturmschäden anfallen, ansetzbar sind. Dies mag regional unterschiedlich, je nach Sturmhäufigkeit beurteilt werden. Nicht periodische Baumpflegearbeiten sind jedenfalls nicht umlegbar.[75] Hinsichtlich der Maschinen zur Gartenpflege gilt, dass nicht die Anschaffungskosten, sondern nur die laufenden Kosten (Steuer, Versicherung, Betriebsstoffe) ansetzbar sind. 69

Nachdem nur die Kosten der Gartenpflege ansetzbar sind, sind die Kosten der Erstanlage eines Gartens nicht als Betriebskosten ansetzbar. Dasselbe gilt, wenn die Gartenpflege jahrelang vernachlässigt worden ist. Fraglich ist, ob ein Ansatz von Kosten zulässig ist, wenn für Mieter kein Anspruch auf Gartennutzung besteht. Zu unterscheiden ist zwischen größeren Wohnanlagen, bei denen sich die Gestaltung des Wohnumfeldes auf die Wohnqualität auswirkt und zum Beispiel Einfamilienhäusern, bei denen üblicherweise die Nutzung des zugehörigen Gartens ohne weiteres als vereinbart gilt. Ist bei letzteren diese Nutzung ausgeschlossen, so kann ein Ansatz von Gartenpflegekosten nicht erfolgen. Nach BGH[76] sind die Gartenpflegekosten bei einem Mehrparteienwohnhaus nur dann nicht ansetzbar, wenn der Garten ganz oder teilweise 70

70 WuM 2004, 475.
71 Vgl. auch AG Bremen NZM 2013, 757.
72 LG Oberhausen, WuM 1996, 714.
73 LG Berlin GE 2002, 595.
74 KG GE 2006, 845.
75 LG Tübingen WuM 2004, 669.
76 BGH WuM 2004, 399.

dem Vermieter oder bestimmten anderen Mietern zur Nutzung überlassen ist (anders noch LG Potsdam).[77]

71 Handelt es sich um die Pflege öffentlich zugänglicher Gemeinschaftsflächen einer Wohnanlage, können nach LG Berlin[78] keine Gartenpflegekosten angesetzt werden.

72 Hat der Vermieter die Pflicht zur Gartenpflege auf den Mieter übertragen, sind Kosten für Maßnahmen, die der Vermieter selbst durchgeführt hat, **nicht umlagefähig,** soweit nicht die Voraussetzungen für eine Ersatzvornahme vorliegen.[79] Sind die Gartenpflegekosten umgelegt, kann der Vermieter auch Kosten, die er durch eigene Arbeitskräfte erbringt, umlegen und zwar auch nach dem – fiktiven –Kostenansatz eines Drittunternehmers (ohne Umsatzsteuer).[80] Bei Spielplätzen gehört die Erneuerung von Spielgeräten nicht zu den Betriebskosten.

11. Die Kosten der Beleuchtung

73 Hierzu gehören die Kosten des Stroms für die Außenbeleuchtung und die Beleuchtung der von den Bewohnern gemeinsam genutzten Gebäudeteile, wie Zugänge, Flure, Treppen, Keller, Bodenräume, Waschküchen (§ 2 Nr. 11 BetrKV).

74 Nicht zu den Stromkosten gehören die Kosten für Leuchtmittel.[81] Auch die Kosten für die Beleuchtung einer Tiefgarage und eines Parkplatzes gehören zu den umlegbaren Kosten und zwar auch dann, wenn ein Mieter kein Fahrzeug dort abstellt. Die Beleuchtung dient u.a. der Sicherheit des gesamten Anwesens.

12. Die Kosten der Schornsteinreinigung

75 Hierzu gehören die Kehrgebühren nach der maßgebenden Gebührenordnung, soweit sie nicht bereits als Kosten nach Nr. 4 Buchstabe a) berücksichtigt sind (§ 2 Nr. 12 BetrKV).

76 (Die Regelung betrifft daher nur Einzelöfen oder Etagenheizungen.)

13. Die Kosten der Sach- und Haftpflichtversicherung

77 Hierzu gehören namentlich die Kosten der Versicherung des Gebäudes gegen Feuer-, Sturm-, Wasser- sowie sonstige Elementarschäden, der Glasversicherung, der Haftpflichtversicherung für das Gebäude, den Öltank und den Aufzug (§ 2 Nr. 13 BetrKV).

78 Bei einer auf den Mieter umgelegten Gebäudeversicherung sind auch die Kosten eines in der Versicherung mitversicherten Mietausfalls infolge

[77] NZM 1998, 760.
[78] WuM 2020, 25.
[79] BGH NZM 2009, 27.
[80] BGH NZM 2013, 120.
[81] OLG Düsseldorf NZM 2000, 762.

eines Gebäudeschadens mitversichert.[82] Umlegbar sollen bei besonders exponierten Gebäuden auch die Kosten einer Terrorversicherung sein.[83] Nach einer Entscheidung des OLG Stuttgart[84] soll eine Terrorversicherung auch bei nicht besonders gefährdeten Gebäuden umlegbar sein.

Wichtig ist hier, dass es sich immer um Versicherungen handeln muss, die auf das Gebäude bezogen sind (nicht also zB Rechtsschutzversicherung des Vermieters). Bei speziellen Versicherungen kommt es darauf an, ob sie den Mietern zugute kommen, wie zum Beispiel eine Aufzugssprech- und Signalanlagenversicherung.[85] Der Vermieter darf die Kosten der **Sach- und Haftpflichtversicherung** in einer Summe unter der Kostenposition „Versicherung" abrechnen.[86] **79**

14. Die Kosten für den Hauswart

Hierzu gehören die Vergütung, die Sozialbeiträge und alle geldwerten Leistungen, die der Eigentümer oder Erbbauberechtigte dem Hauswart für seine Arbeit gewährt, soweit diese nicht der Instandhaltung, Instandsetzung, Erneuerung, Schönheitsreparaturen oder die Hausverwaltung betrifft; soweit Arbeiten vom Hauswart ausgeführt werden, dürfen Kosten für Arbeitsleistungen nach den Nr. 2 bis 10 und 16 nicht angesetzt werden (§ 2 Nr. 14 BetrKV). **80**

Nicht erforderlich ist, dass der Hauswart fest angestellt ist, umgelegt werden können auch die Kosten für eine Hausmeisterfirma.[87] Auch Eigenleistungen des Vermieters sind insoweit ansetzbar. **81**

Wird eine Hausmeisterservicefirma für mehrere Wohnblocks beschäftigt und rechnet jeden Block einzeln ab, muss der Vermieter in der Abrechnung nur den entsprechenden Betrag ansetzen.[88] **82**

Zu den geldwerten Leistungen für den Hauswart gehören zunächst die Vergütung und Sozialleistungen, weitere Leistungen wie die Zurverfügungstellung einer Dienstwohnung.[89] Nicht kommt es darauf an, ob der Hauswart bereits bei Vertragsschluss eingestellt war. Umlagefähig sind auch Kosten, die erst durch die Einstellung nach Vertragsschluss entstehen.[90] **83**

Nicht umlegbar sind Kosten der Hausverwaltung, die der Hausmeister durchführt, bei Verwaltungstätigkeit ist eine Aufteilung notwendig.[91] Im Streitfall muss dargelegt werden, wie sich die Hausmeistertätigkeit zwi- **84**

---

[82] BGH WuM 2018, 505.
[83] Kinne GE 2004, 1500: „Extremus-Versicherungs AG".
[84] NZM 2007, 247.
[85] LG Berlin GE 1987, 517.
[86] BGH NZM 2009, 906.
[87] AG Köln WuM 1999, 466.
[88] BGH NZM 2014, 26.
[89] AG Köln WuM 1997, 273.
[90] LG Karlsruhe WuM 1992, 368.
[91] AG Wuppertal ZMR 1994, 336.

schen technischer Hausmeisterarbeit und Verwaltungstätigkeit aufteilt. Hier kann gegebenenfalls eine Schätzung erfolgen, die sich zwischen 10% und 20%, anfallend auf Verwaltungstätigkeit, bewegt.[92] Wird eine Hausmeisterservicefirma für mehrere Wohnblocks beschäftigt und rechnet jeden Block einzeln ab, muss der Vermieter in der Abrechnung nur den entsprechenden Betrag ansetzen.[93]

15. Die Kosten der Antennenanlage

85 a) Die Kosten des Betriebs der Gemeinschafts-Antennenanlage, hierzu gehören die Kosten des Betriebsstroms und die Kosten der regelmäßigen Prüfung ihrer Betriebsbereitschaft einschließlich der Einstellung durch eine Fachkraft oder das Nutzungsentgelt für eine nicht zu dem Gebäude gehörende Antennenanlage sowie die Gebühren, die nach dem Urheberrechtsgesetz für die Kabelweitersendung entstehen (§ 2 Nr. 15a BetrKV).

86 b) Die Kosten des Betriebs der mit einem Breitbandkabelnetz verbundenen privaten Verteilanlage, hierzu gehören die Kosten entsprechend Buchstabe a), ferner die laufenden monatlichen Grundgebühren für Breitbandkabelanschlüsse (§ 2 Nr. 15b BetrKV).

87 Bei der Gemeinschafts-Antennenanlage können Wartungskosten umgelegt werden, nicht jedoch Reparaturkosten. Auch die Kosten einer geleasten Anlage können umgelegt werden.

88 Ist sowohl eine Gemeinschaftsantennenanlage als auch das Breitbandkabel vorhanden, können auch die auf beide Anlagen entfallenden Kosten nebeneinander umgelegt werden. Ist der Kabelanschluss als umlegbar erwähnt, sind hiernach Kosten für eine Gemeinschaftssatellitenanlage ebenfalls umlegbar.[94] Ist nach Einführung des digitalen Fernsehens die zusätzliche Anschaffung eines Decoders (Set-Top-Box) erforderlich, muss die Kosten hierfür der Mieter bezahlen.

89 Am 16.12.2020 hat die Bundesregierung das Telekommunikationsmodernisierungsgesetz beschlossen. Hiernach kann bei Buchstabe a) Nutzungsentgelt und Gebühren nur bis zum 30.6.2024 verlangt werden. Bis zum 30.6.2024 das Nutzungsentgelt für eine nicht zu dem Gebäude gehörende Antennenanlage sowie die Gebühren, die nach dem Urheberrechtsgesetz für die Kabelweitersendung entstehen.

90 b) Die weiteren Kosten entsprechend Buchstabe a), sowie die laufenden monatlichen Grundgebühren für Breitbandanschlüsse.

Neu kommt hinzu:

91 c) Die Kosten des Betriebs einer gebäudeinternen Verteilanlage, die vollständig mittels Glasfaser mit einem öffentlichen Netz mit sehr hoher

[92] AG Köln WuM 1999, 466, ebenso LG Berlin GE 2003, 121 und AG Köpenick GE 2006, 855: Kürzung des Betriebskostenansatzes um 20%.

[93] BGH NZM 2014, 26.

[94] AG Lörrach WuM 2005, 579.

Kapazität im Sinne des § 3 Nummer 33 des Telekommunikationsgesetzes verbunden ist, wenn der Mieter seinen Anbieter von öffentlich zugänglichen Telekommunikationsdiensten über seinen Anschluss frei wählen kann. Hierzu gehören die Kosten des Betriebsstroms sowie ein Bereitstellungsentgelt gemäß § 72 Absatz 1 des Telekommunikationsgesetzes (§ 2 Nr. 15c BetrKV).

Für Anlagen, die ab dem 1. Dezember 2021 errichtet worden sind, ist **91a**
Satz 1 Nummer 15 Buchstabe a und b nicht anzuwenden.

16. Die Kosten des Betriebs der Einrichtungen für die Wäschepflege

Hierzu gehören die Kosten des Betriebsstroms, die Kosten der Über- **92**
wachung, Pflege und Reinigung der Einrichtungen, der regelmäßigen Prüfung ihrer Betriebsbereitschaft und Betriebssicherheit sowie die Kosten der Wasserversorgung entsprechend Nummer 2, soweit sie nicht dort bereits berücksichtigt sind (§ 2 Nr. 16 BetrKV).

Einnahmen aus dem Verkauf von Waschmünzen sind abzuziehen. Die **93**
Kosten für die Pflege, Überwachung und Reinigung können auch dann unter dieser Position angesetzt werden, wenn die Arbeiten durch den Hausmeister erledigt werden. Auch hier gilt, wie bei Aufzugswartungsverträgen, dass bei Vollwartungsverträgen die Kosten für Reparaturen herauszurechnen sind.

17. Sonstige Betriebskosten

Hierzu gehören Betriebskosten im Sinne des § 1, die von den Nummern 1 **94**
bis 16 nicht erfasst sind (§ 2 Nr. 17 BetrKV).

Es muss sich immer um Kosten im Sinne der Definition des § 1 BetrKV **95**
handeln, die also durch das Eigentum am Grundstück oder durch den bestimmungsmäßigen Gebrauch des Gebäudes und anderer Einrichtungen und Anlagen laufend entstehen. Hierunter fallen zum Beispiel

- TÜV-Gebühren für die Wartung einer **Blitzschutzanlage.**[95] **96**
- Kosten für einen **Pförtner- oder Wachdienst** bei einer großen Wohn- **97**
  anlage[96] und auch allgemein Bewachungskosten, soweit auch der Schutz der Mieter beabsichtigt ist.[97] Nicht umlegbar sollen bei lediglich abstraktem Vortrag zum Sicherheitsbedürfnis die Kosten eines Concierge-Dienstes sein.[98] Insoweit soll allerdings nach AG Berlin – Mitte[99] die Umlagefähigkeit gegeben sein, wenn von vornherein die Einrichtung des Concierge-Dienstes zwischen den Parteien vereinbart

---

[95] AG Bremervörde WuM 1987, 198.
[96] LG Köln DWW 1997, 125.
[97] OLG Celle, ZMR 1999, 238.
[98] BGH NZM 2005, 452.
[99] GE 2006, 1041.

worden ist. Vgl. hierzu auch LG Berlin[100] für einen 24-Stunden Wachdienst.

98 – Betriebskosten eines **Schwimmbades,** einer **Sauna** oder eines Fitnessraumes.[101]

99 – Ist eine laufende Reinigung erforderlich, können die Kosten der **Dachrinnenreinigung** auf den Mieter umgelegt werden.[102] Nicht Kosten einer einmaligen Reinigung.[103] Nicht umlegbar sind aber Kosten der Dachrinnenbeheizung, da es sich um Instandhaltungskosten handelt.[104]

100 – Kosten zur Prüfung der Betriebssicherheit einer **Elektroanlage,** die alle vier Jahre anfallen, sind ebenfalls umlegbar.[105]

101 – Die Wartung von **Feuerlöschgeräten.**[106]

102 – Die Wartung von **Lüftungsanlagen.**[107]

103 – **Nicht** Kosten der **Rauchmelderwartung** oder des Wasserfiltereinbaus.[108] Anders LG Berlin[109] für die Wartung von Rauchwarnmeldern. Auch nicht die Kosten für das **Mieten** von Rauchwarnmeldern.[110] Ebenfalls **nicht** Kosten im Zusammenhang mit **Gegensprech- und Klingelanlagen,** da diese nicht gewartet werden müssen.[111]

III. Die Abrechnung von Vorauszahlungen auf Betriebskosten und Heizkosten

1. Grundsatz der jährlichen Abrechnung

104 Nach § 556 Abs. 3 Satz 1 BGB ist über die Vorauszahlung von Betriebskosten jährlich abzurechnen. Die zusätzliche Formulierung, dass bei der Abrechnung der Grundsatz der Wirtschaftlichkeit zu beachten sei, wurde durch den Rechtsausschuss des Deutschen Bundestages in die Neufassung der Vorschrift eingefügt. Von der jährlichen Abrechnung darf nach § 556 Abs. 4 BGB nicht zum Nachteil des Mieters abgewichen werden. Dies bedeutet jedenfalls, dass eine längere als die jährliche Abrechnungsperiode nicht zulässig ist.

---

[100] WuM 2019, 584.
[101] LG Osnabrück, WuM 1995, 434.
[102] BGH WuM 2004, 290.
[103] AG Münster WuM 2019, 379.
[104] AG Lüdenscheid WuM 1987, 87.
[105] BGH NZM 2007, 282.
[106] AG Stuttgart WuM 1998, 352.
[107] LG Frankenthal NZM 1999, 958.
[108] AG Bielefeld NZM 2011, 775: Instandsetzungskosten.
[109] WuM 2021, 367.
[110] AG Dortmund 30.1.2017, 423 C 8482/16; AG Leonberg WuM 2019, 642 und nunmehr BGH Urt. v. 11.5.2022, VIII ZR 379/20.
[111] Vgl. zum Ganzen auch Riecke WuM 2021, 10 ff.

Eine derartige Abrechnung dürfte formal unwirksam sein.[112] Nach LG Bremen[113] darf die Abrechnungsfrist auch bei Wohnraummietverträgen aus der Zeit vor dem Inkrafttreten der Mietrechtsreform nicht vertraglich verlängert werden. Eine einmalige einvernehmliche Verlängerung der jährlichen Abrechnungsperiode soll aber zulässig sein zum Zweck der Umstellung auf eine kalenderjährliche Abrechnung.[114] **105**

Zu berücksichtigen ist, dass „jährlich" nicht dem Kalenderjahr entsprechen muss. Insbesondere bei Kosten für Heizung und Warmwasser wird oft nicht nach dem Kalenderjahr, sondern nach der Heizperiode abgerechnet, die zum Beispiel vom 1.7. eines Jahres bis zum 30.6. des folgenden Jahres angesetzt wird. Dies bedeutet, dass, falls für die Betriebskosten das Kalenderjahr als Abrechnungszeitraum maßgeblich ist, zwei unterschiedliche Abrechnungszeiträume bestehen. Dies wirkt sich in der Folge auch auf die Abrechnungsfrist des § 556 Abs. 3 Satz 3 BGB aus. **106**

2. Abrechnung bei Vermieter- und Mieterwechsel

Bei Mieterwechsel während des Abrechnungszeitraums hat der bisherige Mieter bei verbrauchsabhängigen Kosten einen Anspruch auf Zwischenablesung. Bei den Heiz- und Warmwasserkosten ergibt sich dieser aus § 9b HeizkV. Die Kosten der Zwischenablesung soll der ausscheidende Mieter tragen müssen.[115] Die formularmäßige Abwälzung der Kosten der Zwischenablesung auf den ausziehenden Mieter ist aber unzulässig.[116] Eine sog. **Nutzerwechselgebühr** kann vom Mieter nicht verlangt werden, falls nicht etwas anderes vertraglich vereinbart ist.[117] **107**

Der Zwischenablesung entspricht allerdings keine Pflicht, in Bezug auf den Wechsel auch eine Zwischenabrechnung vorzunehmen.[118] Die Abrechnung hat auch hier erst nach Ablauf der ganzen Abrechnungsperiode zu erfolgen. **108**

Bei einem Vermieterwechsel während des Abrechnungszeitraumes gilt, dass dann, wenn Vorauszahlungen für einen Zeitraum vor Eigentumsübergang erst nach dem Eigentumsübergang abgerechnet werden, die Rückzahlungsverpflichtung den neuen Vermieter trifft. Dieser muss dann über die Betriebskosten des gesamten Abrechnungszeitraumes abrechnen. **109**

Ist die Abrechnungsperiode vor einem Eigentumswechsel abgelaufen, so ist derjenige abrechnungspflichtig, der bei Ablauf der Abrechnungsperiode Vertragspartei (Vermieter) war.[119] **110**

---

112 AG Berlin – Charlottenburg GE 2008, 1566 und LG Gießen NZM 2009, 581.
113 WuM 2006, 199.
114 BGH NZM 2011, 624.
115 LG Berlin, GE 2003, 121.
116 LG Leipzig WuM 2019, 639.
117 BGH NZM 2008, 123.
118 AG Neuss DWW 1991, 245.
119 BGH ZMR 2004, 250; anders noch OLG Naumburg NZM 1998, 806.

3. Anforderungen an die Abrechnung von Betriebs- und Heizkosten

a) Grundsätzliche Anforderungen

111 Die Abrechnung hat – neben den inhaltlichen Anforderungen – ihre Grundlage in der vertraglichen Vereinbarung, eine Änderung der nach dem Vertrag abzurechnenden Betriebskosten kann im allgemeinen nur ausdrücklich durch Vereinbarung erfolgen. Eine stillschweigende Änderung durch Übersendung einer vom Vertrag abweichenden Abrechnung ändert die Vereinbarung nur bei Vorliegen besonderer Umstände.[120] Vgl. auch → Rn. 18 zur „stillschweigenden Vereinbarung".

112 Soweit die Abrechnung mit einer Nachzahlung durch den Mieter endet, kann der Nachzahlungsanspruch im Urkundenprozess geltend gemacht werden.[121] Die Mindestanforderungen an die Betriebskostenabrechnung, die für ihre formelle Wirksamkeit erforderlich sind, sind im Wesentlichen dieselben wie an die Abrechnung der Heizkosten. Sind sie nicht gegeben, ist die Abrechnung unwirksam, zumindest teilunwirksam, wenn der Mangel nur einzelne Kostenansätze betrifft.[122]

113 Sie erfordert:
- die Zusammenstellung der Gesamtkosten,
- die Mitteilung und Erläuterung des Verteilungsschlüssels,
- die Berechnung des jeweiligen Anteils des Mieters,
- den Abzug der Vorauszahlungen des Mieters.

114 Sind die Mindestanforderungen nicht erfüllt, so ist die Abrechnung formal unwirksam. Sie kann nur innerhalb der Abrechnungsfrist noch nachgebessert werden. Nur eine formell wirksame, aber inhaltlich unrichtige Abrechnung kann auch nach Ablauf der Abrechnungsfrist nachgebessert werden (zB bei Verwendung eines falschen Verteilungsschlüssels.[123]

115 Die **Gesamtkosten** sind mitzuteilen. Die bisherige Rechtsprechung des BGH, dass dies auch dann der Fall ist, wenn einzelne Kostenteile nicht umlagefähig sind, wurde aufgegeben. Bisher BGH[124] für den Fall des Vorwegabzug gewerblich verursachter Kostenanteile). Ebenso bisher BGH[125] für den Fall von Kostenanteilen, die nicht zu den Betriebskosten gehören (hier: Verwaltungskosten eines Hausmeisters). Nach BGH[126] gilt nunmehr, genügt es zur formellen Wirksamkeit einer Betriebskosten-

[120] BGH NZM 2014, 748.
[121] BGH NZM 2015, 44.
[122] BGH NZM 2007, 244.
[123] BGH WuM 2005, 200.
[124] BGH NZM 2007, 244.
[125] BGH NZM 2007, 770.
[126] BGH WuM 2016, 170.

abrechnung, wenn der Vermieter seinen Gesamtkostenbetrag angibt, den er auf den Mieter umlegt. Eine Bereinigung um nicht umlagefähige Kosten ist nicht erforderlich.

Die Mitteilung des **Verteilungsschlüssels** entfällt, soweit im Vertrag bereits ein Verteilungsschlüssel festgelegt ist, nicht aber seine Erläuterung. Auch die einseitige Festlegung eines Verteilungsschlüssel in der Abrechnung selbst ist bei fehlender vertraglicher Vereinbarung nach § 556a Abs. 1 Satz 1 BGB nicht mehr zulässig, da hier die Betriebskosten nach dem Anteil der Wohnfläche umzulegen sind. Auch ein unverständlicher Verteilungsschlüssel führt zur formalen Unwirksamkeit der Abrechnung.[127] Im Übrigen zum Abrechnungsmaßstab → Rn. 170 ff. **116**

Eine Abrechnung der Betriebskosten auf der Basis der vereinbarten **Vorauszahlungen (Soll-Vorschüsse)** anstatt der tatsächlich vom Mieter geleisteten Vorauszahlungen **(Ist-Vorschüsse)** ist formell wirksam. Ob die vorgenommenen Abzüge der Höhe nach zutreffend angesetzt sind, betrifft die inhaltliche Richtigkeit der Abrechnung.[128] Es gilt, dass lediglich eine Falschangabe hinsichtlich der Höhe der Vorauszahlungen, die zu hoch oder zu niedrig in der Abrechnung angegeben sind, nicht zur formellen Unwirksamkeit der Abrechnung führt, sondern nur einen inhaltlichen Fehler darstellt.[129] Ebenso für den Fall, dass gar keine Vorauszahlungen in Ansatz gebracht worden sind, siehe nur BGH.[130] **117**

Die Mindestanforderungen an eine Betriebskostenabrechnung finden sich in der Entscheidung BGH[131] und OLG Schleswig.[132] Bei der Abrechnung der Heiz- und Warmwasserkosten kommt zu den bezeichneten Punkten noch hinzu die Aufteilung der Gesamtkosten in Heiz- und Warmwasserkosten.[133] **118**

Neben diesen Mindestanforderungen gilt, dass Abrechnungen den Anforderungen an eine **Rechnungslegung** nach § 259 BGB entsprechen müssen, also eine geordnete Zusammenstellung der Einnahmen und Ausgaben enthalten müssen.[134] Sie müssen aus sich heraus verständlich sein und zwar auch für einen juristisch und betriebswirtschaftlich nicht geschulten Durchschnittsmieter.[135] **119**

Ist nicht alles aus sich heraus verständlich, sind bereits in der Abrechnung zusätzliche Erläuterungen erforderlich. Dies gilt zB für verwendete Abkürzungen wie „Str.intern", „Stgr.Hpt.Uebergabe".[136] Das Kürzel **120**

[127] BGH NZM 2008, 477.
[128] BGH NZM 2009, 906.
[129] BGH WuM 2012, 98.
[130] BGH MDR 2012, 511.
[131] GE 1982, 135.
[132] WuM 1990, 333.
[133] LG Berlin GE 1992, 717.
[134] BGH ZMR 2003, 334.
[135] AG Dortmund WuM 2004, 148.
[136] LG Berlin 29.8.2002 – Az. 67 S 505/01.

„MEA“ für Miteigentumsanteile soll hinreichend bekannt sein.[137] Problematisch ist zB auch, wenn „Betriebskostenarten“ in der Abrechnung aufgeführt werden, die es in Nr. 1–16 der BetrKV nicht gibt (wie „Putzmittel“ oder „Steuer“).

121 Nicht zusammenfassen darf der Vermieter Kostenpositionen, bei denen ein sachlicher Grund für eine Zusammenfassung nicht besteht, wie zB „Wasserversorgung/Strom“, „Straßenreinigung/Müllbeseitigung/Schornsteinreinigung“, Hausmeister/Gebäudereinigung/Gartenpflege“. Die Unwirksamkeit der Abrechnung betrifft nur die zusammenhanglos in einer Position dargestellten Kosten.[138] Keine zulässige Zusammenfassung der Positionen Straßenreinigung und Grundsteuer. Auch BGH.[139] Insoweit formelle Unwirksamkeit der Abrechnung.

122 Die **Bildung von Wirtschaftseinheiten,** dh die einheitliche Abrechnung der Kosten zB für Heizung und Warmwasser für mehrere Gebäude ist nach § 2 Abs. 2 Satz 2 und 3 II. BV für preisgebundene Wohnungen, nach § 315 BGB für preisfreien Wohnraum zulässig, wenn dies nicht unbillig oder vertraglich ausgeschlossen ist.[140] Es muss aber eine gleichartige Nutzung der zusammengefassten Gebäude vorliegen, nicht zB Wohnungen und Einzelhandel.[141]

123 Weitgehend wird vertreten, dass sich Abrechnungs- und Verbrauchszeitraum decken müssen.[142] Bei Überschneidungen muss eine Kostenabgrenzung und zeitanteilige Berechnung erfolgen. Auch aus § 242 BGB ergibt sich in Hinblick darauf, dass das Mietverhältnis andauert, nichts anderes. Nach LG Münster[143] sei dem Vermieter die Abgrenzung aber nicht zumutbar. Wenn das Mietverhältnis fortdauere, erwüchsen dem Mieter keine Nachteile, da sich die fehlerhafte Zuordnung der Kosten durch die Korrekturen in den Folgeabrechnungen wieder ausgleichen.

124 Das Problem der Rechnungsabgrenzung kann vermieden werden, wenn auch eine Abrechnung nach dem **Abflussprinzip** möglich ist, es also allein darauf ankommt, ob die Rechnung im Abrechnungszeitraum bezahlt worden ist. Der BGH ist der Auffassung, dass auch eine Abrechnung nach dem Abflussprinzip zulässig ist.[144] Nicht soll dies allerdings für Heizkosten gelten, sie können nur unter Ansatz der im Abrechnungszeitraum verbrauchten Brenn abgerechnet werden.[145]

137 LG Leipzig 3.8.2004 – Az. 12 S 2867/04.
138 BGH NZM 2010, 858.
139 BGH WuM 2017, 205.
140 BGH NZM 2005, 737.
141 AG Nürnberg WuM 2017, 206.
142 Vgl. AG Nürnberg NZM 2002, 859.
143 NZM 2004, 498.
144 BGH NZM 2008, 277.
145 BGH NZM 2012, 230.

b) Grundsatz der Wirtschaftlichkeit

Nach § 556 Abs. 3 Satz 1 2. Halbsatz BGB ist bei der Abrechnung der Grundsatz der Wirtschaftlichkeit zu beachten. Dies soll nach der Begründung, die der Rechtsausschuss des Deutschen Bundestages dieser Einfügung ins Gesetz gegeben hat, lediglich der Klarstellung dienen. Es soll darauf hingewiesen werden, dass der Umweltschutz einen sparsamen Umgang mit Energieressourcen gebietet und der Vermieter innerhalb eines gewissen Ermessensspielraums möglichst wirtschaftlich, das heißt, unter Beachtung eines Kosten-Nutzen-Verhältnisses vorzugehen hat. Hierzu gehören zum Beispiel ein Versicherungsvergleich und der möglichst kostengünstige Einkauf von Heizmaterial. Dem Vermieter ist hier aber ein Spielraum zuzubilligen. Wird der Spielraum überschritten, sind die **insoweit** entstandenen Kosten nicht umlegbar.[146] Wenn der Vermieter keinerlei Marktvergleiche angestellt hat, kann ein Verstoß gegen das Wirtschaftlichkeitsgebot vorliegen.[147] **125**

Wichtig ist, dass den Vermieter keine grundsätzliche Modernisierungspflicht trifft, die die Wirtschaftlichkeit verbessern könnte (BGH[148] für den Fall der Modernisierung einer alten, aber funktionstüchtigen Heizung). **126**

Auch bei der Umstellung auf **Energiecontracting** muss der Vermieter keine Wirtschaftlichkeitsanalyse vornehmen.[149] **127**

Soweit Gerichte teilweise die Grenze der Wirtschaftlichkeit an Durchschnittswerten (zB aus Mietspiegeln oder Betriebskostenspiegeln) festmachen, dürfte dem nicht zu folgen sein. Der Mieter kann sich nicht dadurch, dass er auf Grund der Abweichung von Durchschnittswerten die Abrechnung für nicht fällig hält, die Belegeinsicht „ersparen".[150] Nicht kann der Mieter den Beweis für die Unwirtschaftlichkeit durch Bezug auf einen überregionalen **Betriebskostenspiegel** führen.[151] **128**

Auch aus dem nach der EnEV zu erstellenden Energiepass dürften sich in Hinblick auf die Wirtschaftlichkeit von Betriebskosten keine Ansprüche gegen den Vermieter ableiten lassen, soweit der Pass nicht zum Bestandteil des Mietvertrages gemacht worden ist und die in ihm enthaltenen Angaben zugesichert sind.[152] **129**

Andererseits gilt der Grundsatz, dass der Vermieter dann, wenn sich in Verbindung mit der Belegeinsicht bei einzelnen Positionen Abweichungen gegenüber dem Vorjahr nach oben von mehr als 10 % ergeben, hierfür nachvollziehbare Gründe darlegen muss. Kommt er dem nicht **130**

[146] Kinne GE 2003, 711.
[147] AG Mitte WuM 2018, 430.
[148] BGH NZM 2008, 35.
[149] LG Berlin GE 2008, 1561.
[150] AA AG Demin WuM 2008, 337.
[151] BGH NZM 2011, 705.
[152] So Brückner GE 2007, 153.

nach, schuldet der Mieter nach Auffassung des Kammergerichts[153] wegen Verstoß gegen das Wirtschaftlichkeitsgebot nur die Kosten des Vorjahrs.

131 Darlegungs- und beweispflichtig für einen Verstoß gegen das betriebskostenrechtliche Wirtschaftlichkeitsgebot ist der Mieter.[154] Den Vermieter trifft auch nicht eine sekundäre Darlegungslast für die tatsächlichen Grundlagen seines Ansatzes.

4. Belegeinsicht durch den Mieter

132 Für die Ordnungsmäßigkeit der Betriebskostenabrechnung ist die Beifügung von Belegen und Rechnungen nicht erforderlich.[155] Auch die Fälligkeit der Betriebskostenabrechnung wird nicht davon berührt, dass der Mieter trotz Verlangens Belegeinsicht nicht erhalten hat. Folge einer vom Vermieter verweigerten Belegeinsicht ist jedoch, dass der Mieter die der Abrechnung zugrunde liegenden Tatsachen mit Nichtwissen bestreiten und einen sich ergebenden Nachforderungsbetrag zurückbehalten kann, bis er die Belegeinsicht erhält.[156] Die Nachzahlung ist dann nicht fällig.[157] Der Vermieter kann sich auch nicht hinsichtlich einzelner Belege (zB Hausmeisterdienstvertrag, Lohnabrechnungen) auf Datenschutz berufen.[158] Grundsätzlich hat der Mieter Anspruch auf Einsicht in die Originalbelege.[159]

133 Sind die Belege vom Vermieter **eingescannt** worden **(„papierloses Büro")**, müssen jedenfalls nicht vernichtete Originalbelege vorgelegt werden.[160] Möglich wäre, dass der Vermieter bei Fehlen der Originale seinen Anspruch auf Nachzahlung insoweit verliert. Der Mieter kann im Rahmen der Belegeinsicht auch die Einsichtnahme in die Einzelverbrauchsdaten anderer Nutzer verlangen.[161] Außerdem kann der Mieter auch Einsicht in die zugrundeliegenden Zahlungsbelege verlangen.[162]

134 Nimmt umgekehrt der Mieter die ihm angebotene Möglichkeit der Belegeinsicht nicht wahr, so ist ein unsubstantiiertes pauschales Bestreiten der Abrechnung oder einzelner Positionen, was dann meistens vorliegen dürfte, nicht zulässig.[163]

---

[153] GE 2006, 382.
[154] BGH NZM 2011, 705.
[155] KG WuM 1998, 474; OLG Brandenburg WuM 1999, 107.
[156] LG Frankfurt a. M. WuM 1997, 52.
[157] AG Köln, WuM 1996, 629; BGH WuM 2018, 288.
[158] LG Berlin GE 2006, 849.
[159] AG Konstanz WuM 2020, 276.
[160] LG Hamburg WuM 2020, 773.
[161] BGH WuM 2018, 288.
[162] BGH WuM 2021, 104.
[163] AG Ulm WuM 1999, 402; LG Berlin GE 2003, 1492; OLG Düsseldorf GE 2006, 847.

Hinsichtlich des **Ortes** der Belegeinsicht ist davon auszugehen, dass diese am Sitz des Vermieters bzw. einer beauftragten Hausverwaltung vorzunehmen ist. Hier kann der Mieter das ihm grundsätzlich nur zustehende Recht, die Originalbelege einzusehen, wahrnehmen.[164] **135**

Besteht eine große Entfernung zwischen dem Aufbewahrungsort der Belege und dem Mietobjekt, muss der Mieter sich nicht darauf verweisen lassen, sich „auf die Reise zu den Belegen" zu begeben, er kann verlangen, dass die Originalbelege zum Ort der Mieträume gebracht werden und ihm dort Einsicht verschafft wird.[165] **136**

Dem Mieter kann es grundsätzlich nicht verwehrt werden, zur Belegeinsicht einen Berater mitzubringen.[166] Er kann auch die Belege an Ort und Stelle mit einer **Digitalkamera** fotografieren.[167] Der Vermieter muss die Benutzung eines bei ihm vorhandenen Kopiergeräts nämlich nicht gestatten.[168] **137**

Hat sich der Mieter fachkundiger Hilfe bedient oder hat er dies unterlassen, obwohl er die Möglichkeit dazu gehabt hätte, kann er sich später nicht darauf berufen, sich in den Belegen nicht zurecht gefunden zu haben.[169] Auf eine Belegeinsicht durch einen beauftragten Rechtsanwalt oder einen Mieterverein muss sich der Mieter nicht verweisen lassen.[170] **138**

Nach Auffassung des OLG Düsseldorf[171] kann Unzumutbarkeit auch darin bestehen, dass Vermieter und Mieter heillos zerstritten sind. Ist tatsächlich die Belegeinsicht unzumutbar, so kann der Mieter im laufenden Mietverhältnis nicht seine auf die Betriebskosten geleisteten Abschlagszahlungen zurückverlangen.[172] **139**

Eine zumutbare Einsichtnahme in die Unterlagen muss dem Mieter angeboten werden.[173] Wird ihm nicht ausreichend Zeit für die Belegeinsicht gegeben, gilt diese als verweigert.[174] Eine pauschale Anforderung von Belegen ist zu unbestimmt, der Mieter muss die Belege bezeichnen,[175] falls er Anspruch auf Übersendung hat. **140**

Erhält der Mieter Kopien der Belege zugesandt, so hat er die Kosten für die Kopien zu erstatten. Diese sind mit 0,25 EURO pro Kopie anzu- **141**

[164] LG Berlin GE 2003, 121; LG Leipzig NZM 2005, 944.
[165] LG Freiburg NZM 2012, 23.
[166] LG Berlin WuM 2006, 617.
[167] AG München NJW 2010, 78.
[168] AG Charlottenburg GE 2010, 1205.
[169] LG Berlin WuM 2006, 617.
[170] BGH NZM 2010, 576.
[171] GE 2006, 1231.
[172] BGH NZM 2010, 857.
[173] BGH WuM 2006, 616.
[174] AG München NZM 2006, 929.
[175] LG Berlin GE 2003, 1492.

setzen.[176] Der Vermieter kann die Übersendung von Vorschusszahlung in Höhe der Kopierkosten abhängig machen.[177]

142 Zum **Zeitpunkt** der Belegeinsicht: Üblich ist, dem Mieter eine Prüfungsfrist von drei bis vier Wochen einzuräumen und erst dann von Fälligkeit einer Nachzahlungsforderung auszugehen. Nach BGH[178] tritt Fälligkeit allerdings bereits mit Erteilung der Abrechnung ein. Nach § 286 Abs. 3 BGB tritt 30 Tage nach Fälligkeit der Abrechnung Verzug ein.

5. Abrechnungsmaßstab

a) bei fehlender vertraglicher Vereinbarung

143 War im Vertrag ein Umlagemaßstab für die Betriebskosten nicht vereinbart, konnte nach der Regelung vor der Mietrechtsreform der Vermieter den Umlagemaßstab nach billigem Ermessen gemäß §§ 315, 316 BGB einseitig festlegen.

144 Für diesen Fall bestimmt nunmehr § 556a Abs. 1 Satz 1 BGB, dass die Betriebskosten nach dem Anteil der Wohnfläche umzulegen sind. Dieser Umlagemaßstab sei gegenüber einer Umlage nach Personen leichter handhabbar. In der Begründung des Gesetzentwurfs ist überdies ausgeführt, dass der Mieter auch zukünftig nach § 242 BGB im Falle der **krassen Unbilligkeit** einen Anspruch auf Umstellung des Umlagemaßstabs haben soll. Auch für den Vermieter soll dies bei erheblichem Leerstand unter Heranziehung des Grundsatzes der Störung der Geschäftsgrundlage gelten.[179] Zweifel an der Billigkeit des Maßstabs sollen aber nicht genügen.[180]

145 Der Anteil der Wohnfläche errechnet sich entsprechend der Wohnflächenverordnung vom 25.11.2003. Es muss für alle Wohnungen nach gleichen Kriterien die Wohnfläche ermittelt werden. Weicht die im Mietvertrag vereinbarte Wohnfläche von der tatsächlichen Wohnfläche ab, gilt die tatsächliche Wohnfläche.[181] Als Ausnahme vom gesetzlichen Verteilungsmaßstab gilt, dass die Grundsteuer mit dem auf die jeweiligen Mieträume entfallenden Betrag in die Abrechnung eingesetzt werden dürfen.[182]

146 Bei Betriebskosten, die verbrauchsmäßig zu erfassen sind und bei denen der Verbrauch auch tatsächlich erfasst wird, wie zum Beispiel

---

[176] AG Brandenburg GE 2003, 55.
[177] LG Leipzig NZM 2005, 944.
[178] BGH WuM 2006, 200 (202).
[179] BGH WuM 2006, 440.
[180] BGH NZM 2008, 444.
[181] BGH WuM 2018, 425 unter Aufgabe von BGH NZM 2008, 35.
[182] BGH NZM 2013, 457.

Kaltwasser und Müll, ist im Falle der fehlenden vertraglichen Vereinbarung nach § 556a Abs. 1 Satz 2 BGB nach Verbrauch abzurechnen. Insoweit geht die Abrechnung nach Verbrauch der Abrechnung nach dem Maßstab der Wohnfläche vor. Dabei ist es zulässig, die Betriebskosten nicht zu 100 % nach Verbrauch umzulegen, sondern in gewissem Umfang **verursachungsunabhängige Kosten** in die Umlage einzubeziehen.[183] Betriebskosten von Kaltwasser und Müll müssen erst dann nach Verbrauch abgerechnet werden, wenn alle Wohnungen eines Hauses mit Verbrauchserfassungseinrichtungen ausgerüstet sind.[184]

Findet eine Abrechnung nach Verbrauch statt, spricht eine tatsächliche Vermutung dafür, dass die Werte, die auf der Ablesung eines geeichten Messgeräts beruhen, den tatsächlichen Verbrauch richtig wiedergeben. Bei einem nicht (mehr) geeichten Messgerät muss der Vermieter die Richtigkeit der abgelesenen Werte nachweisen.[185] **147**

Bei Heizkosten ergibt sich der Maßstab aus den Vorgaben der HeizkV. Nachdem hier der Verbrauchsmaßstab nach § 7 Abs. 1 HeizkV mindestens 50 % beträgt, muss eine Ablesung erfolgen. Findet sie nicht statt, kann die Kostenverteilung des Verbrauchsanteils nicht nach Durchschnittswerten aller Wohnungen des Hauses erfolgen.[186] **148**

Soweit mehrere Nutzungsarten vorhanden sind, kann eine Vorerfassung nach § 5 Abs. 2 Satz 2 HeizkV nach Nutzergruppen erfolgen. Der Anteil jeder Nutzergruppe am Gesamtverbrauch muss dann durch einen gesonderten Zähler erfasst werden.[187] Sind die vorgeschriebenen Messgeräte nicht vorhanden, kann der Mieter nach § 12 Abs. 1 HeizkV die Abrechnung um 15 % kürzen. Dies gilt dann, wenn nur die Messgeräte für die Messung des anteiligen Warmwasserverbrauchs nicht vorhanden sind, auch nur für die nicht verbrauchsabhängig abgerechneten Kosten der Warmwasserversorgung.[188] **149**

Nicht ist die Kürzung möglich, wenn ein Ablesefehler vorliegt und deshalb der Verbrauch der Heizung nach Gradtagszahlen ermittelt werden darf.[189] Die Erfassung der Werte darf aber in diesem Fall zwingend nicht möglich sein (zB wegen überschriebener elektronischer Erfassung). In anderen Fällen der objektiv unmöglichen verbrauchsabhängigen Abrechnung der Kosten für Heizung und Warmwasser können die Kosten allein nach der Wohnfläche unter Abzug von 15 % nach § 12 HeizkV abgerechnet werden.[190] **150**

---

[183] BGH WuM 2016, 357.
[184] BGH NZM 2008, 444.
[185] BGH WuM 2011, 21.
[186] AG Charlottenburg GE 2003, 1497.
[187] BGH NZM 2008, 767.
[188] BGH NZM 2005, 908.
[189] BGH WuM 2005, 776.
[190] BGH NZM 2008, 35.

b) bei vertraglicher Vereinbarung

151 Ein vertraglich vereinbarter Umlagemaßstab, zB nach Nutzern oder nach Miteigentumsanteilen oder teilweise nach Nutzern, teilweise nach Fläche ist wirksam und anzuwenden. Stellt sich bei vereinbarter Fläche eine Abweichung von weniger als 10% heraus, ist bei der Abrechnung die vereinbarte Fläche zugrunde zu legen.[191] Gibt der Vermieter die Gesamtpersonenzahl mit einem Bruchteil an, ist deshalb die Abrechnung nach Personen nicht unwirksam.[192]

152 Ist eine Umlegung der Betriebskosten nach Kopfzahl der ständig in der Wohnung lebenden Personen vereinbart, ist das Melderegister keine ausreichende Grundlage zur Ermittlung der wechselnden Personenzahl.[193] Die Vereinbarung nach Wohn- und Nutzflächen gilt auch für solche Betriebskosten, die sich der Wohnung konkret zuordnen lassen, zB Grundsteuer bei Eigentumswohnungen.[194] Der Umlegungsmaßstab kann auch konkludent vereinbart werden, insbesondere durch langjährige einvernehmliche Handhabung. Eine vertragliche Schriftformklausel steht nicht entgegen.[195]

153 Wurde im Vertrag zB die Umlage der Betriebskosten nach Nutzern vereinbart oder wurde eine Teilinklusivmiete oder eine Pauschale vereinbart, kann der Vermieter nach § 556a Abs. 2 BGB eine einseitige Umstellung des Vertrages durch Erklärung in Textform oder **Schriftform** vornehmen. Er kann bestimmen, dass eine verbrauchsabhängige Abrechnung der verbrauchs- und verursachungsabhängig erfassten Betriebskosten erfolgt. Damit zusammenhängend kann auch eine bisher nicht vereinbarte Vorauszahlung auf diese Betriebskosten erhoben werden. Die Zustimmung des Mieters zu dieser Verfahrensweise ist nicht erforderlich. Sind die verbrauchsabhängigen Kosten bisher in einer Brutto- oder Teilinklusivmiete enthalten, ist diese nach § 556a Abs. 2 Satz 3 BGB entsprechend herabzusetzen.

154 Zulässig ist auch, dass die Parteien statt eines konkreten Umlageschlüssels ein einseitiges Leistungsbestimmungsrecht nach billigem Ermessen des Vermieters vereinbaren, BGH[196] für den Fall, dass der konkrete Schlüssel durch den Vermieter nachträglich festgelegt wird. Ist ein Verteilungsschlüssel unverständlich, ist eine Nachbesserung der Abrechnung nach Ablauf der Abrechnungsfrist nicht möglich, da ein formeller Mangel vorliegt.[197]

---

[191] BGH NZM 2008, 35.
[192] BGH 15.9.2010 – NZM 2010, 859.
[193] BGH WuM 2008, 151.
[194] BGH WuM 2004, 403.
[195] BGH WuM 2005, 774.
[196] BGH WuM 2015, 33.
[197] BGH WuM 2008, 351.

c) Berücksichtigung von Leerständen

Sind Leerstände vorhanden, dürfen die Betriebskosten nicht auf die verbliebenen Mieter verteilt werden.[198] Eine vertragliche Vereinbarung, nach der Maßstab die vermietete Fläche ist, wäre nach § 307 BGB unwirksam. Die auf leerstehende Räume entfallenden Kosten, seien sie verbrauchsunabhängig oder verbrauchsabhängig, hat der Vermieter zu tragen, dazu BGH[199] und ausführlich Langenberg.[200] Andererseits kann ein geringfügiger Leerstand aus Billigkeitserwägungen unberücksichtigt bleiben.[201] Vgl. auch hinsichtlich der Umlage der Warmwasserkosten nach Verbrauch bei Leerstand BGH.[202] **155**

d) Ausgliederung von Betriebskosten von Gewerberäumen bei gemischt genutzten Gebäuden

Zwar gilt grundsätzlich, dass Betriebskosten, die nicht für Wohnraum entstanden sind, vorweg abgezogen werden müssen, doch muss die getrennte Erfassung mit einem vernünftigen und vertretbaren Aufwand möglich sein.[203] Verbrauchsabhängige Kosten, die auf Gewerberaum entfallen, sind durch eigene Messeinrichtungen vorneweg zu erfassen und von den Gesamtkosten abzuziehen. Sie dürfen nur den Gewerbenutzern in Rechnung gestellt werden. **156**

Nach BGH[204] ist die Ausgliederung nur erforderlich, wenn andernfalls eine ins Gewicht fallende Mehrbelastung der Wohnraummieter erfolgen würde, bzw. auf Grund der gewerblichen Tätigkeit bei einzelnen Betriebskosten unverhältnismäßig hohe Kosten entstehen.[205] **157**

Wird ein Grundstück teils zu Wohnzwecken, teils gewerblich genutzt, bedarf es keines Vorwegabzugs bezüglich der Umlage der Grundsteuer für die gewerblich genutzten Einheiten.[206] Die Beweislast dafür, dass wegen erheblicher Mehrbelastung der Wohnraummieter eine Ausgliederung der gewerblichen Kosten erfolgen muss, trägt der Mieter.[207] **158**

IV. Ausschluss von Nachforderungen

Nach § 556 Abs. 3 Satz 2 BGB ist die Abrechnung dem Mieter spätestens bis zum Ablauf des 12. Monats nach Ende des Abrechnungszeitraums **159**

198 AG Köln WuM 1998, 290.
199 BGH WuM 2006, 440.
200 WuM 2002, 589.
201 BGH NZM 2013, 264.
202 BGH WuM 2015, 94.
203 LG Berlin ZMR 2001, 111.
204 BGH WuM 2006, 200.
205 LG Berlin GE 2002, 1492.
206 BGH WuM 2017, 399.
207 BGH WuM 2006, 684.

mitzuteilen. Mitzuteilen bedeutet, dass die Abrechnung dem Mieter innerhalb der Jahresfrist **zugehen muss** (Im Gegensatz zu § 20 Abs. 3 Nr. 4 Neubaumietenverordnung, der nur von „zuzuleiten" spricht, was bedeutet, dass die Absendung der Abrechnung innerhalb der Jahresfrist genügt).[208] Angesichts der gesetzlichen Frist empfiehlt sich die Mitteilung der Abrechnung gegen Zugangsnachweis. Der Vermieter ist nämlich für den Zugang der Abrechnung innerhalb der Abrechnungsfrist beweispflichtig.[209]

160 Wichtig ist, dass die Abrechnung allen vertraglichen Mietern zugehen muss[210] und auch an alle Mieter adressiert werden muss.[211] Nach einer aktuellen Entscheidung des BGH[212] kann der Vermieter die Abrechnung aber auch nur einem von mehreren Mietern zugehen lassen und von diesem eine sich etwa ergebende Nachzahlung verlangen.

161 Ob der oder die Mieter tatsächlich innerhalb der Jahresfrist von der Abrechnung Kenntnis genommen hat, ist nicht erheblich. Nach AG Oldenburg[213] muss der Vermieter zur Wahrung der Abrechnungsfrist die Abrechnung nur rechtzeitig postalisch versenden. Verzögerungen des Postlaufs gingen nicht zu seinen Lasten.[214] Anders aber der BGH:[215] Der Vermieter hat ein Verschulden der Post nach § 278 BGB zu vertreten.

162 Nach Auffassung des AG Köln[216] soll sich aus den Treuepflichten des Mietverhältnisses die Verpflichtung des Mieters ergeben, nach Erhalt einer Mahnung mitzuteilen, dass ihm bisher die Abrechnung nicht zugegangen ist. Voraussetzung ist allerdings, dass zumindest der Zugang der **Mahnung** feststeht.

163 Nach AG Hamburg-St.Georg[217] sollen die Regelungen über empfangsbedürftige Willenserklärungen auf die Mitteilung der Betriebskostenabrechnung nicht anwendbar sein (Zugang am Sylvesterabend).

164 Liegen besondere Umstände vor, ist die Wohnung zB in Kenntnis des Vermieters untervermietet, kann die Abrechnung nicht wirksam durch Einwurf in den Briefkasten dem Mieter zugestellt werden.[218] Innerhalb der Abrechnungsfrist ist eine Korrektur der Abrechnung bis zum Ausgleich des Saldos immer möglich.[219]

---

[208] So auch BGH WuM 2009, 236.
[209] LG Düsseldorf NZM 2007, 328.
[210] LG Berlin GE 2006, 1235.
[211] LG Frankfurt a. M. NZM 2009, 481.
[212] BGH NZM 2010, 577.
[213] ZMR 2005, 205.
[214] Ebenso LG Berlin GE 29006, 1407.
[215] BGH WuM 2009, 236.
[216] AG Köln 10.11.2004 – 220 C 206/04.
[217] NZM 2006, 15.
[218] LG München I NJW-RR 2008, 319.
[219] AG Siegburg Az. 115 C 330/04.

Zur Einhaltung der Jahresfrist wird man zumindest eine den oben bezeichneten **Mindestgrundsätzen** entsprechende, also **formell** ordnungsgemäße Abrechnung verlangen müssen, die auch schriftlich erfolgen muss, um dem Mieter die Nachprüfung zu ermöglichen.[220] Auch eine **inhaltlich** fehlerhafte Abrechnung wahrt die Abrechnungsfrist (BGH:[221] für den Fall der Verwendung eines falschen Umlageschlüssels).[222] Eine inhaltlich falsche Abrechnung kann nach Ablauf der Abrechnungsfrist nachgebessert werden. Aufgrund einer Korrektur nach Ablauf der Abrechnungsfrist darf allerdings keine höhere Nachforderung geltend gemacht werden als diejenige aus der ursprünglichen Abrechnung. **165**

Eine ausgeschlossene Nachforderung liegt bei **Nichteinhaltung der Jahresfrist** auch dann vor, wenn nach Ablauf der Jahresfrist eine korrigierte Abrechnung mit einer Nachforderung erteilt wird, die ursprüngliche Abrechnung aber mit einem Guthaben endete. Es kommt nur darauf an, ob der nach Fristablauf verlangte Betrag den vor Ablauf der Frist geforderten Betrag übersteigt.[223] **166**

Liegen bei Betriebskosten und Heizkosten unterschiedliche Abrechnungszeiträume vor, kann danach unterschieden werden, ob es sich tatsächlich um unterschiedlich laufende Fristen handelt oder ob von einer einheitlichen Frist auszugehen ist. Im letzteren Fall wäre der spätere Ablauf maßgeblich. Sind **getrennte Vorauszahlungen** für Betriebskosten und Heizkosten angesetzt, ist davon auszugehen, dass auch die Abrechnungsfristen entsprechend den unterschiedlichen Abrechnungszeiträumen anzusetzen sind. **167**

Folge der Nichteinhaltung der Jahresfrist ist, dass der Vermieter eine Nachzahlung nicht verlangen kann. Bei „auf den ersten Blick" erkennbaren Fehlern der Abrechnung soll sich der Mieter nach **Treu und Glauben** aber nicht auf den Ablauf der Abrechnungsfrist berufen können.[224] **168**

Der Nachzahlungsanspruch bleibt erhalten, wenn der Vermieter verspätete Geltendmachung der Abrechnung nicht zu vertreten hat. Dies kann zum Beispiel dann der Fall sein, wenn Versorgungsunternehmen ihre Einzelrechnungen erst nach Ablauf der Abrechnungsperiode erstellen. Zu berücksichtigen ist allerdings, dass dem Vermieter ein Verschulden des Abrechnungsunternehmens nach § 278 BGB zuzurechnen ist.[225] In Betracht kommt weiter eine Umstellung des Computerwesens oder langanhaltender Krankenstand in der Verwaltung oder Verwalterwechsel. Beweispflichtig ist insoweit der Vermieter. **169**

---

220 Vgl. Geldmacher NZM 2001, S. 922.
221 BGH NZM 2005, 13.
222 Ebenso BGH WuM 2005, 200.
223 BGH NZM 2008, 204.
224 BGH NZM 2011, 478.
225 AG Essen DWW 2008, 65.

170 Allein der Umstand, dass bei **vermieteter Eigentumswohnung** der Beschluss der Wohnungseigentümergemeinschaft über die Abrechnung des Verwalters bei Ablauf der Abrechnungsfrist nicht vorliegt, rechtfertigt keine Überschreitung der Abrechnungsfrist.[226] Anders nach LG München I, wenn die Abrechnungsgrundlagen aufgrund eines mit einem anderen Mitglied einer Eigentümergemeinschaft geführten Rechtsstreits nicht vorliegen.[227] Geht die Abrechnung dem Mieter verspätet zu, weil er dem Vermieter seine Adresse oder seinen neuen Namen nicht mitgeteilt hat, kann sich der Mieter nicht auf Verspätung berufen.[228]

171 Nach Wegfall des Hindernisses muss der Vermieter unverzüglich abrechnen. Es läuft keine neue Frist.[229] Wird in diesem Fall nicht unverzüglich nachträglich abgerechnet, bleibt es bei der Rechtsfolge des § 556 Abs. 3 Satz 3 BGB (Ausschluss der Nachforderung). Nach BGH[230] muss der Vermieter die Abrechnung nach Vorliegen der notwendigen Unterlagen für die Abrechnung in der Regel innerhalb von drei Monaten nach Wegfall des Abrechnungshindernisses zur Erhaltung einer Nachforderung durchführen. Auch bei Nichteinhaltung der Jahresfrist bleibt die Abrechnungspflicht des Vermieters bestehen, der Mieter hat einen einklagbaren Anspruch auf Abrechnung (Rechnungslegung). Anerkennt der Mieter den Anspruch auf Nachzahlung, beginnt die Abrechnungsfrist nicht neu zu laufen.[231]

V. Ausschluss von Einwendungen des Mieters

172 Nach § 556 Abs. 3 Satz 5 BGB hat der Mieter Einwendungen gegen die Abrechnung dem Vermieter spätestens bis zum Ablauf des 12. Monats nach Zugang der Abrechnung mitzuteilen. Dies soll nach der Begründung des Rechtsausschusses der Ausgewogenheit dienen sowie der Rechtssicherheit, damit absehbare Zeit nach einer Betriebskostenabrechnung Klarheit über die wechselseitig geltend gemachten Ansprüche bestehe. Auch für den Mieter gilt nach § 556 Abs. 3 Satz 6 BGB, dass er nach **Ablauf der Jahresfrist** Einwendungen nicht mehr geltend machen kann, es sei denn, er hat die verspätete Geltendmachung nicht zu vertreten. Die Vorschrift ist nur für preisfreien Wohnraum anwendbar, da § 20 Abs. 3 NMV eine entsprechende Bestimmung nicht enthält.[232]

173 Zu berücksichtigen ist hier, dass die Ausschlussfrist des Mieters für Einwendungen die Fälligkeit einer etwaigen **Nachzahlungsforderung** des Vermieters unberührt lässt. Rechnet der Vermieter ab und stellt eine

[226] BGH WuM 2017, 138.
[227] WuM 2018, 427.
[228] AG Frankfurt a. M. WuM 2019, 618.
[229] LG Berlin GE 2005, 1019.
[230] BGH WuM 2006, 516.
[231] BGH WuM 2008, 351.
[232] BGH WuM 2005, 579.

Abrechnung, die einen Nachzahlungsbetrag ausweist, fällig, so ist dieser auch vom Mieter für den Mieter ohne Rücksicht auf den Lauf der Einwendungsfrist zahlbar. Dies kann gegebenenfalls im Klageweg erzwungen werden. Im Prozess laufen auch für den Mieter in erster Linie prozessuale Fristen, die noch laufende Einwendungsfrist tritt diesen gegenüber zurück.

Gleicht der Mieter den sich aus der Abrechnung ergebenden Saldo **174** freiwillig aus, so gilt dies angesichts der gesetzlichen Einwendungsfrist nicht als Anerkennung des Saldos und führt nicht zum Ausschluss von Einwendungen. Die **vorbehaltlose Zahlung** stellt kein deklaratorisches Schuldanerkenntnis dar, ebenso wenig die vorbehaltlose Erstattung eines Guthabens.[233]

Etwas anderes könnte dann gelten, wenn der Mieter die Begleichung **175** des Nachzahlungsbetrages unter dem Vorbehalt der Erhaltung seiner Einwendungen vornimmt oder wenn der Mieter nach Ablauf der Abrechnungsfrist ohne Kenntnis von ihrem Ablauf bezahlt. In letzterem Fall kann er den bezahlten Betrag nach § 812 BGB zurückverlangen.[234] Dabei gilt, dass auch eine **inhaltlich** fehlerhafte Abrechnung die Einwendungsfrist in Gang setzt,[235] nicht jedoch eine **formell** falsche Abrechnung.[236] Dies gilt jedenfalls hinsichtlich der Kostenpositionen, bei denen formelle Mängel vorliegen.

Läuft die Einwendungsfrist ab, ohne dass Einwendungen durch den **176** Mieter erhoben worden sind, ist fraglich, ob auch eine Abrechnung Wirksamkeit beanspruchen kann, die Kosten enthält, die zulässigerweise nicht vereinbart werden können. Man könnte an einen **Widerspruch** zu §§ 557 Abs. 4 und 556 Abs. 1 und 4 BGB denken. Es könnte eine unzulässige Mieterhöhung oder die unzulässige Umlage von Kosten vorliegen, die nicht der BetrKV entsprechen. Der BGH[237] hat entschieden, dass jedenfalls Betriebskosten, die zwar grundsätzlich umlagefähig sind, aber vertraglich nicht umgelegt worden sind, bei nicht rechtzeitiger Einwendung des Mieters vom Einwendungsausschluss erfasst werden.

Andererseits soll nach dem Sinn der Vorschrift nach Ablauf der **177** Einwendungsfrist ein endgültiger Abschluss der Abrechnung gegeben sein. Dies ist nur dann möglich, wenn mit Ablauf der Frist auch eine unzulässige Abrechnung Bestandskraft erhält und Einwendungen nicht mehr möglich sind (so auch LG Berlin[238] für den Fall der Umlage nicht umlagefähiger Betriebskosten, hier: **Umlageausfallwagnis**).

---

233 BGH NZM 2011, 242 und BGH NZM 2013, 648 für den Bereich der Gewerberaummiete.

234 BGH WuM 2006, 150.

235 Schmid ZMR 2002, 727.

236 BGH NZM 2011, 402.

237 BGH NZM 2008, 81.

238 GE 2006, 651.

178 Der Einwendungsausschluss gilt auch, wenn der Vermieter Betriebskosten, die er nach der vertraglichen Vereinbarung gar nicht hätte abrechnen dürfen, da sie in einer Teilinklusivmiete enthalten waren, abrechnet.[239] Es handelt sich hier um eine **inhaltliche** Unrichtigkeit der Abrechnung, ebenso, wenn der der Vermieter als Pauschale vereinbarte Betriebskosten abrechnet.[240] Ebenfalls gilt der Einwendungsausschluss für Kosten, die bei der Wohnraummiete generell nicht umgelegt werden können.[241]

179 Nicht lässt sich dem Gesetz entnehmen, in welcher Form Einwendungen zur Erhaltung der Einwendungsfrist vorgebracht werden müssen. Man wird zumindest von konkreten und substantiierten Einwendungen ausgehen müssen. Unsubstantiiertes Bestreiten der Abrechnung dürfte nicht ausreichen, zumal auch vom Vermieter die Substantiierung seiner Darlegungen verlangt wird. Zu berücksichtigen ist hierbei allerdings, dass die Möglichkeiten der Konkretisierung für den Mieter naturgemäß geringer als für den Vermieter sind, der im Besitz der **Abrechnungsunterlagen** ist. Gegebenenfalls muss der Mieter die Möglichkeit der Belegeinsicht wahrnehmen.

VI. Weitere Rechte von Vermieter und Mieter

1. Erfüllungsanspruch des Mieters

180 Wie bereits festgestellt, besteht der Erfüllungsanspruch des Mieters auf Abrechnung spätestens mit Ablauf der Abrechnungsfrist. Rechnet der Vermieter nicht ab, kann der Anspruch auf Abrechnung klageweise durchgesetzt werden, außerdem können künftige Vorauszahlungen auf Betriebskosten zurückbehalten werden.

2. Rückzahlung geleisteter Vorauszahlungen

181 Die gesamten geleisteten oder auf einzelne Betriebskostenarten entfallenden Vorauszahlungen kann der Mieter nicht bereits zurückverlangen, soweit der Vermieter eine fehlerhafte Abrechnung erstellt, sondern erst dann, wenn dieser außerstande ist, überhaupt eine ordnungsgemäße Abrechnung zu erstellen. Der Ablauf der Abrechnungsfrist reicht ebenfalls nicht aus.[242] Das LG Koblenz[243] ist der Auffassung, dass auch im Falle der **Unmöglichkeit der Abrechnung** eine Rückzahlung von Vorauszahlungen nur insoweit in Betracht kommt, als nicht unstreitig verbrauchsabhängige Betriebskosten angefallen sind.

[239] BGH NZM 2008, 361.
[240] BGH NZM 2011, 627.
[241] BGH WuM 2016, 420.
[242] LG Köln WuM 1989, 28.
[243] WuM 1995, 98.

Etwas anderes gilt nach BGH,[244] wenn das Mietverhältnis beendet ist. Dann kann der Mieter bei nicht fristgerechter Abrechnung innerhalb des Abrechnungszeitraums sogleich die Rückzahlung sämtlicher Vorauszahlungen verlangen können. Grund ist, dass dem Mieter die Möglichkeit der Zurückbehaltung laufender Vorauszahlungen als Druckmittel nicht mehr zur Verfügung steht (Keine Rückzahlung der Vorauszahlungen daher bei laufendem Mietverhältnis siehe BGH).[245] Der Vermieter kann aber nach Rechtskraft eines Urteils, das ihn zur Rückzahlung der Vorauszahlungen verpflichtet, die Betriebskosten nachträglich abrechnen und eine Nachforderung einklagen, soweit sie nicht die Vorauszahlungen übersteigt. **182**

3. Verjährung von Nachzahlungsansprüchen des Vermieters und Rückforderungsansprüchen des Mieters

Die vierjährige Verjährungsfrist des § 197 BGB aF ist durch das Schuldrechtsmodernisierungsgesetz seit 1.1.2002 entfallen. An ihre Stelle ist die Regelverjährungsfrist des § 195 BGB nF von drei Jahren getreten. Diese beginnt nach § 199 BGB nF mit dem Schluss des Jahres, in dem der Anspruch entstanden ist und der Gläubiger von den den Anspruch begründenden Umständen Kenntnis erlangt hat. Die Verjährung der Nachzahlungsansprüche beginnt nicht vor Schluss des Jahres, in dem dem Mieter die Abrechnung zugeht.[246] **183**

4. Verwirkung von Rechten und konkludente Vertragsänderung

Das Recht des **Vermieters** über Betriebskosten abzurechnen kann auch für die Zukunft verwirken, wenn er jahrelang eine Abrechnung nicht vorgenommen hat. Es ist dann von einer konkludenten Änderung des Mietvertrages dahin auszugehen, dass der Mieter lediglich eine Pauschale in Höhe der vereinbarten Vorauszahlungen schuldet.[247] Anders LG Hamburg[248] bei vierjährigem Unterlassen der Abrechnung. Durch bloßes Untätigbleiben des Vermieters hinsichtlich der Betriebskostenabrechnung über einen längeren Zeitraum tritt eine Vertragsänderung nicht ein.[249] **184**

In Betracht kommt auch, dass der Vermieter zwar die Heizkosten regelmäßig abgerechnet hat, sonstige Betriebskosten aber erstmalig nach Beendigung des Mietverhältnisses nachfordert.[250] **185**

---

[244] BGH NZM 2005, 373.
[245] BGH NZM 2006, 533.
[246] BGH ZMR 1991, 133.
[247] LG Hamburg NZM 2005, 216.
[248] NZM 2005, 773.
[249] BGH NZM 2008, 276.
[250] LG Hannover WuM 1991, 599.

186 Zu Lasten des Vermieters kann eine stillschweigende Vereinbarung über den Wegfall zunächst umgelegter Betriebskosten durch jahrelange Übung zustande kommen.[251]

187 Hinsichtlich des **Mieters** kann sein Abrechnungs- und gegebenenfalls Rückzahlungsanspruch ebenfalls verwirken, wenn er über lange Zeit hinweg (etwa 10 Jahre) vorbehaltlos Vorauszahlungen geleistet hat, ohne die jeweils fälligen Abrechnungen anzufordern.[252] Andererseits spricht bloßes vertragswidriges Nichtstun des Vermieters gegen Vorliegen des Rechtsfolgewillens für eine Vertragsänderung zu Lasten des Mieters in Form des Wegfalls der Abrechnungspflicht.[253]

VII. Die Erhöhung von Vorauszahlungen und Pauschalen

1. Erhöhung der Vorauszahlungen

188 Eine Erhöhung der Vorauszahlungen konnte nach der Rechtslage vor dem Mietrechtsreformgesetz nur im Falle eines vertraglichen Erhöhungsvorbehalts erfolgen. Nunmehr sieht § 560 Abs. 4 BGB vor, dass jede Partei nach einer Abrechnung (auch in einer Abrechnung) eine Anpassung der Betriebskostenvorauszahlungen auch ohne vertragliche Vereinbarung auf eine angemessene Höhe durch Erklärung in Textform vornehmen kann (Zur Anpassung durch den Mieter siehe BGH).[254]

189 Wie lange nach einer Abrechnung diese Anpassung noch vorgenommen werden kann, lässt sich dem Gesetz nicht entnehmen. Grundsätzlich ist die letzte Abrechnung der Maßstab für die Neuanpassung. Andere Umstände, zB voraussichtliche Kostensteigerungen können jedoch ebenfalls berücksichtigt werden. Ein pauschaler „Sicherheitszuschlag“ auf die letzte Abrechnung ist aber unzulässig.[255] Eine Anpassung der Vorauszahlungen ist nur für die Zukunft möglich.[256]

190 Falls sich der Vermieter weigert, eine einseitige Herabsetzung von Vorauszahlungen durch den Mieter hinzunehmen oder der Mieter eine einseitige Erhöhung der Vorauszahlungen durch den Vermieter nicht hinnehmen will, muss jeweils der Klageweg beschritten werden. Zahlt der Mieter die durch den Vermieter erhöhten Vorauszahlungen nicht, kommt auch die fristlose Kündigung wegen Zahlungsverzug in Betracht.[257] Hat allerdings der Vermieter die Abrechnungsfrist versäumt, so dass keine Nachforderung möglich ist, konnte er eine Erhöhung der

[251] AG Gießen NZM 2005, 217.
[252] LG Berlin GE 1997, 689.
[253] AG Hamburg ZMR 2005, 370.
[254] BGH NZM 2013, 357.
[255] BGH NZM 2011, 880.
[256] BGH NZM 2011, 544.
[257] BGH NZM 2012, 676.

Vorauszahlungen nach Auffassung des LG Berlin[258] nicht durchsetzen.[259] Der BGH[260] hat demgegenüber entschieden, dass die Nichteinhaltung der Abrechnungsfrist einer Erhöhung der Vorauszahlungen nicht entgegensteht.

2. Erhöhung von Betriebskostenpauschalen und bei vereinbarter Bruttomiete

Bei einer Betriebskostenpauschale ist der Vermieter nur bei vertraglicher **191** Vereinbarung nach § 560 Abs. 1 BGB berechtigt, Erhöhungen anteilig auf den Mieter umzulegen. Nicht gilt dies bei Vereinbarung einer Bruttomiete oder Teilinklusivmiete, soweit die in dieser Miete enthaltenen Betriebskosten betroffen sind. Hier kann im Gegensatz zur früheren Regelung nach § 4 Abs. 2 MHG eine Erhöhung der Betriebskosten nur nach § 558 BGB im Rahmen der ortsüblichen Vergleichsmiete vorgenommen werden.

Die Erhöhungserklärung kann in Textform erfolgen. Nach § 560 Abs. 2 **192** BGB schuldet der Mieter den Erhöhungsbetrag mit Beginn des auf die Erklärung folgenden übernächsten Monats, wobei entgegen der früheren Regelung der **Zugang** der Erhöhungserklärung innerhalb eines Monats keine Rolle mehr spielt. Unabhängig davon, ob die Erhöhungserklärung vor oder nach dem 15. eines Monats abgegeben wurde, tritt die Erhöhung nunmehr einheitlich mit Beginn des auf die Erklärung folgenden übernächsten Monats ein.

Gegebenenfalls hat der Mieter auch einen Anspruch auf Herabsetzung **193** der Pauschale. Zu berücksichtigen ist hier allerdings, dass der Mieter nur bei konkreten Anhaltspunkten für eine Ermäßigung der Betriebskosten einen Auskunftsanspruch zur Höhe der in der Pauschale enthaltenen Betriebskosten hat.[261]

VIII. Betriebskosten bei gewerblichen Mietverhältnissen

Bei gewerblichen Mietverhältnissen kann auch die Umlegung von Be- **194** triebskosten vereinbart werden, die nicht in § 2 BetrKV enthalten sind. Ebenfalls ist eine Klausel, dass der Mieter „alle anfallenden Betriebskosten soweit gesetzlich zulässig" zu tragen hat, unbedenklich.[262] Demgegenüber nimmt das OLG Düsseldorf[263] an, dass die formularvertragliche Vereinbarung in einem gewerblichen Mietverhältnis, dass der Mieter „alle" Nebenkosten zu tragen hat, unwirksam ist. Auch bei diesen

[258] NZM 2004, 339.
[259] AA Derckx NZM 2004, 325.
[260] BGH NZM 2010, 736.
[261] BGH NZM 2012, 20.
[262] OLG Köln ZMR 1997, 233.
[263] DWW 1991, 283.

Mietverhältnissen gilt ein Bestimmtheitsgrundsatz. Die Formulierung **„übliche Versicherungen"** reicht als Grundlage der Umlage nicht aus,[264] der Begriff „Centermanagement" reicht ebenfalls nicht.[265]

195 Im Übrigen gilt, dass vor allem über die **„sonstigen Betriebskosten"** analog § 2 Nr. 17 BetrKV bei gewerblichen Mietverhältnissen zusätzliche Betriebskosten als umlegbar vereinbart werden können, so zB die laufenden Kosten einer Rolltreppe, einer Sprinkleranlage, einer Beschallungsanlage, eines Informationsstandes.

196 Die Grenze der Verpflichtung zu Instandhaltungs- und Instandsetzungsarbeiten über die Betriebskostenvereinbarung bei gewerblichen Mietverhältnissen liegt bei Vorliegen einer Individualvereinbarung bei Sittenwidrigkeit nach § 138 BGB (gegeben zB bei Überschreitung der Miete durch weitere Verpflichtungen um mehr als 100 %), bei Vorliegen einer Formularvereinbarung, falls dem gewerblichen Mieter ein nicht mehr kalkulierbarer Aufwand auferlegt wird (zB die dach- und fachfeste Instandhaltung des gesamten Gebäudes oder die Übertragung unbegrenzter **Verwaltungskosten**).[266]

IX. Praktische Hinweise und Verfahrensfragen

197 Nachdem die Umlage von Betriebskosten jeglicher Art auf Mieter eine Abweichung von der gesetzlichen Regelung des § 535 Abs. 1 S. 3 BGB bedeutet, ist es nicht zu beanstanden, dass sowohl an die Vereinbarung im Mietvertrag über die Umlage von Betriebskosten als auch an die Abrechnung von Vorauszahlungen erhebliche Anforderungen gestellt werden.

198 Vor allem angesichts der erheblichen **Kostensteigerungen** bei Betriebskosten, insbesondere Heizkosten, hat sich in neuerer Zeit eine Situation ergeben, dass sowohl bei der Vertragsgestaltung als auch bei der Abrechnung erheblich größere Sorgfalt als früher auf den Inhalt der Vereinbarung und Form und Inhalt der Rechnungslegung gelegt werden muss.

199 Zu Zeiten niedriger Betriebskosten abgeschlossene Umlagevereinbarungen, die den Umfang der tatsächlichen Betriebskosten nur unzureichend erfassen, sind grundsätzlich einseitig nicht abänderbar.

200 Es erscheint trotz der BGH – Rechtsprechung problematisch, eine stillschweigende Abänderung der Betriebskostenvereinbarung durch **mehrjährige gleichmäßige Übung** anzunehmen. In vielen Fällen ist davon auszugehen, dass diese „Übung" bewusst lediglich durch den Vermieter vorgenommen wird, währenddessen dem Mieter bereits nicht bewusst

[264] BGH NZM 2005, 863.
[265] OLG Rostock NZM 2005, 507.
[266] OLG Köln ZMR 2007, 39.

ist, dass die Abrechnung nicht weiter als ihre vertragliche Grundlage gehen kann. Insoweit kann auch in den meisten Fällen davon ausgegangen werden, dass dem Vermieter im Gegensatz zum Mieter das Problem geringer vertraglicher Erstattung der Betriebskosten durch den Mieter in ganz anderer Weise bewusst ist als dem Mieter selbst.

Gewisse Anforderungen an das Verständnis von Betriebskostenabrechnungen können auch an den juristisch und betriebswirtschaftlich nicht vorgebildeten **Durchschnittsmieter** gestellt werden, so zB die Nachvollziehung von einfachen Rechenvorgängen und das Verständnis gängiger Abkürzungen. Allerdings ist die Grenze erreicht, wo ohne Hinzuziehung weiterer Informationen oder eines Fachmanns ein Verständnis der Abrechnung, zB des Umlageschlüssels, nicht möglich ist. **201**

Die Belegeinsicht, die der Mieter zur Überprüfung der Richtigkeit der Abrechnung vornehmen kann, überfordert ihn in vielen Fällen. Andererseits sieht die Rechtsprechung nicht vor, dass der Vermieter über die geordnete Zurverfügungstellung der **Originalbelege** hinaus umfangreiche Erläuterungspflichten hat. Insoweit ist dem Mieter anzuraten, bei umfangreichen Belegsammlungen sich eines fachkundigen Vertreters bei der Einsicht zu bedienen und darauf zu bestehen, dass ihm ausreichend Zeit zur Belegeinsicht zur Verfügung gestellt wird. **202**

Soweit dem Mieter zuzumuten ist, die Belege vor Ort, also beim Vermieter oder Verwalter einzusehen, ist die Anfertigung von Kopien Vereinbarungssache. Kommt eine Vereinbarung nicht zustande, kann der Mieter sich nur in der Weise behelfen, dass er sich Auszüge der fraglichen Teile der Belege anfertigt oder die Belege fotografiert. **203**

Muster zu Kapitel 6

204 1. Umlage erhöhter Betriebskosten auf den Mieter

Betriebskostenerhöhung

Sehr verehrte Frau Maier, sehr geehrter Herr Maier,

nach dem zwischen uns bestehenden Mietvertrag schulden Sie eine Nettomiete von € 800,–. Zusätzlich ist eine Pauschale von € 150,– für Betriebskosten zu zahlen. Heizkosten werden gesondert abgerechnet.

Eine Erhöhung der pauschalen Betriebskosten ist in § 15 des Mietvertrages vorgesehen.

Gemäß der Erläuterung im Vertrag wird der Pauschalbetrag von € 150,– für die Kosten der Müllabfuhr, der Hausreinigung, der Beleuchtung, der Kaminreinigung und des Hausmeisters geschuldet.

Als Kosten für die Müllabfuhr sind bis jetzt in diesem Jahr insgesamt € … angefallen, auf Ihre Wohnung entfiel ein Betrag von € …. Diese Kosten sind vor drei Monaten auf € … angehoben worden, auf Sie entfällt nunmehr ein Betrag von € …. Die Kosten für die Hausreinigung sind von € … auf € … gestiegen. Der auf Sie entfallende Betrag ändert sich dadurch von € … auf € ….

Der Verteilungsschlüssel, der Ihnen mitgeteilt wurde, hat sich nicht geändert.

Die Kostensteigerungen beruhen hinsichtlich der Müllabfuhr auf einer Erhöhung der gemeindlichen Gebühren, hinsichtlich der Hausreinigung auf der Erhöhung des Entgelts, den das beauftragte Reinigungsunternehmen verlangt.

Ich habe von den Erhöhungen, die beide vor drei Monaten angefallen sind, erst vor zwei Monaten erfahren.

Ich bitte Sie, ab dem nächsten Ersten einen neuen Gesamtmietzins von € … zu entrichten, in dem ein neuer, erhöhter Pauschalbetrag von € … erhalten ist.

Weiter bitte ich Sie, zusammen mit dem nächsten Mietzins einen Betrag von € … zu bezahlen. Dieser Betrag entspricht der Erhöhung der Nebenkosten in den letzten drei Monaten, also seit Anfall der Erhöhung. Die Voraussetzungen für eine rückwirkende Erhöhung liegen vor.

Mit freundlichen Grüßen

2. Abrechnung über Betriebskostenvorauszahlungen 205

Abrechnung über Betriebskosten

Sehr verehrte Frau Maier, sehr geehrter Herr Maier,

kürzlich habe ich von der Hauverwaltung die Abrechnung über die im letzten Jahr angefallenen Betriebskosten für das Anwesen Schönstr. 20 erhalten. Ich bin daher nunmehr in der Lage, über die im letzten Jahr geleisteten Vorauszahlungen auf Betriebs- und Heizkosten abzurechnen.

Gemäß Mietvertrag fallen bei Ihnen neben dem Grundmietzins Nebenkosten für Heizung und Warmwasser, Entwässerung, Aufzug, Müllabfuhr, Kaminkehrer und Hausmeister an.

Im letzten Kalenderjahr sind hinsichtlich der oben bezeichneten Betriebskosten Gesamtkosten von € … angefallen.

Diese setzen sich wie folgt zusammen:

1. Heizung und Warmwasser:	€ …
2. Entwässerung:	€ …
3. Aufzug:	€ …
4. Müllabfuhr:	€ …
5. Kaminkehrer:	€ …
6. Hausmeister:	€ …

In dem Anwesen Schönstr. 20 befinden sich zehn Wohnungen.

Hinsichtlich der Kosten für Heizung und Warmwasser beruhen die entstandenen Gesamtkosten auf der Abrechnung durch die beauftragte Firma Wärmeprüfung, die auch die Ablesung der Zähl- und Messgeräte zur Verbrauchserfassung durchgeführt hat.

Die Abrechnung erfolgt nach der mietvertraglichen Regelung zu 70 % nach Verbrauch und zu 30 % nach der Wohnfläche.

Hinsichtlich der Nebenkosten zu 2., 3., 4., 5. und 6. erfolgt die Verteilung nach dem vertraglich vereinbarten Maßstab der Wohnflächen. Gewerbliche Flächen, die gesondert zu berücksichtigen wären, sind nicht vorhanden.

Ihr Anteil setzt sich somit wie folgt zusammen:

Gesamtkosten:	€ …
Anteil Heiz- und Warmwasserkosten:	€ …
Anteil Entwässerung:	€ …
Anteil Aufzug:	€ …
Anteil Müllabfuhr:	€ …
Anteil Kaminkehrer:	€ …
Anteil Hausmeister:	€ …
Auf Sie entfallende Kosten insgesamt	€ …

Hinsichtlich der genauen Berechnung der Heiz- und Warmwasserkosten verweise ich auf die in der Anlage beigefügte Abrechnung der Firma Wärmeprüfung.

Von dem auf Sie entfallenden Kostenanteil sind die von Ihnen geleisteten Vorauszahlungen in Höhe von

€ …

abzuziehen.

Es verbleibt ein Nachzahlungsbetrag von € …, den ich Sie bitte, zusammen mit der nächsten Mietzahlung auf mein Konto zu überweisen.

Falls Sie eine Einsichtnahme in Belege wünschen, bitte ich mir dies mitzuteilen. Auch sonst stehe ich für Rückfragen zur Verfügung.

Die Vorauszahlung auf Nebenkosten soll in diesem Jahr unverändert bleiben.

Mit freundlichen Grüßen

3. Beanstandung einer Abrechnung durch den Mieter 206

Sehr verehrter Herr Hofer,

unter Vollmachtsvorlage zeige ich an, dass mich Herr Hans und Frau Maria Maier, Schönstr. 20, 81354 München, mit ihrer anwaltlichen Vertretung beauftragt haben.

Namens und im Auftrag meiner Mandantschaft habe ich Ihnen mitzuteilen, dass meine Mandantschaft mit der am … übersandten Abrechnung der Betriebskosten für das Jahr 2006 nicht einverstanden ist. Im Einzelnen handelt es sich um folgende Punkte:

1. Die Abrechnung stimmt nicht mit der zwischen meiner Mandantschaft und Ihnen getroffenen mietvertraglichen Vereinbarung überein. Meine Mandanten haben nach dem Mietvertrag keine Nebenkosten für Aufzug, Hausmeister und Kaminkehrer zu bezahlen. Der Mietvertrag enthält lediglich Vorauszahlungsbeträge für Heiz- und Warmwasserkosten, Entwässerung und Müllabfuhr. Weitere Nebenkosten können nicht angesetzt werden, da insoweit eine vertragliche Vereinbarung nicht vorliegt.
2. Der von Ihnen angewandte Verteilungsschlüssel ist unzutreffend. Vereinbart ist im Vertrag eine Verteilung der Kosten – mit Ausnahme der Kosten für Heizung und Warmwasser – nach Miteigentumsanteilen.
3. Die Heiz- und Warmwasserkostenabrechnung durch die Firma Wärmeprüfung muss beanstandet werden. Die Ablesung der Wärmemessgeräte durch den Beauftragten der Firma Wärmeprüfung ist nicht ordnungsgemäß erfolgt. Wie meine Mandanten Ihnen bereits mitgeteilt haben, war eines der Messröhrchen zerbrochen, so dass eine ordnungsgemäße Ablesung nicht erfolgen konnte. Meine Mandanten haben deshalb auch das Ableseprotokoll nicht unterschrieben.

Weiter sind in der Abrechnung nicht näher definierte „Verwaltungskosten" und „Trinkgelder" enthalten, die im Rahmen der Umlage der Kosten der Heiz- und Warmwasserversorgung nicht angesetzt werden können.

Diese Kosten sind auch nicht in § 2 Betriebskostenverordnung enthalten, es handelt sich insbesondere auch nicht um „sonstige Kosten" im Sinne von Nr. 17 der Verordnung.

Nachdem somit eine ordnungsgemäße Abrechnung der von meiner Mandantschaft geleisteten Vorauszahlungen nicht vorliegt, ist die gemäß der Abrechnung geforderte Nachzahlung nicht fällig.

Falls darüber hinaus Ihrerseits nicht bis spätestens … eine ordnungsgemäße Abrechnung erstellt wird, behält sich meine Mandantschaft vor, ein Zurückbehaltungsrecht hinsichtlich der laufenden Vorauszahlungen auszuüben.

Ich weise weiter darauf hin, dass auch im Falle einer noch erstellten ordnungsgemäßen Abrechnung eine Nachzahlung nicht mehr verlangt werden kann, da die Abrechnungsfrist nach § 556 Abs. 3 BGB bereits abgelaufen ist.

Mit freundlichen Grüßen

Rechtsanwalt

Kapitel 7. Modernisierung von Wohnraum

Nach dem Energiekonzept der Bundesregierung gehört angesichts knapper Energiereserven und des Klimawandels die energetische Modernisierung des Wohnungsbestandes zu den wichtigsten Zukunftsaufgaben im Wohnungsmarkt. Die mietrechtlichen Vorschriften über die Duldung einer Modernisierung und über eine nachfolgende Modernisierungsumlage sollten daher den Anforderungen an vermieteten Wohnraum hinsichtlich der Energieeffizienz angepasst werden.[1] 1

Am 13.12.2012 hatte der Deutsche Bundestag daher den Regierungsentwurf eines „Gesetzes über die energetische Modernisierung von vermietetem Wohnraum und über die vereinfachte Durchsetzung von Räumungstiteln" **(MietRÄndG)**[2] in 2. und 3. Lesung angenommen. Am 1.2.2013 hat das Gesetz ohne Änderungen den Bundesrat passiert Das Mietrechtsänderungsgesetz vom 11. März 2013 ist am 18. März 2013 im Bundesgesetzblatt (BGBl I 434) verkündet worden und trat mit Ausnahme des § 556c Abs. 1, 2 und 4 BGB nF **(Contracting-Paragraph)** am 1. Mai 2013 in Kraft. Letzterer trat am 1. Juli 2013 in Kraft. 2

I. Abgrenzung Erhaltungsmaßnahmen – Modernisierungsmaßnahmen

Das Recht zur Duldung von Erhaltungs- und Modernisierungsmaßnahmen wird unter Aufhebung des bisherigen § 554 BGB in §§ 555a BGB bis 555f BGB neu geregelt. Erhalten bleibt der bisherige § 554a BGB, betreffend bauliche Veränderungen für eine behindertengerechte Nutzung der Mietsache. 3

Der Begriff der Erhaltungsmaßnahme, der in der bisherigen Fassung des § 554 Abs. 1 BGB nicht definiert war, wird nunmehr in § 555a BGB, der ausschließlich Erhaltungsmaßnahmen betrifft, in Abs. 1 definiert. Die Definition entspricht § 535 BGB. Erhaltungsmaßnahmen sind demnach Maßnahmen, die zur Instandhaltung oder Instandsetzung der Mietsache erforderlich sind. 4

Hier handelt es sich zB um 5
- die Beseitigung von Brandschäden,
- die Reparatur von Feuchtigkeitsschäden
- Schönheitsreparaturen, soweit sie der Vermieter vornimmt.

---

[1] So bereits der RefE zum Mietrechtsänderungsgesetz vom 11.5.2011.
[2] BT-Drs. 17/10485.

6 Keine Erhaltungsmaßnahmen liegen vor, wenn eine Umgestaltung der Mieträume geplant ist.[3] Es muss nicht akuter Handlungsbedarf bestehen, es genügt, wenn die Entstehung von Schäden zumindest unmittelbar absehbar ist[4] und die Maßnahme erforderlich ist.

II. Die Durchsetzung von Erhaltungsmaßnahmen

7 Die Duldungspflicht des Mieters bei der Durchführung von Erhaltungsmaßnahmen ist im Gegensatz zur Duldungspflicht bei Modernisierungsmaßnahmen nicht begrenzt. Auf das Ausmaß der durch die Maßnahme bedingten Beeinträchtigung (zB durch Lärm, Schmutz, Gerüche, ein Baugerüst) kommt es grundsätzlich nicht an.[5] Dulden heißt auch Zutritt zu gewähren und die Arbeiten sowie vorausgehende Untersuchungen nicht zu behindern.

8 **Grenze ist die Zumutbarkeit,** was allerdings lediglich bedeutet, dass Arbeiten zur Unzeit in einer Mietwohnung nicht zulässig sind. Es ist im Übrigen ein weiter Maßstab anzulegen, was bedeutet, dass der Mieter auch zur vorübergehenden Räumung seiner Wohnung verpflichtet werden kann.[6] Gibt der Mieter die Willenserklärung auf Duldung der Erhaltungsmaßnahme nicht ab, muss der Vermieter seinen Anspruch durch Klage durchsetzen.[7] In Betracht kommt auch der Antrag auf Erlass einer **einstweiligen Verfügung.**[8] Dies gilt allerdings nur für unaufschiebbare Maßnahmen, wobei hier die Frage eine Rolle spielen dürfte, ob der Vermieter die Notwendigkeit der Erhaltungsmaßnahme zu vertreten hat.

9 Abs. 2 der neuen Vorschrift entspricht der bisherigen Rechtslage. Die Notwendigkeit der rechtzeitigen Ankündigung einer Erhaltungsmaßnahme war jedoch bisher nicht ausdrücklich gesetzlich geregelt. Auch hier ist ein Unerheblichkeitstatbestand enthalten, ähnlich wie in anderen Fällen, wie zB bei § 536 Abs. 1 Satz 3 BGB (keine Minderung bei **unerheblicher Gebrauchsbeeinträchtigung**).

10 Eine Ankündigung der Erhaltungsmaßnahme ist daher nicht erforderlich, wenn sie nur mit einer unerheblichen Einwirkung auf die Mietsache verbunden ist. Eine besondere Form oder Frist der Ankündigung sieht das Gesetz nicht vor. Wie bisher gilt, dass Notmaßnahmen auch ohne vorherige Ankündigung durchgeführt werden können, wenngleich dies nicht gesetzlich geregelt ist.

[3] LG Berlin GE 1988, 145.
[4] LG Berlin GE 1988, 145.
[5] LG Mannheim WuM 1987, 273.
[6] Vgl. BVerfG NJW 1992, 1378.
[7] Vgl. MPFormB MietR B.II.27.
[8] Zöller ZPO § 940 Rn. 8.

§ 555a Abs. 3 BGB entspricht dem bisherigen § 554 Abs. 4 BGB. Der Aufwendungsersatzanspruch des Mieters bei Erhaltungsmaßnahmen wurde bereits durch das Mietrechtsreformgesetz 2001 eingefügt. Es handelt sich hier um: 11

- Kosten für die vorübergehenden Auslagerung von Möbeln des Mieters
- Entfernung von Einrichtungen, mit denen der Mieter die Mieträume versehen hat
- Reinigung der Räume
- Hotelkosten.[9]

Aufwendungen sind nur in angemessenem Umfang zu ersetzen, dh Sach- und Arbeitsleistungen des Mieters müssen angemessen sein. Maßstab ist nicht die sonstige Lebensführung des Mieters, sondern ein **angemessenes Verhältnis** zu der Erhaltungsmaßnahme und den durch sie bedingten Beeinträchtigungen. Dies bedeutet, dass der Mieter zB bei geringfügigen Störungen nicht Aufwendungsersatz für einen Hotelaufenthalt verlangen kann. Was den Vorschuss betrifft, den der Vermieter dem Mieter auf Verlangen zu leisten hat, ist es Sache des Mieters, etwaige Aufwendungen nach Art, Umfang und Höhe aufzuschlüsseln. Ist dies geschehen, kann der Mieter die Duldung der Maßnahme verweigern, solange der Vorschuss nicht geleistet ist.[10] Treffen Erhaltungs- und Modernisierungsmaßnahmen zusammen, kommt es auf das Schwergewicht der Maßnahme an. 12

Im Zweifel gilt die eingeschränkte Duldungspflicht in Verbindung mit der formal und materiell gesetzlich bestimmten **Mitteilungspflicht** und der Kündigungsmöglichkeit für den Mieter. Dies dient dem bei Modernisierungsmaßnahmen im Vordergrund stehenden Mieterschutz. 13

Nach BGH[11] kann der Mieter einer nicht modernisierten Altbauwohnung einen Mindeststandard erwarten, der ein zeitgemäßes Wohnen ermöglicht und den Einsatz der für die Haushaltsführung allgemein üblichen elektrischen Geräte erlaubt (hier: Wasch – und Geschirrspülmaschine und weitere Stromverbraucher). Andererseits soll der Vermieter nicht verpflichtet sein, die Wohnung allgemein an die gestiegenen Wohnbedürfnisse anzupassen.[12] 14

Dem Anspruch des Vermieters auf Duldung von Instandsetzungsmaßnahmen entspricht das **Recht des Mieters auf Instandsetzung** und Mangelbeseitigung nach § 535 BGB. Sind die Aufwendungen für die Instandsetzung unverhältnismäßig hoch, ist also die Opfergrenze überschritten, kann der Mieter die Mangelbeseitigung nicht verlangen. Dies ist der Fall, wenn ein krasses Missverhältnis zwischen Reparaturaufwand 15

---

[9] Vgl. Wetekamp Mietsachen-HdB 4. Aufl. Kap. 7 Rn. 9.

[10] Vgl. AG Aachen WuM 2015, 734.

[11] BGH WuM 2004, 527.

[12] LG Berlin GE 2003, 1612: DIN 4109 für Trittschall bei Verlegung eines Laminatbodens.

einerseits und Mieteinnahmen und Wert des Mietobjekts andererseits besteht.[13]

III. Duldung von Modernisierungsmaßnahmen

1. Der Begriff der Modernisierungsmaßnahme

a) Nachhaltige Erhöhung des Gebrauchswerts

16 Allgemein sind unter Maßnahmen, die eine nachhaltige Erhöhung des Gebrauchswerts bewirken, bauliche Maßnahmen zu verstehen, die die Verbesserung
- des Zuschnitts der Wohnung,
- der Belichtung und Belüftung,
- des Schallschutzes,
- der Energieversorgung, der Wasserversorgung und der Entwässerung,
- der sanitären Einrichtungen,
- der Beheizung und der Kochmöglichkeiten,
- der Funktionsabläufe in Wohnungen,
- der Sicherheit vor Diebstahl und Gewalt bewirken.

17 Auch bereits vom Mieter vorgenommene – nicht vertragswidrige – Verbesserungen sind bei der Beurteilung, ob eine Modernisierungsmaßnahme vorliegt, zu berücksichtigen.[14]

18 Im Einzelnen kann es sich zum Beispiel handeln um:
- den Einbau eines Personenaufzugs, auch dann, wenn er nur in den Zwischengeschossen hält und zur Wohnung einige Treppenstufen zu überwinden sind,[15]
- Einbau von Sicherheitsschlössern[16] oder einer Schließanlage,[17]
- Einbau einer einbruchshemmenden Türe,[18]
- Einbau einer neuen Elektroinstallation[19] oder Verstärkung der elektrischen Leitungen,[20]
- Installation von bis dahin nicht vorhandenen sanitären Einrichtungen, wie Bad oder Toilette,[21] zB Einbau eines Handtuchheizkörpers oder einer Doppelspüle,[22]

---

[13] BGH NZM 2005, 820.
[14] BGH NZM 2012, 679.
[15] AG Mitte WuM 2017, 462.
[16] LG Hannover, WuM 1982, 83.
[17] AG Schöneberg, NJW 1986, 2059.
[18] LG Köln, WuM 1983, 608; LG Berlin, GE 2003, 123.
[19] KG GE 1985, 757.
[20] LG Berlin GE 1982, 281.
[21] OVG Berlin GE 1984, 333.
[22] LG Berlin NZM 2011, 548.

- eine Verbesserung des Wohnungszuschnitts,[23]
- der Anbau eines Balkons,[24]
- der Einbau einer Zentralheizung,[25]
- die Umstellung einer Kokszentralheizung auf Fernwärme,[26] dies gilt auch bei Umstellung einer Gasetagenheizung, da Einsparung von Energie vorliegt,[27]
- Anschluss einer Wohnung an das Fernwärmenetz mit Kraft-Wärme-Kopplung ist eine Modernisierungsmaßnahme,[28]
- der Einbau einer Gegensprechanlage,[29]
- der Anschluss an das Kabelnetz der Deutschen Post,[30] nach BGH[31] stellt auch im Empfangsbereich des terrestrischen Digitalfernsehens der Anschluss an ein rückkanalfähiges Breitbandkabelnetz eine Verbesserungsmaßnahme dar (der Mieter beruft sich darauf, dass der Fernsehempfang mittels einer Set-Top-Box seit Einführung des Digitalfernsehens preiswerter sei),
- Austausch von Kastenfenstern gegen Isolierglasfenster, da höhere Wärmedämmung und Schallschutz,[32]
- Einbau eines Vordachs über der Wohnungseingangstüre,[33]
- Erhöhung der Verfliesung im Bad von 1,80 m auf 2 m,[34]
- Grundrissänderung mit Wegfall eines Raumes um Bad und WC räumlich zu trennen,[35]
- Austausch funktionstüchtiger Erfassungsgeräte für Heizung und Warmwasser durch zur Funkablesung geeignete Geräte,[36]
- Ausstattung von Wohnungen mit Rauchwarnmeldern.[37]

Keine Erhöhung des Gebrauchswerts liegt vor: **19**
- bei bloßen Verschönerungsmaßnahmen (zB Ersetzung gebrauchsfähiger Türen durch bessere Türen),
- Luxusmaßnahmen (zB Einbau eines Schwimmbads oder einer Sauna),
- Maßnahmen, die nur dem Vermieter Vorteile bringen, zB Verstärkung der Elektroleitungen wegen Dachgeschoßausbau,[38] anders bei Maßnahmen zur Einsparung von Energie oder Wasser.

---

[23] OVG Berlin GE 1988, 951.
[24] LG München I WuM 1989, 27.
[25] LG München I WuM 1989, 27.
[26] LG Berlin GE 2000, 1541.
[27] LG Berlin GE 2005, 1193.
[28] BGH NJW 2008, 3630 = NZM 2008, 883.
[29] LG München I WuM 1989, 27.
[30] AG Münster WuM 1989, 190.
[31] BGH WuM 2005, 576.
[32] BGH GE 2004, 231.
[33] LG Berlin, GE 2003, 123.
[34] LG Berlin, GE 2003, 123.
[35] BGH NJW 2008, 1218 = NZM 2008, 283.
[36] BGH NZM 2011, 804.
[37] BGH WuM 2015, 497.
[38] LG Berlin NZM 1999, 705.

20 Beispiele für Fälle, die **keinen Gebrauchsvorteil** darstellen, sind zB:

- die Erleichterung der Bedienung der Heizung, die auf die Beheizung der einzelnen Wohnung keinen Einfluss hat,[39]
- die Umstellung einer Kohlenheizung auf Ölheizung oder einer Stadtgasheizung auf Erdgasheizung, wenn die Bedienung der Heizung nicht Sache des Mieters ist,[40]
- die Ersetzung von Nachtspeicheröfen durch Fernwärme,[41] wobei hier gegebenenfalls eine Einsparung von Heizenergie vorliegen kann,
- die Auswechslung funktionsfähiger Verdunstungsgeräte gegen moderne elektronische Heizkostenerfassungsgeräte.[42] Etwas anderes dürfte gelten, wenn durch den Austausch die Fernablesung möglich ist.[43]

21 Der Begriff „nachhaltig" bei § 559 BGB bedeutet, dass eine nicht nur vorübergehende Erhöhung des Gebrauchswerts eintritt. Hierbei ist ein objektiver Maßstab anzulegen. Es kommt also auf die Sicht eines durchschnittlichen Mieters an, nicht darauf, ob ein einzelner Mieter an der Einrichtung interessiert ist und sie tatsächlich nutzt.

22 Der Begriff „nachhaltig" ist zeitlich zu verstehen, so dass Maßnahmen, die nur für einen befristeten Zeitraum vorgenommen werden, nicht als nachhaltig betrachtet werden können. Außerdem muss die Gebrauchswerterhöhung einen nicht unerheblichen Umfang haben.

b) Verbesserung der allgemeinen Wohnverhältnisse

23 Maßnahmen, die die allgemeinen Wohnverhältnisse auf Dauer verbessern, sind die Anlage und der Ausbau von nicht öffentlichen Gemeinschaftsanlagen wie Kinderspielplätze,[44] Grünanlagen, Stellplätze und andere Verkehrsanlagen.

24 Im Einzelnen fällt darunter:

- Hausanschluss an eine gemeindliche Kanalisation, wenn dadurch die allgemeinen Wohnverhältnisse verbessert werden.[45] Ist dies nicht der Fall, kommt nur eine „andere bauliche Maßnahme aufgrund von Umständen, die der Vermieter nicht zu vertreten hat" in Betracht,[46]
- die Anlage einer Hofbefestigung,[47]
- der Bau von Garagen oder eines Fahrradständers,
- eine neu geschaffene Feuerwehrzufahrt.[48]

---

[39] LG Münster WuM 1978, 155.
[40] LG Hamburg DWW 1974, 236.
[41] AG Hamburg WuM 1993, 684.
[42] LG Kassel NZM 2006, 818.
[43] AG Frankfurt a. M. ZMR 2006, 292.
[44] AG Hamburg-Altona WuM 2005, 778.
[45] LG Hildesheim WuM 1985, 340.
[46] So LG München II WuM 1985, 66.
[47] AG Hildesheim WuM 1985, 340.
[48] AG Hamburg-Altona WuM 2005, 778.

Keine Verbesserung der allgemeinen Wohnverhältnisse liegt vor zB bei der Außenrenovierung eines Altbaus.[49] **25**

c) Nachhaltige Einsparung von Energie oder Wasser

Energieeinsparung war schon nach der bisherigen Regelung als Modernisierungsmaßnahme anerkannt. Klargestellt wird nun, dass die Einsparung von Primärenergie und von Endenergie als Modernisierung genügt, § 555b Nr. 1 und 2 BGB nF. Dies war bisher hinsichtlich der Primärenergie umstritten und konnte nur im Wege einer erweiterten Auslegung unter den Energieeinsparungsbegriff fallen. Andererseits hat der BGH[50] für den Fall des Anschlusses der Mieträume an das Fernwärmenetz mit Kraft-Wärme-Kopplung bereits die Einsparung fossiler Energie als Modernisierungsmaßnahme anerkannt. **26**

Hinsichtlich der Begriffe, die verwendet werden, gilt, dass **Primärenergie** die Ausgangsenergie ist, die erzeugt wird, zB Förderung von Erdöl und **Endenergie** der Energieverbrauch in der Mietwohnung selbst. Die Energieeinsparung muss in allen Fällen nachhaltig sein, dh es muss ein dauerhafter Einspareffekt vorliegen. **27**

Unter Maßnahmen zur nachhaltigen **Einsparung von Endenergie** (und teilweise gleichzeitig Primärenergie) sind zu verstehen: **28**
- die wesentliche Verbesserung der Wärmedämmung von Fenstern, Außentüren, Außenwänden, Dächern, Kellerdecken und obersten Geschoßdecken,
- die wesentliche Verminderung des Energieverlusts und des Energieverbrauchs der zentralen Heizungs- und Warmwasseranlage,
- die Änderung von zentralen Heizungs- und Warmwasseranlagen innerhalb des Gebäudes für den Anschluss an die Fernwärmeversorgung, die überwiegend aus Anlagen der Kraft-Wärme-Kopplung, zur Verwertung von Müll oder zur Verwertung von Abwärme gespeist wird,
- die Rückgewinnung von Wärme,
- die Nutzung von Energie durch Wärmepumpen- und Solaranlagen.

Im Einzelnen ist an folgende Fälle zu denken: **29**
- Einbau von Thermostatventilen,
- die Verbesserung der Wärmedämmung von Fenstern durch Einbau von Wärmeschutzglas oder die Verbesserung der Wärmedämmung an Wänden, Dächern und Decken,
- die Umstellung einer Heizungsanlage von Ölheizung auf Gasheizung oder von Nachtstromspeicherheizung auf Gaszentralheizung, soweit damit eine nachhaltige Energieeinsparung verbunden ist,[51]

---

[49] AG Köln WuM 1987, 31.

[50] BGH WuM 2008, 667.

[51] AG Rheine, WuM 1987, 127; AG Siegburg, WuM 1994, 612; AG Bergisch-Gladbach WuM 1997, 498.

– die Verklinkerung einer Hauswand mit Anbringung einer Wärmeisolierschicht.[52]

30 Die Maßnahme muss keine Verbesserung des Wohnwerts für den Mieter mit sich bringen und muss auch sonst dem Mieter nicht wirtschaftlich zugutekommen. Auch wenn die Energieeinsparung ausschließlich dem Vermieter zugutekommt, handelt es sich um eine Modernisierungsmaßnahme, soweit nachhaltige Energieeinsparung vorliegt, da diese im öffentlichen Interesse liegt.

31 Unter Maßnahmen zur **Einsparung von Wasser** ist zu verstehen zB

– Der Einbau von Kaltwasserzählern
– Der Einbau von Wasserdurchlaufbegrenzern
– Die Regenwassergewinnung.

2. Ankündigungspflicht des Vermieters

32 Die Regelung in § 555c Abs. 1 BGB entspricht im Wesentlichen dem bisherigen § 554 Abs. 3 Satz 1 BGB. Die Mitteilung der geplanten Maßnahme nach § 555c Abs. 1 BGB ist formelle Voraussetzung des Duldungsanspruchs des Vermieters.

33 Diese Mitteilungspflicht ist durch das Mietrechtsreformgesetz 2001 von zwei auf drei Monate vor dem Beginn der Maßnahme vorverlegt worden. Nachdem die Mitteilung „spätestens" drei Monate vor Beginn der Maßnahme mitgeteilt werden muss, kommen auch frühere Mitteilungen, soweit sie den inhaltlichen Anforderungen genügen, in Betracht. Hierbei ist allerdings zu berücksichtigen, dass je früher die Mitteilung erfolgt, desto ungenauer die in ihr enthaltene Information sein dürfte.

34 Nicht ordnungsgemäß soll eine Modernisierungsankündigung dann sein wenn kein enger zeitlicher Zusammenhang mit dem Beginn der Baumaßnahmen besteht.[53] Eine weit verfrühte Ankündigung kann rechtsmißbräuchlich sein (Ein Jahr und fünf Monate vor Beginn der Maßnahme). Ein Duldungsanpruch besteht dann nicht.[54]

35 Ebenso kann eine Verzögerung der Ankündigung von 16 Monaten eine Neuankündigung erforderlich machen.[55] Vgl aber BGH[56] wonach weder ein engerzeitlicher Zusammenhang bestehen muss noch eine **Höchstfrist.** Die **Ankündigung** der Modernisierungsmaßnahme hat in Textform zu erfolgen. Hier ist zu erwähnen, dass der Begriff Textform der Praxis immer wieder Probleme bereitet.

36 Der Begriff **Textform** ist im § 126b BGB definiert. Die Textform weist sich hiernach vor allem dadurch aus, dass zwar die Person des Erklären-

[52] LG Paderborn, WuM 1993, 360.
[53] OLG München WuM 2019, 690.
[54] LG Berlin WuM 2020, 789.
[55] AG Berlin Mitte WuM 2021, 729.
[56] BGH WuM 2021, 354.

den genannt werden muss, eine Originalunterschrift jedoch entbehrlich ist. Der Abschluss der Erklärung kann durch Nachbildung der Namensunterschrift oder in anderer Weise erkennbar gemacht werden. Nachdem jedoch die herkömmliche Schriftform nach § 126 BGB die Textform als Form mit geringeren Anforderungen beinhaltet, bestehen insoweit in der Praxis keine tatsächlichen Probleme.

Für das auch in der Neufassung des § 555c BGB genannte Wort „voraussichtlich", das sich sowohl auf die Dauer als auch auf den Beginn der Modernisierungsmaßnahme bezieht, gilt, dass der Vermieter nicht ungefähre Angaben machen darf, sondern präzise Angaben, soweit ihm dies möglich ist.[57] Die Mitteilung der Art der **Modernisierungsmaßnahme** darf nicht nur "voraussichtlich" erfolgen. Dies ergibt sich aus § 555c Abs. 1 Nr. 1 BGB der Neufassung. Allerdings müssen Art und Umfang der Maßnahme nur „in wesentlichen Zügen" mitgeteilt werden. **37**

Die Mieterhöhung und die voraussichtlichen künftigen Betriebskosten müssen nur mitgeteilt werden, soweit eine Modernisierungsmieterhöhung nach § 559 BGB beabsichtig ist. Es ist darauf hinzuweisen dass hinsichtlich der voraussichtlichen Betriebskosten angesichts der Ungewissheit künftigen Verbrauchs des Mieters keine allzu hohen Anforderungen gestellt werden können. **38**

Wie bisher gilt, dass nach § 555c Abs. 3 BGB die Ankündigungspflicht nicht für Modernisierungsmaßnahmen gilt, die nur mit einer unerheblichen Einwirkung auf die Mietsache verbunden sind und nur zu einer unerheblichen Mieterhöhung berechtigen. Das LG Berlin[58] hat angenommen, dass eine Mieterhöhung bis zu 5 % noch als unerheblich zu bezeichnen ist. **39**

Sehr wichtig ist, nach § 555c Abs. 3 BGB bei den energetischen Modernisierungsmaßnahmen der Vermieter auf **anerkannte Pauschalwerte** Bezug nehmen kann. Dies gilt nicht nur im Duldungsverfahren, da die Vorschrift nach § 559b Abs. 1 Satz 3 entsprechend für das Mieterhöhungsverfahren gilt. **40**

Anerkannte Pauschalwerte sollen der „Bekanntmachung der Regeln zur Datenaufnahme und Datenverwendung im Wohngebäudebestand" des Bundesministeriums für Verkehr, Bau und Stadtentwicklung vom 26.7.2001 entnommen werden können. Hier sind Wärmedurchgangskoeffizienten für bestimmte Bauteile enthalten. Ob damit die Frage der voraussichtlichen Energieeinsparung für den Mieter transparent wird, ist zweifelhaft. Hier hat der BGH[59] die Vorgabe gemacht, dass ein Vortrag von Tatsachen genüge, aus denen sich überschlägig die nachhaltige Energieeinsparung ergibt. Dies dürfte durch den Vermieter ohne weite- **41**

---

[57] Sternel NZM 2001, 1063.
[58] WuM 1991, 482.
[59] NZM 2002, 519.

res zu leisten sein,[60] wo bei einer Maßnahme der Energieeinsparung, die im Austausch von Isolierglasfenstern besteht, der k-Wert der neuen Fenster, dem der alten Fenster gegenübergestellt werden muss.

42 Zu den Anforderungen an die Bestimmtheit einer Modernisierungsankündigung vgl BGH.[61] Nicht bezieht sich die Mitteilungspflicht auf eine aufgrund der Modernisierungsmaßnahme mögliche Erhöhung der Vergleichsmiete nach § 558 BGB.[62] Ebenfalls nicht bezieht sich die Mitteilungspflicht auf bauliche Maßnahmen, die der Vermieter auf Grund **behördlicher Anordnung** durchzuführen hat. Diese stellen keine Modernisierungsmaßnahmen nach § 555b BGB dar. Die Duldungspflicht stützt sich hier auf § 242 BGB. Eine Ankündigung ist nur nach Treu und Glauben erforderlich.[63]

3. Interessenabwägung zwischen Mieter und Vermieter

43 Nach § 555d BGB kann sich der Mieter auf eine Härte für ihn, seine Familie oder einen anderen Angehörigen seines Haushalts berufen. Der Personenkreis, dessen Belange bei der Härteregelung zu berücksichtigen ist, ist durch das Mietrechtsreformgesetz 2001 gegenüber der früheren Regelung vom Mieter und seiner Familie auf „andere Angehörige seines Haushalts" erweitert worden. Kinder des Lebenspartners sind neben sonstigen dauerhaft im Haushalt des Mieters lebenden Personen, zum Beispiel Pflegekindern, ausdrücklich in der Begründung des Referentenentwurfs zum Mietrechtsreformgesetz aufgeführt.

44 Die bisher im § 554 Abs. 2 bis 4 enthaltene **Härteklausel** findet sich nunmehr zweigeteilt sowohl in § 555d BGB nF (betreffend die Duldung der Modernisierung) als auch in § 559 Abs. 4 BGB nF (betreffend die beabsichtigte Mieterhöhung). Der Vermieter soll den Mieter in der Modernisierungsankündigung nach § 555c BGB auf Form und Frist des Härteeinwands nach § 555d BGB hinweisen

45 Entgegen der bisherigen Regelung ist **die zu erwartende Mieterhöhung bei der Duldungspflicht nicht als Härte zu berücksichtigen,** sondern erst im Rahmen einer nachfolgenden Mieterhöhung. Dies bedeutet aber nicht, dass der Mieter sich nicht bei der Geltendmachung der Härtegründe gegebenenfalls auch auf die zu erwartende Mieterhöhung als Härte berufen müsste

46 Die Härteklausel des § 555d Abs. 2 BGB nF bedeutet wie nach der bisherigen Regelung eine **Interessenabwägun**g zwischen den Interessen des betroffenen Mieters, des Vermieters und den anderen Mietern des Gebäudes. Vor der Mietrechtsreform 2001 waren nur die Interessen des

[60] Vgl. auch BGH WuM 2006, 157.
[61] BGH WuM 2020, 80.
[62] BGH NZM 2008, 883.
[63] BGH NZM 2009, 394.

Mieters und seiner Familie zu berücksichtigen, durch die Reform wurde der Personenkreis auch auf „andere Angehörige seines Haushalts“ erweitert. Dies betrifft zB sonstige dauerhaft im Haushalt des Mieters lebende Personen, wie zB Pflegekinder.

Das Gesetz weist als **Abwägungsgesichtspunkte** nunmehr neben den Interessen des Vermieters und anderer Mieter in dem Gebäude nur die Belange der Energieeffizienz und des Klimaschutzes aus und es sind die bisher im Gesetz ausdrücklich aufgeführten Abwägungskriterien wie die vorzunehmenden Arbeiten, die baulichen Folgen, vorausgegangene Aufwendungen des Mieters nicht mehr erwähnt. 47

Nach der Begründung zu dem Gesetzentwurf sind diese entfallen, um die Norm sprachlich zu straffen. Sie seien aber wie bisher bei der Abwägung zu berücksichtigen. Dies scheint in Hinblick auf die Transparenz der gesetzlichen Regelung als problematisch. Immerhin hat sich zur einzelnen Abwägungskriterien in der Vergangenheit Rechtsprechung entwickelt, so zu „den vorzunehmenden Arbeiten“, die in Hinblick auf das Alter des Mieters zu berücksichtigen sind[64] oder Beeinträchtigung des Gesundheitszustandes eines behinderten Kindes. 48

Unter den „**baulichen Folgen**“ versteht man zB eine Verkleinerung der Nutzfläche. Verwendungen des Mieters können eine Rolle spielen, soweit der Mieter bereits auf eigene Kosten modernisiert hat und die geplanten Arbeiten des Vermieters sich auf dieselben Gebäudeteile beziehen. Nach BGH[65] ist beim Einbau von Rauchwarnmeldern eine eigene Ausstattung durch Mieter mit derartigen Geräten nicht zu berücksichtigen. 49

Das Gewicht von Verwendungen des Mieters ist unterschiedlich, je nachdem ob die Verwendung mit Zustimmung oder mit Wissen des Vermieters stattgefunden hat und wie lange sie zurückliegt. 50

Schon nach der bisherigen Rechtsprechung wurde vertreten, dass der Mieter zwar nach dieser Gesetzeslage eine Duldungserklärung grundsätzlich bis zum Beginn der Arbeiten abgeben kann, dass der Vermieter dem Mieter aber eine vor dem angekündigten Beginn der Arbeiten endende Frist zur Erklärung über die Duldung setzen kann und bei Nichteinhaltung **Duldungsklage** erheben kann. Nunmehr ist die Geltendmachung des Härteeinwands zum Vorteil des Vermieters durch § 555d Abs. 3 und 4 BGB nF dahin beschränkt, dass der Mieter zur Mitteilung der Härtegründe einen Monat nach Zugang der Modernisierungsankündigung Frist hat. Hierdurch soll dem Vermieter Planungssicherheit gegeben werden. 51

Ausnahmsweise können die Härtegründe später mitgeteilt werden, soweit den Mieter kein Verschulden an der Nichteinhaltung der Frist 52

[64] LG Mannheim WuM 1987, 273.
[65] BGH WuM 2015, 498.

trifft und – nach § 555d Abs. 5 BGB nF, wenn der Vermieter in der Modernisierungsankündigung nicht auf Form und Frist des Härteeinwands hingewiesen hat.

53 Wohnungswirtschaftlich sinnvolle Maßnahmen sollen nicht daran scheitern, dass die Miete für den einzelnen zahlungsschwachen Mieter zu hoch wird. Der Härtegrund einer erheblichen Mietzinssteigerung kann daher in dem Fall außer Kraft gesetzt werden, in dem der **„allgemein übliche Zustand"** hergestellt wird. Zum Begriff des allgemein üblichen Zustandes hat sich das Kammergericht[66] dahin geäußert, dass „nach dem Zustand der weit überwiegenden Mehrheit alle im Geltungsbereich des Gesetzes gelegenen Mietwohnungen unter Einbeziehung der Altbauwohnungen dieser Zustand zu ermitteln sei". Der BGH[67] hat den Begriff dahin konkretisiert, dass ein Zustand, um als „allgemein üblich" zu gelten, bei mindestens zwei Drittel der Mieträume in Gebäuden gleichen Alters innerhalb eines Bundeslandes anzutreffen sein muss. Abzustellen ist dabei auf den tatsächlich vorhandenen Zustand, wobei nach den Gründen der Entscheidung des BGH für die neuen Bundesländer aufgrund der unterschiedlichen wirtschaftlichen Entwicklung andere Maßstäbe gelten können.

54 Als Mindeststandard kann für alle Bundesländer nach der hier vertretenen Auffassung zumindest folgendes gelten:
- Beheizbarkeit der Wohnung,
- eigener Wohnungswasseranschluss- und -abfluss,
- eigenes WC,
- Stromversorgung,
- Beleuchtungsmöglichkeit und Kochgelegenheit,
- Einfachverglasung.

55 Man wird grundsätzlich annehmen können, dass das Vorhandensein eines eigenen WC den in jedem Bundesland vorhandenen allgemein üblichen Zustand darstellt. Die Tatsache, dass in Altbauwohnungen auch in den alten Bundesländern es ab und zu anzutreffen ist, dass sich Toiletten noch „jenseits des Ganges" befinden, ändert daran nichts.

56 Nach BGH[68] ist bei der Prüfung der Frage, ob ein allgemein üblicher Zustand vorliegt, auch ein vom Mieter selbst rechtmäßig geschaffener Zustand zu berücksichtigen. Hier: Gasetagenheizung des Mieters). Das LG Berlin[69] hat als **nicht** allgemein üblichen Zustand für Ost-Berlin angenommen: Zentralheizung mit Warmwasser, Wand-WC, Spülkasten mit Leitung unter Putz, Badewanne und Duschkabine, Wand- und Bodenfliesen in Bad und Küche, Herd mit vier Kochplatten, moderne Elektroanlage. Akzeptiert der Mieter die Argumentation des Vermieters hin-

[66] WuM 1985, 335.
[67] WuM 1992, 181.
[68] BGH NZM 2013, 151.
[69] GE 2003, 1615.

sichtlich der Herstellung des allgemein üblichen Zustandes nicht, muss der Vermieter auch in einem Fall wie der gegenständlichen Klage auf Duldung erheben, zumal die Inanspruchnahme der Wohnung in nicht unerheblichem Umfang erforderlich ist.

Ein zusätzlicher wichtiger Abwägungsgesichtspunkt ist die **Wirtschaftlichkeit** der Maßnahme. Verstößt der Vermieter schuldhaft hiergegen, soll die gesamte Erhöhungserklärung nichtig nach §§ 138, 242 BGB sein.[70] 57

4. Sonderkündigungsrecht des Mieters

Durch die Möglichkeit des Mieters, sich nach § 555e BGB kurzfristig aus dem Mietverhältnis zu lösen, soll ein Äquivalent für die Möglichkeit des Vermieters geschaffen werden, durch Verbesserungsmaßnahmen in das Mietverhältnis einzugreifen. Die Kündigung muss bis zum Ablauf des Monats, der auf den Zugang der Mitteilung folgt, zum Ablauf des nächsten Monats erfolgen. Das Kündigungsrecht entfällt bei Maßnahmen, die nur mit einer unerheblichen Einwirkung auf die vermieteten Räume verbunden sind und nur zu einer unerheblichen Mieterhöhung führen. Es handelt sich um ein Sonderkündigungsrecht mit **verkürzter Frist.** 58

Eine weitere Begründung der Kündigung ist nicht erforderlich. Die Kündigung muss nach § 568 Abs. 1 BGB in schriftlicher Form erfolgen. Im Fall der Geltendmachung einer Mieterhöhung wegen einer Modernisierungsmaßnahme nach § 559 BGB hat der Mieter nach § 561 BGB ein weiteres außerordentlich nicht abdingbares Kündigungsrecht. 59

5. Duldung des Mieters

Die freiwillige tatsächliche Hinnahme einer Modernisierungsmaßnahme stellt eine faktische Duldung dar. Kündigt der Vermieter eine Modernisierungsmaßnahme an, kann der Mieter sich dagegen auch durch Erwirkung einer einstweiligen Verfügung wehren, da eine Besitzstörung vorliegt. Dies gilt auch für eine beabsichtigte Außenmodernisierung.[71] 60

Der Mieter kann die Erklärung, auf die der Vermieter bei Vorliegen der Voraussetzungen einen Anspruch hat, grundsätzlich bis zum Beginn der Arbeiten abgeben. Möglich ist, dass der Vermieter eine vor dem angekündigten Beginn endende Frist zur Erklärung über die Duldung setzt und bei Nichteinhaltung Duldungsklage erhebt. 61

Verzögert der Mieter schuldhaft die Abgabe der Duldungserklärung trotz Erfüllung der Hinweispflicht, hat der Vermieter nach vorheriger Abmahnung einen Anspruch auf Ersatz des Verzugsschadens.[72] Wird im 62

[70] LG Berlin WuM 2019, 591.
[71] LG Berlin NZM 2013, 465.
[72] AG Wedding GE 1984, 927.

Falle des Verkaufs der Wohnung der Käufer durch den Vermieter dazu ermächtigt, kann der Käufer Modernisierungsmaßnahmen ankündigen und durchführen. Auch hier besteht eine Duldungspflicht des Mieters.[73]

6. Mitwirkungspflicht des Mieters

63 Grundsätzlich besteht keine Mitwirkungspflicht des Mieters, zB durch Reinigungs- und Abdeckarbeiten. Er muss aber Zutritt zu den Mieträumen gewähren. Ein Tätigwerden des Mieters kann allerdings unter dem Gesichtspunkt der Schadensminderungspflicht in Betracht kommen, zB durch Abdecken seiner Möbel.

IV. Mietereinbauten und Mietermodernisierung „Barrierefreiheit"

1. Vertragsgemäßer Gebrauch und genehmigungspflichtige Veränderungen

a) Vertragsgemäße Nutzung

64 Grundsätzlich gilt, dass ein Mieter die Mieträume nach seinen Vorstellungen ohne besondere Erlaubnis des Vermieters nutzen und gestalten kann, soweit nicht die Rechte des Vermieters oder Dritter über das zulässige Maß hinaus beeinträchtigt werden. Umgekehrt besteht die Pflicht des Vermieters zur Gebrauchsgewährung nach § 535 Abs. 1 BGB.

65 Dies bedeutet, dass der Mieter während der Mietzeit zB
- Wände farbig streichen und tapezieren darf
- Möbel nach Belieben aufstellen darf
- Teppichböden, Parkett- oder Laminatböden verlegen darf
- Nägel einschlagen oder Löcher für notwendige Befestigungen in die Wände bohren darf
- Fliesen, zB für Spiegel, Handtuchhalter oder Regale, anbohren darf
- Eine Einbauküche aufstellen darf, auch wenn dabei eine vermieterseitige Spüle entfernt wird (die der Mieter aufheben muss).

b) Genehmigungspflichtige bauliche Veränderungen

66 Bauliche Veränderungen bedürfen grundsätzlich einer Genehmigung durch den Vermieter. Hierunter versteht man ua typische Modernisierungsmaßnahmen wie
- Einbau eines Bades
- Einbau einer neuen Heizung[74]

[73] BGH NZM 2008, 283.
[74] Für eine Gasetagenheizung vgl. BGH NJW-RR 2012, 262 = NZM 2012, 154.

- Unterputzlegen neuer elektrischer Leitungen oder Erneuerung der Elektroinstallation
- Entfernen oder Neuerrichtung von Wänden zur Verbesserung des Zuschnitts der Mieträume

2. Anspruch auf Genehmigung bzw. Duldung von baulichen Maßnahmen durch den Mieter

a) Anspruch bei beabsichtigten Modernisierungsmaßnahmen und bei sonstigen genehmigungspflichtigen Mietereinrichtungen

Grundsätzlich hat der Mieter keinen Anspruch darauf, dass ihm der Vermieter bauliche Veränderungen gestattet, gleich ob es sich um Modernisierungen oder um – aus Sicht des Mieters – Maßnahmen zur Erhöhung des Wohnkomforts handelt. Die Entscheidung über die Genehmigung liegt im Ermessen des Vermieters, das dieser nicht rechtsmissbräuchlich ausüben darf.[75] **67**

Liegt rechtsmissbräuchliches Verhalten vor, hat der Mieter einen – einklagbaren – Anspruch auf Genehmigung. Hierbei gilt der Grundsatz: Hat der Mieter erhebliche Vorteile von der Maßnahme, der Vermieter aber keine oder keine erheblichen Nachteile, liegt bei Verweigerung **Rechtsmissbrauch** vor. **68**

Verweigert werden kann die Genehmigung oder Duldung zB, wenn **69**
- Der Vermieter die vom Mieter beabsichtigte Maßnahme selbst vornehmen will, aber zu einem späteren Zeitpunkt nach Beendigung des Mietverhältnisses um eine bessere Neuvermietung zu erreichen[76]
- Eine Verschlechterung der Wohnung oder der Bausubstanz zu befürchten ist[77]
- Der Mieter **Wanddurchbrüche** vornehmen will, die die Statik gefährden[78]
- Der Mieter eigene **Wasserleitungen** verlegen will[79]
- Der Mieter zur Steigerung des Wohngefühls einen offenen **Kaminofen** aufstellen will, da ein Wanddurchbruch zum Schornstein erforderlich ist[80]
- Die Anbringung einer **Parabolantenne** mit einem Eingriff in die Bausubstanz verbunden ist (zB Löcher in der Fassade des Hauses, Anbohren des Balkonbodens)

---

[75] BGH NJW-RR 2012, 262 = NZM 2012, 154.
[76] BGH NJW-RR 2012, 262 = NZM 2012, 154 bei Einbau einer Gasetagenheizung.
[77] LG Berlin GE 1995, 109.
[78] AG Neukölln MM 2004, 31.
[79] AG Neukölln MM 2004, 31.
[80] LG Berlin GE 1982, 995.

b) Auflagen bei der Genehmigung

70 Nachdem die Genehmigung von Mietereinbauten im Ermessen des Vermieters steht, kann er sie von Auflagen abhängig machen. Hierzu gehört ua
- Durchführung der Arbeiten durch einen Fachbetrieb
- Abschluss einer Haftpflichtversicherung
- Verpflichtung einen zeitlichen Rahmen einzuhalten
- Verpflichtung zum Rückbau bei Auszug
- Verpflichtung zur Instandhaltung und Instandsetzung der – mietereigenen – Einrichtungen
- Freistellung des Vermieters von Ansprüchen anderer durch die Maßnahme betroffenen Mietern (Minderung, Schadensersatz).

71 Sinnvoll ist, eine **Modernisierungsvereinbarung** (vgl. → Rn. 108 ff., 111 ff.) anzustreben, in die die bezeichneten Auflagen aufgenommen werden können.

3. Kündigung des Mietverhältnisses bei nicht genehmigten Einbauten

72 Führt der Mieter ohne Genehmigung des Vermieters in den Mieträumen bauliche Veränderungen durch, die die Mietsache gefährden, so kann nach erfolgter Abmahnung nach § 543 Abs. 3 BGB die **fristlose Kündigung** des Mietverhältnisses wegen vertragswidrigen Gebrauchs nach § 543 Abs. 1, Abs. 2 Satz 1 Nr. 2 BGB in Betracht kommen. Zu denke wäre dabei an
- nicht fachgerechter Einbau sanitärer Installationen mit der Gefahr von Wasserschäden
- Entfernung statisch wichtiger Zwischenwände
- Nicht fachgerechter Einbau neuer Fenster (Feuchtigkeitsschäden).

73 Darüber hinaus wird man einen Grund für eine fristlose Kündigung auch dann sehen müssen, wenn der Mieter erhebliche Veränderungen in der Ausstattung der Räume vornimmt, die deren Erscheinungsbild auf Dauer verändern.

74 **Beispiel:** Der Mieter entfernt und „entsorgt" einen zur Vermieterausstattung gehörenden Kachelofen.[81]

74a Kündigungsgrund ist hier der allgemeine Zerrüttungstatbestand des § 543 Abs. 1 BGB. In Betracht kommt auch eine **ordentliche Kündigung** wegen Pflichtverletzung nach § 573 Abs. 1, Abs. 2 Nr. 1 BGB. Auch besteht gegebenenfalls als geringerer Eingriff in das Vertragsverhältnis der Anspruch auf **Entfernung** der Einrichtung („Rückbau" vgl. → Rn. 75). Der Rückbau während des laufenden Mietverhältnisses soll allerdings nur dann verlangt werden können, wenn von Einbauten oder Umbauten des Mieters eine Gefahr für die Mietsache ausgeht, zB statische Probleme.[82]

[81] AG Neukölln MM 2004, 31.
[82] VerfGH Berlin GE 2003, 452.

4. Die Einbauten des Mieters bei Beendigung des Mietverhältnisses

a) Rückbaupflicht des Mieters

Nach § 546 Abs. 1 BGB ist der Mieter verpflichtet, die Mietsache nach Beendigung des Mietverhältnisses an den Vermieter zurückzugeben. Dies bedeutet, dass der Mieter den früheren Zustand bei Einzug grundsätzlich wieder herstellen und von ihm angebrachte Einrichtungen und bauliche Veränderungen entfernen muss und zwar auch dann, wenn sie mit Genehmigung des Vermieters vorgenommen worden ist.[83] **75**

Nicht ist der Vermieter berechtigt, für den Rückbau nach Beendigung des Mietverhältnisses einen Vorschuss zu verlangen.[84] Dasselbe muss für das **Verlangen nach einer Sonderkaution** für diesen Zweck gelten, zumal § 551 BGB als zwingende Vorschrift entgegensteht. Etwas anderes gilt für die Gestattung der Wegnahme einer Einrichtung nach § 258 Satz 2 BGB. **76**

Hinsichtlich der Rückbaupflicht für Mietverträge über Wohnungen in den neuen Bundesländern, die vor dem 3.10.1990 abgeschlossen worden sind, gelten Sonderregeln. Hier muss nach dem ZGB der DDR geprüft werden, ob die Einrichtungen des Mieters im „gesellschaftlichen Interesse" lagen und zur Verbesserung der Mieträume führten, zB Verfliesung eines Bades.[85] **77**

b) Wegnahmerecht des Mieters

Einrichtungen, mit denen er die Mietsache versehen hat, kann der Mieter nach § 539 Abs. 2 BGB wegnehmen. Einrichtungen sind **bewegliche Sachen, die** mit der Mietsache verbunden werden, wie zB Sanitäreinrichtungen, Einbauküchen, Teppich – oder Parkettböden, Öfen. Nicht gehören dazu bauliche Veränderungen wie das Entfernen oder Versetzen von Wänden. **78**

Das Wegnahmerecht hat der Mieter auch, wenn die Mietsache dadurch beschädigt wird. Er muss dann allerdings den ursprünglichen Zustand wiederherstellen. Dies ergibt sich unmittelbar aus § 258 Satz 1 BGB. **79**

Der Anspruch gegen den Vermieter auf **Gestattung der Wegnahme** einer Einrichtung, der dann gegeben ist, wenn der Mieter die Mietsache nicht mehr in Besitz hat, verjährt nach § 548 Abs. 2 BGB in sechs Monaten, beginnend mit der Beendigung des Mietverhältnisses. Der Vermieter kann die Gestattung so lange verweigern, bis der Mieter für die mit der Wegnahme verbundenen Schäden Sicherheit geleistet hat, § 258 Satz 2 BGB. **80**

---

[83] LG Berlin GE 2003, 457.
[84] AG Tempelhof-Kreuzberg GE 2001, 374.
[85] LG Berlin GE 2005, 620.

81 In Betracht kommt bei Vorliegen der Voraussetzungen auch die Ausübung des Vermieterpfandrechts nach § 562 BGB. Im Übrigen stehen dem Mieter, falls zwischen den Parteien nichts anderes vereinbart worden ist, weder Aufwendungsersatzansprüche nach § 539 Abs. 1 BGB noch Bereicherungsansprüche gegen den Vermieter zu.

c) Übernahme der Einrichtung durch einen Nachmieter

82 Häufig kommt es vor, dass Mieter Einrichtungen, mit denen sie die angemieteten Räume versehen haben, an Nachmieter verkaufen oder verschenken. Es kann sich hierbei zB um Bodenbeläge, Sanitär – oder Kücheneinrichtungen handeln. An derartige Abreden ist der Vermieter nicht gebunden, falls zwischen den Parteien nichts anderes vereinbart worden ist.

83 Das heißt: Der Vermieter kann trotz eines zwischen Mieter und Nachmieter geschlossenen Kaufvertrags die **Entfernung der Einrichtung** nach § 546 BGB verlangen. Will umgekehrt der Mieter seine Einrichtung nach der Beendigung des Mietverhältnisses wieder in Besitz bringen und ist sie bereits mit der Mietsache auf einen Nachmieter übergegangen, so richtet sich der Anspruch des Mieters auf Gestattung der Wegnahme der Einrichtung nach §§ 539 Abs. 2, 258 BGB nunmehr gegen den Nachmieter als unmittelbaren Besitzer.

d) Abwendung des Wegnahmerechts durch den Vermieter, § 552 BGB

84 Der Vermieter kann die Ausübung des Wegnahmerechts nach § 539 Abs. 2 BGB durch Zahlung einer angemessenen Entschädigung abwenden, § 552 Abs. 1 BGB. Dies gilt naturgemäß nur so lange, wie die Einrichtung noch mit der Mietsache verbunden ist.

85 Die Möglichkeit, das Wegnahmerecht des Mieters abzuwenden, besteht für den Vermieter nicht, wenn der Mieter ein **berechtigtes Interesse** an der Wegnahme hat. Dieses Interesse kann zB darin bestehen, dass der Mieter eine teurere Neuanschaffung für seine neue Wohnung vermeiden will.

86 Für die Abwendung der Wegnahme durch den Vermieter bedarf es eines tatsächlichen Angebots an den Mieter, das bereits nach der hier vertretenen Auffassung die Nennung des Geldbetrags, der als angemessene Entschädigung angeboten wird, enthalten muss.

87 Hinsichtlich der **Höhe** der Entschädigung wird man – falls die Parteien nichts anderes vereinbaren – einen Betrag anzusetzen haben, bei dem ausgehend vom Neuwert für jedes Jahr der Nutzung ein Abschreibungsbetrag von 10% anzusetzen ist. Bei kurzlebigen oder lange nutzbaren Wirtschaftsgütern kann sich der Prozentsatz entsprechend verändern.

5. Vereinbarungen über Mietereinrichtungen und Mietermodernisierung

Es ist in jedem Fall zu empfehlen, dass Vermieter und Mieter hinsichtlich der Mietermodernisierung und Anbringung von Einrichtungen eine Vereinbarung treffen. **88**

Diese Vereinbarung sollte folgende Punkte berücksichtigen: **89**

- Gegenstand der Einrichtung oder der baulichen Maßnahme
- Umfang, genaue Beschreibung und festgelegte Dauer der Arbeiten
- Verpflichtung, soweit erforderlich, die Arbeiten durch Fachhandwerker durchführen zu lassen
- Abschluss einer Haftpflichtversicherung durch den Mieter
- Voraussichtliche Kosten der Maßnahme (wegen der Abwendungsbefugnis des Vermieters nach § 552 BGB)
- Abnahme der Arbeiten durch den Vermieter
- Festlegung des Abwohnprozentsatzes und gegebenenfalls einer Übernahme durch den Vermieter
- Regelung des Wegnahmerechts des Mieters
- Regelung für den Fall einer später beabsichtigten Vermietermodernisierung
- Gegebenenfalls Verzicht des Vermieters auf sein ordentliches Kündigungsrecht auf bestimmte Zeit.

6. Allgemeines zur „Barrierefreiheit"

Durch die Mietrechtsreform 2001 wurde die Vorschrift des § 554a BGB („Barrierefreiheit") neu ins BGB eingefügt. Die entsprechende Regelung ist nun in § 554 BGB enthalten, zusammen mit Regelungen, die den Anspruch des Mieters auf Veränderungen der Mietsache für Einrichtungen zum Laden elektrisch betriebener Fahrzeuge und für den Einbruchschutz. **90**

Hiernach kann der Mieter vom Vermieter die Zustimmung zu Baumaßnahmen verlangen, die für eine behindertengerechte Nutzung der Mietwohnung erforderlich sind. In Betracht kommt zB der Einbau eines Treppenliftes, eines **barrierefreien Bades,** des rollstuhlgerechten Zugangs zum Haus. Voraussetzung ist ein berechtigtes Interesse des Mieters an der Maßnahme. Wie sich aus der gesetzlichen Formulierung **„behindertengerechte Nutzung"** ergibt, ist nicht nur auf den Mieter selbst abzustellen, sondern die Behinderung, die die Baumaßnahme erfordert, kann auch bei in der Wohnung lebenden Angehörigen, Ehepartner oder Lebensgefährte des Mieters, vorliegen. Dies gilt auch dann, wenn die behinderte Person selbst nicht Mietvertragspartei ist. **91**

Der Vermieter kann verlangen, dass dargelegt wird, dass die Maßnahme für die behindertengerechte Nutzung der Wohnung tatsächlich erforderlich, also nicht nur nützlich ist. Dies bedeutet, dass er vom Mieter **92** gegebenenfalls einen Nachweis über den Grad der Behinderung der betreffenden Person verlangen kann, soweit dies in Frage steht.

7. Interessenabwägung bei „Barrierefreiheit"

93 Nachdem sich hier die grundgesetzlich geschützten Interessen des Mieters nach Art. 2 GG und des Vermieters nach Art. 14 GG gegenüberstehen (Eingriff in das Eigentum durch Veränderung), muss insoweit eine umfassende Abwägung zwischen den Interessen von Vermieter und Mieter stattfinden. Zu berücksichtigen ist hierbei unter anderem auch die bauordnungsrechtliche Genehmigungsfähigkeit der Maßnahme. Nachdem darüber hinaus bei solchen Maßnahme Probleme der Statik und der Abdichtung gegen Wasserschäden auftauchen können, muss es zulässig sein, dass der Vermieter die Zustimmung von der Ausführung durch einen anerkannten Fachbetrieb abhängig macht (vgl. die Anforderungen bei der **Installation von Parabolantennen**). Um die Qualität des Fachbetriebs beurteilen zu können, ist es erforderlich, dass der Name der entsprechenden Firma dem Vermieter vor Beginn der Baumaßnahme mitgeteilt wird. Nicht kann die Genehmigung wegen Mietrückständen des Mieters verweigert werden.[86]

94 Soweit es sich um den Einbau eines behindertengerechten Bades handelt, dürften zusätzliche Gefahrenquellen für andere Personen als die Bewohner der Wohnung nicht geschaffen werden. Grundsätzlich ist jedoch davon auszugehen, dass es jedenfalls nicht unzulässig ist, zur Abdeckung zusätzlicher **Haftungsrisiken** den Nachweis einer entsprechenden Versicherung zu verlangen.[87]

8. Rückbaukaution

95 Die Leistung einer zusätzlichen Sicherheit für die Wiederherstellung des ursprünglichen Zustandes sieht das Gesetz ausdrücklich in § 554 BGB vor. Der Vermieter kann seine Zustimmung von der Leistung dieser Sonderkaution abhängig machen. Diese Kaution ist unabhängig von einer bereits nach § 551 BGB geleisteten Mietkaution.

96 Die Art der Sicherheit unterliegt der vertraglichen Vereinbarung der Parteien, wobei zum Beispiel auch eine andere Anlageform nach § 551 Abs. 3 Satz 2 BGB vereinbart werden kann. Nachdem § 554 BGB auf die entsprechende Anwendung von § 551 Abs. 3 BGB, nicht aber auf § 551 Abs. 2 BGB verweist, kann der Mieter Ratenzahlung dieser Kaution nicht verlangen. Andererseits ist die in einer Geldsumme geleistete Kaution entsprechend § 551 Abs. 3 und 4 BGB anzulegen.

97 Hinsichtlich der Höhe der Kaution gilt, dass sie sich an den voraussichtlichen Kosten für die Wiederherstellung des ursprünglichen Zustan-

[86] AG Flensburg WuM 2015, 733.
[87] Vgl. BVerfG NZM 2000, 539.

des orientiert, was naturgemäß eine Schätzung darstellt. Zu berücksichtigen dürfte ein Zuschlag in Hinblick auf ein höheres zukünftiges Preisniveau beim Rückbau der Einrichtung sein.[88]

Die Ermittlung der **Rückbaukosten** dürfte für den Laien in der Regel nicht möglich sein, zumal zum Zeitpunkt der Leistung der Kaution noch nicht einmal die Kosten der Baumaßnahme selbst feststehen. Insoweit dürften die Parteien auf die Schätzung eines für das entsprechende Fachgebiet zuständigen Sachverständigen angewiesen sein. **98**

Nachdem nach der Ratio des § 554 BGB alle Kosten, die im Zusammenhang mit der Baumaßnahme stehen, zu Lasten des Mieters gehen, muss dies auch für die Kosten eines Sachverständigen gelten.[89] **99**

Hinsichtlich der Anlage und der Zinsen, die erzielt werden, gilt, soweit die Kaution in einer Geldsumme bezahlt wird, § 551 Abs. 3 und 4 BGB nach § 554 BGB. Das heißt, die Kaution ist grundsätzlich bei einem Kreditinstitut zu dem für Spareinlagen mit dreimonatiger Kündigungsfrist üblichen Zinssatz anzulegen, soweit die Parteien nicht eine andere Anlageform, zum Beispiel in Aktien oder sonstigen Wertpapieren vereinbaren. **100**

9. Wegnahmerecht

Das Gesetz geht davon aus, dass der Mieter die Einrichtung bei Wegfall des Grundes ihrer Anbringung, zum Beispiel falls die behinderte Person die Wohnung nicht mehr nutzt, entfernt. Insofern ist der Hinweis auf das Wegnahmerecht nach § 539 Abs. 2 BGB an sich nicht erforderlich. Andererseits kommt die Anwendung von § 552 BGB in Betracht, soweit der Vermieter Wert darauflegt, dass zum Beispiel für einen behinderten Nachfolgemieter die Einrichtung in der Wohnung verbleibt. Dies kann in Einzelfällen aus wirtschaftlichen Gründen sinnvoll sein, wobei der Vermieter hier nach § 552 Abs. 1 BGB die dort vorgesehene angemessene Entschädigung leisten muss. **101**

V. Mieterhöhung nach Modernisierung

Bei der **zu erwartenden Erhöhung der Miete** gilt, dass die Verbesserung objektiv in einem angemessenen Verhältnis zu der zu erwartenden Mieterhöhung stehen muss.[90] Es kommt auf die Einkommensverhältnisse des Mieters und seiner Familie (reicher Ehegatte?) an. Eine unzumutbare Härte wurde bei einer höheren neuen Miete nach Modernisierung zwischen 20 % und 30 % des Nettoeinkommens angenommen.[91] Einen Anspruch auf Wohngeld muss der Mieter sich anrechnen lassen.[92] **102**

---

[88] Vgl. Mersson NZM 2002, 317.
[89] Vgl. Mersson NZM 2002, 317.
[90] KG WuM 1981, 198.
[91] LG Berlin GE 1990, 497; GE 1991, 575.
[92] KG WuM 1982, 293.

103 Im Übrigen gilt § 559 Abs. 4 BGB.[93] Durch das Mietrechtsanpassungsgesetz wurde der jährliche Umlagebetrag mit Wirkung ab 1.1.2019 von 11% auf 8% geändert. Es gilt weiter eine Grenze von 3 € je Quadratmeter innerhalb von 6 Jahren. Bei Mieten unter 7 € je Quadratmeter beträgt diese Grenze 2 €.

1. Verhältnis zwischen Duldung nach § 555d BGB und Mieterhöhung nach § 559 BGB

104 Wie sich aus § 555d Abs. 2 Satz 2 BGB nF ergibt, bleibt die zu erwartende Mieterhöhung im Rahmen der Frage, ob die Duldungspflicht des Mieters wegen Anwendung der Härteklausel entfällt, außer Betracht. Eine § 555d Abs. 2 teilweise entsprechende Härteklausel ist ausschließlich bezogen auf die **Modernisierungsmieterhöhung** in § 559 Abs. 4 BGB nF enthalten. Auch hier gilt nach § 559 Abs. 5 BGB die Ausschlussfrist für die Geltendmachung des Härteeinwands.

105 Der Härteeinwand muss vom Mieter fristgemäß auch bezogen auf die zu erwartende Mieterhöhung bereits nach Zugang der Modernisierungsankündigung geltend gemacht werden, auch wenn die Mieterhöhung bei der Abwägung hinsichtlich der Duldung der Modernisierung nicht berücksichtigt wird, § 555d Abs. 3 BGB.

106 Beim Verhältnis zwischen der Duldungsvorschrift des § 555d BGB und der Mieterhöhungsvorschrift des § 559 BGB tauchen Probleme auch dadurch auf, dass § 559 BGB sich lediglich mit der Frage beschäftigt, inwieweit eine **Umlage der Modernisierungskosten** nach Durchführung einer Maßnahme zulässig ist. Außer durch die Regelung des § 559b Abs. 2 BGB nicht behandelt wird die Frage, ob Mängel im Verfahren nach § 555d BGB sich dann, wenn die Modernisierungsmaßnahme trotz dieser Mängel durchgeführt worden ist, auf die Möglichkeit der Mieterhöhung nach § 559 BGB auswirken.

107 Nachdem es einen Unterschied macht, ob es sich um eine Innenmodernisierung handelt, bei der diejenigen, die die Modernisierungsmaßnahme durchführen, die Wohnung des Mieters betreten müssen (zum Beispiel Einbau einer **Zentralheizung**) oder um eine Außenmodernisierung, bei der dies nicht erforderlich ist (zum Beispiel **Wärmedämmung** der Außenfassade) ist auch danach zu unterscheiden, ob der Mieter die Durchführung der Modernisierungsmaßnahme hingenommen hat, ohne sie ausdrücklich zu dulden, was bei Innenmodernisierungsmaßnahmen in Betracht kommt oder ob er die Maßnahmen zwar ebenfalls hingenommen hat, aber keine Möglichkeit hatte, die Durchführung durch Verweigerung des Zutritts zu seiner Wohnung zu verhindern. In diesem Falle hätte er zwar gegebenenfalls die Möglichkeit gehabt, im Wege der einstweiligen Verfügung gegen die Durchführung einer nicht geduldeten

[93] Vgl. hierzu auch BGH WuM 2019, 705.

Maßnahme vorzugehen, es verbleibt jedoch die Möglichkeit, dass der Mieter sich im Irrtum über die Art der Maßnahme befunden hat, die zB vom Vermieter als Erhaltungsmaßnahme nach § 555a BGB dargestellt worden ist.

Bei Durchführung einer **Innenmodernisierung** gilt folgendes:

- Der Mieter hat die Durchführung der Maßnahme durch Gestattung des Zutritts zu den Mieträumen geduldet: Eine fehlende oder mangelhafte Ankündigung der Maßnahme nach § 555c BGB schadet nicht, die Mieterhöhung nach § 559 BGB kann durchgeführt werden.[94] **108**
- Der Mieter hat die Durchführung der Maßnahme zwar geduldet, er wäre aber materiellrechtlich nach § 555d BGB nicht zur Duldung verpflichtet gewesen, weil es sich um keine Modernisierungsmaßnahme im Sinne von § 555b BGB gehandelt hat: Nachdem es hier nicht wie im Falle des Rechtsentscheids des OLG Stuttgart auf die fehlende oder fehlerhafte Ankündigung der Modernisierung nach § 555c BGB ankommt, sondern bereits die materiell rechtlichen Grundlagen der Modernisierung nicht gegeben waren, dürfte die Modernisierungsmieterhöhung nicht zulässig sein. **109**
- Hat der Mieter eine Innenmodernisierungsmaßnahme nicht geduldet, so kann sie nicht durchgeführt werden. Eine Mieterhöhung nach § 559 BGB scheidet naturgemäß aus, der Vermieter muss auf Duldung klagen. **110**

Handelt es sich um eine **Außenmodernisierung,** gilt folgendes:

- Hat der Mieter ausdrücklich eine Duldungserklärung abgegeben und waren die materiellrechtlichen Voraussetzungen für die Modernisierung gegeben, so ist eine fehlende oder fehlerhafte Ankündigung der Modernisierung für die Frage der Mieterhöhung nach § 559 BGB unerheblich.[95] **111**
- Hat der Mieter zwar ausdrücklich geduldet, waren aber die materiellrechtlichen Vorschriften für die Modernisierung nicht gegeben, so dürfte die Mieterhöhung nach § 559 BGB auch dann nicht zulässig sein, wenn der Ankündigungspflicht nach § 555c BGB genüge getan wurde.[96] **112**
- Sind die materiellen Duldungsvoraussetzungen nach §§ 555b, d BGB gegeben und hat der Vermieter seiner Ankündigungspflicht nach § 555c BGB genüge getan, so ist die Mieterhöhung zulässig, auch wenn der Mieter eine Duldungserklärung nicht abgegeben hat oder sich gegen die Maßnahme gewendet hat, ohne sie jedoch zum Beispiel durch Bewirken einer einstweiligen Verfügung zu verhindern. **113**

---

[94] OLG Stuttgart WuM 1991, 332.
[95] Vgl. Sternel ZMR 2001, 943.
[96] KG WuM 1988, 389.

114 – Dies gilt auch, wenn der Vermieter die formellen Voraussetzungen der Ankündigung nicht eingehalten hat und der Mieter widersprochen hat (BGH[97] für den Fall eines Aufzugseinbaus, der weniger als drei Monate vor Beginn der Maßnahme angekündigt wurde).

2. Verhältnis zwischen Mieterhöhung nach §§ 558ff. BGB und §§ 559ff. BGB

115 Wenn nach einer Modernisierung eine Mieterhöhung nach §§ 558ff. BGB bis zur **ortsüblichen Vergleichsmiete** durchgeführt wird, darf der Zustand nach Modernisierung nur dann berücksichtigt werden, wenn auf die Modernisierungsumlage nach §§ 559ff. verzichtet wird.[98] Ebenso LG Berlin.[99] Nach BGH[100] findet hier allerdings eine Begrenzung auf die Höhe der Modernisierungsumlage statt.

116 Wenn zunächst nur nach §§ 559ff. BGB die Miete erhöht wird, kann bei einer Mieterhöhung nach §§ 558ff. BGB zu einem späteren Zeitpunkt die Modernisierung – erneut – berücksichtigt werden.[101] Ein **Modernisierungszuschlag** wird Bestandteil der Miete, also später nicht getrennt ausgewiesen. Er bleibt auf Dauer Bestandteil, auch wenn die Modernisierungskosten bezahlt sind.

3. Die berücksichtigungsfähigen Kosten

117 Berücksichtigt werden können die tatsächlich entstandenen Baukosten (Materialkosten sowie Lohnkosten für Handwerker). Weiter können berücksichtigt werden Baunebenkosten, zB für Reinigung.

118 **Nicht** zu berücksichtigen sind:
- Architektenkosten,[102]
- Finanzierungskosten und Kapitalbeschaffungskosten,
- Leistungen des Mieters, § 559a Abs. 1 BGB,
- unentgeltliche erbrachte Leistungen (zB durch Nachbarschaftshilfe),
- Drittmittel nach Maßgabe von § 559a BGB,
- Instandsetzungskosten,
- Kosten für Umzug und Unterbringung des Mieters während der Modernisierung.[103]

119 Unter Instandsetzungskosten versteht man Kosten, die durch die Behebung von vorhandenen Mängeln, die infolge von Abnutzung oder Alterung eingetreten sind, entstehen, Kosten für Schönheitsreparaturen und Kosten für die Ersetzung von Anlagen, die den geltenden Vor-

---

[97] BGH NZM 2007, 882.
[98] OLG Hamm ZMR 1983, 102.
[99] WuM 2016, 105.
[100] BGH WuM 2021, 110.
[101] LG Berlin GE 1999, 252.
[102] AG Hamburg WuM 1985, 365.
[103] LG Berlin WuM 2019, 591.

schriften nicht mehr entsprechen (zB Ersetzung einer Gastherme, die den Abgasvorschriften nicht mehr entspricht, AG Münster[104]).

Bei Instandsetzungskosten in unmittelbarem Zusammenhang mit der Modernisierungsmaßnahme muss eine Aufteilung zwischen **Instandsetzungskosten und Modernisierungskosten** stattfinden. Tatsächlich ersparte Instandsetzungskosten sind bei der Modernisierungsmieterhöhung in Form eines angemessenen Abzugs zu berücksichtigen[105] für den Fall der Wärmedämmung einer Fassade bei vorhandenen Putzabplatzungen). **120**

Dies betrifft allerdings nur fällige Instandsetzungskosten, nicht Instandsetzungskosten, die zukünftig angefallen wären oder sonstige Vorteile des Vermieters.[106] Andererseits müssen auch fiktive Instandsetzungskosten nachvollziehbar ausgegliedert werden.[107] Nach der Neuregelung durch das Mietrechtsanpassungsgesetz kann der Vermieter bei Modernisierungskosten bis zu 10000 € den Instandsetzungsaufwand pauschal mit 30% ansetzen. **121**

Bei der energiesparenden Maßnahme ist der Grundsatz der **Nachhaltigkeit** von Bedeutung. Die Frage der Nachhaltigkeit der Energieeinsparung kann sowohl am Ausmaß der Verminderung der Energiekosten des Gebäudes gemessen werden, als auch am Verhältnis zwischen der erzielten Energieeinsparung und der daraus resultierenden Mieterhöhung. **122**

Eine nachhaltige Energieeinsparung kann dann angenommen werden, wenn durch eine **Modernisierungsmaßnahme** die Energiekosten eines Gebäudes auf Dauer um über 10% vermindert werden.[108] Nach BGH[109] gibt es allerdings keine „Kappungsgrenze“ für Modernisierungsmieterhöhungen. Auch eine geringfügige Energieersparnis macht also die Mieterhöhung möglich. Früher wurde zB vertreten, dass eine Maßnahme, die nur zu 5% Energieeinsparung führt, keine nachhaltige Maßnahme darstellt.[110] **123**

4. Verteilung der Kosten auf mehrere Wohnungen, § 559 Abs. 2 BGB (Umlageschlüssel)

Grundsätzlich gilt nach § 559 Abs. 1 BGB, dass der Mieter 8% der für die Wohnung aufgewendeten Kosten als Mieterhöhung umlegen kann. Dies ist unproblematisch, soweit es sich um ein Anwesen handelt, in dem sich **124**

---

[104] WuM 1985, 365.
[105] KG GE 2006, 714.
[106] OLG Celle NJW 1981, 1625; OLG Hamm WuM 1981, 129; OLG Hamburg WuM 1983, 13.
[107] LG Berlin GE 2003, 123.
[108] Barthelmess, 2. Wohnraumkündigungsschutzgesetz, Miethöhegesetz, 5. Aufl. Rn. 11a.
[109] BGH WuM 2004, 285.
[110] AG Köln WuM 1986, 344.

nur eine einzige Wohnung befindet oder um eine Maßnahme, bei der die aufgewendeten Kosten auf jede Wohnung gesondert entfallen, wie z. B. der Großteil der Kosten beim Einbau von Wärmeschutzfenstern zuzüglich der auf die Wohnung entfallenden Kosten für den gegebenenfalls erforderlichen Aufbau eines Gerüsts.

125 Handelt es sich um Maßnahmen, deren Kosten für ein Anwesen mit mehreren Wohnungen insgesamt anfallen, wie zB beim Einbau einer **Zentralheizung** oder Einbau eines Personenaufzugs, so sind die Kosten angemessen auf die einzelnen Wohnungen aufzuteilen. Den Verteilungsschlüssel kann der Vermieter nach §§ 315, 316 BGB nach billigem Ermessen bestimmen. Es gilt, dass als angemessener Maßstab in der Regel das Verhältnis der Wohnflächen erscheint, wobei im Einzelfall andere Maßstäbe in Betracht kommen können. Hierbei ist insbesondere zu denken an den Maßstab der Verteilung nach Personen, der sich aber, ähnlich wie sich dies bereits in der gesetzgeberischen **Festlegung des Verteilungsmaßstabs** bei der Abrechnung von Betriebskosten nach § 556a Abs. 1 BGB ergibt, als der schlechtere Maßstab im Verhältnis zum Wohnflächenmaßstab erweist.

126 Weiter kann der Vermieter unterschiedliche Gebrauchsvorteile für einzelne Wohnungen bei der Umlage berücksichtigen. Dies kann zB beim Einbau eines Personenaufzugs geschehen. Hier kann die Umlage der Geschosslage der Wohnungen Rechnung tragen.[111] Man wird jedoch richtigerweise sagen müssen, dass hier eine Reihe von Faktoren mitspielen, die die Berücksichtigung des Gebrauchswerts als problematisch erscheinen lässt. Man denke zB an die Möglichkeit des Erdgeschossmieters mit einem neu eingebauten Aufzug den Keller oder einen vorhandenen Speicher zu erreichen. (Vgl. auch zur Betriebskostenumlage von Aufzugskosten → Kap. 6 Rn. 59). Beschränkt sich der Gebrauchsvorteil des Erdgeschossmieters darauf, höher gelegene Wohnungen zu erreichen, soll eine Umlage unwirksam sein.[112]

5. Zeitpunkt der Mieterhöhung

127 Nach abgegebener Mieterhöhungserklärung bestimmt sich der Zeitpunkt der Mieterhöhung nach § 559b Abs. 2 BGB. Wenn die Mieterhöhung nach § 559 BGB aF um mehr als 10 % höher ausfällt als in der Modernisierungsankündigung angegeben, wird sie nach § 559b Abs. 2 Satz 2 BGB aF BGB erst 6 Monate später wirksam.[113]

128 Wie bei anderen mietrechtlichen Sachverhalten gilt jedoch auch bei der Modernisierungsmieterhöhung, dass ein engerer zeitlicher Zusammenhang zwischen dem Tatbestand, an den eine Erklärung des Vermieters anknüpft und der Erklärung selbst gegeben sein muss. Der Vermieter

[111] AG Düsseldorf WuM 1994, 548.
[112] AG Charlottenburg WuM 2018, 213.
[113] BGH WuM 2016, 39.

muss also die Mieterhöhungserklärung in engerem zeitlichem Zusammenhang mit der Beendigung der Maßnahme abgeben. Wartet er nach Beendigung der Maßnahme längere Zeit ab, schafft er beim Mieter einen Vertrauenstatbestand dahin, dass dieser mit der Geltendmachung einer Mieterhöhung nicht mehr rechnen muss. Es tritt damit die Verwirkung des Erhöhungsrechts ein (vgl. AG Gießen:[114] Verwirkung vier Jahre nach Beendigung der Maßnahme).

6. Berechnung und Erläuterung der Erhöhung

a) Angabe des Gesamtaufwands

Die Darstellung des Gesamtaufwands bedeutet, dass eine Darstellung der nach § 559 Abs. 1 BGB durchgeführten Einzelarbeiten erforderlich ist.[115] Bei den einzelnen Arbeiten müssen die jeweils auf sie entfallenden Kosten angegeben werden. Fraglich ist, ob dann, wenn der Vermieter im Falle einer begrenzten Modernisierungsmaßnahme mit der ausführenden Firma einen Pauschalpreis vereinbart hat, lediglich dieser der Erhöhungserklärung zugrunde gelegt werden kann.[116] **Pauschalpreise** sind zum Beispiel bei der Durchführung von Arbeiten, den Hausanschluss eines Kanals betreffend, häufiger der Fall. Nach der hier vertretenen Auffassung ist auch in diesem Fall die Darstellung, Berechnung und Erläuterung der einzelnen Rechnungspositionen erforderlich, da der Mieter erkennen muss, ob sich der Gesamtaufwand und damit der auf die Wohnung entfallende Teilbetrag im zulässigen Rahmen des § 559 BGB bewegt, also nicht zum Beispiel im Rahmen der Modernisierungsmaßnahme Arbeiten durchgeführt worden sind, deren Kosten nicht auf den Mieter umlegbar sind (zB Ersetzung der vorhandenen Holzfensterbretter durch Marmorfensterbretter beim Einbau von Schallschutzfenstern). Auch wenn nur eine Maßnahme durchgeführt worden ist, reicht die Angabe der Gewerke und Rechnungsbeträge nicht aus.[117] **129**

Nachdem § 559 Abs. 1 BGB die einzelnen Maßnahmen noch zusätzlich mit erforderlichen Merkmalen dahin versieht, dass die Maßnahme, die den Gebrauchswert der Mietsache erhöht, nachhaltige Wirkung haben muss, die Maßnahme, die die allgemeinen Wohnverhältnisse verbessert, dies auf Dauer bewirken muss und Einsparungen von Energie und Wasser nachhaltig sein müssen, sind in der Erhöhungserklärung hierzu Ausführungen zu machen. **130**

Insbesondere bei Maßnahmen zur Einsparung von Energie ist darzulegen, inwieweit der Verbrauch an Energie nach Durchführung der Maßnahme gegenüber dem Zustand vor **Durchführung der Maßnahme** verringert worden ist. **131**

---

114 WuM 1981, 11.

115 LG Neubrandenburg WuM 1999, 550.

116 So LG Berlin GE 1994, 765.

117 LG Köln WuM 1987, 273 und WuM 1989, 308.

132 Nach Auffassung des Kammergerichts[118] sollte durch eine „Wärmebedarfsberechnung“ nachgewiesen werden, dass zB Wärmedämmmaßnahmen eine nachhaltige Einsparung von Heizenergie bewirken. Nach BGH[119] und WuM[120] ist allerdings eine **„Wärmebedarfsberechnung“** nicht erforderlich, sondern es genügt der Vortrag von Tatsachen, aus denen sich überschlägig die nachhaltige Einsparung von Heizenergie ergibt, zB LG Berlin:[121] bei Verstärkung der Elektroleitungen genügt die Gegenüberstellung der Leistungsmerkmale der alten und der neuen Anlage.

133 Eine **„Wärmebedarfsberechnung“** ist aber nach BGH vom 10.4.2002[122] nicht erforderlich. Besteht die Maßnahme der Energieeinsparung im Austausch von Isolierglasfenstern, muss sowohl der k-Wert der neuen Fenster als auch der dementsprechende Zustand der alten Fenster angegeben werden.[123]

b) Angabe des Teilbetrags, der auf die einzelne Wohnung entfällt und des Verteilungsschlüssels

134 Nach § 559 Abs. 2 BGB gilt, dass dann, wenn die baulichen Maßnahmen für mehrere Wohnungen durchgeführt worden sind, die Kosten angemessen auf die einzelnen Wohnungen aufzuteilen sind. Es ist sowohl der Teilbetrag anzugeben, der auf die einzelne Wohnung entfällt, als auch der angewendete Verteilungsschlüssel.

c) Die einzelnen Rechnungsposten

135 Hinsichtlich der einzelnen Rechnungsposten darf der Mieter nicht auf Belege und Einzelrechnungen verwiesen werden. Es muss gegebenenfalls bereits bei der Angabe des Gesamtaufwands eine Darstellung der einzelnen Rechnungsposten erfolgen, um dem Mieter zu ermöglichen zu prüfen, ob der Aufwand sich im durch § 559 BGB vorgeschriebenen Rahmen bewegt.

136 Insbesondere soll dem Mieter hierdurch auch die Möglichkeit gegeben werden, zu erkennen, ob der Grundsatz der Wirtschaftlichkeit gewahrt worden ist, wenn dies auch im Einzelfall problematisch sein dürfte.

137 Größere Summen müssen nach den Kosten für die einzelnen Gewerke aufgeschlüsselt werden.[124] Instandsetzungskosten sind abzuziehen, notfalls ist eine Schätzung vorzunehmen. Es genügt, wenn die ersparten

[118] ZMR 2000, 823.
[119] BGH NZM 2002, 519.
[120] WuM 2004, 154.
[121] GE 2003, 123.
[122] NZM 2002, 519.
[123] BGH WuM 2006, 157 und BGH GE 2004, 231.
[124] LG Bremen WuM 2019, 450.

fälligen Instandsetzungskosten in Form einer Quote der Gesamtkosten angegeben werden.[125]

Wichtig ist, dass eine Nachbesserung einer unzureichenden Mieterhöhungserklärung im Prozess im Gegensatz zu der Regelung nach § 558b Abs. 3 BGB nicht möglich ist. Die Erklärung ist nichtig, kann aber jederzeit neu abgegeben werden.[126] Werden bei einer von mehreren Baumaßnahmen Instandsetzungskosten nicht abgezogen, tritt insoweit nur **Teilnichtigkeit der Modernisierungsmieterhöhung** nach § 139 BGB ein, soweit die betroffene Baumaßnahme abtrennbar ist.[127] **138**

VI. Praktische Hinweise und Verfahrensfragen

Angesichts der steigenden Energiekosten spielt die Modernisierung von Wohnraum eine nicht zu unterschätzende Rolle. Hinzu kommt das Vermieterinteresse, Wohngebäude zur besseren Vermietung einem modernen Standard zuzuführen, sei es durch Einbau eines Aufzugs oder einer Zentralheizung. Das Streitpotential ist im Wohnungsmodernisierungsbereich gering, da die meisten Modernisierungsvorhaben einvernehmlich zwischen Vermieter und Mieter durchgeführt werden und Vermieter gegebenenfalls auf einen Modernisierungszuschlag nach § 559 ff. BGB verzichten um eine größere Akzeptanz bei Mietern herbeizuführen. Bei Neuvermietungen und Mieterhöhungen kommt ihnen der modernisierte Standard der Mietwohnungen in jedem Fall zugute. **139**

Im Konfliktfall sollte der Mieter darauf achten, ob eine rechtzeitige Mitteilung über Art, Umfang und Kosten der Maßnahme erfolgt ist. Weiter, ob nicht als Instandhaltung bezeichnete Maßnahmen in Wirklichkeit duldungspflichtige Modernisierungsmaßnahmen sind und dass er gegebenenfalls, falls die Voraussetzungen der Duldung nicht gegeben sind, nicht vollendete Tatsachen durch **Zutrittgewährung** zu seiner Wohnung oder durch Nichtbeanstandung von Außenmodernisierungen schafft. **140**

Der in der Rechtsprechung bereits früher teilweise vertretene Anspruch des Mieters auf Durchführung von Mietermodernisierungen hat einen gesetzlichen Ausdruck in der Vorschrift des § 554 BGB „Barrierereduzierung, E-Mobilität und Einbruchsschutz") gefunden. Die Maßnahmen, die nach dieser Vorschrift in Betracht kommen, sind jedoch in der Regel so kostenträchtig, dass die Vorschrift gegenwärtig in der Praxis so gut wie keine Rolle spielt. **141**

[125] BGH WuM 2015, 283.
[126] BGH WuM 2006, 157.
[127] BGH WuM 2020, 494.

Muster zu Kapitel 7

142 **1. Ankündigungsschreiben mit Duldungsaufforderung zur Duldung von Verbesserungsmaßnahmen (Zentralheizungseinbau)**

Sehr geehrter Herr Maier,

gemäß § 555c Abs. 1 BGB bin ich verpflichtet, Ihnen geplante Maßnahmen zur Verbesserung der Mietsache nach Art, voraussichtlichem Umfang und Beginn, voraussichtlicher Dauer sowie die zu erwartende Erhöhung des Mietzinses und der Betriebskosten mitzuteilen.

Dieser Verpflichtung komme ich hiermit nach und teile Ihnen nachfolgend die geplanten Maßnahmen im Einzelnen mit:

1. Art, voraussichtlicher Umfang, Beginn und voraussichtliche Dauer der Maßnahme:
   Die vorhandenen Einzelöfen des Hauses sollen entfernt werden, es soll eine Zentralheizungsanlage im gesamten Anwesen eingebaut werden. Hierzu ist erforderlich, im Keller des Anwesens einen Heizkessel und Brenner mit den erforderlichen Anschlüssen und Z usatzaggregaten zu installieren. Weiter müssen Steigleitungen sowie Zu- und Ableitungen für die in sämtlichen Räumen Ihrer Wohnung anzubringenden Heizkörper installiert werden. Die Arbeiten sollen voraussichtlich am … beginnen und voraussichtlich bis zum … dauern.
   Die Installation des Heizkessels mit Zusatzaggregaten sowie die Wand- und Deckendurchbrüche sollen gleichzeitig vorgenommen werden. Anschließend werden die Zu- und Ableitungen verlegt und die Heizkörper angebracht. Sodann erfolgt die Befüllung, Entlüftung und Prüfung des Systems.
   Alle mit dieser Modernisierungsmaßnahme zusammenhängenden Arbeiten werden von mir an Fachfirmen vergeben.
   Ich werde mich bemühen, die Beeinträchtigungen für Sie möglichst gering zu halten, muss jedoch darauf hinweisen, dass Sie Ihre Wohnung für die Durchführung der Arbeiten zugänglich halten müssen. Die genauen Termine werde ich bzw. die beauftragten Handwerksfirmen Ihnen, sobald sie bekannt sind, mitteilen.
2. Die zu erwartende Erhöhung der Miete:
   Die für Ihre Wohnung aufzubringenden Kosten können nach § 559 BGB in der Weise auf die Miete umgelegt werden, dass eine Erhöhung der jährlichen Miete um 8% der für die Wohnung aufgewendeten Kosten möglich ist.

Hier ergibt sich folgende Berechnung:
Die Gesamtkosten belaufen sich nach den Angeboten der ausführenden Firmen für das Anwesen auf ca. € 100000,00.
Auf Ihre Wohnung entfallen Kosten in Höhe von € 10000,00. Dies ergibt bei einer Mieterhöhung von 8% einen Jahresbetrag von € 800,00. Die monatliche Mieterhöhung beträgt damit voraussichtlich € 66,66.
Nach Fertigstellung der Maßnahme erhalten Sie nach § 559b Abs. 1 BGB eine gesonderte Mitteilung über die Mietanpassung aus der Sie die Mieterhöhung aufgrund der tatsächlich entstandenen Kosten und den auf Ihre Wohnung entfallenden Betrag ersehen können.
Nach § 555d BGB sind Sie verpflichtet, die geplante Modernisierungsmaßnahme zu dulden. Ich bitte Sie, die anliegende Duldungserklärung unterschrieben innerhalb von 2 Wochen an mich zurückzusenden. Sollten einzelne Punkte unklar sein, bitte ich um Rückmeldung. Ich bin gerne bereit, Ihnen weitere Erläuterungen zu geben.

Mit freundlichen Grüßen

143 **2. Ankündigungsschreiben mit Duldungsaufforderung zur Duldung von Energie-/Wassereinsparungsmaßnahmen (Umwälzpumpen, Kaltwasserzähler, Durchlaufbegrenzer)**

Sehr geehrter Herr Maier,

gemäß § 555c Abs. 1 BGB bin ich verpflichtet, Ihnen geplante Maßnahmen zur Einsparung von Energie oder Wasser nach Art, voraussichtlichem Umfang, Beginn und Dauer sowie die zu erwartende Erhöhung des Mietzinses und der Betriebskosten mitzuteilen.

Geplant sind im Einzelnen folgende Maßnahmen:

1. Art, voraussichtlicher Umfang, Beginn und Dauer der Maßnahmen:
   Die zur Umwälzung des erwärmten Wassers im Zentralheizungssystem installierten Umwälzpumpen sollen durch Drehzahl geregelte Umwälzpumpen ausgetauscht werden. Hierbei handelt es sich um eine Maßnahme, die der Energieeinsparung dient. Weiter sollen in allen Wohnungen Kaltwasserzähler und Durchlaufbegrenzer angebracht werden. Dies dient der Einsparung von Wasser. Die Anbringung der neuen Umwälzpumpen erfolgt im Keller des Anwesens, so dass Ihre Wohnung hierdurch nicht berührt wird. Es ist allerdings mit einer Stilllegung der Heizungsanlage für einen Zeitraum von etwa zwei Tagen zu rechnen. Dies ist die Dauer, die für die Installation der Drehzahl geregelten Umwälzpumpen erforderlich ist. Gleichzeitig soll in jeder Wohnung ein Kaltwasserzähler sowie Durchlaufbegrenzer an der Dusche der einzelnen Wohnungen angebracht werden. Diese Maßnahme erfordert lediglich einen Tag. Beginn der Maßnahmen soll voraussichtlich der … sein. Ich muss Sie bitten, Ihre Wohnung für die Durchführung der Arbeiten zur Wassereinsparung zugänglich zu halten. Den genauen Termin werde ich bzw. die beauftragten Handwerksfirmen Ihnen rechtzeitig mitteilen.
2. Die zu erwartende Erhöhung des Mietzinses:
   Die für Ihre Wohnung aufzubringenden Kosten können nach § 559 BGB auf Ihre Miete in der Weise umgelegt werden, dass eine Erhöhung der jährlichen Miete um 8 % der Kosten zulässig ist.
   Es ergibt sich folgende Berechnung:
   Gesamtkosten für die Drehzahl geregelten Umwälzpumpen einschließlich Installationskosten nach den Angeboten der ausführenden Firmen € 20 000,00. Die Gesamtwohnfläche beträgt 600 qm.
   Berechnung:
   Die Fläche Ihrer Wohnung beträgt 60 qm, so dass auf Ihre Wohnung $^1/_{10}$ des Gesamtbetrages, also € 2000,00 entfallen. Die jährliche Umlage beträgt damit € 160,00, auf den Monat entfällt eine voraussichtliche Mieterhöhung von € 13,33.
   Was den Kaltwasserzähler und Durchlaufbegrenzer betrifft, sind die Kosten, die insoweit auf Ihre Wohnung insgesamt entfallen nach dem

Angebot der ausführenden Firma € 1000,00. Dies ergibt eine jährliche Umlagemöglichkeit von € 80,00 (8% von € 1000,00), auf den Monat entfällt eine voraussichtliche Mieterhöhung von € 6,66.
Nach Fertigstellung der Maßnahme erhalten Sie nach § 559b Abs. 1 BGB eine gesonderte Mitteilung über die Mietanpassung, aus der Sie die Mieterhöhung aufgrund der tatsächlich entstandenen Kosten und den auf Ihre Wohnung entfallenden Betrag ersehen können.
Nach § 555d BGB sind Sie verpflichtet, die geplante Modernisierungsmaßnahme zu dulden. Ich bitte Sie, die anliegende Duldungserklärung unterschrieben innerhalb von zwei Wochen an mich zurückzusenden.
Sollten einzelne Punkte unklar sein, bitte ich um Rückmeldung. Ich bin gerne bereit, Ihnen weitere Erläuterungen zu geben.

Mit freundlichen Grüßen

144 3. Ankündigungsschreiben mit Duldungsaufforderung zur Duldung von Maßnahmen zur Schaffung neuen Wohnraums (Speicherausbau)

Sehr geehrter Herr Maier,

gemäß § 555c BGB bin ich verpflichtet, Ihnen eine geplante Maßnahme zur Schaffung neuen Wohnraums mitzuteilen. Nach § 555d BGB sind Sie verpflichtet, die nachfolgend beschriebene Maßnahme zu dulden. Ich bitte Sie, die anliegende Duldungserklärung unterschrieben innerhalb von zwei Wochen an mich zurückzusenden. Ich weise darauf hin, dass im Falle der Nichtabgabe einer Duldungserklärung oder der Ablehnung für mich die Notwendigkeit besteht, die Duldung rechtlich durchzusetzen. Ich hoffe jedoch, dass dies nicht erforderlich ist.

1. Art, voraussichtlicher Umfang, Beginn und voraussichtliche Dauer der Maßnahme:
   Geplant ist der Ausbau des über Ihrer Wohnung befindlichen Speichers zu zwei Wohnungen. Hierzu ist erforderlich, dass nach statischer Prüfung die in dem Speicher befindlichen Zwischenwände und Holzverschläge entfernt werden und nach entsprechender Abstützung Wohnungstrennwände eingebaut werden. Weiter ist die Fortführung der Elektroleitungen, der Heizungszu- und -ableitungen der Zentralheizungsanlage und die Installation von Zentralheizungskörpern in den vorgesehenen neuen Wohnräumen durchzuführen. In das Dach werden insgesamt sechs Dachgauben eingebaut, um für eine Belichtung der neu geschaffenen Wohnräume zu sorgen. Das Dach wird entsprechend den geltenden Wärmeschutzvorschriften isoliert, die Dachschrägen werden mit Rigipsplatten verkleidet. Fußbodenbeläge werden verlegt.
   Nach Weiterführung der Kalt- und Warmwasserleitungen sowie der Fallrohre wird in jede der Wohnungen ein Bad mit WC und in dem jeweils als Küche vorgesehenen Raum ein Kalt- und Warmwasserzulauf installiert.
   Voraussichtlicher Beginn der Maßnahme ist der .... Die voraussichtliche Dauer der Gesamtmaßnahme beträgt ab Baubeginn drei Monate.
2. Die Reihenfolge der Maßnahmen ist folgende:
   Zunächst werden die vorhandenen Zwischenwände und Verschläge entfernt und entsprechend dem architektonischen Grundriss der beiden Wohnungen Wände eingezogen. Als nächstes werden die Dachgauben eingebaut.
   Gleichzeitig werden die bezeichneten Leitungen und Rohre nach oben weitergeführt. Hierzu sind Durchbrüche durch die Decke erforderlich, wozu Ihre Wohnung voraussichtlich am ... in Anspruch genommen werden muss. Die Durchbrüche können voraussichtlich an einem Tag erfolgen.
   Anschließend finden die restlichen Arbeiten statt.

Ich muss Sie bitten, Ihre Wohnung für die Durchführung der Arbeiten betreffend Deckendurchbrüche zugänglich zu halten. Den genauen Termin werde ich bzw. die beauftragten Handwerksfirmen Ihnen rechtzeitig mitteilen.

Eine Mieterhöhung ist mit dieser Maßnahme für Sie nicht verbunden.

Ich bitte um Verständnis für die mit der Maßnahme verbundenen Unannehmlichkeiten. Für Rückfragen und soweit einzelne Punkte unklar sein sollten, stehe ich Ihnen gerne zur Verfügung und kann Ihnen weitere Erläuterungen geben.

Mit freundlichen Grüßen

145 4. Entgegnung des Mieters auf Schreiben des Vermieters betreffend die Duldung von Modernisierungsarbeiten

Ihr Schreiben vom …

Sehr geehrter Herr Hofer,
hinsichtlich Ihres Schreiben vom … weisen wir auf folgendes hin:

1. Die vorhandenen Einfachfenster im Anwesen sind völlig verrottet. Allein ihr Austausch darf nicht zu einer Mieterhöhung führen. Zumindest müssen die Instandsetzungskosten bei der Berechnung der Mieterhöhung abgesetzt werden.
   Wir bitten Sie daher, die auf die einzelnen Arbeiten entfallenden Kosten aufzuschlüsseln.
2. Mit Ihrer Zustimmung haben wir vor einigen Jahren in unsere Wohnung eine einwandfrei funktionierende Nachtstromspeicherheizung eingebaut. Der Einbau einer Zentralheizung würde daher, angesichts unserer Verwendung auf die Wohnung, für uns eine besondere Härte bedeuten.
3. Hinsichtlich der geplanten Mieterhöhung bitten wir um Mitteilung, ob Sie für die von Ihnen geplanten Maßnahmen zinsverbilligte oder zinslose Darlehen aus öffentlichen Haushalten in Anspruch nehmen.
4. Wegen des Umfangs der von Ihnen geplanten Arbeiten werden wir zumindest für zwei Wochen unsere Wohnung nicht nutzen können. Wir werden daher für unsere anderweitige Unterbringung sorgen müssen. Eine Ersatzwohnung kommt nicht in Betracht, da sich ein Transportieren unserer Möbel für diese Zeit nicht rentiert. Wir bitten Sie daher, um einen Vorschuss in Höhe von € 700,– auf unser Ihnen bekanntes Konto für die uns angesichts der Modernisierungsmaßnahmen entstehenden Kosten zu überweisen.

Der Betrag setzt sich wie folgt zusammen: € 50,– pro Tag der Unterbringung in einer Pension, bezogen auf 14 Tage. Hierbei sind Verpflegungskosten abgezogen, da die Pensionsräume über eine eigene Küche verfügen.

Mit freundlichen Grüßen

5. Antrag des Mieters auf Erlass einer einstweiligen Verfügung zur Unterbindung nicht geduldeter Modernisierungsarbeiten 146

An das
Amtsgericht München

Antrag auf Erlass einer einstweiligen Verfügung

in Sachen

Hans und Maria Maier, Schönstr. 20, 81354 München – Antragsteller –

gegen

Alfred Hofer, Königstr. 2, 80798 München – Antragsgegner –

Vorläufiger Streitwert: € …

zeige ich unter Vollmachtvorlage an, dass die Antragsteller von mir vertreten werden.

Wegen der Dringlichkeit der Sache beantrage ich, im Wege der einstweiligen Verfügung ohne mündliche Verhandlung folgende einstweilige Verfügung zu erlassen:

I. Dem Antragsgegner wird geboten, die Durchbrucharbeiten in der von den Antragstellern bewohnten Wohnung sofort einzustellen.

II. Der Antragsgegner trägt die Kosten des Verfahrens.

Gründe:

Gemäß anliegendem Mietvertrag sind die Antragsteller Mieter der Wohnung Nr. 10, 3. Stock, im Anwesen Schönstr. 20, 81354 München. Vermieter ist der Antragsgegner.

Durch Schreiben vom … forderte der Antragsgegner auf, Modernisierungsarbeiten betreffend unter anderem die Wohnung der Antragsteller zu dulden. Mit Schreiben vom … verweigerten die Antragsteller eine Duldung in Bezug auf die Installation einer Zentralheizungsanlage.

Die beiden Schreiben liegen in Ablichtung bei.

Gestern erschienen bei den Antragstellern Handwerker, die von diesen in der Annahme, sie würden die Fenster der Wohnung auswechseln, eingelassen wurden.

In Wirklichkeit begannen die Handwerker, Mauerdurchbrüche für die Anbringung von Zentralheizungssteigleitungen vorzunehmen. Eine Duldung nach § 555d BGB durch die Antragsgegner liegt insoweit nicht vor, diese wurde ausdrücklich verweigert. Der Antragsgegner hat auch nicht versucht, sich eine Duldung anderweitig zu beschaffen.

Sofortiges Handeln ist erforderlich, da die Handwerker angekündigt haben, ihre Arbeiten übermorgen fortzusetzen.

Die geschilderten tatsächlichen Umstände werden durch die beiliegende eidesstattliche Versicherung der Antragsteller und des Mieters Kröger glaubhaft gemacht.

Die Sache ist äußerst eilbedürftig. Bei Zuwarten sind die Interessen der Antragsteller über die derzeitige Beeinträchtigung hinaus gefährdet.

Rechtsanwalt

6. Mieterhöhungserklärung nach § 559b BGB nach Durchführung einer Modernisierungsmaßnahme 147

Mieterhöhung nach Modernisierung

Sehr verehrte Frau Maier, sehr geehrter Herr Maier,

wie Sie wissen, habe ich in ihrem Anwesen Schönstr. 20, Modernisierungsarbeiten durchführen lassen. Ich hatte Ihnen bereits vor Durchführung der Arbeiten diese nach Art, Umfang, Beginn und voraussichtlicher Dauer mitgeteilt. Weiter habe ich Sie über die zu erwartende Erhöhung der Miete informiert.

Sie haben daraufhin eine Duldungserklärung abgegeben, die Arbeiten, nämlich Ersetzung der vorhandenen Kastenfenster durch Energiespar – und Schallschutzfenster und Ersatz der Einzelöfen durch eine Zentralheizungsanlage, wurden mittlerweile durchgeführt.

Nachdem durch die Modernisierung sowohl die allgemeinen Wohnverhältnisse auf Dauer verbessert werden als auch nachhaltig Heizenergie eingespart wird, bin ich gemäß §§ 559, 559b BGB berechtigt, die Miete für Ihre Wohnung zu erhöhen. Die neuen Fenster haben ua einen Wärmedurchlasskoeffizienten von k 1,1.

Eine Erhöhung der jährlichen Miete ist in der Weise möglich, dass 8 % der für Ihre Wohnung aufzubringenden Kosten der Modernisierung auf die Miete umgelegt werden können.

Zunächst erläutere ich Ihnen – soweit nicht schon im meiner Mitteilung über die Modernisierungsmaßnahme, auf die ich Bezug nehme, geschehen – die durchgeführten Maßnahmen:

1. Um die Fenster zu ersetzen, musste ein Gerüst erstellt werden. Die bisherigen Fenster mussten ausgebaut, die Fensterstöcke entfernt werden. Die neuen Fenster wurden eingepasst, die durch die Anbringung neuer Fensterstöcke erforderlichen Maurer- und Putzarbeiten durchgeführt. Gleichzeitig wurden neue Fensterbänke und Fensterbleche (Spenglerarbeiten) angebracht. Nach Fertigstellung der neuen Fenster wurde das Gerüst abgebaut.
2. Hinsichtlich der Ersetzung der Heizung mussten die in den Wohnungen befindlichen Einzelöfen abgebaut und abtransportiert werden. Anschließend wurde nach vorausgegangenen Maurer- und Putzarbeiten der Zentralheizungskessel aufgestellt. Im neu geschaffenen Tankraum wurde der Heizöltank zusammengeschweißt und die Zuleitung zum Kessel fertig gestellt.

In den einzelnen Wohnungen wurden nach Vorarbeiten Heizkörper angebracht und mit den Zuleitungen versehen. Weiter wurden vom Heizraum ausgehend die Steigleitungen zu den einzelnen Wohnungen angebracht. Hierzu wie bei der Installation der Heizkörper waren Mauerdurchbrüche erforderlich.

Die Baukosten insgesamt mit den einzelnen Rechnungspositionen entnehmen Sie bitte der beiliegenden Aufstellung.

Der Gesamtaufwand beträgt € 200000.

Der auf Ihre Wohnung entfallende Teilbetrag errechnet sich wie folgt:

Ihre Wohnung hat eine Wohnfläche von 70 qm.

Die Gesamtwohnfläche des Anwesens beträgt 600 qm.

€ 200000 : 600 qm = € 333,33 × 8% = € 26,66:

12 Monate = € 2,22 pro qm Wohnfläche monatliche Mietzinserhöhung.

Für Ihre Wohnung ergibt sich somit eine monatliche Mieterhöhung von € 2,22 × 70 qm = € 155,40

Ihre neue Monatsmiete beträgt somit € 800,– + € 155,40 = € 955,40

und ist fällig ab Beginn des übernächsten Monats.

Ich bitte Sie Ihren Überweisungsauftrag ab 1.10.2022 entsprechend zu ändern.

Mit freundlichen Grüßen

Kapitel 8. Beendigung des Wohnraummietverhältnisses

I. Mietaufhebungsvereinbarungen und Stellung eines Nachmieters

1. Aufhebungsvereinbarungen

1 Mietverträge können gemäß dem Grundsatz der Vertragsfreiheit jederzeit vertraglich aufgehoben werden. Der Aufhebungsvertrag kommt mit Angebot und Annahme zustande, §§ 145 ff. BGB. Bei einer Mehrheit von Personen müssen alle Vertragspartner mitwirken. Stellvertretung ist möglich.

2 Eine mietvertraglich vereinbarte Erklärungsvollmacht gilt nicht zum Abschluss eines Aufhebungsvertrages, gleiches gilt für die Kündigung. § 1357 BGB ist unanwendbar. Auch wenn nur ein Mieter ausscheiden soll, müssen alle Mieter mitwirken.

3 **Beispiel:** Der Vermieter entlässt einvernehmlich einen der Mieter aus dem Vertrag, ohne den verbleibenden Mieter zu beteiligen. Es liegt Unwirksamkeit vor, da der verbleibende Mieter einen Gesamtschuldner gem. § 426 BGB verliert.

4 Es ist Umdeutung dahingehend möglich, dass der Vermieter den ausscheidenden Mieter nicht mehr in Anspruch nehmen kann. Auch wenn der Mietvertrag gem. § 550 BGB schriftlich geschlossen wurde, bedarf es keiner Schriftform.[1]

5 An die Ernsthaftigkeit des vertraglichen Bindungswillens sind bei Aufhebungsvereinbarungen **strenge Anforderungen** zu stellen. Schweigen auf ein Angebot auf Vertragsaufhebung gilt als Ablehnung.[2] Ebenso kann nicht eine unwirksame Kündigung in ein Angebot auf Abschluss eines Aufhebungsvertrages umgedeutet werden.[3] Besonders strenge Anforderungen gelten, wenn es um die Frage eines konkludenten Aufhebungsvertrages geht hinsichtlich der übereinstimmenden Willenserklärungen.

6 Entgegennahme der Schlüssel durch den Vermieter bedeutet noch keine Vertragsaufhebung.[4] Ist mit der Aufhebungsvereinbarung eine **Abstandszahlung** verbunden, so ist mangels Vorbehalts davon auszugehen, dass diese ein konkludentes Aufrechnungsverbot enthält.[5]

---

[1] LG Aachen WuM 1993, 734.
[2] LG Berlin GE 1990, 317.
[3] VfGBbg WuM 2015, 231.
[4] LG Düsseldorf DWW 1996, 281.
[5] LG Braunschweig WuM 1991, 674.

2. Nachmieterstellung

7 Eine Nachmieterstellung kann entweder vertraglich vereinbart oder aufgrund der Umstände gerechtfertigt sein. Vertragliche Vereinbarungen über die Stellung von Nachmietern sind sehr selten und in Formularverträgen praktisch nie enthalten. Auch die Bedeutung von den Umständen nach gerechtfertigter Nachmieterstellung mit der Folge einer vorzeitigen Entlassung aus dem Mietverhältnis ist angesichts der Kündigungsfrist des § 573c BGB gering geworden. Vgl. hierzu → Rn. 46.

8 Ist die Nachmieterstellung vereinbart und benennt der Mieter einen objektiv geeigneten Nachmieter, gilt die wirksame Stellung des Nachmieters mit der Folge der Entlassung aus dem Mietverhältnis als eingetreten, auch wenn der Vermieter mit dem benannten Nachmieter keinen Vertrag schließt.[6]

9 Voraussetzung der wirksamen Nachmieterstellung ohne Vereinbarung ist einmal ein berechtigtes Interesse des Mieters an der vorzeitigen Entlassung aus dem Mietvertrag, zum anderen die Benennung eines geeigneten Nachmieters.

10 Ein berechtigtes Interesse kann sein
- schwere Erkrankung des Mieters
- nicht voraussehbarer berufsbedingter Umzug
- Heirat und Geburt eines Kindes, wofür die bisherige Wohnung zu klein ist.

11 Der benannte Nachmieter muss **zumutbar** sein. Dies ist **nicht** der Fall, wenn
- bei ihm berechtigte Zweifel an seiner Solvenz bestehen
- er die mit dem Mieter vereinbarten Vertragsbedingungen nicht uneingeschränkt akzeptiert
- er eine Nutzungsänderung der Mieträume beabsichtigt oder die Mieträume erkennbar übermäßig nutzen wird.

Dem Vermieter ist in jedem Fall ausreichend Bedenkzeit einzuräumen.

12 Immer gilt allerdings, dass es Sache des Mieters ist, einen geeigneten Nachmieter zu suchen und dem Vermieter alle Informationen zu geben, die dieser benötigt, um sich ein Bild über die Person des Nachmieters, ihre Zuverlässigkeit und wirtschaftliche Leistungsfähigkeit zu verschaffen.[7]

II. Eintrittsrecht bei Tod des Mieters

13 Die §§ 563, 563a und 563b BGB ersetzen die §§ 569a und 569b BGB aF Grundsätzlich geht ein Mietverhältnis bei Tod des Mieters im Wege der

[6] AG Wetzlar WuM 2006, 374.
[7] BGH WuM 2015, 723.

Gesamtrechtsnachfolge auf den Erben über und wird mit diesem fortgesetzt, § 564 Satz 1 BGB. Die Ausnahme ist, dass Personen, mit denen der Mieter einen gemeinsamen Haushalt führte, in das Mietverhältnis eintreten.

Nach § 563 Abs. 1 Satz 1 BGB tritt zunächst der **Ehegatte** (der nicht selbst Mieter ist) in das Mietverhältnis ein. Dasselbe gilt seit der Mietrechtsreform für den **Lebenspartner,** insbesondere im Falle der eingetragenen Lebenspartnerschaft nach dem Gesetz vom 16.2.2001, § 563 Abs. 1 Satz 2 BGB. Dieses Gesetz gilt für gleichgeschlechtliche Partnerschaften. Für nicht eheliche heterosexuelle Partnerschaften gilt eine Gleichbehandlung mit Ehegatten bereits nach BGH v. 13.1.1993.[8] Eine Lebenspartnerschaft ist nach BGH[9] eine auf Dauer angelegte Partnerschaft, die keine weiteren Bindungen gleicher Art zulässt und sich durch innere Bindungen auszeichnet, die ein gegenseitiges Füreinanderstehen begründet und die über eine reine Wohn- und Wirtschaftsgemeinschaft hinausgeht. **14**

Subsidiär treten die **Kinder** des Mieters, die in dem gemeinsamen Haushalt leben, nach § 563 Abs. 2 BGB in das Mietverhältnis ein, falls nicht der Ehegatte eintritt. Nicht erforderlich für das Eintrittsrecht der Kinder des verstorbenen Mieters ist eine gemeinsame Haushaltsführung mit dem Mieter.[10] Der Lebenspartner schließt die Kinder nicht aus, gegebenenfalls treten Kinder und Lebenspartner gemeinsam ein. **15**

Nach § 563 Abs. 2 Satz 3 BGB treten **andere Familienangehörige,** die mit dem Mieter einen gemeinsamen Haushalt führen, ein, falls nicht der Ehegatte oder der Lebenspartner eintreten. Nach § 563 Abs. 2 Satz 3 BGB treten **andere Personen,** mit denen der Mieter einen auf Dauer angelegten gemeinsamen Haushalt führt, in das Mietverhältnis ein. Hier soll z. B. an das dauerhafte Zusammenleben alter Menschen als Alternative zum Alten – und Pflegeheim gedacht sein.[11] Einer Lebensgemeinschaft, die keine weiteren Bindungen zulässt, bedarf es hier nicht.[12] **16**

Bestehen begründete Zweifel an der Zahlungsfähigkeit und Zuverlässigkeit des Eingetretenen, kann der Vermieter das Mietverhältnis nach § 563 Abs. 4 BGB außerordentlich kündigen.[13] Auf jeden Fall genügt eine objektiv feststehende finanzielle Leistungsunfähigkeit des Eintretenden.[14] Auch die **anderen Personen** treten nur ein, wenn nicht der Ehegatte oder Lebenspartner eintritt. **17**

---

[8] BGH NJW 1993, 999.
[9] BGH NJW 1993, 999.
[10] LG Berlin WuM 2017, 149.
[11] RefE zum Mietrechtsreformgesetz S. 123.
[12] LG Berlin WuM 2016, 107.
[13] AG München WuM 2017, 282.
[14] BGH WuM 2018, 153.

18 § 563b Abs. 3 BGB enthält eine Sonderregelung für den Fall, dass der verstorbene Mieter keine Sicherheit geleistet hat. Der Vermieter kann in diesem Fall von den Personen, die in das Mietverhältnis eintreten oder mit denen es fortgesetzt wird, eine **Kaution** verlangen. Dies soll dem Umstand Rechnung tragen, dass der Vermieter bei Vertragsbeginn sich auf die wirtschaftlichen Verhältnisse des – jetzt verstorbenen – Mieters verlassen und deshalb auf eine Sicherheit verzichtet hat.

III. Allgemeine Kündigungsfragen

1. Begründungspflicht und Abmahnung

19 Alle Kündigungen von Wohnraummietverhältnissen müssen begründet werden. Dies gilt nunmehr auch für die fristlose Kündigung nach § 569 Abs. 4 BGB, für die ordentliche Kündigung nach § 573 Abs. 3 BGB.

20 Bei der **ordentlichen Kündigung,** insbesondere gilt dies für die Kündigung wegen **Eigenbedarfs,** gilt, dass der Mieter anhand des Kündigungsschreibens die Erfolgsaussichten einer Verteidigung beurteilen können muss. Der Kündigungsgrund muss unabhängig von vorhergehenden mündlichen Erklärungen aus dem Kündigungsschreiben zu entnehmen sein.[15] Dem Mieter bekannte, den Kündigungsgrund betreffende Umstände, müssen allerdings nicht nochmals in der Kündigung erklärt werden.[16]

21 Zwar hat der BGH entschieden, dass es „im Allgemeinen“ genüge, wenn der Kündigungsgrund so bezeichnet werde, dass er identifiziert und von anderen Gründen unterschieden werden könne,[17] doch werden im Einzelfall hinsichtlich der Darlegung der Gründe im Kündigungsschreiben durchaus hohe und spezielle Anforderungen gestellt.

22 Hat bei der **Eigenbedarfskündigung** der Vermieter weiteren Grundbesitz, der für ihn zur Nutzung in Betracht kommt, muss er diesen im Kündigungsschreiben offen legen.[18]

23 Bei Eigenbedarf für Verwandte des Vermieters muss die Art der Verwandtschaft, der Name der Bedarfsperson[19] und deren konkrete Wohnverhältnisse dargelegt werden.[20] Nach BGH[21] genügt es wenn die Person, für die der Eigenbedarf geltend gemacht wird und das Interesse dieser Person an der Erlangung der Wohnung angegeben werden.

---

[15] LG Detmold WuM 1990, 301.
[16] BGH NZM 2011, 706.
[17] BGH WuM 2010, 301.
[18] AG Gelsenkirchen NZM 2014, 787; LG Bielefeld WuM 1993, 539.
[19] LG Berlin ZMR 1999, 32.
[20] LG Frankfurt a. M. WuM 2000, 606.
[21] BGH WuM 2017, 285.

Macht der Vermieter Eigenbedarf für ein **volljährig werdendes Kind** geltend, das seinen eigenen Hausstand begründen will, müssen die bisherigen Wohnverhältnisse des Kindes nicht dargelegt werden.[22] Auch muss dann, wenn der Eigenbedarf damit begründet wird, dass die Bedarfsperson mit einem Lebensgefährten zusammenziehen will, der Name des Lebensgefährten nicht genannt werden.[23] Beansprucht der Vermieter eine Wohnung als „Altersruhesitz", muss er selbstverständlich sein Alter im Kündigungsschreiben angeben. 24

Insbesondere für die **fristlose Kündigung wegen Zahlungsverzug** gilt, dass es nicht ausreichend ist, einen Schuldsaldo in der Kündigung anzugeben, aus dem nicht ersichtlich ist, welche unterlassenen Zahlungen diesem zugrunde liegen.[24] 25

Der BGH hat durch Beschluss vom 22.12.2003[25] entschieden, dass bei „einfachen Fällen" es genügt, wenn der Gesamtbetrag der geschuldeten Miete beziffert wird und die Kündigung auf Zahlungsverzug gestützt ist.[26] Für die Begründung bei „schwierigen" Fällen vgl. AG Dortmund,[27] und BGH:[28] Hiernach genügt es hier, wenn die jeweiligen Mietrückstände aufgelistet werden, die Verrechnung muss nicht angegeben werden. 26

Liegt ein schwieriger Fall vor, zB unregelmäßige Zahlungen zu unterschiedlichen Zeiten, kann der Kündigungserklärung ein Kontoauszug als Anlage beigefügt werden. Zur Wahrung der Schriftform muss dieser aber entweder fest mit der Erklärung verbunden sein oder es muss in der Erklärung auf die Anlage Bezug genommen werden.[29] 27

Die **Unzumutbarkeit der Fortsetzung** des Mietverhältnisses nach § 543 Abs. 1 BGB muss zur Wirksamkeit der Kündigung nicht in der Kündigung dargelegt werden (BGH[30] für den Fall der Mieterkündigung wegen des Mangels der erheblichen Flächendifferenz). 28

Schriftform ist für alle Kündigungen von Wohnraum vorgeschrieben, § 568 Abs. 1 BGB. Die bisher geltende Ausnahme für möblierten Einliegerwohnraum und Wohnraum zum vorübergehenden Gebrauch ist weggefallen. 29

Wichtig ist, dass bei allen Arten von Mietverhältnissen nach § 543 Abs. 3 BGB, soweit Kündigungsgrund eine vertragliche Pflichtverletzung ist, eine Abhilfefrist gesetzt werden muss oder eine erfolglose **Abmahnung** folgen muss, soweit nicht 30

[22] BGH NZM 2011, 30.
[23] BGH NZM 2014, 466.
[24] LG Hamburg NZM 2003, 799.
[25] BGH NZM 2004, 187.
[26] Ebenso BGH WuM 2004, 489.
[27] NZM 2004, 189.
[28] BGH NZM 2010, 548.
[29] LG Mannheim WuM 2004, 204.
[30] BGH NZM 2009, 431.

- eine Frist oder Abmahnung offensichtlich keinen Erfolg verspricht,
- die sofortige Kündigung aus besonderen Gründen unter Abwägung der beiderseitigen Interessen gerechtfertigt ist[31] oder
- der Mieter mit der Entrichtung der Miete im Sinne des § 543 Abs. 2 Nr. 3 BGB in Verzug ist.[32]

31 Das Erfordernis der Abmahnung war bisher lediglich in § 553 BGB aF geregelt, nicht jedoch in § 554a BGB aF, betreffend die fristlose Kündigung bei schuldhafter Pflichtverletzung. Insoweit ist hier von einer Erweiterung des Abmahnerfordernisses bzw. des Erfordernisses der Setzung einer Abhilfefrist auszugehen. Auch die Erfolglosigkeit der Abmahnung dürfte erst nach Setzung einer angemessenen Frist feststehen. Zwischen den Erfordernissen der Setzung einer Abhilfefrist und einer erfolglosen Abmahnung besteht daher keine echte Alternative.

32 Gegen die **Abmahnung** allein kann der Mieter sich nicht im Klageweg wehren. Einer Feststellungsklage, dass die Abmahnung unberechtigt ist, fehlt das Rechtsschutzbedürfnis.[33] Die Feststellungsklage ist unzulässig.[34] Neben der Abmahnung/Fristsetzung ist die Androhung der außerordentlichen fristlosen Kündigung nicht erforderlich.[35]

2. Generalklausel bei der fristlosen Kündigung

33 Die Regelungen über die fristlose Kündigung des Mietverhältnisses finden sich in zwei verschiedenen Bestimmungen. Zum einen regelt § 543 BGB die außerordentliche fristlose Kündigung aus wichtigem Grund bei allen Arten von Mietverhältnissen, § 569 BGB beinhaltet spezielle Regelungen für Wohnraummietverhältnisse.

34 § 543 BGB fasst zunächst bisher in einzelnen Bestimmungen geregelte Gründe zur fristlosen Kündigung des Mietverhältnisses in einer zentralen Vorschrift zusammen. § 543 Abs. 1 BGB beinhaltet die fristlose Kündigung aus wichtigem Grund **(Zerrüttungskündigung).** Die Vorschrift entspricht insoweit nicht dem bisherigen § 554a BGB aF, als ein schuldhaftes Handeln einer Vertragspartei zunächst nicht zwingend vorausgesetzt wird. Hierdurch werden die Fälle erfasst, bei denen bei entsprechenden Voraussetzungen eine fristlose Kündigung des Mietverhältnisses auch dann möglich sein muss, wenn der Gekündigte nicht schuldhaft gehandelt hat (BGH[36] für den Fall des schuldlos handelnden Mieters, der den Hausfrieden stört).

35 Durch den Rechtsausschuss des Deutschen Bundestags wurde die Formulierung eingefügt, dass bei den Umständen des Einzelfalls, nach denen dem Kündigenden die Fortsetzung des Mietverhältnisses nicht zu-

[31] Vgl. AG Münster WuM 2007, 19.
[32] Hierzu BGH WuM 2009, 231.
[33] AG Münster WuM 2006, 456.
[34] So auch BGH NZM 2008, 277.
[35] BGH NZM 2007, 561.
[36] BGH WuM 2005, 125.

gemutet werden kann, insbesondere ein Verschulden der Vertragsparteien zu berücksichtigen ist. Nach der Begründung der Beschlussempfehlung des Rechtsausschusses ist das Verschulden insoweit von Relevanz, als die Anforderungen an die Unzumutbarkeit bei nicht schuldhaftem Verhalten des Störers höher sein würden, als bei einer **schuldhaften Störung des Hausfriedens.** Dieser Regelungsinhalt solle durch die Umformulierung deutlicher zum Ausdruck kommen.

§ 543 Abs. 2 Satz 1 Nr. 1 BGB entspricht dem bisherigen § 542 BGB aF, **36**
betreffend die fristlose Kündigung wegen Nichtgewährung des Gebrauchs. Es gilt die Einschränkung, dass der bisherige § 542 Abs. 2 BGB aF, wonach eine unerhebliche Gebrauchsbeeinträchtigung die Kündigung nur im Falle eines besonderen Interesses des Mieters rechtfertigt, in der Neuregelung nicht mehr enthalten ist. Hier kommt gegebenenfalls eine Heranziehung der **Generalklausel** des § 543 Abs. 1 BGB in Betracht, da nicht davon ausgegangen werden kann, dass auch in **Bagatellfällen** eine fristlose Kündigung nach § 543 Abs. 2 Satz 1 Nr. 1 BGB möglich ist.[37]

§ 543 Abs. 2 Satz 1 Nr. 2 BGB entspricht dem bisherigen § 553 BGB aF **37**
als fristlose Kündigung bei vertragswidrigem Gebrauch, wobei die Fälle des vertragswidrigen Gebrauchs durch die neue Bestimmung beschränkt werden auf die Vernachlässigung der dem Mieter obliegenden Sorgfalt, wodurch die Mietsache erheblich gefährdet wird oder unbefugte Überlassung der Mietsache an einen Dritten, soweit dadurch die Rechte des Vermieters in erheblichem Maße verletzt sind.

Sonstige Fälle des **vertragswidrigen Gebrauchs,** die durch die bishe- **38**
rige Vorschrift des § 553 BGB aF durch die Formulierung „insbesondere" erfasst wurden, sind in § 543 Abs. 2 Satz 1 Nr. 2 BGB nicht mehr geregelt. Hier kommt lediglich ein Rückgriff auf die allgemeine Vorschrift des § 543 Abs. 1 BGB, gegebenenfalls bei Wohnraummietverhältnissen in Verbindung mit § 569 Abs. 2 BGB, soweit dessen Voraussetzungen erfüllt sind, in Betracht. Dies gilt zum Beispiel für einen vertragswidrigen Gebrauch ohne Gefährdung der Mietsache, wie **unerlaubte Tierhaltung, Zweckentfremdung von Wohnraum in Geschäftsraum** oder umgekehrt und dergleichen, da eine erhebliche Gefährdung der Mietsache hierin nur selten zu sehen sein dürfte. Auch eine Störung des Hausfriedens, also anderer Bewohner des selben Hauses dürfte in diesen Fällen nicht immer vorliegen. Es stellt sich die Frage, ob der Vermieter hier auf die Möglichkeit der Unterlassungsklage nach § 541 BGB beschränkt sein sollte.[38]

Die Generalklausel des § 543 Abs. 1 BGB muss also in zahlreichen Fäl- **39**
len dahin konkretisiert werden, was unter der „Unzumutbarkeit der Fortsetzung des Mietverhältnisses" im Einzelfall zu verstehen ist.[39]

---

[37] Vgl. Kraemer WuM 2001, 168.
[38] Vgl. Kraemer WuM 2001, 169.
[39] Hierzu Hirsch WuM 2006, 418 ff.

40 § 553 BGB aF regelte zusätzlich den Fall, dass nicht der Mieter, sondern derjenige, welchem der Mieter den Gebrauch der gemieteten Sache überlassen hat, also ein Untermieter, einen **vertragswidrigen Gebrauch** der Mietsache macht. Diese Vorschrift ist in der Neuregelung des § 543 Abs. 2 Nr. 2 BGB entfallen. Nach KG vom 15.6.2000[40] soll sich der Mieter im Falle der ordentlichen Kündigung wegen einer erheblichen Vertragsverletzung das **Verschulden eines Dritten** gemäß § 278 BGB nicht zurechnen lassen müssen. Auf die fristlose Kündigung dürfte dies nicht anwendbar sein, so dass sich der Mieter bei Verschulden des Dritten dessen Verhalten zurechnen lassen muss, nicht aber des schuldlos handelnden Dritten. Zurechenbar ist dem Mieter allerdings, wenn er gegen die Gefährdung der Mietsache durch den schuldlos handelnden Dritten nichts unternimmt und sie dadurch – durch Vernachlässigung seiner Pflichten – mit verursacht.[41]

41 § 543 Abs. 2 Satz 1 Nr. 3 BGB entspricht teilweise der bisherigen Vorschrift des § 554 BGB aF betreffend die fristlose Kündigung bei Zahlungsverzug. Die insoweit in § 543 BGB enthaltene Regelung ist für alle Arten von Mietverhältnissen anwendbar. Bei **Wohnraummietverhältnissen** gilt hierzu ergänzend § 569 Abs. 3 BGB. Hier sind die bisher in § 554 Abs. 2 BGB aF enthaltenen Sonderregelungen, die bei der fristlosen Kündigung bei Zahlungsverzug gelten, soweit Wohnraum vermietet ist, enthalten.

3. Neue Schonfrist bei Zahlungsverzug

42 Wichtig ist, dass die Schonfrist des bisherigen § 554 Abs. 2 Nr. 2 BGB aF durch die Neuregelung des § 569 Abs. 3 Nr. 2 BGB von einem Monat nach Eintritt der Rechtshängigkeit des Räumungsanspruchs auf zwei Monate verlängert worden ist. Die Verlängerung soll der im allgemeinen Interesse liegenden **Vermeidung von Obdachlosigkeit** dienen. Die bisherige Frist von einem Monat habe sich für die Sozialhilfebehörden häufig als zu kurz erwiesen (Begr. des RefE, 133).

43 In der gerichtlichen Praxis hat sich die Frage gestellt, ob die Verlängerung der Schonfrist nicht in den meisten Fällen nur zu einer Verlängerung der Räumungsprozesse bei Terminsbestimmung der Gerichte nach Ablauf der nunmehr verlängerten Schonfrist oder Erlass eines schriftlichen Versäumnisurteils nach §§ 276, 331 Abs. 3 ZPO nach Ablauf der Schonfrist führt, um dem Mieter die materiell rechtliche Möglichkeit der Bezahlung der rückständigen Mieten innerhalb der Schonfrist mit der Folge des **Unwirksamwerdens der Kündigung** zu erhalten. Nach den bisherigen Erfahrungen ist es den Sozialbehörden bei entsprechender Mitwirkung des Mieters ohne weiteres gelungen, auch die Schonfrist von einem Monat hinsichtlich ihrer Verpflichtungserklärung zur Über-

[40] NZM 2000, 905.
[41] Kraemer WuM 2001, 169.

nahme der Mietschulden einzuhalten. Die Rechtsprechung steht nunmehr ganz überwiegend auf dem Standpunkt, dass der Ablauf der Schonfrist zB hinsichtlich des Erlasses eines Versäumnisurteils nicht abgewartet werden muss.[42]

Zusätzliche **Einzelfragen:**

- Die Übernahmeerklärung des Sozialamts darf nicht von einer Bedingung abhängig gemacht werden, zB dass der Mieter in der Wohnung verbleiben darf oder die Klage zurückgenommen wird.[43] **44**
- Nach BGH[44] soll die Wirkung der Nachzahlung innerhalb der Schonfrist nicht ohne weiteres bei einer gleichzeitig erklärten ordentlichen Kündigung wegen verschuldeten Verzugs nach § 573 Abs. 2 Nr. 1 BGB eintreten, da die Kündigungen erhebliche Unterschiede aufwiesen (Entlastungsmöglichkeit bei der ordentlichen Kündigung beim Verschulden, da der Mieter insoweit den Verzug möglicherweise nicht zu vertreten hat, zB Krankheit oder unverschuldete wirtschaftliche Probleme.[45] Ebenso BGH.[46] Eine ordentliche Kündigung soll bei Nachzahlung innerhalb der Schonfrist nach erfolgter fristloser Kündigung auch nicht rechtsmissbräuchlich sein, auch dann nicht, wenn der Mieter keine weiteren Pflichten verletzt hat.[47] Ebenso LG Berlin.[48] **45**

4. Neue Kündigungsfristen bei der ordentlichen Kündigung eines Wohnraummietverhältnisses und Kündigungsfristen in Altverträgen

Nach der bisherigen Regelung des § 565 Abs. 2 BGB aF bestand bei der ordentlichen Kündigung von Wohnraummietverhältnissen eine einheitliche Kündigungsfrist von drei Monaten, die sich nach fünf, acht und zehn Jahren seit der Überlassung des Wohnraums um jeweils drei Monate verlängerte. Nunmehr gilt eine **asymmetrische Kündigungsfrist.** Nach § 573c Abs. 1 Satz 1 BGB beträgt die Kündigungsfrist für den Mieter drei Monate unabhängig von der Dauer der Überlassung des Wohnraums. Nach § 573c Abs. 1 Satz 2 BGB verlängert sich die Kündigungsfrist für den Vermieter nach fünf und acht Jahren seit der Überlassung des Wohnraums um jeweils drei Monate, also nach Ablauf von fünf Jahren auf sechs Monate und nach Ablauf von acht Jahren auf neun Monate. **46**

Zur **Übergangsregelung** nach Art. 229 § 3 Abs. 10 EGBGB: Wenn vor dem 1.9.2001 in einem Wohnraummietvertrag eine Kündigungsfrist vereinbart war, die nicht den neuen Regelungen entspricht, ist diese Ver- **47**

[42] Vgl. LG Berlin GE 2004, 1395.
[43] LG München I NZM 2004, 66.
[44] BGH WuM 2005, 250.
[45] KG GE 2008, 1327.
[46] NZM 2013, 20.
[47] BGH WuM 2016, 225.
[48] WuM 2017, 83.

einbarung weiter wirksam. Hierbei sollen nach bestrittener Auffassung vertragliche Regelungen, die lediglich die bisherigen gesetzlichen Kündigungsfristen wiedergeben, keine Vereinbarung darstellen, wohl aber Regelungen zu Gunsten des Mieters, zB die 14-tägige Kündigungsfrist in den früheren DDR-Mietverträgen nach ZGB.

48 Der BGH[49] hatte entschieden, dass alle vertraglichen Vereinbarungen über Kündigungsfristen in Altverträgen, unabhängig, ob sie durch Formularvertrag oder durch Individualvereinbarung getroffen worden sind, weiter gelten. Es käme nicht darauf an, ob es sich um eine „echte" Vereinbarung handelt, die wörtliche oder sinngemäße Wiedergabe der früheren gesetzlichen Regelung genüge.

49 Darüber hinaus genüge es auch, wenn, wie im **„Mustermietvertrag 1976"** geregelt, auf die „gesetzlichen" Kündigungsfristen Bezug genommen werde und die Kündigungsfristen in einer **Fußnote** wiedergegeben seien.[50] Nur die Bezugnahme auf die gesetzlichen Kündigungsfristen genüge aber nicht.[51]

50 Durch „Gesetz zur Änderung des Einführungsgesetzes zum Bürgerlichen Gesetzbuch" vom 26.5.2005, in Kraft getreten am 1.6.2005 wurde nunmehr geregelt, dass die alten Kündigungsfristen nicht weiter gelten, wenn sie durch Allgemeine Geschäftsbedingungen vereinbart worden sind.[52] Es gilt also auch bei Altverträgen in der Regel **die dreimonatige Kündigungsfrist** des § 573c BGB. Die Neuregelung betrifft aber nur Kündigungen, die nach dem 1.6.2005 dem Mieter zugehen.[53]

51 Ist nach dem Stichtag der Mietrechtsreform 2001, also nach dem 31.8.2001, ein Mieter dem fortbestehenden Mietvertrag beigetreten, gelten auch in seinem Fall die früheren formularvertraglich wirksam vereinbarten Kündigungsfristen, wenn die Kündigung vor den 1.6.2005 zugegangen ist.[54]

52 Das Gesetz vom 26.5.2005 stellt ausdrücklich auf die Vereinbarung der Kündigungsfristen nach § 565 BGB aF ab. Stimmen in **Altverträgen** verwendete Formulierungen nicht mit dem Gesetzeswortlaut des § 565 BGB aF überein, dürfte das Gesetz nicht anwendbar sein (zB folgende Formulierung: „Die Kündigungsfrist beträgt 3 Monate, wenn seit der Überlassung des Wohnraums weniger als 5 Jahre vergangen sind, 6 Monate, wenn seit der Überlassung des Wohnraums 5 Jahre vergangen sind … usw.".[55]).

[49] BGH NZM 2003, 711.
[50] BGH NZM 2004, 336.
[51] BGH ZMR 2006, 509.
[52] NZM 2004, 209.
[53] BGH WuM 2005, 583.
[54] BGH NZM 2007, 327.
[55] AG Charlottenburg GE 2002, 804; Beuermann GE 2005, 722.

IV. Fristlose Kündigung wegen Nichtgewährung des Gebrauchs und Gebrauchsentziehung, § 543 Abs. 2 Nr. 1 BGB

1. Voraussetzungen des Kündigungsrechts

Voraussetzung des Kündigungsrechts ist die Nichtgewährung des Gebrauchs, die zum Beispiel in einem Mangel der Mieträume im Sinne von § 536 BGB, in einem Rechtsmangel nach § 536 Abs. 3 BGB oder einer auf anderen Gründen beruhenden Erfüllungsverweigerung bestehen kann. Es muss sich aber nicht um einen Fehler im Sinne des § 536 BGB handeln.[56] **53**

Beispiele für Gebrauchsentziehung und Nichtgewährung des Gebrauchs **54**
- Allgemein nicht unerhebliche Beeinträchtigungen, Belästigungen und Gefährdungen,
- Geräuschbelästigung durch das Tor einer Sammelgarage,[57]
- ein Baugerüst an der Außenfassade einer Mietwohnung,[58]
- Befall einer Wohnung mit Kakerlaken,[59]
- erhebliche Lärmbelästigung von einer benachbarten Großbaustelle,[60]
- erhebliche Geruchsbelästigung durch eine städtische Kläranlage,[61]
- wiederholter Heizungsausfall infolge Stromabschaltung wegen offener Stromrechnungen, deren Bezahlung dem Vermieter oblag,[62]
- zahlreiche Einbrüche innerhalb von zwei Jahren, was dazu führt, dass der Mieter keinen Versicherungsschutz mehr erlangen kann,[63]
- Schimmelbefall einer Wohnung, der durch einen Baumangel bedingt ist,[64]
- Klopfgeräusche aus der Zentralheizung in der Nacht,[65]
- Belastung einer Mietwohnung mit Formaldehyd,[66]
- Ausübung der Prostitution in der Nachbarwohnung.[67]

Beispiele für Rechtsmangel (Rechte Dritter stehen dem vertragsmäßigen Gebrauch entgegen): **55**
- Eigentum oder Nießbrauch eines Dritten an der Mietsache,

---

[56] OLG Naumburg NJW-RR 1988, 944.
[57] OLG Hamburg MDR 1972, 953.
[58] LG Berlin ZMR 1986, 54.
[59] LG Freiburg WuM 1986, 246.
[60] LG Hamburg WuM 1986, 313.
[61] LG Augsburg WuM 1986, 37.
[62] LG Saarbrücken WuM 1995, 159.
[63] OLG Naumburg NJW-RR 1998, 944.
[64] LG Kassel WuM 1988, 109.
[65] LG Darmstadt WuM 1980, 52.
[66] LG München I NJW-RR 1991, 975.
[67] LG Kassel WuM 1987, 122.

- Doppelvermietung,[68]
- Grunddienstbarkeit eines Dritten.[69]

56 Das Kündigungsrecht ist nur dann gegeben, wenn der Dritte sein Recht geltend macht. Die Androhung der Durchsetzung des Rechts genügt nicht.

57 In Betracht kommen auch öffentlich-rechtliche Gebrauchsbeschränkungen, die mit Rechtsmängeln im Sinne des § 536 Abs. 3 BGB nicht zu verwechseln sind. § 536 Abs. 3 BGB bezieht sich nämlich nur auf die Beschränkung der Rechte des Mieters durch Privatrechte Dritter. Liegen öffentlich-rechtliche Beschränkungen vor, darf auf diese nicht durch Duldung verzichtet worden sein. Sie stellen auch dann keinen Mangel dar, der gegebenenfalls zur Kündigung berechtigt, wenn der Mieter ohne weiteres das Verbot abwenden kann.[70]

58 **Beispiele:**
- Behördliches Verbot der Errichtung neuer Betriebe,
- Baubeschränkung, die darin liegt, dass ein Grundstück in einem militärischen Bereich liegt, wenn der militärische Zweck der Bebauung entgegensteht,[71]
- fehlende Zulässigkeit der Wohnraumnutzung bei vermieteten Wohnräumen (zum Beispiel Souterrain-Zimmer), auch wenn die Räume bewohnt worden sind,[72]
- fehlender Stellplatznachweis für ein Restaurant,[73]
- keine Konzession für einen Gaststättenbetrieb wegen der damit verbundenen Lärmbelästigung.[74]

2. Erhebliche Beeinträchtigung

59 Die Beeinträchtigung muss erheblich sein. Unerhebliche Störungen kommen nicht in Betracht, es sei denn, es liegt eine besondere Interessenlage des Mieters vor, die objektiv festzustellen ist. Es soll ein Missbrauch des Kündigungsrechts verhindert werden. Ein besonderes Interesse liegt jedenfalls vor, wenn der Vermieter einen Umstand zugesichert hat, auch wenn ansonsten objektiv eine unerhebliche Beeinträchtigung vorliegen würde.

60 **Beispiel:** Der Mieter hat sich eine besonders ruhige Wohnlage zusichern lassen, es liegt jedoch ortsüblicher Verkehrslärm vor. In Betracht kommt auch, dass sich Mängel häufen, die für sich allein unerheblich wären.

3. Abhilfefrist

61 Weitere Voraussetzung der Kündigung ist, dass der Mieter dem Vermieter eine angemessene Abhilfefrist nach § 543 Abs. 3 BGB gesetzt hat,

[68] LG Berlin GE 1991, 357.
[69] BGH WuM 1989, 153.
[70] OLG Hamm ZMR 1971, 87.
[71] BGH NJW 1992, 1384.
[72] LG Lüneburg WuM 1989, 386.
[73] OLG München ZMR 1995, 401.
[74] BGH ZMR 1988, 376.

die der Vermieter hat verstreichen lassen.[75] Als Inhalt der Erklärung ist anzuführen, welche Mängel beseitigt werden sollen. Die Mängel müssen bestimmt und genau bezeichnet werden.[76] Weiter muss eine zeitlich bestimmte Abhilfefrist gesetzt werden.[77] Eine Mängelrüge genügt nicht. Hinsichtlich der Länge der Frist kommt es auf die Umstände des Falles an.

Beispiel: Der Mieter zeigt Lärmbelästigung durch Mitmieter an. Er setzt eine Abhilfefrist von zwei Wochen. Diese Frist ist zu kurz, da in einem derartigen Fall eine längere Fristsetzung erforderlich ist.[78] 62

Ist die Abhilfefrist zu kurz bemessen, tritt an ihrer Stelle eine angemessene Frist.[79] Unwirksam ist eine Kündigungserklärung, die unmittelbar auf eine zu kurz bemessene Abhilfefrist folgt, da hier der Lauf einer angemessenen Frist nicht stattfinden konnte.[80] 63

Beispiel: Der Mieter zeigt einen Baumangel an, der zu Feuchtigkeitsschäden in der angemieteten Wohnung führt. Er setzt eine Abhilfefrist von vier Wochen. Nach Ablauf dieser Frist kündigt er nach § 543 Abs. 2 Nr. 1 BGB. Die Abhilfefrist war zu kurz, falls für die Beurteilung des Mangels die Einholung eines Sachverständigengutachtens erforderlich gewesen wäre. Nachdem eine angemessene Frist aufgrund der sofort nach Ablauf der Frist erfolgenden Kündigung nicht laufen konnte, war die Kündigung unwirksam. 64

Entbehrlich ist die Fristsetzung, wenn sehr erhebliche Umstände vorliegen, die dazu führen, dass der Mieter aufgrund dieser Umstände kein Interesse mehr daran hat, dass der Vertrag weiter besteht. Dieser Wegfall des Interesses an der Vertragserfüllung ist objektiv zu beurteilen.[81] 65

Beispiele: 66
- Es liegt objektive Unmöglichkeit der Mangelbeseitigung vor,
- die Mangelbeseitigung ist besonders aufwendig, lang dauernd und belastend,[82] zum Beispiel Beseitigung chemischer Bodenverunreinigungen durch eine früher auf dem Grundstück gelegene Tankstelle.
- Es sind mehrere fehlgeschlagene Versuche einer Abhilfe vorgenommen worden, die nicht zur Mangelbehebung geführt haben. Dies führt dazu, dass der Mieter auf eine wirksame Abhilfe nicht mehr vertrauen kann.[83] Nicht kommt es darauf an, ob hier der Vermieter die Abhilfe schuldhaft unterlassen hat.[84]

4. Zeitpunkt, Form und Begründung der Kündigung

Die Kündigung muss nicht sofort nach Ablauf der Abhilfefrist ausgesprochen werden, darf aber auch nicht unangemessen lange verzögert werden. 67

[75] LG Berlin ZMR 1999, 27.
[76] OLG Naumburg WuM 2000, 246.
[77] LG Berlin GE 1999, 45.
[78] AG Lübeck DWW 1988, 180: mindestens sechs Wochen.
[79] LG Frankfurt a. M. WuM 1987, 55.
[80] LG Berlin GE 1986, 37.
[81] LG Saarbrücken WuM 1995, 159.
[82] OLG Düsseldorf DWW 1993, 99.
[83] LG Saarbrücken WuM 1995, 159.
[84] BGH WuM 1967, 515.

68 **Beispiel:** Wartet der Mieter nach Ablauf der Abhilfefrist länger als einen Monat ab, um sich zu überlegen, ob er kündigen will, dürfte bereits eine unangemessene Verzögerung der Kündigung vorliegen. Verwirkt ist das Kündigungsrecht in jedem Fall bei übermäßiger Verzögerung (OLG Celle:[85] Zwei Jahre nach Kenntnis des Kündigungsgrundes).

69 Grundsätzlich wird man die Überlegungsfrist des Mieters auf einen Zeitraum von ca. zwei bis drei Monaten beschränken müssen.[86]

5. Ausschluss des Kündigungsrechtes

70 Aufgrund der Verweisung in § 543 Abs. 4 BGB auf § 536b BGB ist das Kündigungsrecht wegen Nichtgewährung des Gebrauchs nach § 543 Abs. 2 Nr. 1 BGB in den Fällen des § 536b BGB ausgeschlossen. Bei Rechtsmängeln gilt dies nur bei positiver Kenntnis des Mangels.[87] Bei vorbehaltloser Weiterzahlung der Miete findet gegebenenfalls Verwirkung statt.

71 **Beispiel:** Es liegt ein Minderungsgrund wegen Schimmelbildung in der Mietwohnung vor, der bauseits bedingt ist. Der Mieter zahlt über einen Zeitraum von elf Monaten seit Auftreten des Mangels die Miete weiter. Nach Ablauf dieser sieben Monate setzt er eine Abhilfefrist nach § 543 Abs. 3 BGB und kündigt im Anschluss daran. Die Kündigung kann wegen Verwirkung ausgeschlossen sein.

72 Was die Anwendung des § 536b BGB betrifft, so führt die positive Kenntnis des Mieters von dem Mangel bei Vertragsschluss auch dann zum Ausschluss des Kündigungsrechts, wenn der Vermieter arglistig gehandelt hat. Haben mehrere Mieter Mieträume angemietet, so steht ihnen das Recht zur fristlosen Kündigung nach § 543 Abs. 2 Nr. 1 BGB nicht zu, wenn auch nur einem Mieter die Umstände bekannt waren, die das Kündigungsrecht ausfüllen.[88]

6. Beweislast

73 § 543 Abs. 4 Satz 2 BGB enthält eine gesetzliche Regelung der Beweislast. Der Vermieter muss beweisen, dass er den Gebrauch rechtzeitig gewährt hat und gegebenenfalls Abhilfe vor Ablauf der vom Mieter gesetzten Abhilfefrist bewirkt hat. Der Mieter muss das Vorliegen eines erheblichen Mangels, die Fristsetzung und sein besonderes Interesse zur Kündigung auch wegen einer unerheblichen Vorenthaltung des Gebrauchs beweisen.

[85] ZMR 1995, 298.
[86] AG Köln WuM 1980, 17.
[87] Saarl. OLG MDR 1999, 86.
[88] BGH NJW 1972, 249.

V. Fristlose Kündigung wegen vertragswidrigen Gebrauchs, § 543 Abs. 1, Abs. 2 Satz 1 Nr. 2 BGB

1. Voraussetzungen des Kündigungsrechts

Eine erhebliche Verletzung der Rechte des Vermieters muss vorliegen. **74**
Es handelt sich um einen Beispielsfall der allgemeinen Zerrüttungskündigung nach § 543 Abs. 1 BGB. Im Einzelnen ist die **fristlose Kündigung** nach § 543 Abs. 2 Satz 1 Nr. 2 BGB in folgenden Fällen **möglich:**

- Der Mieter **überlässt unbefugt den Gebrauch** der Mietwohnung **einem Dritten,** obwohl er auf die Untervermietung keinen Anspruch hat.[89] Belässt der Mieter ungeachtet einer Abmahnung des Vermieters dem Dritten den unbefugt überlassenen Gebrauch, so bedarf es nicht der Feststellung einer erheblichen Beeinträchtigung der Rechte des Vermieters.[90] Die unbefugte Gebrauchsüberlassung stellt nach der Gesetzesfassung des § 543 Abs. 2 Satz 1 Nr. 2 BGB als solche eine erhebliche Verletzung der Vermieterrechte dar („dadurch"). **75**
  - Unbefugte Gebrauchsüberlassung liegt auch vor, wenn der Mieter, der einem anderen den Gebrauch ständig überlassen hat, seine Wohnung zweimal in der Woche aufsucht, im Übrigen aber sich in einer anderen Wohnung aufhält.[91] **76**
  - Die nicht angezeigte und ungenehmigte Überlassung der Mietsache an Touristen kann die fristlose Kündigung sogar ohne Abmahnung rechtfertigen.[92] **77**
- Hat der Mieter zum Zeitpunkt der Kündigung auf die Gebrauchsüberlassung einen Anspruch im Sinne eines berechtigten Interesses nach § 553 Abs. 1 BGB, kann die Kündigung unwirksam sein, auch wenn der Mieter vor der Überlassung die Erlaubnis des Vermieters nicht eingeholt hatte.[93] Diese Pflichtverletzung kann aber die **ordentliche** Kündigung nach § 573 Abs. 2 Nr. 1 BGB begründen.[94] **78**
- Der Abmahnung oder Setzung einer Abhilfefrist nach § 543 Abs. 3 Satz 1 BGB bedarf die fristlose Kündigung wegen unerlaubter Untervermietung auch dann, wenn vor der Überlassung der Wohnung an den Mieter ausdrücklich auf das Untervermietungsverbot hingewiesen worden ist.[95] Eine Vertragsklausel, wonach der Vermieter bei vertragswidrigem Gebrauch auch ohne Abmahnung fristlos kündi- **79**

---

[89] OLG Hamburg WuM 1982, 41.
[90] OLG Frankfurt a. M. WuM 1988, 395.
[91] AG Neuss NZM 1999, 309.
[92] LG Berlin WuM 2015, 31.
[93] BayObLG ZMR 1991, 64.
[94] BayObLG WuM 1995, 378.
[95] AG Friedberg/Hessen WuM 1987, 222.

gen darf, verstößt bei Wohnraummietverhältnissen gegen § 569 Abs. 5 Satz 1 BGB, bei anderen Mietverhältnissen gegen § 307 BGB.[96] In den gesetzlichen Ausnahmefällen des § 543 Abs. 3 Satz 2 BGB kann auf die Abmahnung jedoch verzichtet werden.[97]

80 – Der Mieter **gefährdet die Mietsache** erheblich durch Vernachlässigung der ihm obliegenden Sorgfalt (AG Rheine:[98] Schäden an der Bausubstanz sind zu besorgen).

81 Eine Schädigung der Mietsache muss noch nicht eingetreten sein. **Einzelfälle** sind zB

- Lagerung gefährlicher Stoffe in der Wohnung, Anbringung gefährlicher Installationen.
- Längere Abwesenheit des Mieters ohne die Wasserleitungen vor dem Einfrieren zu schützen.[99]

82 Sonstige Fälle des vertragswidrigen Gebrauchs sind in § 543 Abs. 2 Satz 1 Nr. 2 BGB nicht geregelt. Hier kommt lediglich ein Rückgriff auf die allgemeine Vorschrift des § 543 Abs. 1 BGB in Betracht.

83 Folgende **Einzelfälle** sind denkbar:

- Die Wohnung ist im Laufe des Mietverhältnisses durch Vergrößerung der Familie des Mieters in erheblichem Umfang überbelegt worden (OLG Karlsruhe:[100] bei Wohnfläche von 54 qm Anwachsen von drei auf acht Personen; LG Kempten:[101] bei Wohnfläche von 78 qm bewohnen durch 7 Personen ist keine Überbelegung), Überbelegung kann dadurch eintreten, dass der Mieter seinen Ehegatten und ein gemeinsames Kind in die Wohnung aufgenommen hat und trotz Abmahnung durch den Vermieter dort belässt (BayObLG:[102] Wohnfläche 25 qm). Überbelegung durch Zuzug von Kindern genügt aber nicht als Kündigungsgrund, wenn den Vermieter beeinträchtigende Auswirkungen nicht festzustellen sind.[103]
- Der Mieter weigert sich beharrlich, die Schönheitsreparaturen auszuführen und die Wohnung wird hierdurch in ihrer Substanz erheblich gefährdet.[104] Allein das Unterlassen der Schönheitsreparaturen rechtfertigt nicht die fristlose Kündigung.[105]
- Der Mieter übt ein Gewerbe in der Wohnung aus, durch das eine unzumutbare Störung für den Vermieter oder Mitmieter eintritt.[106]

---

[96] AG Schöneberg GE 1986, 1125.
[97] Vgl. auch LG München I ZMR 1985, 384.
[98] WuM 1987, 153.
[99] LG Görlitz WuM 1994, 669.
[100] ZMR 1987, 263.
[101] WuM 1997, 371.
[102] ZMR 1984, 13.
[103] BGH WuM 1993, 529.
[104] LG Hamburg WuM 1984, 85.
[105] LG Itzehoe WuM 1989, 76.
[106] LG Osnabrück WuM 1986, 94.

Hierunter fällt zB die Benutzung der Wohnung als Absteige oder für die gewerbliche Prostitution.[107]

- Der Mieter benutzt gewerblich vermietete Räume zum ständigen Wohnen.[108]
- Der Mieter füttert regelmäßig Tauben mit erheblicher Verschmutzung.[109]

Grundsätzlich ist die **Fortsetzung des vertragswidrigen Handelns** trotz Abmahnung oder Setzung einer Abhilfefrist durch den Vermieter erforderlich, § 543 Abs. 3 Satz 1 BGB. Stellt der Mieter den vertragswidrigen Gebrauch nach einer Abmahnung ein, kann eine noch nicht zugegangene Kündigung nicht mehr wirksam werden. Die Abmahnung kann **formfrei** erklärt werden, handelt es sich um mehrere **Mieter** einer Wohnung, so muss sie allen zugehen. Die Abmahnung muss auch dann an den Mieter gerichtet werden, wenn der vertragswidrige Gebrauch durch einen Dritten erfolgt, dem der Mieter die Wohnung überlassen hat. Bei mehreren Vermietern muss die Abmahnung durch alle Vermieter ausgesprochen werden, nicht nur eine anschließende Kündigung.[110] **84**

Die in der Abmahnung oder mit der Abhilfeaufforderung gesetzte **Frist** muss so bemessen werden, dass der Mieter innerhalb dieser Frist zumutbarerweise Abhilfe schaffen kann. Beim vertragswidrigen Gebrauch durch Untervermietung muss die Abmahnfrist somit der gesetzlichen Kündigungsfrist für das Untermietverhältnis entsprechen.[111] Dem **Inhalt** nach muss die Abmahnung eine Kündigungsandrohung für den Fall erneuter oder der Fortsetzung von Vertragsverstößen enthalten.[112] **85**

Verzichtet werden kann auf die Abmahnung in den gesetzlichen Gründen nach § 543 Abs. 3 Satz 2 BGB, zB, wenn sie nur eine Formsache wäre, bzw. eine ernstliche und endgültige Erfüllungsverweigerung durch den Mieter vorliegt.[113] Nach einer Abmahnung darf der Vermieter nicht längere Zeit abwarten, bevor er kündigt; dauert der vertragswidrige Zustand an, muss er in diesem Fall erneut abmahnen, um den **zeitlichen Zusammenhang** zwischen Abmahnung und Kündigung herzustellen. **86**

Zu berücksichtigen ist weiter, dass der Vermieter den ihm nun bekannten vertragswidrigen Zustand nicht längere Zeit hinnehmen darf, da er sonst sein Kündigungsrecht verwirkt.[114] Der Eintritt der Verwirkung **87**

---

107 LG Frankfurt a. M. ZMR 1997, 237.
108 OLG Düsseldorf ZMR 1987, 423.
109 AG Nürnberg WuM 2017, 150.
110 LG Heidelberg NZM 2001, 91.
111 LG Mannheim WuM 1985, 262.
112 LG Itzehoe WuM 1991, 99.
113 KG JW 1927, 2816.
114 OLG Karlsruhe ZMR 1987, 419.

kann auch nicht durch eine erneute Abmahnung rückgängig gemacht werden.

88 Das **Verschulden** des Mieters ergibt sich aus der Fortsetzung des vertragswidrigen Gebrauchs trotz Abmahnung. Der Mieter haftet für aufgenommene Angehörige und andere Erfüllungsgehilfen nach § 278 BGB. Es genügt, wenn einer von mehreren Mietern sich vertragswidrig verhält.[115] Zieht ein Mitmieter, der die Störung verursacht hat, aus, kann eine Fortsetzung des Vertragsverhältnisses mit den verbleibenden Mietern jedoch zumutbar sein.[116]

2. Form, Begründung und Zugang der Kündigungserklärung

89 Die Kündigung bedarf als Kündigung eines Mietverhältnisses über Wohnraum der Schriftform, § 568 Abs. 1 BGB. Die Angabe von Kündigungsgründen ist bei Wohnraummietverhältnissen nach § 569 Abs. 4 BGB erforderlich.

90 Inhalt der Abmahnung und der Kündigung müssen sich decken, der Vermieter darf die Kündigung nicht auf andere Gründe stützen, als auf die, wegen denen er abgemahnt hat. Hinsichtlich **nachgeschobener Kündigungsgründe** ist erneut abzumahnen. Wird die fristlose Kündigung in einem nachfolgenden Räumungsprozess allein auf nachträglich entstandene Kündigungsgründe gestützt, die nicht Gegenstand der ersten Kündigung waren, ist eine erneute Kündigungserklärung erforderlich.[117]

91 Die Kündigung muss dem Mieter zugehen. Verweigert oder verhindert er die Kenntnisnahme, gilt sie als zugegangen. Nach Zugang der Kündigung ist ein einseitiger Widerruf rechtlich nicht mehr möglich, nur noch ein Neuabschluss des Mietvertrages.

3. Abweichende Vereinbarungen und Beweislast

92 Eine Verschärfung der Voraussetzungen der fristlosen Kündigung nach § 543 Abs. 2 Satz 1 Nr. 2 BGB zu Lasten des Mieters kann bei Wohnraummietverhältnissen vertraglich nicht vereinbart werden, § 569 Abs. 5 Satz 1 BGB. Der Vermieter ist für alle Voraussetzungen der Kündigung **beweispflichtig.** Trägt jedoch der Mieter unter Angabe bestimmter Tatsachen eine unerhebliche Verletzung der Vermieterrechte vor, ist er hierfür beweispflichtig.

[115] OLG Düsseldorf ZMR 1987, 423.
[116] AG Bochum WuM 1990, 296.
[117] OLG Zweibrücken RES Bd. I § 564a BGB Nr. 1.

VI. Fristlose Kündigung wegen Zahlungsverzug, § 543 Abs. 2 Satz 1 Nr. 3, 569 Abs. 3 BGB

1. Voraussetzungen des Kündigungsrechts

a) Mietverzug über zwei aufeinander folgende Termine, § 543 Abs. 2 Satz 1 Nr. 3a BGB

Zur Miete gehören auch Nebenkostenpauschalen und Umlagen.[118] Aufgelaufene Rückstände an Nebenkostenvorauszahlungen geben einen Grund zur fristlosen Kündigung nach § 543 Abs. 2 Satz 1 Nr. 3 BGB, wenn diese Rückstände die Höhe von zwei Monatsmieten erreicht haben.[119] **93**

Nachforderungen aus der jährlichen Nebenkostenabrechnung sind nicht Miete iSv § 543 Abs. 2 Satz 1 Nr. 3 BGB. Kommt der Mieter mit ihrer Begleichung in Verzug, kann der Vermieter nicht nach § 543 Abs. 2 Satz 1 Nr. 3 BGB kündigen.[120] Dasselbe gilt, falls die Kaution rückständig ist.[121] Verzug bedeutet Nichtzahlung der Miete trotz Fälligkeit. **94**

Seine **finanzielle Leistungsfähigkeit** hat der Mieter immer zu vertreten, auch dann, wenn er Sozialhilfe bezieht,[122] er kann sich nicht darauf berufen, dass das Sozialamt die Mietzahlung übernommen hat und dieser Verpflichtung nicht nachkommt.[123] Die Durchsetzung des Räumungsanspruchs kann gegen Treu und Glauben verstoßen, vor allem dann, wenn der Verzug durch interne Probleme der Behörde, zB Wechsel des zuständigen Sozialamts, verursacht ist: AG Frankfurt a.M.[124] **95**

Auch **ständige unpünktliche Mietzahlung** kann ein Grund für die fristlose Kündigung nach § 543 Abs. 1 BGB sein. Erfolgt die unpünktliche Zahlung durch Verschulden des Sozialamts, ist dies dem Mieter nicht zuzurechnen, da das Amt nicht Erfüllungsgehilfe des Mieters nach § 278 BGB ist, sondern eigene hoheitliche Aufgaben wahrnimmt.[125] **96**

Auch wenn die Leistungsunfähigkeit zB auf Krankheit[126] oder Arbeitslosigkeit beruht, hat dies der Mieter zu vertreten. **97**

---

118 OLG Karlsruhe WuM 1982, 241.
119 LG Berlin GE 1986, 501.
120 OLG Koblenz ZMR 1984, 351.
121 LG Bielefeld WuM 1992, 124.
122 BGH WuM 2015, 152.
123 LG Karlsruhe ZMR 1989, 421; LG Mönchengladbach ZMR 1993, 571, aA LG Berlin NZM 2013, 121.
124 NZM 1999, 21.
125 BGH NZM 2010, 37. So auch BGH WuM 2016, 491. Vgl. jetzt aber anders BGH WuM 2015, 152.
126 LG Kiel WuM 1984, 55.

Verzug ist aber ausgeschlossen, wenn

98 – der Mieter die Miete „unter Vorbehalt" zahlt;[127]

99 – der Mieter das Geld noch rechtzeitig abgesandt hat und es verspätet beim Vermieter eintrifft, dasselbe gilt bei Überweisung und verspäteter Wertstellung beim Vermieterkonto,[128] wonach sich der Mieter die fehlerhafte Bearbeitung von Überweisungsaufträgen durch die **von ihm** beauftragte Bank zurechnen lassen muss;

100 – vereinbart ist, dass Einzug im Lastschriftverfahren stattfindet und der Einzug ohne Verschulden des Mieters nicht durchgeführt wird oder der Vermieter von der Einzugsermächtigung ohne Gründe keinen Gebrauch macht;[129] ebenso OLG Karlsruhe;[130]

101 – bei Überweisung durch den Mieter die vereinbarte Zahlstelle (zB Bank des Vermieters) den Betrag dem Konto eines Dritten gutschreibt;[131] ebenso LG München I:[132] Nichterkennbarkeit für den Mieter, da von seinem Konto die Miete abgebucht wird und AG Hamburg-Barmbek:[133] Die Bank des Vermieters verzögert die Gutschrift der Mietzahlung;

102 – der Mieter ohne grobe Fahrlässigkeit im Übermaß ein Zurückbehaltungsrecht ausübt oder die Miete mindert;[134] dasselbe gilt bei Irrtum über das Ausmaß einer Mietpreisüberhöhung;[135]

103 – der Mieter zur Zustimmung zu einer Mieterhöhung verurteilt worden ist und die Rückstände nicht sofort nachbezahlt, § 569 Abs. 3 Nr. 3 BGB.

104 – Der Mieter nach dem Tod des Vermieters keine Gewissheit darüber erlangen kann, wer Gläubiger seiner Mietverpflichtungen geworden ist.[136]

105 Das Kündigungsrecht nach § 543 Abs. 2 Satz 1 Nr. 3a BGB besteht, wenn für zwei aufeinander folgende Termine (Monate) der **gesamte** oder ein **nicht unerheblicher Teil** der Miete nicht bezahlt wird. Ein erheblicher Rückstand muss im zweiten Fall für jeden der beiden Termine feststellbar sein.[137] Bei Wohnraummietverhältnissen muss **zusätzlich** die Miete für einen Monat überstiegen werden, § 569 Abs. 3 Nr. 1 BGB. Das ist zB der Fall, wenn der Mieter in einem Monat nur die

---

[127] LG München I WuM 1987, 223.
[128] AG Charlottenburg GE 1984, 925; aA LG Düsseldorf WuM 1992, 369.
[129] AG Bonn WuM 1995, 484.
[130] ZMR 2019, 19.
[131] LG Berlin WuM 1988, 401.
[132] WuM 1994, 608.
[133] WuM 2005, 769.
[134] BVerfG WuM 1989, 278; BGH ZMR 1997, 567.
[135] AG Leverkusen WuM 1994, 205.
[136] BGH NZM 2006, 11.
[137] AG Tempelhof-Kreuzberg WuM 2020, 73.

Hälfte der Miete, im nächsten zwei Drittel davon nicht bezahlt.[138] Diese Regelung gilt nicht bei den weniger schutzbedürftigen Mietverhältnissen über Wohnraum zum vorübergehenden Gebrauch, § 569 Abs. 3 Nr. 1 Satz 2 BGB. Der Rückstand muss sich auf die Summe dieser beiden Termine beziehen, Rückstände aus früheren Zeiträumen spielen hierbei keine Rolle.[139]

Der Verzug muss bereits bei Ausspruch (Erklärung) der Kündigung bestehen, nicht erst bei deren Zugang,[140] aber **auch** bei Zugang.[141] Diese Frage ist insofern von Bedeutung, als im Hinblick auf die gesetzliche Regelung, wonach die Miete spätestens am dritten Werktag eines Monats zu zahlen ist, häufig Unklarheit über die Frage besteht, welches Datum jeweils den dritten Werktag darstellt und somit verfrüht die Kündigung ausgesprochen wird, nämlich vor dem Verzugsdatum, also dem vierten Werktag. **106**

b) Mietverzug über mehr als zwei Termine, § 543 Abs. 2 Satz 1 Nr. 3b BGB

Auf die jeweilige Höhe der Rückstände in einzelnen Monaten kommt es nicht an, es muss nur insgesamt ein Rückstand von zwei Monatsmieten erreicht werden. Der Verzug darf zwischenzeitlich nicht entfallen sein, er muss sich über den gesamten Zeitraum erstrecken, der zur Erreichung des Rückstandes zugrunde gelegt wird. Es schadet nicht, wenn zwischendurch die Miete in voller Höhe und rechtzeitig bezahlt wird, wenn nur weiterhin entsprechende Mietbeträge rückständig sind. **107**

2. Begründung der Kündigung

Die Kündigung nach § 543 Abs. 2 Satz 1 Nr. 3 BGB muss bei Wohnraummietverhältnissen nach § 569 Abs. 4 BGB begründet werden. Vgl. hierzu auch → Rn. 19. Eine **Abmahnung** oder Setzung einer Abhilfefrist ist nach § 543 Abs. 3 Satz 2 Nr. 3 BGB und aufgrund der vertraglich bestimmten Fälligkeit nicht erforderlich. **108**

Wird auf Anlagen zur Rückstandsberechnung Bezug genommen, schaden erkennbare Fehler in einem – bei einfacher Sachlage zusätzlich beigefügten Auszug aus dem Mieterkonto – nicht.[142] Allerdings schadet es gegebenenfalls, wenn Einmalzahlungen, wie Rückstände aus Nebenkostenabrechnungen oder Kautionszahlungen aufgenommen worden sind oder Tilgungsbestimmungen des Mieters nicht beachtet worden sind. **109**

---

138 Vgl. auch BGH ZMR 1987, 289.
139 Grüneberg/Weidenkaff BGB § 543 Rn. 24.
140 Sternel MietR Rn. IV-407; LG Köln WuM 1992, 123; aA LG Berlin GE 1991, 1251.
141 LG Lüneburg WuM 1995, 705.
142 BGH NZM 2004, 699.

3. Tatbestände, die die Kündigung ausschließen

a) Nichtbeanstandung unpünktlicher Mietzahlung

110 Hat der Vermieter es über einen längeren Zeitraum hinweg – zB zwei Jahre – widerspruchslos hingenommen, dass die Miete erst zum Monatsende oder noch später geleistet wird, verstößt es gegen Treu und Glauben, wenn der Vermieter das Mietverhältnis gem. § 543 Abs. 2 Satz 1 Nr. 3 BGB wegen Nichteinhaltung der vertraglich vereinbarten Fälligkeitstermine fristlos kündigt, ohne dem Mieter zuvor zur Änderung seines Verhaltens Gelegenheit gegeben zu haben, zB durch einen Hinweis, dass in Zukunft auf pünktlicher Zahlung bestanden würde.[143] Wird der Hinweis gegeben, ist die Kündigung bei erneutem Zahlungsverzug nicht treuwidrig.[144]

b) Anderweitige Sicherung des Vermieters

111 Grundsätzlich braucht sich der Vermieter durch den in Verzug geratenen Mieter nicht auf die Befriedigung durch eine geleistete Mietkaution verweisen zu lassen. Hat der Mieter allerdings eine Kaution gestellt, die **ausschließlich** der Sicherung von Mietansprüchen dient oder hat der Mieter einen Ausfallbürgen gestellt, so muss sich der Vermieter zunächst an den Bürgen oder die Kaution halten.[145]

4. Heilung der Verzugsfolgen

a) Befriedigung des Vermieters vor Ausspruch der Kündigung

112 Gemäß § 543 Abs. 2 Satz 2 BGB entfällt das Kündigungsrecht des Vermieters, wenn er **vor Zugang** der Kündigung beim Mieter hinsichtlich des Gesamtrückstandes befriedigt wird. Hierbei kommt es auf den Zeitpunkt der Einzahlung, nicht der Gutschrift an.[146] Ebenso LG Oldenburg:[147] Die Erteilung des Überweisungsauftrags genügt. Eine teilweise Tilgung von Mietrückständen macht die fristlose Kündigung nicht unwirksam. Die Rückstände müssen bei Zugang der Kündigung vollständig getilgt sein,[148] nicht nur teilweise, § 266 BGB.

b) Erklärung der Aufrechnung durch den Mieter

113 Erklärt der Mieter **vor Zugang** der Kündigung zulässigerweise die Aufrechnung gegenüber der Mietforderung, so ist die Kündigung ausge-

---

143 LG Berlin ZMR 1987, 20.
144 OLG Hamm ZMR 1994, 560.
145 Sternel MietR Rn. IV-414, str.
146 OLG Naumburg WuM 1999, 160.
147 WuM 1996, 471.
148 LG München I ZMR 1986, 125.

schlossen. Für eine **nach Zugang** der Kündigung erklärte Aufrechnung gilt § 543 Abs. 2 Satz 3 BGB.

Hiernach wird in diesem Fall die Kündigung nur dann unwirksam, wenn 114

- die Aufrechnungslage schon vor dem Zugang der Kündigung entstanden war („der Mieter sich von seiner Schuld durch Aufrechnung befreien konnte") **und**
- der Mieter unverzüglich nach der Kündigung die Aufrechnung erklärt.[149] „Unverzüglich" bedeutet „ohne schuldhaftes Zögern" nach § 121 Abs. 1 Satz 1 BGB. Zwei Wochen stellen die Obergrenze dar.[150]

Die fristlose Kündigung wird auch dann unwirksam, wenn der Mieter 115 mit einem **der Höhe nach strittigen** Gegenanspruch aufrechnet, wenn die Höhe des Gegenanspruchs nicht von vorneherein zweifelsfrei den Mietanspruch unterschreitet.[151] Die Rechtsfolge des § 569 Abs. 3 Nr. 2 BGB wird durch die Aufrechnung nach § 543 Abs. 2 Satz 3 BGB nicht ausgelöst.[152]

c) Schonfrist des § 569 Abs. 3 Nr. 2 BGB

§ 569 Abs. 3 Nr. 2 BGB gilt nur für **Wohnraum**mietverhältnisse, um 116 dem Mieter eine zusätzliche Möglichkeit zu geben, sich die Wohnung zu erhalten. Im Einzelnen gilt folgendes (vgl. auch → Rn. 42):

- Die vollständige Zahlung der fälligen Miete muss bis zum Ablauf von 117 zwei Monaten **nach Eintritt der Rechtshängigkeit** des Räumungsanspruchs erfolgen, um die fristlose Kündigung unwirksam zu machen. Die Verlängerung der Schonfrist durch das Mietrechtsreformgesetz von einem auf zwei Monate soll der im allgemeinen Interesse liegenden Vermeidung von Obdachlosigkeit dienen. Die bisherige Frist von einem Monat habe sich für die Sozialhilfebehörden häufig als zu kurz erwiesen.[153]
- Die Leistungshandlung (Überweisungsauftrag) soll nach LG Heidel- 118 berg[154] genügen. Die Rechtshängigkeit tritt mit der Zustellung der Räumungsklage nach § 261 ZPO ein. Bei mehreren Mietern beginnt die Schonfrist mit der Klagezustellung beim letzten Mieter.[155] Die Berechnung der Zweimonatsfrist erfolgt nach § 188 Abs. 2 BGB, wobei der erste Tag (Zustellung der Klage) nach § 187 Abs. 1 BGB nicht mitgerechnet wird.

---

[149] BGH WuM 1987, 317.
[150] OLG Köln WuM 1998, 23.
[151] AG Steinfurt WuM 1989, 294.
[152] LG Mannheim WuM 1986, 250.
[153] Beg. RefE S. 133.
[154] WuM 1995, 485.
[155] AG Hamburg WuM 1985, 263.

119 – Fraglich ist die Anwendbarkeit des § 193 BGB.[156] Ist eine wirksame Kündigung erst im Prozess erfolgt, rechnet die Schonfrist ab Zustellung des Schriftsatzes, der die Kündigungserklärung enthält. Allein die Übersendung des Schriftsatzes an das Gericht genügt nicht.[157]

120 – Als Befriedigung wird auch eine Zahlung **„unter Vorbehalt"**, zB wegen angeblicher Überzahlung aufgrund Minderung oder Mietpreisüberhöhung, angesehen (Sternel[158] und LG München I[159] für den Fall des Verzugs nach § 543 Abs. 2 Satz 1 Nr. 3 BGB).

121 – Befriedigt werden muss der Vermieter hinsichtlich **aller bis zum Zeitpunkt der Befriedigung** (also nicht der mündlichen Verhandlung) aufgelaufenen Rückstände an Miete und an Nutzungsentschädigung, also auch von Rückständen, auf die die Kündigung nicht gestützt war,[160] nicht aber auch hinsichtlich eines über die Rückstände hinausgehenden Schadens.

122 – Die Befriedigung des Vermieters kann auch **durch Aufrechnung** innerhalb der Schonfrist herbeigeführt werden.[161] Die Frist von zwei Monaten gilt hier selbst dann, wenn die aufrechenbare Gegenforderung des Mieters erst nach Zugang der Kündigung entstanden oder fällig geworden ist.[162] Die Beschränkung des § 543 Abs. 2 Satz 3 BGB gilt nicht, dh es genügt, wenn die Aufrechnung innerhalb der Schonfrist erklärt wird.

123 – Eine **„öffentliche Stelle"**, die sich zur Befriedigung verpflichtet, kann sein: das Wohnungsamt, das Sozialamt, eine andere juristische Person des öffentlichen Rechts – ob zuständig oder nicht – so karitative Verbände, Stiftungen oder Kirchen. Der Vermieter erwirbt durch die Verpflichtungserklärung einen unmittelbaren Anspruch gegen die öffentliche Stelle, der neben den Anspruch gegen den Mieter tritt (Schuldmitübernahme). Die öffentliche Stelle darf an die Verpflichtungserklärung **keine zusätzlichen Bedingungen** knüpfen, wie die Rücknahme der Räumungsklage[163] oder das Bestehenbleiben des Mietverhältnisses.[164] Eine derartige Verpflichtungserklärung ist unwirksam, es sei denn, der Vermieter ist damit einverstanden.

124 – Nicht genügt es. wenn die Übernahmeerklärung – hier eines Jobcenters -nicht konkret ist („Mietschulden nach aktuellem Stand").[165] Die Er-

[156] Vgl. hierzu LG München I WuM 1995, 103.
[157] LG Schwerin NZM 2012, 114.
[158] MietR IV Rn. 421.
[159] WuM 1987, 223.
[160] LG München I WuM 1987, 153; LG Berlin WuM 1992, 607.
[161] LG Aachen WuM 1989, 294.
[162] LG Aachen WuM 1989, 294.
[163] LG Bielefeld WuM 1994, 206.
[164] LG Essen ZMR 1996, 663.
[165] LG Berlin WuM 2017, 152.

klärung der öffentlichen Stelle muss dem **Vermieter**[166] oder dessen Prozessvertreter[167] innerhalb der Schonfrist zugehen. Der Anspruch selbst ist im Zivilrechtsweg geltend zu machen.[168]

- Eine Wiedereinsetzung wegen Versäumung der Zweimonatsfrist des § 569 Abs. 3 Nr. 2 BGB ist nicht statthaft.[169] **125**
- Das Mietgericht ist nicht verpflichtet, den Verhandlungstermin über die Räumungsklage erst nach Ablauf der Schonfrist anzusetzen, auch vor Ablauf kann bei Vorliegen der übrigen Voraussetzungen ein Räumungsurteil gesprochen werden. Tilgt der Mieter nach Schluss der mündlichen Verhandlung den Rückstand, ist dies nicht im Verkündungstermin zu berücksichtigen, selbst wenn zur Zeit der Tilgung die Schonfrist noch nicht abgelaufen ist.[170] Nach OLG Hamburg[171] ist ein Versäumnisurteil auf Räumung vor Ablauf der Schonfrist nicht zulässig. **126**
- Gemäß § 569 Abs. 3 Nr. 2 Satz 2 BGB kann die Möglichkeit, eine Kündigung nach § 543 Abs. 2 Satz 1 Nr. 3 BGB durch Zahlung der Rückstände innerhalb der Schonfrist unwirksam zu machen, nur **einmal innerhalb von zwei Jahren** in Anspruch genommen werden. Dieser Ausschluss gilt auch dann, wenn die nachträgliche Befriedigung des Vermieters vor Beginn der „Schonfrist", Zustellung der Räumungsklage, erfolgt ist[172] oder Räumungsklage deswegen nicht mehr erhoben wird. Etwas anderes gilt, wenn der Vermieter, ohne dass er wegen der Rückstände befriedigt worden ist, von sich aus die erste Kündigung nicht weiterverfolgt[173] oder ein Vergleich über Rückstände und Fortsetzung des Mietverhältnisses geschlossen wird.[174] Hier ist die Zweijahresfrist nicht anzuwenden. **127**
- Hat der Vermieter nach vorausgegangener Kündigung wegen Zahlungsverzugs ein Räumungsurteil erwirkt und ist in der Folge das Mietverhältnis **stillschweigend fortgesetzt** worden, ist § 569 Abs. 3 Nr. 2 Satz 2 BGB ebenfalls nicht anwendbar, da die Kündigung gerade nicht unwirksam geworden ist.[175] **128**
- Die Tilgung von rückständiger Miete **durch Aufrechnung** nach § 543 Abs. 2 Satz 3 BGB löst die Rechtsfolge des Ausschlusses nicht aus; ist ein erster Mietrückstand, der zur Kündigung nach § 543 Abs. 2 Satz 1 Nr. 3 BGB führte, durch Aufrechnung beseitigt und die Kündigung **129**

[166] BayObLG WuM 1994, 568.
[167] LG Hamburg ZMR 1996, 331.
[168] BVerwG GE 1994, 407.
[169] LG München I WuM 1983, 141.
[170] LG Berlin GE 1999, 571.
[171] ZMR 1988, 225.
[172] KG WuM 1984, 93.
[173] LG Berlin GE 1991, 1039.
[174] LG Bremen WuM 1997, 265.
[175] LG Mannheim WuM 1988, 363.

dadurch unwirksam geworden, so kann auch innerhalb von zwei Jahren ein erneuter Rückstand und eine erneute Kündigung durch Rückstandszahlung innerhalb der Schonfrist unwirksam gemacht werden. Wegen § 389 BGB ist die Tilgung durch Aufrechnung keine nachträgliche Erfüllung.[176]

130 – Wichtig ist, dass nach BGH[177] eine hilfsweise erklärte ordentliche Kündigung wegen verschuldeten Zahlungsverzugs nicht ohne weiteres durch Nachzahlung innerhalb der Schonfrist unwirksam wird, da zwischen den beiden Kündigungen erhebliche Unterschiede bestehen. Dies bezieht sich vor allem auf das bei § 573 Abs. 2 Nr. 1 BGB erforderliche Verschulden.[178] Unwirksamwerden der ordentlichen Kündigung kommt nur im Falle der Treuwidrigkeit in Betracht.[179]

5. Schadenersatzanspruch des Vermieters

131 Im Falle des zur Kündigung nach § 543 Abs. 2 Satz 1 Nr. 3 BGB berechtigenden Mietrückstandes kann der Vermieter neben seinem Anspruch auf Zahlung der rückständigen Mietbeträge auch **Schadensersatzansprüche** geltend machen:

132 – Mietausfall infolge vorzeitiger Beendigung des Mietverhältnisses durch Kündigung, aber nur bis zu dem für den Mieter nächstmöglichen Kündigungstermin.[180] Der Vermieter muss den Ausfallschaden aufgrund der Wohnungsmarktlage und seine Neuvermietungsabsicht darlegen.[181]

133 – Gegebenenfalls muss der Mieter substantiiert vortragen, dass eine Weitervermietung möglich gewesen wäre und damit ein Mietausfallschaden nicht gegeben ist, § 254 BGB.[182] Der Vermieter muss aber nicht „um jeden Preis" neu vermieten, er kann die bisherige oder sogar eine höhere Miete verlangen.[183] Der Anspruch auf Mietausfall endet nicht mit dem Verkauf des Hauses und Übergabe an den Erwerber.[184]

134 – Die Kosten der **Suche** nach einem **neuen Mieter.**[185]

135 **Nicht** haftet der Mieter auf Schadensersatz, wenn er selbst vor der Kündigung wegen Zahlungsverzugs wegen vertragswidrigen Verhaltens **des Vermieters** hätte kündigen können.

---

176 LG Mannheim WuM 1986, 250.

177 BGH WuM 2005, 250.

178 Ebenso BGH NZM 2013, 20.

179 LG Berlin NZM 2014, 862. Anders LG Berlin WuM 2020, 281.

180 LG Aachen WuM 1986, 315, LG Berlin GE 2006, 1409; BerlVerfGH NZM 2007, 480; LG Berlin GE 1994, 345: nur für zwei Monate nach der Kündigung.

181 LG Siegen WuM 2000, 18.

182 LG Hamburg GE 1995, 1347.

183 OLG Frankfurt a. M. WuM 1998, 24.

184 LG Kassel NZM 1999, 1093.

185 RG RGZ 76, 367.

6. Abdingbarkeit und prozessuale Fragen

a) Abdingbarkeit

Bei Wohnraummietverhältnissen ist § 543 Abs. 2 Satz 1 Nr. 3 BGB in seiner Gesamtheit zwingend, § 569 Abs. 5 Satz 1 BGB. Abweichende Vereinbarungen **zu Gunsten** des Wohnraummieters sind zulässig. Bei **Geschäftsraummietverhältnissen** sind abweichende Vereinbarungen auch zu Lasten des Mieters häufig, zB Kündigungsrecht des Vermieters schon bei Rückstand einer Monatsmiete. **136**

b) Prozessuales

Entscheidet das Amtsgericht vor Ablauf der Schonfrist, so kann die Unwirksamkeit der Kündigung durch nachträgliche Bezahlung der Rückstände innerhalb der Schonfrist in der Berufungsinstanz geltend gemacht werden. Wird die **Räumungsklage** nach Rechtshängigkeit durch nachträgliche Zahlung oder Übernahmeerklärung innerhalb der Schonfrist unwirksam, ist die Hauptsache nach § 91a ZPO für erledigt zu erklären. Die Kosten des Verfahrens trägt der Mieter, der sich hinsichtlich der Mietzahlungen in Verzug befunden hat nach §§ 91a, 93 ZPO.[186] Zieht der Mieter vor Zustellung der Räumungsklage aus, trägt der Vermieter die Verfahrenskosten, falls die Klage eingereicht wurde, bevor die dem Mieter gesetzte Räumungsfrist abgelaufen war.[187] **137**

Die **Beweislast** für die Voraussetzungen des Kündigungsrechts trägt der Vermieter, für die Zahlung der Rückstände innerhalb der Schonfrist der Mieter. Wenn der Vermieter aus einem **Räumungsurteil** aufgrund einer Kündigung wegen Zahlungsverzugs, das er erwirkt hat, mehrere Jahre nicht vollstreckt, kann die Vollstreckung unzulässig sein, wenn er nach Rechtskraft des Urteils von dem Mieter, der erneut in Mietrückstand geraten ist, Zahlungen entgegengenommen hat und mehrfach die Vollstreckung des Räumungsurteils für den Fall der Nichtzahlung der rückständigen Miete angedroht hat.[188] Auch das Kündigungsrecht als solches kann in Ausnahmefällen verwirken.[189] Vgl. aber BGH[190] zur Frage der Anwendung des § 314 Abs. 3 BGB. **138**

---

186 LG Hamburg WuM 1998, 422.
187 LG Baden-Baden WuM 1996, 473.
188 OLG Hamm WuM 1981, 257.
189 BGH 15.6.2005 – XII ZR 291/01.
190 BGH WuM 2009, 231.

VII. Zerrüttung des Mietverhältnisses, § 543 Abs. 1 BGB

1. Allgemeines

139 § 543 Abs. 1 BGB beinhaltet die fristlose Kündigung aus wichtigem Grund (Zerrüttungskündigung). Die Vorschrift entspricht insoweit nicht dem bisherigen § 554a BGB, als ein schuldhaftes Handeln einer Vertragspartei zunächst nicht zwingend vorausgesetzt wird. Hierdurch werden die Fälle erfasst, bei denen bei entsprechenden Voraussetzungen eine fristlose Kündigung des Mietverhältnisses auch dann möglich sein muss, wenn der Gekündigte nicht schuldhaft gehandelt hat.[191] Durch den Rechtsausschuss des Deutschen Bundestages wurde die Formulierung eingefügt, dass bei den Umständen des Einzelfalls, nach denen dem Kündigenden die Fortsetzung des Mietverhältnisses nicht zugemutet werden kann, insbesondere ein Verschulden der Vertragsparteien zu berücksichtigen ist. Nach der Begründung der Beschlussempfehlung des Rechtsausschusses ist das Verschulden insoweit von Relevanz, als die Anforderungen an die Unzumutbarkeit bei nicht schuldhaftem Verhalten des Störers höher sein würden als bei einer schuldhaften Störung des Hausfriedens. Dieser Regelungsinhalt solle durch die Umformulierung deutlicher zum Ausdruck kommen.

140 § 543 Abs. 1 BGB gibt sowohl dem Vermieter als auch dem Mieter die Möglichkeit, das Mietverhältnis ohne Einhaltung einer Kündigungsfrist aus wichtigem Grund aufzulösen.

141 Auch wenn **beide Seiten gleichermaßen** die Zerrüttung des Mietverhältnisses zu vertreten haben, ist die fristlose Kündigung durch eine der Parteien möglich.[192] Die andere kann aber einen Schadensersatzanspruch aus Vertragsverletzung haben. Bei geringeren Vertragsverletzungen, die nicht zur Kündigung berechtigen, kommt ein Anspruch auf **Unterlassung** in Betracht, der hinsichtlich des Vermieters auf § 541 BGB zu stützen ist, hinsichtlich des Mieters auf §§ 535 BGB. Bei zu langer Verzögerung **verwirkt das Kündigungsrecht.**[193] Dies gilt auch für eine Kündigung durch den Mieter wegen eines länger zurückliegenden Verhaltens des Vermieters.[194]

2. Die Verletzung vertraglicher Pflichten

142 In der Regel beruht die Zerrüttung des Mietverhältnisses auf einer Vertragsverletzung. Erfolgt diese schuldhaft, gilt für das Verschulden § 276 BGB, der Pflichtverletzer haftet für Erfüllungsgehilfen, § 278 BGB, zB

---

[191] BGH WuM 2005, 125.
[192] OLG Düsseldorf ZMR 1990, 57.
[193] BGH WuM 1988, 125.
[194] OLG Düsseldorf ZMR 1999, 243.

Familienangehörige, Untermieter. Rechtfertigungs- und Schuldausschließungsgründe können geltend gemacht werden, wie Notwehr § 227 BGB, Notstand § 228 BGB, Selbsthilfe § 229 BGB. Nach Auffassung des LG Stuttgart[195] soll sich ein Mieter die Vertragsverletzung durch einen Mitmieter (hier: Beleidigung) nur zurechnen lassen müssen, wenn er sich nicht „unverzüglich nachhaltig distanziert".

Der Kündigung muss nach Maßgabe von § 543 Abs. 3 Satz 1 BGB eine **Abmahnung oder die Setzung einer Abhilfefrist** vorausgehen. Diese kann nach Maßgabe von § 543 Abs. 3 Satz 2 BGB unterbleiben. (Vgl. → Rn. 30) **143**

Nicht klar ist, wann die Abmahnung qualifiziert erfolgen muss. Bei der fristlosen Kündigung wegen verspäteter Mietzahlungen dürfte es der vorangegangenen **qualifizierten** Abmahnung bedürfen, dh die Abmahnung muss nicht nur den allgemeinen Vorwurf der unpünktlichen Mietzahlung und die Kündigungsdrohung bei Fortsetzung enthalten, sondern auch, welche Miete nicht pünktlich eingegangen ist und wie lange der Zeitraum der Verzögerung ist (LG Frankfurt a. M.;[196] aA LG Kleve:[197] einfache Abmahnung ohne Kündigungsdrohung genügt). **144**

Die unpünktlichen Mietzahlungen müssen in einem zusammenhängenden Zeitraum mit erheblicher Verspätung erfolgt sein,[198] für die Kündigung genügt es, wenn auf die Abmahnung sofort noch eine weitere erheblich verspätete Zahlung nachfolgt.[199] **145**

Einzelfälle schuldhafter Vertragsverletzungen iSv § 543 Abs. 1 BGB:
durch den **Mieter:** **146**
- gegen den Vermieter erstattete Strafanzeige, wenn diese vorsätzlich oder leichtfertig falsch ist,[200]
- ständige unpünktliche Mietzahlung,[201] nicht, soweit Miete durch Verschulden des Sozialamts nicht pünktlich eingeht,[202]
- völlige Verwahrlosung der Wohnung, die deren Substanz beeinträchtigt,[203]
- Bedrohung des Vermieters mit Geiselnahme,[204]
- schwerwiegende Täuschung des Vermieters über persönliche Verhältnisse des Mieters, auf die es dem Vermieter bei Vertragsschluss ersichtlich ankam,

[195] WuM 1997, 492.
[196] WuM 1992, 370.
[197] WuM 1995, 537.
[198] LG München I WuM 1991, 346.
[199] BGH WuM 2006, 193.
[200] AG Friedberg/Hessen WuM 1986, 338; LG Wiesbaden WuM 1995, 707.
[201] LG Berlin GE 1986, 909.
[202] KG WuM 1998, 85.
[203] LG Frankfurt a. M. WuM 1974, 55.
[204] LG Mannheim ZMR 1977, 80.

- grundlose Beleidigung des Hausverwalters durch den Mieter mit den Worten „Du kannst mich am Arsch lecken",[205] ebenso Beleidigung des Vermieters selbst, LG Köln:[206] wiederholte Bezeichnung des Vermieters als Arschloch, auch AG München:[207] „Sie promovierter Arsch".
- Beleidigung des Hausmeisters,[208]
- allgemein: nachhaltige Störung des Hausfriedens, auch § 569 BGB, zB durch wiederholte nächtliche Polizeieinsätze wegen lautstarker Auseinandersetzungen in der Wohnung,[209] nächtliches Anrücken einer SEK – Einheit,[210]
- Halten gefährlicher Haustiere,[211]
- Aufstellen von Möbeln im Treppenhaus mit Vermüllung,[212]
- Halten von 80 Vögeln in einer Einzimmerwohnung,[213]
- Verletzung der Pflicht des Mieters, Instandsetzungs- und Modernisierungsarbeiten zu dulden,[214]
- bei gewerblichem Mietverhältnis: Nichtzahlung der Kaution,[215]
- Verweigerung des Zutritts zwecks Wartung und Überprüfung von Rauchwarnmeldern,[216]
- allgemein: nachhaltige Störung des Hausfriedens, § 569 Abs. 2 BGB, zB durch wiederholte nächtliche Polizeieinsätze wegen lautstarker Auseinandersetzungen in der Wohnung,[217]
- bei gewerblichem Mietverhältnis: Nichtzahlung der Kaution.[218]

147 durch den **Vermieter:**
- Weitergabe von bestimmungswidrig an den Vermieter gelangten Schriftstücken des Mieters,[219]
- grundloses Eindringen des Vermieters in die Wohnung des Mieters mit Hilfe eines Nachschlüssels,[220]
- Weigerung des Vermieters, schwerwiegende Mängel an der Wohnung beheben zu lassen,[221]
- fortdauernde Störung des Mieters durch zur Nachtzeit durchgeführte Hausreparaturen, falls die Reparaturen aufschiebbar sind,

---

205 LG Berlin WuM 1987, 56.
206 WuM 1993, 349.
207 WuM 2015, 355.
208 AG Gronau WuM 2019, 435.
209 LG Hamburg WuM 2005, 768.
210 LG Hamburg DWW 2006, 24.
211 LG Hildesheim WuM 2006, 525.
212 AG Menden WuM 2014, 713.
213 AG Menden WuM 2014, 713.
214 BGH WuM 2015, 416.
215 OLG Düsseldorf WuM 1995, 438; OLG Celle NZM 1998, 265.
216 AG Konstanz WuM 2018, 201.
217 LG Hamburg WuM 2005, 768.
218 OLG Düsseldorf WuM 1995, 438; OLG Celle NZM 1998, 265.
219 AG Rendsburg WuM 1989, 178.
220 AG Heidelberg WuM 1978, 69; LG Berlin ZMR 1999, 400.
221 LG Köln WuM 1977, 200.

- wiederholte schuldhafte Übervorteilung des Mieters bei der Erhebung von Nebenkosten;[222] der Versuch, nicht entstandene Kosten abzurechnen,[223]
- allgemein: nachhaltige Störung des Hausfriedens, § 569 Abs. 2 BGB.

Keine schuldhafte Vertragsverletzung liegt vor, wenn 148
- die Mietzahlungen aufgrund Verschulden des Sozialamtes nicht fristgerecht beim Vermieter eingehen,[224]
- der Mieter die Mietwohnung leer stehen lässt, solange er seine Obhutspflicht erfüllt. Es besteht nämlich keine Nutzungspflicht,[225]
- es sich um einmalige Beleidigungen ohne Wiederholungsgefahr handelt und die Parteien nicht im selben Haus wohnen,[226]
- es sich um üblichen Kinderlärm in der Mietwohnung eines Mehrfamilienhauses handelt. Etwaige Erwartungen anderer Mieter an kinderfreies Wohnen sind nachrangig.[227]

3. Unzumutbarkeit der Fortsetzung des Mietverhältnisses

Zumutbar ist die Fortsetzung des Mietverhältnisses, wenn ohnehin alsbald die Beendigung des Vertragsverhältnisses durch Ablauf oder anderweitige Kündigung eintritt.[228] Dasselbe gilt, wenn eine Vertragspartei die andere zu einer Vertragsverletzung provoziert hat. Erstere kann in der Regel deswegen nicht kündigen.[229] Vorübergehende Unregelmäßigkeiten bei der Mietzahlung im Zusammenhang mit der Arbeitslosigkeit des Mieters machen die Fortsetzung eines langjährigen Mietverhältnisses nicht unzumutbar.[230] Weitere Umstände, die im Rahmen der Zumutbarkeit der Fortsetzung des Mietverhältnisses zu berücksichtigen sind: Alter, Krankheit, Beruf, Familie. 149

4. Abdingbarkeit

§ 543 Abs. 1 BGB ist bei Wohnraummietverhältnissen nicht abdingbar, § 569 Abs. 5 Satz 1 BGB. Auch eine Erweiterung des Kündigungsrechts ist bei Wohnraummietverhältnissen nach § 569 Abs. 5 Satz 2 BGB nicht möglich. 150

[222] AG Kassel ZMR 1969, 17.
[223] LG Gießen WuM 1996, 767.
[224] KG NJW 1998, 2455.
[225] AG Hamburg NZM 1998, 477.
[226] AG Köln WuM 1988, 126; LG Münster WuM 1991, 688; AG Gelsenkirchen WuM 1997, 556.
[227] AG Frankfurt a.M. WuM 2005, 764.
[228] LG Mannheim WuM 1974, 175.
[229] BGH WuM 1986, 60.
[230] LG Braunschweig WuM 1987, 201.

VIII. Fristlose Kündigung wegen Gesundheitsgefährdung

1. Inhalt der Regelung

151 Die Vorschrift des § 569 Abs. 1 BGB dient in erster Linie im öffentlichen Interesse der Volksgesundheit. Die Vorschrift ist zwingend, abweichende Vereinbarungen sind nichtig. Dies gilt sowohl für Individualvereinbarungen als auch für AGB-Klauseln. Bei den durch die Gesundheitsgefährdung betroffenen Räumen muss es sich nicht um Wohnräume handeln, es kann sich auch um andere nach ihrer Zweckbestimmung zum Aufenthalt von Menschen bestimmte Räume handeln.

152 **Beispiele:** Es kann sich um Büroräume, eine Gaststätte oder das Wartezimmer eines Arztes handeln.[231]

153 Die Gesundheitsgefährdung, die mit der Benutzung der Räume verbunden ist, muss erheblich sein. Eine Schädigung muss jedoch noch nicht eingetreten sein.[232]

154 **Beispiel:** Der Mieter macht geltend, dass infolge der Ausdünstungen eines neu verlegten Teppichbodens mit einer gesundheitlichen Beeinträchtigung zu rechnen sei. Konkret kann er jedoch das Vorliegen einer Gesundheitsbeeinträchtigung nicht geltend machen.

155 Die Gesundheitsgefährdung muss objektiv vorliegen.[233] Auf ein Verschulden des Vermieters kommt es nicht an. Eine besondere subjektive Empfindlichkeit des Mieters genügt nicht.[234]

156 **Beispiel:** Der Mieter kündigt das Mietverhältnis wegen Gesundheitsgefährdung durch Wohnungsgifte. Diese lassen sich jedoch objektiv nicht nachweisen. Der Mieter macht geltend, gegen jede Art von verwendeten Lacken und Reinigungsmitteln allergisch zu sein.

157 Die besondere subjektive Empfindlichkeit des Mieters kann nicht berücksichtigt werden. Es ist jedoch auf eine Entscheidung des LG Oldenburg[235] hinzuweisen, nach der eine Allergie des Mieters gegen Hausstaubmilben die Kündigung nach § 569 Abs. 1 BGB rechtfertigt.

158 **Beispiele**
für Umstände, die zur Kündigung berechtigen:
- Gesundheitsgefährdende Feuchtigkeitsschäden in den angemieteten Räumen,
- Schimmelbildung im Badezimmer, der nicht vom Mieter durch falsches Heizungs- und Lüftungsverhaltens vertreten ist,[236]
- wiederholter Ausfall der Zentralheizung wegen vom Vermieter zu vertretenden Ölmangels bei strengem Frost,[237] wobei hier Nachhaltigkeit gegeben sein muss,

---

231 OLG Koblenz NJW-RR 1972, 1228.
232 LG Mainz DWW 1999, 295.
233 AG München WuM 1986, 247.
234 LG Berlin ZMR 1999, 614.
235 ZMR 2000, 100.
236 AG Köln WuM 1986, 94.
237 AG Waldbröl WuM 1986, 337.

- eine Formaldehyd-Konzentration oberhalb der durch das Bundesgesundheitsamt festgesetzten Grenzwerte,[238] da hier die Gesundheitsgefährdung objektiv feststeht,
- infolge Hochwassers durchfeuchtete und nicht mehr beheizbare Wohnung,[239]
- erhebliches Eindringen von Zugluft infolge mangelnder Isolierung,[240]
- Innentemperaturen von mehr als 35 Grad über mehrere Monate hinweg in einem „Normal-Sommer".[241]

Beispiele 159
für nicht zur Kündigung berechtigende Umstände:
- Keine objektiv vorliegende gefährdende Wohnungsbeschaffenheit, aber gegebenenfalls subjektive Empfindlichkeit des Mieters,[242]
- Heizungsausfall, bei dem der Vermieter zur sofortigen Abhilfe bereit und in der Lage ist,[243] da hier Nachhaltigkeit nicht gegeben ist,
- durch Verhalten des Mieters verursachter Schimmelbefall in Mieträumen.[244]

2. Begründung der Kündigung und Abhilfefrist

Auch die Kündigung wegen Gesundheitsgefährdung muss nach § 569 **160** Abs. 4 BGB begründet werden.[245] Sie muss bei Wohnraummietverhältnissen nach § 568 BGB schriftlich erfolgen.

Eine Mangelanzeige im Sinne des § 536c BGB der drohenden Ge- **161** sundheitsgefährdung ist nicht erforderlich. Grundsätzlich ist aber auch bei der Kündigung wegen Gesundheitsgefährdung eine Abmahnung oder das Setzen einer angemessenen Abhilfefrist erforderlich.[246] Nach § 543 Abs. 3 Nr. 2 BGB kann gegebenenfalls die Abmahnung oder Abhilfefrist entfallen.

Nicht wird das Kündigungsrecht dadurch ausgeschlossen, dass der **162** Mieter die Beschaffenheit der Mieträume bei Vertragsabschluss gekannt hat oder auf die Geltendmachung des Kündigungsrechts verzichtet hat. Nachdem die Vorschrift der Volksgesundheit dient, ist fraglich, ob eine Verzögerung des Kündigungsrechtes zur Verwirkung führt.

Beispiel: Das LG Berlin[247] geht davon aus, dass eine Kündigung, die viereinhalb Monate **163** nach Auftreten einer Geruchsbelästigung erfolgt, wegen Verwirkung nicht mehr möglich ist.

---

238 LG München I NJW-RR 1991, 975.
239 AG Regensburg WuM 1988, 361.
240 AG Schöneberg ZMR 2000, 101.
241 OLG Düsseldorf NZM 1998, 915.
242 LG Berlin ZMR 1997, 97.
243 AG Miesbach WuM 1987, 221.
244 AG Friedberg/Hessen WuM 1985, 262.
245 BGH 22.6.2005 – WuM 2005, 584.
246 BGH NZM 2007, 439.
247 GE 1997, 553.

IX. Fristlose Kündigung wegen Nichtzahlung der Kaution

164 Nach § 569 Abs. 2a BGB können Vermieter von Wohnraum Mietern ohne vorherige Abmahnung fristlos kündigen, wenn die Mieter mit einem Kautionsbetrag in Verzug kommen, der zwei Nettomieten erreicht. Zweck der Neuregelung ist, Vermieter vor Mietern zu schützen, die sich bereits bei Mietbeginn ihren vertraglichen Zahlungsverpflichtungen entziehen. Um das Sicherungsinteresse des Vermieters zu verstärken, wurde auf eine vorherige Abmahnung verzichtet.

165 Wegen der neuen Vorschrift des § 569 Abs. 2a BGB war es erforderlich, die Fälligkeitszeitpunkte der zweiten und dritten Teilzahlung der Kaution zu bestimmen. § 551 Abs. 2 BGB wurde daher durch die Regelung ergänzt, dass nach der ersten Teilzahlung die weiteren Teilzahlungen zusammen mit den unmittelbar folgenden Mietzahlungen fällig werden.

X. Ordentliche Kündigung wegen nicht unerheblicher schuldhafter Pflichtverletzung

1. Allgemeines

166 Das Maß der Pflichtverletzung, das für die entsprechende fristlose Kündigung erforderlich ist, muss bei der ordentlichen Kündigung nicht erreicht werden. Die Verletzungshandlung kann ein Tun oder Unterlassen sein. Die Kündigung muss nach § 573 Abs. 3 BGB begründet werden. Eine Abmahnung ist nach dem Gesetz im Gegensatz zur fristlosen Kündigung nicht bei der ordentlichen Kündigung wegen schuldhafter nicht unerheblicher Vertragsverletzung nicht vorausgesetzt.[248] Die Fortsetzung eines nicht erheblichen vertragswidrigen Verhaltens kann dieses jedoch zu einem im Sinne von § 573 Abs. 2 Nr. 1 BGB erheblichen machen.[249]

167 Der Mieter hat Vorsatz und Fahrlässigkeit nach § 276 BGB zu vertreten und haftet für Erfüllungsgehilfen nach § 278 BGB (BGH[250] für den Fall, dass der Mieter einen Mieterverein einschaltet, der fahrlässig falsch berät). Die Umdeutung einer fristlosen in eine ordentliche Kündigung kommt grundsätzlich in Betracht,[251] umgekehrt kann eine ordentliche Kündigung nur im Ausnahmefall in eine fristlose Kündigung umgedeutet werden. Hierfür muss der Wille, den Vertrag auf jeden Fall beenden zu wollen, bei Abgabe der Kündigungserklärung erkennbar sein.[252] Dies

[248] So auch BGH NZM 2008, 121.
[249] LG Hamburg WuM 1977, 30; BGH NZM 2008, 121.
[250] BGH NZM 2007, 35.
[251] BGH WuM 2004, 828.
[252] BGH NJW 1981, 979; BGH WuM 2005, 584 = BeckRS 2005, 9701.

dürfte nur dann klar hervortreten, wenn **hilfsweise** ordentlich bzw. fristlos gekündigt wird.

2. Einzelfälle

Zahlungsrückstand kann die ordentliche Kündigung begründen und zwar auch in geringerem Umfang als für die fristlose Kündigung nach § 543 Abs. 2 Satz 1 Nr. 3, 569 Abs. 3 BGB erforderlich. Der BGH[253] verlangt, dass der Rückstand und die Verzugsdauer mehr als eine Monatsmiete beträgt Die Heilungswirkung einer Nachzahlung innerhalb der Schonfrist nach § 569 Abs. 3 Nr. 2 BGB tritt bei der ordentlichen Kündigung nicht wie bei der fristlosen Kündigung wegen Zahlungsverzugs ein.[254] Im Gegensatz zur fristlosen Kündigung wegen Zahlungsverzugs kann sich der Mieter beim Verschulden zB. auf unvorhersehbare wirtschaftliche Umstände berufen.[255] **168**

Ständige unpünktliche oder unvollständige Mietzahlung kann ein Grund zur ordentlichen Kündigung sein.[256] Erhebliche Beeinträchtigung durch **Tierhaltung** berechtigt zur ordentlichen Kündigung.[257] Wiederholte Verletzung der **Obhutspflicht** berechtigt zur Kündigung, zB falls dadurch Wasserschäden oder eine andere erhebliche Gefährdung der Mietwohnung eintritt.[258] **169**

Eine die Interessen des Vermieters erheblich beeinträchtigende und nach dem Mietvertrag nicht zugelassene **gewerbliche Nutzung** der Wohnung berechtigt zur Kündigung.[259] Ruft der Mieter durch **Flugblätter** zum Kampf gegen den Vermieter auf, liegt eine nicht unerhebliche Pflichtverletzung vor.[260] **170**

XI. Ordentliche Kündigung wegen Eigenbedarfs

1. Privilegierter Personenkreis

Nach dem Gesetzeswortlaut kann der Vermieter Eigenbedarf im Sinne von § 573 Abs. 2 Nr. 2 BGB zunächst für sich selbst geltend machen, das heißt, er will die Räume selbst beziehen. Hierbei kommt es auf die Eigenschaft als Vermieter an. Ist der Eigentümer nicht Vermieter, kommt es nur auf den Eigenbedarf des Vermieters, nicht des Eigentümers an. Zwar bestimmt das Gesetz, dass der Vermieter die Räume als „Wohnung" benötigen muss, doch schließt dies nicht aus, dass er Räume **171**

253 BGH NZM 2013, 20.
254 BGH WuM 2005/250, Ebenso BGH NZM 2013, 20.
255 Vgl. auch LG Potsdam WuM 2020, 32.
256 BGH NZM 2008, 121.
257 LG Berlin ZMR 1999, 28.
258 AG Köln WuM 1980, 134.
259 LG Stuttgart WuM 1992, 250.
260 AG Schöneberg GE 2005, 437.

beansprucht, die er teilweise als Büro nutzen will. Vgl. dazu auch → Rn. 183 ff.). Handelt es sich um mehrere Vermieter, so genügt es, wenn Eigenbedarf für einen der Vermieter besteht.[261] Dies gilt auch, wenn Vermieter eine Gesellschaft bürgerlichen Rechts ist hinsichtlich des Eigenbedarfs eines der Gesellschafter oder dessen Angehörigen.[262]

172 Nachdem auch ein Untermietvertrag ein Mietvertrag[263] im Sinne von § 573 BGB ist, kann auch der Untervermieter Eigenbedarf haben.[264] Keinen Eigenbedarf können juristische Personen geltend machen, dies ergibt sich schon daraus, dass Eigenbedarf nach dem Gesetz bedeutet, dass der Vermieter die Räume als Wohnung für sich benötigt.

173 Bei einer Kommanditgesellschaft kommt Eigenbedarf bereits begrifflich nicht in Betracht.[265] Für den Fall der GmbH & Co. KG: BGH,[266] und zwar auch nicht für einen der Gesellschafter.

174 Möglich ist jedoch hier, dass der so genannte **Betriebsbedarf,** also ein weiteres berechtigtes Interesse im Sinne von § 573 Abs. 1 BGB geltend gemacht wird, entweder für Arbeitnehmer einer Firma oder zum Beispiel für den Geschäftsführer einer GmbH, also einer juristischen Person.[267] Das Wohnen dieser Person in dieser Wohnung muss aber nach ihrer - betrieblichen Funktion und Aufgabe für den Betriebsablauf von nennenswertem Vorteil sein (BGH[268] für den Geschäftsführer der Komplementärin einer KG).

175 Als **Eigenbedarfspersonen,** also Personen, für die der Vermieter Eigenbedarf geltend machen kann, zählen nach dem Gesetz neben dem Vermieter selbst die zu seinem Haushalt gehörenden Personen oder seine Familienangehörigen. Haushaltsangehörige in diesem Sinne können Hausangestellte oder auch Pflegepersonen sein, die sich im Gegensatz zu den Familienangehörigen zu dem Zeitpunkt, zu dem der Eigenbedarf geltend gemacht wird, bereits im Haushalt des Vermieters befinden müssen.

176 Der Begriff Familienangehörige ist ausfüllungsbedürftig. Darunter fallen zunächst die Verwandten der auf- und absteigenden Linie, das heißt Kinder des Vermieters und zwar auch nichteheliche Kinder und deren Mutter,[269] Enkel, Eltern und Großeltern des Vermieters. Weiter kommen in Betracht Verwandte in der Seitenlinie, so Geschwister des Vermieters.

---

261 LG Karlsruhe WuM 1982, 210.

262 BGH NZM 2007, 679. Ebenso jetzt BGH WuM 2017, 94, ebenso BGH 15.3.2017.

263 WuM 2017, 288.

264 LG Lüneburg DWW 1999, 296.

265 BGH 23.5.2007 – VIII ZR 122/06 und BGH NZM 2007, 639 (681).

266 BGH NJW 2011, 993 = NZM 2011, 276.

267 LG Berlin GE 1999, 506.

268 BGH NJW 2011, 993 = NZM 2011, 276.

269 LG Berlin GE 1992, 101.

Dies wurde für einen Bruder des Vermieters durch Rechtsentscheid des BayOblG vom 24.11.1983 ausdrücklich entschieden.[270] Als Familienangehörige kommen aber auch weiter entfernte Verwandte oder Verschwägerte des Vermieters in Betracht.

Beispiele: Eigenbedarf kann der Vermieter bei vorliegenden Voraussetzungen geltend machen für seine Schwiegermutter,[271] sein Stiefkind,[272] eine Cousine des Vermieters,[273] Nichten und Neffen des Vermieters.[274] Bei weiter entfernten Verwandten oder Verschwägerten muss eine besondere Verantwortung des Vermieters für diese Personen vorliegen. (zB Cousin des Vermieters).[275] **177**

Der BGH hat aber für den Fall des Eigenbedarfs entschieden, dass für Nichten und Neffen des Vermieters, also die Kinder seiner Geschwister, es nicht darauf ankommt, ob eine besondere persönliche Beziehung oder soziale Bindung zum Vermieter besteht.[276] Anders mag das bei geltend gemachtem Bedarf für Großneffen und Großnichten sein. **178**

2. Der Begriff des Benötigens

Zwar enthält das Wort „Benötigen" den Begriff der „Not", doch erweckt dies den unzutreffenden Eindruck, dass eine unzureichende Unterbringung der Eigenbedarfsperson, sei es der Vermieter selbst oder einer Person aus dem privilegierten Personenkreis, gegeben sein müsste. Dies wurde bereits durch OLG Hamburg[277] dahin entschieden, dass es auf eine unzureichende Unterbringung der betreffenden Person nicht ankäme, sondern ein Wohnraumbedarf als solcher genüge. Nach BGH[278] und BVerfG vom 14.2.1989[279] sind im Ergebnis nur vernünftige und nachvollziehbare Eigennutzungsgründe erforderlich und ausreichend, um Eigenbedarf zu rechtfertigen. Die Gerichte haben lediglich zu prüfen, ob dem Vermieter solche vernünftigen und nachvollziehbaren Gründe, sei es in Bezug auf ihn selbst oder die Person aus dem **privilegierten Personenkreis,** für die der Vermieter Eigenbedarf geltend macht, vorlägen. Weiter sei zu prüfen, ob kein weit überhöhter Wohnbedarf geltend gemacht werde und die gekündigte Wohnung die Nutzungswünsche des Vermieters überhaupt erfüllen könne. Entscheidend ist hier, dass die Gerichte nicht ihre eigenen Vorstellungen an die Stelle der Vorstellungen des Vermieters setzen dürfen. Sie müssen die **subjektive Entscheidung** des Eigentümers und Vermieters über seinen Wohnbedarf achten[280] und **179**

---

[270] WuM 1984, 14.
[271] LG Köln WuM 1994, 541.
[272] LG Hamburg WuM 1997, 177.
[273] OLG Braunschweig WuM 1993, 731.
[274] AG Ludwigsburg WuM 1990, 391.
[275] LG Frankfurt a. M. WuM 2004, 209.
[276] BGH NZM 2010, 271.
[277] WuM 1986, 51.
[278] WuM 1988, 47.
[279] NJW 1989, 970.
[280] BVerfG NZM 1999, 660.

dürfen ihre Vorstellungen nicht verbindlich an die Stelle der Lebensplanung des Eigentümers setzen. Grenze ist hier lediglich eine missbräuchliche Geltendmachung des Nutzungswunsches durch den Vermieter.

180 Nachdem es somit nur auf vernünftige und nachvollziehbare Gründe beim Vermieter ankommt, der bei der Entscheidung über seinen Wohnbedarf einen weiten Spielraum hat, da er lediglich eine diesbezügliche Lebensplanung darlegen muss, kommt es auf die entgegenstehenden Interessen des Mieters zunächst nicht an. Grenze hinsichtlich des Wohnbedarfs des Vermieters ist der Rechtsmissbrauch. Dieser ist zB bei der Größe der benötigten Räume nicht bei überhöhtem Wohnbedarf, sondern erst bei weit überhöhtem Wohnbedarf erreicht.[281]

181 Es findet also keine Abwägung zwischen den Interessen des Vermieters und den Interessen des Mieters statt, die zugunsten der einen oder anderen Seite ausgehen könnte. Die entgegenstehenden Interessen des Mieters sind ausschließlich auf dessen Widerspruch gegen die Kündigung im Rahmen der Härteklausel des § 574 BGB zu berücksichtigen.[282]

182 Nach BGH[283] kann der Vermieter sich selbst vertraglich zusätzlichen Anforderungen an das „berechtigte Eigenbedarfsinteresse“ unterwerfen, wenn er die Kündigung auf „besondere Ausnahmefälle“ und „wichtige berechtigte Interessen“ beschränkt.

3. Einzelfälle

a) Eigenbedarf bejaht:

183 – Bewohnen einer unzumutbar teuren Wohnung durch den Vermieter als Eigenbedarfsgrund,[284]

184 – Beanspruchung größeren Wohnraums aus beruflichen Gründen rechtfertigt die Eigenbedarfskündigung,[285] wobei es ausreichen kann, dass der Wohnraum nur unwesentlich nicht größer ist, aber zum Beispiel einen besseren Zuschnitt oder mehr Zimmer aufweist[286] oder allgemein die Wohnverhältnisse verbessert werden,[287]

185 – längerfristiger Besuch der Kinder des Vermieters,[288] auch dann, wenn der Vermieter die begehrten Räume nicht selbst bewohnt[289] für den Fall der Nutzung für regelmäßige Besuche der Tochter des Vermieters),

[281] BGH WuM 2015, 304.
[282] BGH WuM 2017, 334.
[283] BGH NZM 2013, 824.
[284] LG Karlsruhe WuM 1982, 210.
[285] LG München I WuM 1989, 296.
[286] LG Landau/Pfalz ZMR 1992, 396.
[287] LG Essen ZMR 1994, 262.
[288] LG Hamburg WuM 1994, 683.
[289] BVerfG NZM 2014, 624.

- wesentlich größere Nähe zum Arbeitsplatz nach Arbeitsplatzwechsel,[290] 186
- nicht mehr ausreichende Wohnräume bei Heirat des Vermieters, also Bedarf als künftige Ehewohnung, 187
- die Angehörigen des Vermieters sollen in das Gebäude einziehen, in dem bereits die Kinder der Angehörigen eine Wohnung innehaben,[291] 188
- Eigenbedarf, weil dem Vermieter, der zur Miete wohnt, selbst gekündigt worden ist. Dem Vermieter ist ein Rechtsstreit hinsichtlich seiner bisherigen gekündigten Wohnung mit seinem eigenen Vermieter nicht zumutbar, er muss lediglich die Begründung der ihm erklärten Kündigung darlegen,[292] 189
- Eigenbedarf für den Ehepartner und die Kinder des Vermieters, von denen dieser sich getrennt hat und zwar auch dann, wenn keine endgültige Trennungsabsicht besteht, sondern nur der Wunsch, Frau und Kinder in einer anderen als der Ehewohnung unterzubringen,[293] 190
- Eigenbedarf des Vermieters, der in Trennungsabsicht die Ehewohnung verlassen hat an einer von ihm vermieteten Wohnung.[294] Nach LG Heidelberg[295] genügt bereits die ernsthafte Trennungsabsicht, 191
- Zusammenleben des Sohnes des Vermieters in einer eheähnlichen Gemeinschaft, dem der Vermieter vermietete Räume überlassen will,[296] 192
- Eigenbedarf, der vernünftig und nachvollziehbar sein muss, ist auch dann möglich, wenn der Vermieter eine Wohnung als vermietete Wohnung in Selbstbezugsabsicht gekauft hat, soweit nicht treuwidrige Umstände hinzutreten.[297] 193
- Ein jung verheiratetes Ehepaar möchte eine 74 Quadratmeter große 3-Zimmer-Wohnung beziehen und meldet Eigenbedarf an. Es muss sich nicht auf eine deutlich kleinere freistehende 2-Zimmer-Wohnung verweisen lassen. Ob konkreter Nachwuchswunsch vorliegt, ist nicht entscheidend.[298] 194
- Ist eine Wohnung durch den Vermieter erworben worden, um in dieser selbst zu wohnen und um wiederholten Streitigkeiten und Räumungsklagen seines eigenen bisherigen Vermieters aus dem Weg zu gehen, kommt Eigenbedarf in Betracht[299] (nach dem Inhalt der Ent- 195

[290] LG Stuttgart WuM 1990, 106.
[291] AG Düsseldorf WuM 1989, 301.
[292] LG München I WuM 1996, 770.
[293] LG Berlin WuM 1989, 301.
[294] LG Köln WuM 1997, 48.
[295] NZM 2013, 142.
[296] OLG Karlsruhe WuM 1982, 151.
[297] BayObLG RES Bd. I BGB § 564b Nr. 9.
[298] BVerfG WuM 1991, 145.
[299] BVerfG WuM 1993, 729.

scheidung genügt allein die Absicht des „Wohnens in den eigenen vier Wänden" nicht).

196 Eigenbedarf kann auch vorliegen, wenn der Vermieter die Wohnung nur gelegentlich als Ferienwohnung oder Zweitwohnung nutzen will.[300] Wird wegen einer beabsichtigten Nutzung als Zweitwohnung gekündigt, müssen in der Kündigungserklärung Angaben zum Grund, zur Dauer und zur Intensität der Nutzung gemacht werden.[301]

b) Eigenbedarf verneint:

197 – Kein Eigenbedarf, wenn der Vermieter lediglich geltend gemacht, ein Haus erworben zu haben, um in seinem Eigentum zu wohnen und nicht mehr Mieter zu sein,[302]

198 – Kein Eigenbedarf ist gegeben zugunsten eines Angehörigen des Vermieters, wenn der Angehörige selbst Wohnungsvermieter ist und die Möglichkeit zur Bedarfsdeckung an einer eigenen Wohnung hat,[303]

199 – Kein Eigenbedarf ist gegeben, wenn eine vermietete Wohnung weitgehend für einzurichtende Arbeitszimmer genutzt werden soll,[304]

200 – Wird eine 4-Zimmer-Wohnung mit ca. 117 Quadratmetern Wohnfläche zugunsten eines allein stehenden in der Berufsausbildung befindlichen Kindes des Vermieters beansprucht, liegt weit überhöhter Wohnbedarf vor,[305]

201 – Weit überhöhter Wohnbedarf und damit kein Eigenbedarf wurde bejaht, wenn eine 84 Quadratmeter große Wohnung für einen 19-jährigen Auszubildenden beansprucht wird,[306]

202 – Eine unzulässige **Vorratskündigung** und damit kein Eigenbedarf an einer Wohnung ist gegeben, wenn der Vermieter vorsorglich an mehreren Wohnungen Eigenbedarf mit je einer Kündigung geltend macht,[307]

203 – Unter Vorratskündigung wird auch verstanden, wenn die Kündigung erfolgt, obwohl der Nutzungswunsch erst in ungewisser Zukunft gegeben ist,[308]

204 – Kein Eigenbedarf ist gegeben bei lediglich zeitweiligem berufsbedingtem Aufenthalt in einer Stadt, auch nicht bei vorübergehendem Eigen-

---

[300] BGH WuM 2018, 776.
[301] LG Berlin WuM 2020, 163.
[302] KG WuM 1981, 81; BVerfG WuM 1993, 729.
[303] LG Frankfurt a. Main WuM 1991, 491.
[304] LG Köln WuM 1990, 347.
[305] LG München I WuM 1990, 352.
[306] LG Bremen WuM 1994, 541.
[307] LG Köln WuM 1991, 590.
[308] BGH NZM 2005, 580.

bedarf während einer zweijährigen Ausbildungszeit.[309] Dasselbe gilt bei Bedarf unter einem Jahr,[310]

- Kein Eigenbedarf ist gegeben, wenn Wohnraum lediglich für ein Kind vorgehalten werden soll, das noch die Schule besucht in Hinblick auf dessen späteren Eigenbedarf,[311] **205**
- Kein Eigenbedarf, wenn die Wohnung lediglich als Ferienwohnung genutzt werden soll.[312] **206**

4. Verletzung der Anbietpflicht

- Besitzt der Vermieter eine geeignete Wohnung, die bis zum Ablauf der Kündigungsfrist frei wird, muss er diese Wohnung, wenn sie für seine Bedürfnisse geeignet ist, selbst in Anspruch nehmen und darf sein Räumungsbegehren nicht weiterverfolgen oder muss sie, wenn sie für den gekündigten Mieter in Betracht kommt, diesem zu angemessenen Bedingungen zum Tausch anbieten.[313] Anzubieten ist aber nur eine Wohnung, die sich im selben Haus oder der gleichen Wohnanlage befindet.[314] **207**
- Nach aktueller BGH – Rechtsprechung führt die Verletzung der Anbietpflicht nicht zur Unwirksamkeit der Kündigung, sondern nur zu einem Schadensersatzanspruch in Geld.[315] **208**
- Treuwidrigkeit bzw. Rechtsmissbrauch ist nicht gegeben, wenn Umstände vorliegen, die die Neubegründung eines Mietverhältnisses mit diesem Mieter als unzumutbar erscheinen lassen.[316] Will der Vermieter die freiwerdende Wohnung selbst nutzen, muss er sie dem gekündigten Mieter nicht zum Tausch anbieten.[317] Es kann auch wirtschaftliche Unzumutbarkeit vorliegen, wenn der Vermieter die leerstehenden Räume als Geschäftsräume zu einer höheren Miete als er für die gekündigte zu erzielen ist, vermieten kann.[318] Der Vermieter muss auch nicht freiwerdende gewerblich genutzte Räume im Haus dem Mieter als Alternativwohnung anbieten.[319] **209**

Die verfügbare **Alternativwohnung** muss nur bis zu Ablauf der Kündigungsfrist dem Mieter zum Tausch angeboten werden, also nicht, falls sie später, aber noch vor der Räumung der gekündigten Wohnung frei wird.[320] **210**

[309] AG Köln WuM 1992, 250.
[310] LG Landau/Pfalz ZMR 1992, 396.
[311] LG Hamburg WuM 1989, 249.
[312] AG Neustadt an der Aisch WuM 2017.
[313] LG Mannheim ZMR 1996, 34.
[314] BGH WuM 2017, 94.
[315] BGH WuM 2017, 94.
[316] OLG Karlsruhe DWW 1993, 40.
[317] BVerfG ZMR 1994, 61.
[318] LG Hannover WuM 1989, 302.
[319] BGH NZM 2012, 231.
[320] BGH WuM 2003, 463; BGH NJW 2009, 1141.

5. Allgemeiner Raumbedarf

211 Ein allgemeiner Raumbedarf des Vermieters, der zwar keinen Eigenbedarf im Sinne der Vorschrift des § 573 Abs. 2 Nr. 2 BGB im engeren Sinne darstellt, da der Vermieter die Räume nicht zum Wohnen für sich, Hausstandsangehörige oder Familienangehörige benötigt, ist möglich, soweit der Raumbedarf als berechtigtes Interesse dem Bedarfsgrund Eigenbedarf gleichsteht.

a) Hilfs- und Pflegeperson

In Betracht kommt hier zB der Bedarf für eine Hilfs- und Pflegeperson für den Vermieter, die in einer vermieteten Wohnung untergebracht werden soll. Voraussetzung ist, dass die vermietete Wohnung für diesen Zweck geeignet ist. Hinsichtlich der Umstände, die in der Person des Vermieters vorliegen müssen, kommt in erster Linie bereits vorliegende Pflegebedürftigkeit in Betracht, die sich nicht nur auf eine stundenweise Pflege beschränken muss. Es kommt auch in Betracht, dass die Pflegebedürftigkeit des Vermieters noch nicht vorliegt, aber soweit absehbar ist, dass mit einiger Sicherheit damit gerechnet werden kann, dass der Vermieter die Dienste der Pflegeperson für seine Lebensführung **in naher Zukunft** benötigen wird.[321]

212 Die Person, deren Dienste in Anspruch genommen werden sollen, muss im Zeitpunkt der Kündigung noch nicht feststehen.[322] Die Pflegeperson muss daher auch nicht namentlich bezeichnet werden.[323] Es müssen aber zumindest Indizien, sowie die konkrete Bemühung um eine Pflegeperson, vorliegen.[324]

213 **Beispiel:** Der Vermieter kündigt eine vermietete Wohnung, die sich in unmittelbarer Nähe der von ihm selbst bewohnten Wohnung befindet, wegen nahe bevorstehender ständiger Pflegebedürftigkeit. Eine Pflegeperson, die für die Pflege in Betracht kommt, kann er nicht benennen. Der Vermieter hat sich jedoch an eine karitative Einrichtung gewandt, die ihm zugesichert hat, bei Eintreten der Pflegebedürftigkeit kurzfristig eine Pflegeperson zu vermitteln. Dies reicht grundsätzlich aus, um Raumbedarf für eine Pflegeperson zu begründen.

214 Gerade beim Raumbedarf für eine Pflegeperson ist wichtig, dass das mit der Kündigung befasste Gericht nicht seine eigenen Vorstellungen an die Stelle der Lebensplanung des Vermieters setzen darf. Diese Planung ist zu achten.[325]

215 **Beispiel:** Eine betagte und pflegebedürftige Vermieterin ist derzeit in einem Wohnheim untergebracht. Sie kündigt ein vermietetes Haus mit der Begründung, dass sie in diesem Haus durch ihre eigene Tochter und eine Pflegerin betreut werden möchte. Das Gericht kann den Eigenbedarf nicht mit der Begründung ablehnen, die betagte Vermieterin sei bereits in einem

[321] BayObLG WuM 1982, 125.
[322] OLG Hamm, ZMR 1986, 398.
[323] LG Stuttgart WuM 2021, 496.
[324] LG Lübeck ZMR 1999, 830.
[325] BGH WuM 2015, 304.

Wohnheim angemessen und würdig untergebracht und insoweit der Wunsch nach Betreuung durch die eigene Tochter und eine Pflegerin im eigenen Haus unerheblich.[326]

b) Öffentlicher Raumbedarf

Allgemeiner Raumbedarf kann nicht nur in Form des Bedarfs für einen privaten Vermieter für eine Pflegeperson, sondern auch als öffentlicher Bedarf wegen des öffentlichen Interesses an der Durchführung eines Bauvorhabens bestehen, das öffentlichen Zwecken dient. **216**

Beispiel: Raumbedarf einer Gemeinde ist möglich, die ein Gebäude zur Bereitstellung von Räumen für kulturelle und soziale Zwecke der Gemeinde beansprucht. Es muss sich um konkrete öffentliche Aufgaben handeln, die erfüllt werden sollen.[327] **217**

Nicht darf es sich lediglich um Raumbedarf handeln, der darin besteht, dass anstelle der vermieteten Wohnung ein Mehrzweckgebäude mit Wohnungen und Geschäftsräumen errichtet werden soll.[328] **218**

Ein allgemeiner Raumbedarf als berechtigtes Interesse an der Kündigung eines Mietverhältnisses kann auch darin bestehen, dass die zuständige Behörde die Kündigung eines Mietverhältnisses über eine Sozialwohnung verlangt, wenn der Vermieter diese an einen Nichtberechtigten im Sinne des Wohnungsbindungsgesetzes vermietet hat. Dies gilt aber nur dann, wenn der Vermieter der Sozialwohnung bei Vertragsabschluss keine Kenntnis von der Nichtberechtigung hatte und die Behörde ihm im Falle eines Unterlassens der Kündigung Nachteile wegen Verstoß gegen das Wohnungsbindungsgesetz androht.[329] In dieselbe Richtung geht das berechtigte Interesse des Vermieters einer Wohnung, die mit Wohnungsfürsorgemitteln gefördert wurde und an der ein Besetzungsrecht besteht. Falls der Mieter, der die Wohnung bewohnt, aus dem öffentlichen Dienst ausscheidet und die Behörde, die das Besetzungsrecht hat, die Kündigung des nunmehr nicht berechtigten Mieters verlangt, weil die Wohnung für einen anderen Bediensteten benötigt werde, besteht ein berechtigtes Kündigungsinteresse des Vermieters. **219**

c) Beruflicher Bedarf

Allgemeiner Raumbedarf wegen der Berufsfreiheit des Vermieters gegeben, wenn eine überwiegende Nutzung der Wohnung für eigene **berufliche Zwecke** des Vermieters beabsichtigt ist.[330] Andererseits wurde die Rechtsprechung des BGH bestätigt und sogar erweitert durch BGH:[331] Raumbedarf kommt auch in Betracht, wenn die Wohnung ausschließlich für berufliche Zwecke benötigt wird). **220**

---

[326] BVerfG WuM 1985, 75; GE 1994, 272.

[327] BayObLG WuM 1981, 32.

[328] OLG Frankfurt a. M. NJW 1981, 1277.

[329] OLG Hamm WuM 1982, 244.

[330] BGH WuM 2005, 779, sehr fraglich, mablAnm Wiek, aA auch LG Köln WuM 1990, 347.

[331] BGH NZM 2013, 22.

6. Betriebsbedarf

221 Falls Firmen Arbeitnehmern Werkswohnungen zur Verfügung stellen, kommt Betriebsbedarf als Kündigungsgrund nach § 573 BGB in Betracht. Die Werkswohnungen betreffenden Kündigungsvorschriften des BGB enthalten lediglich Regelungen hinsichtlich der **Kündigungsfrist,** vgl. § 576 BGB und hinsichtlich des Widerspruchs des Mieters gegen die Kündigung, vgl. § 576a BGB. § 576b BGB, betreffend Wohnraum, der im Rahmen eines Dienstverhältnisses überlassen ist, bestimmt die Umstände, unter denen für eine derartige Dienstwohnung nicht arbeitsrechtliche Vorschriften, sondern die mietrechtlichen Vorschriften des BGB, die für Wohnraum gelten, Anwendung finden. Das berechtigte Interesse für eine Kündigung bestimmt sich wie bei anderen Wohnraummietverhältnissen nach § 573 BGB.

222 Die Regelung des § 573 Abs. 1 BGB, was als berechtigtes Interesse des Vermieters an der Beendigung des Mietverhältnisses anzusehen ist, ist nicht abschließend. In Betracht kommt neben dem Eigenbedarf des Vermieters als Person, der zu seinem Hausstand gehörenden Personen oder seiner Familienangehörigen allgemeiner **Raumbedarf** in Form des Bedarfs für eine Pflegeperson oder einer öffentlichen Einrichtung und auch Betriebsbedarf einer Firma für Arbeitnehmer. Ein Vermieter, der Arbeitnehmer beschäftigt, kann Betriebsbedarf auch hinsichtlich einer Wohnung geltend machen, die nicht selbst mit einem Dienstverhältnis verknüpft ist. Die Wohnung muss auch nicht dem Vermieter, der eine Firma betreibt, selbst gehören bzw. eine besondere Zweckbindung als Werkwohnung bestehen. Werden solche Wohnungen von Mietern genutzt, die nicht Arbeitnehmer des Vermieters sind, also nicht zu seinen Betriebsangehörigen gehören, werden sie als normale Mietwohnungen behandelt.

223 **Beispiel:** Eine Firma verfügt über eine Reihe von Mietwohnungen, die teils an normale Mieter, teils an Betriebsangehörige der Firma vermietet sind. Wird eine der Wohnungen, die an einen Betriebsangehörigen vermietet ist, an einen anderweitigen Mieter, der außerhalb des Betriebes steht, vermietet, handelt es sich um ein normales Wohnraummietverhältnis. Umgekehrt wird eine Wohnung, die an einen Nichtbetriebsangehörigen vermietet ist, durch die Vermietung an einen solchen zur Werkswohnung.

224 Der Vermieter kann Betriebsbedarf insoweit geltend machen, als er eine Wohnung einem Arbeitnehmer zur Verfügung stellen will, der konkreten Wohnbedarf hat. Dies gilt auch dann, wenn es sich nicht um eine Werkswohnung im Sinne der §§ 576 ff. BGB handelt.[332]

225 Grundsätzlich kann der Vermieter, der Arbeitnehmer beschäftigt, Betriebsbedarf für einen Arbeitnehmer auch an einer Wohnung geltend machen, die an einen **Nichtbetriebsangehörigen** vermietet ist. Dies soll angesichts des notwendigen Schutzes des Wohnraummieters, der nicht

[332] LG Tübingen ZMR 1987, 20.

Betriebsangehöriger ist, nur eingeschränkt gelten. Insbesondere soll es dem Vermieter nur eingeschränkt möglich sein, nicht nur Betriebsangehörige auf diese Weise mit Wohnraum zu versorgen oder mit Hilfe der Zurverfügungstellung einer Wohnung neue Arbeitskräfte anzuwerben.

Es gilt, dass der Betriebsbedarf eines Unternehmers nicht zur Kündigung einer an einen Betriebsfremden vermieteten Wohnung, die somit keine Werkswohnung ist, berechtigt, wenn der Vermieter diese Wohnung **226**

- neu anzuwerbenden Fachkräften zur Verfügung stellen und mit dem Wohnungsangebot seine Chancen auf dem Arbeitsmarkt verbessern will

  oder
- einem Arbeitnehmer mit konkretem Wohnungsbedarf zur Verfügung stellen will.[333]

Das OLG Stuttgart begründet die Entscheidung, dass auch das Interesse des Vermieters, die Räume einem Arbeitnehmer mit konkretem Wohnungsbedarf zur Verfügung zu stellen, nicht als berechtigtes Interesse ausreicht, damit, dass hinzutreten muss, dass gerade das Bewohnen dieser Räume durch diesen Arbeitnehmer für die ordnungsgemäße Führung des Betriebes erforderlich sein muss. **227**

Diese Rechtsprechung soll auch dann gelten, wenn der Mietvertrag einen Hinweis auf eine künftige Zweckbestimmung als Werkswohnung enthält.[334] **228**

Handelt es sich um eine Werkswohnung, die an einen Betriebsangehörigen vermietet ist, so kann, sobald das Dienstverhältnis mit dem gegenwärtigen Bewohner beendet ist, Betriebsbedarf für einen anderen Bediensteten in Betracht kommen. Dies ist insbesondere dann der Fall, wenn der andere Bedienstete unzureichend untergebracht ist oder neue Bedienstete unter Wohnungszusage eingestellt werden. Nicht reicht es aus, wenn von Seiten des Vermieters darauf hingewiesen wird, dass die Wohnung dringend für die Unterbringung eines aktiven Bediensteten benötigt werde. Es müssen nähere Angaben über die derzeitige Unterbringung des anderen Bediensteten gemacht werden oder über die Umstände einer Neueinstellung.[335] **229**

Wird die an den bisherigen Betriebsangehörigen vermietete Wohnung wegen Betriebsbedarf gekündigt, so ist die in § 75 Abs. 2 Nr. 2 Bundespersonalvertretungsgesetz und in § 87 Abs. 1 Nr. 9 Betriebsverfassungsgesetz geforderte Zustimmung des Personal- oder Betriebsrats zur Kündigung nur noch bis zur rechtswirksamen Auflösung des Dienst- oder Arbeitsverhältnisses Wirksamkeitsvoraussetzung der Kündigung.[336] **230**

---

333 OLG Stuttgart WuM 1991, 330.
334 OLG Stuttgart GE 1993, 585.
335 OLG Stuttgart WuM 1986, 132.
336 OLG Frankfurt a. M. ZMR 1992, 443.

7. Genossenschaftswohnungen

231 Hinsichtlich des Betriebsbedarfs bei Genossenschaftswohnungen gilt genauso wie bei Betriebsbedarf an sonstigen Werkswohnungen, dass Betriebsbedarf für ein Genossenschaftsmitglied dann in Betracht kommt, wenn die Mitgliedschaft des Genossenschaftsmitglieds, das bisher die Wohnung bewohnt hat, beendet ist und Bedarf für einen anderen Genossen besteht. Nachdem bei Genossenschaftswohnungen der Umstand, dass die Wohnung aufgrund betrieblicher Zwecke für einen bestimmten Arbeitnehmer besonders geeignet ist, nicht in Betracht kommt, genügt es in der Regel, dass Genossen benannt werden können, die in eine **Vormerkliste** für Personen, die eine Genossenschaftswohnung beziehen wollen, aufgenommen worden sind und konkreten Wohnungsbedarf haben. Zu berücksichtigen ist, dass hier gilt, dass die Beendigung des Genossenschaftsverhältnisses feststehen muss, also nicht mehr anfechtbar ist.

232 Bei Genossenschaftswohnungen kommt aber auch in Betracht, dass eine an einen Genossen vermietete Genossenschaftswohnung für andere Genossen benötigt wird. Ein berechtigtes Interesse kann hier bestehen, wenn eine an einen Genossen vermietete Wohnung erheblich unterbelegt ist und diese Genossen mit entsprechendem Bedarf zur Verfügung gestellt werden soll.

233 **Beispiel:** Eine 5-Zimmer-Genossenschaftswohnung ist an eine Einzelperson, die Genossenschaftsmitglied ist, vermietet. Es handelt sich um eine gemeinnützige Wohnungsbaugenossenschaft, die im Besitz einer Vormerkliste ist, in der eine vierköpfige Familie mit dringendem Wohnbedarf, die ebenfalls Genossenschaftsmitglied ist, aufgenommen ist. Ein berechtigtes Interesse im Sinne des § 573 Abs. 1 BGB kommt hier in Betracht.[337]

8. Hausmeisterwohnung

234 Ein besonders häufig vorkommender Fall des Betriebsbedarfs ist der Bedarf an einem Hausmeister für eine Hausmeisterwohnung. Dieser Betriebsbedarf kommt in Betracht, wenn es sich um eine Wohnung handelt, die aufgrund der bisherigen Nutzung und ihrer besonderen Lage eine Hausmeisterwohnung darstellt. Ist in einer Wohnanlage bereits Hausmeister und Hausmeisterwohnung vorhanden, so stellt sich die Darlegung des Betriebsbedarfs in der Regel als unproblematisch dar. Anders, falls bisher weder Hausmeister noch Hausmeisterwohnung vorhanden waren. Hier muss ein gewichtiges Interesse an der Einstellung eines Hausmeisters vorliegen.[338] Die Einstellung eines Hausmeisters muss objektiv erforderlich sein und die Wohnung für einen Hausmeister geeignet sein.[339] Nach BGH[340] scheidet Betriebsbedarf für einen Hausmeister aus,

[337] OLG Stuttgart WuM 1991, 379.
[338] LG Freiburg WuM 1989, 245.
[339] LG Wiesbaden WuM 1996, 543.
[340] BGH WuM 2017, 342.

der mehrere Objekte des Vermieters betreuen soll und bereits in der Nähe eines der Objekte wohnt

XII. Vorgetäuschter Eigenbedarf

1. Verschuldeter Eigenbedarf

Besitzt der Vermieter eine leerstehende Wohnung und vermietet sie, obwohl er weiß, dass er oder eine begünstigte Person Bedarf an dieser Wohnung hat, kann er sich später nicht auf Eigenbedarf aus diesem Grund berufen. Dies wäre rechtsmissbräuchlich.[341] **235**

Wenn jedoch mit dem Eigenbedarfsfall erst in nicht genau bestimmter Zukunft gerechnet werden kann, gilt dies nicht (zB späterer Bedarf heranwachsender Kinder, Heirat des Vermieters zu einem unbestimmten Zeitpunkt; vgl. BGH[342] für den Fall, dass Eigenbedarf für heranwachsende Tochter des Vermieters vier Jahre nach Abschluss (Erneuerung) des Mietvertrages geltend gemacht wird). Vgl. auch LG Gießen:[343] Eigenbedarf ist durch den Vermieter vorausschauend zu bedenken. War ein entstehender Eigenbedarf jedoch nicht bei Abschluss des Mietvertrags absehbar, ist eine **Eigenbedarfskündigung,** die wenig später erfolgt, nicht missbräuchlich.[344] Der Vermieter ist nicht verpflichtet, vor Abschluss eines Mietvertrages Ermittlungen über einen möglichen künftigen Eigenbedarf anzustellen.[345] **236**

Der Vermieter, der Wohnungsbedarf hat und eine vermietete Eigentumswohnung kauft (sog. **„gekaufter Eigenbedarf"**), handelt nicht treuwidrig, wenn er nach dem Kauf Eigenbedarf geltend macht. Es liegt kein „verschuldeter Eigenbedarf" vor.[346] **Eigenbedarf** muss aber tatsächlich vorliegen. **237**

Hat der Vermieter mehrere vergleichbare Wohnungen vermietet, so kann er nach eigenem Ermessen bestimmen, von welchem Mieter er die Räumung verlangen will.[347] Etwas anderes gilt, wenn insoweit Unterschiede bestehen. Dann ist das Interesse gerade an einer Wohnung nachzuweisen.[348] **238**

---

[341] BGH WuM 2015, 296.
[342] BGH NZM 2009, 236.
[343] WuM 1996, 416.
[344] BGH NZM 2013, 419.
[345] BGH WuM 2015, 296.
[346] BayObLG NJW 1981, 2197.
[347] LG Landau ZMR 1992, 396.
[348] LG Augsburg WuM 1986, 318.

2. Wegfall des Eigenbedarfs und vorgetäuschter Eigenbedarf

a) Grundsätze und Beweislast

239 Entfallen die die Kündigung wegen Eigenbedarfs rechtfertigenden Gründe, bevor die Kündigungsfrist abgelaufen ist, ist der Vermieter verpflichtet, den Mieter davon zu unterrichten und auf Verlangen das Mietverhältnis fortzusetzen. Ein Wegfall nach Ablauf der Kündigungsfrist muss nicht mehr berücksichtigt werden (BGH[349] mit der Begründung, dass das Besitzrecht des Mieters mit Ablauf der Kündigungsfrist erloschen sei; bestätigt durch BVerfG.[350]

240 Ein Verstoß gegen die **Mitteilungspflicht** vor Ablauf der Kündigungsfrist stellt eine Pflichtverletzung dar.[351] Außerdem begründet die mietvertragliche Nebenpflicht, den Mieter vom Wegfall des Kündigungsgrundes zu unterrichten, eine strafrechtliche Garantenpflicht. Das Unterlassen verwirklicht den Tatbestand des Betrugs.[352] Liegt bereits ein **Räumungstitel** vor, kann nach Auffassung des AG Tempelhof-Kreuzberg[353] die Zwangsvollstreckung unzulässig sein. Vgl. aber → Kap. 9 Rn. 16 ff., 21 ff.

241 Der Vermieter muss allerdings nicht nach Ausspruch der Kündigung Eigenbedarfsgründe, die **nicht in seiner Person** liegen (zB von Angehörigen), ständig auf ihr Vorhandensein überprüfen. Nur bei besonderen Anhaltspunkten muss sich der Vermieter vergewissern, ob der Eigenbedarfsgrund des Angehörigen weiter besteht.[354]

242 Auch nach Beendigung des Mietverhältnisses bzw. Räumung der Wohnung aufgrund eines Räumungsvergleichs im Räumungsprozess hat der Mieter einen Auskunftsanspruch hinsichtlich des Eigenbedarfs, wenn der Vermieter an einen Dritten neu vermietet hat.[355] Je nach den Umständen, die den Anschein einer **unberechtigten Eigenbedarfskündigung** erwecken, sind hohe Anforderungen an das Rechtfertigungsvorbringen des Vermieters zu stellen.[356]

243 **Beispiele:** Gibt der Vermieter die Wohnung einem Makler zum Verkauf an die Hand, der die Wohnung dann auch kurzfristig zum Verkauf anbietet, so ist nicht davon auszugehen, dass die vor der Kaufofferte ausgesprochene Eigenbedarfskündigung begründet ist.[357]

244 Wird der Eigentumswunsch nicht realisiert, muss der Vermieter überzeugend auf hohem Niveau darlegen, dass der Eigenbedarfsgrund erst nach dem Auszug des Mieters entfallen ist.[358]

---

349 BGH WuM 2005, 782.
350 BVerfG 18.4.2006, NZM 2006, 459.
351 OLG Karlsruhe ZMR 1982, 50.
352 AG Wittlich WuM 1989, 253.
353 GE 1994, 865.
354 LG Köln WuM 1980, 48.
355 LG München I WuM 1986, 219, 220; AG Wuppertal WuM 1995, 185.
356 LG Konstanz WuM 1986, 256.
357 LG Kleve WuM 1991, 271.
358 BVerfG WuM 1997, 361.

Täuscht der Vermieter den zur Begründung eines Eigenbedarfs erforderlichen dauerhaften Wohnzweck an der Mietwohnung vor und nutzt er die Wohnung nach der Räumung des Mieters zu lediglich zeitweisem Aufenthalt, so haftet der Vermieter auf Schadensersatz wegen Vertragsverletzung.[359] 245

Gegenüber dem schlüssigen Schadensersatzanspruch des Mieters wegen vorgetäuschten Eigenbedarfs muss der Vermieter ihn entlastende Umstände darlegen.[360] Der BGH[361] weist allerdings darauf hin, dass sich die Beweislast in diesen Fällen nicht ändere, also beim Mieter bleibe. Möglich sei aber der Anscheinsbeweis bei entsprechender Sachlage, was die Darlegungslast auf den Vermieter verschiebe. Nach LG Hamburg[362] trägt der Vermieter bei anderer Verwertung der Mieträume die Beweislast für den Kündigungsgrund (Umkehr der Beweislast). 246

b) Anspruchsgrundlagen und Verschulden

Da der Vermieter bei Vorspiegelung nicht vorliegender Kündigungsgründe unter Verletzung vertraglicher Pflichten handelt, kommt ein Anspruch aus Pflichtverletzung in Betracht. Der Vermieter hat Vorsatz und Fahrlässigkeit zu vertreten. Fahrlässigkeit kommt in Betracht, wenn der Vermieter es vorwerfbar unterlassen hat, Erkundigungen über den Eigenbedarf nach § 573 Abs. 2 Nr. 2 BGB Begünstigter einzuholen. 247

Mitverschulden des Mieters kann vorliegen, wenn auch für einen Laien erkennbar ist, dass kein berechtigtes Kündigungsinteresse gegeben ist.[363] Bei Austausch der Eigenbedarfsperson fehlt es an der Kausalität für einen Schaden des Mieters.[364] 248

In der Durchsetzung nicht vorliegender Kündigungsinteressen liegt ein Betrug gegenüber dem Mieter. Es kommt daher ein **Schadensersatzanspruch aus unerlaubter Handlung** nach § 823 Abs. 2 BGB iVm § 263 StGB in Betracht. **Prozessbetrug** liegt vor, wenn das Nichtvorliegen des Kündigungsgrundes verschwiegen wurde, um ein Räumungsurteil herbeizuführen.[365] Räumt der Mieter nach der **Eigenbedarfskündigung** aufgrund des rechtskräftigen Räumungsurteils, haftet der Vermieter bei unberechtigter Kündigung jedoch nur in den Grenzen des § 826 BGB.[366] 249

Andererseits kommt ein Schadensersatzanspruch auch dann in Betracht, wenn der Vermieter eine Kündigung noch **nicht ausgesprochen** hat, der Mieter aber unter dem Druck einer angedrohten Eigenbedarfskündigung der Auflösung des Mietverhältnisses zustimmt.[367] Auch ein 250

[359] LG Karlsruhe WuM 1991, 272.
[360] LG Saarbrücken WuM 1989, 251.
[361] BGH WuM 2005, 521.
[362] WuM 1995, 175.
[363] LG Mannheim WuM 1995, 711.
[364] LG Münster WuM 1995, 171.
[365] OLG Zweibrücken WuM 1983, 209.
[366] LG Aachen WuM 1987, 394.
[367] LG Saarbrücken WuM 1986, 255.

Zurückziehen der vorgetäuschten Eigenbedarfskündigung schließt deren Kausalität für einen Schaden des Mieters nicht aus, wenn der Mieter bereits einen neuen Mietvertrag abgeschlossen hatte und die neue Wohnung bezieht.[368]

251 § 573 BGB kann auch als **Schutzgesetz** iSv **§ 823 Abs. 2 BGB** aufgefasst werden, da die Bestimmung auch den Schutz des einzelnen Mieters vor unberechtigten Kündigungen bezweckt. Dann müssen nur die Voraussetzungen eines schuldhaften Verstoßes gegen § 573 BGB hinsichtlich der zutreffenden Angabe des Kündigungsgrundes gegeben sein, auf die weitergehenden Tatbestandsmerkmale des § 263 StGB kommt es nicht an.

252 § 573 BGB kann dann nicht als Schutzgesetz angesehen werden, wenn der Mieter einer **unwirksamen** Kündigung des Vermieters **freiwillig** Folge geleistet hat.[369] Anders verhält es sich aber, wenn der Mieter die Unwirksamkeit der nicht formgerecht begründeten Kündigung zwar erkannt hat, aufgrund der schlüssig **mündlich** vorgetragenen Eigenbedarfsgründe das Mietverhältnis einvernehmlich mit dem Vermieter beendet hat.[370] Dem Mieter bleibt sein Schadensersatzanspruch dann voll erhalten.[371] Der Schadensersatzanspruch des Mieters unterliegt nicht der Verjährung nach § 548 BGB.[372]

253 Schließen Vermieter und Mieter einen **Räumungsvergleich,** gilt folgendes:
- Wenn der Vergleich das Bestehen des Eigenbedarfsgrundes mit umfasst, kommt ein Schadensersatzanspruch nicht in Betracht,[373] anders, wenn dies nicht der Fall ist.[374]
- Nach BGH[375] kommt es darauf an, ob mit dem Vergleich etwaige Ansprüche des Mieters wegen vorgetäuschten Bedarfs abgegolten werden sollten. Ein stillschweigender Verzicht des Mieters auf Ansprüche kann nur bei besonders bedeutsamen Umständen angenommen werden.
- Wird der Streit beigelegt, kommt es nicht darauf an, dass sich herausstellt, dass der Kündigungsgrund nicht bestanden hat.[376]

c) Umfang des Schadensersatzes

Der **Schadensersatzanspruch** des Mieters wegen vorgetäuschten Eigenbedarfs umfasst die dem Mieter adäquat kausal entstandenen Vermögenseinbußen.

---

[368] LG Kassel WuM 1987, 85.
[369] OLG Hamm WuM 1984, 94.
[370] BayObLG WuM 1982, 203; BGH NZM 2009, 429.
[371] So auch LG Mosbach WuM 1992, 192.
[372] LG Mannheim WuM 1991, 693.
[373] LG Berlin GE 1995, 1551.
[374] LG Berlin GE 1996, 1487.
[375] BGH WuM 2015, 510.
[376] OLG Frankfurt a. M. WuM 1994, 500.

Im Einzelnen gilt folgendes:

- Zu ersetzen sind die **Umzugskosten,**[377] dh Kosten der Räumung der Wohnung, Beförderung des Umzugsguts, Makler- und Inseratskosten, Telefonummeldung,[378] Umarbeiten von Vorhängen und Möbelstücken, Umbau einer Einbauküche.[379] Nicht: Die Kosten neuer Möbel, da hier ein entsprechender Wert erlangt wird. **254**

- Zu ersetzen sind weiter die **Kosten des Räumungsprozesses,** wenn die Rechtslage nicht eindeutig ist,[380] also Gerichtskosten, Rechtsanwaltskosten, auch aus außergerichtlicher Inanspruchnahme[381] und Kosten eines erforderlichen Detektivs.[382] **255**

- Die Kosten für die **Renovierung** der alten und gegebenenfalls neuen Wohnung sind zu ersetzen.[383] **256**

- **Mehrkosten für die Ersatzwohnung** sind nur zu ersetzen, soweit sie durch die Anmietung einer Wohnung gleichen Wohnwerts, gleicher Ausstattung und gleicher Qualität wie die geräumte Wohnung entstehen.[384] Grundsätzlich zu ersetzen sind die Kosten der Wohnungssuche. Der Mietdifferenzschaden ist höchstens für vier Jahre zu ersetzen.[385] Anders AG Waiblingen:[386] höchstens 24 Monate. **Nicht zu ersetzen** sind die Kosten für de, Erwerb einer Eigentumswohnung nach der Kündigung.[387] Bei unberechtigter Kündigung nach Wegfall des Eigenbedarfs sind Maklerkosten für Eigentumserwerb nicht zu ersetzen.[388] **257**

- Auf den Schadensersatzanspruch wegen vorgetäuschten Eigenbedarfs sind die Leistungen des Vermieters anzurechnen, die er gemäß einer Vereinbarung in einem Mietaufhebungsvertrag an den Mieter zur Auflösung des Mietverhältnisses gezahlt hat.[389] **258**

XIII. Wartefrist nach der Begründung von Wohnungseigentum

In den Fällen des § 577a BGB kann der Vermieter sich auf ein berechtigtes Interesse nach § 573 Abs. 2 Nr. 2 oder 3 BGB erst nach einer Warte- **259**

[377] LG Berlin GE 1996, 1487.
[378] LG Karlsruhe DWW 1995, 144.
[379] AG Bad Oldesloe WuM 1995, 170.
[380] LG Berlin ZMR 1988, 387.
[381] AG Heidelberg WuM 1975, 67.
[382] AG Hamburg WuM 1997, 990.
[383] AG Essen WuM 1974, 197.
[384] LG Berlin WuM 1988, 387.
[385] LG Darmstadt WuM 1995, 165.
[386] WuM 2019, 334.
[387] LG Konstanz DWW 1992, 22.
[388] BGH WuM 2021, 116.
[389] AG Hamburg-Harburg WuM 1989, 391.

frist berufen. Im Falle des § 573 Abs. 2 Nr. 2 BGB (Eigenbedarf) gilt die Wartefrist allerdings nur bei Bedarf für eine Person des privilegierten Personenkreises (→ Rn. 171), nicht zB bei Bedarf für eine Betreuungsperson (BGH[390] für den Fall eines Au-Pair Mädchens).

1. Voraussetzungen

260 Die **Voraussetzungen** der Wartefrist sind:

– **Überlassung der Wohnung an den Mieter**

261 Überlassung bedeutet, dass dem Mieter die Möglichkeit gegeben wird, die Wohnung vertragsmäßig zu gebrauchen.

– **Begründung von Wohnungseigentum**

262 Nach der Überlassung an den Mieter muss das Wohnungseigentum begründet worden sein durch Abgabe der Teilungserklärung, dinglichen Vertrag und Eintragung in das Grundbuch.

263 Zwei Möglichkeiten bestehen:
- Der Eigentümer des Grundstücks teilt dieses, mit jedem entstehenden Miteigentumsanteil ist das Sondereigentum an einer bestimmten Wohnung verbunden, § 8 WEG.
- An dem Grundstück besteht eine Bruchteilsgemeinschaft, durch Vertrag wird jedem Miteigentümer nach Bruchteilen das Sondereigentum an einer bestimmten Wohnung eingeräumt, § 3 WEG.

264 Die Vorschrift über die Wartefrist ist also nicht, auch nicht entsprechend anwendbar, wenn der Mieter bereits eine **Eigentumswohnung,** nicht eine Mietwohnung anmietete.[391]

– **Veräußerung des Wohnungseigentums**

265 Der Erwerber tritt in das Mietverhältnis nach § 566 BGB ein. Ein Makler hat den Käufer einer derartigen Wohnung zur Vermeidung von Schadensersatzansprüchen auf die Sperrfrist hinzuweisen.[392] Als Veräußerung ist auch der Zuschlag von Wohnungseigentum im Wege der Zwangsversteigerung anzusehen. Die Sperrfrist ist in diesem Fall auch dann anzuwenden, wenn das Mietverhältnis gemäß § 57a ZVG unter Einhaltung der gesetzlichen Frist gekündigt wird.[393]

266 Wird die Wohnung nicht veräußert, sondern wandelt der Vermieter nur Mietwohnungen seines Hauses in Eigentumswohnungen um und macht selbst an einer Wohnung Eigenbedarf geltend, gilt für ihn die Sperrfrist nicht. Dasselbe gilt, wenn der Eigentumsübergang nicht durch Veräußerung, sondern durch **Erbfall** eintritt.

[390] BGH NZM 2009, 430.
[391] LG Berlin GE 1995, 495.
[392] BGH NJW 1981, 2685.
[393] BayObLG WuM 1992, 424.

2. Umgehungstatbestände

Teilt eine Miteigentümergemeinschaft ein Grundstück nach § 8 WEG auf und überträgt jedem Eigentümer das Eigentum an einer Wohnung, so gilt § 566 BGB, also ein Vermieterwechsel.[394] Räumt eine Eigentümergemeinschaft jedem Miteigentümer das Sondereigentum gem. §§ 3, 8 WEG ein als mit jedem Miteigentumsanteil nach Bruchteilen verbunden, gilt die Wartefrist nicht.[395] **267**

Ebenfalls gilt die Wartefrist nicht, wenn die Gesellschafter einer Gesellschaft bürgerlichen Rechts nach der Überlassung der Wohnung an den Mieter das Hausgrundstück in Gesellschaft erwerben und durch Gesellschaftsvertrag vereinbart haben, dass jedem Gesellschafter an je einer Wohneinheit ein ausschließliches Nutzungsrecht zusteht.[396] **268**

Wurde aber dem Miteigentümer bei **Erwerb des Bruchteilseigentums** eine bestimmte Wohnung zur ausschließlichen Nutzung zugewiesen und diese Nutzungsregelung ebenso wie der dauernde Ausschluss des Aufhebungsverlangens nach § 1010 BGB im Grundbuch eingetragen, soll weiter nach dem Kaufvertrag innerhalb von drei Jahren nach § 3 WEG Wohnungseigentum gebildet werden, und hat bei Abschluss des Kaufvertrages die Abgeschlossenheitsbescheinigung bereits vorgelegen, so ist die Wartefrist des § 577a BGB einzuhalten, da ein Umgehungsfall vorliegt.[397] **269**

Nicht wurde nach der bisherigen Regelung der Mieter geschützt, dem von einer Personenmehrheit (hier GbR) als Eigentümer wegen Eigenbedarfs für eine der Personen (Gesellschafter) gekündigt wurde, auch wenn nach der Kündigung durch die Gesellschafter Wohnungseigentum erworben wurde.[398] **270**

Das **Mietrechtsreformgesetz 2013** hat wegen dieser Konstellation, in der Begründung zu dem Gesetzentwurf als **„Münchener Modell"** bezeichnet, § 577a BGB durch einen neuen Absatz 1a ergänzt, wonach für die Auslösung der Sperrfrist genügt, dass der Wohnraum nach der Überlassung an den Mieter an eine Personengesellschaft oder mehrere Erwerber veräußert wird. Die **Sperrfrist** gilt dann ab dem Zeitpunkt der Eintragung der Gesellschaft ins Grundbuch (Vollendung des Erwerbs), falls für einen Gesellschafter der Personengesellschaft gekündigt wird. Bei der Kündigung kann es sich um eine Kündigung wegen Eigenbedarfs oder wegen geplanter wirtschaftlicher Verwertung handeln. Es ist nicht erforderlich, dass zusätzlich zu den Voraussetzungen der neuen Vorschrift an dem vermieteten Wohnraum Wohnungseigentum begründet wird.[399] **271**

394 BayObLG WuM 1982, 46.
395 KG WuM 1987, 138; bestätigt durch BGH WuM 1994, 452.
396 OLG Karlsruhe NJW 1990, 3278.
397 OLG Karlsruhe WuM 1992, 519.
398 BGH NZM 2009, 613.
399 BGH WuM 2018, 292.

272 Um eine Umgehung des § 577a BGB durch andere rechtliche Konstruktionen zu verhindern, soll die Sperrfrist auch dann gelten, wenn der Wohnraum nicht an die **Personengesellschaft** veräußert, sondern mit einem dinglichem Recht belastet wird, durch dessen Ausübung dem Mieter der vertragsgemäße Gebrauch entzogen wird. Hier kommt zB die Bestellung eines Erbbaurechts oder eines Nießbrauchs in Betracht. Die Sperrfrist beginnt hier mit der Belastung des Grundstücks mit dem dinglichen Recht.

273 Eine Ausnahme macht das Gesetz für den Fall, dass die Gesellschafter der Personengesellschaft derselben Familie oder demselben Haushalt angehören. Hier soll die Geltendmachung von Eigenbedarf für ein Familien- oder Haushaltsmitglied nicht erschwert werden. Anders natürlich, wenn die Voraussetzung des § 577a Abs. 1 BGB unmittelbar erfüllt sind, also Umwandlung in Wohnungseigentum und anschließende Veräußerung gegeben ist. Eine Verlängerung der Sperrfrist in Wohnungsmangelgebieten gilt auch nach der Neuregelung.

3. Dauer der Wartefrist

274 Durch § 577a BGB werden die früheren Regelungen der §§ 564b Abs. 2 Nr. 2 Satz 2 bis 4 und Nr. 3 Satz 4 BGB alter Fassung sowie das Gesetz über eine Sozialklausel in Gebieten mit einer gefährdeten Wohnungsversorgung vom 22.4.**1993 (Sozialklauselgesetz)** zusammengefasst.

275 Die Sperrfrist hinsichtlich einer Kündigung wegen Eigenbedarfs oder wirtschaftlicher Verwertung wird durch § 577a Abs. 1 BGB einheitlich auf drei Jahre festgesetzt. Für Wohnungsmangelgebiete wird die Sperrfrist durch § 577a Abs. 2 BGB auf bis zu zehn Jahre bestimmt. Entgegen der bisherigen Regelung durch das Sozialklauselgesetz handelt es sich also um keine feste Frist von zehn Jahren. Wie sich aus § 577a Abs. 2 Satz 2 BGB ergibt, werden die Landesregierungen ermächtigt, die Wohnungsmangelgebiete und die Frist nach § 577a Abs. 2 Satz 1 BGB durch Rechtsverordnung für die Dauer von jeweils höchstens zehn Jahren zu bestimmen. Dies bedeutet, dass die Landesregierungen entsprechend einer von ihnen vorzunehmenden Prognose hinsichtlich der voraussichtlichen Dauer der besonderen Gefährdung der Wohnungsversorgung eine Sperrfrist von bis zu zehn Jahren festlegen können.

276 Nach § 3 Abs. 6 der Übergangsvorschriften sind bis zum 31.8.2004 die bisherigen Bestimmungen anzuwenden. Erfolgt die Kündigung des Erwerbers der umgewandelten Wohnung wegen wirtschaftlicher Verwertung im Sinne von § 573 Abs. 2 Nr. 3 BGB jedoch in einem Fall, in dem die Veräußerung der Wohnung vor dem 1.9.2001 erfolgt ist und befindet sich die veräußerte Wohnung nicht in einem Wohnungsmangelgebiet, so ist § 577a BGB nicht anzuwenden.

277 Die bisherigen Bestimmungen haben folgenden Inhalt: Durch das Gesetz zur Verbesserung der Rechtsstellung des Mieters bei Begründung

von Wohnungseigentum an vermieteten Wohnungen vom 20.7.1990 (BGBl. I S. 1456) wurde die **Wartefrist** in Wohnungsmangelgebieten nach § 577a BGB von drei Jahren auf **fünf Jahre** verlängert. Die Wohnungsmangelgebiete sind durch Rechtsverordnung der Landesregierungen bestimmt worden.

Nach dem Sozialklauselgesetz vom 1.5.1993 wurden unter den Voraus- **278**
setzungen des § 577a BGB in – von den Landesregierungen bestimmten – Wohnungsmangelgebieten berechtigte Interessen des Vermieters iSd. § 573 Abs. 2 Nr. 2 und 3 BGB bis zum Ablauf von **zehn Jahren** nach der Veräußerung nicht berücksichtigt.

Die **Sperrfrist bedeutet**, dass erst nach ihrem Ablauf die Kündigung **279**
erklärt werden kann, nicht eine **Sozialklausel,** was bedeuten würde, die Kündigung ist wirksam, der Mieter erhält aber einen Anspruch auf Fortsetzung des Mietverhältnisses.[400] Nach Ablauf der Sperrfrist muss der Erwerber tatsächlich **Eigenbedarf** haben.

4. Einzelfragen

Es kommt weder darauf an, ob der Mieter weiß, ob zum Zeitpunkt der **280**
Überlassung der Wohnung an ihn Wohnungseigentum begründet war, noch ob der Erwerber vom Bestand eines Mietverhältnisses weiß.[401]

Die Wartefrist des Erwerbers beginnt mit der Eintragung des Eigen- **281**
tumserwerbs in das Grundbuch, § 925 BGB, im Falle der Teilung mit der Anlegung von Wohnungsgrundbüchern aufgrund der Teilung. Eine Abkürzung der Wartefrist ist auch in Härtefällen nicht möglich.[402] Weitere nachfolgende Erwerber treten in die Sperrfrist ein, diese beginnt für sie nicht neu zu laufen.[403]

Eine Kündigung des Erwerbers kann nicht vor Ablauf der Wartefrist **282**
ausgesprochen werden. Eine vorher ausgesprochene Kündigung ist nach § 134 BGB unwirksam, sie kann nicht in eine Kündigung zum nächstzulässigen Termin umgedeutet werden.[404]

XIV. Kündigung wegen wirtschaftlicher Verwertung

1. Allgemeine Fragen – Begriff der wirtschaftlichen Verwertung

Durch den Kündigungsgrund der anderweitigen wirtschaftliche Verwer- **283**
tung nach § 573 Abs. 2 Nr. 3 BGB soll den Interessen des Vermieters an der freien Verfügung über sein Eigentum Rechnung getragen werden. Neben dem Kündigungsgrund der schuldhaften Pflichtverletzung nach

[400] BayObLG WuM 1995, 380.
[401] LG Mannheim WuM 1975, 212.
[402] Sternel MietR Rn. IV 86.
[403] BayObLG ZMR 1982, 88.
[404] OLG Hamm NJW 1981, 584.

§ 573 Abs. 2 Nr. 1 BGB und dem Kündigungsgrund des Eigenbedarfs nach § 573 Abs. 2 Nr. 2 BGB, stellt die wirtschaftliche Verwertung den dritten im Gesetz ausdrücklich aufgeführten Grund zur ordentlichen Kündigung eines Wohnraummietverhältnisses dar.

284 Angesichts der **Leerstandsproblematik** in den neuen Bundesländern stellt sich die Frage, ob der Abriss eines nahezu leerstehenden Gebäudes in Hinblick auf verbliebene Mietverhältnisse eine wirtschaftliche Verwertung darstellt. Dies soll nach BGH[405] nicht der Fall sein, die Kündigung sei daher nicht ausgeschlossen. In Betracht käme allerdings ein allgemeines berechtigtes Kündigungsinteresse nach § 573 Abs. 1 BGB.

285 Der Tatbestand der wirtschaftlichen Verwertung besteht aus mehreren Einzelsachverhalten: Zum einen muss der Vermieter die Absicht haben, das Grundstück (die Mieträume) wirtschaftlich zu verwerten, zum anderen muss die Verwertung angemessen sein, zum dritten muss die Fortsetzung des Mietverhältnisses der Verwertung entgegenstehen und zum vierten muss der Vermieter im Falle der Hinderung der Verwertung erhebliche Nachteile erleiden.

286 Die Vorschrift hat in der Praxis geringe Bedeutung, da bis auf Fälle, die schon von der Natur der Sache her dem Fortbestand des Mietverhältnisses entgegenstehen, so Umbau des Hauses und der Wegfall der Wohnung oder Abbruch des Hauses, die Gerichte hohe Anforderungen an die Darlegung des Kündigungstatbestandes gestellt haben.

287 Unter den Begriff der wirtschaftlichen Verwertung können bauliche Maßnahmen, wie der Umbau, die Modernisierung oder der Abbruch eines Gebäudes fallen. Weiter kann eine wirtschaftliche Verwertung durch Verkauf, Vermietung, Bestellung eines Nießbrauchs oder Erbbaurechts erfolgen. Gegebenenfalls ist eine bestehende **Zweckentfremdungsverordnung** zu berücksichtigen, falls sich die Kündigung nach § 573 Abs. 2 Nr. 3 BGB als Zweckentfremdung von Wohnraum darstellt.

2. Erhaltungs- und Modernisierungsmaßnahmen

288 Soweit sich die wirtschaftliche Verwertung, auf die sich der Vermieter als Kündigungsgrund beruft, so darstellt, dass der Vermieter behauptet, das Mietverhältnis stünde von ihm geplanten umfangreichen Erhaltungs- oder Modernisierungsmaßnahmen entgegen, ist in aller Regel die Kündigung des Mietverhältnisses nicht gerechtfertigt. Dies gilt bereits deshalb, weil üblicherweise Modernisierungsmaßnahmen dem Fortbestand des Mietverhältnisses nicht entgegenstehen. Nehmen Modernisierungsmaßnahmen einen Umfang an, dass die vorübergehende Räumung einer vermieteten Wohnung erforderlich ist, bedeutet dies, dass das Mietverhältnis nicht zu beenden ist, sondern lediglich eine **vorübergehende anderweitige Unterbringung** des Mieters erforderlich ist.[406]

[405] BGH WuM 2004, 277.
[406] LG Köln WuM 1989, 255.

Insbesondere, soweit es sich um Erhaltungsmaßnahmen handelt, ist zu berücksichtigen, dass der Vermieter nach § 535 BGB dazu verpflichtet ist, die Mieträume in **vertragsgemäßem Zustand** zu erhalten. Kommt er dieser Verpflichtung nicht nach, kann er nicht einen aufgrund seiner Unterlassungen eingetretenen schlechten Zustand der Räume dazu benutzen, das Mietverhältnis zu kündigen. Dies gilt auch dann, wenn man die durchzuführenden Erhaltungsmaßnahmen durchaus als angemessene wirtschaftliche Verwertung ansehen kann. **289**

Beispiel: Ein Vermieter unterlässt es über Jahre hinweg, die erforderlichen Instandsetzungsarbeiten an einem Haus durchzuführen. Mit der Zeit ist ein Zustand eingetreten, der eine grundlegende Sanierung des Anwesens erforderlich macht. Diese erforderlichen Sanierungsarbeiten sind so umfangreich, dass das Anwesen auf einen Zeitraum von mindestens drei Monaten unbewohnbar ist. Erforderlich ist die Neueindeckung des schadhaften Daches, die Erneuerung der Regenrinnen und Fallrohre sowie die umfassende Sanierung des Treppenhauses und die Trockenlegung der Kellerräume. **290**

Nachdem der Vermieter den schlechten Zustand des Gebäudes durch sein vertragswidriges Verhalten selbst herbeigeführt hat, kommt die Kündigung des Mietverhältnisses nicht in Betracht.[407] **291**

Soweit zwar nicht ein Sanierungsfall gegeben ist, aber eine Luxusmodernisierung geplant ist, dürfte es bereits an der Angemessenheit der wirtschaftlichen Verwertung fehlen. **292**

Im Zweifel wird man bei derartigen Kündigungsfällen davon ausgehen können, dass der Vermieter, der ein sanierungsbedürftiges Anwesen kauft und dies zu modernisieren beabsichtigt, die Mietverhältnisse deshalb kündigen will, um die Wohnungen nach Modernisierung neu und besser zu vermieten oder zu verkaufen.[408] Die Kündigung ist hier nicht gerechtfertigt. **293**

3. Umbau des Hauses

Beschränkt sich die geplante Modernisierung nur auf Maßnahmen, die zwar einzelne Wohnungen betreffen, diese aber in ihrem Bestand nicht antasten, ist ein **Kündigungsgrund** in der Regel nicht gegeben. Etwas anderes kann dann gelten, wenn ein geplanter Umbau soweit geht, dass eine Wohnung durch die Baumaßnahme wegfällt. Hier kommt ein berechtigtes Interesse an der Beendigung des Mietverhältnisses in Betracht.[409] **294**

Beispiel: Ein Altbau weist Wohnungen auf, die weder mit Bad noch mit eigenem WC ausgestattet sind. Es befindet sich lediglich auf jedem Stockwerk ein Bad und ein WC für drei auf diesem Stockwerk befindliche Wohnungen. Der Vermieter plant jede Wohnung mit Bad und eigenem WC zu versehen. Dies ist nur dann möglich, in dem der Umbau in der Form stattfindet, dass eine der drei Wohnungen wegfällt und die Fläche dieser Wohnung den beiden anderen Wohnungen zuwächst, die hierdurch ein eigenes Bad und WC erhalten. **295**

---

[407] LG Frankfurt a. M. WuM 1995, 441.
[408] LG Augsburg WuM 1992, 614.
[409] BayObLG NJW 1984, 372.

296 Bei dieser Form der wirtschaftlichen Verwertung wird man davon ausgehen müssen, dass auch die Vermietung der Wohnungen im bisherigen Zustand unrentabel war, da sich Wohnungen ohne Bad und WC in aller Regel nur zu einem sehr niedrigen Mietzins vermieten lassen. Dasselbe gilt, wenn in einem Anwesen vorhandene große Wohnungen in mehrere kleinere Wohnungen umgebaut werden sollen, wodurch die Großwohnung entfällt.

297 **Beispiel:** Ein Altbau weist mehrere Sechs-Zimmerwohnungen mit einer Größe von jeweils 150 qm auf. Der Vermieter plant, die Sechs-Zimmerwohnungen in drei Zwei-Zimmerwohnungen mit einer Größe von je etwa 50 qm umzubauen. Ein Kündigungsgrund kann in diesem Fall dann gegeben sein, wenn der Umbau angemessen ist und der Vermieter bei einer Hinderung erhebliche Nachteile erleiden würde.[410] Dies setzt voraus, dass die Vermietung der Sechs-Zimmerwohnungen für den Vermieter Verluste erwirtschaftet und dass diese Verluste nach dem Umbau und der anschließenden Vermietung der kleineren Wohnungen vermieden werden könnten.

298 Nachdem die Rechtsprechung davon ausgeht, dass die **Sozialbindung** des Eigentums im Sinne des Art. 14 GG bedeutet, dass der Vermieter, der eine Wohnung vermietet hat, nicht Anspruch darauf hat, aus der Vermietung eine möglichst hohe Rendite zu erwirtschaften, gilt, dass soweit ohne den Umbau eine zumindest noch geringere Rendite erwirtschaftet werden kann, der Vermieter durch die Fortsetzung des Mietverhältnisses keinen erheblichen Nachteil erleidet.[411] Hieraus ergibt sich, dass bereits im Kündigungsschreiben der Vermieter verpflichtet ist, seine wirtschaftliche Kalkulation offen zu legen. Er muss die Rentabilität der Maßnahme zur Feststellung ihrer Angemessenheit und gegebenenfalls eine vergleichende Wirtschaftlichkeitsberechnung darlegen.[412]

4. Abbruch des Hauses und gewerbliche Nutzung

299 Der Abbruch eines Hauses kann die Kündigung eines in dem Haus bestehenden Mietverhältnisses rechtfertigen. Naturgemäß kann das Mietverhältnis bei Abbruch des Hauses nicht weiter bestehen. Gegebenenfalls muss jedoch der Abbruch des Hauses unterbleiben, wenn entweder die formalen Voraussetzungen für den Abbruch nicht gegeben sind oder die tatbestandsmäßigen Voraussetzungen des Kündigungsgrundes nach § 573 Abs. 2 Nr. 3 BGB.

300 Grundsätzlich ist erforderlich eine **baupolizeiliche Abbruchgenehmigung,** deren Vorliegen Inhalt des Kündigungsschreibens nach § 573 Abs. 3 BGB sein muss.[413] Soweit der Abbruch des Hauses je nach den örtlichen Verhältnissen von einer Zweckentfremdungsgenehmigung abhängig ist, muss diese ebenfalls vorliegen.[414] Dasselbe würde gelten, falls

[410] LG Hamburg WuM 1989, 393.
[411] LG Bonn WuM 1987, 225.
[412] LG Arnsberg WuM 1992, 21.
[413] LG Berlin ZMR 1991, 346.
[414] LG München II WuM 1997, 115.

nicht der Abbruch, sondern zB die gewerbliche Nutzung des Anwesens beabsichtigt ist.

Beispiel: Ein Vermieter besitzt ein Mietshaus mit fünf Wohnungen. Er kündigt die Erdgeschosswohnung mit der Begründung, dass die geringe erzielte Miete seine Unkosten nicht deckt. Er beabsichtigt deshalb, die Räume nach Freimachung als Arztpraxis neu zu vermieten. Neben der Vorlage einer Wirtschaftlichkeitsberechnung, die in diesem Fall jedenfalls erforderlich wäre, muss, soweit eine Zweckentfremdungsverordnung am Ort existiert, das Vorliegen der Zweckentfremdungsgenehmigung im Kündigungsschreiben dargelegt werden. Die öffentlich-rechtlich nicht erlaubte Verwertung ist nicht angemessen.[415] Soweit die Kündigung erfolgt um eine anderweitige gewerbliche Nutzung vorzunehmen, ist auch § 573 Abs. 2 Nr. 2 BGB zu beachten, der die Eigenbedarfskündigung nur bei Wohnbedarf vorsieht. **301**

Die Frage, ob eine **angemessene wirtschaftliche Verwertung** vorliegt, ist an den wirtschaftlichen Gegebenheiten zu messen. Damit soll vermieden werden, dass Wohnraummietverhältnisse lediglich deshalb beendet werden können, weil sich der Vermieter aus einer Neuvermietung nach Sanierung oder nach anderweitiger Nutzung des Grundstücks eine höhere Rendite verspricht. Zwar muss die **Genehmigung** für die Errichtung eines Neubaus nach Abriss eines Gebäudes zum Zeitpunkt der Kündigung noch nicht vorliegen,[416] doch ergibt die Erforderlichkeit einer vergleichenden Ertragsrechnung vor Abriss des Gebäudes und nach Neubau, die zB vom LG Wiesbaden verlangt wird,[417] dass die anderweitige Nutzung des Grundstücks nach Abriss des bisherigen Gebäudes sehr genau dargelegt werden muss. Spekulationszwecke sind keine angemessene wirtschaftliche Verwertung. **302**

Beispiel: Der Vermieter besitzt ein älteres Mietshaus. Er kündigt den Mietern der in dem Haus befindlichen Wohnungen nach § 573 Abs. 2 Nr. 3 BGB mit der Begründung, dass der Abbruch des Gebäudes beabsichtigt ist. Im weiteren ist ausgeführt, dass beabsichtigt ist, auf dem Grundstück Eigentumswohnungen zu errichten, die anschließend verkauft werden sollen. Hier handelt es sich um Spekulationszwecke, die die Kündigung wegen wirtschaftlicher Verwertung nicht rechtfertigen.[418] Dasselbe würde gelten, falls beabsichtigt ist, das nach Abriss unbebaute Grundstück gewinnbringend zu verkaufen.[419] **303**

Dies bedeutet nicht, dass der Abbruch eines unrentablen Gebäudes in keinem Fall die Kündigung der in dem Gebäude befindlichen Mietverhältnisse rechtfertigen kann. Man muss sehen, dass bei einem Gebäude, das nicht die Mindeststandards für zeitgemäßes Wohnen erfüllt, der erforderliche Sanierungsaufwand in keinem Verhältnis zur erzielbaren Rendite steht. Auch hier ist jedoch zu berücksichtigen, dass es zu Lasten des Vermieters geht, wenn er schon längere Zeit im Besitz des Gebäudes ist und erforderliche Instandsetzungsarbeiten unterlassen hat. Soweit es sich um alte Gebäude handelt, können auch denkmalspflegerische Gesichtspunkte dem Abriss des Gebäudes entgegenstehen. **304**

---

415 AG Düsseldorf WuM 1991, 168.
416 BayObLG ZMR 1993, 560.
417 WuM 1997, 496.
418 AG Wiesbaden WuM 1972, 194.
419 AG Bonn WuM 1979, 150.

Immer muss berücksichtigt werden, dass der ersatzlose Abriss eines Gebäudes keine wirtschaftliche Verwertung darstellt.[420]

305 Ein **erheblicher Nachteil** des Vermieters im Sinne von § 573 Abs. 2 Nr. 3 BGB kann darin liegen, dass dann, wenn wegen des Alters und schlechten baulichen Zustandes des Gebäudes eine „Vollsanierung“ oder ein Abriss mit anschließendem Neubau geboten wäre, er andernfalls auf eine „Minimalsanierung“ ohne Verlängerung der kurzen Restlebensdauer des Gebäudes verwiesen wird.[421]

5. Veräußerung der Wohnung

306 Besonders problematisch stellt sich die Kündigung wegen angemessener wirtschaftlicher Verwertung des Grundstücks dar, wenn der Vermieter die Kündigung darauf stützt, dass die Wohnung zu wirtschaftlich zumutbaren Bedingungen nicht oder überhaupt nicht verkauft werden könne. Die Rechtsprechung legt dem Vermieter in diesen Fällen nicht nur erhebliche Darlegungsverpflichtungen hinsichtlich seiner Verkaufsbemühungen auf, sondern stellt auch erhebliche Anforderungen hinsichtlich der wirtschaftlichen Zumutbarkeit auf. Gegebenenfalls kann dem Vermieter zumutbar sein, das Mietverhältnis aufrecht zu erhalten und einen Verlust in Kauf zu nehmen, soweit sich dieser Verlust in gewissem Rahmen bewegt.

307 Nach BVerfG dürfen die Anforderungen an die Begründung der Kündigung in diesem Fall jedoch nicht so hoch angesetzt werden, dass zB verlangt wird, dass die Kündigung beim beabsichtigten Verkaufs des Grundstücks erst dann durchgreift, wenn der Eigentümer andernfalls in Existenznot gerät.[422] Der Kündigungsschutz durch § 573 Abs. 2 Nr. 3 BGB darf sich nicht als faktisches Verkaufshindernis darstellen.[423]

308 Zwar wird man nicht sagen können, dass das Kündigungsrecht des Eigentümers gemäß § 573 Abs. 2 Nr. 3 BGB schon deshalb entfällt, weil der Vermieter das Mietobjekt zu einem früheren Zeitpunkt bereits in vermietetem Zustand erworben hat,[424] doch wird man eine Kündigung dann als rechtsmissbräuchlich betrachten müssen, wenn die als Verkaufsgrund dienenden wirtschaftlichen Schwierigkeiten des Vermieters bereits bei Vertragsabschluss vorgelegen haben.

309 **Beispiel:** Ein Vermieter, der sich in erheblichen finanziellen Schwierigkeiten befindet, kauft ein Anwesen mit sehr billig vermieteten Wohnungen. Nach einem Jahr kündigt er die Mietverhältnisse mit der Begründung, dass er aufgrund seiner wirtschaftlichen Schwierigkeiten gezwungen sei, die Wohnungen zu verkaufen und sich lediglich bei Verkauf in mieterfreiem Zustand eine angemessene Rendite erwirtschaften ließe. Auf diesen Gewinn sei er aber auf-

[420] BGH WuM 2021, 119.
[421] BGH NZM 2009, 234.
[422] BVerfG WuM 1989, 118.
[423] BVerfG ZMR 1992, 17.
[424] OLG Koblenz WuM 1989, 164.

grund seiner wirtschaftlichen Schwierigkeiten angewiesen, um seine laufenden Verbindlichkeiten befriedigen zu können.

Zwar kann ein zu berücksichtigender Nachteil des Vermieters darin bestehen, dass er aus dem Verkaufserlös in vermietetem Zustand seine Verbindlichkeiten nicht ablösen kann,[425] doch waren dem Vermieter die Gründe, die zur späteren Kündigung führen sollten, bereits bei Vertragsübernahme bekannt.[426] Im Kündigungsschreiben muss allerdings nicht dargelegt werden, dass die Gründe für den Verkauf erst nach Abschluss des Mietvertrages eingetreten sind.[427] **310**

Macht der Vermieter geltend, dass ein Verkauf der Wohnung überhaupt nicht oder nur unter erheblichen Verlusten in vermietetem Zustand möglich sei, hat er dies neben der Frage, ob die Form der Verwertung angemessen ist, nachzuweisen. **311**

Dies bedeutet, dass Kaufangebote von Interessenten nachgewiesen werden müssen, die über das Grundstück in weiterhin vermietetem und in unvermietetem Zustand abgegeben worden sind.[428] Insoweit reichen pauschale Angaben im Kündigungsschreiben zur Ertragslage und Veräußerbarkeit der vermieteten Wohnung nicht aus.[429] **312**

Kann ein Mindererlös durch entsprechende Angebote, die sich auf die Wohnung in vermieteten und in unvermieteten Zustand beziehen, dargelegt werden, kommt es auf die Höhe dieses Mindererlöses an, ob von einem erheblichen Nachteil im Sinne des § 573 Abs. 2 Nr. 3 BGB gesprochen werden kann. Der behauptete Mindererlös ist aber anhand der Marktverhältnisse konkret nachzuweisen.[430] Gewisse, auf der Vermietung beruhende Preisabschläge hat der Vermieter beim Verkauf hinzunehmen.[431] **313**

Beispiele: Ein Mindererlös von sechs Prozent beim Verkauf in vermietetem Zustand sei zumutbar nach Ansicht des LG Karlsruhe,[432] ein Mindererlös von 10 bis 15 Prozent nach Ansicht des LG Traunstein,[433] ein Mindererlös von 20 Prozent nach Ansicht des LG München I.[434] **314**

Falls der Vermieter die Wohnung selbst vermietet erworben hat, ist Maßstab dafür, ob ein erheblicher Nachteil vorliegt, zunächst der Preis, den der Vermieter für das Haus in vermietetem Zustand bezahlt hat im Vergleich zu dem Preis, den er gegebenenfalls für die vermietete Wohnung erzielen kann.[435] **315**

---

425 LG Freiburg WuM 1991, 183.
426 LG Mannheim ZMR 1995, 316.
427 BVerfG NZM 1998, 618.
428 LG Hannover WuM 1991, 189.
429 AG Hannover WuM 1991, 188.
430 OLG Stuttgart WuM 2005, 785.
431 BVerfG WuM 1989, 118.
432 ZMR 1987, 469.
433 WuM 1989, 420.
434 Az. 14 S 18365/91, nicht veröffentlicht.
435 LG Berlin WuM 1995, 111.

316 Generell kann gesagt werden, dass dann, wenn der Preis der Wohnung beim Verkauf in vermietetem Zustand immer noch über dem Wert der Wohnung im Zeitpunkt ihres Erwerbs liegt, eine angemessene wirtschaftliche Verwertung immer noch gegeben ist.[436]

317 Es ist davon auszugehen, dass jedenfalls die überwiegende Rechtsprechung an die Begründung einer Kündigung wegen angemessener wirtschaftlicher Verwertung zusammenfassend folgende erhebliche Anforderungen stellt:

- Berechnung der bei weiter bestehendem Mietverhältnis erwirtschafteten Rendite,
- Darlegung, ob eine ungünstige Rendite durch niedrige Mieteinnahmen bedingt ist, die nach Beseitigung von Mängeln der Räume angehoben werden könnten,
- Darlegung, ob das Mietobjekt vermietet erworben worden ist und welcher Kaufpreis gegebenenfalls beim Erwerb bezahlt wurde,
- Darlegung von konkreten Verkaufsbemühungen des Vermieters und Benennung der Kaufinteressenten und ihren Preisvorstellungen in vermietetem und in unvermietetem Zustand,[437]
- gegebenenfalls Äußerung zu dem Einwand, dass der vom Vermieter angestrebte Verkaufspreis unangemessen hoch gewesen sei und dass deshalb Verkaufsbemühungen daran gescheitert sind,
- generell die Darlegung des zu erzielenden Erlöses bei Verkauf in vermietetem und in unvermietetem Zustand,[438]
- Darlegung der Unverkäuflichkeit der vermieteten Wohnung anhand verschiedener Verkaufsversuche (LG Frankfurt a.M.:[439] Kein Schluss auf Unverkäuflichkeit aufgrund eines einmaligen Misserfolgs in Form eines Zeitungsinserats).

318 Ist die Kündigung des Mietverhältnisses aufgrund vergeblicher Verkaufsbemühungen erfolgt, bedarf es in dem Zeitraum zwischen der Kündigung und dem Ablauf der Kündigungsfrist nicht des Nachweises weiterer Bemühungen, falls frühere Verkaufsversuche erfolglos geblieben sind.[440]

XV. Sonderkündigungsrechte

1. Erleichterte Kündigung bei Einliegerwohnraum

a) Allgemeines

319 Mietverhältnisse, bei denen der Vermieter in seinem Wohn- und Lebensbereich im besonders engen räumlichen Kontakt mit dem Mieter steht,

[436] BVerfG WuM 1991, 663; LG Gießen WuM 1994, 688.
[437] LG Bielefeld WuM 1997, 267.
[438] LG Stuttgart DWW, 1995, 143.
[439] WuM 1991, 182.
[440] BVerfG ZMR 1998, 685.

sollen bei Zerrüttung leichter aufgelöst werden können. Die entsprechende Regelung findet sich in § 573a BGB, der dem früheren § 564b Abs. 4 BGB aF entspricht. Das Bundesverfassungsgericht hat in solchen Fällen eine erleichterte Kündigungsmöglichkeit für verfassungsrechtlich unbedenklich erklärt.[441]

Das Gesetz sieht zwei Fälle vor, bei denen eine **besondere räumliche** 320
Nähe zwischen Vermieter und Mieter besteht und deshalb das Mietverhältnis leichter lösbar sein soll: Der eine Fall ist in § 573a Abs. 1 BGB geregelt und betrifft eine vermietete Wohnung in einem Gebäude mit nicht mehr als zwei Wohnungen, von denen eine der Vermieter selbst bewohnt, der andere Fall, § 573a Abs. 2 BGB, Wohnraum innerhalb der vom Vermieter selbst bewohnten Wohnung. Der Gesetzgeber geht davon aus, dass Mietverhältnisse, bei denen sich der Wohnraum nicht nur als Teil der vom Vermieter selbst bewohnten Wohnung darstellt, sondern auch noch zusätzlich vom Vermieter zu möblieren ist, noch leichter lösbar sein sollen. Diese Mietverhältnisse sind deshalb vom Kündigungsschutz nach § 549 Abs. 2 Nr. 2 BGB völlig ausgenommen, es sei denn, der Mieter bewohnt diese Mieträume mit seiner Familie.

b) Kein berechtigtes Interesse erforderlich

Ein wesentlicher Punkt des Mieterschutzes bei Wohnraum ist, dass für die 321
ordentliche Kündigung des Wohnraummietverhältnisses ein berechtigtes Interesse nach § 573 BGB erforderlich ist. Dieses berechtigte Kündigungsinteresse des Vermieters kann entweder in der Verletzung vertraglicher Pflichten oder in Eigenbedarf oder in der Hinderung der wirtschaftlichen Verwertung der Wohnung durch das bestehende Mietverhältnis liegen. Macht sich der Mieter keiner Pflichtverletzung schuldig, kommt, soweit der Vermieter nicht Eigenbedarf anmelden kann, eine **ordentliche Kündigung** des Mietverhältnisses so gut wie nicht in Betracht, da der Kündigungsgrund der wirtschaftlichen Verwertung nur in Ausnahmefällen greift. Deshalb wird die Kündigung von Einliegerwohnraum gesetzlich insoweit erleichtert, als ein berechtigtes Interesse hier nicht erforderlich ist. Im Gegenzug dazu ist der Mieter durch eine um drei Monate verlängerte Kündigungsfrist nach § 573a Abs. 1 Satz 2 BGB geschützt.

c) Gebäude mit nicht mehr als zwei Wohnungen

In dem Gebäude muss sich die Wohnung des Mieters befinden. Der Be- 322
griff Wohnung bedeutet, dass in den Räumen ein selbständiger Haushalt geführt werden kann.

Beispiel: Die an den Mieter vermieteten Räume besitzen weder eine eigene Küche noch eine 323
Kochgelegenheit. Der Mieter muss die Küche mit dem Vermieter gemeinsam benutzen. Er muss hierzu den abgeschlossenen Wohnbereich des Vermieters betreten. Unter diesen Umständen bewohnt er keine eigene Wohnung.

[441] WuM 1994, 520.

324 Ein selbständiger Haushalt kann auch geführt werden, wenn es sich um zwei vermietete Zimmer handelt, von denen eines eine Wohnküche mit einer Küchenzeile darstellt und die Toilette separat im Treppenhausflur sich befindet.[442]

325 Wichtig ist, dass es sich bei dem Gebäude insgesamt nicht um ein Wohngebäude handeln muss. Es kann also auch ein gewerblich genutztes Haus vorgegeben sein, in dem sich zwei Wohnungen befinden, von denen eine vom Vermieter, die andere vom Mieter bewohnt wird.

326 **Beispiel:** Der Vermieter hat in seinem Betriebsgebäude, in dem er selber eine Wohnung innehat, zwei weitere Wohnungen vermietet. Endet das Mietverhältnis hinsichtlich einer dieser Wohnungen und wird sie dem gewerblichen Bereich zugeschlagen, handelt es sich um ein Gebäude mit nicht mehr als zwei Wohnungen, es greift das Sonderkündigungsrecht nach § 573a BGB ein. Nicht kommt es allerdings darauf an, ob die gewerblichen Räume vom Vermieter selbst genutzt werden. Es wäre durchaus möglich, dass eine bisherige Wohnung an einen anderen Gewerbetreibenden vermietet wird, solange nur der Vermieter selbst eine Wohnung in dem Haus bewohnt.

327 Nachdem das Gesetz lediglich darauf abstellt, dass eine der Wohnungen vom Vermieter selbst bewohnt wird, kommt es nicht darauf an, ob der Vermieter Eigentümer dieser Wohnung ist oder ob er selbst nur Mieter ist und die andere Wohnung in dem Gebäude untervermietet hat.

328 Das Merkmal „nicht mehr als zwei Wohnungen" muss zum Zeitpunkt der Kündigungserklärung vorliegen. Anwendbar ist die Vorschrift auch dann, wenn in einem Gebäude sich drei Wohnungen befinden, von denen eine der Vermieter bewohnt und eine der Mieter und der Mieter im Verlauf des Mietverhältnisses die dritte Wohnung zum Zweck der einheitlichen Nutzung hinzu mietet und die beiden Wohnungen miteinander verbindet.

329 **Beispiel:** Es handelt sich um ein Gebäude mit drei Wohnungen. Der Vermieter ist Eigentümer des Gebäudes. Eine Wohnung bewohnt er selbst, eine weitere hat er vermietet. Die dritte Wohnung in dem Gebäude ist zunächst an einen weiteren Mieter vermietet, der im Laufe der Zeit auszieht. Der Mieter mietet nunmehr diese dritte Wohnung hinzu und schafft zwischen den beiden von ihm angemieteten nebeneinander liegenden Wohnungen Verbindungstüren. Der Vermieter kann nunmehr das Mietverhältnis unter den erleichterten Voraussetzungen des § 573a BGB kündigen. Dies gilt auch dann, wenn die Umbauarbeiten mit vertretbarem Aufwand jederzeit rückgängig gemacht werden könnten.[443]

330 Nicht kommt es darauf an, ob das S**onderkündigungsrecht** des § 573a BGB es erfordert, dass Vermieter und Mieter innerhalb des Gebäudes Gelegenheit zum Zusammentreffen haben. Das Kündigungsrecht gilt auch dann, wenn die beiden Wohnungen in jeder Hinsicht voneinander räumlich getrennt sind und auch getrennt zu erreichen sind.

331 **Beispiel:** Die Wohnungen von Vermieter und Mieter befinden sich in verschiedenen Stockwerken. Sie haben separate Eingänge, so dass auch eine Gelegenheit zum Zusammentreffen innerhalb eines Treppenhauses nicht besteht. Das OLG Saarbrücken[444] weist darauf hin, dass

[442] LG Köln ZMR 1999, 560.
[443] OLG Karlsruhe NJW 1983, 579.
[444] WuM 1992, 520.

Sinn der gesetzlichen Regelung unter anderem ist, dem Vermieter eine Beweiserleichterung zu verschaffen, da im Falle einer Zerrüttung des Mietverhältnisses keine Zeugen in Person anderer Mieter zur Verfügung stehen. Dieser Sachverhalt ist auch in dem Fall erfüllt, in dem die beiden in Frage stehenden Wohnungen völlig räumlich voneinander getrennt sind.

d) Wohnraum als Teil der Vermieterwohnung

Auch für Wohnraum innerhalb der vom Vermieter selbst bewohnten Wohnung gilt die erleichterte Kündigungsmöglichkeit nach § 573a BGB. Dies bedeutet, dass auch hier ein **berechtigtes Kündigungsinteresse** für die ordentliche Kündigung des Mietverhältnisses aufgrund des engen Zusammenlebens von Vermieter und Mieter nicht erforderlich ist. Das Mietverhältnis soll leicht lösbar sein. 332

Beispiel: Hat der Mieter einen einzelnen Raum gemietet, der vom Treppenhaus separat zugänglich ist und ist der Mieter auch nicht darauf angewiesen, die Wohnung des Vermieters zu seiner Haushaltsführung mitzubenutzen, liegt Einliegerwohnraum im Sinne von § 573a Abs. 2 BGB nicht vor. Hat der Mieter allerdings in einem Einfamilienhaus einen oder mehrere Einzelräume gemietet, ist immer Einliegerwohnraum gegeben. Nicht kommt es darauf an, ob die Wohnung des Vermieters, innerhalb der sich der Wohnraum des Mieters befindet, in einem Ein- oder Mehrfamilienhaus befindet.[445] 333

Liegt **Einliegerwohnraum** vor, den der Vermieter zusätzlich zu den übrigen Voraussetzungen, unter denen Einliegerwohnraum anzunehmen ist, überwiegend mit Einrichtungsgegenständen auszustatten hat, ist dieser vom Kündigungsschutz nach Maßgabe von § 549 Abs. 2 Nr. 2 BGB vollständig ausgenommen. Grund hierfür ist, dass infolge der Möblierung das Mietverhältnis für den Mieter besonders leicht lösbar ist, ihm also ein Umzug eher zuzumuten ist, als wenn er die angemieteten Räume von Einrichtungsgegenständen räumen und diese an einen anderen Ort verbringen müsste. Etwas anderes gilt dann, wenn der Mieter die Wohnung mit seiner Familie bewohnt, da dann davon ausgegangen wird, dass ein derartiger Haushalt für den Mieter nur erschwert auflösbar ist. In diesem Fall wird aber immer noch die erleichterte **Kündigungsmöglichkeit** nach § 573a Abs. 2 BGB bestehen. 334

e) Erklärung der Sonderkündigung

Bereits durch die Kündigungserklärung muss der Mieter darüber informiert werden, dass die Kündigung unter den speziellen Voraussetzungen des § 573a BGB erklärt wird. Dies ergibt sich aus § 573a Abs. 3 BGB. Steht dem Vermieter ein berechtigtes Interesse im Sinne des § 573 BGB zur Seite, muss er wählen, ob er die Kündigung auf § 573 BGB oder auf § 573a BGB stützt. Der Vermieter muss erkennen lassen, dass er sein Wahlrecht ausgeübt hat.[446] Möglich ist allerdings, das Mietverhältnis hilfsweise anstelle einer Kündigung nach § 573 BGB auf eine Kündigung nach § 573a BGB zu stützen.[447] 335

---

[445] KG NJW 1981, 2470.
[446] LG Landau WuM 1986, 361.
[447] OLG Hamburg NJW 1983, 182.

f) Verlängerung der Kündigungsfrist

336 Es gilt, dass bei der Sonderkündigung nach § 573a BGB die jeweils geltende gesetzliche Kündigungsfrist sich um drei Monate verlängert, § 573a Abs. 1 Satz 2 BGB. Beträgt die Kündigungsfrist daher nach § 573c Abs. 1 Satz 2 BGB bei einem Mietverhältnis, das über acht Jahre angedauert hat, neun Monate, beträgt sie im Falle der Ausübung des Sonderkündigungsrechts zwölf Monate. Dies soll einen Ausgleich für die erleichterte Kündigungsmöglichkeit schaffen.

2. Teilkündigung von Nebenräumen

a) Nebenräume oder Teile des Grundstücks

337 Nach § 573b Abs. 1 BGB können nicht zum Wohnen bestimmte Nebenräume oder Teile eines Grundstücks ohne berechtigtes Interesse im Sinne des § 573 BGB gekündigt werden, wenn diese Räume dazu verwendet werden sollen, entweder Wohnraum zum Zweck der Vermietung zu schaffen oder den neu zu schaffenden und den vorhandenen Wohnraum mit Nebenräumen oder Grundstücksteilen auszustatten. Voraussetzung ist, dass die Räume oder Grundstücksteile an einzelne Mieter vermietet sind oder mehreren Mietern als **Gemeinschaftsräume** gemeinschaftlich überlassen sind, von diesen jedoch nach dem Vertrag nicht zum Wohnen, sondern für andere Zwecke genutzt werden und auch nicht zum Wohnen bestimmt sind. In Betracht kommen hier vor allem Speicherräume, Vorratskeller, Fahrradkeller, Waschküche, Trockenraum, auch eine Gartenfläche.[448]

b) Inhalt der Kündigung

338 Voraussetzung und Inhalt der Kündigung muss sein, dass die Kündigung auf die bezeichneten Räume beschränkt wird, also nicht Wohnräume von ihr miterfasst werden. Weiter muss zum Ausdruck kommen, dass der Vermieter Wohnraum zum Zweck der Vermietung schaffen will, also nicht etwa für gewerbliche Nutzung oder Eigennutzung. Zu bedenken ist allerdings, dass Wohnraum zum Zweck der Vermietung auch dann geschaffen wird, wenn der Vermieter nach dem Ausbau der Nebenräume diese selbst bewohnt und seine bisherige Wohnung zur Vermietung freigibt.

339 **Beispiel:** Der Vermieter bewohnt selbst eine Wohnung im zweiten Stock des ihm gehörenden Anwesens. Das Anwesen weist einen großen nicht ausgebauten Speicher auf, der in einzelne Speicherabteile aufgeteilt ist, von denen jedes einer der übrigen **vermieteten Wohnungen** in dem Anwesen zugeteilt ist. Die Speicherabteile werden auch vertragsgemäß als Speicherräume von den jeweiligen Mietern genutzt. Der Vermieter beabsichtigt nunmehr, den gesamten Speicherraum zu einer Dachgeschosswohnung auszubauen, die er selbst bewohnt. Er kündigt die einzelnen Speicherabteile mit der Begründung, dass er Wohnraum zum Zweck

[448] LG Berlin GE 1997, 859.

der Vermietung dadurch schaffen will, dass er zwar die entstehende Dachgeschosswohnung selbst bezieht, aber seine eigene Wohnung zur Vermietung freigibt. Dieser Fall wurde als zulässige analoge Anwendung des § 573b BGB angesehen.[449]

Etwas anderes gilt, wenn der Vermieter seine bisherige Wohnung nicht zur Vermietung freigeben will, sondern sie veräußern will.[450] Dies ergibt sich daraus, dass kein Wohnraum zum Zweck der Vermietung geschaffen wird. 340

In Betracht kommt auch, dass der Vermieter den neu zu schaffenden und den vorhandenen Wohnraum mit Nebenräumen und Grundstücksteilen ausstatten will, zB wird die Fläche des Nebenraums einem Aufzugsschacht zugeschlagen.[451] 341

Wichtig ist, dass die geplante Baumaßnahme baurechtlich zulässig sein muss. Eine Baugenehmigung muss aber zum Zeitpunkt der Kündigung noch nicht vorliegen.[452] Die Kündigung ist jedoch dann nicht wirksam, wenn mit der Erteilung einer Baugenehmigung erst in fernerer Zukunft gerechnet werden kann. Zeitpunkt bis zur Erteilung einer Baugenehmigung sollte zumindest der Ablauf der Kündigungsfrist sein. Die Frage der tatsächlichen Erteilung einer Baugenehmigung ist schon deshalb von Bedeutung, weil die geplante Verwendung der Nebenräume als Wohnraum zulässig sein muss, nicht etwa aus baurechtlichen Gründen eine Nutzung als Wohnraum überhaupt ausgeschlossen ist, zB wenn der Vermieter beabsichtigt, Kellerräume zu **Souterrainwohnungen** auszubauen und aus baurechtlichen Gründen die Nutzung der Räume wegen nicht ausreichender Raumhöhe und nicht ausreichender Belichtungs- und Belüftungsmöglichkeit nicht zulässig ist. 342

Die Kündigungsfrist beträgt nach § 573b Abs. 2 BGB unabhängig von der Dauer des Mietverhältnisses einheitlich drei Monate. Eine Verlängerung der Kündigungsfrist für den Vermieter nach § 573c Abs. 1 Satz 2 BGB findet nicht statt. 343

Die Kündigung soll so erfolgen, dass das Mietverhältnis über die Nebenräume mit dem voraussichtlichen Beginn der Bauarbeiten endet. Nur so erscheint § 573b Abs. 3 BGB sinnvoll, aus dem sich ergibt, dass der Mieter eine Verlängerung des Mietverhältnisses um einen entsprechenden Zeitraum verlangen kann, wenn sich der Beginn der Bauarbeiten verzögert. 344

c) Herabsetzung der Miete

§ 573b Abs. 4 BGB sieht vor, dass der Mieter eine angemessene Senkung der Miete verlangen kann. Dies bedeutet, dass die Senkung der Miete voraussetzt, dass der Mieter sie ausdrücklich verlangt. Sie muss also 345

---

449 BVerfG WuM 1992, 228; AG Marburg ZMR 1991, 305.
450 LG Duisburg ZMR 1996, 667.
451 AG München WuM 1995, 112.
452 OLG Frankfurt a. M. NJW 1992, 2300.

nicht angeboten werden, noch muss der Vermieter auf die Möglichkeit einer Senkung der Miete angesichts der Kündigung der Nebenräume hinweisen. Hinsichtlich des Umfangs der Herabsetzung ist der Wertanteil der Nebenräume oder Flächen im Verhältnis zur Gesamtwohnung gegebenenfalls zu schätzen.[453]

346 **Beispiel:** Liegt ein Mietwert der Nebenräume vertraglich fest, zum Beispiel bei einer Garage, ist dieser Wert anzusetzen. Zu berücksichtigen ist im übrigen, dass zum Beispiel Kellerräume einen geringeren Nutzwert haben als Wohnräume. Ist der Nutzwert der Nebenräume gleich groß wie der Nutzwert der Wohnung, ist der prozentuale Wert anzusetzen.

347 Die Herabsetzung der Miete tritt, falls der Mieter sie verlangt, nicht bereits mit der Kündigung oder dem Ablauf der Kündigungsfrist ein, sondern erst mit dem Entzug der Räume durch Inanspruchnahme durch den Vermieter.

3. Wohnraum zu vorübergehendem Gebrauch

348 Wohnraum zu vorübergehendem Gebrauch ist von der Vorschrift des § 573 BGB völlig ausgenommen. Dies bedeutet, dass ein berechtigtes Interesse im Sinne von Eigenbedarf oder wirtschaftlicher Verwertung oder die Darlegung einer Vertragsverletzung zur Kündigung nicht erforderlich ist. Dies ergibt sich aus § 549 Abs. 2 Nr. 1 BGB. Darüber hinaus kann nach § 573c Abs. 2 BGB hinsichtlich dieses Wohnraums eine **kürzere Kündigungsfrist** vereinbart werden, was insbesondere hinsichtlich der zwingenden gesetzlichen Verlängerung der Kündigungsfristen nach § 573c Abs. 1 Satz 2 BGB von Bedeutung ist.

349 Wohnraum zu vorübergehendem Gebrauch muss bereits bei Abschluss des Vertrages für kürzere Zeit vermietet sein. In Betracht kommt die Vermietung an einen Studenten für die Dauer eines Semesters, die Vermietung einer Ferienwohnung, Räume für die Dauer einer Messe oder einer Kur.

4. Möblierter Einliegerwohnraum

350 Es muss sich um Wohnraum handeln, der Teil der vom Vermieter selbst bewohnten Wohnung ist und den darüber hinaus der Vermieter überwiegend mit Einrichtungsgegenständen auszustatten hat, § 549 Abs. 2 Nr. 2 BGB. In diesem Fall ist für die ordentliche Kündigung des Mietverhältnisses kein berechtigtes Interesse erforderlich. Darüber hinaus gilt, dass nach § 573c Abs. 3 BGB eine besonders kurze Kündigungsfrist bereits gesetzlich vorgesehen ist. Diese kann nämlich bis zum 15. eines Monats zum Ablauf dieses Monats erfolgen, also mit einer Frist von zwei Wochen. Eine Ausnahme gilt dann, wenn der Wohnraum dem Mieter zum dauernden Gebrauch mit seiner Familie oder mit Personen überlassen ist, mit denen er einen auf Dauer angelegten gemeinsamen Haushalt führt.

---

[453] AG Hamburg WuM 1993, 616.

5. Wohnraum als Teil eines Studenten- oder Jugendwohnheims

Wohnraum in einem Studenten- oder Jugendwohnheim kann ebenfalls ohne Angabe eines berechtigten Interesses nach § 573 BGB ordentlich gekündigt werden. Dies ergibt sich aus § 549 Abs. 3 BGB. Ein Studentenwohnheim kann nur unter bestimmten Voraussetzungen angenommen werden. **351**

Nicht genügt es, wenn das Anwesen im wesentlichen von Studenten bewohnt wird. Es muss **Fremdnützigkeit** gegeben sein, dh es muss darum gehen, Studenten mit preisgünstigem Wohnraum zu versorgen. **352**

Der Eigentümer muss folgende **Grundsätze** beachten:[454] **353**

- Die Räume sind studentischem Wohnen gewidmet,
- Sie sind nach baulicher Anlage und Ausstattung hierfür geeignet,
- Die Miete ist preisgünstig,
- Es besteht eine Vergabepraxis zur Versorgung von Studenten.

6. Zweckbestimmte, von juristischen Personen des öffentlichen Rechts angemietete Wohnungen, § 549 Abs. 2 Nr. 3 BGB

Juristische Personen des öffentlichen Rechts im Sinne der Vorschrift dürften in erster Linie Gemeinden sein, die im Rahmen ihrer gesetzlichen Aufgabe zB um Obdachlose, Aus- oder Übersiedler unterzubringen, Wohnungen anmieten. Der Mieter muss bei Vertragsschluss auf die Zweckbestimmung des Wohnraums hingewiesen worden sein. Die von der Gemeinde untergebrachten Personen können einer Kündigung bei Einhaltung aller Voraussetzungen der Bestimmung weder das fehlende berechtigte Interesse noch die Härteklausel des § 574 BGB entgegenhalten. **354**

7. Kündigungsrecht bei Mietverhältnissen über mehr als 30 Jahre

Mietverhältnisse **über mehr als 30 Jahre** können nach Ablauf von 30 Jahren ohne Begründung, aber mit der Frist des § 573d Abs. 2 BGB gekündigt werden. Durch § 544 BGB soll die Höchstdauer von Mietverhältnissen aus volkswirtschaftlichen Gründen begrenzt werden, um nicht die Möglichkeit einer Erbmiete zu schaffen. **355**

Ist ein Vertrag für bis zu 30 Jahren abgeschlossen, kann er aber durch eine Verlängerungsoption auf über 30 Jahre verlängert werden, ist § 544 BGB anwendbar.[455] Dasselbe gilt, wenn das Kündigungsrecht einer Partei für einen längeren Zeitraum als 30 Jahre ausgeschlossen ist. **356**

Schon nach ihrem Wortlaut – Vereinbarung einer bestimmten Mietzeit von mehr als 30 Jahren, § 542 Abs. 2 BGB – gilt die Vorschrift nicht, wenn ein auf unbestimmte Zeit abgeschlossener Vertrag länger als **357**

---

[454] Vgl. LG Konstanz WuM 1995, 39.
[455] RG RGZ 130, 143.

30 Jahre gedauert hat oder zeitlich ineinandergreifende Verträge, ohne dass hierfür ein vertraglicher Zwang bestand, die Dauer von 30 Jahren überschreiten.[456]

358 Der für eine längere Zeit als 30 Jahre abgeschlossene Vertrag ist nach dem Gesetz nicht nichtig, sondern spätestens nach 30 Jahren mit der gesetzlichen Frist des § 573d Abs. 2 BGB kündbar. Das Kündigungsrecht muss nicht zum nächstmöglichen Termin ausgeübt werden.[457] Nicht ist die Kündigungsvorschrift des § 544 Satz 1 BGB anwendbar, wenn der Mietvertrag **auf Lebenszeit** von Vermieter oder Mieter abgeschlossen ist, § 544 Satz 2 BGB. Nachdem es sich um ein befristetes Mietverhältnis handelt, verlängert es sich **nicht** nach § 572 Abs. 2 BGB nach dem Tod von Vermieter oder Mieter auf unbestimmte Zeit.[458]

8. Kündigungsrecht des Vermieters und des Erben bei Tod des Mieters, §§ 564, 580 BGB

359 Beim Tod des Mieters endet ein Mietverhältnis nicht, es sei denn, der Vertrag ist für die Lebenszeit des Mieters abgeschlossen, § 544 Satz 2 BGB. Im Wege der Gesamtrechtsnachfolge tritt der Erbe nach § 1922 BGB auch in den mit dem Erblasser geschlossenen Mietvertrag ein.

360 Nachdem für den Vermieter die Person des Erben in der Regel von großer Bedeutung ist und der oder die Erben an der Fortsetzung des Mietverhältnisses oft kein Interesse haben, räumt das Gesetz sowohl Erben als auch Vermieter das Recht zur außerordentlichen befristeten Kündigung ein. Das Sonderkündigungsrecht gilt für alle Arten von Wohnraummietverhältnissen.

a) Voraussetzungen des Kündigungsrechts

361 Es kommt nur der Tod des Mieters als natürlicher Person in Betracht, nicht auch die Auflösung juristischer Personen oder Handelsgesellschaften als Mieter.[459] Stirbt einer von mehreren Mietern, ist das Kündigungsrecht nach §§ 564, 580 BGB grundsätzlich nicht gegeben. Weidenkaff[460] nimmt an, dass ein Kündigungsrecht der – verbleibenden – Mieter besteht, wenn es gemeinsam ausgeübt wird. Im Gesetz findet diese Auffassung keine Stütze.

b) Ausübung, Zeitpunkt und Frist der Kündigung

362 Die Vorlage eines Erbscheins nach den §§ 2353 ff. BGB ist für die Kündigung des Mietverhältnisses durch den Erben nicht erforderlich. Wegen der für den Erbschein geltenden Vermutung der Richtigkeit, § 2365 BGB

[456] RG RGZ 165, 22.
[457] BGH BGHZ 117, 236.
[458] BayObLG WuM 1993, 523.
[459] HM OLG Düsseldorf MDR 1989, 641.
[460] Grüneberg/Weidenkaff BGB § 564 Rn. 6.

und dessen öffentlichen Glaubens, § 2366 BGB, wirkt eine Kündigung durch den Scheinerben, der durch Erbschein legitimiert ist, aber für und gegen den wahren Erben.

Ebenso bleibt die **Vermieterkündigung,** die dem Scheinerben ge- **363**
genüber abgegeben worden ist, bei späterem Auffinden einer anderen testamentarischen Verfügung dem wahren Erben gegenüber wirksam.[461] Wie beim Vorliegen einer Mehrheit von Mietern oder Vermietern ist die Erklärung der Kündigung nur von allen Erben allen Vermietern gegenüber und umgekehrt zulässig.

Für die Kündigung des Vermieters gegenüber dem Erben nach **364**
§ 564 BGB ist ein berechtigtes Interesse im Sinne des § 573 BGB nicht erforderlich, § 573d Abs. 1 BGB. Dasselbe gilt, wenn das Mietverhältnis mit dem verstorbenen Mieter auf bestimmte Zeit eingegangen worden war nach § 575a Abs. 1 BGB. Hat der Erbe seinen **Lebensmittelpunkt** nämlich nicht in der Wohnung des verstorbenen Mieters, so ist er in Hinblick auf den Verlust der Wohnung nicht schutzbedürftig.[462]

Handelt es sich um ein Mietverhältnis über eine Wohnung in einem **365**
vom Vermieter selbst bewohnten Gebäude mit nicht mehr als zwei Wohnungen, besteht nach § 573a BGB ein **Kündigungsrecht des Vermieters,** ohne dass es eines berechtigten Interesses im Sinne des § 573 BGB bedürfte. Nach § 573d Abs. 2 Satz 2 BGB findet im Falle der Kündigung des Vermieters gegenüber dem Erben zusätzlich die Verlängerung der Kündigungsfrist um drei Monate nach § 573a Abs. 1 Satz 2 BGB nicht statt.

Die Kündigung kann nur für den ersten Termin erfolgen, für den **366**
sie zulässig ist, § 564 Satz 2 BGB. Nachdem es sich um eine außerordentliche befristete Kündigung handelt, sind die verlängerten Kündigungsfristen des § 573c Abs. 1 Satz 2 BGB nicht anwendbar. Im Rahmen des § 564 BGB kann eine längere als die gesetzliche Kündigungsfrist vereinbart werden.

Der erste zulässige Termin ergibt sich hinsichtlich der Kündigungs- **367**
erklärung aus dem Zeitpunkt, zu dem Vermieter oder Erbe vom Tod des früheren Mieters bzw. von der Person des Erben Kenntnis erhielten und davon, dass ein Eintritt in das Mietverhältnis oder dessen Fortsetzung nach §§ 563, 563a BGB nicht erfolgt ist, § 564 Satz 2 BGB. Solange der Vermieter unverschuldet keine Kenntnis vom Tod des Mieters hatte, beginnt die Kündigungsfrist nicht zu laufen.[463] Die gesetzliche Kündigungsfrist richtet sich nach § 573d Abs. 2 BGB und ist für beide Parteien dieselbe, auch bei Wohnraum also immer drei Monate.

---

[461] Vgl. v. Seldeneck GE 1987, 655.
[462] Begr. RefE S. 143.
[463] LG Berlin GE 1994, 1267.

9. Kündigungsrecht bei Werkmietwohnungen und Werkdienstwohnungen, §§ 576–576b BGB

368 Die §§ 576–576b BGB stellen Sondervorschriften für Werkwohnungen dar. Sie werden unterschieden in Werkmietwohnungen und Werkdienstwohnungen. Bei Werkmietwohnungen wird entsprechend § 576 BGB nach gewöhnlichen Werkmietwohnungen, § 576 Abs. 1 Nr. 1 BGB, und nach funktionsgebundenen Werkmietwohnungen, § 576 Abs. 1 Nr. 2 BGB, unterschieden.

369 Als allgemeine Definition gilt, dass Werkwohnungen Wohnungen sind, deren Überlassung mit einem Dienst- oder Arbeitsverhältnis verknüpft ist. Die Vorschriften treffen keine Regelung über die rechtliche Behandlung dieser Wohnungen während des bestehenden Dienstverhältnisses bzw. Mietverhältnisses, sondern nur über die Beendigung des Mietverhältnisses nach Beendigung des Dienstverhältnisses. Während des bestehenden Dienstverhältnisses bestimmt sich die Behandlung der Werkwohnungen nach den allgemeinen mietrechtlichen Vorschriften der §§ 535 ff. BGB.

370 § 576a BGB enthält einschränkende Bestimmungen zur Anwendung der §§ 574–574c BGB. Die Interessen des Vermieters sind auch als Arbeitgeber zu berücksichtigen, teils ist die Geltung der Sozialklausel völlig ausgeschlossen (§ 576a Abs. 2 BGB).

371 Werkdienstwohnungen folgen im Hinblick auf ihre Beendigung, falls nicht die Voraussetzungen des § 576b Abs. 1 BGB vorliegen, dem Schicksal des Arbeitsverhältnisses. Während des bestehenden Arbeitsverhältnisses sind, soweit der Arbeitsvertrag keine Sonderregelung enthält, die mietrechtlichen Vorschriften der §§ 535 ff. BGB entsprechend anwendbar.

10. Sonderkündigungsrecht des Mieters nach § 555e BGB

372 Bei durch den Vermieter mitgeteilter Modernisierungsmaßnahme hat der Mieter das Recht, das Mietverhältnis bis zum Ablauf des Monats, der auf den Zugang der Mitteilung folgt, außerordentlich für den Ablauf des übernächsten Monats zu kündigen. (Vgl. auch → Kap. 7 Rn. 58.)

373 Durch die Möglichkeit des Mieters, sich kurzfristig aus dem Mietverhältnis zu lösen, soll ein Äquivalent für die Möglichkeit des Vermieters geschaffen werden, durch Verbesserungsmaßnahmen in das Mietverhältnis einzugreifen.[464] Folgerichtig darf der Vermieter im Falle der Kündigung mit der Maßnahme bis zum Ablauf der Mietzeit nicht mehr beginnen.

374 Bei unerheblicher Maßnahme und unerheblicher Mieterhöhung nach § 559 BGB besteht das Kündigungsrecht nicht, § 555e, 555c Abs. 4 BGB.

[464] Amtl. Begr.

Hinsichtlich einer Mieterhöhung nach § 559 BGB hat der Mieter ein weiteres Sonderkündigungsrecht nach § 561 BGB (vgl. → Rn. 385).

11. Sonderkündigungsrecht des Mieters bei Verweigerung der Untervermietungserlaubnis, § 540 Abs. 1 Satz 2 BGB

a) Allgemeines

Wichtig ist, dass das Kündigungsrecht des Mieters, falls nicht die Voraus- **375**
setzungen für einen Entfall vorliegen, auch dann besteht, wenn weder nach § 540 Abs. 1 noch nach § 553 Abs. 1 BGB ein Anspruch auf Untervermietung besteht.[465] Ohne weiteres besteht das Kündigungsrecht auch dann, wenn der Vermieter die Untervermietung **generell** verweigert, da es dann auf die Person eines „Dritten" nicht mehr ankommt.[466] Nach zutreffender Auffassung des LG Braunschweig[467] muss der Mieter allerdings auch bei genereller Verweigerung der Erlaubnis einen konkreten geeigneten Untermieter benennen, wenn er selbst gekündigt hat, also nur die Kündigungsfrist abkürzen will. Schweigen des Vermieters auf eine Untervermietungserlaubnisanfrage des Mieters ohne Benennung eines bestimmten Untermieters stellt keine generelle Verweigerung der Erlaubnis dar.[468]

b) Voraussetzungen der Kündigung

Die Verweigerung der Untervermietungserlaubnis muss nicht aus- **376**
drücklich erfolgen, sie gilt auch dann als verweigert, wenn der Vermieter sich auf die Bitte zur Erlaubniserteilung nicht äußert, soweit ein bestimmter Untermietinteressent benannt wird. Weiter stellt die Erteilung der Erlaubnis unter unzumutbaren oder nach den Vereinbarungen nicht vorgesehenen Einschränkungen eine Verweigerung der Erlaubnis dar.[469]

c) Form, Frist, Zeitpunkt der Kündigung

Bei § 540 Abs. 1 Satz 2 BGB handelt es sich um ein außerordentliches **377**
Kündigungsrecht, bei dem aber die ordentliche Kündigungsfrist einzuhalten ist. Für diese Kündigungsfrist gilt § 573d Abs. 2 BGB. Mangels Anwendbarkeit des § 573c Abs. 1 Satz 2 BGB verlängert sich die Kündigungsfrist nicht entsprechend der Dauer des Mietverhältnisses, sie beträgt **immer drei Monate.**

Der Mieter muss dieses außerordentliche Kündigungsrecht in zumut- **378**
barer Frist ausüben, das heißt, er darf die Kündigung nicht ungebührlich verzögern. Tut er dies, tritt **Verwirkung** des Kündigungsrechts ein. Andererseits muss dem Mieter eine gewisse Bedenkzeit zugebilligt

---

465 HM, vgl. LG Berlin GE 1997, 189.
466 LG Hamburg NZM 1998, 1003.
467 WuM 1999, 216.
468 OLG Koblenz NZM 2001, 581.
469 BGH BGHZ 59, 3.

werden. Der Mieter muss Zeit haben, die vom Vermieter vorgetragenen Verweigerungsgründe und seine Möglichkeit, auf die beabsichtigte Gebrauchsüberlassung zu verzichten, sowie sein Interesse am Fortbestand des Mietverhältnisses gegeneinander abzuwägen. Schiebt der Vermieter nachträglich weitere Versagungsgründe nach – nachdem er also bereits mit anderen Gründen die Untervermietungserlaubnis verweigert hat – muss dem Mieter eine zusätzliche Überlegungszeit eingeräumt werden.

379 Derartige nachgeschobene Verweigerungsgründe muss der Mieter aber nur dann gegen sich gelten lassen, wenn sie dem Vermieter nachträglich bekannt geworden sind. Ist dies nicht der Fall, kann der Vermieter die Verweigerung nicht mehr auf diese Gründe stützen, eine Kündigung durch den Mieter erübrigt sich, wenn die zuerst vorgebrachten Verweigerungsgründe nicht tragen.

380 Die Verweigerung der **Untervermietungserlaubnis** kann sich als Nichtgewährung des Gebrauchs nach § 543 Abs. 2 Nr. 1 BGB darstellen. Dann kann der Mieter das Mietverhältnis auch fristlos nach § 543 BGB kündigen.[470] Dies ist zB dann anzunehmen, wenn der Vermieter bei allgemein erteilter Erlaubnis zur Untervermietung dieser im Einzelfall ohne ausreichenden Grund widerspricht.[471]

d) Entfall des Kündigungsrechts

381 Das Sonderkündigungsrecht des Mieters nach § 540 Abs. 1 Satz 2 BGB wegen Verweigerung der Untervermietungserlaubnis steht diesem dann nicht zu, wenn in der Person des Dritten ein wichtiger Grund vorliegt, § 540 Abs. 1 Satz 2 letzter Halbsatz BGB.

382 Der **„Dritte"** ist derjenige, dem der Mietgebrauch vom Mieter überlassen werden soll. Seine Person ist dem Vermieter dann, wenn die Untervermietungserlaubnis nicht generell erteilt oder verweigert worden ist, zu benennen.[472] Der Mieter ist zur Benennung bereits deshalb verpflichtet, damit der Vermieter das berechtigte Interesse nach § 553 Abs. 1 BGB prüfen kann.

383 **Ein wichtiger Grund** in der Person des Untermieters kann sein:
- eintretende Überbelegung des Wohnraums,
- Gefährdung des Hausfriedens durch den Untermieter,
- **bei gewerblichen Mietverhältnissen Befürchtung eines unzulässigen Wettbewerbs zwischen dem Untermieter und dem Vermieter oder anderen Mietern,**
- zu befürchtende Zweckentfremdung der Räume durch den Untermieter (oder wesentliche Änderung der Nutzung der Räume bei gewerblichem Mietverhältnis.[473]

[470] OLG Düsseldorf WuM 1995, 585.
[471] BGH ZMR 1984, 276; OLG Düsseldorf WuM 1995, 585.
[472] LG Berlin, WuM 1991, 483.
[473] OLG Köln DWW 1997, 121: Zahnarztpraxis zu Kleintierpraxis.

Kein wichtiger Grund ist: 384
- Ausländer- oder Gastarbeitereigenschaft des Untermieters,[474]
- Zahlungsunfähigkeit des Untermieters (da der Mieter dem Vermieter haftet),
- nichteheliche Lebensgemeinschaft mit dem Mieter.

12. Sonderkündigungsrecht des Mieters nach § 561 BGB

Im Falle eines Mieterhöhungsverlangens des Vermieters nach § 558 BGB 385
kann es auf die **formelle und materielle Wirksamkeit** des Erhöhungsverlangens nicht ankommen, sondern lediglich auf dessen Ernsthaftigkeit. Der Mieter dürfte angesichts der Kompliziertheit der gesetzlichen Regelung zur Beurteilung der Wirksamkeit auch oft nicht in der Lage sein.

Nicht steht dem Mieter nach dem Gesetzeswortlaut die Sonderkün- 386
digungsmöglichkeit bei einer Erhöhung der Betriebskosten nach § 560 BGB zu, hier handelt es sich nur um Kosten, auf die der Vermieter selbst wenig Einfluss hat, eine **vorzeitige Kündigung** durch den Mieter wäre daher nicht gerechtfertigt. Bei Erhöhungen nach § 559 BGB jedoch ist die Kündigungsmöglichkeit gegeben, wobei es ebenfalls nicht auf die Wirksamkeit der Erklärung ankommt.

Bei einer Einigung der Parteien über eine Mieterhöhung nach den 387
§§ 558, 559 BGB ist die **Ausübung des Sonderkündigungsrechts** auch dann ausgeschlossen, wenn diese Einigung nach einer Mieterhöhungserklärung des Vermieters erfolgt.

Der Mieter muss sich in diesem Fall an seinem erklärten Willen, der 388
Erhöhung zuzustimmen, festhalten lassen und kann die Folge der Einigung nicht durch die Ausübung des Rechts nach § 561 BGB rückgängig machen, § 242 BGB. Hat jedoch der Mieter bereits nach § 561 BGB gekündigt und stimmt er der Mieterhöhung doch noch zu, wird hierdurch die bereits erklärte Kündigung nicht unwirksam, deren Folgen lassen sich nur einvernehmlich beseitigen.

Die Kündigungserklärung des Mieters bedarf gemäß § 568 Abs. 1 BGB 389
der Schriftform. Die Angabe des gesetzlichen Kündigungsgrundes, bzw. die Erwähnung des Sonderkündigungsrechts ist nicht erforderlich, da auf § 569 Abs. 4 BGB hinsichtlich der Mieterkündigung nicht verwiesen wird.[475] Man wird aber verlangen müssen, dass sich mindestens aus den Umständen ergibt, dass die Kündigung wegen einer Mieterhöhung erfolgt.

Angesichts des vom Mieter einzuhaltenden Zeitraums für die Abgabe 390
seiner **Kündigungserklärung** dürfte sich der Grund für die Kündigung regelmäßig aus den Umständen und dem zeitlichen Zusammenhang auch ohne schriftliche Angabe der Gründe ergeben.

---

[474] LG Köln WuM 1978, 50.
[475] AG Tempelhof-Kreuzberg WuM 2006, 452.

391 Die Ausübung des Kündigungsrechts nach § 561 BGB ist fristgebunden, die Einhaltung der Kündigungsfrist ist **Wirksamkeitsvoraussetzung** der Sonderkündigung. Weder eine Wiedereinsetzung noch eine Verlängerung der Kündigungsfrist ist vorgesehen. Bei Verspätung gilt § 134 BGB. Die Kündigungsfrist beträgt unabhängig davon, ob es sich um eine Mieterhöhung nach § 558 oder § 559 BGB handelt, einheitlich zwei Monate. Die Frist beginnt bei Mieterhöhungen nach § 558 BGB am Ersten des Monats, der auf den Zugang des Erhöhungsverlangens folgt, sie endet mit Ablauf des zweiten Monats nach Fristbeginn.

392 Nachdem die Kündigungserklärung bis zum Ablauf des 2. Monats nach dem Zugang des Erhöhungsverlangens nach § 558 BGB oder der Mieterhöhung nach § 559 BGB erfolgen muss und die Beendigung des Mietverhältnisses nach zwei weiteren Monaten eintritt (Ablauf des übernächsten Monats), beträgt der Abstand zwischen dem Zugang des Erhöhungsverlangens nach § 558 BGB oder der Mieterhöhung nach § 559 BGB und dem Termin, zu dem das Mietverhältnis durch die Kündigung des Mieters beendet werden kann, mindestens vier und höchstens fünf Monate.

393 Das Mietverhältnis endet mit Ablauf des übernächsten Monats ab Ende der Frist, bis zu der die Kündigung spätestens erklärt werden kann. Diese Zweimonatsfrist wird also nicht ab der Kündigungserklärung gerechnet. Für die Fristberechnung gelten die §§ 186 bis 188 BGB.

394 Bei Unterlassung der Mitteilung oder Abweichung der tatsächlichen Fälligkeit der Mieterhöhung nach § 559b Abs. 2 Satz 2 BGB verlängert sich die Frist des § 561 BGB nicht, da sie an den **„Sollzeitpunkt"** des Eintritts der Mieterhöhung anknüpft. Durch die Ausübung des vorzeitigen Kündigungsrechts des Mieters wird das Mietverhältnis zu dem jeweiligen gesetzlichen Zeitpunkt beendet. Die betreffende Mieterhöhung tritt nicht ein, § 561 Abs. 1 Satz 2 BGB.

395 Sie tritt ebenfalls nicht ein, wenn der Mieter zunächst eine ordentliche Kündigung des Mietverhältnisses ausspricht und eine außerordentliche befristete Kündigung nach § 561 BGB nachfolgen lässt, die zum selben Zeitpunkt wirkt. § 561 Abs. 1 Satz 2 BGB ist hier entsprechend anzuwenden.[476]

13. Kündigung des Vermieters wegen Zahlungsverzug nach Mieterhöhung, § 569 Abs. 3 Nr. 3 BGB

396 § 569 Abs. 3 Nr. 3 BGB beinhaltet eine Schutzvorschrift für den Mieter, der bei Fälligwerden von Mietrückständen auf Grund eines rechtskräftigen Urteils sich sonst alsbald einer Kündigung nach § 543 Abs. 2 Nr. 3 BGB ausgesetzt sähe. In Hinblick auf § 558 BGB ist man bisher davon ausgegangen, dass die Vorschrift entgegen dem Wortlaut nicht die Ver-

[476] AG Frankfurt a. M. WuM 1989, 580.

urteilung zur Zahlung, sondern zur Zustimmung zur Mieterhöhung meint. Angesichts der unveränderten Übernahme in die Neuregelung nach der Mietrechtsreform fragt sich, ob diese Ansicht aufrechterhalten werden kann. Nach BGH[477] besteht die Kündigungssperre sowohl bei Verurteilung zur Zahlung als auch zur Zustimmung.

Eine Kündigung vor Ablauf von zwei Monaten ist nichtig, § 134 BGB. **397**
§ 569 Abs. 3 Nr. 2 BGB bleibt anwendbar, auch wenn die Kündigung erst nach Ablauf der zwei Monate erfolgt und Zahlung nicht erfolgt ist. Hinsichtlich der ohne die Erhöhung geschuldeten Miete bleibt § 543 Abs. 2 Nr. 3 BGB anwendbar. Vgl. zum Ganzen auch → Kap. 2 Rn. 230).

XVI. Neuer Zeitmietvertrag und Kündigungsausschlussvereinbarungen

1. Neuer Zeitmietvertrag

Der frühere **einfache Zeitmietvertrag** nach § 564c Abs. 1 BGB aF ist in **398**
der Neuregelung durch das Mietrechtsreformgesetz 2001 nicht mehr enthalten. § 575 BGB entspricht im Wesentlichen der bisherigen Regelung des § 564c Abs. 2 BGB aF **(qualifizierter Zeitmietvertrag).** Im Unterschied zur bisherigen Regelung ist die Verwendungsabsicht, nach der die Räume an einen zur Dienstleistung Verpflichteten vermietet werden sollen, § 575 Abs. 1 Satz 1 Nr. 3 BGB, nicht mehr davon abhängig, dass die Räume entsprechend der bisherigen Regelung bereits zuvor an einen zur Dienstleistung Verpflichteten vermietet gewesen sind. Eine zeitliche Begrenzung des Zeitmietvertrages sieht § 575 BGB nicht mehr vor. Ein nicht wirksam eingegangener Zeitmietvertrag gilt nach § 575 Abs. 1 Satz 2 BGB als auf unbestimmte Zeit abgeschlossen.

Nachdem die vor der Mietrechtsreform bestehende Möglichkeit[478] **399**
des **Zeitmietvertrags mit Verlängerungsklausel** nach § 565a BGB aF im Rahmen der Reform ersatzlos gestrichen wurde, sind derartige Verträge nunmehr unzulässig und gelten als auf unbestimmte Zeit geschlossen. Solche Verträge können auch nur dann in Kündigungsausschlussvereinbarungen umgedeutet werden, wenn die Befristung auch vom Mieter gewollt war.[479]

Auf die vor der Mietrechtsreform abgeschlossenen Zeitmietverträge **400**
nach § 564c BGB aF wie auch auf die Zeitmietverträge mit Verlängerungsklausel sind die zur Zeit des Vertragsschlusses geltenden Vorschriften weiter anzuwenden. Das gilt auch dann, wenn die vereinbarte Mietzeit erst nach dem 1.9.2001 begonnen hat.[480] Insbesondere können

---

477 BGH NZM 2005, 582.
478 So BGH NZM 2007, 728.
479 LG Nürnberg-Fürth WuM 2005, 789.
480 BGH NZM 2006, 927.

derartige Zeitmietverträge mit Verlängerungsklausel auch nach Inkrafttreten der Mietrechtsreform nur zu dem im Vertrag vereinbarten Ablauftermin gekündigt werden.[481] Bei Zeitmietverträgen mit Verlängerungsklausel nach altem Recht gilt eine vereinbarte Kündigungsfrist auch nach neuem Recht weiter.[482]

401 Die bisherige **Endmitteilungspflicht** des Vermieters nach § 564c Abs. 2 Satz 2 BGB aF ist durch einen **Auskunftsanspruch** des Mieters nach § 575 Abs. 2 BGB ersetzt worden. Hiernach kann der Mieter vom Vermieter frühestens vier Monate vor Ablauf der Befristung verlangen, dass dieser ihm binnen eines Monats mitteilt, ob der Befristungsgrund noch besteht. Wirkung einer späteren Mitteilung ist, dass der Mieter eine Verlängerung des Mietverhältnisses um den Zeitraum der Verspätung verlangen kann. Die Abänderung der Mitteilungspflicht des Vermieters in einen Auskunftsanspruch des Mieters wird damit begründet, dass es dem Mieter zuzumuten sei, sich im Falle, dass er ein Interesse daran habe, über das vereinbarte Mietende hinaus in der Wohnung zu verbleiben, in seinem Interesse an den Vermieter zu wenden, um zu erfahren, ob der Vermieter an der Befristung festhalten wolle.[483] Die vorgesehene Auskunftsfrist wurde in der Beschlussempfehlung des Rechtsausschusses von drei auf vier Monate verlängert, weiter wurde eine Verpflichtung des Vermieters bestimmt, auf das Auskunftsverlangen binnen eines Monats zu antworten, damit dem Mieter gegebenenfalls noch drei Monate bis zum Ende der Mietzeit verblieben, um sich auf einen Umzug einzurichten. Weiter wird darauf hingewiesen, dass im Falle, dass sich der Vermieter bis zum Ende der Mietzeit nicht äußere, § 545 BGB eingreife, es also zu einer stillschweigenden Verlängerung des Mietverhältnisses komme.[484]

2. Kündigungsausschlussvereinbarungen

402 Bereits in der Begründung des Referentenentwurfs zum Mietrechtsreformgesetz ist ausgeführt, dass zwar der bisherige einfache Zeitmietvertrag nach § 564c Abs. 1 BGB aF entfalle, dass aber dann, falls die Voraussetzungen für den **qualifizierten Zeitmietvertrag** nach § 575 BGB mangels eines Befristungsgrundes auf Vermieterseite nicht vorlägen, dem Interesse des Mieters an einer langfristigen Bindung des Mietverhältnisses vertraglich dadurch Rechnung getragen werden könne, dass die Parteien einen unbefristeten Mietvertrag schließen und für einen vertraglich festgelegten Zeitraum das ordentliche Kündigungsrecht beiderseits ausschließen könnten.[485]

403 Verschiedentlich wurde die Auffassung vertreten, dass dieser beiderseitige **Ausschluss des Kündigungsrechtes** im Rahmen eines Formular-

[481] BGH NZM 2007, 728.
[482] BGH NJW 2008, 1661.
[483] Begr. RefE, S. 149.
[484] Begr. Beschlussempfehlung des Rechtsausschusses, S. 182.
[485] Begr. RefES. 147.

mietvertrages wegen § 305c BGB ausgeschlossen sei und zudem ein Verstoß gegen die zwingende dreimonatige Kündigungsfrist für den Vermieter nach § 573c BGB vorliege. Andererseits regelt § 573 BGB nicht den Ausschluss der Kündigung, sondern nur die Kündigungsfrist.

Der BGH[486] hatte zunächst entschieden, dass der Mieter jedenfalls durch individualvertragliche Vereinbarung befristet auf sein gesetzliches ordentliches Kündigungsrecht verzichten könne. Es lag ein Fall zugrunde, bei dem durch handschriftlichen Zusatz zum Mietvertrag der Mieter für die Dauer von 60 Monaten auf das ordentliche Kündigungsrecht verzichtet hatte. **404**

Nach BGH[487] sollte auch eine Bestimmung in einem Formularvertrag über Wohnraum über den beiderseitigen Ausschluss der ordentlichen Kündigung für einen Zeitraum von zwei Jahren nicht nach § 307 BGB unwirksam sein. Nachfolgend hat der BGH[488] die zulässige Ausschlussfrist auf vier Jahre festgelegt, dh formularmäßige **beiderseitige Ausschlussvereinbarungen** sind unwirksam, wenn sie einen längeren Zeitraum als vier Jahre umfassen (so auch BGH[489] wobei hier zusätzlich ausgeführt ist, dass die Kündigungsausschlussfrist mit Vertragsschluss, nicht mit Mietbeginn beginnt). Ebenso BGH[490] wobei der Mieter den Vertrag zum Ende des Vierjahreszeitraums tatsächlich beenden können muss, nicht also erst nach Ablauf des Zeitraums die Kündigungsfrist sich anschließt. Eine geltungserhaltende Reduktion soll nicht möglich sein. **405**

Im Zweifel beinhaltet die Formularklausel, durch die „das Recht zur Kündigung" ausgeschlossen ist, lediglich den Ausschluss der ordentlichen Kündigung, nicht des Rechts zur außerordentlichen Kündigung.[491] **406**

Im Falle einer **Individualvereinbarung** soll ein Kündigungsverzicht auch für längere Zeit als vier Jahre möglich sein.[492] **407**

Bei einer unwirksamen Befristung im Mietvertrag, die nicht die Voraussetzungen des gesetzlichen Zeitmietvertrags nach § 575 BGB erfüllt, kann im Wege der ergänzenden Vertragsauslegung ein Kündigungsverzicht angenommen werden (BGH[493] für den Fall einer Befristung mit zweimaliger Verlängerungsoption.[494] **408**

Liegt ein **einseitiger** formularmäßiger Kündigungsausschluss zu Lasten des Mieters vor, ist dieser nur dann wirksam, wenn er zusammen mit einer wirksamen Staffelmietvereinbarung vereinbart worden ist und **409**

---

486 BGH NZM 2004, 216.
487 BGH WuM 2004, 542.
488 BGH WuM 2005, 346.
489 BGH WuM 2006, 152; BGH WuM 2006, 385.
490 BGH NJW 2011, 597.
491 BGH NZM 2012, 112.
492 BGH WuM 2006, 445; BGH NZM 2018, 556.
493 BGH NZM 2013, 646.
494 Vgl. auch BGH NZM 2014, 235.

nicht länger als vier Jahre seit Abschluss der Staffelmietvereinbarung dauert.[495] Bei **möbliertem Einliegerwohnraum** nach § 549 Abs. 2 Nr. 2 BGB dürfte ein formularvertraglicher befristeter Kündigungsausschluss immer unwirksam sein.[496]

XVII. Stillschweigende Verlängerung des Mietverhältnisses nach § 545 BGB

1. Allgemeines

410 § 545 BGB ist eine Vorschrift, die in ihrer Bedeutung leicht unterschätzt wird, die aber in der Praxis von erheblicher Bedeutung ist. Zweck der Bestimmung ist, dass nach Ablauf des Mietverhältnisses der Eintritt eines vertragslosen Zustands verhindert wird. Insoweit ist sie keine Mieterschutzvorschrift, dient also nicht dem Bestandsschutz des Mietverhältnisses aus sozialen Gründen. Hieraus folgt, dass grundsätzlich ihre Anwendung auch in einem **Formularvertrag** über Wohnraum ausgeschlossen werden kann.[497] Rechtspolitisch ist die Vorschrift umstritten und führt in der Anwendung meistens zu sachwidrigen Ergebnissen.

411 **Beispiel:** Ein Mietverhältnis über Wohnraum wird durch den Mieter aufgrund der bis zum 1.9.2001 geltenden Kündigungsvorschrift des § 565 Abs. 2 Satz 2 BGB aufgrund der langen Vertragsdauer von zehn Jahren mit einer Kündigungsfrist von einem Jahr gekündigt. Soweit im Mietvertrag die auch für den Mieter sich verlängernden Kündigungsfristen vereinbart worden sind, gelten diese auch nach der Mietrechtsreform, also nach dem 1.9.2001 weiter. Die Kündigung als solche wegen Eigenbedarfs ist gerechtfertigt und hat grundsätzlich das Mietverhältnis mit dem Ablauf der Kündigungsfrist beendet. Widerspricht nun der Vermieter nicht nach § 545 BGB der Fortsetzung des Mietverhältnisses in engerem zeitlichen Rahmen mit dem Ablauf des Mietverhältnisses, verlängert sich dieses trotz der wirksamen Kündigung auf unbestimmte Zeit. Der Vermieter muss eine erneute ordentliche Kündigung des Mietverhältnisses mit der entsprechend langen Kündigungsfrist aussprechen.

412 Die Vorschrift des § 545 BGB findet Anwendung sowohl auf Wohn- als auch auf Geschäftsräume und auf Pachtverhältnisse. Sie gilt auch bei Untermietverhältnissen. Wichtig ist, dass sie nicht nur auf die ordentliche Kündigung des Mietverhältnisses Anwendung findet, sondern auch auf die fristlose Kündigung.[498] Ebenso gilt sie im Falle der Anfechtung des Mietvertrages und bei der Vereinbarung eines Mietaufhebungsvertrages soweit die Parteien vereinbaren, dass das Mietverhältnis zu einem zukünftigen Zeitpunkt beendet wird. Sie gilt nicht, wenn die Räumungsverpflichtung aufgrund gerichtlicher Entscheidung besteht oder in einem Gerichtsverfahren ein Räumungsvergleich geschlossen worden ist.

---

495 BGH WuM 2006, 97; BGH NZM 2009, 153.
496 AG Hamburg WuM 2006, 668 mAnm Blank.
497 OLG Hamm NJW 1983, 826.
498 LG Bochum ZMR 1971, 56.

2. Ablauf der Mietzeit

Nach § 545 Satz 1 BGB ist Voraussetzung der stillschweigenden Verlängerung des Mietverhältnisses, dass der Mieter nach Ablauf der Mietzeit den Gebrauch der Mietsache fortsetzt. Dies bedeutet bei der ordentlichen Kündigung eines Mietverhältnisses, dass die Kündigungsfrist abgelaufen ist. Wichtig ist, dass bei Mietaufhebungsverträgen § 545 BGB nur dann anwendbar ist, wenn die Beendigung des Mietverhältnisses nicht mit sofortiger Wirkung, sondern zu einem späteren Zeitpunkt erfolgen soll. **413**

3. Fortsetzung des Gebrauchs

Es ist das tatsächliche Verhalten des Mieters entscheidend, nicht also sein Wille, den Gebrauch fortzusetzen. Die Fortsetzung des Gebrauchs stellt keine Willenserklärung dar. Art und Umfang der Fortsetzung des Gebrauchs muss aber dem beendeten Mietvertrag entsprechen.[499] **414**

Gebrauchsfortsetzung liegt auch dann vor, wenn der Mieter einem Untermieter, dem er den Gebrauch der Mieträume überlassen hat, den weiteren Gebrauch nach Beendigung der Mietzeit belässt.[500] Hat der Mieter nicht vollständig geräumt, hat er also Gegenstände in den Mieträumen zurückgelassen, so ist zu unterscheiden. Handelt es sich um **unerhebliche Gegenstände,** zum Beispiel einen einzelnen Schrank in Kellerräumen, so ist von Räumung auszugehen und eine Gebrauchsfortsetzung findet nicht statt. Etwas anderes gilt dann, wenn der Mieter unter Hinterlassung des wesentlichen Teils seiner Möbel ausgezogen ist. Hier ist von Gebrauchsfortsetzung auszugehen.[501] Dasselbe muss dann gelten, wenn der Mieter die **Schlüssel für die Mieträume** nicht zurückgegeben hat. Dies muss schon deshalb gelten, weil er durch die Nichtrückgabe der Schlüssel seine Verfügungsmöglichkeit über die Mieträume in vollem Umfang behält. **415**

4. Widerspruchserklärung des Vermieters oder des Mieters

Die Verlängerung des Mietverhältnisses auf unbestimmte Zeit tritt nicht ein, wenn eine Vertragspartei ihren entgegenstehenden Willen innerhalb einer Frist von zwei Wochen dem jeweils anderen Teil gegenüber erklärt. Der Mieter muss seinen Willen, den Gebrauch nicht fortsetzen zu wollen, fristgemäß ab der Fortsetzung des Gebrauchs erklären, der Vermieter ab dem Zeitpunkt, ab dem er von der Fortsetzung des Gebrauchs Kenntnis erhält. Bei der Erklärung handelt es sich um eine nicht formgebundene, einseitige, empfangsbedürftige **Willenserklärung.** **416**

---

499 BayObLG WuM 1981, 253.
500 BGH ZMR 1986, 274.
501 LG Köln WuM 1975, 85.

417 Wichtig ist, dass bei einer Mehrheit von Vermietern es ausreicht, wenn einer der Vermieter der Fortsetzung des Mietverhältnisses widerspricht. Dasselbe gilt, wenn es sich um mehrere Mieter handelt. Auch hier genügt es, wenn ein Mieter der Fortsetzung widerspricht.

418 Dies beruht darauf, dass das Mietverhältnis sich im Rechtssinne nur dann fortsetzen kann, wenn alle beteiligten Vertragsparteien, also bei einer Mehrheit von Personen auf einer Seite, alle diese Personen mit der Fortsetzung einverstanden sind. Wichtig ist aber, dass die Erklärung jeweils allen Beteiligten auf der Gegenseite zugehen muss.

419 **Beispiel:** Der Vertrag wurde auf Vermieterseite von Herrn und Frau V. mit Herrn und Frau M. auf Mieterseite abgeschlossen. Es reicht aus, wenn Herr V. der Fortsetzung des Mietgebrauchs rechtzeitig widerspricht, die Erklärung muss aber Herrn und Frau M. zugehen. Soweit Herr oder Frau M. die Erklärung abgeben, muss sie Herrn und Frau V. zugehen.

420 Die Erklärung kann auch stillschweigend bzw. konkludent abgegeben werden, zum Beispiel durch Gewährung einer Räumungsfrist neben einer fristlosen Kündigung.[502] Ebenso ist es möglich, die Erklärung in Form der Erhebung einer Räumungsklage abzugeben Die Einreichung der Klage bei Gericht genügt, wenn diese demnächst nach § 167 ZPO zugestellt wird.[503]

421 Soweit es sich um eine fristlose Kündigung des Mietverhältnisses handelt, ist es zulässig, die Fortsetzungswiderspruchserklärung auch ausdrücklich zugleich mit der fristlosen Kündigung abzugeben.[504] Fraglich ist, ob in einer fristlosen Kündigung selbst, die auf erhebliche Kündigungsgründe gestützt ist, gleichzeitig zum Ausdruck kommt, dass der Fortsetzung des Mietverhältnisses widersprochen wird. Das dürfte nur in Ausnahmefällen der Fall sein.[505]

5. Widerspruchsfrist

422 Nach der gesetzlichen Regelung knüpft die Widerspruchsfrist für den Vermieter, auf dessen Widerspruch gegen die Gebrauchsfortsetzung es in der Praxis in der Regel ankommt, an den Zeitpunkt an, in dem er von der Fortsetzung Kenntnis erhält, also den Zeitpunkt der Beendigung des Mietverhältnisses. Kenntnis bedeutet hier die positive Kenntnis. Fahrlässige Unkenntnis genügt also nicht. Es genügt auch die Kenntnis des Vertreters des Vermieters.

423 **Beispiel:** Nach Beendigung der Mietzeit will der Hausverwalter sich mit dem Mieter wegen nicht durchgeführter Schönheitsreparaturen in Verbindung setzen. Er stellt fest, dass der Mieter die Wohnung weiter nutzt. Die Kenntnis des Hausverwalters als Vertreter des Vermieters wird dem Vermieter zugerechnet.

424 Nach der Rechtsprechung kann die Erklärung auch schon vor Fristbeginn, sogar schon vor Ablauf der Kündigungsfrist abgegeben werden. Eine Wiederholung innerhalb der Zwei-Wochen-Frist ist dann ent-

[502] OLG Schleswig ZMR 1982, 144.
[503] BGH NZM 2014, 580.
[504] OLG Hamburg WuM 1981, 205.
[505] Vgl. BGH NJW-RR 1988, 76.

behrlich. Wichtig ist allerdings, dass ein nicht nur loser zeitlicher Zusammenhang zwischen der Widerspruchserklärung und dem Ende der Mietzeit bestehen muss.[506]

Beispiel: Es wird die ordentliche Kündigung eines Wohnraummietverhältnisses durch den Vermieter mit einer verlängerten Kündigungsfrist von sechs Monaten nach § 573c Abs. 1 Satz 2 BGB erklärt. Zusammen mit der Kündigung erklärt der Vermieter den Widerspruch gegen die Fortsetzung des Mietverhältnisses. Hier ist der zeitliche Zusammenhang mit der Beendigung des Mietverhältnisses nicht mehr gewahrt. Erklärt der Vermieter nicht innerhalb der Widerspruchsfrist erneut den Widerspruch gegen die Fortsetzung des Mietverhältnisses, so verlängert es sich nach § 545 BGB auf unbestimmte Zeit. **425**

Wie bereits ausgeführt, kann die Widerspruchsfrist auch durch Zustellung einer Räumungsklage innerhalb der Zwei-Wochen-Frist gewahrt werden. Die nachträgliche Zustellung einer vor Fristablauf eingereichten Klage wahrt die Frist aber nicht. § 270 Abs. 3 BGB ist nicht anwendbar. **426**

Beispiel: Ein Wohnraummietverhältnis wird mit einer gesetzlichen Kündigungsfrist von neun Monaten gekündigt. Zwei Tage nach Ablauf der Kündigungsfrist reicht der Vermieter Räumungsklage bei Gericht ein. Eine Gebrauchsfortsetzung durch den Mieter liegt vor. Die Räumungsklage wird einen Monat später dem Mieter zugestellt. Ein wirksamer Fortsetzungswiderspruch ist hierdurch nicht gegeben. **427**

6. Folge des Widerspruchs

Folge des Widerspruchs ist, dass trotz **Gebrauchsfortsetzung** durch den Mieter oder den Vermieter das Mietverhältnis beendet ist. Unterbleibt der Widerspruch oder wird er nicht rechtzeitig eingelegt, so wird das bisherige Mietverhältnis fortgesetzt. Es entsteht also kein neues Mietverhältnis, die bisherigen Bedingungen gelten weiter. Auf den Willen der Parteien kommt es hierbei nicht an, da es sich um eine Verlängerungsfiktion handelt. Ebenfalls ist es nicht beachtlich, ob die Parteien sich über die Fortsetzung des Mietverhältnisses im Irrtum befinden. **428**

7. Abweichende Vereinbarungen

Nachdem § 545 BGB nicht dem Bestandsschutz, sondern der Vermeidung eines vertragslosen Zustandes dient, ist die Vorschrift nicht zwingend. Anderweitige Vereinbarungen sind sowohl durch Formularvertrag als auch durch Individualvereinbarung möglich.[507] Hierbei ist allerdings zu berücksichtigen, dass die Abdingbarkeit in einem Formularmietvertrag allein durch die Formulierung: „Bei Beendigung des Mietverhältnisses findet die Vorschrift des § 568 BGB keine Anwendung" nicht möglich ist.[508] Nach § 305 Abs. 2 Nr. 2 BGB gilt nämlich, dass **Allgemeine Geschäftsbedingungen** nur dann Bestandteil eines Vertrages werden, wenn der Verwender bei Vertragsschluss der anderen Vertragspartei die Möglichkeit verschafft, in zumutbarer Weise von ihrem Inhalt Kenntnis zu nehmen **429**

[506] BayObLG NJW 1981, 2759.
[507] OLG Hamm WuM 1983, 48.
[508] Schleswig NJW 1995, 2858.

und wenn die andere Vertragspartei mit ihrer Geltung einverstanden ist. Dies soll nach den Ausführungen des OLG Schleswig hier nicht der Fall sein, da die bezeichnete Klausel lediglich den Paragraphen des Gesetzes aufführt, ohne dessen Inhalt im Wesentlichen wiederzugeben.

430 Wichtig ist, dass in einem **Formularmietvertrag,** was in anderen Fällen, in denen es auf Erklärungen einer Partei ankommt, auch gilt, nicht vereinbart werden kann, dass ein Widerspruch nur schriftlich ausgesprochen werden kann. Eine solche Klausel verstößt gegen § 307 BGB, da sie nicht berücksichtigt, dass die Parteien einvernehmlich etwas vereinbaren können, ohne die vertragliche Schriftform einzuhalten.

431 Im Übrigen gilt, dass ein Ausschluss der Anwendung des § 545 BGB nicht an versteckter Stelle im Mietvertrag vereinbart werden darf. Hier würde es sich um eine überraschende Klausel nach § 305c BGB handeln. Dies wäre zum Beispiel dann der Fall, wenn sich die Ausschlussvereinbarung unter der Überschrift „Entschädigungspflicht nach Beendigung des Mietverhältnisses" findet.[509]

XVIII. Die Sozialklausel nach §§ 574ff. BGB

1. Widerspruch gegen die Kündigung, §§ 574, 574b BGB

432 Die Sozialklausel ist nur für die ordentliche Kündigung des Mietverhältnisses anwendbar, § 574 Abs. 1 Satz 2 BGB. Der Mieter muss der Kündigung nach § 574b Abs. 2 Satz 1 BGB spätestens zwei Monate vor Beendigung des Mietverhältnisses widersprechen. Er kann den Widerspruch noch im ersten Termin des Räumungsprozesses erklären, wenn er nicht durch den Vermieter vor Ablauf der Widerspruchsfrist auf die Möglichkeit, Form und Frist des Widerspruchs nach § 568 Abs. 2 BGB hingewiesen worden ist. Die Erklärung des Widerspruchs bedarf der Schriftform nach § 126 BGB.

433 Der Widerspruch muss nicht begründet werden. Dem Inhalt nach genügt der erkennbare Wille des Mieters, der **Kündigung** widersprechen zu wollen. § 574b Abs. 1 Satz 2 BGB, wonach der Mieter über die Gründe des Widerspruchs auf Verlangen des Vermieters Auskunft erteilen soll, stellt lediglich eine Obliegenheit ohne nachteilige Rechtsfolgen dar.

2. Wirkung des Widerspruchs

434 Wirkung des Widerspruchs ist, dass der Mieter die Fortsetzung des Mietverhältnisses verlangen kann. Zu einer Fortsetzung kann es aber nur dann kommen, wenn sich entweder die Parteien nach § 574a Abs. 2 BGB über die Fortsetzung einigen oder die Fortsetzung durch Urteil bestimmt wird. Die Wirksamkeit der Kündigung bleibt unberührt. Es ist

[509] LG Kassel WuM 1990, 29.

auch die Fortsetzung des Mietverhältnisses auf unbestimmte Zeit möglich.[510] Eine Verlängerung auf Lebenszeit des Mieters soll aber nicht zulässig sein.[511]

Ein Anspruch des Mieters auf Fortsetzung kann bestehen, wenn Härtegründe nach § 574 Abs. 1 Satz 1 BGB vorliegen. Es findet eine **Interessenabwägung** zwischen den Interessen des Mieters und Vermieters statt. Die üblicherweise mit einem Wohnungswechsel verbundenen Beeinträchtigungen reichen nicht aus. Zur Härtefallabwägung vgl. BGH.[512] **435**

Macht der Mieter schwerwiegende gesundheitliche Beeinträchtigungen geltend, muss das Gericht gegebenenfalls ein Sachverständigengutachten erholen.[513] Vgl. auch zur Abwägung auch BGH.[514] **436**

- Hohes Alter des Mieters.[515] Vgl. aber BGH:[516] Alter allein ist kein Härtefall.[517]
- Lange Dauer des Mietverhältnisses[518]
- Krankheit und Gebrechlichkeit[519]
- Examensvorbereitungen, Promotion[520]
- erhebliche nicht abgewohnte wirtschaftliche Aufwendungen auf die Mieträume
- Fortgeschrittene Schwangerschaft[521]
- angemessener Ersatzwohnraum kann zu zumutbaren Bedingungen nicht beschafft werden, § 574 Abs. 2 BGB
- kurzfristiger nicht zumutbarer Zwischenumzug[522]
- Unmittelbar bevorstehender Schulabschluss des Kindes des Mieters[523]

3. Verfahren

Ist der Vortrag des Mieters hinsichtlich des Vorliegens einer ungerechtfertigten Härte erheblich, hat das Gericht gegebenenfalls darüber eine Beweisaufnahme durchzuführen, ob die Interessen des Mieters die des Vermieters überwiegen.[524] Auch bei Vorlage ärztlicher Atteste ist bei Bestreiten gegebenenfalls ein **Sachverständigengutachten** einzuholen.[525] **437**

---

510 LG Essen WuM 2000, 387.
511 OLG Stuttgart NJW 1969, 1070.
512 BGH NZM 2005, 143.
513 BGH NJW 2019, 2765.
514 BGH WuM 2020, 88.
515 LG Hamburg WuM 1987, 223, LG Berlin WuM 2016, 180.
516 BGH WuM 2019, 385.
517 Ebenso BGH WuM 2021, 257.
518 Lange Dauer allein genügt nicht: BGH NJW-RR 2021, 461, WuM 2021, 257.
519 AG Nürnberg WuM 2020, 288.
520 AG Tübingen ZMR 1986, 60.
521 AG Aachen MDR 1970, 332.
522 LG Mannheim NJW 1965, 303, AG Dortmund NZM 2004, 499.
523 AG Dortmund WuM 2004, 210.
524 VerfGH Bln NZM 2014, 784.
525 BGH WuM 2021, 451.

438 Bei Verneinen eines Fortsetzungsanspruchs ist ein Ausspruch im Urteilstenor nicht erforderlich, eine Erwähnung in den Urteilsgründen genügt. Die Frage der Gewährung einer Räumungsfrist nach § 721 ZPO ist unabhängig von der Anwendung der Sozialklausel.

439 Bei Eintritt unvorhergesehener Umstände kann nach § 574c BGB eine weitere Fortsetzung des Mietverhältnisses erfolgen. In Betracht kommt auch, dass wesentliche Umstände nicht eintreten, zB die Gesundung des Mieters nach schwerer Erkrankung. Dies gilt nicht, wenn der Mieter die fraglichen Umstände selbst zu vertreten hat.

XIX. Praktische Hinweise und Verfahrensfragen

1. Praktische Hinweise bezüglich einer vorzeitigen Entlassung des Mieters aus dem Mietverhältnis

440 Nach der Mietrechtsreform 2001 konnte man zunächst davon ausgehen, dass sich angesichts der einheitlichen kurzen Kündigungsfrist für den Mieter von drei Monaten nach § 573c BGB eine erhebliche Problematik hinsichtlich der vorzeitigen Entlassung aus dem Mietverhältnis nicht mehr ergeben würde. Zeitmietverträge nach § 575 BGB sind nicht häufig und setzen bestimmte darlegbare Verwendungsabsichten voraus. Dies hat sich durch die Zulassung von Kündigungsausschlussvereinbarungen geändert. Nachdem diese formularmäßig nach der Rechtsprechung des BGH jedenfalls bis zu vier Jahren zulässig sind, werden in Zukunft Fälle des vorzeitigen Entlassungsbegehrens bei Mietern wieder häufiger auftauchen.

441 Hierbei ist zu berücksichtigen, dass Mieter erkennen müssen, dass sie grundsätzlich in gleicher Weise wie der Vermieter an den Mietvertrag hinsichtlich der Laufzeit eines vereinbarten wechselseitigem Kündigungsausschlusses auf bestimmte Zeit gebunden sind. Eine vorzeitige Entlassung aus dem Vertrag ist die Ausnahme, **Nachmieterstellung** alleine genügt nicht, es ist zusätzlich ein berechtigtes Interesse erforderlich. Liegt eine der beiden Voraussetzungen nicht vor, ist es nicht unbillig, den Mieter für eine restliche Bindungszeit von 16 Monaten am Vertrag festzuhalten.[526]

442 Gegebenenfalls kann natürlich zwischen den Parteien vereinbart werden, dass eine vorzeitige Entlassung des Mieters aus dem Mietverhältnis gegen Stellung eines geeigneten Nachmieters möglich ist. In diesem Fall kommt es auf das Vorliegen eines berechtigten Interesses des Mieters, das Vertragsverhältnis vorzeitig zu beenden, nicht an. In den Fällen fehlender Vereinbarung ist es Sache des Mieters, ein berechtigtes Interesse an der vorzeitigen Entlassung darzulegen. Geht der Vermieter davon aus, dass das Mietverhältnis nicht vorzeitig beendet ist, kann er bei

[526] LG Braunschweig DWW 2000, 56.

Einstellung der Mietzahlungen Zahlungsklage auf Weiterzahlung der Miete erheben. Nachdem es sich hier um einen Erfüllungsanspruch handelt, finden die Grundsätze der Schadensminderung nach § 254 BGB keine Anwendung. Andererseits wird man nach Treu und Glauben davon ausgehen müssen, dass bei langer Restlaufzeit ein Festhalten des Mieters am Vertrag in Form der Weiterzahlung der Miete bis zur Möglichkeit der vertragsgemäßen Beendigung des Mietverhältnisses nicht in Betracht kommt.

2. Praktische Hinweise bezüglich der fristlosen Kündigung

Viele Mieter unterschätzen die Gefahr, die in der Einstellung von Mietzahlungen liegt. Nachdem die Zahlungen terminmäßig feststehen, muss keine Mahnung einer fristlosen Kündigung des Mietverhältnisses durch den Vermieter vorausgehen. Dann verbleibt dem Mieter bei gegebenen Voraussetzungen lediglich die Nachzahlung der Mietrückstände innerhalb der Schonfrist des § 569 Abs. 3 Nr. 2 BGB, um die Kündigung unwirksam zu machen. **443**

Im Zivilrecht hat der Schuldner sowohl seine eigene Leistungsfähigkeit als auch die Nichtleistung durch Erfüllungsgehilfen, zB das Sozialamt, grundsätzlich zu vertreten. **444**

Erhebt der Vermieter **Räumungsklage,** ist ihm davon abzuraten, die Zahlungsklage hinsichtlich der Mietrückstände mit der Klage auf Räumung zu verbinden. Angesichts ständig anwachsender Mietrückstände wären ständige Klageerhöhungen notwendig, die den Termin zur Gerichtsverhandlung oder zur schriftlichen Entscheidung durch Versäumnisurteil hinausschieben würden. **445**

Wesentliche Änderungen durch die Einführung der „Zerrüttungskündigung", die die Möglichkeit der Einführung weiterer Gründe für eine Unzumutbarkeit der Fortsetzung des Mietverhältnisses gegenüber der früheren Rechtslage als möglich erscheinen ließ, sind im Gerichtsalltag nicht erkennbar. **446**

Liegen der Kündigung Vertragsverletzungen zu Grunde, stehen Beweisfragen im Vordergrund. Der Vermieter hat zusätzlich das Erfordernis der qualifizierten Abmahnung zu beachten und die zeitlichen Zusammenhänge zwischen Abmahnung, Fortsetzung des vertragswidrigen Verhaltens, Kündigung und Räumungsklage. **447**

3. Praktische Hinweise bezüglich der ordentlichen Kündigung nach § 573 BGB

Zwar ist auch die ordentliche Kündigung des Mietverhältnisses bei schuldhaften nicht unerheblichen Vertragsverletzungen nach § 573 Abs. 2 Nr. 1 BGB möglich, jedoch spielt diese neben der fristlosen Kündigung höchstens die Rolle einer Hilfskündigung. Zwar kann sich der Mieter **448** gegenüber einer ordentlichen Kündigung wegen Zahlungsverzug nach der BGH – Rechtsprechung nicht auf die **Schonfrist** des § 569 Abs. 2 Nr. 3 BGB berufen, jedoch spielt diese Frage in der Praxis schon deshalb keine Rolle, weil in fast allen Fällen eine Nachzahlung der Mieten innerhalb der Schonfrist nicht erfolgt und in den Fällen der Befriedigung des Vermieters durch eine öffentliche Stelle, diese Befriedigung auch bei hilfsweise erklärter ordentlicher Kündigung akzeptiert wird, wobei der Vermieter sich nicht auf die nicht unwirksam gewordene ordentliche Kündigung beruft.

449 Bei der Eigenbedarfskündigung hat sich das Schwergewicht von der Frage des tatsächlichen Vorliegens der Kündigungsgründe auf den Inhalt der Begründung im Kündigungsschreiben verlagert. Im Falle des Eigenbedarfs steht für die materielle Begründung der Kündigung in der Regel die Eigenbedarfsperson, als die Person, für die der Vermieter, falls es sich nicht um ihn selbst handelt, den Eigenbedarf geltend macht, als Zeuge zur Verfügung. Dem hat der Mieter in der Regel wenig entgegenzusetzen. Zudem besteht die Tendenz, zunehmend auch über § 573 Abs. 1 BGB sonstige berechtigte Interessen, die über den Eigenbedarf im eigentlichen Sinne hinausgehen, anzuerkennen (zB Bedarf für eine Pflegeperson, Bedarf für berufliche Zwecke des Mieters).

450 Der Vermieter, der einen geltend gemachten Eigenbedarf nach dem Auszug des Mieters aufgrund einer Eigenbedarfskündigung nicht verwirklicht, geht das Risiko ein, sowohl auf Schadensersatz in Anspruch genommen zu werden als auch sogar strafrechtlich belangt zu werden. Entfällt der Eigenbedarfsgrund nach Ablauf der Kündigungsfrist, geht der Vermieter dieses Risiko nach der BGH – Rechtsprechung nicht mehr ein.

451 An die Kündigung wegen wirtschaftlicher Verwertung der Mieträume hat die Rechtsprechung schon seit langer Zeit sehr hohe inhaltliche Anforderungen gestellt. Dieser Kündigungsgrund spielt deshalb in der Praxis kaum eine Rolle.

Muster zu Kapitel 8

1. Antrag des Mieters auf vorzeitige Entlassung aus dem Mietverhältnis 452

Sehr geehrter Herr Hofer,

wie wir vor wenigen Tagen erfahren haben, werde ich, Hans Maier, ab dem 1.11. durch meine Firma nach Kiel versetzt. Diese Versetzung war vor einem Jahr bei Abschluss des auf 10 Jahre mit Ihnen abgeschlossenen Mietvertrages nicht vorhersehbar.

Wir bitten Sie deshalb, uns mit Wirkung vom 1.11. ab aus dem Mietvertrag zu entlassen. Ich benenne Ihnen in der Anlage zwei **Nachmieter,** die bereit sind, das Mietverhältnis zu den bisherigen Vertragsbedingungen zu übernehmen. Beide Nachmieter leben, soweit mir bekannt, in persönlich und wirtschaftlich geordneten Verhältnissen.

Falls Sie es wünschen, können auch weitere Nachmietinteressenten benannt werden.

Wir schlagen vor, dass wir uns nächstens persönlich treffen, um eine Vereinbarung über die Vertragsaufhebung zu treffen.

Mit freundlichen Grüßen

453 2. Ablehnung der vorzeitigen Entlassung (Nachmieterstellung), bzw. der Person eines Nachmieters durch den Vermieter

Ihr Mietverhältnis

Sehr verehrte Frau Maier, sehr geehrter Herr Maier,
leider kann ich Ihrer Bitte, Sie vorzeitig aus dem zwischen uns geschlossenen befristeten Mietvertrag zu entlassen, nicht entsprechen.

Zum einen beträgt die restliche Vertragslaufzeit nur noch zweieinhalb Monate, für diesen kurzen Zeitraum ist Ihnen ein Festhalten am Vertrag zumutbar. Auch bei Benennung eines mir zumutbaren Nachmieters wäre ich unter diesen Umständen zu einer vorzeitigen Vertragsaufhebung nicht bereit.

Zum anderen hätte ich – auch falls die Voraussetzungen einer Nachmieterstellung gegeben wären – grundsätzliche Bedenken gegen die Person des von Ihnen benannten Nachmieters. Mir ist bekannt, dass dieser schon im Verlauf von anderen Mietverhältnissen Zahlungsschwierigkeiten hatte.

Ich bitte Sie um Verständnis, muss aber bereits jetzt darauf hinweisen, dass Sie trotz Ihres offenbar unmittelbar bevorstehenden Auszugs zur Mietzahlung bis zum Ende des Mietverhältnisses weiter verpflichtet bleiben.

Mit freundlichen Grüßen

3. Abmahnung wegen vertragswidrigen Gebrauch 454

Sehr geehrte Frau Maier, sehr geehrter Herr Maier,

trotz mehrmaligen Hinweises unsererseits haben Sie es unterlassen, in der von Ihnen angemieteten Wohnung trotz Ihrer häufigen Abwesenheit im Winter die Wasserleitungen vor dem Einfrieren zu schützen. Hierzu sind Sie im Rahmen Ihrer Obhutspflicht verpflichtet.

Wie bei der Wohnungsbesichtigung vor einer Woche festgestellt werden konnte, ist die Wohnung bereits dadurch gefährdet, dass mehrere Heizkörper undicht geworden sind und tropfen. Wasserschäden am Parkettboden sind bereits eingetreten.

Wir sprechen deshalb hiermit eine

Abmahnung

aus und fordern Sie auf, angesichts der erheblichen Kältegrade die Heizung zumindest auf Einfrierschutzstellung einzustellen.

Sollte Sie dieser Aufforderung nicht nachkommen, werden wir namens und im Auftrag des Vermieters, dessen Vollmacht bereits diesem Schreiben vorsorglich beiliegt, das Mietverhältnis mit Ihnen wegen vertragswidrigen Gebrauchs

fristlos kündigen.

Mit freundlichen Grüßen

455 4. Fristlose Kündigung wegen Zahlungsverzug

Sehr verehrte Frau Maier, sehr geehrter Herr Maier,

unter Vollmachtvorlage zeige ich an, dass ich Ihren Vermieter, Herrn Adolf Hofer, anwaltlich vertrete.

Namens und im Auftrag meiner Mandantschaft

kündige

ich hiermit das mit Ihnen bestehende Mietverhältnis über die Wohnung Nr. 10 im 3. Stock des Anwesens Schönstr. 20, 81354 München, bestehend aus 2 Zimmern, 1 Küche, 1 Bad

fristlos.

Die fristlose Kündigung wird auf § 543 Abs. 2 Nr. 3 BGB gestützt.

Sie haben für die Monate April und Mai die vertraglich vereinbarte Miete in Höhe von € … monatlich nicht entrichtet.

Sie befinden sich somit mit zwei Monatsmieten in Verzug. Der Gesamtrückstand beträgt € …

Namens und im Auftrag meiner Mandantschaft fordere ich Sie auf, unverzüglich die von Ihnen bewohnte Wohnung zu räumen und in vertragsgemäßem Zustand mit sämtlichen Schlüsseln an meine Mandantschaft herauszugeben.

Sollte die Wohnung nicht unverzüglich, spätestens jedoch bis zum … an meine Mandantschaft herausgegeben worden sein, bin ich gehalten, umgehend Räumungsklage beim Amtsgericht München einzureichen. Einer Fortsetzung des Mietverhältnisses widerspreche ich namens und im Auftrag meiner Mandantschaft schon jetzt.

Noch eingehende Zahlungen Ihrerseits werden nur noch als Nutzungsentschädigung entgegengenommen.

Mit freundlichen Grüßen

Rechtsanwalt

5. Widerspruch gegen die Fortsetzung des Mietverhältnisses 456

Sehr verehrte Frau Maier, sehr geehrter Herr Maier,

das mit Ihnen bestehende Mietverhältnis ist durch die Kündigung vom … zum … beendet worden.

Sie haben bis jetzt die Wohnung nicht geräumt.

Ich

widerspreche

einer Fortsetzung des Mietverhältnisses und weise Sie weiter darauf hin, dass ich künftig noch eingehende Zahlungen Ihrerseits nur noch als Nutzungsentschädigung entgegennehmen werde.

Mit freundlichen Grüßen

457 6. Privatschriftliche Aufhebungsvereinbarung für Mietverhältnis

Vereinbarung

Herr Hans und Frau Maria Maier als Mieter der Wohnung Schönstr. 20, 81354 München, erkennen die zum … ausgesprochene Kündigung des Mietverhältnisses an.

Auf die Erklärung eines Fortsetzungswiderspruches wird verzichtet. Herr Alfred Hofer, Königstr. 2, 80798 München, als Vermieter verpflichtet sich, über den Kündigungszeitpunkt hinaus eine Räumungsfrist von zwei Monaten zu gewähren.

München, den …

Hans Maier Maria Maier Alfred Hofer

7. Mietaufhebungsvertrag mit Abstandszahlung 458

Mietaufhebungsvertrag

zwischen

Alfred Hofer, Königstr. 2, 80798 München – Vermieter –

und

Hans und Maria Maier, Schönstr. 20, 81354 München – Mieter –

Zwischen den Vertragsparteien besteht Einverständnis darüber, dass das mit Mietvertrag vom ... begründete Mietverhältnis über die Wohnung Schönstr. 20, 81354 München, bestehend aus 3 Zimmern, 1 Küche, 1 Flur, 1 Bad mit Toilette, 1 Kellerraum, sowie einer Garage zum ... endet.

Die Mieter verpflichten sich, die von ihnen bewohnte Wohnung zu diesem Zeitpunkt zu räumen und an den Vermieter herauszugeben.

Die Mieter können die Wohnung nach entsprechender Ankündigung gegenüber dem Vermieter mit einer Ankündigungsfrist von mindestens zwei Wochen auch vor diesem Zeitpunkt räumen und zwar jeweils zum Monatsende.

Bei fristgerechter Räumung der Wohnung zum ... zahlt der Vermieter Zug um Zug gegen Rückgabe der Wohnung und der im Besitz der Mieter befindlichen Schlüssel einen Betrag von € 8000,– an die Mieter.

Räumen die Mieter die Wohnung vor dem ..., erhalten sie für jeden vollen Monat der vorzeitigen Räumung vom Vermieter zusätzlich einen Betrag in Höhe von € 500,–.

Im übrigen bleibt es für die Rückgabe der Wohnung bei den mietvertraglichen Vereinbarungen, insbesondere, was die Durchführung von Schönheitsreparaturen betrifft.

München, den ...

Hans Maier Maria Maier Alfred Hofer

459 8. Ordentliche Kündigung wegen Eigenbedarf

Kündigung wegen Eigenbedarfs

Sehr verehrte Frau Maier, sehr geehrter Herr Maier,

wie ich Ihnen bereits telefonisch mitgeteilt habe, bin ich leider gezwungen, das zwischen uns bestehende Mietverhältnis aufzulösen.

Ich

kündige

das Mietverhältnis zum …

Grund der Kündigung ist Eigenbedarf, § 573 Abs. 2 Nr. 2 BGB. Mein Sohn Karl Hofer, der bis jetzt in unserer elterlichen Wohnung mit einer Größe von 80 qm lebt und dort sein bisheriges Kinderzimmer mit einer Größe von 15 qm bewohnt, ist jetzt 22 Jahre alt geworden und will einen eigenen Hausstand gründen. Ich benötige daher die Wohnung für ihn.

Anderweitiger Wohnraum steht mir nicht zur Verfügung.

Ich weise Sie gemäß § 574b Abs. 2 Satz 2 BGB darauf hin, dass Sie gegen die Kündigung Widerspruch nach § 574 BGB einlegen können, falls die Kündigung für Sie, Ihre Familie oder einen anderen Angehörigen Ihres Haushalts eine Härte bedeuten würde, die auch unter Würdigung der berechtigten Interessen des Vermieters nicht zu rechtfertigen ist.

Dieser Widerspruch muss schriftlich eingelegt werden und spätestens zwei Monate vor dem Ablauf der Kündigungsfrist bei mir eingegangen sein. Die Gründe für den Widerspruch, also die Umstände, in denen Sie eine nicht zu rechtfertigende Härte sehen, bitte ich mir für den Fall des Widerspruchs mitzuteilen.

Zum Ablauf der Kündigungsfrist bitte ich Sie, mir die Wohnung geräumt, in vertragsmäßigem Zustand und mit sämtlichen Schlüsseln zu übergeben. Hinsichtlich des Abnahme- und Übergabetermins bitte ich Sie, mit mir beizeiten eine Vereinbarung zu treffen.

Einer Fortsetzung des Mietverhältnisses nach § 545 BGB über den Ablauf der Kündigungsfrist hinaus widerspreche ich bereits jetzt.

Mit freundlichen Grüßen

9. Ordentliche Kündigung wegen Hinderung der angemessenen wirtschaftlichen Verwertung 460

Kündigung Ihres Mietverhältnisses

Sehr verehrte Frau Maier, sehr geehrter Herr Maier,

wie Sie wissen, findet in den nächsten Monaten eine Generalsanierung des Anwesens Schönstr. 20 statt.

Alle Wohnungen sollen eigene Bäder oder Duschen und, soweit noch nicht vorhanden, Toiletten erhalten.

Soweit möglich, sollen die vorhandenen Wohnungen in ihrem Bestand erhalten bleiben. Die Mieter der insoweit von der Modernisierung betroffenen Wohnungen haben bereits Duldungserklärungen abgegeben.

Hinsichtlich Ihrer Wohnung verhält es sich nun leider so, dass die geplanten Maßnahmen es erfordern, deren Räume in andere Wohnungen einzubeziehen, ein Raum wird als Bad für die danebenliegende Wohnung benötigt. Ihre Wohnung wird also durch die Baumaßnahmen entfallen.

Ich

kündige

daher das Mietverhältnis zum …

Die Kündigung wird auf § 573 Abs. 2 Nr. 3 BGB gestützt.

Durch die Fortsetzung des Mietverhältnisses würde ich an der angemessenen wirtschaftlichen Verwertung des Grundstücks gehindert und dadurch erhebliche Nachteile erleiden.

Die Sanierung und Modernisierung des Gebäudes ist unbedingt erforderlich, da das Miethaus schon seit längerer Zeit keine kostendeckende Rendite mehr erwirtschaftet. Angesichts der schlechten Ausstattung der Wohnungen sind die Möglichkeiten einer Erhöhung der Mieten ausgeschöpft. Die Mieten entsprechen bereits den für vergleichbare Wohnungen verlangten.

Die Aufwendungen für Zins und Tilgung der für den Hauskauf aufgenommenen Darlehen sowie die Unterhaltskosten übersteigen die derzeitigen Mieteinnahmen erheblich.

Ich weise Sie gemäß § 574b Abs. 2 Satz 2 BGB darauf hin, dass Sie gegen die Kündigung nach § 574 BGB Widerspruch einlegen können, falls die Kündigung für Sie, Ihre Familie oder einen anderen Angehörigen Ihres Haushalts eine Härte bedeuten würde, die auch unter Würdigung der berechtigten Interessen des Vermieters nicht zu rechtfertigen ist.

Dieser Widerspruch muss schriftlich eingelegt werden und spätestens zwei Monate vor dem Ablauf der Kündigungsfrist bei mir eingegangen sein. Die Gründe für den Widerspruch also die Umstände, in denen Sie eine nicht zu rechtfertigende Härte sehen, bitte ich mir für den Fall des Widerspruchs mitzuteilen.

Zum Ablauf der Kündigungsfrist bitte ich Sie, mir die Wohnung geräumt, in vertragsgemäßem Zustand und mit sämtlichen Schlüsseln zu übergeben. Hinsichtlich des Abnahme- und Übergabetermins bitte ich Sie, sich mit mir beizeiten in Verbindung zu setzen.

Einer Fortsetzung des Mietverhältnisses nach § 545 BGB über den Ablauf der Kündigungsfrist hinaus widerspreche ich bereits jetzt.

Mit freundlichen Grüßen

10. Räumungsklage nach fristloser Kündigung wegen Zahlungsverzug 461

An das
Amtsgericht München

Klage

in Sachen

Alfred Hofer, Königstr. 2, 80798 München – Kläger –

Prozessbevollmächtigter: Rechtsanwalt Dr. Hans Schlau

gegen

Hans und Maria Maier, Schönstr. 20, 81354 München – Beklagte –

wegen Räumung und Herausgabe

vorläufiger Streitwert: € …
zeige ich an, dass der Kläger durch mich anwaltlich vertreten wird.
Namens und im Auftrag des Klägers erhebe ich

Klage

zum Amtsgericht München und bringe einen Gerichtskostenvorschuss in Höhe von € … zur Einzahlung.

Ich bitte baldmöglichst Termin zur mündlichen Verhandlung zu bestimmen in dem ich folgende Anträge stellen werde:

I. Die Beklagten werden samtverbindlich verurteilt, die Wohnung Nr. 10 im 3 Stock des Anwesens Schönstr. 20, 81354 München, bestehend aus 2 Zimmern, 1 Küche, 1 Bad, zu räumen und an den Kläger herauszugeben.
II. Die Beklagten tragen samtverbindlich die Kosten des Rechtsstreits.
III. Das Urteil ist vorläufig vollstreckbar.
IV. Für den Fall des schriftlichen Vorverfahrens beantrage ich weiter ein Versäumnisurteil ohne mündliche Verhandlung nach Maßgabe des Klageantrags zu erlassen, wenn die Beklagten nicht rechtzeitig anzeigen, dass sie sich gegen die Klage verteidigen wollen. Weiter beantrage ich die Beklagten, falls sie den Klageanspruch anerkennen, ihrem Anerkenntnis gemäß zu verurteilen.

Sollte das Gericht einen Gütetermin bestimmen, wird beantragt, den Haupttermin unmittelbar im Anschluss an den Gütetermin anzuberaumen.

Weiter beantrage ich dem Prozessbevollmächtigten des Klägers den Zeitpunkt der Zustellung des Urteils zu bescheinigen.

Begründung:

Das Mietverhältnis zwischen den Parteien wurde durch fristlose Kündigung vom … beendet.

Die Beklagten haben die streitgegenständliche Wohnung durch Mietvertrag vom … angemietet.

Beweis: Mietvertrag vom …

Die monatliche Miete von € … Grundmietzins und € … Nebenkosten, insgesamt also € … haben die Beklagten für die Monate Juli und August 2022 nicht entrichtet.

Die Miete ist aufgrund wirksamer vertraglicher Vereinbarung monatlich im voraus, spätestens bis zum 3. Werktag eines Monats zu entrichten.

Beweis: Hausverwalter Müller, zu laden über den Kläger

Wegen dieses Mietrückstandes hat der Kläger das Mietverhältnis am 10. August 2022 fristlos gekündigt.

Beweis: Kündigungsschreiben vom 10.8.2022

Die Kündigungserklärung ist den Beklagten am 15.8.2022 zugegangen.

Beweis: Rückschein der Post

Die Beklagten haben die Wohnung bis heute, trotz Aufforderung, die Räumung bis zum 30.9.2022 vorzunehmen, nicht geräumt.

Beweis: Hausverwalter Müller, zu laden über den Kläger

Klageerhebung war daher geboten.

Einer Fortsetzung des Mietverhältnisses nach § 545 BGB war bereits im Kündigungsschreiben widersprochen worden.

Rechtsanwalt

11. Anerkennung des Räumungsanspruchs durch den Mieter 462

An das Amtsgericht
München

In Sachen

Alfred Hofer, Königstr. 2, 80798 München – Kläger –

Prozessbevollmächtigter: Rechtsanwalt Dr. Hans Schlau

gegen

Hans und Maria Maier, Schönstr. 20, 81354 München – Beklagte –

Prozessbevollmächtigter: Der Unterfertigte
wegen Räumung und Herausgabe
zeige ich an, dass ich die Beklagten anwaltlich vertrete.

Die Beklagten erkennen den gegen sie geltend gemachten Räumungsanspruch an.

Ich stelle folgenden Antrag:

I. Den Beklagten wird eine in das Ermessen des Gerichts gestellte Räumungsfrist gewährt.
II. Der Kläger hat die Kosten des Rechtsstreits zu tragen.
III. Die Klage ist im Kostenpunkt vorläufig vollstreckbar.

Begründung:

Die Beklagten erkennen den Räumungsanspruch an, da der gegenständlichen Kündigung bereits eine Kündigung wegen Zahlungsverzug in dem Zweijahreszeitraum des § 569 Abs. 3 Nr. 2 Satz 2 BGB vorausgegangen ist, die durch Zahlung unwirksam geworden ist. Vorprozessual haben die Beklagten die Wirksamkeit der Kündigung nicht bestritten, aber vergeblich die Einräumung einer Räumungsfrist beantragt. Eine Fristsetzung zur Räumung ist nicht erfolgt.

Beweis: Schreiben des Klägers vom …

Die Beklagten werden baldmöglichst die Mietrückstände begleichen und begehren die Gewährung einer Räumungsfrist nach § 721 ZPO. Trotz intensivster Bemühungen ist es ihnen bis jetzt nicht gelungen, eine andere Wohnung zu finden.

Die sofortige Räumung stellt für die Beklagten eine außerordentliche Härte dar. Die Beklagte Maria Maier ist gehbehindert und krank, sie kann keinen größeren Belastungen ausgesetzt werden.

Beweis: Die Beklagte als Partei

Es wird daher beantragt, den Beklagten eine angemessene Räumungsfrist zu gewähren.

Da der Kläger den Beklagten keine Frist zur Räumung gesetzt hat, entspricht es der Billigkeit, ihm nach dem Anerkenntnis die Kosten des Rechtsstreits aufzuerlegen, § 93b ZPO.

Rechtsanwalt

12. Schreiben an Gerichtsvollzieher wegen Vollzug der Räumung 463

Hofer/Maier Vollstreckungsauftrag wegen Räumung

Sehr geehrter Herr Gerichtsvollzieher Huber,

in der bezeichneten Sache übersende ich Ihnen die beigefügte, mit Rechtskraftvermerk versehene vollstreckbare Ausfertigung des Räumungsurteils und beantrage, die Zwangsvollstreckung durch Räumung der im Titel näher bezeichneten Wohnung Nr. 10, im 3. Stock des Anwesens Schönstr. 20, 81354 München, bestehend aus 2 Zimmern, 1 Küche, 1 Bad durchzuführen.

Falls das nicht bereits wegen der Kosten zu pfändende im Eigentum der Schuldner stehende Wohnungsmobiliar nicht einer der in § 885 Abs. 2 ZPO genannten Personen übergeben werden kann, bietet der Kläger an, zur Vermeidung von Lagerkosten die Gegenstände im Anwesen einzulagern, es wird deswegen ein Vertreter des Klägers an der Räumung teilnehmen.

Ich bitte um Aufgabe des Kostenvorschusses und baldige Anberaumung eines Räumungstermins, da die Schuldner bereits seit fünf Monaten sich in Mietrückstand befinden.

Mit freundlichen Grüßen

Rechtsanwalt

Kapitel 9. Räumungsprozess, Räumung und Zwangsvollstreckung

I. Klage auf Nutzungsentschädigung – Vorenthaltung der Mietsache

1 Hat der Vermieter das Mietverhältnis wegen Zahlungsverzug fristlos gekündigt, kann er bei Vorliegen der Voraussetzungen nicht nur Räumungsklage erheben und die Zahlungsrückstände gerichtlich geltend machen, sondern auch künftig fällig werdende monatliche **Nutzungsentschädigung** in Höhe der vereinbarten Miete bis zur Räumung verlangen. Dieser Antrag kann mit Räumungs- und Zahlungsantrag verbunden werden.[1] Diese Klage auf Nutzungsentschädigung ist jedenfalls dann zulässig, wenn beim Mieter ein Rückstand in Höhe von mehreren Bruttomieten vorliegt.[2]

2 Nach § 546a BGB kann der Vermieter für die Dauer der Vorenthaltung nach beendetem Mietverhältnis die vereinbarte Miete oder die ortsübliche Miete verlangen. Bei Wohnraummietverhältnissen kann der Vermieter nicht die auf laufende Mietverhältnisse zugeschnittene Miete verlangen, die sich nach Mieterhöhung nach §§ 558 ff. BGB ergibt, sondern die bei Neuabschluss eines Mietvertrages ortsübliche Miete.[3]

II. Fortsetzungswiderspruch

3 Ist die Anwendung des § 545 BGB (stillschweigende Verlängerung des Mietverhältnisses) nicht vertraglich ausgeschlossen, muss der Vermieter **Fortsetzungswiderspruch** erheben, falls der Mieter nach Ablauf der Kündigungsfrist nicht auszieht. Der Fortsetzungswiderspruch kann zwar bereits im Kündigungsschreiben enthalten sein, ist jedoch eine längere Kündigungsfrist einzuhalten, muss der Widerspruch zeitnah zur Beendigung des Mietverhältnisses wiederholt werden. Eine etwaige Räumungsklage, die die Widerspruchsfrist einhalten soll, muss innerhalb der Zwei-Wochen-Frist des § 545 S. 1 BGB zugestellt werden. Der Eingang bei Gericht genügt nicht.[4]

---

[1] BGH ZMR 2003, 333.
[2] BGH NZM 2011, 882.
[3] BGH WuM 2017, 134.
[4] LG Berlin ZMR 2000, 535.

III. Dritte in der Wohnung

4 Werden die Mieträume von **mehreren Personen** bewohnt, ist zu differenzieren. Die Räumungsklage muss grundsätzlich von allen Vermietern gegenüber allen Mietern und darüber hinaus gegenüber allen erwachsenen Personen in der Wohnung, auch wenn diese nicht selbst Mieter sind, erhoben werden.[5]

5 Gegenüber minderjährigen Kindern des Mieters besteht für die Erhebung der Räumungsklage kein Rechtsschutzbedürfnis.[6] Allerdings gilt nach BGH[7] dass ein Räumungstitel gegen alle erwachsenen Personen, die eine Wohnung bewohnen, bestehen muss. Gegen erwachsene Kinder, die die Wohnung bereits als Minderjährige bewohnt haben, ist kein Titel erforderlich.

6 Die Änderung der ZPO durch das Mietrechtsreformgesetz 2013 richtet sich nach ihrer Intention gegen ein Verhalten des Mieters, gegen den bereits ein Räumungstitel besteht, dass die Räumung zu Lasten des Vermieters hinauszögert. Befindet sich ein Dritter **(„Untermieter")** im Besitz der Mieträume, gegen den kein Titel vorliegt, ist gegen diesen die Zwangsräumung nach bisheriger Rechtslage nämlich nicht zulässig. Dies gilt auch dann, wenn der Verdacht besteht, dass dem Dritten der Besitz eingeräumt wurde, um die Zwangsräumung zu vereiteln.[8]

7 Gegen diesen Dritten darf nach der Neufassung dann, wenn er den Besitz an den Räumen ohne Kenntnis des Vermieters begründet hat und dieser von dem Besitz des Dritten erst nach dem Schluss der mündlichen Verhandlung Kenntnis erlangt hat, nach § 940a Abs. 2 ZPO die Räumung durch einstweilige Verfügung angeordnet werden. Das heißt, die Vorschrift greift nicht ein, wenn der Vermieter die Person kannte und lediglich übersehen hat, (auch) gegen sie einen Räumungstitel im ordentlichen Verfahren zu erwirken.

8 Die Unkenntnis muss in dem Antrag des Vermieters auf Anordnung der Räumung glaubhaft gemacht werden. Dem Verfügungsgegner ist rechtliches Gehör zu gewähren. Nicht ist eine Darlegung und Glaubhaftmachung eines wesentlichen Nachteils des Antragstellers aufgrund der Vorenthaltung des Besitzes erforderlich oder eine Abwägung der beiderseitigen Vor – und Nachteile bei Antragsteller und Besitzer.[9]

---

[5] OLG Schleswig WuM 1992, 674.
[6] LG Lüneburg NZM 1998, 232.
[7] BGH NZM 2008, 400.
[8] BGH NZM 2008, 805.
[9] LG Mönchengladbach WuM 2014, 105.

IV. Räumung durch einstweilige Verfügung – Hinterlegungsanordnung

Wenn eine Räumungsklage mit einer Zahlungsklage aus demselben Rechtsverhältnis verbunden wird, kann hinsichtlich der nach Rechtshängigkeit fällig werdenden Geldforderungen des Vermieters eine Hinterlegungsanordnung nach § 283a ZPO ergehen. 9

Leistet der Mieter, nachdem die Räumungsklage wegen Zahlungsverzugs erhoben worden ist, einer gerichtlichen Hinterlegungsanordnung nicht Folge, darf auch hier die Räumung durch einstweilige Verfügung nach § 940a Abs. 3 ZPO nF angeordnet werden. 10

In einem solchen Fall muss der Vermieter die Entscheidung über seine Räumungsklage also nicht abwarten und bei weiter zunehmenden Rückständen und Verlusten die Mieträume weiter zur Verfügung stellen. Natürlich müssen die Ansprüche des Vermieters nach vorläufiger Einschätzung unter Berücksichtigung von Einwendungen des Mieters hohe Aussicht auf Erfolg haben. Dies muss das Gericht vor Erlass einer Hinterlegungsanordnung genau prüfen, da im Hintergrund für den Mieter die Gefahr der **Räumungsverfügung** droht. 11

§ 283a ZPO sieht vor, dass der Kläger einen Antrag an das nach § 29a ZPO zuständige Gericht stellt, eine Hinterlegungsanordnung zu erlassen. Voraussetzung ist, dass eine Klage auf rückständige Mieten rechtshängig gemacht worden ist und die Klage auf nach Rechtshängigkeit fällig werdende Mieten oder künftig fällig werdende Nutzungsentschädigung erweitert wird. Es ist ein bezifferter Zahlungsanspruch zu stellen.[10] 12

Hinsichtlich der **„hohen Aussicht auf Erfolg"** der Erweiterung der Klage, die nach § 283a Abs. 1 Nr. 1 ZPO vorzuliegen und die das Gericht zu prüfen hat, ist ein strenger Maßstab anzulegen. Hinzu kommt, dass nach § 283a Abs. 1 Nr. 2 ZPO eine Interessenabwägung der Vermieter – und Mieterinteressen stattzufinden hat. Beim Vermieter wäre hier an die Höhe der Klageforderung und die wirtschaftliche Bedeutung für ihn zu denken, beim Mieter an die Notwendigkeit, kurzfristig Geldmittel aufzubringen, um die Räumung zu verhindern. 13

Die Hinterlegung muss nach Erlass der **– unanfechtbaren – Hinterlegungsanordnung** sukzessive nach Fälligkeit der jeweiligen Forderung innerhalb einer vom Gericht zu bestimmenden Frist bei der Hinterlegungsstelle des Gerichts erfolgen, § 283a Abs. 2 ZPO. Die Räumungsverfügung bei Nichtbefolgen der Hinterlegungsanordnung nach § 940a Abs. 3 ZPO nF setzt einen eigenen Antrag des Gläubigers voraus. 14

---

[10] AG Dortmund NZM 2014, 903.

15 Wichtig ist, dass die Räumungsverfügung nur für Ansprüche des Vermieters ergehen kann, die nach Rechtshängigkeit (Zustellung der Klage) des Räumungsanspruchs fällig geworden sind[11] und die Gegenstand des Zahlungsanspruchs sind, zB auch bei Klage auf künftige Leistung von Miete.[12]

V. Räumungsfrist

16 Im Falle der erfolgreichen Räumungsklage kann das Gericht nach § 721 ZPO dem Wohnraummieter auf Antrag oder von Amts wegen eine angemessene **Räumungsfrist** gewähren und diese gegebenenfalls verlängern. Die Räumungsfrist darf auch bei Verlängerung ein Jahr ab Rechtskraft des Urteils oder ab dem Tag einer künftigen Räumung nicht übersteigen.

17 Eine Räumungsfrist kommt bei Mietverhältnissen nach § 549 Abs. 2, Nr. 3 BGB sowie bei Zeitmietverträgen nach § 575 BGB nicht in Betracht. Endet ein Zeitmietvertrag durch außerordentliche Kündigung, kann jedoch eine Räumungsfrist bis zum vertraglich bestimmten Zeitpunkt der Beendigung gewährt werden, § 721 Abs. 7 Satz 2 ZPO.

18 Bei der Prüfung der Gewährung von Räumungsfrist sind die Interessen von Mieter und Vermieter gegeneinander abzuwägen. Beim Mieter kommt es ua auf das Bereitstehen von Ersatzwohnraum an (Unzumutbarkeit eines Zwischenumzugs). Dem Vermieter ist die Gewährung von Räumungsfrist nicht zumutbar, wenn die Zahlung der laufenden Mieten für die Dauer einer beantragten Räumungsfrist nicht gesichert ist.[13]

19 Für den Mieter ist wichtig, dass er dann, wenn er vor Schluss der mündlichen Verhandlung keinen Antrag auf Räumungsfrist gestellt hat und im Urteil nicht von Amts wegen einer **Räumungsfrist** gewährt worden ist, nachträglich Räumungsfrist nicht mehr beantragen kann, da ein Fall des § 721 Abs. 2 ZPO in der Regel nicht gegeben ist. Möglich ist lediglich die sofortige Beschwerde gegen die Versagung von Räumungsfrist im Urteil, die jedoch zeitgerecht innerhalb von 2 Wochen ab Zustellung des Urteils eingelegt werden muss oder ein Räumungsschutzantrag im Vollstreckungsverfahren nach § 765a ZPO, für den das Vollstreckungsgericht zuständig ist.

20 Bei einem Räumungsvergleich gilt § 794a ZPO. Die Räumungsfrist kann gemäß § 721 Abs. 3 ZPO auf Antrag verlängert oder verkürzt werden. Liegt ein Räumungsvergleich zugrunde, kann die Räumungsfrist nur aufgrund von nach Vergleichsabschluss entstandenen neuen Gründen verlängert werden.

[11] AG Langenfeld WuM 2014, 104.
[12] LG Berlin NZM 2014, 268.
[13] OLG Stuttgart NZM 2006, 880.

VI. Räumungsvollstreckung

Die **Vollstreckung eines Räumungsurteils** findet dadurch statt, dass der Vermieter den zuständigen Gerichtsvollzieher mit der Vollstreckung des rechtskräftigen oder vorläufig vollstreckbaren Räumungsurteils beauftragt. Grundsätzlich vollstreckt der Gerichtsvollzieher das Räumungsurteil im Wege der Zwangsvollstreckung durch Räumung der Wohnung, Einweisung des Vermieters in die Räume, Herausschaffung und gegebenenfalls Einlagerung der Möbel und sonstigen beweglichen Gegenstände des Mieters. 21

Angesichts der erheblichen Kosten einer Zwangsräumung mit einem Kostenvorschuss von gegebenenfalls mehreren tausend Euro wurde schon bisher die Möglichkeit gesehen, den Vermieter, der an den beweglichen Gegenständen des Mieters ein Vermieterpfandrecht geltend macht, lediglich in den Besitz der Räume einzuweisen. Die Zwangsvollstreckung nach § 885 ZPO beschränkte sich dann nur auf die Herausgabe der Wohnung.[14] 22

Dies hatte allerdings zur Folge, dass die weitere Behandlung der Möbel und anderen Gegenstände des Mieters Sache des Vermieters selbst war, der auch berücksichtigen musste, inwieweit es sich um unpfändbare Gegenstände handelte. Diesbezüglich konnte natürlich auch der Mieter seine Rechte geltend machen. Sache des Gerichtsvollziehers selbst ist es nicht, über die Pfändbarkeit oder Unpfändbarkeit der Gegenstände des Mieters eine Entscheidung zu treffen. 23

Durch das **Mietrechtsreformgesetz 2013** wurde ein neuer § 885a ZPO eingefügt, nach dessen Abs. 1 der Vollstreckungsauftrag auf die Besitzverschaffung beschränkt werden kann. Das Räumungsverfahren soll dadurch nach der Begründung zu dem Gesetzentwurf „effizienter und kostengünstiger" gestaltet werden. Der Vermieter soll sich den hohen Vorschuss für die Transport und Lagerkosten des Räumungsguts sparen können. 24

Abweichend von der Konstruktion der **„Berliner Räumung"** ist nicht vorausgesetzt, dass der Vermieter sein Vermieterpfandrecht an den beweglichen eingebrachten Sachen des Mieters ausübt. Aufgabe des Gerichtsvollziehers ist es, neben der Besitzeinweisung, nach § 885a Abs. 2 ZPO eine Dokumentation der beweglichen Sachen des Schuldners vorzunehmen. Dies soll zum Beweis der vorhandenen Sachen und deren Zustand dienen. Fotoaufnahmen genügen hier. 25

§ 885a Abs. 3 und 4 ZPO regelt, wie der Vermieter (Gläubiger) nach der Besitzeinweisung mit den beweglichen Sachen des Mieters (Schuldners) zu verfahren hat. Bewegliche Sachen, die nicht Gegenstand der 26

[14] BGH GE 2006, 110 und BGH 10.8.2006 – NZM 2006, 817; LG Berlin GE 2006, 191 **„Berliner Räumung"**.

Zwangsvollstreckung sind, kann der Vermieter aus den Räumen entfernen und diese zB in einem privaten Lagerraum verwahren. Er kann die Sachen aber auch in den Räumen belassen. Sachen, an deren Aufbewahrung offensichtlich kein Interesse besteht, können vernichtet werden.

27 Insoweit trifft den Vermieter eine bei der herkömmlichen Räumung nicht gegebene Verantwortung. Um das Haftungsrisiko des Vermieters zu vermindern, bestimmt § 885a Abs. 3 Satz 3 ZPO nF, dass der Vermieter bei den bezeichneten Maßnahmen nur **Vorsatz und grobe Fahrlässigkeit** zu vertreten hat. Abs. 4 regelt das weitere Verfahren in Hinblick auf die Verwertung der Sachen.

28 In Betracht kommen noch andere Modelle der Räumungsvollstreckung, so die **„Frankfurter Räumung“** mit Vollstreckung durch Personal des Gläubigers, Haftungsfreistellung des Gerichtsvollziehers, vom Gläubiger gestellte Verwahrungsräume mit Zugangsmöglichkeit für den Gerichtsvollzieher und die **„Hamburger Räumung“** mit Besitzeinweisung und Herausschaffung und Einlagerung des beweglichen Guts in zwei Schritten.[15] Nimmt der Vermieter die Wohnung ohne gerichtlichen Titel eigenmächtig in Besitz und räumt sie aus, haftet er verschuldensunabhängig nach § 231 BGB auf Schadensersatz.[16]

VII. Prozessualer Vollstreckungsschutz

29 Im **Vollstreckungsverfahren** hat der Mieter die Möglichkeit, beim Vollstreckungsgericht nach § 765a ZPO die Aufhebung der Vollstreckungsmaßnahme oder die Einstellung der Zwangsvollstreckung zu beantragen, falls die Maßnahme wegen besonderer Umstände für ihn eine Härte bedeutet, die mit den guten Sitten nicht vereinbar ist. In Betracht kommt hier zum Beispiel eine akute Erkrankung oder Suizidgefahr. Die Interessen des Vermieters als Gläubiger sind zu berücksichtigen. Zur gerichtlichen Verfahrensweise bei Härtefällen nach § 765a ZPO.

---

[15] Vgl. Riecke GE 2006, 623 und NZM 2006, 919.
[16] BGH NZM 2010, 701.

Kapitel 10. Gerichtliche Hinweise im Mietprozess

I. Allgemeines

Nachdem das Zivilprozessreformgesetz die Hinweispflicht nach § 139 ZPO erweitert und formalisiert hat, kommt es mehr als früher zu Unzuträglichkeiten. Diese können darin bestehen, dass das Gericht den stereotypen Zusatz zu anwaltlichen Schriftsätzen: „Soweit weiterer Vortrag erforderlich sein sollte, wird um eingehende rechtzeitige Hinweise des Gerichts ersucht" zu lesen bekommt, sei es, dass die anwaltlich vertretene Partei geltend macht, dass der nicht anwaltlich vertretenen Partei zu ihren Lasten „auf die Sprünge geholfen" wird. 1

Soweit gegen ein erstinstanzliches Urteil Berufung eingelegt wird, 2 bietet sich eine Beanstandung unterlassener Hinweise als Versagung rechtlichen Gehörs in erster Linie als Stütze der Berufung an. Speziell bezogen auf den Mietprozess kommt eine Reihe von Hinweisen in Betracht, die in der Praxis immer wiederkehren und eine nicht unerhebliche Rolle spielen.

II. Umfang der Hinweispflicht

Die Hinweispflicht erstreckt sich nicht nur auf übersehene rechtliche, son- 3 dern auch auf übersehene tatsächliche Gesichtspunkte. Nach § 139 Abs. 2 Satz 2 ZPO muss das Gericht auf einen Gesichtspunkt hinweisen, den eine Partei zwar nicht übersehen hat, den das Gericht aber anders beurteilt als beide Parteien. Nicht besteht die Hinweispflicht in dem Fall, in dem sich die tatsächliche oder rechtliche Beurteilung einer Partei, die auch geäußert worden ist, mit der des Gerichts deckt. Das Gericht muss insoweit nicht darauf hinweisen, dass es der Beurteilung einer Partei folgt.[1]

Trotz der umfassenden Hinweispflicht besteht natürlich nach wie vor 4 die Pflicht des Richters zur Unparteilichkeit und zur Gleichbehandlung der Parteien.[2] Das Gericht darf sich nicht im Hinblick auf die von ihm angestrebte Einzelfallgerechtigkeit zum Rechtsberater einer Partei machen.[3] Das Gericht darf auch nicht einer Partei einseitig dabei helfen, ihren Anspruch überhaupt erst schlüssig zu machen, was ebenfalls die Position des gleichberechtigten Prozessgegners gefährden würde.[4] Vor

[1] Zöller ZPO § 139 Rn. 7.
[2] Zöller ZPO § 139 Rn. 2.
[3] Baumbach/Lauterbach/Albers/Hartmann/Anders/Gehle ZPO § 139 Rn. 15.
[4] BGH NJW 1984, 310.

allem bei einer nicht vertretenen Partei gilt, dass der – streitentscheidende – Richter ihr nicht den Anwalt ersetzen darf.

5 Im Zivilprozess gilt nach wie vor der Beibringungsgrundsatz, das heißt, das Gericht darf nicht den Prozess dadurch, dass es auf Gesichtspunkte hinweist, die auch nicht ansatzweise vorgetragen worden sind, dem Prozess eine völlig neue Richtung geben. Auf allgemein bekannte Grundsätze, so das Erfordernis des Beweisantritts, falls Behauptungen streitig sind, muss auch nach der ZPO-Reform nicht hingewiesen werden.[5]

III. Form und Zeitpunkt der Hinweise

6 Nach § 139 Abs. 4 Satz 1 ZPO sind Hinweise so früh wie möglich zu erteilen, also frühestmöglich nach Eingang der Klage bzw. nach Eingang der Klageerwiderung. Gerade zu diesem frühen Zeitpunkt ist immer von Bedeutung, ob eine oder beide Parteien einen Gesichtspunkt, den das Gericht für bedeutend hält, überhaupt in das Verfahren einbeziehen wollten oder ihn bewusst, soweit tatsächliche Umstände betroffen sind, nicht zum Gegenstand des Verfahrens machen wollten.

7 Möglicherweise kann auch gerade in komplexeren Mietstreitigkeiten erst nach Eingang einer Replik auf die Klageerwiderung beurteilt werden, wie sich der **prozessuale Sachverhalt,** den das Gericht nach Auffassung der Parteien seiner Entscheidung zugrunde legen soll, überhaupt darstellt. So erscheint es nicht ungewöhnlich und durchaus vertretbar, wenn Hinweise erst in der Güteverhandlung oder dem nachfolgenden Haupttermin erteilt werden. Auch hier ist aber § 139 Abs. 5 ZPO zu beachten, der sicherstellen soll, dass den Parteien auf den Hinweis ausreichend **rechtliches Gehör** gewährt wird.

8 Die Erteilung von Hinweisen ist nach § 139 Abs. 4. Satz 1 ZPO aktenkundig zu machen. Die Erteilung von Hinweisen kann nur durch den Inhalt der Akten bewiesen werden. Gegen den Inhalt der Akten ist nur der Nachweis der Fälschung zulässig. Nachdem Hinweise somit nicht nur im Protokoll der Gerichtsverhandlung, sondern auch durch die Parteien mitgeteilte Aktennotizen erfolgen können, erhält der Akteninhalt denselben Rang, den § 165 ZPO dem Protokoll hinsichtlich einer **vorgeschriebenen Förmlichkeit** zuweist.

9 Ergibt sich die Erteilung eines Hinweises nicht aus den Akten oder aus dem Protokoll, ist der Beweis dafür erbracht, dass ein Hinweis nicht erteilt worden ist. Gegebenenfalls ist hinsichtlich des Protokolls Protokollberichtigung nach § 164 ZPO möglich.

[5] OLG Hamm NJW-RR 2003, 525.

IV. Hinweise bei anwaltlich vertretener Partei

Grundsatz ist, dass die Hinweispflicht gegenüber der anwaltlich vertretenen Partei ebenso besteht wie gegenüber der nicht anwaltlich vertretenen Partei. Trotzdem ergeben sich Unterschiede, die ihren Grund darin haben, dass an die anwaltlich vertretene Partei höhere Anforderungen gestellt werden. **10**

Fraglich ist, ob eine Entscheidung des OLG Nürnberg[6] noch anwendbar ist, wonach das Gericht einer anwaltlich vertretenen Partei einen Hinweis dann nicht geben muss, wenn ihn der gegnerische Anwalt bereits schriftsätzlich gegeben hat. Möglich ist, dass die Partei, die auf den gegnerischen Vortrag nicht reagiert, dies bewusst tut, möglich ist aber auch, dass dies lediglich übersehen oder für unerheblich gehalten wurde. **11**

In diesem Zusammenhang ist jedoch wichtig, dass bei der anwaltlich vertretenen Partei Anforderungen an die **gewissenhafte Verfahrensvorbereitung** gestellt werden. Die Verpflichtung zu Hinweisen besteht gegenüber einer offensichtlich nicht gewissenhaft vorbereiteten anwaltlich vertretenen Partei nicht in gleichem Umfang.[7] **12**

Erfolgt auf einen der anwaltlich vertretenen Partei erteilten Hinweis eine nach Meinung des Gerichts unzureichende Reaktion dieser anwaltlich vertretenen Partei, ist fraglich, ob der Partei, die nicht in ausreichender Weise reagiert, ein **erneuter Hinweis** gegeben werden muss. Gegebenenfalls kann davon ausgegangen werden, dass dieser Partei ein weiterer Vortrag nicht möglich ist oder auch nicht beabsichtigt ist.[8] **13**

Ob bei der anwaltlich vertretenen Partei grundsätzlich knappere Hinweise ausreichen als bei der nicht anwaltlich vertretenen Partei ist Frage des Einzelfalls. Ein knapper Hinweis in der Form, dass zB der Substantiierungsvortrag bei Mängeln nicht ausreicht, dürfte auch ohne weitere Begründung bei einem Rechtsanwalt ausreichen. Zu berücksichtigen ist, dass insoweit weitergehende Anleitungen auch der Arbeitsteilung zwischen den Rechtspflegeorganen zuwiderlaufen würden.[9] **14**

Sehr problematisch ist die Frage, ob angesichts der umfangreichen **Revisionsrechtsprechung des BGH** tatsächliche oder rechtliche Hinweise zu Fragen erforderlich sind, die bereits Gegenstand dieser Revisionsrechtsprechung waren und durch den BGH eindeutig beantwortet worden sind. Grundsätzlich muss davon ausgegangen werden, dass zu den Grundsätzen der anwaltlichen Tätigkeit im Mietprozess die Kenntnis der wichtigsten aktuellen Entscheidungen des BGH, die **15**

---

[6] MDR 2000, 277.
[7] BVerfG NJW 1994, 1274.
[8] Zöller ZPO § 139 Rn. 14a.
[9] Zöller ZPO § 139 Rn. 12.

von den Gerichten weitgehend gesetzesähnlich behandelt werden, gehört.[10] → Kap. 1 Rn. 193.

16 Soweit die mietrechtliche **Kommentarliteratur,** die einen erheblichen Umfang angenommen hat, sich nicht auf die Wiedergabe höchstrichterlicher Entscheidungen beschränkt, dürfte deren Kenntnis nicht das gleiche Gewicht zukommen wie den Entscheidungen selbst, da hier naturgemäß auch eigene Auffassungen des jeweiligen Verfassers eine Rolle spielen und überdies eine vollständige Kenntnis der aktuellen mietrechtlichen Kommentare auch von Rechtskundigen nicht erwartet werden kann.

V. Folgen unterlassener Hinweise

17 Die Folge zu spät erteilter Hinweise ist, dass das Gericht nach § 156 Abs. 2 Nr. 1 ZPO die **Wiedereröffnung** einer bereits geschlossenen Verhandlung anordnen muss oder gegebenenfalls ins schriftliche Verfahren übergehen muss.

18 Soweit Hinweise erst in der Verhandlung erteilt werden, ist ein Hinweis darauf, dass die Möglichkeit besteht, auf den erteilten Hinweis rechtliches Gehör zB in Form einer Schriftsatzfrist zu beantragen, nicht erforderlich. Bei nicht berufungsfähigen Urteilen kommt das neu eingeführte **Abhilfeverfahren** nach § 321a ZPO in Betracht. In der Berufungsinstanz stellen unterlassene Hinweise einen **Verfahrensmangel** dar, aufgrund dessen nach § 531 Abs. 2 Nr. 2 ZPO neues Vorbringen zuzulassen ist und im Falle des Antrags einer Partei wegen Versagung des rechtlichen Gehörs nach § 538 Abs. 2 Nr. 1 ZPO die **Zurückverweisung** der Sache an die Vorinstanz in Betracht kommt. Ist der Rechtsweg ausgeschöpft, kommt natürlich die **Verfassungsbeschwerde** zum Bundesverfassungsgericht in Hinblick auf Art. 103 GG oder zum jeweiligen Landesverfassungsgericht in Betracht.

19 Wichtig ist, dass nach der Rüge der Unterlassung entsprechender Hinweise in der Rechtsmittelinstanz konkret vorgetragen werden muss, was auf einen entsprechenden – unterlassenen – Hinweis vorgetragen worden wäre. Der wegen des unterlassenen Hinweises unterbliebene Vortrag muss vollständig nachgeholt werden.[11]

VI. Hinweise im Mietprozess

20 1. Mieterhöhung

– Ein Mieterhöhungsverlangen ist unwirksam, weil es nicht von allen Vermietern abgegeben oder nicht an alle Mieter gerichtet ist und eine Vertretung bei einer Mehrheit auf einer Parteiseite nicht offengelegt ist.

[10] Vgl. auch LG Darmstadt NZM 2006, 136.
[11] BGH WuM 2006, 39 (41).

- Ein Mieterhöhungsverlangen enthält keine der in § 558a Abs. 2 BGB vorgesehenen Begründungen.
- Auf einen verwendeten Mietspiegel als Begründungsmittel ist nicht ausreichend Bezug genommen worden.
- Bei einem Mieterhöhungsverlangen, das auf ein anderes Begründungsmittel gestützt worden ist, sind die Werte eines vorhandenen qualifizierten Mietspiegels nicht nach § 558a Abs. 3 BGB zusätzlich, bzw. nicht eingehend genug aufgeführt. Die Bezugnahme auf den Mietspiegel muss in diesem Fall so genau sein, wie wenn der Mietspiegel als alleiniges Begründungsmittel verwendet worden wäre.
- Das Mieterhöhungsverlangen ist nicht als Zustimmungsverlangen, sondern als einseitige Mieterhöhung ausgestaltet.
- Die Schriftform des Erhöhungsverlangens ist nicht gewahrt, da es entweder nicht unterschrieben ist, die Voraussetzungen der Textform nicht eingehalten worden sind oder auf einen beiliegenden Mietspiegelauszug oder eine separate Vergleichswohnungsliste im Mieterhöhungsverlangen nicht Bezug genommen worden ist. Die Bezugnahme genügt allerdings jeweils der Form.
- Im Mieterhöhungsverlangen aufgeführte Vergleichswohnungen sind für den Mieter nicht identifizierbar.
- Das Mieterhöhungsverlangen weist gegenüber der im Mietvertrag vereinbarten Miete eine Mietstrukturänderung auf.

2. Schönheitsreparaturen 21

- Die vertragliche Schönheitsreparaturklausel ist unwirksam (zB Summierungseffekt bei mehreren Schönheitsreparaturklauseln im Vertrag, starre Fristen).
- Nachfristsetzung als Voraussetzung der Umwandlung des Erfüllungsanspruchs in einen Schadensersatzanspruch ist nicht ersichtlich.
- Der vermieterseitige Vortrag reicht nicht aus, von Erfüllungsverweigerung durch den Mieter auszugehen.
- Eine isolierte Renovierungsvereinbarung in einem Abnahmeprotokoll ist nicht hinreichend erkennbar oder stellt wiederum eine Vertragsklausel dar, die an § 307 BGB zu messen ist.
- Substantiierter Vortrag hinsichtlich der Behauptung schlecht ausgeführter Schönheitsreparaturen liegt nicht vor.

3. Mietminderung 22

- Der Mangel ist nicht substantiiert dargestellt.
- Die Mängelanzeige nach § 536c BGB fehlt oder deckt nicht die erfolgte Minderung ab.
- Es liegt offenkundig ein dem Mieter bei Vertragsabschluss bekannter oder in Folge grober Fahrlässigkeit unbekannter Mangel nach § 536b BGB vor.

- Minderung ist zu Lasten des Mieters ausgeschlossen, da Verwirkung eingetreten ist.
- Die Nachforderung geminderter Mietbeträge ist zu Lasten des Vermieters verwirkt.

23 4. Betriebskosten

- Eine Betriebskostenabrechnung entspricht nicht der mietvertraglichen Vereinbarung über die Umlage von Betriebskosten.
- Die Betriebskostenabrechnung ist insgesamt nicht nachvollziehbar bzw. entspricht nicht den vom BGH aufgestellten Mindestanforderungen.
- Ein erforderlicher Vorwegabzug von gewerblichen Anteilen ist nicht erfolgt.
- Ein Verteilungsschlüssel ist nicht ersichtlich oder nicht verständlich.
- Der im Mietvertrag vereinbarte oder der gesetzliche Verteilungsschlüssel nach § 556a BGB ist nicht eingehalten.
- Die Abrechnung enthält auf den Mieter nicht umlegbare Positionen.
- Die Abrechnungsfrist nach § 556 Abs. 3 Satz 2 und 3 BGB ist nicht eingehalten.
- Der Mieter hat Einwendungen gegen die Abrechnung erst nach Ablauf der Einwendungsfrist des § 556 Abs. 3 Satz 5 und 6 BGB mitgeteilt.

24 5. Fristlose Kündigung

- Die Kündigung ist nicht ausreichend nach § 569 Abs. 4 BGB begründet worden.
- Abmahnung und Kündigung decken sich nicht.
- Angesichts des Zeitraums zwischen Abmahnung und Kündigung dürfte Verwirkung des Kündigungsrechts vorliegen.
- Bei der Zahlungsverzugskündigung liegt eine einfache Sachlage, bei der der Zeitpunkt des Verzugs und der Gesamtrückstand als Inhalt des Kündigungsschreibens ausreichend gewesen wäre, nicht vor.
- Ein vor dem 1.9.2001 abgeschlossener Mietvertrag weist eine Vorauszahlungsklausel mit Aufrechnungsverbot im Sinne der Entscheidung des BGH vom 26.10.1994 auf, was zur Unwirksamkeit der Vorauszahlungsklausel und damit zur Unwirksamkeit der Kündigung aufgrund geringerer Rückstände führt.

25 6. Ordentliche Kündigung

- Die Kündigung ist nicht ausreichend nach § 573 Abs. 3 BGB begründet worden.
- Die Kündigungsfrist nach § 573c BGB ist nicht eingehalten.
- Ein berechtigtes Interesse für eine vorzeitige Entlassung aus dem Mietverhältnis und/oder ausreichende Nachmieterstellung liegt nicht vor.

- Das Mietverhältnis hat sich nach § 545 BGB auf unbestimmte Zeit fortgesetzt.

7. Sonstige Hinweise 26

- Der Zinsanspruch ist hinsichtlich des Zeitpunkts oder der Höhe nicht schlüssig dargelegt.
- Es ist ein Saldo eingeklagt, der Streitgegenstand ist damit nicht hinreichend nach § 253 ZPO bestimmt.[12]
- Es ist in unzureichender Weise auf Anlagen zu einem Schriftsatz (zB Aufstellung, Fotos, Privatgutachten) Bezug genommen worden.[13]

---

[12] Zöller ZPO § 253 Rn. 13.
[13] BVerfG NJW 1994, 2683).

Kapitel 11. Streitwerte im Mietrecht

I. Abschluss des Wohnraummietvertrages – Rechte und Pflichten der Mietvertragsparteien

1. Klage auf Abschluss eines Mietvertrages

Der Streitwert ist nach der Jahresmiete zu bemessen.[1] 1

2. Besichtigung der Mietwohnung

Der Streitwert der Besichtigung, die der Vorbereitung von Erhaltungs- 2
maßnahmen dienen soll, bemisst sich nach dem 12-fachen monatlichen Minderungsbetrag, folgend aus der anzusetzenden Minderung ohne Durchführung der Erhaltungsmaßnahme.[2]

3. Tierhaltung

Der Streitwert des Anspruchs des Mieters auf Erlaubniserteilung zur 3
Haustierhaltung bemisst sich nach den in den in die Miete einzukalkulierenden Kosten für die zusätzliche Abnutzung der Mietwohnung durch das Haustier.[3] In Betracht kommt auch, den Jahresbetrag eines Mietzuschlags wegen der Tierhaltung anzusetzen.[4]

Der Streitwert der Klage auf Unterlassung der Haustierhaltung bemisst 4
sich nach LG Braunschweig[5] und LG Hamburg[6] auf DM 2000,–, wobei das besondere Interesse des Mieters berücksichtigt ist.[7] Im Gegenteil dazu setzt das LG Berlin[8] den Streitwert auf DM 600,– und das LG München I[9] bei EUR 410,–.

4. Parabolantenne

Der Streitwert der Klage auf Genehmigung einer Parabolantenne wur- 5
de teilweise mit bis zu DM 1800,– bewertet.[10] Hierbei soll es auf das

---

[1] LG Dortmund WuM 1991, 358.
[2] LG Saarbrücken WuM 1993, 746.
[3] LG Hamburg WuM 1987, 232.
[4] AG Rüsselsheim WuM 1987, 144.
[5] WuM 1996, 291.
[6] WuM 1996, 532.
[7] So auch LG Wiesbaden WuM 1994, 486.
[8] GE 2000, 677.
[9] NZM 2002, 820.
[10] ZB LG München I 15.2.1993 – Az. 15 S 11156/93.

Interesse des Mieters am Empfang zusätzlicher Programme ankommen. Der Streitwert auf Entfernung einer Parabolantenne wurde unter Heranziehung der Kosten der Beseitigung mit DM 500,–,[11] gemäß BGH[12] bei lediglich optischer Beeinträchtigung mit EUR 300,–, bei Substanzbeeinträchtigung und damit höheren Entfernungskosten auch höher bewertet.

5. Untervermietung

6 Unter Bezugnahme auf § 41 Abs. 5 GKG wird der Streitwert der Klage auf Erteilung der Untervermietungserlaubnis nach dem Jahresbetrag des Untermietzuschlages berechnet.[13] In Betracht kommt auch der Jahresbetrag der wirtschaftlichen Mietentlastung durch die Untervermietung, was auch dem jährlichen Untermietbetrag entsprechen dürfte.[14] Den Streitwert der Klage auf Unterlassung der Untervermietung bemisst das LG Berlin[15] auf DM 600,–.

6. Mietzahlung

7 Der Streitwert der Klage auf künftige Mietzahlung oder Nutzungsentschädigung ist nach der Miete für ein Jahr zu bemessen.[16] Der Streitwert der Zustimmungsklage zur Mieterhöhung entspricht dem Jahresbetrag der zusätzlich geforderten Miete, § 41 Abs. 5 GKG, der Berufungsstreitwert dem dreieinhalbfachen Jahresbetrag nach § 9 ZPO.[17]

II. Mietminderung

8 Der Streitwert der Klage auf Zahlung von Mietrückständen aufgrund von Minderung bemisst sich nach dem geforderten Betrag. Bei der Feststellungsklage des Mieters auf Berechtigung der Minderung reduziert sich der Streitwert in der Regel mit 20 % Abschlag gegenüber einer entsprechenden Leistungsklage.[18] Der Streitwert der Klage des Vermieters auf Feststellung, dass der Mieter zur Minderung nicht berechtigt ist, bemisst sich nach dem dreieinhalbfachen Jahresbetrag der Minderung abzüglich 20 %.[19]

---

[11] LG Kiel WuM 1996, 632.
[12] BGH 17.5.2006 – VIII ZB 31/05.
[13] KG GE 2006, 387 und ZMR 2006, 528.
[14] LG Kiel WuM 1995, 320.
[15] GE 1996, 187.
[16] Gies NZM 2003, 890.
[17] BGH WuM 2007, 32.
[18] BGH NJW 1965, 2298.
[19] LG Hamburg WuM 1996, 287.

III. Betriebskosten

Der Streitwert der Klage auf Auskunft über die Höhe der Betriebskosten und auf Abrechnung der Betriebskosten kann mit einem Drittel des voraussichtlichen Zahlungsanspruchs angesetzt werden.[20] 9

IV. Erhaltung und Modernisierung

Der Streitwert der Klage auf Duldung einer **Erhaltungsmaßnahme** ist 10 mit dem Jahresbetrag der Minderung aufgrund der bestehenden Mängel anzusetzen, nicht mit den Kosten der Beseitigungsmaßnahme.[21] Der Streitwert der Klage auf Duldung einer **Modernisierungsmaßnahme** ist mit dem einjährigen Betrag einer zu erwartenden Mieterhöhung anzusetzen.[22] Der Streitwert des Anspruchs eines Mieters auf Instandsetzung bzw. Mängelbeseitigung ist nach dem 3,5fachen Jahresbetrag der Mietminderung anzusetzen.[23]

V. Beendigung des Mietverhältnisses und Räumungsklage

Der Streitwert der **Feststellungsklage** des Mieters auf Nichtbeendigung 11 des Mietverhältnisses bemisst sich nach der auf die restliche Mietzeit entfallenden Miete. Kündigt der Mieter selbst, reicht der Streitwert nur bis zum Ablauf der diesbezüglichen Kündigungsfrist.[24]

Der Streitwert der Räumungsklage bemisst sich nach dem Jahresbetrag 12 der Miete ohne Nebenkosten, soweit hinsichtlich der Nebenkosten gesonderte Abrechnung vereinbart ist, § 41 Abs. 1 GKG. Eine Nebenkostenpauschale ist beim Streitwert hinzuzurechnen, § 41 Abs. 1 Satz 2 GKG. Der Streitwert der **Räumungsklage** bei der Kündigung von Nebenräumen nach § 573b BGB bemisst sich nach dem auf die Nebenräume entfallenden anteiligen Jahresmietzins.[25] Der Streitwert der Klage auf künftige Nutzungsentschädigung bemisst sich nach der Bruttojahresmiete.

---

[20] LG Bückeburg WuM 1989, 434.
[21] LG Hamburg DWW 1992, 55.
[22] LG Berlin WuM 1996, 429.
[23] BGH NZM 2003, 152; BGH WuM 2000, 427.
[24] BGH NZM 1999, 21.
[25] AG Hamburg WuM 1994, 433.

Kapitel 12. Fragen und Antworten

I. Abschluss des Wohnraummietvertrages

1. Was versteht man unter der „Auflockerungsrechtsprechung" des BGH zur Schriftform? 1
Soweit in einem Vertrag inhaltliche Verknüpfung, wechselseitige Bezugnahme, fortlaufender Text und Seitennummerierung gegeben ist, ist auch ohne feste Verbindung der einzelnen Vertragsteile die Schriftform gewahrt.[1]

2. M. und F. sind beide Hauptmieter einer Wohnung. Nachdem sie sich zerstritten haben, kündigt F. „ihr Mietverhältnis" gegenüber dem Vermieter V. ordentlich. V. akzeptiert die Kündigung nicht. Hat er Recht? Was wäre F. zu raten, um endgültig aus dem Mietverhältnis herauszukommen? 2
Die Kündigung mehrerer Hauptmieter kann nur gemeinschaftlich oder durch Vertretung derer, die die Erklärung nicht abgeben, vollzogen werden. V. hat also Recht. F. muss die Zustimmung von M. zur Auflösung des Mietverhältnisses (BGB-Innengesellschaft) verlangen, also Mitwirkung an der gemeinsamen Kündigung.[2]

3. Der russisch als Muttersprache sprechende M. will sich eine Parabolantenne zum Empfang von Programmen in seiner Heimatsprache anbringen. Das Haus ist mit Kabelanschluss ausgestattet. Er ist bereit die Antenne durch einen Fachmann anbringen zu lassen, verweist im übrigen auf seine Haftpflichtversicherung und ist darüber hinaus bereit, eine zusätzliche Sicherheitsleistung für die Entfernungskosten der Antenne zu leisten. Kann V. die Anbringung trotzdem verweigern? 3
M. kann auf den Kabelanschluss verwiesen werden, wenn er mit einem zusätzlich zu installierenden Decoder mehrere Programme in seiner Heimatsprache empfangen kann.[3]

4. M. nimmt L. als seine Lebensgefährtin in die Wohnung auf. Eine Genehmigung des V. holt er nicht ein. Was für Rechte hat V., der L. keinesfalls dulden will? Macht es einen Unterschied, wenn die Wohnung nur 13 qm groß ist? Was ist, wenn L. bereits aus früheren Mietverhältnissen als den Hausfrieden störend bekannt ist? 4
M. hätte auch bei berechtigtem Untervermietungsinteresse nach § 553 BGB die Genehmigung zur Gebrauchsüberlassung benötigt.[4] V. kann

---

[1] BGH WuM 1999, 516.
[2] OLG Köln WuM 1999, 521.
[3] BVerfG NZM 2005, 252 und BGH NZM 2005, 335.
[4] BGH ZMR 2004, 100.

zwar nicht fristlos, aber gegebenenfalls ordentlich nach § 573 Abs. 1, Abs. 2 Nr. 1 BGB kündigen. Außerdem kommt die Unterlassungsklage nach § 541 BGB in Betracht. Bei einer 13 qm großen Wohnung kommt die fristlose Kündigung nach § 543 Abs. 1 BGB wegen Überbelegung in Betracht.
Liegen bei L. Erkenntnisse über ihre Unzumutbarkeit vor, kann V. eine etwa von M. verlangte Genehmigung auch bei berechtigtem Interesse verweigern, § 553 BGB.

5 5. Was kann man alles als „berechtigtes Interesse" für den M. im Sinne von § 553 Abs. 1 Satz 1 BGB ansehen?
ZB Arbeitslosigkeit des M., Verkleinerung der Familie, Pflegebedürftigkeit des M., Aufnahme in Not geratener Familienangehöriger

6 6. V. vertritt die Auffassung, handschriftliche Zusätze zu dem von ihm verwendeten Formularvertrag seien als Individualvereinbarung zu behandeln. Hat er Recht?
Was gilt, wenn V., der 20 Wohnungen vermietet, eine Klausel zwar mehrfach verwendet, aber sie tatsächlich mit M. ausgehandelt hat?
Wie ist der Begriff „Aushandeln" zu definieren?
a) Nein, nach § 305 Abs. 1 Satz 2 BGB wird der Beweis für eine Individualvereinbarung nicht durch die Form geführt.
b) Bei der Vermietung von 20 Wohnungen wird man in jedem Fall von Unternehmereigenschaft nach § 310 Abs. 3 BGB ausgehen können. Die Klauseln gelten daher als von V. gestellt.
c) Aushandeln bedeutet, dass die Klauseln zur Disposition des Gegners des Verwenders gestellt werden.

7 7. V. und M. wollen den zwischen Ihnen geschlossenen Wohnungsmietvertrag durch eine Nachtragsvereinbarung, betreffend die Erlaubnis und einen Mietzuschlag für teilgewerbliche Nutzung ergänzen. Reicht es, wenn sie in die Zusatzvereinbarung den Satz aufnehmen: „Ergänzung zum Mietvertrag vom …" und sie von beiden anwesenden Parteien unterschrieben wird oder bestehen weitere Anforderungen?
Besteht ein Unterschied, wenn die Parteien die Vereinbarung nur durch die Beifügung der Betriebskostenaufstellung nach § 2 der BetrKV ergänzen wollen, wobei im Vertrag bereits die Bezugnahme auf die BetrKV als Umlagevereinbarung zulässiger Betriebskosten vorhanden ist?
a) Wesentlicher Nachtrag zum Mietvertrag: Bezugnahme auf den Hauptvertrag und gesonderte Unterzeichnung reicht aus für Schriftform.[5]
b) keine gesonderte Unterschrift auf Anlage erforderlich, da unwesentliche Nebenabrede.[6]

[5] BGH WuM 1990, 140.
[6] BGH WuM 1999, 516.

8. Die Lebensgefährtin (und Mitmieterin) L. des M. ist im Streit ausgezogen. V. weiß nichts davon. Sein an „Frau L." gerichtetes Mieterhöhungsverlangen lässt M., der auch ein an ihn persönlich gerichtetes derartiges Schreiben erhalten hat, als „L. ist unbekannten Aufenthalts" zurückgehen. 8
Ist das Mieterhöhungsverlangen wirksam auch gegenüber L. abgegeben bzw. unter welchen Voraussetzungen könnte es wirksam sein?
Kommt es darauf an, ob der Auszug der L. bereits fünf Jahre zurückliegt und M. in der Zwischenzeit alle Korrespondenz mit V. alleine geführt hat?
Macht es einen Unterschied, wenn es sich bei den Schreiben um eine Kündigungserklärung des V. gegenüber M. und L. handelt?
   a) Mieterhöhung gegenüber mehreren Mietern nur einheitlich möglich. L. ist nicht aus Vertrag entlassen worden. Mieterhöhung ist weder gegenüber L. noch gegenüber M. wirksam abgegeben. Wirksam wäre Mieterhöhungsverlangen, wenn Vollmachtklausel im Mietvertrag, dass sich mehrere Mieter bei der Entgegennahme von Erklärungen gegenseitig vertreten. Solche Klauseln sind zulässig.[7]
   b) Nach entsprechendem Zeitablauf muss sich hier M. so behandeln lassen, wie wenn er alleinige Mieter wäre. Berufung auf weiteren Mieter dann treuwidrig.[8]
   c) Macht keinen Unterschied. Anders nur, wenn M. kündigt, da Vollmachtklausel im Vertrag für Mieterkündigungen nicht zulässig.[9]

9. M. (1) und M (2) leben in eingetragener Lebenspartnerschaft zusammen. Nachdem M. (1) Rechtsanwalt ist, erledigt er grundsätzlich alle Rechtsgeschäfte. Er unterschreibt einen Wohnungsmietvertrag, in dessen Kopf er sich und M. (2) als Mieter einsetzt. M (2) unterschreibt nicht. Er ist auch gerade anderweitig verhindert. 9
Wird M. (2) aus diesem Vertrag verpflichtet?
Welche Voraussetzungen müssten vorliegen um eine Verpflichtung des M.(2) herbeizuführen, der grundsätzlich Mieter zusammen mit M. (1) sein will?
   a) M (2) wird nicht verpflichtet. Rechtsprechung über stillschweigende Vertretung gilt nur bei Ehegatten[10]
   b) M (2) muss den Vertrag mit unterzeichnen.
Rechtsprechung des BGH zum konkludenten Eintritt in den Vertrag nach jahrelanger Korrespondenz und Mietzahlung dürfte allerdings auch für Lebenspartnerschaften anwendbar sein.[11]

---

[7] OLG Schleswig WuM 1983, 130.
[8] OLG Frankfurt a. M. WuM 1991, 103; BGH WuM 2005, 341.
[9] BGH GE 1997, 1458.
[10] LG Berlin GE 1995, 1553.
[11] BGH NZM 2005, 659.

10 10. Frau M. ist Mutter eines Babys. Sie stellt ihren Kinderwagen auf der Etage ihrer Wohnung vor dieser ab. V. verweist auf die Hausordnung, wonach „Das Abstellen von Kinderwagen im Hausflur und im Treppenhaus verboten" ist. Außerdem verlangt er von Frau M. Schadensersatz, weil der Kinderwagen durch das Abstellen Kratzer an der Wand des Treppenhauses verursacht habe, was tatsächlich zutrifft.
Kann V. das Abstellen überhaupt bzw. wo verbieten? Kann er sich auf die Hausordnung berufen?
Kann er, falls die übrigen Voraussetzungen hierfür gegeben sind, Schadensersatz verlangen?
a) Klausel ist unwirksam nach § 307 BGB, da genereller Ausschluss des Abstellens von Kinderwagen.[12] Zulässig ist eingeschränktes Verbot (Durchgangswege versperrt, Feuersicherheit)
b) Kratzer an Wand dürften unter vertragsgemäßen Gebrauch fallen, § 535 BGB.

II. Mieterhöhung

11 1. M. fordert Teilbeträge der bezahlten Miete wegen Mietpreisüberhöhung von V. zurück. Ein „geringes Angebot" im Sinne von § 5 Abs. 2 Satz 1 WiStG liegt vor. Was für Möglichkeiten hat V., falls die Wesentlichkeitsgrenze (Vergleichsmiete + 20 %) überschritten ist, um dem Anspruch des M. zu entgehen?
V. kann sich nach § 5 Abs. 2 Satz 2 WiStG darauf berufen, dass die verlangte Miete zur Deckung seiner laufenden Aufwendungen erforderlich ist. Hierzu gehören auch fiktive Eigenkapitalkosten in Höhe der Zinsen für erste Hypotheken.[13]

12 2. M. hat einen qualifizierten Zeitmietvertrag nach § 575 BGB auf sieben Jahre abgeschlossen. Gleichzeitig besteht eine Staffelmietvereinbarung auf zehn Jahre. Nach fünf Jahren wird ihm die Miete auf Grund der Staffeln „zu teuer". Kann er sich aus der Staffelvereinbarung lösen?
Nach § 557a Abs. 3 BGB kann M. nicht die Staffelvereinbarung als solche, aber den Vertrag frühestens zum Ablauf von vier Jahren nach Vertragsschluss, aber auch später, also nach fünf Jahren mit der gesetzlichen Frist kündigen. Dies gilt auch bei bestehendem Zeitmietvertrag.

13 3. Zwischen V. und M. besteht eine Indexmietvereinbarung. Während der Laufzeit der Vereinbarung modernisiert V. gezwungenermaßen wegen Änderungen der Kleinfeuerungsanlagenverordnung die Heizung. Können die Kosten hinsichtlich des Modernisierungsanteils nach § 559 BGB trotz der Indexvereinbarung auf M. umgelegt werden?

---

[12] LG Hamburg WuM 1992, 188.
[13] OLG Stuttgart WuM 1988, 395.

Nach § 557b Abs. 2 Satz 2 BGB kann V. Mieterhöhungen wegen Modernisierung nach § 559 BGB auch während der Laufzeit einer Indexvereinbarung dann durchführen, wenn er sie auf Grund von Umständen durchführt, die er nicht zu vertreten hat. Die Kosten können also umgelegt werden.

4. Eine Mietvereinbarung beinhaltet, dass die Miete einige Nebenkosten enthält. Wie bezeichnet man eine solche Miete? Müssen die in der Miete enthaltenen Nebenkosten für die Durchführung der Mieterhöhung „herausgerechnet" werden? **14**
   a) Teilinklusivmiete
   b) Nein, eine bereinigte Nettomiete muss nicht festgestellt werden.[14] Für die Anwendung eines Mietspiegels kann es aber erforderlich sein, nicht umgelegte Nebenkosten zu erfassen, da nach dem Mietspiegel eine Nettomiete festgestellt wird.[15]

5. Die letzte Mieterhöhung hat vor 11 Monaten stattgefunden. Kann ein neues Erhöhungsverlangen jetzt schon gestellt werden, so dass die Überlegungsfrist mit Ablauf des Jahres nach § 558 Abs. 1 Satz 2 BGB zu laufen beginnt? **15**
   Das Mieterhöhungsverlangen kann nicht vor Ablauf der Jahresfrist geltend gemacht werden, § 558 Abs. 1 Satz 2 BGB. Ein vorher gestelltes Verlangen ist unwirksam.[16]

6. Bei der Benennung von **Vergleichswohnungen** kommt es auf die gesetzlichen Vergleichsmerkmale nach § 558 Abs. 2 BGB an. Welche Ausstattungsmerkmale sind hinsichtlich des Vergleichs mit der streitgegenständlichen Miete von Bedeutung? Kommt es darauf an, wer Ausstattungen vorgenommen hat und wann dies war? **16**
   Hinsichtlich der Ausstattung ist von Belang die sanitäre Ausstattung, die Art der Beheizung (Ofen, Zentralheizung), die Fußböden. Grundsätzlich zählen nur Vermietereinrichtungen. Mietereinrichtungen zählen dann, wenn der Vermieter die Kosten erstattet hat[17] oder die Mieterleistung auf Grund langer Mietzeit als getilgt angesehen werden kann.[18]

7. Im Mieterhöhungsverlangen ist eine Quadratmetermiete Grundlage der verlangten Mieterhöhung. Die Wohnfläche wird mit 80 qm angegeben. Nach zwei Jahren stellt sich heraus, dass die Fläche nur 70 qm beträgt. Kann M. etwas von der seit der Mieterhöhung bezahlten Miete zurückverlangen, wenn er der Mieterhöhung vorbehaltlos zugestimmt hat? **17**

---

[14] OLG Hamm WuM 1984, 121.
[15] KG Berlin GE 2005, 180.
[16] BGH NJW 1993, 2109.
[17] BayObLG ZMR 1982, 343.
[18] LG München I MDR 1980, 230.

Übersteigt die in dem Erhöhungsverlangen zugrunde gelegte Wohnfläche die tatsächliche Fläche, kann der Mieter die Rückzahlung der aufgrund der fehlerhaften Berechnung überzahlten Miete verlangen, wenn die Flächenabweichung mehr als 10% beträgt.[19] Ob vorbehaltlos der Mieterhöhung zugestimmt worden ist, ist hierbei unerheblich.

18 8. Was ist der Unterschied zwischen einem einfachen und einem qualifizierten Mietspiegel und welche Folgen ergeben sich jeweils für die Praxis in Hinblick auf eine Mieterhöhung nach §§ 558 ff. BGB?
Die Definition des Mietspiegels allgemein und damit auch des einfachen Mietspiegels ergibt ich aus § 558c BGB. Der **qualifizierte Mietspiegel** ist in § 558d BGB geregelt. Nach § 558a Abs. 3 BGB müssen die Angaben des Mietspiegels, falls er qualifiziert ist, bei dem Erhöhungsverlangen auch dann mitgeteilt werden, wenn die Mieterhöhung auf ein anderes Begründungsmittel gestützt wird. Zudem gilt im Prozess die Vermutung der Richtigkeit der Daten des qualifizierten Mietspiegels nach § 558d Abs. 3 BGB.

19 9. Bei der Benennung von **Vergleichswohnungen** im Erhöhungsverlangen will M. die Wohnungen besichtigen. Eine Wohnung findet er nicht, weil sich auf dem Stockwerk zwei Wohnungen befinden und die Namen der jeweiligen Mieter der Vergleichswohnungen nicht genannt sind. Bei einer anderen Wohnung verweigert deren Mieter eine Besichtigung. Falls vier Wohnungen benannt worden sind, wie wirkt sich obiges auf die Wirksamkeit des Erhöhungsverlangens aus?
Die Identifizierung der Vergleichswohnungen muss anhand des Mieterhöhungsverlangens erfolgen können, ohne dass weitere Ermittlungen erforderlich sind.[20] Die nicht auffindbare Wohnung scheidet also aus. Nicht erforderlich ist, dass der Mieter einer Vergleichswohnung die Besichtigung gestattet. Falls nicht, scheidet die Wohnung deshalb nicht aus.[21]

20 10. M. leistet sich eine Luxuswohnung in bester Lage. Er hat im Jahre 1999 den Mietvertrag mit einer Staffelmiete fest auf drei Jahre abgeschlossen. Nach der vertraglichen Vereinbarung verlängert sich der Vertrag, wenn er nicht drei Monate vor Ablauf gekündigt wird, jeweils um ein Jahr. Nunmehr stellt er fest, dass gleichartige Wohnungen erheblich billiger angeboten werden. M. möchte zumindest eine Herabsetzung der Miete erreichen, falls nicht möglich, eine „Aufhebung" des Vertrages. V. lässt aber nicht mit sich reden.
Was kann M. insoweit unternehmen, wenn in der Gemeinde erhebliche Leerstände bei Wohnraum bestehen?
a) Herabsetzung der Miete:

[19] BGH NZM 2004, 699.
[20] BGH NZM 2003, 229.
[21] OLG Schleswig NJW 1984, 245.

Nur durch freiwillige Vereinbarung möglich, da Mietpreisüberhöhung ohne Mangellage (Leerstände) nicht darstellbar. Frage, ob bei Luxuswohnungen überhaupt ein Markt besteht. Falls nicht, kommt Ausnutzen von Mangellage nicht in Betracht.[22]

b) Kündigung/Aufhebung: Grund für fristlose Kündigung nicht gegeben, ordentliche Kündigung grundsätzlich nur unter Beachtung der Verlängerungsklausel des Vertrags, da einfacher Zeitmietvertrag nach altem Recht, § 564c Abs. 1 BGB aF.

Aber: **Sonderkündigungsrecht** des Mieters nach § 557a Abs. 3 BGB. Falls Verlängerungsklausel entgegensteht, ist sie insoweit unwirksam.[23]

11. M.s Wohnraummietvertrag enthält folgende Klausel: „Die Miete erhöht sich entsprechend dem Verbraucherpreisindex für Deutschland". Die Einzelheiten richten sich nach § 557b BGB. **21**
Ist die Vereinbarung wirksam?
Welche Arten der Mieterhöhung sind bei einer – wirksamen – Indexmietvereinbarung während ihrer Laufzeit daneben möglich, welche ausgeschlossen?

a) Vereinbarung ist unwirksam. Sie darf nicht als Erhöhungsregelung ausgestaltet sein, sondern nur als Anpassungsregelung.

b) Zulässig: Betriebskostenerhöhungen nach § 560 BGB
Modernisierungsmieterhöhungen, wenn sie Vermieter nicht zu vertreten hat im Sinne von. § 557b Abs. 2 Satz 2 BGB
Nicht zulässig: Mieterhöhung nach § 558 BGB, vgl. § 557b Abs. 2 Satz 3 BGB

12. In V.s Gemeinde gibt es keinen Mietspiegel. V. will die Miete der Wohnung des M. erhöhen. Nachdem er auch keine entsprechenden Vergleichswohnungen findet, beauftragt er Architekt A., ein Gutachten „zur Bestimmung der ortsüblichen Vergleichsmiete" zu erstellen. A. teilt mit, dass er für den ganzen Wohnblock, der V. gehört, vor zwei Jahren ja bereits ein Gutachten erstellt hat, dass er allerdings die gegenständliche Wohnung nicht kennt. V. ist zufrieden Kosten zu sparen und verweist M. im Mieterhöhungsverlangen auf dieses Gutachten, an das er nicht mehr gedacht hat, mit der Aufforderung, gegebenenfalls bei V. in das Gutachten Einsicht zu nehmen. M. stimmt nicht zu und beanstandet „erhebliche Mängel verschiedener Art". **22**
Welcher Art könnten diese sein?
Gutachten für Mieterhöhung nach § 558a Abs. 2 Nr. 3 BGB grundsätzlich zulässig.
Sachverständiger muss entweder für Mieten oder für Grundstücks- und Gebäudeschätzungen bestellt sein.[24] Architekt reicht nicht aus.

---

[22] LG Mannheim Az. 4 S 94/99.
[23] BGH NZM 2004, 736.
[24] BGH NJW 1982, 1701.

Generalisierendes Gutachten ist möglich. Bei Wohnanlagen muss der Sachverständige nur Wohnungen gleichen Typs besichtigt haben.[25]
Gutachten muss dem Erhöhungsverlangen beigefügt werden.
Ein veraltetes Gutachten (wie hier) darf nicht verwendet werden.[26]

23 13. M. bekommt ein Mieterhöhungsverlangen nach §§ 558 ff. BGB. V. fordert ihn ua darin auf, seinen Dauerauftrag auf die neue Miete zu ändern. Er denkt sich, „nur keinen Streit" und ändert den Dauerauftrag hinsichtlich der Mietzahlung auf die neue Miete. Erklärungen gegenüber V. gibt er nicht ab. Nach einmaliger Durchführung des Dauerauftrags lässt sich M. beim Mieterverein beraten und erfährt, dass das Mieterhöhungsverlangen unter erheblichen Mängeln leidet und unwirksam ist. Unterstellt; die Auskunft ist richtig, ist M. an die neue Miete gebunden?
Konkludente Zustimmung zu einem Mieterhöhungsverlangen ist auch im Falle der Unwirksamkeit möglich. Beispiel: Aufforderung einen Dauerauftrag zu ändern und anschließende Zahlung.[27] Mehrmalige Zahlung in diesem Fall nicht erforderlich.

24 14. In der Klageerwiderung des Zustimmungsprozesses wegen einer Mieterhöhung nach §§ 558 ff. BGB heißt es, es habe sich herausgestellt, dass sich bei den drei benannten Vergleichswohnungen in einem Fall mehrere Wohnungen auf einer Etage befänden und diese im Erhöhungsverlangen weder mit den Namen der Mieter noch anders näher bezeichnet seien. Das Erhöhungsverlangen sei daher unwirksam. V. überprüft dies und reicht eine Woche später die Erklärung nach, „erste Vergleichswohnung 1. Stock rechts". In der eine weitere Woche später stattfindenden Gerichtsverhandlung erklärt Rechtsanwalt R. seinem Mandanten M., er müsse sich keine Sorgen machen; der Prozess sei „so gut wie gewonnen".
Hat er Recht?
Wie wäre es, wenn V. von vorneherein nur zwei Wohnungen benannt hätte und im Prozess vor dem Gerichtstermin eine Wohnung nachreicht?

a) Nachbesserung ohne Neuabgabe des Erhöhungsverlangens ist zulässig, § 558b Abs. 3 Satz 1 BGB. Zustimmungsfrist muss eingehalten werden, § 558b Abs. 3 Satz 2 BGB. Falls R. nicht einer Vertagung zustimmt, gewinnt M., da die Prozessvoraussetzung des Ablaufs der Zustimmungsfrist nicht gegeben ist.[28]
b) Für diesen Fall gilt nicht anderes, auch dann, wenn man hier von Nachholung eines Erhöhungsverlangens ausgehen würde.

---

[25] OLG Celle ZMR 1982, 341.
[26] AG München NZM 2002, 822.
[27] BGH WuM 2005, 518.
[28] Vgl. Hinz NZM 2002, 636.

III. Mietkaution

1. Was sind Vorteile und Nachteile einer Kaution in Form einer Bürgschaftsstellung? **25**
Vorteile: Der Mieter muss seine Liquidität nicht beeinträchtigen. Der Vermieter muss sich nicht um eine treuhänderische Anlage der Kaution kümmern
Nachteile: Dem Mieter entstehen Kosten, die das Kreditinstitut für die Bürgschaftsstellung erhebt. Außerdem: Begrenzung der Bürgschaft durch Bankenbedingungen. Vorzeitige Kündigung der Bürgschaft durch die Bank. Gegenüber der Bürgschaft ist keine Aufrechnung mit verjährten Forderungen möglich.[29] In Anwendung von § 768 BGB hat der Bürge die Einreden, die er Mieter gegenüber den Vermieteransprüchen hat.

2. Gegenüber dem Verlangen des V. auf Zahlung der vereinbarten Barkaution beruft sich M. auf „Minderung und Zurückbehaltungsrechte" wegen der Mängel der Mietsache. Dringt er damit durch? **26**
Ein Recht auf Minderung oder Zurückbehaltung besteht nicht, da dies nur gegenüber den laufenden Mietzahlungen besteht.[30]

3. In einem Wohnraum-Altvertrag aus dem Jahre 1970 ist vereinbart, dass der M. eine „unverzinsliche" Kaution leistet. Kann M. bei Beendigung des Vertrages im Jahre 2005 eine Verzinsung erlangen, wenn ja, ab wann und in welcher Höhe? **27**
Der formularvertragliche Ausschluss der Verzinsung ist nach § 307 BGB unwirksam.[31] Verzinsung also entsprechend § 551 Abs. 3 BGB. Individualvertraglich ist der Ausschluss wirksam, und zwar für die gesamte Vertragslaufzeit.

4. Die Bank B. ist nur bereit, für M. eine Kautionsbürgschaft zu übernehmen, wenn diese von vorneherein auf einen Zeitraum von vier Jahren begrenzt ist. Nach acht Jahren Mietdauer überprüft V. seine Mietunterlagen und stellt fest, dass die Bürgschaft gar nicht mehr besteht. Bei Übergabe der Bürgschaftsurkunde hat er nichts gemerkt. Er verlangt nun von M. unter Berufung auf den Mietvertrag – „Kaution durch Stellung einer Bürgschaft ..." – entweder eine neue unbefristete Bürgschaft oder die Stellung einer Barkaution. **28**
Was für Möglichkeiten hat er?
Frage ist, ob im Mietvertrag überhaupt eine unbefristete Bürgschaft vereinbart worden ist. Grundsätzlich gilt, dass die Vertragsparteien die Bürgschaft im Zweifel jedenfalls auf die Dauer des Mietverhältnisses wollten.

---

[29] BGH NZM 1998, 224.
[30] OLG Düsseldorf ZMR 1998, 159.
[31] LG München I WuM 1999, 515.

V. ist bereits seit vier Jahren ohne Kaution. Stillschweigende Vertragsänderung möglich auf begrenzte Bürgschaft, was bedeutet, dass V. weder neue Bürgschaft noch Barkaution nach acht Jahren verlangen kann.

29 5. M.s Wohnung wird an E. verkauft. E. stellt fest, dass die von M. geleistete Kaution nicht mehr vorhanden ist. Auf dem Kautionskonto ist kein Geld mehr.
Was kann er unternehmen?
Kann er insbesondere von M. die Stellung einer erneuten Kaution verlangen?
Was für Rechte hat M. bei Beendigung des Mietverhältnisses in Hinblick auf die von ihm an den Rechtsvorgänger von E. geleistete Kaution?
   a) E. hat gegen den früheren Vermieter Anspruch auf Auszahlung der von M. geleisteten Kaution, allerdings nur in der Höhe, in der sie der bisherige Vermieter nicht wegen eigener Forderungen aus dem Mietverhältnis mit M. in Anspruch genommen hat.
   b) Die erneute Stellung einer Kaution kann V. ebenso wenig wie eine Auffüllung verlangen, da er in den Mietvertrag in seinem aktuellen Bestand eingetreten ist.[32]
   c) M. kann im Wege der Garantiehaftung von V. nach § 566a BGB die Rückzahlung der Kaution auch dann verlangen, wenn V. sie nicht erhalten hat. Allerdings nur im Umfang, in dem sie wegen zulässiger Inanspruchnahme durch den früheren Vermieter auf V. übergegangen ist. Der frühere Vermieter haftet subsidiär weiter.

30 6. Welche Prüfungs- und Überlegungsfrist ist bei Beendigung des Mietverhältnisses für den Vermieter V. hinsichtlich seiner gegebenenfalls mit der Kaution zu verrechnenden Ansprüche anzunehmen?
Aus welchen Gründen könnte sich die Frist verkürzen oder verlängern?
   a) Die Frage ist streitig. Üblicherweise etwas sechs Monate.[33]
   b) Verkürzung der Frist entweder, falls dies im Mietvertrag vereinbart ist oder falls keine oder bereits nach kürzerer Zeit abschließend zu beurteilende Gegenansprüche. Nachzahlungsansprüche aus Nebenkostenabrechnungen führen nicht zur Fristverlängerung.

31 7. M. geht davon aus, dass V. gegen ihn aus dem Mietverhältnis keine Ansprüche hat. Umso mehr ist er erstaunt, als ihn die eine Kautionsbürgschaft gebende Bank anschreibt, dass V. die Bürgschaft wegen diverser Ansprüche in Anspruch nehmen will. Er will dies verhindern, indem er beim zuständigen Amtsgericht eine einstweilige Verfügung beantragt, die „V. hindert, unberechtigter Weise auf die Bürgschaft zuzugreifen".

---

[32] Grüneberg/Weidenkaff BGB § 566a Rn. 4.
[33] LG Saarbrücken WuM 1979, 140.

Was ist M. zu raten?
Er soll es lassen. Zwar wurde von einzelnen Gerichten entschieden, dass eine derartige einstweilige Verfügung möglich ist, doch entspricht dies weder der hM, noch dem Sinn einer Kaution, die gerade auch für streitige Vermieteransprüche gedacht ist.

IV. Schönheitsreparaturen

1. Wenn im Vertrag allgemein vereinbart ist, dass der M. „die notwendigen Schönheitsreparaturen" durchzuführen hat, fällt dann darunter auch Abschleifen und Versiegeln eines Parkettbodens oder das Lackieren von Einbauschränken, falls die Mietzeit 10 Jahre betragen hat und in dieser Zeit nicht renoviert worden ist? **32**
   Das Abschleifen und Versiegeln von Parkett fällt nicht unter die Schönheitsreparaturen und kann auch nicht als solche vereinbart werden.[34] Falls Einbauschränke aus Holz eine Wand „ersetzen", fällt das Lackieren unter die Schönheitsreparaturen. Fälligkeit ist nach einer Mietzeit von 10 Jahren gegeben. Ein Fristenplan wird gegebenenfalls fingiert.[35]
2. Im Mietvertrag steht: „Das Anbohren von Fliesen ist dem Mieter nicht gestattet". Was ist von dieser Regelung zu halten? Kommt es darauf an, ob hier eine Individualvereinbarung vorliegt? **33**
   Das Anbohren von Fliesen kann insoweit nicht verboten werden, als es zur Befestigung von in Bädern und Toiletten notwendigen Einrichtungen erforderlich ist. Auch durch Individualvereinbarung ist kein genereller Ausschluss möglich.
3. Was versteht man unter dem Begriff „Vorteilsausgleichung" im Falle des Schadensersatzes für vom Mieter beschädigte Gegenstände der Mietwohnung? **34**
   Es ist ein Abzug „neu für alt" vorzunehmen, der sich nach dem Alter des beschädigten Gegenstandes zum Zeitpunkt der Beschädigung im Verhältnis zur durchschnittlichen Lebensdauer richtet.[36]
4. Können Schönheitsreparaturen auch bei weiter bestehendem Mietverhältnis verlangt werden und unter welchen Voraussetzungen? **35**
   Bisher wurde weitgehend die Auffassung vertreten, dass ein Anspruch des Vermieters überhaupt nur bei Substanzgefährdung der Mietsache oder Verwahrlosung besteht.[37] Nach einer neuen Entscheidung des BGH soll der Anspruch bei laufendem Mietverhältnis gegeben sein. Fälligkeit liegt vor, wenn objektiver Renovierungsbedarf besteht (falls kein Fristenplan vereinbart ist) oder Fälligkeit nach

---

34 LG Köln WuM 1994, 200.
35 KG DWW 2004, 259.
36 Schmidt-Futterer/Langenberg BGB § 548 Rn. 163 ff.
37 So zB LG Berlin WuM 1997, 311, LG München I WuM 2004, 602.

einem Fristenplan. Der Vermieter kann (außer der Durchführung der Schönheitsreparaturen) zwar nicht Schadensersatz, aber einen Vorschuss auf die voraussichtlichen Renovierungskosten verlangen.[38]

36 5. Ein Fristenplan beinhaltet, dass die Schönheitsreparaturen „spätestens" nach Ablauf bestimmter Fristen durchzuführen sind. Ist die Klausel wirksam? Was ändert sich, wenn statt des Wortes „spätestens" das Wort „mindestens" steht?
In beiden Fällen handelt es sich um „starre" Fristenpläne. Die Schönheitsreparaturregelung des Vertrages ist insgesamt unwirksam.[39]

37 6. Wie letzter Fall mit dem Zusatz: Je nach Zustand der Wohnung kann der Vermieter die Fristen nach billigem Ermessen verlängern oder verkürzen. Ist die Klausel, unabhängig von etwaigen anderen Mängeln der Vereinbarung wirksam?
Nach BGH[40] soll die Klausel wirksam sein, da eine Verlängerungsmöglichkeit gegeben ist. Ebenso BGH:[41] Reduzierung des Ermessens des Vermieters auf „Null" bei objektiv nicht renovierungsbedürftigem Zustand.

38 7. M. hält eine Vertragsklausel für unwirksam, die für den Fall, dass die vereinbarten Fristen nicht abgelaufen sind, eine zeitanteilige Kostenabgeltung vorsieht, ihn aber nicht ausdrücklich darauf hinweist, dass ihm die Möglichkeit der Selbstdurchführung der Schönheitsreparaturen bleibt. Hat er Recht?
Auf die Möglichkeit der Selbstdurchführung muss nicht hingewiesen werden, es genügt, wenn sie im Vertrag nicht ausdrücklich untersagt ist.[42] Die Vertragsklausel ist also wirksam.

39 8. Was bedeutet „fachgerechte" Ausführung von Schönheitsreparaturen?
Fachhandwerkliches Niveau.[43] Berufung auf Ausführung durch Fachhandwerker genügt nicht, wenn keine fachhandwerkliche Leistung.[44]

40 9. Der V. muss als Voraussetzung eines Schadensersatzanspruchs wegen nicht durchgeführter Schönheitsreparaturen eine Nachfrist setzen. Was ist ihr Inhalt? Unter welchen Umständen kann auf sie verzichtet werden?
Zustandsbeschreibung der Mieträume und Nennung der auszuführenden Arbeiten. Ein Übergabeprotokoll kann zum Gegenstand de Inhalts der Nachfrist gemacht werden. Entbehrlichkeit der Nachfrist

[38] BGH WuM 2005, 383.
[39] BGH NZM 2004, 653.
[40] WuM 2005, 50.
[41] NZM 2005, 299.
[42] BGH WuM 2004, 663.
[43] LG Berlin GE 2000, 676.
[44] LG Berlin GE 2000, 811.

a) bei Unstreitigkeit der geschuldeten Arbeiten ist die Zustandsbeschreibung entbehrlich
b) bei ernsthafter und endgültiger Erfüllungsverweigerung insgesamt.

10. V. erklärt bei Beendigung des Mietverhältnisses, dass das Verschließen von Löchern in angebohrten Fliesen zweifellos zu den – wirksam vereinbarten – Schönheitsreparaturen gehöre. Gegebenenfalls müsse M. die entsprechenden Fliesen eben austauschen, sie wären noch im Handel erhältlich. Das Gebäude einschließlich der Fliesen ist 50 Jahre alt. **41**
Was kann V. machen, wenn M. sich kategorisch weigert überhaupt etwas wegen der Fliesen zu unternehmen mit der Begründung, 30 Fliesenlöcher „seien ja wohl noch normal"?
Das Verschließen von Fliesenlöchern gehört nicht zu den Schönheitsreparaturen, da es nicht mit dem Streichen einer Wand einher geht. Fraglich, ob Austausch oder Verschließen wegen Beschädigung Sache des M. ist. Bei 30 Löchern kommt es auf die Größe der Wohnung und die Zahl der Nutzer an, ob dies noch dem vertragsgemäßen Gebrauch entspricht.
Falls Beschädigung, wäre bei 50 Jahre alten Fliesen jedenfalls ein Abzug von „neu für alt" von über 50% zu machen.[45]

11. Ein älterer Mietvertrag enthält lediglich die Klausel: „Der Mieter hat die erforderlichen Schönheitsreparaturen auszuführen". Was ist von dieser Klausel in Bezug auf Wirksamkeit und Reichweite zu halten? **42**
Die Klausel stellt eine wirksame Abwälzung der Vornahme der Schönheitsreparaturen durch den Mieter dar. Der Begriff muss nicht erläutert sein, ein Fristenplan wird fingiert.[46]

12. V. lässt die Wohnung nach dem Auszug des M. umbauen. Hierbei werden auch Wände versetzt. Er weist M. noch vor Beendigung des Mietverhältnisses auf seine Absichten hin. M. renoviert die Wohnung trotzdem. **43**
Kann V. von M. noch etwas verlangen, unterstellt, die Schönheitsreparaturklausel des Vertrages ist wirksam und das Mietverhältnis hat 10 Jahre gedauert?
Wie wäre es, wenn – im Falle von Umbauarbeiten durch V. – M. nichts macht und sich darüber hinaus weigert, überhaupt zu renovieren?
a) V. kann die auf die vom Umbau betroffenen Teile der Wohnung entfallenden Kosten der Eigenleistung und Materialkosten verlangen. Nach Anzeige der Umbauabsicht hätte M., vorausgesetzt

[45] LG Köln WuM 1997, 41.
[46] BGH NJW 1985, 2575.

die Anzeige durch V. war insoweit aussagekräftig genug, nicht mehr die betroffenen Bauteile renovieren dürfen.[47]

b) Im Falle der Erfüllungsverweigerung kann V. die Kosten für Fachhandwerkerarbeit verlangen.[48]

44 13. V. schickt M. eine Reparaturrechnung über € 150,– hinsichtlich eines Rollladengurtes. Er schreibt: „Auf Grund der zwischen uns vertraglich vereinbarten Kleinreparaturklausel sind Sie verpflichtet, Reparaturkosten bis zu einer Höhe von € 80,– zu übernehmen. Ich fordere Sie daher auf, Ihren Anteil an der Rechnung an mich zu überweisen". Hat er Recht?

Die Kleinreparaturklausel ist als solche wirksam. € 80,– pro Reparatur erscheinen vertretbar.

Die „Beteiligung" an teureren Reparaturen ist jedoch davon nicht abgedeckt, die einzelne Reparatur darf nicht mehr als € 80,– kosten. V. hat nicht Recht.

V. Mietminderung

45 1. Welche Darlegungspflichten hat der M., der die Miete wegen Lärmbelästigung durch eine Baustelle mindern will? Was muss er wie darlegen, wenn er sich auf Minderung wegen nicht ausreichender Heizleistung oder Warmwasserversorgung beruft?

Baustelle: Grundsätzlich muss ein Protokoll über die Belästigung vorgelegt werden. Hieraus muss sich, bezogen auf einzelne Zeitabschnitte, Beginn und Ende sowie Maß und Intensität der Störung entnehmen lassen.[49]

Heizung und Warmwasser: Es sind regelmäßige Temperaturmessungen mit geeichten Thermometern erforderlich.

46 2. V. lässt die alten Fenster durch neue dichte Fenster mit Wärmeschutz austauschen. Einige Zeit darnach bildet sich Schimmel in der Wohnung des M. V. wirft M. „falsches Wohnverhalten" vor. M. gibt an, „wie immer schon" gelüftet und geheizt zu haben. Ein Baumangel liegt nicht vor. Wie ist der Fall unter Minderungsgesichtspunkten zu beurteilen?

Wenn V. M. nicht auf die nach Einbau der neuen Fenster geänderten Anforderungen an das Wohnverhalten hingewiesen hat, kann M. mindern, obwohl ein Gebäudemangel nicht vorliegt.[50]

47 3. Die Strahlenschutzkommission stellt im Jahre 2006 die Gesundheitsschädlichkeit der von UMTS-Antennen ausgehenden Strahlung fest. Kann der M., der in unmittelbarer Nähe einer Station wohnt, die Miete – gegebenenfalls rückwirkend – mindern?

[47] OLG Oldenburg ZMR 2000, 528.
[48] BGH WuM 2005, 50.
[49] KG Berlin NZM 2003, 718.
[50] LG Gießen GE 2000, 1256.

Minderung ist entsprechend der Rechtsprechung zB zu gesundheitsgefährdenden Baustoffen ab dem Zeitpunkt möglich, ab dem die Gefährlichkeit in Form eines Richtwerts festgelegt worden ist.[51]

4. Nach § 536b Satz 2 BGB schadet dem M. hinsichtlich eines Ausschlusses der Minderung auch grobfahrlässige Unkenntnis von einem Mangel. Wann kann man von grober Fahrlässigkeit ausgehen? **48**
Wenn die Mieträume im Zusammenhang mit dem Vertragsschluss nicht besichtigt werden, die Mängel bei einer Besichtigung aber ohne weiteres erkennbar gewesen wären.[52]

5. Gegenüber der Wohnung von M. in einem innerstädtischen Gebiet wird ein neues Gebäude erstellt. Dies ist mit erheblichem Lärm und Schmutz verbunden. M. mindert die Miete für eine Zeit von 10 Monaten auf „0", dh er zahlt gar nichts mehr. In einem Schreiben an V. heißt es „ich mindere um 60% und halte den Rest der Mietzahlungen zurück bis die Sache vorbei ist". Eine Mängelanzeige ist nicht erfolgt. **49**
Kann M. überhaupt mindern?
Was für Darlegungen sind im Falle des Rechtsstreits von Seiten des M. erforderlich?
Wie sieht es mit der „Zurückhaltung" der Miete aus?
a) Baubeeinträchtigungen im Innenstadtgebiet können ortsüblich sein und damit nicht zur Minderung berechtigen.
b) Darlegungsverpflichtungen, zB Lärmprotokoll. Teilweise werden Lärmmessungen verlangt.[53]
c) Zurückbehaltungsrecht nach § 320 BGB fraglich, da V. keinen Einfluss auf die Baustelle hat, vgl. § 320 Abs. 2 BGB. Ansonsten begrenzt auf drei- bis fünffachen Minderungsbetrag oder Mängelbeseitigungsbetrag

6. Rechtsanwalt R. ist selbst Mieter. Nachdem ständig ein Ausfall des Aufzugs in dem Mietgebäude auftritt, in dem er wohnt, zeigt er dies dem Vermieter V. an. Dieser erklärt, die Sache überprüfen zu lassen. Trotz diverser Schreiben des R. passiert aber nichts, der Mangel besteht weiter. Nach acht Monaten ist R. mit seiner Geduld am Ende und behält 30% der Miete ein. V. will ihn auf Nachzahlung der geschuldeten Beträge verklagen. **50**
Hat er Aussicht auf Erfolg?
V. überprüft die Mietzahlungen des R. nicht regelmäßig. Er merkt erst nach 10 Monaten, dass M. die bezeichneten Einbehalte macht. Ändert sich hierdurch etwas?
a) Frage der Verwirkung oder des stillschweigenden Verzichts des Minderungsrechts nach § 242 BGB.[54] Bei rechtskundigem Mieter

[51] BVerfG NZM 1999, 302; BayObLG WuM 1999, 568.
[52] KG Berlin GE 2000, 1620.
[53] KG NZM 2003, 718.
[54] BGH WuM 2003, 440.

wird man kürzere Zeit bis zur Verwirkung annehmen können, ca. sechs Monate.

b) Verwirkung des Rechts des V., Minderungsrückstände geltend zu machen, wenn Klage erst nach sechs Monaten eingereicht wird,[55] es sei denn, der Minderung ist vorher widersprochen worden.[56]

VI. Betriebskosten

51 1. Was bedeutet es, dass Vorauszahlungen auf Betriebskosten nach § 556 Abs. 2 Satz 2 BGB nur in angemessener Höhe vereinbart werden dürfen? Was für Rechte bestehen im Falle besonders hoher oder niedriger Vorauszahlungen?
Nach § 560 Abs. 4 BGB kann im Falle unangemessen hoher oder niedriger Vorauszahlungen jede Partei eine Anpassung auf eine angemessene Höhe vornehmen. Lediglich bei bewusst und in Täuschungsabsicht durch den V. zu niedrig angesetzten Vorauszahlungen hat der M. gegebenenfalls einen Schadensersatz- bzw. Freistellungsanspruch.[57]

52 2. Kann der Vermieter in jedem Fall während des laufenden Mietverhältnisses auf eigenständig gewerbliche Lieferung von Wärme nach Nr. 4c des § 2 BetrKV übergehen? Was ist grundsätzlich nach Nr. 4c alles auf den M. umlegbar?

a) Wenn eine ausdrückliche Regelung im Mietvertrag fehlt und dem Mieter durch die Umstellung zusätzliche Kosten auferlegt werden, bedarf es für die Umstellung der Zustimmung des Mieters.[58]

b) Umlegbar sind nicht nur die Kosten des Betriebs der Heizungsanlage, sondern auch die Investitions-, Instandhaltungs- und Verwaltungskosten sowie Wagnis und Gewinn.[59]

53 3. Wie stellt sich die Umlagefähigkeit beim Bestehen von Voll- oder Systemwartungsverträgen bei den Kosten der Heizung oder eines Aufzugs dar?
Reparaturkostenanteile sind nicht umlegbar. Sie müssen grundsätzlich herausgerechnet werden. Gegebenenfalls ist eine Schätzung möglich.[60]

54 4. M. beanstandet bei den Kosten der Gartenpflege, dass
der Garten für ihn in keiner Weise nutzbar ist und dass
hohe Kosten für die Beseitigung von Sturmschäden enthalten sind, die den Vermieter träfen.
Hat er Recht?

---

[55] LG München I NZM 2002, 780.
[56] BGH WuM 2004, 199.
[57] BGH NZM 2004, 251.
[58] BGH NZM 2005, 450.
[59] BGH ZMR 2003, 824.
[60] LG Duisburg WuM 2004, 717.

a) Für die Umlage genügt, dass das Umfeld des Anwesens allgemein verschönert wird, eine eigene Nutzungsmöglichkeit zB als Liegewiese ist nicht erforderlich.[61]

b) Die Frage ist umstritten, dürfte aber in Hinblick auf fehlende Regelmäßigkeit der Kosten zu verneinen sein.[62]

5. Wer trägt die Kosten der Zwischenablesung bei einem Mieterwechsel? **55**
Das LG Berlin[63] geht davon aus, dass der ausscheidende Mieter die Kosten tragen muss. § 9b HKV könnte auch entnommen werden, dass die Kosten zwischen ausscheidendem und eintretendem Mieter aufzuteilen sind.

6. Welches sind die vier Grundsätze einer ordnungsgemäßen Be- **56**
triebskostenabrechnung? Was gilt ansonsten für ihre Verständlichkeit?

a) Zusammenstellung der Gesamtkosten, Mitteilung und Erläuterung des Verteilungsschlüssels, Berechnung des Anteils des Mieters, Abzug der Vorauszahlungen.[64]

b) Die Abrechnung muss für den juristisch und betriebswirtschaftlich nicht geschulten Durchschnittsmieter verständlich sein.[65]

7. Wo hat der Mieter die Belegeinsicht vorzunehmen. **57**
Kann der V. hierfür Kosten geltend machen? (Verwaltungsaufwand!).
Bei Übersendung von Kopien: Kann der V. für Kopien etwas von M. verlangen? Wenn ja, wie viel?

a) Grundsätzlich am Sitz des Vermieters oder der Hausverwaltung.[66]

b) Nein.

c) Vorschuss für die Kopierkosten kann in Höhe von 0,25 EUR pro Kopie verlangt werden.[67]

8. V. hat gehört, dass man mit „Wärmecontracting“ angesichts der **58**
völlig unwirtschaftlichen Hausheizungsanlage viel Geld sparen könne. Er will deshalb einen Vertrag mit der Firma Wärmeversorgungs GmbH schließen, die zugesichert hat, die marode Heizung auszutauschen, und anschließend die entstehenden Kosten auf seine Mieter umlegen.
Geht das, wenn die Mietverträge nichts über Contracting oder ähnliches aussagen?
Was wäre gegebenenfalls umlegbar?
Können sich die Mieter gegen auf Grund der Umstellung erhöhte Heizkosten wehren?

---

[61] BGH WuM 2004, 399.
[62] Vgl. LG Tübingen WuM 2004, 669.
[63] GE 2003, 121.
[64] BGH GE 1982, 135.
[65] AG Dortmund WuM 2004, 148.
[66] BGH WuM 2006, 200.
[67] AG Brandenburg GE 2003, 55.

a) Die Umstellung ist zulässig, allerdings ohne vertragliche Regelung oder Zustimmung der Mieter nicht die Investitionskosten, Instandhaltungskosten und der Gewinn der Fa. Wärmeversorgungs GmbH.[68]
b) Umlegbar in diesem Fall nur die Kosten nach Nr. 4a von § 2 BetrKV.
c) Mieter können sich auf Verstoß gegen Wirtschaftlichkeitsgebot berufen und auf fehlende vertragliche Vereinbarung, dh eine etwaige Nachzahlung verweigern.

59 9. Wer (Veräußerer oder Erwerber) muss abrechnen, wenn
ein Eigentumswechsel an der Mietwohnung während einer laufenden Abrechnungsperiode eintritt
der Eigentumswechsel ein halbes Jahr nach der Abrechnungsperiode eintritt
a) der neue Vermieter[69]
b) der bisherige Vermieter[70]

VII. Modernisierung von Wohnraum

60 1. Kann man den Einbau von Thermofenstern mit Wärmedämmung bei vorhandenen Kastenfenstern der 60er Jahre als Modernisierungsmaßnahme ansehen?
Ja, da höhere Wärmedämmung[71]

61 2. Was stellt eine „Verbesserung der allgemeinen Wohnverhältnisse“ im Sinne von § 559 Abs. 1 BGB dar?
Anlage und Ausbau von Kinderspielplätzen, Grünanlagen, Stellplätzen, Hausanschluss und die Kanalisation[72]

62 3. V. fordert M. zur Duldung des Einbaus eines Aufzugs auf. Er schreibt ua: „Die Maßnahme wird voraussichtlich in zwei Monaten beginnen.“ Die Maßnahme wird durchgeführt und es stellt sich heraus, dass die Kosten zu einer 15% höheren Mieterhöhung führen als in der Ankündigung angegeben. Kann V. die Mieterhöhung nach § 559 ff. BGB verlangen, wenn das Erhöhungsschreiben allgemein § 559b Abs. 1 BGB entspricht? Ab wann schuldet M. gegebenenfalls die erhöhte Miete?
Die Maßnahme ist dem M. zu spät mitgeteilt worden. Die Mieterhöhung kann aber trotzdem verlangt werden, da faktische Duldung erfolgt ist. Die falsche Angabe der höheren Miete führt nur dazu, dass nach § 559b Abs. 2 Satz 2 BGB die erhöhte Miete erst neun Monate nach Zugang der Erhöhungserklärung geschuldet wird.

---

[68] BGH NZM 2005, 450.
[69] BGH NZM 2004, 250.
[70] BGH NZM 2004, 250.
[71] BGH GE 2004, 231.
[72] LG Hildesheim WuM 1985, 340.

4. Was könnte bei der Interessenabwägung zwischen V. und M. zu Gunsten des M. berücksichtigt werden? **63**
ZB Gesundheitszustand des Mieters oder von Haushaltsangehörigen, Verkleinerung der Nutzfläche, Modernisierung des Mieters auf eigene Kosten

5. Welche allgemeinen Voraussetzungen hat die Duldungspflicht des Mieters bei Erhaltungs- und Instandsetzungsmaßnahmen im Gegensatz zu Modernisierungsmaßnahmen? Was sind die Grenzen der Duldungspflicht bei Instandsetzungsmassnahmen? **64**
Duldungsaufforderung, ausreichende Ankündigungszeit, nicht begrenzte Duldungspflicht, Aufwendungsersatzanspruch
Grenzen:
- Arbeiten zur Unzeit,
- Keine Ankündigung trotz nicht gegebener Eilbedürftigkeit
- Vorschuss für Aufwendungen trotz Verlangen nicht geleistet, § 554 Abs. 4 Satz 2 BGB.

6. Was versteht man unter Maßnahmen zur Einsparung von Wasser nach § 559 Abs. 1 BGB? **65**
Wasserdurchlaufbegrenzer
Regenwassergewinnungsanlagetechnik

VIII. Beendigung des Mietverhältnisses

1. Nach begründeter fristloser Kündigung wegen Zahlungsverzug gibt das Sozialamt gegenüber dem V. innerhalb der Frist des § 569 Abs. 3 Nr. 2 BGB folgende Erklärung ab: „Wir verpflichten uns, die Mietrückstände, auf die Sie die Kündigung gestützt haben, unter der Bedingung zu übernehmen, dass Sie die Kündigung zurücknehmen." Ist die Erklärung geeignet, die Kündigung unwirksam werden zu lassen? **66**
Die Kündigung ist nicht unwirksam geworden, da die Verpflichtungserklärung nicht an zusätzliche Bedingungen geknüpft werden darf.[73]

2. Wann muss M. bei einer Gebrauchsbeeinträchtigung als Voraussetzung der fristlosen Kündigung keine Abhilfefrist setzen? (drei Antworten möglich) **67**
a) Objektive Unmöglichkeit der Mangelbeseitigung
b) besonders aufwendige und belastende Mangelbeseitigung
c) Mehrere fehlgeschlagene Abhilfeversuche

3. Überbelegung stellt einen Grund zur fristlosen Kündigung nach §§ 543 Abs. 1, Abs. 2 Satz 1 Nr. 2 BGB dar. Wann kann man die Grenze zur Überbelegung als überschritten ansehen und was muss man weiter als Kündigungsgrund voraussetzen? **68**

[73] LG Bielefeld WuM 1994, 206.

a) zB acht Personen auf 54 qm.[74]
b) Den V. beeinträchtigende Auswirkungen müssen feststellbar sein.[75]

69 4. Nach zwei vergeblichen Versuchen macht V. von der erteilten Einzugsermächtigung im Lastschriftverfahren keinen Gebrauch mehr. Einen Monat später, in dem keine Miete eingegangen ist, kündigt er wegen Zahlungsverzug. Ist die Kündigung begründet?
Ja, da V. begründetermassen von der Einzugsermächtigung keinen Gebrauch mehr macht.[76]

70 5. V. kündigt ordentlich „wegen Eigenbedarf für meinen unzureichend untergebrachten Neffen". Reicht dies als Begründung im Sinne von § 573 Abs. 3 BGB aus?
Die Begründung ist nicht ausreichend. Sie muss dem M. die Möglichkeit geben, die Aussichten einer Rechtsverteidigung zu beurteilen (Größe und Lage des Zimmers oder der Wohnung des Neffen? Besondere Verantwortung des V. für dessen Wohnbedarf?)

71 6. An einem Mietshaus wird Wohnungseigentum begründet. Die Miteigentümergemeinschaft räumt jedem Miteigentümer das Sondereigentum an einer Wohnung als mit seinem Miteigentumsanteil nach Bruchteilen verbunden ein. Gilt in diesem Fall die Wartefrist nach § 577a BGB?
Wartefrist gilt nicht, da kein Umgehungstatbestand.[77]

72 7. Was für Darlegungsverpflichtungen im Kündigungsschreiben hat ein V. im Falle der ordentlichen Kündigung wegen wirtschaftlicher Verwertung nach § 573 Abs. 2 Nr. 3 BGB wegen Veräußerung der Wohnung im „mieterfreien Zustand?"
Darlegung der Rendite bei weiter bestehendem Mietverhältnis, Nachweis von Kaufangeboten von Interessenten in vermietetem und unvermietetem Zustand, Nachweis, dass gegebenenfalls ein Verkauf in vermietetem Zustand nicht möglich ist, Darstellung konkreter Verkaufsbemühungen und Benennung der Interessenten.

73 8. V. kündigt wegen Eigenbedarfs mit der Begründung: „Es ist mir gelungen, eine Eigentumswohnung zu erwerben, die ich nunmehr beziehen will, da ich endlich nicht mehr Mieter sein will."
Reicht das als Grund?
Kommt es darauf an, ob V. die Wohnung vermietet erworben hat?
a) Reicht nach KG[78] allein nicht aus, allerdings dann, wenn er Streitigkeiten mit seinem eigenen Vermieter aus dem Weg gehen will.[79]

---

[74] LG Kempten WuM 1997, 371.
[75] BGH WuM 1993, 529.
[76] AG Bonn WuM 1995, 484.
[77] BGH WuM 1994, 452.
[78] WuM 1981, 81.
[79] BVerfG NJW 1994, 309.

b) Spielt keine Rolle, anders wenn V. erst selbst vermietet, obwohl er weiß, dass er Eigenbedarf hat.[80]

9. Eine Gemeinde macht „Eigenbedarf" an einer ihr gehörenden Wohnung geltend mit der Begründung, sie wolle die Wohnung sozial Bedürftigen zur Verfügung stellen, die sie auch namentlich benennt. Der gekündigte Mieter M. will die Aussichten der Rechtsverteidigung wissen. **74**

Eigenbedarf beschränkt sich nicht nur auf die Fälle des § 573 Abs. 2 Nr. 2 BGB, es gibt auch Fälle des sonstigen Bedarfs, zB Betriebsbedarf, also auch einer Gemeinde.

Hier aber dürfte berechtigtes Interesse nicht gegeben sein, da die konkrete öffentliche Aufgabe nicht auf Kosten anderer erfüllt werden darf.[81]

10. M. stellt nach seinem Auszug auf Grund einer Eigenbedarfskündigung fest, dass die Wohnung verkauft wird. Er verklagt V. auf Schadensersatz hinsichtlich der „Anschaffung neuer Möbel, Umzugskosten, Rechtsanwaltskosten des Räumungsprozesses und Maklerkosten". **75**

Wie ist die Frage der Beweislast zu beurteilen, wenn V. erklärt, die Eigenbedarfsperson habe es sich „kurzfristig anders überlegt"?

Wie die einzelnen geltend gemachten Ansprüche, wenn tatsächlich der Eigenbedarf von V. nur vorgetäuscht war?

a) M. muss alle Voraussetzungen seines Anspruchs beweisen. Allerdings hat V. die „sekundäre Behauptungslast", dh er muss dem Vortrag des M. substanziierten Vortrag entgegensetzen.[82]

b) Anschaffung neuer Möbel nein, da M. Gegenwert erhält. Alles andere schon.

---

[80] BayObLG NJW 1981, 2197.

[81] LG Gießen WuM 2004, 208.

[82] BGH NZM 2005, 580.

Sachregister

Fette Zahlen bezeichnen die Kapitel,
magere Zahlen die Randnummern.